国家社会科学基金项目（10BZX035）

王阳明与黔中王学

王晓昕 ◎ 著

人民出版社

序

张立文

"学非探其花，要而拔其根"。王晓昕教授朝聘骛于书林之中，惟吟哦于不倦，反三隅于字外，探赜索隐，寻根朔源，钩深致远，深中肯綮。其《王阳明与黔中王学》为黔中王门学树碑立传，开王门学之资始，而与黄宗羲在《明儒学案》所列浙中、江右、南中、楚中、北方、粤闽、泰州七门相比肩，应为八门，所以该书具有重要意义和价值。

在程朱理学被"定为国是，学者尊信，不敢疑贰"的情境下，王学横空出世，击起千层浪，天下之人不复自安于规矩绳墨之内。"设科取士，非朱子之说者不用"。程朱理学便成为士子们死背硬记的教条，猎取功名利禄的工具，逐渐僵化、固化而丧失其生命力。王阳明青少年时虽泛滥于词章，但为应开科考试，不得不习八股。他曾尊信程朱理学的"格物穷理"之说，在格竹子之理失败以后，他冥思苦想，出入佛道之学，以解思维之困。"偶闻道士谈养生，遂有遗世入山意。""岩头金佛国，树杪谪仙家。仿佛闻笙鹤，青天落绛霞。"觉尘缘浮生，怜仙骨何化，笑天地无涯，故有逃世之思。就思之底蕴，亦为寻找度越程朱理学之路径。

王阳明生命艰险坎坷，波澜多变，其学术始三变又三变，始入门而达成熟。其关节点是对朱厚照昏庸腐败，太监刘瑾专权，朝政日非，南京给事中戴铣、李光翰及史薄徽等上疏切谏，瑾大怒，廷杖系诏狱。王阳明抗疏救戴等人，疏入惹怒刘瑾，亦下诏狱，廷杖四十，既绝复苏，寻谪贵州

1

龙场驿。在赴谪所途中，刘瑾派人，企图加害。王阳明死里逃生，终于到了贵阳西北修文县境内的万山丛棘之中的龙场驿，是与蛇虺魍魉蛊毒瘴疠与居的地方，不仅为绝粮而忧虑，亲自种田、采蕨，还要砍柴、浇园、做饭。"采蕨西山下，扳援陟崔嵬。游子望乡国，泪下心如摧。"可见其心情的惨苦。他自计得失荣辱皆能超脱，唯生死一念，尚觉未化，因而端居澄默，久之，胸中洒洒。"忽中夜大悟格物致知之旨，寤寐中若有人语之者，不觉呼跃，从者皆惊。始知圣人之道，吾性自足，向之求理于事物者，误也。乃以默记《五经》之言证之，若不吻合，因著《五经臆说》。"① 此一大悟，便从朱熹的"求理于事物"中度越出来，悟出了"吾性自足"，勿需求理于心外之物，求理于我心便是"圣人之道"。这一悟，可谓从百死千难中得来，开启了其心（体）学逻辑结构的历程。

王阳明既从"求理于事物"中脱胎出来，有了"吾性自足"的觉解，便反思朱熹哲学理论思维的弊端。"外心以求理，此知行之所以二也；求理于吾心，此圣门知行合一之教，吾子又何疑乎？"② 于是有贵州提学副使席书（元山）与王阳明论朱陆同异，阳明以"知行本体"为例，证明自己龙场悟道之学，往复数四，席书豁然大悟，谓圣人之学复睹于今日。席书便礼请王阳明于正德四年（1509）讲学于"文明书院"，并择州县子弟师礼之。在教授中始论"知行合一"之旨。我在《论王守仁的知行合一学说》③中认为，"知行合一"不仅揭出朱熹知行二分，必导致心与理为二，若心即理，便以知行合一；所以王阳明曾以此为"立言宗旨"。要人晓得一念发动处，便即是行了，要彻根彻底克倒不善之念。而且是因时而发，是针对宦官、藩王贵戚专权，天下波颓风靡，何异于病革临绝之时，以知行合一来救治社会危机。他从理论思维层面突破程朱的"先知后行"说，提出"知行合一、并进"说，知是行之始，行是知之成，知中有行，行中有知，

---

① 《年谱》，《王阳明全集》卷32，世界书局1936年版，第614—615页。
② 《传习录中》，《王阳明全集》卷2，世界书局1936年版，第28页。
③ 《论王阳明的知行合一学说》，《北方论丛》1979年第6期。

不行不足谓之知，知行相依，不可相离。王阳明认为，之所以把知行分作两件，是被"私意隔断"的缘故。

王阳明在贵州三年间，教学授徒，培养诸多学生。他"悟'格物致知'之旨，主'知行合一'之说，发'心学'之论。贵州士子中出现了如陈宗鲁、汤冔、蒋信的弟子马廷锡等'心学'学者"①。尽管《明儒学案》阙如，仍依《贵州通志》等资料，而列出黔中王门心学重要学者，而补各书之阙如。陈宗鲁和汤冔是黔中王门早期有代表性的心学学者。陈宗鲁名文学，慕名赴龙冈书院拜阳明为师，潜心心学②。汤冔名伯元③，为阳明亲炙弟子。莫友芝认为"两先生承良知之派，以开黔学"。阳明殁后，嘉靖十四年（1535）叶子苍与陈文学、汤伯元等上书巡抚王杏，请建立祠堂于白云庵旧址，蒋信④虽非黔中人，而为湖南常德人，当得知阳明在龙场讲学，便与冀元亨、刘观时赶往龙场，拜阳明为师。后蒋信任贵州提学副使时，讲学授徒于"文明书院"，培养了大批弟子，其中马廷锡⑤、李渭、孙应鳌被后人尊称为"理学三先生"。他们共倡阳明心性之学，做到"不愧龙场"。这四人从开启黔中王学到中期兴盛，而影响后学。

有关王阳明的哲学思想，以往著作中均批判其唯心主义、主观唯心主义等等。我依据中国哲学逻辑结构的方法，撰写了《王守仁哲学逻辑结构初探》，提供给1981年10月召开的"第一次全国宋明理学讨论会"。会议由中国哲学史学会与浙江省社会科学研究所联合主办，老一辈学者

---

① 《王学——王守仁的哲学思想研究》，《宋明理学研究》，中国人民大学出版社1985年版，第515页。

② 陈文学，贵州宣慰司（今贵阳）人，著有《耀州存稿》、《余历续稿》、《娴移录》等书。

③ 汤伯元，贵阳人，正德十六年（1521）进士，著有《逸老闲录》、《续录》、《表贤祠诗.并序》等书。

④ 蒋信，字卿实，号道林，著有《桃冈日录》、《古大学义》、《蒋道林文粹》、《新泉问辨录》等书。

⑤ 马廷锡，字朝宠，号心庵，贵州宣慰司人，著有《动静解》、《自警辞》、《渔矶集》、《警愚录》等。

如冯友兰、贺麟、张岱年、任继愈、石峻、孙叔平、王明、张舜徽、邱汉生、冯契诸先生，美国著名学者陈荣捷，狄百瑞，日本山井涌，加拿大秦家懿，德国余蓓荷，中国香港刘述先等教授共 260 多人与会。我的论文被大会选中在大会上发言①。这因为该文突破了哲学思想分四大块②的唯心唯物的方法，而讲哲学概念、范畴间逻辑关系，揭出其哲学逻辑结构为"心"（良知）——"物"——心（良知），分析了何谓心、何谓理，及心与理、心与物的关系，以心为体，以理、物为用。"意之所用，必有其物"，"心即理"。王阳明主张"心外无物"是对朱熹心与物离而为二的否定，是指心与物的圆融不二。刘述先教授在《中国哲学界的两难局面——杭州宋明理学会议观感》中说：张立文"他讲一家哲学，光讲一些范畴如理、气等是不足的。一定要深入这些范畴的关系，始可还出此一思想的本来面目，这就要谈一家哲学的逻辑结构。"并探讨了王阳明与朱熹哲学的异同③，以说明各自哲学思维的个性，各美其美；又有其共性，美美与共，而构成宋明理学的整体品格。

王阳明思想与佛教、道家、道教有很深的渊源，但不能简单地把阳明思想与佛教禅宗思想作文字上比较，而应考虑对宋明理学理、心、气、性或者良知、物作其自身根或底的追究。传统形而上学本体论在其追根究底的过程中，古希腊的赫拉克里特从存在与逻各斯，巴门尼德从存在与非存在，德谟克里特从原子与虚空，柏拉图从影像与理念，亚里士多德从质料与形式的矛盾二分中建构形而上学存在论，中国古代的老子从道与物，孟子从心与性，荀子从天与人，张载从气与物，二程从天理与阴阳，朱熹从理与气，王阳明从心与物的融突而和合中建构形而上学存在论。中西形而

---

① 《王守仁哲学逻辑结构初探》，《中国哲学史研究》1984 年第 3 期。

② 以往哲学史教科书或中国哲学史论文都把哲学家思想分为宇宙观、认识论、辩证法、历史观四大块。

③ 参见张立文：《性即理与心即理——朱熹与王守仁的哲学异同之一》，香港《华侨日报》1983 年 12 月 14 日；《论朱熹与王守仁思维理路之同异》，《中华文化论坛》1984 年第 3 期。

上学的思维路向有同有异。

朱熹形上学本体的追究,并不从理开始,而是从物契入,因而他十分强调"格物穷理","即物穷理"。格可训释为"尽"或"至","须是穷尽事物之理",可理解为对形而上学本体理的追根究底的追或究,王阳明试图把朱熹所说的"众物必有表里精粗,一草一木,皆涵至理"的话,着实去实践。实践的无果,便转向佛道的根与底的追究。佛教的万象皆幻,唯心为真,"万法唯识","一切唯心",道教的"以无生有"等思想对王阳明思想有影响。① 柳存仁教授说:阳明与佛教之融合,不止修持功夫一端,抉其大者有五:(1)明觉自然义;(2)无所住义;(3)无善无恶义;(4)万物一体义;(5)破生死义②。此五者既为佛,亦为阳明思想的要义。"夫禅之学与圣人之学,皆求尽其心也。"③ 禅儒二学,既有所同,便可融合,而度越佛教,建构其心理论体系。"明觉自然"是阳明对良知本体的描述。"良知只是一个天理自然明觉发见处"。日用的功夫即是"佛性常清净,无处有尘埃"的"无所住";圣人以无善无恶之心,循天理,行王道,为治天下;万物一体,为佛儒的一种意境,阳明力主"仁者以天地万物为一体",良知是天地万物之所以存在的根据;破生死,阳明一生如履薄冰,几经置于死地,对破生死体验颇深。阳明入佛而出佛,终归于儒。

王阳明与道教颇有渊源,六世祖王纲在元末奉母避兵五泄山中,与道士赵缘督结缘,其孙王与准善筮。其(阳明)父王华为状元,严拒仙家。但阳明的家源、爱好、半生肺病和经世之志不遂等内因外缘,促使他特别注意道教养生之术。他曾"筑室阳明洞中,行导引术。久之遂先知"。阳

---

① 参见张立文:《理学的思想来源——儒释道三教的论争和融合》,《宋明理学逻辑结构的演化》,台北万卷楼图书公司1993年版,第15—90页。
② 参见柳存仁:《王阳明与佛道二教》,《和风堂文集》,上海古籍出版社1991年版,第900页。感谢柳教授赠书。
③ 《重修山阴县学记》,《王阳明全集》卷7,上海世界书局1936年版,第67页。

明将道教长生精神与儒家良知之仁的思想融合："大道即人心，万古未尝改。长生在求仁，金丹非外待。"阳明融突儒、释、道而和合心（良知）本体，从而度越释、道、儒，独树一帜，使中国哲学又达到一个高峰，成为集心学之大成者。

《传习录》载："良知者，心之本体，即前所谓恒照者也。"良知是道心与人心、本心与血肉心的升华，是心的所以然的本体，它具有恒照功能，无物不照，恒照不灭；良知是本然，具有虚灵明觉品格；良知是天理的昭明灵觉处；良知即是天道；良知即天则，是衡量是非的标准；良知是明明德的本体；良知是造化的精灵，生天生地，成鬼成帝，皆从此出。审察良知，可体悟到良知是在与天理、道、性、血肉心、天则、明德、精灵等冲突中而融合，从而构成良知和合体 ①。

王阳明后学对王门"天泉证道"的"四句教"理解的分歧而争论不休。"四句教"是"无善无恶是心之体，有善有恶是意之动，知善知恶是良知，为善去恶是格物"。此事的原委为嘉靖六年（1527）明王朝命王阳明以原职兼都察院左都御史，总督两广及江西湖广军务。九月阳明从绍兴出发前，与门人钱德洪、王畿讲"四句宗旨"。两人访张元冲于舟中，因论四句为学宗旨。王畿疑此四句教"未是究竟话头"，进而发挥为"四无"说，钱德洪不同意，主"四有"说。于是当晚请正于王阳明。是夕侍坐天泉桥。阳明说："我今将行，正要你们来讲破此意。二君之见正好相资为用，不可各执一边。我这里接人原有此二种。……二君相取为用，则中人上下皆可引入于道。若各执一边，眼前便有失人，便于道体各有未尽。既而曰：以后与朋友讲学，切不可失了我的宗旨。"② 然而王、钱两大弟子的

① 参见张立文：《王阳明"致良知"论》，《王阳明国际学术讨论会论文集》，贵州教育出版社 1997 年版，第 282—285 页；《王阳明的和合精神与未来社会》，《中国哲学史》1995 年第 2 期。
② 《传习录下》，《王文成公全书》卷 3，明隆庆六年刊本；另见《年谱》，《王文成公全书》卷 34，明隆庆六年刊本。王畿：《天泉证道记》，《龙溪王先生全集》卷 1，万历十五年刻行。

"四无"与"四有"之争,深深影响了阳明后学对四句教的体认、理解①,也影响了黔中学派对"四句教"四无、四有的解说。如黔中孙应鳌(1527—1584)不反对王畿的"四无"说。他认为在经验现象层面有刚柔、善恶、中偏之分,本体层面是度越善恶的②。但他对钱德洪的"四有"说,也无正面反对,而认为心之所发有善有恶,就需为善去恶的功夫与修持,在重修持功夫上,孙应鳌与钱德洪同。其实阳明"四句教"既非"四无",亦非"四有",而是即"四无"即"四有",统摄"四无"、"四有"的融突和合体。王阳明的两种教法,是一体两面,为接引利根不同人与中下根的人而设计,可以相资为用,不可各执一边。"四句教"本是彻上彻下,流行贯通,利根的人,世亦难遇,现实的人,是有习心其次的人,要教化他们在良知上着实修为,为善去恶,不可悬空虚寂想个本体。王阳明"四句教"其意图是挽救当时社会危机,化解习心的贼害,恢复天理良知,还原心体的明莹无滞。

按照阳明心学理论思维逻辑演化的时空次序,重新梳理解读"四句教",可分为三个逻辑层次:一是有善有恶意之动的生存世界;二是为善去恶是格物和知善知恶是良知的意义世界;三是无善无恶是心之体的可能世界。在现实生存世界,人们要生活下去,谋求衣食住行用,绝大多数人是根器"有习心在"的人,又受外物所蔽,意念发动往往落在有善有恶上。百姓的慕富忧贫,士子们的功名利禄,宦官藩王们争权夺利,都是已发的意之动,意之发而中节为和为善,发而不中节便为恶。"有善有恶意之动"的生存世界的核心价值是人的生命存在,个人生存的内涵、方式、性质,各有其价值导向,面对生存世界的错综复杂种种善恶冲突,其根本的根源是"意之动",如何化解此根本根源,便进入"为善去恶是格物"和"知善知恶是良知"的意义世界。

---

① 历代对"四句教"论争不休,如周海门的《九解》与许敬庵的《九谛》辩难;管志道的《问辨》与顾宪成的《质疑》,以及东林学派刘宗周、黄宗羲的检讨。

② 参见《孙应鳌文集》,贵州教育出版社1996年版,第125—126页。

　　王阳明在遭受太监刘瑾迫害，被谪龙场驿，在千难万险中大悟格物致知之旨，患难磨炼人的主体意志，劳作苦其肉体筋骨，内在自我主体得以觉醒张扬，在此情境下，他才真正领悟到人生的价值与意义。格物便是"格心之物"、"正心之物"，即正人的意念，去私欲的昏蔽，胜私复理，以达为善去恶，"止于至善"的境界。正其不正为去恶功夫，归于正是为善功夫。良知何以能知善知恶，阳明认为，良知是心的虚灵明觉，而心的虚灵明觉，即所谓本然的良知，良知是造化的精灵，这些精灵能生天生地，成鬼成帝，皆从此出，真是与物无对。度越了与物有对的品格，是圆满无缺的形而上精灵。天地万物，草木瓦石离了良知，便不可以为天地万物，草木瓦石。天地万物发窍之最精灵处，便是心的一点灵明。"致良知"是推致扩充良知到极点工夫，在推致扩充良知过程中，其间往往有物欲牵累，私欲窒塞，便需克除私欲障碍，求放心，去私欲，由工夫而至本体良知，以达知是知非、知善知恶的融突和合境界。

　　王阳明"无善无恶是心之体"的形而上本体世界，是度越生存和意义世界的可能世界，此"心之体"是天命之性，原是无善无恶的，纯粹至善的。心体为天地万物的主宰，"心者，天地万物之主也"①，为万物的逻辑化生者，"位天地，育万物，未有出于吾心之外"②。心体良知是为天地万物之所以然的根据，它无所执着，无所滞留，心体之外，无物、无事、无理、无义，一切都是虚无，良知之无，便是太虚之无形，"天地万物，俱在我良知的发用流行中，何尝又有一物超于良知之外，能作得障碍"③。良知发用流行无所障碍，无所隔限，所以能视天地万物为一体，天下犹一家，中国犹一人④。这是一种最完美的世界精神⑤。故此可以说，

────────────

① 《答季明德》，《王文成公全书》卷6，明隆庆六年刻本。

② 《紫阳书院集序》，《王文成公全书》卷7，明隆庆六年刻本。

③ 《传习录下》，《王文成公全书》卷3，明隆庆六年刻本。

④ 参见《大学问》，《王文成公全书》卷26，明隆庆六年刻本。

⑤ 参见张立文：《王守仁"四句教"新解》，《中国文化》2010年春季号第31期。

阳明的精神"是中国的，也是世界的"①，是人类共同的宝贵遗产，是鲜活的精神财富，它与"人类命运共同体"息息联通，而具有重要的现实价值与意义。

王晓昕教授的大著《王阳明与黔中王学》可谓得天时地利人和之益。就天时说，得中国重视发扬优秀传统文化的大好形势，"抛弃传统，丢掉根本，就等于割断了自己的精神命脉"之际，该著唯变所适。就地利讲，王阳明龙场悟道，为其心学端始与证道、弘道之首地。王晓昕又为贵州人，得查资料、历龙场、亲体验的地利之便。就人和言，阳明虽居贵州仅三年，但这三年是其思想大转变、大转折的三年，是其传道授徒、以开教化实践的三年，王晓昕教授得察实地、考史实、访王门后裔之利。此三者具备，故能撰写了系统、全面，考证源流、追根究底、智能创新的讲前人所未讲、发前人所未发的专著。

该书从其时空阔度言，从汉代黔中舍人、盛览、尹珍三杰到唐元明诸多学人，特别是明代随大量人口迁徙，中原文化在贵州荒野之地生根发育，据载从正统四年（1439）到正德三年（1508）王阳明入黔前的 70 年考中进士共 24 人，均有简要的介绍。从黔中王学阶段言，分早、中、晚，即创设期的 22 名弟子（有名姓者），其代表人物有陈文学、汤冔、叶梧三先生；中期为展开期由蒋信开启，而有李渭、孙应鳌、马廷锡为黔中"理学三先生"；到衰微期的晚期，有黔中王学的殿军郭子章，最后重镇邹元标及"理学三先生"的弟子等，构成系统的黔中王门学派。从教育实践言，阳明主讲于龙冈书院、文明书院，席书选调贵州全省生员数百名，师礼阳明。阳明因材施教、循序渐进、熟习精思、勇于独见等，名声远播，诸生闻之，亦皆来集，士类感德，翕然向风，培养学生，尊师重道，传承心学。就学术交流来说，多元互动，互学互鉴，黔中学者与浙中王学的王畿、钱德洪，江右王门的邹守益、邹元标、聂豹、罗洪先、胡直等，泰州

---

① 参见张立文：《阳明是中国的，也是世界的》，秦家伦、王晓昕主编《王学之路》，贵州民族出版社 2000 年版。

学派的王艮、徐樾、耿定向、罗汝芳以及其他王门后学相互磋商，既相互吸收，亦相互提升，使王学得到更深刻的发展。王晓昕教授在阐释中，均能提出独立见解，为黔中王学作出重要贡献。

　　是为序。

于中国人民大学孔子研究院

2018 年 6 月 28 日

目　录

❧ 上编　思想缘起 ❧

❧ 中篇　思想内涵 ❧

下编　思想互动

导　言

明代是中国学术史上一个十分独特的时期。特别是明中叶以后，以阳明心学和阳明后学为主潮，各种学术思想蜂拥迭起，竞相论战，形成了中国学术史上蔚然壮观的场面。黔中亦不例外，自王阳明悟道、传道之后，阳明的亲传弟子、再传弟子、三传弟子承续师说，论习讲著，揣摩发明，亦造就了贵州前所未有的学术氛围，产生了数位有影响的学术人物，自成黔中一派。但是，黄宗羲在其《明儒学案》中，根据地域划分，举阳明后学诸派，仅列七门，即浙中、江右、南中、楚中、北方、粤闽、泰州，而将产生时间较早的黔中王门付诸阙如。由于这一看法，对以后学术界产生很大影响，包括《明史》在内的几乎所有文献，对作为一个学派的"黔中王门"均未予以提及。学界曾分析黄宗羲未列"黔中王门"一案的原因①，指出这不能不说是一重要的遗漏和疏忽。②

①　钱明《王阳明及其学派论考》（人民出版社 2009 年版）一书（第 358 页）认为："贵州学者认为，如果说《明儒学案》漏载当时最早接受和传播王学的贵州学者群，是由于贵州地处谪贬的边陲，人文落后，交通不便，资料缺乏，在当时的条件下确有相当难度，那么清代、民国年间以至现代，以《明儒学案》入手而忽视黔中王门的存在，则是很不应该的。"

②　张明在《〈明儒学案〉缺载"黔中王门"考论——兼论"黔中王门"源流演变及其心学成就》一文（原载《贵阳学院学报》2015 年第 1 期，中国人民大学报刊资料中心《中国哲学》2015 年第 5 期全文转载）中，分析原因有三：1. 徐爱早逝为之远因；2. 钱德洪所派购书人匆忙行事、收书不全、留下遗憾为之中因；3. 黄宗羲"一人之闻见有限"则是直接原因。

20 世纪中后期以来，学术界有人渐渐发现了有明以来而至清初不少黔籍阳明后学和旅黔阳明后学的文献资料，通过对这些资料的整理，认为不仅黔中王门的存在是不争的事实，且其学术成就并不逊色，完全可与同时之中原诸王门后学相提而论。于是学术界开始了对"黔中王门"的文献整理工作。刘宗碧整理了《孙应鳌文集》，王路平出版了《孙应鳌思想研究》，敖以深著《黔东北地域阳明文化研究》等；论文方面有张明的《王阳明与黔中王学》、李友学的《黔中王门是阳明后学的重要学派》、李迎喜的《黔中王门系统考》等。

这些年来学术界在"黔中王门"的研究上的确作了不少工作，并且还在不断深入之中。但是，从整体的角度，超越个案和局部，系统深入地研究明代黔中王门及其思想，则是刻不容缓且需要认真加以解决的问题。基于这一问题意识，本书确立了一个的基本立场，即是：将明代黔中王门作为一个在历史上真实存在的整体，从时间上梳理其百年发展历程，从空间上考量其流布、辐射与影响，以此为基础，从哲学的层面，以思想义理的分析为主，兼以文献考据，尽可能借助于可靠材料，对黔中王门的易学思想、经学思想、知行学说、良知学说以及经世致用的理论与实践展开系统而深入的讨论，特别是对其中具有代表性的三个人物（孙应鳌、李渭、马廷锡，称"理学三先生"）进行深入的剖析。除此之外，本书还以思想互动的形式，将黔中王门及其思想，拿来与同时期其他王门（如浙中王门、江右王门、泰州学案、楚中王门等）进行比较，并力图在此比较中凸显黔中王学的整体形象和思想特征。

本书力图实现以下研究意义：

第一，拓展中国哲学史的研究领域。迄今为止，无论是中国哲学通史还是断代哲学史（如黄宗羲《明儒学案》、张学智《明代哲学史》），均未专门论及、甚至未予提及黔中王门及其思想。如果认为确实客观地存在着一个可以与黄宗羲《明儒学案》所述之几大地域性王门后学相提并论的黔中王门学派，那么，本书所提出的问题意识和所形成的成果，可以化解这一学术界长期存在的盲区和弥补其不足。

　　第二，深化了中国哲学史研究的问题意识。迄今为止的哲学史研究，对不同学派的比较研究尚少，区域性思想史研究，特别是黔中一类偏远地区的思想史研究更是阙如，黔中王门的客观存在及其理论贡献，也使得黔中学术史和思想史于包含东汉尹珍在内的"汉代三杰"发端而低调千余年之后，在王阳明先生抵黔之后的百余年间，蔚成一前所未有的学术思想高峰。对这一结论的证明，无疑对黔中（贵州）区域学术史、思想史的研究具有重要价值。

　　黔中王学产生的根源，着重从三个方面加以分析：一是社会根源；二是思想根源；三是从学术发展的历史来考察其内部发展的规律性。在这里，对学派与学派间，以及学派内部学人之间谱系的考察与梳理，围绕以下四个方面进行：

　　第一，学派与学派之间的互动。黔中王门与其他王门学派之间的关系，可以从彼此之间的交往互动得以考察，比如从与浙中王门、江右王门、泰州王门以及楚中王门之关联，重点考察其学术特征与思想倾向，以及在主要思想观点上的学术理路及学派归属。这是一种基于外向的整体的研究。

　　第二，思想家个体之间的互动。黔中王学的主要代表人物孙应鳌、李渭、马廷锡等与其他王门代表人物（楚中学派蒋信，泰州学派徐樾、耿定向等）的师承关系，与钱德洪、王畿、王艮、邹守益、欧阳德、聂豹、罗洪先、胡直、邹元标、赵贞吉、罗汝芳、耿定向的思想互动。这是一种基于外向的个体的考察与研究。

　　第三，黔中王门作为一个学派整体的研究。对该学派在时间和空间的不同维度上进行内向的考察：时间上将黔中王门百年发展历程划分为创设期、展开期和衰微期三个发展阶段；空间上考定了明代黔中王门事实上存在着由贵阳、修文、清平（凯里）、思南、都匀构成的黔中阳明文化五大重镇。这是一种基于内向的整体的考察与研究。

　　第四，开展黔中王门学派内部各个不同时期代表人物的研究。既有对早期（创设期）思想人物（比如"早期三子"陈宗鲁、汤冔、叶梧）的涉及，更有对展开期"理学三先生"（孙应鳌、李渭、马廷锡）的深入了解，特别是对黔中王学代表性人物孙应鳌的研究，可说是本书的重头戏。此外，对衰微期的思想人物以及大量虽非黔籍却旅黔而留下学问躬行者亦尽可能地予以表彰。这是一种基于内向的个体的考察与研究。

　　由于王阳明先生既是黔中王门学派的宗师，又是黔中王门学派的开创者，本书主要针对作为阳明先生的门人弟子开展研究，因此，对黔中王门及其主要代表人物的思想义理研究，是"接着讲"，还是"照着讲"？是"接着讲"，还是"另起炉灶"、"重打锣鼓另开张"？答案当然是前者。如以黔中王门"三先生"为重点（即孙应鳌、李渭、马廷锡），以王阳明先生的学说为宗，进行纵的比较，查其"接着讲"。从王阳明到徐樾、蒋信等阳明亲炙弟子，再到再传弟子黔中王门"三先生"，其"接着讲"的过程中，心学的传播，思想义理的阐发，无论在本体还是在工夫上，都有哪些主要论述？哪些主要观点？有何主要特征？取得哪些成果？这些理论成果如何既继承阳明宗旨又如何作出创造性发挥，从而形成具有鲜明黔中特色的阳明后学？

　　比如孙应鳌著《淮海易谈》，其说多与王阳明《五经臆说》相契，淮海极有可能读过阳明龙场遗稿，是书所反映之淮海易学观，就是较之当时王门诸学，也是极有见地和颇具特色的。再者，孙应鳌"慎独"之说实承有宋以来慎独学说之综绪而有启于刘宗周者，且孙应鳌之说实际并不逊色。当然，宗周之学并非梨洲《明儒学案》所述王门一案，将黔中王门与浙中、江右、泰州、楚中等王门后学的主要思想加以比较，是本书所要重点加以讨论的主干，但因为刘宗周的"慎独说"的确影响不小，将孙应鳌的同一学说拿来与之进行比较，可以彰显不同特点。不仅孙淮海有关于心、性之本体与工夫的学说等等可以登堂入室，黔中王门另一重要代表人物李渭与同时代王门后学学者相比，其哲理思考也并不逊色，而有其独特的价值。李渭之学以"仁体"为主旨,"毋意"功夫论的提出,是为了实现"仁体"本体,同时,"毋意"论为建构与"仁体"相一致的"先行"道德实践方法论奠定了基础。李渭的这一学说与其他王门后学类似学说比较下来,可说是独树一帜的。通过比较研究,可以得出结论,认为确实客观地存在着一个可以与黄宗羲《明儒学案》所述之几大王门后学相提并论的黔中王学,同时,黔中王门的客观存在及其理论贡献,也使得黔中学术史和思想史于包括尹珍在内的"汉代三杰"开黔中文化发端而低调千余年之后,在阳明先生抵黔之后的百余年间,蔚成一前所未有的学术思想高峰并发出熠熠之璀璨光芒。

本书的研究方法包括如下:文献法,查阅相关文献资料,弄清相关问题。比较研究法,即比较黔中王门与其他阳明学派的不同特点。调查研究法,将田野调查与大量古迹的考索相结合,将大量历史陈迹与古籍文献资料相结合,以期使研究更加深入。个案分析法,结合调查研究及文献研究方法,重点分析黔中王门的代表人物,同时对黔中王门中其他有关人物,包括黔籍与非黔籍人物,阳明的亲炙弟子、二传弟子乃至三传弟子,尽可能地作出较准确且相对翔实的系谱式的梳理和研究。

首先是对"黔中王学"的界定。"黔中王学"乃是一地域性学术门派范畴,其时间界限自王阳明龙场悟道起至明朝末年止的一百余年时间内,大致经历了四代人物、三个发展阶段。黔中王学之人物归属,以黔籍人物为主,亦包涵部分赴黔之非黔籍学人。王阳明谪黔期间的思想,本书将其归之于阳明的早期思想,所有黔籍王门后学之四代三个发展阶段的思想,以及旅黔之非黔籍王门后学在黔发生的思想,均应纳入本书的研究范畴,不过因为笔者能力所限,不能一网打尽而只能挂一漏万,更多更难的工作只有留待来贤了。尽管本书不能面面俱到罗列所有,只能有所选择、有所侧重,但是毫无疑问,对黔中王门之"理学三先生"①的研究,将成为本书研究

①　"理学三先生"系指孙应鳌、李渭、马廷锡,此提法首见于郭子章《黔记》,西南交通大学出版社2016年版,第980—984页。

之重中之重。

其次，研究黔中王学发生的根源，除对阳明赴黔前贵州思想文化的历史现状进行梳理和分析外，还特别需要考察王阳明居黔时期的思想。笔者认为，阳明心学起步于黔中，阳明居黔时期的思想，亦可称阳明早期思想，既是阳明整个心学理论体系的奠基，又是整个黔中王学得以产生的重要前提和根据，正如有学者认为阳明龙场悟道是黔中王学产生的重要契机一样。王阳明居黔时的早期思想，并非一般所认为的仅仅限于"心即理说"和"知行合一说"的提出，而是有着远为丰富的内容。本书首先讨论了王阳明龙场悟道的性质和阳明此时的"治经"思想，因为笔者认为，"悟道"和"证道"本身就是阳明此刻思想获取重大发展过程中的认识论中的两个重要环节。王阳明以儒家经典来证其所悟，为什么着重于"五经"，又佐之于"四书"？这应该是与他证道后得出的"于事事物物求理者误也"的结论是吻合而一致的。同时也是与他青年时格竹求理的失败，在逻辑上是相通的。

以《五经》证道，而佐之于《四书》，这实际上是王阳明开始确定自己思想基本走向的一个极关键问题。《五经》，即《易》《诗》《书》《礼》《春秋》，代表了早期儒家的思想系统；《四书》虽由《大学》《中庸》《论语》《孟子》组成，一般认为皆由孔孟及其门人（子思、曾子）著成，由于经朱熹整理为《四书章句集注》，而"章句"与"集注"在当时实则代表了二程朱熹的思想系统。虽然王阳明在证悟的起始环节，也曾试图以全部《五经》和《四书》证诸所悟，然结果却判而两端：一方面"证诸六经莫不吻合"，"沛然若决江河而放之海"；另一方面却又"独于朱子之说有相牴牾，恒疚于心"。

除此之外，笔者认为，王阳明早期思想还包括通过悟道而确立的立志成圣的儒家目标理想说，这一立志成圣之理想之说实际贯穿了阳明一生。他在《教条示龙场诸生》中提出的"勤学说"，在《瘗旅文》《何陋轩》《君子亭记》等文章中，特别是在《送毛宪副致仕归桐江书院序》一文中明确提出"处乐出为"的儒家入世说；于《象祠记》中，他又提出了"天下无不可化之人"的"普圣说"。所谓"普圣"，即普遍成圣之意，阳明心学宣扬"人皆可为尧舜"、"人皆可为圣人"、"满街都是圣人"、"愚夫愚妇可为圣人"，提出了"普圣"之说，又将宋儒所圈之士子与帝王之学扩展为百姓日用之学，由"为君行道"展开而为"觉民行道"。所以，阳明心学中的"普圣说"的最早产生，或最早萌芽，或可追索至居黔时所作《象祠记》中"天下无不可化之人"论断的提出。

将黔中王学主要人物的主要观点及主要成果作为重点加以研究。在所有黔中王门人物中，孙应鳌、李渭、马廷锡三位无疑是为重点。而在作为重点人物的孙应鳌、李渭、马廷锡三位人物及其思想中，孙应鳌及其思想的研究，无疑又是本书的重点之重点，同时也是难点。本书试图从思想义理方面进行深入挖掘，对孙应鳌的以心学为主脑和特征的易学思想，经学（包括《四书》）思想，心性学说中的"知行合一"学说、"致良知"学说，对李渭的学术经历和思想特征以及他的"毋意说"的提出、"先行论"的归结，以及如何从"毋意"到"先行"的转换，对马廷锡的学术路径的考察与他的学术倾向和思想旨趣，一一进行深入细致的考察与分析，是本书力图所作之尝试。

黔中王门从产生、发展到衰微，大致划分为创立期、展开（高潮）期及衰微期三个不同的发展阶段，并对每一时期的主要人物和典型事件、思想特征，作出恰如其分的、较为准确的描述和判定。不仅要对土生土长的黔籍王门后学作出重点的揭示与剖析，同时也对大量非黔籍王门学人进行必不可少的考量。非黔籍王门学人虽出生于和来自于黔中以外不同地域，有的甚至先后类属于他域王门后学，但他们或来黔做官（如席书、王杏、蒋信、冯成能、郭子章等），或贬谪于黔（如王阳明、邹元标等），或游学于黔（如蒋信、冀元亨、罗汝芳等），他们均在不同程度上于黔中文教事业之发展、于黔中王门之思想创设与业绩推动，留下了未曾泯灭的印迹和或巨或伟之奉献。虽然，这些非黔籍学人大多或先或后，已被归类于黔中之外的不同地域学派，如蒋信、冀元亨归类于楚中王门学派，王杏、冯成能归类于浙中王门学派，郭子章、邹元标归类于江右王门学派等等，但考虑到他们在黔中所成就之事功、所阐发之思想，对黔中文化之发展所作出之贡献，对阳明良知心学在黔中之发扬以及对黔中王门的形成与发展所起之推动作用，故将他们同样视之为非黔籍之黔中王门人物，并非毫无道理。①

本书下篇用较多篇幅展开对黔中王门与诸如浙中王门、江右王门、楚中王门以及泰州学案等之间的思想互动的研究，这种比较性质的研究之前并不多见，所以尤其重要，且更必要，这不仅能够更加有力地说明黔中王门作为一个地域学派的客观存在，即使是将其与其他王学门派比较起来，也毫不逊色，亦更能够彰显黔中王门的独特思想特色与显著历史贡献。

---

① 这种身兼不同学派的例子在黄宗羲《明儒学案》中可以找到，比如耿定向，籍贯湖北黄安人，曾因思想倾向而被归之于泰州学案，后又由泰州流入楚中，成为楚中之一派。又如赵贞吉，四川内江人，亦归于泰州学案。又如徐樾，江西贵溪人，先师王阳明，又师王心斋，也归之于泰州学案。又如罗汝芳，江西南城人，也归入泰州学案。同样道理，以上几位均为非泰州籍之泰州学派人物。

上编　思想缘起

第一章　黔中王学的前缘与兴起

对王阳明入黔前的黔中文化的考察，至少可从两个方面入手加以展开：文化本身以及从事文化的人。文化本身的考察则主要以儒、释、道三学的传播与开展为中心，其基本结论则是在儒学方面：一是无学理可究，只在教民化俗；二是除"汉代三杰"外，既无名儒可举，亦无卓著可考。随着移民潮的来临，佛道二教亦在黔中流布开来。黔中的文化人则可梳理出三个不同阶段，即"汉代三杰"、"唐至元"、"明初至明中"来加以描绘，这些文化人，特别是第三阶段的大大小小的文化人纷纷汇入到业已形成的儒、释、道三潮中，已然成为黔中王学形成的一个不可缺少的前置因缘。

就在明正德三年（1508）王阳明先生进入贵州之前，被称之为"蛮夷之地"的黔中无论在政治还是文化、经济上，都远远落后于已是世界第一大经济体的大明帝国，虽然在公元 1413 年，贵州作为帝国的第十三个省而挂牌，但仍有所谓"黔中乃'三野之地'"之谓：一"野"乃"朝野"之"野"，黔中远离国家政治中心；二"野"乃"文野"之"野"，黔中远离华夏文化中心；三"野"乃"荒野"之"野"，黔中远离帝国经济中心。不过，如仅就文化因素而言，也并非毫无可述之处，明洪武以来，贵州迎来了有史以来的第一次人口大迁徙，朱元璋令傅友德大将军率 30 万部队入滇贵，部队家属随迁，使原来人迹稀寥之地渐渐有了生气，作为文化要素的传入，一个较突出的现象就是儒、释、道三教的兴起，成为后来阳明学在黔中产生的文化土壤和思想因缘。然而无论何时，无论何地，文化的承担者，只能是如斯时代和如斯地域的个体的、活生生的文化人和文化人的族群与群体。

第一节　阳明入黔前的黔中文化
——以儒、释、道三学为中心的考察

　　了解儒、道、释在贵州传播的基本情况，有助于我们深入把握中古以来黔中士阶层的形成及黔中王门产生的本土思想根源。之所以将王阳明入黔作为一区域学术史阶段性划分的标志，正如笔者之前所言，认为在自包括尹珍在内"汉代三杰"致学术发端而后千数百年间，黔中学术之脉动向呈低调态势，因阳明的到来，而使明中晚期百余年间，贵州学术乃蔚成一前所未有之高峰。儒学和其他宗教学术文化在其中扮演了举足轻重的角色，正如柏怀思、王路平等人在《贵州宗教史》前言中所言："贵州位于中国的西南部，是我国多民族、多宗教的一个省份。东毗湖南、南邻广西、西连云南、北接四川，境内山峦重叠，素有'西南之奥区'之称。贵州历史上移民人数较多，社会政治经济形态复杂，自然环境独特，保存着丰富的民族民间原始宗教，为各种宗教在贵州的传播和发展提供了有利的条件和广阔的空间。贵州境内现有的佛教、道教、伊斯兰教、天主教和基督教，就是在贵州这片独特的地理环境下，而不断进行传播、发展和演变的。"[①]儒、道、释三学是中华文化之三大主流形态，黔中与全国一样，历来受此三学之影响至深至广，尤其是有明以来。考察王阳明入黔之前儒、道、释三学在贵州的传播与影响，交代阳明入黔之前贵州思想、文化、教

---

① 　贵州省宗教学会编著：《贵州宗教史》，贵州人民出版社 2015 年版，第 1 页。

育与学术的大致情形，对于了解和分析黔中王学的产生与形成十分必要。

一、阳明入黔前之黔中儒学

关于儒学最早传入贵州的时间，尚无确切定论，有"战国说"，有"前汉说"，有"后汉说"，甚至于有"隋唐说"。《华阳国志》载，东汉尹珍（字道真）"首开南疆之学"，以汉武帝"罢黜百家"之后的儒学经纬教谕士民。故甫一伊始，黔地儒学的传播就是以教育方式展开的，其中又以学校教育为其主导。黔中人文生态环境始得以改善。据《贵州通史》记载，在东汉之"往后很长时期中，学校教育并未见发展的记载。宋室南渡后，贵州教育稍有进展，播州（今遵义）土官杨氏子弟乃多读书，'建学养士'，修建孔庙，'留意变俗'；地近四川的思州所属沿河地方，建有鸾塘胜院。元代虽一度倡导儒学，下令各路设立学校，但因贵州时为湖广、四川、云南三省毗连之地，政区累有变迁，实际设立的只有顺元（今贵阳）、普定（今安顺）和播州三路儒学。"①

明洪武二年（1369），太祖朱元璋谕中书省臣："朕惟治国以教化为先，教化以学校为本，京师虽有太学，而天下学校未兴，宜令郡县皆立学校，延儒师，授生徒，讲论圣道，使人日渐月化，以复先王之教。"②因此，儒学于贵州的传播自始开端，继而勃然兴起，一批卫学、司学、府州县学、社学及书院相继建立起来，并以强调儒学之教化为主打内容，同时"不断向国子监输送生员，同时开科取士"，贵州"教育状况大为改观"③。永乐十一年（1413），贵州布政司正式设立，贵州虽成为全国第十三个省级行政单位，但之后数十年间，学校仍由云南提学副使代管，直到弘治四年（1491），方由贵州兵备副使行兼管之职。王阳明莅黔前夕，已有专司

① 《贵州通史》编委会：《贵州通史》第 2 卷，当代中国出版社 2003 年版，第 337 页。
② 张廷玉：《明史》卷六十九志第四十五《选举一》，中华书局 1974 年版，第 1686 页。
③ 《贵州通史》编委会：《贵州通史》第 2 卷，当代中国出版社 2003 年版，第 338—343 页。

贵州提学副使之职①者，此为后话。明太祖朱元璋尚对初定之云贵的教道化民如何纳入国家主流意识形态特布诏谕："王者以天下为家，声教所暨，无间远迩，况普定诸郡，密迩中国，慕义来朝，深可嘉也。今尔既还，当谕诸酋长，凡有子弟，皆令入国学受业，使知君臣父子之道，礼乐教化之事，他日学成而归，可以使土俗同于中国，岂不美哉！"②。"知君臣父子之道，礼乐教化之事"，正是儒学教育的核心内容，亦是明初统治者亟待匡定天下、规范人心的既定之方。和全国的官方指导思想——儒学——传播形态一样，汉以来儒术中纲常伦理、礼乐教化一套显然为儒学哺入黔中之后的最初文化形态。至于尚属高明一路的所谓宋儒格物致知之学，于黔中传播的可能性是不大的，目前也无任何文献资料可以作出较丰之证明。从洪武始，历建、永、成、弘诸朝的"明朝各代皇帝莫不遵循这一祖训，把推行儒学教育作为巩固边疆的'长治久安'之策，三令五申，施行'教化'。并按照'治国以教化为先，教化以学校为本'的方针，要求各级地方官吏重视教育，努力办学。凡政治力量能达到的地方，皆设官学，建立学校，修建孔庙，开设科举，体现'怀柔远人'之意，达到'建学校以化夷'的目的。"③可见，王阳明入黔前的贵州儒学之传播与儒学之教育，显然有以下特点：

一是无学理可究，只在教民化俗。宋元以降，尤其明初以来，在中原广为传播的程朱理学，不仅作为一种国家形态的治国理政的大政方针，而且作为科举取士的指定功令，被广为流布。"明代的科举考试在历史上最为典型，在科举的推动下，理学以前所未有的深度和广度影响着社会生

---

① 据《王文成公全书·年谱》（王晓昕等点校，中华书局 2015 年版）等多处文献记录，其时已有毛科任贵州提学副使一职，后又有席书接任提学副使（正德三年）的记载。而《贵州通史》则有"到嘉靖年间始设贵州提学副使总管全省文教之事"一语（《贵州通史》编委会：《贵州通史》第 2 卷，当代中国出版社 2003 年版，第 338 页）。

② 《明实录·太祖洪实录》卷一五○，第 6 页。转引自《贵州通史》编委会：《贵州通史》第二卷，当代中国出版社 2003 年版，第 339 页。

③ 《贵州通史》编委会：《贵州通史》第 2 卷，当代中国出版社 2003 年版，第 339 页。

活的各个方面。"① 在中原文化发达地区，"明初理学，以朱熹学说为依归。学者由对朱熹'涵养须用敬，进学则在致知'为学纲领的不同侧重，分为致知与躬行两派。前者以格物致知、博学多识为功夫进路，后者则重在居敬存诚，涵养心性。功夫途径皆不出朱学范围……"② 黔中地处偏僻，民风尚待开化，文化的首要任务自然不在学理的考索，更离所谓学派分殊为之甚远。无学理可究，只在教民化俗，当是明初直至明中叶黔中儒学传播的一大特色。这一特色的延续实应戛然而止于王阳明先生之龙场悟道。因为"龙场悟道"这件事情本身，无论是就阳明个体思想的进路而言，就黔中学术文化的开发而言，还是就中国哲学史、中国思想史的发展转向而言，皆毫无疑义的是真正属于一具有学理性意蕴的历史事件。

就中国思想史、中国哲学史而言，更多的人把阳明龙场悟道视为一重大发展与转向者。至于提到阳明龙场悟道对于黔中学术文化的开化与发轫，讨论者并不是很多。如果说"过化"强调的是阳明在贵州的教育开化，那么，"悟道"便是凸显阳明在黔中的思想创设，它对于黔中地区在阳明学形成过程中之重要性的首肯是显而易见的。③

说到"思想的创设"，在阳明到来之前，黔中少有学术，更无"思想之创设"，有的只是开民成务之教化，也只是在最低限度的层面，且也是在明朝洪武以来才有所凸显。贵州历史有文献记载以来，开问学之端倪与行化民之教谕者，唯有东汉尹珍（字道真）一人可得而书之④，已有的文献资料证明，其人对西南广大地区的教化确有开创之功。⑤……元代统治者渐知以儒学进行治国理政的重要性，始识"农桑、学校为政之本"，继而在全国范围内大倡儒家之学。不过在贵州留下的却几乎是空白。元代在

---

① 张学智：《明代哲学史》，北京大学出版社 2000 年版，第 1 页。
② 张学智：《明代哲学史》，北京大学出版社 2000 年版，第 1 页。
③ 参见钱明：《王阳明及其学派考论》，人民出版社 2009 年版，第 352—354 页。
④ 尹珍之前，贵州的文人留于记载的，还有舍人与盛览，但仅凭现有证明材料，都不足以称之为"开问学之端倪与行化民之教谕者"。
⑤ 参见郭子章：《〈黔记〉乡贤列传》，西南交通大学出版社 2016 年版，第 967—968 页。

各行省所在地设立儒学提举司，统管各路、府、州、县学校及祭祀、教养、钱粮之事，又得考校呈进著述文字，置提举一员、副提举一员，各路设儒学教授一员及学正、学录各一员，散府、上中州设教授一员，下州设学正一员。元初，蒙古都元帅纽璘驻守成都，居然极力推倡儒学，又以杜甫草堂、杨雄墨池、文翁石室等处建立学宫，以至解囊出资收购图书30万卷，仅草堂就建有书院三所，各处书院日多。贵州的情形无与其比。虽有播州①得风气之先，其地儒学一时兴盛起来。《大元一统志》载："（播州军民安抚司）宦户、儒户与汉俗同"②。文中提到"儒户"，"儒户"即教职人员，数量可观，《遵义府志·土官志》记载了作为元朝播州宣抚使的土司杨汉英，其"急教化，大治泮宫，南北士来归者众，皆量才用之。他喜读濂洛书，为诗文，尚体要，著《明哲要览》九十卷，《桃溪内外集》六十四卷。"当然，提到的这些著述均不见实物，是否真正曾经存在也未详考，故不能据此推翻阳明入黔前无学理可传的判断，但却可肯定教民化俗之实存。从元代至前明的一百七八十年间，特别是到了明代，朱元璋的大力倡导，以儒学教化民众的任务在渐次推广，黔中以及周边地带亦建文庙、讲经史、授学田，民风丕变，诸如设孔子庙，置学舍，择蜀士之贤者，迎以为弟子师，岁时行释礼，人习礼让等等渐成风气。地处贵阳而久负盛名的"文明书院"，据查就是元末明初所建。明代嘉靖《贵州通志·学校》载："文明书院在治城内忠烈桥西，即元顺元路儒学故址。"又有明代《重修顺元儒学记》断碑一通，尚言文明书院曾由何成禄所建。蒋信③书《重修文明书院记》，提到"左有旧文明书院荒址"一语，皆可为明初行教民化俗之确证。

---

① 播州地处黔北，乃今遵义大部地区，当时属四川管辖。故笔者称元代贵州儒学教育尚属空白，是有一定道理的。
② 《大元一统志·卷十》之《播州军民安抚司》，《贵州通志》，贵州人民出版社1998年版，第287页。
③ 关于蒋信其人，本书上篇第二章将作详细介绍。

　　二是既无名儒可举，亦无卓著可考。郭子章①《黔记卷一·大事记上》载："桓帝，牂柯尹珍为荆州刺史。"李独清②先生引济南田雯曰："黔之人物，尹珍以上无论已。"③尹珍（79—162），字道真，东汉牂柯郡毋敛县（今贵州独山一带）人。东汉和帝永元十一年（99），尹珍到京师洛阳，拜著名学者许慎为师，学习儒家经典。学成后返回故里置办学校，成为黔地首开教化第一人。由于尹珍对贵州教育事业的贡献，很快引起东汉朝廷的关注，亦获当时学者之赞誉。按照东汉时代的官吏任用制度，尹珍获得了贤良方正举荐的机会，任尚书承郎，后又在武陵郡太守应奉的推荐下出任了荆州刺史。而尹珍在应奉属下任职的同时，又拜应奉为师继续修习儒学，逐渐成为当时一代名儒。后尹珍弃官返乡，继续以教学为之职事④。据此认为，汉文化在贵州的传播虽可追至东汉，但尹珍之后，直至阳明入黔，其间一千五百年间，实无名儒可举矣。

　　有《思南府志》记载："宋政和间，藩部长田佑恭被召入觐，进止不

① 郭子章（1542—1618），字相奎，号青螺，又号蠬衣生，江西泰和县冠朝乡冠朝村人，明万历贵州巡抚。因其家乡附近有青原山和螺子山而自名。此两山均为江西省吉安府的名山，子章自号青螺，以志不忘家乡之意。据《吉安县志》载，青原山位于老县城（今吉安市）东南9公里，赣江之东，属嵩华山脉，海拔116米。螺子山位于吉安市吉州城北，东临赣江，其主峰海拔143.9米。郭子章在《豫章诗话》中对自号的用意作了如下解释：当自己青年求学时，天天都要往来于住家和县城之间，罗文恭公书"白鹭青螺之会"六字每入眼帘，长成后遂以其中"青螺"二字为号。

② 李独清，贵州师范大学中文系教授，生前花了很长时间和大量精力，研究孙应鳌的全部著作，广泛搜集正史、野史有关记载，以及明代其他作家诗文集中的有关材料，撰成《孙文恭公年谱初稿》，先于1939年和1940年在《贵州文献季刊》第二、三期合刊和第四期上，刊布了嘉靖四十年以前部分。此后，李先生又续写全稿，并对已发表部分作了扩充，到1960年始竣。李先生逝世前，又先后对此稿作了多次修改。李先生生前曾参加民国《贵州通志》的修纂工作，对有关贵州的古籍文献十分熟悉，对贵州作家研究颇深。

③ 李独清：《孙应鳌年谱·自序》，《贵州师范大学学报》编辑部黔新出（90）图字第120号，1990年版，第1页。

④ 尹珍居家办学的遗址和遗存至今尚存，后世为纪念其首开之功，为他修建了纪念物，成为如今黔地名胜。民国时期，黔省将原正安县一部分划出，以尹珍字作县名曰"道真"，以资纪念。

类远人，徽宗异之，问其故。曰：'臣门客夏大均实教臣。'上悦，厚赐之。拜大均保州文学。"①这说明，早于宋代，已有夏大均一类儒士于黔东北思南一带传播儒家文化②。但夏大均之名，毕竟闻者罕矣。明初有田氏土司田仁智统治黔东北地区，其尊朱明王朝"凡有子弟皆令入国学受业"之要求，派出土司子弟抵京读书，学习儒家文化思想，之后回到地方，继承土司之职。田氏土司还兴办学校，传播儒学，并于永乐五年（1407）在贵州设立了思南、思州二宣慰司儒学。③夏大均也好，田仁智也罢，后人断不可轻忘之，毕竟与尹珍、王阳明难以比论。郭子章《黔记卷十四·艺文志上》曰："黔自立国以来，人文未著，作述亡考，至我明郁郁乎盛。名公茂士，扬抈二酉，搜罗百家，蜚声作者之林汇，皆有集可传。至迁客流人，如王伯安、邹尔瞻之类，著述于黔者，皆为山川增采。"④王伯安即王阳明，邹尔瞻即邹元标（后文有述），如此名儒当然只是阳明入黔之后的事情了。所谓"无卓著可考"，有见于郭子章《黔记》，其《卷十六·学校志上》云："昔日之黔，未有文也。"又云："可以马上治之，迩来圣化大行，青衿日广，而提调者多系介胄之辈，此辟之方圆冰炭，其奚入焉？至名宦乡贤，乡饮节孝诸关大典，尤宜慎重。"⑤由此可证，并非虚言。

三是一应军政所需，辅之开科取士。正统八年（1443），贵州设永宁卫，以本卫军生附宣抚司学，其科贡，民隶四川，军隶贵州。嘉靖二十二年（1541），平溪等五卫军生，暨宣抚司民生，称去各该省会险远，比例就近附试，该提学副使蒋信、谢东山，先后议呈两院题奉钦依勘合，卫司生儒俱赴贵州应试，其宾兴银两，仍应办于各该卫司。寻以云南、广西学近贵州境者复求附科，御史孙袤请行禁止，部覆报允，令贵州乡试，邻省

---

① 嘉靖、道光、民国《思南府、县志》，思南县（府）志编撰委员会 2002 年版，第 69 页。
② 索晓霞等：《贵州：永远的财富是文化》，贵州人民出版社 2009 年版，第 31 页。
③ 索晓霞等：《贵州：永远的财富是文化》，贵州人民出版社 2009 年版，第 31—32 页。
④ 郭子章：《黔记》卷十四《艺文志上》，西南交通大学出版社 2016 年版，第 354 页。
⑤ 郭子章：《黔记》卷十六《学校志上》，西南交通大学出版社 2016 年版，第 397 页。

不得再行请附。明初以降之百余年间，贵州一直作为开疆拓土之军旅之地，随着大批来自北部和东部的军士及其家眷的不断移入，乡试的设置，开科取士遂成为一种需求。但在阳明到来之前和阳明到来的一段时间内，地方上的屡屡疏议并未立即获至上允，直至嘉靖十四年（1535）方得尘埃落定，贵州终于设立了乡试场所①。然此之前，黔中虽有府学，但无乡试，贵州学子跋涉重山，远赴滇国应考，实在苦不堪言。

四是官学以学校为载体，为儒学传播与教育的重要阵地。 郭子章《黔记·卷十六·学校志》载："蜒衣生曰：元以前，黔故夷区，人亡文字，俗本椎鲁，未有学也。黔之学自元始，元有顺元路儒学，有蔺州儒学。我明洪武二十六年（1393），设贵州、思州二宣慰司学，永乐间废田氏，思州宣慰司学亦废，已而，思南、思州、镇、铜、黎平五府学以次建焉。比各卫州县学亦以次建，中间沿革具详各学。万历二十八年（1600）播平，又益以印江县学，又议改平越卫学、普定卫学俱为府学，又设黄平州学，新贵县学，而学益备。通一省论，有卫而无学者，贵州、贵州前卫、永宁、普安、清浪是也；有州而无学者，镇宁、永宁是也；有县而无学者，镇远、施秉、铜仁、余庆、瓮安、湄潭是也；有卫学改府学者，都匀、平越、普定是也；有先有学而后革者，永从是也；有先为府学后为州学者，定番州是也。嗟乎，上之人，不难捐廪饩、开制额、广励学官、网罗人才；下之人有愿建学，有不愿建学，兹其故殆难言哉。"② 故黔中各地的学校设置情形大抵如此。

---

① 郭子章《黔记·大事记》"嘉靖乙未十四年秋七月"条："定贵州解额，开科本省。解额二十五人，从巡按王杏请。"这一年，朝廷正式确认贵州考生的举人录取名额并允许贵州省可以在本省独立举行乡试。郭子章按：此次朝廷下达的贵州举人录取名额总数为25名，其中21名来自此前拨给云、贵两省联合乡试中的贵州名额，另外4名则是在此次审议时给贵州追加的名额。朝廷的这一决定是因为时任贵州巡抚王杏上奏请求贵州独立举行乡试，朝廷方予准行。此成为贵州文教发展史上一个具有里程碑意义之大事。（参见《〈黔记〉研究系列丛书》、《吉首大学民族研究文库》，郭子章著，赵平略、尹宁编著：《大事记考释》，贵州人民出版社2013年版，第387—388页。）

② 郭子章：《黔记》卷十六《学校志上》，西南交通大学出版社2016年版，第395页。

前面谈到因军旅迁徙之需而有学校之设立，初土官子弟并不能享此同等待遇。渐渐地，情况才逐步发生变化，土官子弟入学才成为现实。郭子章《黔记》有"成化十七年（1481），令土官嫡子，许入附近儒学"的记述。

各地开始越来越多地设立学校。"定番州儒学，先为程番府学。成化十一年（1475），知府邓廷瓒建于城中。弘治初，知府汪藻迁建于西南隅。嘉靖十五年（1536），知府林春泽建于中峰书院故址。今府移入省城内，改为州学。"①贵阳府儒学，成化间建于旧程番府，隆庆二年（1563）迁府入省，学制、殿庑、祠祀与宣慰司共之，而以司学右阳明书院为明伦堂。万历二十一年（1593），布政王来贤、提学徐秉正、知府刘之龙议呈抚院林乔相、按院薛继茂，建于北门外贵州驿文庙，在明伦堂后，启圣、乡贤、名宦三祠附之。②巡抚江东之《贵阳府新建儒学记》曰：

> 明兴二百年来，声教丕隆，蒸沦翔洽，讵惟函华肇悦，即穷蕃荒服，亦胥渐被。盖家铉户诵，其磅礴匪朝夕矣。黔中，古西南夷地，自高皇帝辟乾户肇造后，遂得列为藩服。虽治杂汉夷，乃百司庶政概视两都诸省，有差无异，而贵阳尤黔省首郡，故牂柯程番地，更始于穆考御极之三年。明年秋，始设学，如会甲，一时规恢未备，姑就阳明书院改署明伦堂，群博士弟子员讲业其中，若圣庙贤庑所为瞻礼陈乐也者，则第因宣慰而贵阳附焉。夫使邑学隶府，犹曰俭制，岂其改郡改名而于弘风训典之要地，顾让而未遑耶？大都崇儒表正，在朝廷作兴倡率，在有司而尽制备物，又自有时为之乎。

为兴学校，郭子章曾上书皇上："一议建学校，以化夷民。臣等会看得黄平等司属播，时逆龙禁文字，仇儒生，以故民多弄兵，鲜知向方。顷播

---

① 郭子章：《黔记·卷十六·学校志》，转引自《贵州通史》编委会：《贵州通史》第2卷，当代中国出版社2003年版，第346页。

② 参见郭子章：《黔记·卷十六·学校志》，《贵州通史》编委会：《贵州通史》第2卷，当代中国出版社2003年版，第346页。

平，时臣等会题以平越卫学改平越府学，黄平州另建一学。又该前巡按御史宋兴祖题将安顺州改安顺军民府，新设平越府，州县建立学校。山西道御史李时华题将新贵县增设一学，备准吏礼二部咨移到臣随行。据布按二司提学道经理道府会议前来，该臣看得建学育贤，化民成俗首务。今据司道会议，改平越、普定二卫学为平越、安顺二府学，增设黄平州、新贵县二学，裁平越卫学训导，改黄平州学学正，裁宣慰司学训导，改新贵县学教谕。此一转移间，不烦官帑，允宜建设。黄平州学，除土司土者子弟照旧收考外，其新民子弟，须照礼部题准近例，二十年后方准收考。今据司道府会议，黄平等州县乃新造之邦，土著鲜少，礼义不知，新民子弟目前准其收考文理平通者，止许入学，不许观场，待二十年方许入试。既不失化诲夷方之意，又不碍冒籍中式之例，似应俯从。其平越、安顺二府学廪额、贡期，准如都匀府学例，各廪二十名，一年一贡。黄平州学准廪拾名，二年一贡。须在十年之后方准起贡。二卫学印记当改为二府学印记。"①"至于增解额一节，迩来黔中文教渐昌，庠序日增，且会试中式不下于粤滇，而乡试解额独少于二省，似应于原额量加。乞敕礼部复议，将贵州解额量增，以广圣化等因。题奉圣旨，该部知道。"②"社学"也是官学之外儒学教化的一种学校形式。江东之曾忆言曰："社学在城内忠烈庙右，万历二十五年（1597），提学沈思充、新贵县知县张羽鸿建。"③

除官学（府学、州学、县学）、社学外，更有较早的司学存在。故有"新贵县学在司学右，新贵故无学"④一说。"司学"是黔中学校形式之一大特色。洪武二十八年（1395），监察御史裴承祖上奏曰："四川贵、播二州，湖广思南、思州宣慰司及所属安抚司、州、县，贵州都指挥使司平越、龙里、新添、都匀等卫，平浪等长官司……宜设儒学，使知诗书之

① 郭子章：《黔记》卷十六《学校志上》，西南交通大学出版社 2016 年版，第 402 页。
② 郭子章：《黔记》卷十六《学校志上》，西南交通大学出版社 2016 年版，第 402 页。
③ 郭子章：《黔记》卷十六《学校志上》，西南交通大学出版社 2016 年版，第 398 页。
④ 郭子章：《黔记》卷十六《学校志上》，西南交通大学出版社 2016 年版，第 401 页。

教。立山川社稷诸坛场，岁时祭祀，使知报本之道。"①事实上，司学仍然
是官学的一种特殊形式。②官学以学校为载体，成为儒学传播与教育的一
大阵地。③贵州宣慰司学为全省之冠。论其历史，元代已有基础，初明即
建司学，历经两百多年，为黔中司学所存时间最长者。论规模，其明伦
堂、大成殿、两庑、四厢，一一齐备，其尊经阁内所藏《五经大全》等
书，为时朝廷颁赐，两座石塔乃仿唐代雁塔，文庙宏伟，又有名宦、乡贤
二祠，在省内首屈一指。④在儒学教育中，尤重土司子弟教育，这显然与
当时的土司酋长制度息息相关。然教化之内容却不容半点通融，一应为官
方指导下之"四书五经"教材，"大一统"的价值诉求是教民化俗之核心
理念和主流意识。⑤为了发挥儒学的教化作用，鼓励创办学校以传播儒学，
并通过改革选举制度选拔儒学精英人才，确定考试科目。虽说有学者认
为："在儒家学说中，宋代的程朱理学将封建纲常化为主宰万物的精神实

---

① 洪武二十八年（1395），监察御史裴承祖奏。《明实录·太祖洪武实录》卷202，转引
　自《贵州通史》第2卷，当代中国出版社2003年版，第351页。
② 根据土司的设置情况，尚有宣慰司学、宣抚司学、安抚司学、长官司学等不同名目。
　司学与其他官学不同之处在于：一是其设于土司管辖区域。二是其主要对象乃为"土
　生"。且不同区域之"土生"尚有不同称呼：称"罗罗生"的，系为乌撒土府之司学对
　象；称为"罗罗、僰人"的，则多为平浪等长官司学中的"苗民"；永宁宣抚司学称"俱
　土僚夷人"，而镇远府属各长官司学亦多为"夷人"；三是"土生"与一般生员有所不同，
　由于语言不通，颇难施教，加之"土生"生员程度不一，有"童蒙入学"者，有"习
　礼土生"者，有"于例不考"者，故难以统一施教。黔中乃土司众多之地，除贵州（今
　贵阳）、思州、思南、播州四宣慰司而外，尚有土司与长官司若干，故较之他省，司
　学于黔中实更为突出。参见《贵州通史》编委会：《贵州通史》第2卷，当代中国出版
　社2003年版，第352页。
③ "社学"作为半官方或非官方的学校教育形式，其产生只在王阳明入黔之后事。正嘉
　后，贵州民间书院兴起如笋，此为后话。最早建于元代的贵阳文明书院，应属官办。
　另一说则以为："弘治十六年（1503），毛科任贵州按察司副使，首开建书院之风，在
　贵阳兴建文明书院，在铜仁建铜江书院。接着，程番府知府汪藻在定番城内建立中峰
　书院。"（《贵州通史》编委会：《贵州通史》第2卷，当代中国出版社2003年版，第
　357页。）
④ 《贵州通史》编委会：《贵州通史》第2卷，当代中国出版社2003年版，第354页。
⑤ 这一点，从王守仁于正德初在黔中所撰《象祠记》中明显可见。

体——'天理'，它比先秦的孔孟学说、汉代的经学、唐代的儒学更加精密，更具哲理性，更加适应明初在战乱的废墟上重建封建统治秩序、恢复和发展经济社会的需要，因而受到朱元璋的青睐。"① 在王阳明入黔之前，黔中士子为了科举的需要，关注于程朱之学，是完全有可能的，但要说形成学理，乃至学派之格局，则是几无可能。为使治国平天下所需的"大一统"思想价值诉求在黔中得以具体贯彻实施，对于明代统治者来说，大力传播儒家文化的真正目的实际只有两个：一是"将儒家文化加以发展，使其与科举取士制度、学校教育相结合，使学校进一步成为科举的附庸"；另一则是"采取种种措施在边疆地区和少数民族居住地大力传播儒家文化，加强对边疆地区和少数民族地区的控制"②。

二、王阳明入黔前之黔中佛学

贵州历史悠久，为华夏第十三省。东汉初年，来自西方之佛教始入中国，至魏晋南北朝时期，佛教与本土之儒道两学激荡碰撞，渐成合流之势，降于隋唐，三教堪称鼎立，释佛一度大成气候，几显压抑众学之势。以下简要对明洪武至正德初年（王阳明入黔前）将近 140 年间佛教于贵州的大致情况作一回顾。

一是佛教传入贵州的时间。佛教甫入贵州，全然与中原不堪同步而晚了七八百年。佛教虽自中唐传入贵州，教系来自川蜀，但只在今黔北一线，直至宋末，均未能跨过乌江。贵州最早进入佛教的地方，莫过于播、思二州（二州均处于乌江以北）。播州于中唐则有佛教开始盛行，所建寺庙不在少数。佛教于元代开始向乌江以南传播，"而寺庙仍很稀少"③。佛教较有声势的传播进展，是在有明初年。播州宣慰司颇重佛教，除重修

① 索晓霞等：《贵州：永远的财富是文化》，贵州人民出版社 2009 年版，第 33 页。
② 索晓霞等：《贵州：永远的财富是文化》，贵州人民出版社 2009 年版，第 34 页。
③ 《贵州通史》编委会：《贵州通史》第 2 卷，当代中国出版社 2003 年版，第 367 页。

宋、元古刹外，"又新建湘山寺（大德护国寺）、复兴寺（瓦厂寺）及真安慈化寺、桐梓龙居寺、绥阳辰山寺等十五所寺庙"①。这时候，不仅府、州、县、卫均有佛寺，土司地区也不例外，佛教渗透到了穷乡僻壤。针对边远落后地区，明太祖朱元璋秉持"治国以教化为先"的方针，以儒学教育为主，辅之以佛道二教，以"得远人之心"，"使人日渐教化"而"化愚民"、"弥边患"，从而达到国家长治久安的目的。故而致使明初以来"佛教在贵州的广为传播，其盛况非宋、元时所能比拟"②。

二是继而形成了一套完整的僧侣制度。洪武十五年（1382），南京中央政府设立了僧录司，置左右善世、左右阐教、左右讲经、左右觉义各一人，掌管全国佛教。相应地，各府设僧纲司，置都纲、副都纲各一人，管理本府寺庙寺僧；州亦设僧正司，县设僧会司，有僧正、僧会各各掌理。一应僧纲、僧正、僧会等司职，均置于当地大庙中，不再另立司署。贵州的第一个僧纲司，实际上是在永乐八年（1410）方始设立。建文四年（1402），播州宣慰司（其时属四川）率先请设僧纲司，虽获批，然于永乐五年（1407）方立，仍属四川管辖。贵州宣慰司僧纲司设立之后三年，即永乐十一年（1413）贵州正式建省，以后各府、州、县、卫是否建有僧官机构，未见文献记录。从已有文献资料可证，"在今贵州境内，最先建立僧纲司的，是当时四川布政司所辖的播州、乌撒、永宁和贵州宣慰司，其他地区的僧纲司是在贵州布政司建立以后才陆续增设的"③。

除了各级管理机构的设置外，对僧人的内部管理制度规定也渐趋严格和完善。洪武二十四年（1391），中央颁布了《申明佛教榜册》，对寺庙、度牒、戒律、诵经方式乃至施主布施金额等都有了明文规定，违者将受到重罚，其中特别是"限僧三年一度给牒"一款，对全国包括贵州佛教的发展，起了极大之推动。仅以正统十一年（1446）中央再次大规模颁发度牒

---

① 参见（道光）《遵义府志》寺庙部分，《遵义府志》，贵州人民出版社2005年版，第212页。
② 《贵州通史》编委会：《贵州通史》第2卷，当代中国出版社2003年版，第367—368页。
③ 《贵州通志》编委会：《贵州通志》第2卷，当代中国出版社2003年版，第368页。

为例，光是赐给贵州会诵《法华经》、《心经》及能作瑜伽法事者土僧童即达 49 名度牒①。又成化二十一年（1485），礼部请行补给贵州僧、道度牒尽达一千之多②。不过景泰以后，度牒制度渐废，代之以应允僧人"鬻牒"，外乡人往往通过捐纳钱粮便可入黔为僧，如景泰三年（1452），"诏令僧人有愿赴黔纳米五石者，给予度牒"③。由于内地流入贵州的僧人与日俱增，贵州的佛教事业得以某种程度的发展。曾与王阳明多有交往的宣慰使安贵荣，亦积极崇尚佛事。"成化年间，安贵荣在水西建立佛寺，今尚存残钟一口"。成化二十一年（1485），安氏"又与夫人奢豚于水西境内建永兴寺，并仿贵阳大兴寺铸铜钟一口悬于寺内，其上铸有两种文字，并有'朝暮德鸣，以镇一方，尚祈佛佑，俾我子孙代'等字样"④。可见明初至明中叶，佛教在贵州的发展，不仅从体制上得以完型，甚而延伸至少数民族地区。

三是佛教在黔流布之派系与佛理。纵观佛教历史，其自诞生之日起就是教中有宗，宗中有派。传入贵州的佛教也不例外，而主要可区分为两大支派：一是注重个体心性修养的禅宗一派；二是强调教化而作瑜伽法事的密教一派⑤。明洪武《御制玄教立成醮仪文序》曰："朕观释、道之教，各有二徒：僧有禅有教，道有正一有全真。禅与全真，务以修身养性，独为自己而已；教与正一，专以超脱特为孝子慈亲之设"，正因为佛教的"教"与道教的"正一"是"专以超脱特为孝子慈亲之设"，故洪武从其治国安邦、教民化俗立场出发，认定其"益人伦，厚风俗"，因而"其功大矣哉"！可见，朱元璋对"禅"和"教"的态度是很明确的，禅宗"务以修身养

① 参见《明实录·英宗正统实录》卷 142，第 1 页；《贵州通史》编委会：《贵州通史》第 2 卷，当代中国出版社 2003 年版，第 355 页。
② 参见《明实录·宪宗成化实录》卷 269，第 6 页；《贵州通史》编委会：《贵州通史》第 2 卷，当代中国出版社 2003 年版，第 369 页。
③ 《明实录·英宗实录》卷 216《景泰附录》34，第 20—21 页；《贵州通史》编委会：《贵州通史》第 2 卷，当代中国出版社 2003 年版，第 371 页。
④ 《贵州通史》编委会：《贵州通史》第 2 卷，当代中国出版社 2003 年版，第 367 页。
⑤ 诚然，亦有两方面兼修并行者。如王阳明先生在黔所成就之业绩，即创心学之始基与行教化之作为，皆可书之。此点，与佛教传入之两运暗合。

性，独为自己而已"，故而不宜提倡；作瑜伽法事的"密教"因能"益人伦，厚风俗"，有利于治国安邦，故可大加扶植。因而在明初于全国范围内，出现抑禅扬密之倾向，也就不足为怪了。

贵州的情况大致如此，不过仍要慢上半拍。"抑禅扬密"的情形在这里并不明显，而是或多或少"禅"与"教"相行不悖，或相互交融混杂。直至成化、弘治间，方渐渐突出"瑜伽势头"。明代（嘉靖）《贵州通志》中记载的"广能，兴隆僧"，郭子章《黔记》中记载成化间的箬笠僧，皆传说能行瑜伽法事。至此黔中密教始盛，以至正统间向僧人授度牒，多对"能行瑜伽法事"的"土僧童"予以关照。瑜伽传入以后，很快步入民间，影响到民风民俗，以至于民间丧祭之事，多以佛法度之。王阳明入黔前，临济宗在贵州尚未兴盛，贵州方志中所记高僧，多为"行瑜伽法事"之密教僧人。①

三、王阳明入黔前之黔中道学

《贵州通史》认为，"道教在宋代即已传入贵州"，不过并未罗列出所据之史料，只是说，"但由于当时广大地区尚属'羁縻州'，未能深入，仅局限于乌江以北的思州和播州"②。同时还说道："到了元代，传播范围扩大，越过了乌江，不但在播州所管的真州、黄平、瓮安等地建立宫观，而且深入黔中腹地，在贵阳建立了大道观。"③明代以前，道教在黔中的传播

---

① 嘉靖以后临济宗于黔中渐起，以至隆万后士大夫之掀起参禅之风，虽不能说与王阳明在黔建立心学始基之悟道与弘道有直接关联，但此时佛教自身开始注意调整各种内外关系，对外大倡儒、释、道"三教合一"，对内则消除临济宗与曹洞宗的纷争，同时又极力使禅宗与净土合流，并提倡佛家"不避世俗"，促使"教禅一致"，从而造成禅宗中兴的局面，出现了云栖袾宏、紫柏真可、憨山德清、藕益智旭"四大高僧"。这一时期，临济宗杨岐派大师密云圆悟（即天童悟）广招弟子，著名的如费隐通容、木陈道忞、汉月法藏、浮石通贤、破石悟卓、破山海明等，在西南造成很大声势，则实非偶然，值得注意。

② 《贵州通史》编委会：《贵州通史》第二卷，当代中国出版社 2003 年版，第 379 页。

③ 《贵州通史》编委会：《贵州通史》第二卷，当代中国出版社 2003 年版，第 379 页。

可见文献者，也只寥寥数语，尚无更多的材料可资佐证。而明代以后，情况则完全两样，道教在黔中之发展与儒学、佛学相似，展现出迥然不同的格局。其根本的原因是，主政者俨然把道教作为一种"敷训导民"的治理手段，于是无论是朝廷还是地方官，都对道教给予了程度不同的支持和推动。从中央到地方，形成了一套成形的道教管理机构；各府、州、卫、所或者纷纷创设道观，或者颁发《道藏》，或者授给道士度牒，"致使道教在贵州的传播出现了新的局面"①。

　　一是从中央到地方，明代在各级政府中均设有专门掌管道教的机构。此机构乃至与儒学、僧纲、医学、阴阳学诸司并列。管理道教的机构，在中央称之为"道录司"，隶属于礼部，"置左右司政各一人，下设演法、至灵、玄义、法官、赞教、掌书等职，并有龙虎山正一真人及太和山提点等，掌天下道士及经典、度牒"②。此外，尚有"法官、赞教、掌书各二人。阁阜山、三茅山各灵官一人"③。在地方，管理道教的机构称之为"道纪司"，各府道纪司内设有都纪和副都纪，"州置道正司，县置道会司"。"僧、道录司掌天下僧道。在外府州县有僧纲、道纪等司，分掌其事，俱选精通经典、戒行端洁者为之。神乐观掌乐舞，以备大祀天地、神祇及宗庙、社稷之祭，隶太常寺，与道录司无统属。"④在今贵州境内，播州道纪司所建为最早，而贵州道纪司则于正统十三年（1448）建于贵阳。⑤《魏书·释老志》称："道教之源，出于老子。"⑥葛洪《枕中书》认为道教起源于"二仪未分"之时的"元始天王"。《隋书·经籍志》则云："道经者，云有元始天尊，生于太元之先，禀自然之气，冲虚凝远，莫知其极。……以为天

---

①　《贵州通史》编委会：《贵州通史》第2卷，当代中国出版社2003年版，第379页。

②　《贵州通史》编委会：《贵州通史》第2卷，当代中国出版社2003年版，第379页。

③　张廷玉：《明史》卷七十四《职官三·僧道录司》，中华书局1974年版，第1817页。

④　张廷玉：《明史》卷七十四《职官三·僧道录司》，中华书局1974年版，第1817页。

⑤　张廷玉：《明史》卷七十四《职官三·僧道录司》及卷七十五《道纪司》，中华书局1974年版，第1817页。

⑥　魏收：《魏书》，中华书局1974年版，第3048页。

尊之体，常存不灭。每至天地初开，或在玉京之上，或在穷桑之野，授以秘道，谓之开劫度人。然其开劫，非一度矣，故有延康、赤明、龙汉、开皇，是其年号。其间相去经四十一亿万载。所度皆天仙上品……诸仙得之，始授世人。"①这些异常玄乎的说法显然属荒诞无稽之谈，较为可靠的说法是，道教的正式形成是在东汉的中后期，除了当时深重的社会危机、汉代统治思想的宗教化、佛教的启示和借鉴外，其产生的思想渊源所表现出来的特点的确与道家思想直接联系，同时又与儒家思想（尤其是汉儒，而在政治伦理方面亦受《周易》影响）、先秦墨家思想、阴阳五行学说、神仙思想和神仙方术等等相为融摄。宋元以后，道教渐分为五大教派，即全真道、正一道、太一道、净明道和真大正道。有明以来，后三者渐趋衰落，遂归于全真和正一两大教派。全真道为金代王重阳所创，主张儒、道、释"三教归一"，把儒家的《孝经》加上《心经》、《道德经》一起诵读，提倡所谓修炼成仙，主张道士出家，尤重清规戒律。正一道又名天师道，由东汉末张道陵所创，以江西龙虎山为中心，奉持《正一经》，常持符篆，祈雨驱鬼，行"神霄雷法"，以事祈雨驱鬼和斋醮活动。道教在黔中原属空白，宋元以前，既无全真，亦无正一。据《悟真篇三注》所载："（全真教道士）遍游夜郎、邛水、沅芷、辰阳、荆南、二鄂、长沙、卢阜、江之东西，凡授百余人。"此为全真教先于正一教而入于贵州的记录，不过具体时间未告之详。明代有于内地受到排挤的全真道人陆续流入，遂使黔中道教有所发展，而播州则是其传播的主要区域②。此外，思州也是

---

① 魏征：《隋书》，中华书局1973年版，第1091—1092页。.

② 据《贵州通史》载：宋元以来，道教在播州已渐盛行，全真道士陈致虚收了若干弟子，建有一批宫观。入明以后，杨氏土司重修了宋代所建的玄妙观、玉皇观和元代所建的集贞观，还有真州的冲虚观、瓮安草塘的后岩观、黄平的福智观和平越的凝真观。杨氏又于正德年间在高坪北面的紫霞山建先天观，嘉靖间在桐梓城北120里建黄沙观，万历间又于黄平五台山建玉虚府，在金凤山上建白帝宫，平越的高真观也是这一时期所建，道教盛极一时（参见《贵州通史》编委会：《贵州通史》第2卷，当代中国出版社2003年版，第380页）。

道教传播较早的地区，自宋元始入而明代大盛①。道教传入贵阳的时间约晚于播、思二州，当在元代至元年间。其时彭如玉（江西庐陵道人）"创精舍，奉普庵祖师"，且寄住于贵阳大兴寺。此为道人入筑（贵阳简称）有文字记载之最早者。尔后，云游道人纷至沓来，"于顺元城②中建立了崇真观，明代改为大道观，内有石坊一座，坊上有'大罗真境'四字，字迹苍劲，为郡人杨师孔所题。"③ 当时崇真观内据传藏有中央政府所赠《道藏》一套④，由云游道人戴雪隐为大道观住持⑤。雪隐主持将近三十年，"凡观其所当为者，无不尽其心"。自道纪司设于大道观后，观内又藏有朝廷所赐《道藏》，于是贵阳俨然而为之全省领导地位者，黔中各府、各土司道事，皆以省城为领项，省城庆典、祈求之事，皆聚而委之大道观。⑥ 有了道纪司的设立，"正一教得以大力推行，从事'雷法'者不乏其人，如贵阳人刘胆德，名噪一时。天顺初，宣慰同知宋然，又在其亲辖洪边地方，建立了崇圣观。贵阳附近的定番州建有真武观和东岳

① 陈致虚也来此地招收了田琦等弟子。思州于明代建有崇林观，思南建有玄天观、玄帝观、云台观，婺川建有玄帝观，镇远建有北极宫、真武观、玉虚观、玄妙观和青龙洞，施秉建有玄都观、玉皇阁，黎平建有北极观、玉皇阁，此时道教的发展以思南、镇远和施秉三地最盛。镇远地处湘黔要冲，水陆交通便利，宋元以来即有湘湖道士至此，而城东的中河山环境清静秀丽，更是道家理想的洞天福地，故佛道两家相继至此，佛寺与道观交错而立。王阳明于正德初年出入黔中曾两番到此，除于青龙洞中讲学外，尚留下《镇远旅邸书札》一文，此系研究黔中王学的一手重要材料。

② 顺元城：贵阳旧名。

③ 《贵州通史》编委会：《贵州通史》第 2 卷，当代中国出版社 2003 年版，第 382 页。

④ 据王训《大道观记》所述，正统十年（1445 年），英宗命道录司召集有名道士编辑《正统道藏》，书成，凡 5305 卷，于正统十三年颁布天下。当时，贵阳尚未建立道纪司，中央所赐《道藏》乃藏于崇真观中。

⑤ 据载，贵州宣慰司宣慰使安陇富、宣慰同知宋昂，乃访举云游道人戴雪隐为该观住持，并上书请立道纪司，获准后推荐雪隐为贵州道纪司都纪，雪隐赴京领篆归，以司其事。又因道观故址狭隘，巡抚都御史蒋琳令有司筹集资财，"购得相邻处方千户废宅一区"，大兴土木，旬月告成，门庑室堂，尽合规制，乃更名为"大道观"。

⑥ (弘治)《贵州图经新志·贵州宣慰司》，参见王训《大道观记》；《贵州通志》编委会：《贵州通志》第 2 卷，当代中国出版社 2003 年版，第 383 页。

观。贵阳近郊的雪涯洞，明时建有玉皇殿，殿额为纯阳真人手迹，前为三宫殿，左有来仙亭。东门外栖霞山上的仙人洞，亦有道士常来，故名'来仙洞'。"①

从贵州全省来看，明初以来，各府各县所辖卫所皆普遍建立宫观。考察贵州明代各地方志中寺观之部，大致为：清平卫有玄真观，平越卫有高真观，龙里卫有紫虚观，新添卫有真武观，平坝卫有玄真观，都匀卫有三清观，普定卫有崇真观，安庄卫有紫霄观、高真观、玄天宫、玄真观，安南卫有玄灵观、南真观，普安卫有太清殿、通明阁、玉真观，毕节卫有崇真观，乌撒卫有真武观、龙泉观，赤水卫有高真观，永宁卫有文昌宫等等，贵阳老东门外之文昌阁，亦是其时正一道教鼎盛之见证。

一条以卫所为通道的道教传播线逐渐形成，这一现象与黔中的第一次大规模移民有着直接关系。绝大多数卫所皆于明洪武始为军队驻扎之地，与多数学者所认同之观点一致："道教之所以在卫所盛行，除了交通方便这一有利条件而外，最重要的是卫所官兵大多来自中原、江南或邻省，……卫所官兵中本来就有不少信徒。为了稳定民心，顺应民情，各卫长官都很重视道教和修建道观，如永宁卫指挥俞镇建梓潼观，龙里卫指挥贾禄建紫虚观等。由于贵州的卫所均设在驿道上，由此形成了一条以卫所为通道的道教传播线，横贯东西，纵穿南北，致使原先道士未至的地方如地处偏南的都匀卫和黔西北一隅的乌撒卫，也有了道教。"② 笔者以为，有关王阳明入黔前贵州文化，特别是儒、释、道三学的现状描述，对于迎接大儒阳明的到来，和接下来所产生的惊世一悟，算得上是大背景下的学术与文化根源，亦即阳明龙场悟道与黔中王学得以产生的学术文化根源。

---

① 《贵州通志》编委会：《贵州通史》第 2 卷，当代中国出版社 2003 年版，第 383 页。

② 《贵州通史》编委会：《贵州通史》第 2 卷，当代中国出版社 2003 年版，第 383—384 页。

第二节　王阳明入黔前之黔中文化人

——从两汉至明中

王阳明入黔前的黔中人物，自汉以降，至明代中期，大致可分为三个阶段加以考察：一为两汉；二为唐至元；三为明初至明中。

一、汉代"黔中三杰"

有文献可查的两汉时期黔中学者，至少有舍人、盛览、尹珍三人，即所谓汉代"黔中三杰"，相对驰名。从文献所载可考，三人之文望，代表了这一时期黔中文化的最高水准，之后的唐至元、明初至明中（即阳明入黔前），黔中虽也出现过大大小小的读书人，凡《志书》中所记"功名"与"耆旧"，似乎少有能与上述汉代"黔中三杰"比肩者。

对汉代"黔中三杰"，以及随之而后的唐至元，以及明初至明中文化人的考察，对阳明入黔后黔中王门的形成、发展来说，无疑是一种关于土壤性、甚而草根性问题的探索。因为我们在随后逐步深入的发掘中会发现，后来成为阳明弟子的黔中大大小小的读书人，其实许多都曾与一种关于"家"与"家族"、"宗族"的缘衍不无关联。

舍人，又称犍为文学，二者到底何为人名，何为官名，不得而知。陆德明《经典释文·叙录》列有史臣舍人，汉武帝时待诏，著有《尔雅注》，"文愈详备"。《隋书·经籍志》据梁朝阮孝绪《七录》，称汉犍为文学，亦谓其有《尔雅注》，惜亡于梁。随后又有"舍人"与"犍为文学"，乃同为一人或各为一人之说。据《绪录·注》，当属一人。钱大昕《隋书考异》云，犍为文学即是舍人。然《左传正义》则文学与舍人并见，似二人，翁方纲曾标此说于《经义考补正》中，谢启昆《小学考》为之解说，略云《正义》，乃并引导说，如《诗正义》中称舍人，《春秋正义》、《尔雅疏》称犍为文学，陆玑《诗疏》亦然，可见《释文》以为一人，似无可疑。舍人（或犍为文学）为贵州遵义人，可为实据。《遵义志》及郑知同谓：汉制秩百石者例以本郡人充选。文学卒史秩皆百石，又《汉仪·注》四百石以下自除国中，足证舍人为犍为人，曾任本郡文学卒史。犍为治鳖，鳖为今遵义。舍人的《尔雅注》，在经学史上，留下相当影响，近人黎庶昌为赵晓峰学博辑犍为文学《〈尔雅〉注》作跋称："《〈尔雅〉犍为文学注》，就余所见知，辑者：有余萧客本，有臧庸本，有王谟本，有马国翰本，有扬州叶心兰本，并晓峰而六。六家中惟马氏玉函山房本盛行于时，其题衔直曰汉郭舍人传，张孝达之洞《书目答问》从之，是不可以无辩。马序云：《文选·羽猎赋注》引《尔雅》郭舍人注，张澍《蜀典》谓即与东方朔同时待诏，为隐语被榜呼之郭舍人也，此其题衔所据。不知《朔传》曰，幸倡郭舍人，陆氏《释文》曰：犍为文学，卒史臣舍人，汉武时待诏。"①《尔雅》，唐宋儒家"十三经"之一，可见舍人于儒家经学贡献之大，以至于为其注者有达六家之多。郭舍人出生黔中，乃所谓汉代"黔中三杰"之第一人也。

盛览，字长通，牂牁人。盛览与汉司马相如同时，二人之间有学行之交往。据《遵义府志》载云："司马相如为《上林》、《子虚》赋，意思萧散，不复与外事相关，控引天地，错综古今，忽然如睡，焕然而兴，几百日而后成。其友人盛览，字长通，牂牁名士，尝问以作赋，相如曰：合纂组以成文，列锦绣以为质，一经一纬，一宫一商，此赋之迹也。赋家之心包括宇宙、总览人物，斯乃得之于内，不可得而传。览乃作《合组歌》、《列锦赋》而退，终身不复敢言作赋之心矣。"② 由此可知，盛览乃是司马相如的弟子中唯一可考的贵州人。他在向司马相如就教后，根据司马相如所传旨意而作之《合组歌》与《列锦赋》，今已不可考。不过，盛览从学归来后，

---

① 《贵州通志·人物志一》，贵州人民出版社 2001 年版，第 3 页。此引可知，尚有舍人为郭姓一说。

② 《贵州通志·人物志》，贵州人民出版社 2001 年版，第 4 页。

设教授之乡人，则有《汉书·西京杂记》存载："司马相如入西南夷，土人盛览从学，归以授其乡人，文教始开。"（又据邵远平《续宏简录》）不过，这里的"文教始开"，是仅就长通之乡，还是就整个黔中而言，尚须考察，因为我们接下来将要谈到的另一人物，东汉的尹珍，通常被誉之为黔教始开的第一人。盛览与舍人一样，都是从事汉学之小学工夫，他留世的著述，《遵义府志》中仅有存目：《赋心》四卷，汉盛览撰。盛览字长通，楪榆人，元狩间从学于司马相如，所著有《赋心》四卷，见《西京杂记》①。几处合共所载，可知盛览所著除《合组歌》、《列锦赋》外，尚有《赋心》四卷。只是如今皆佚。

汉时"黔中三杰"中，如今声名卓著者，当属尹珍。尹珍其人，字道真，毋敛人，曾任荆州刺史，通常认为他才是首开西南文教之第一人。《后汉书·西南夷传》云："桓帝时郡人尹珍，自以生于荒裔不知礼义，乃从汝南许慎、应奉受经书、图、纬，学成还乡里教授，于是南域始有学焉。珍官至荆州刺史。"俞正燮《书〈后汉书·夜郎传〉后》亦云："德清蔡补梅寿昌尝见语云，范书《夜郎传》桓帝时，牂牁人尹珍自以生于荒裔不知礼义，乃从汝南许慎、应奉受经书、图、纬，学成还乡里教授，于是南域始有学焉，珍官至荆州刺史。"根据上述文献，有几点交代是没有出入的：一是尹珍问学时间，俱在汉桓帝时；二是尹珍所师，为汝南许慎与应奉；三是所学，因不知礼义，故所学为经书、图、纬之类。然仍有问题交代不具体，如云"生于荒裔"、"南域"等，确也含糊。

让我们来梳理一下历史记载中的此一问题，因为厘清这一问题，对于本节的主旨有所关涉，这就是关于尹珍的出生地，由于今天的地方政府（一般指县一级）为着眼于本地发展而打造名人文化牌，故使直到今天，

---

① 按：《西京杂记》止言牂牁名士。考班固《汉书·地理志》，牂牁郡十七县，只有漏卧、平夷、同并、毋单、漏江、西随、都梦、谈藁、进桑、句町十县，为今云南之平夷、罗平、陆涼、河阳、通海、宁州、元江、文山地。据此可推，牂牁十七县之另外七县，应属今贵州西北部所辖，至于楪榆具体为何，暂无考述。

仍然有着不同的说法。一种说法认为汉毋敛县地在今贵阳、都匀二府间，此说沿革于《牂牁十七县考》；一说认为今正安县北有毋敛坝，有尹珍宅故址；一说认为绥阳县有唐广明间尹公讲堂碑。上述三说之地，尤其是后二说之地，相距不过百余里程，三地皆不出黔中范围，可知尹珍虽距今已然两千余年，确系黔中士人这一点，是没有疑问的。尹珍返乡讲学，就近几百里周游，自非止于一处，道真开南中之学，凡属牂牁旧县，无地不称先师、食乡社，故此，三地之说并不影响到本书的立论依据。至于其他说法则不能成立者，如《遵义府志》所言："而实事求是，正无庸因后人之私述易古籍之明文，致迁就附会如襄阳、昌黎之谬。"或许"南域"是一个更为广大的范围，即使是超出黔中，涉及周边如川、滇地，也并不与本题所议相违。又，遵义知府赵遵律有《尹珍考》，谓今之正安即唐之珍州，唐之珍州即汉之毋敛，认为先生生汉之毋敛，即今正安州人也。

下面我们来看一下尹珍的学行，因为这才是与本节之主论更为密切的内容。《华阳国志·南中志》云："毋敛人尹珍字道真，以生遐裔未渐庠序，乃还从汝南许叔重受五经，又师事应世叔学图、纬，通三才，还以教授，于是南域始有学焉。"这一段文字与前文所述内容一致。《华阳国志·南中志》续云："珍以经术选用，历尚书丞郎、荆州刺史，而世叔为司隶校尉，师生并显。"好个"师生并显"，表明尹珍已然在于当时之声望与地位，乃与其师应奉同列耳。《华阳国志·南中志》又云："尹珍宦达惟言世叔，师生并显不及叔重。"当然，许叔重乃汉时一代小学大家，千古有名，能够与之接踵其后，也算是不小的荣耀了。至今黔中士人为纪念尹珍，于贵阳扶风山建有"道真祠"，无独有偶的是，此道真祠与阳明祠共建于一处，统称为"阳明祠"。此"阳明祠"为清嘉庆十九年（1814）所建，迄今已逾二百余年。"阳明祠"祠中有祠，乃为"阳明祠"、"尹道真祠"和"扶风寺"二祠一寺，黔人将"阳明祠"与"道真祠"共建一处，标示了黔中历代官府与士人对尹珍与王阳明这两位彼此相距一千三四百年的文化人对黔中作出的文化贡献的认可。但是，在尹珍和王阳明之间的这一千多年历史长河中，再难找到如此这般重量级的人物。前述所谓"无理学名臣可考"，基本就是这个意思，不过，在这一千多年中，大大小小的读书人，也还是可以大概地数上一数的，因为其对于后来出现的黔中王门弟子的渊源与成分来说，依然自有其关联性的存在。

二、唐至元的大大小小读书人

从道理上来说，无论是有功名的士子还是无功名的耆旧，都可以纳入大大小小的读书人之列。说到所谓"大读书人"，汉代"黔中三杰"自然可以担其任，然自唐至元的黔中读书人，笔者以为，皆只算得上是小读书人了。关于"小读书人"的提法，张艺曦在《阳明学的乡里实践——以明中晚期江西吉水、安福两县为例》一书中有一大致的描述。我们不需要对这一特殊概念作出十分精准的定义，只需通过下面我根据地方志书中所提取的现成材料，就能够基本把握住这个指称。"小读书人"就局部而言，他也算得上是一个小地方的精英，地方精英在他所在之地扮演什么角色，他与他的家族有何关联，他的学行在他的家族内或在他所处之地产生着什么影响，而这些影响又如何传承下来，其对后来的阳明黔中后学的产生和发展起到什么作用，的确值得一察。

唐之前的晋，有毋敛人谢恕，字茂理，《遵义府志》载其称"忠义冠军将军"，除"至忠义二字乃常《志》人物品目"外，尚有"文学、政事之比"而名。唐代赵国珍，牂牁之苗裔也，天宝中以军功累迁黔府都督兼本管经略等使，唐代大诗人李白作有《送赵判官赴黔府中丞叔幕》诗，王琦《注》，疑黔府中丞即国珍，故按：虽累官，无功名。据《明一统志》和《四川通志》，有宋冉从周，遵义人，举进士，时呼为破荒冉家，历官为珍州守，有善状。《四川通志》还记有冉举进士的具体时间："从周，嘉熙二年（1238），周坦榜进士。"根据现今所获文献资料所断，遵义人冉从周举进士，岂止是"破荒冉家"，实乃破荒黔中矣。又《遵义府志》云赵高峰，今桐梓人，官至长沙太守。元祐八年（1093）告归，敕赐所居名青莲院，著有诗集，今亡。宋时黔中未设置行省，全境由四大土司分辖，北有杨氏土司，西有安氏土司，南有宋氏土司，东有田氏土司。东部和东北部，均由田氏土司所辖，思州乃其府地。田祐恭，思州人，生有明识，为番部长。《康熙通志》载："祐恭，字子礼，思南人。有胆识，为番部长。政和间被召入觐，拜伏进退不类远人，帝嘉之。……勋业甚著，子孙世其官。"田氏为思州一大姓氏，在思州所辖八府中，田氏人读书成为风气，也产生了许多大大小小的读书人，明中后期思州作为黔中王学五大重镇之一，李渭门下就有不少田姓读书人。黔北杨氏土司所辖之播州，先是隶属四川，明以后划入贵州，杨家乃一大姓族落，故有读书传统。说到杨氏的读书传统，要追溯到他们的祖先唐代太原人杨端。时南诏陷播州，杨端应募而起，竟复播州，遂使领之，五代以来世袭其职。五传至昭无子，以族子贵迁嗣。又八传至粲，粲生价，价生文，文生邦宪，皆仕宋为安抚使。至元十三年（1285）宋亡，元世祖诏谕之，邦宪奉版籍内附，授龙虎卫上将军，绍庆、珍州、南平等处沿边宣慰使、播州安抚使，卒年四十三，赠推忠效顺功臣平章政事，追封播国公，谥惠敏。

杨邦宪的儿子杨汉英，才算得上是杨家南下播州以来的一个不大不小的读书人。杨汉英，字熙载，又名杨赛英不花，"赛英不花"，赐名也。他小时候的故事流传至今：小汉英 5 岁丧父，至元二十二年（1285），母亲田氏携至上京见世祖于大安殿，帝呼至御榻前，熟视其眸子，抚其顶者久之，乃谕宰臣曰："杨氏母子孤寡，万里来庭，朕甚悯之。"遂命袭父职，锡金虎符，因赐名赛英不花，这一年汉英方 9 岁。三年后的至元二十五年（1288），12 岁的汉英再次入觐，帝见其应对明敏，称善者三，复因宰臣奏安边事，帝益嘉之。是年改安抚司为宣抚司，授宣抚使，寻升侍卫亲军都指挥使。成宗即位，赛英不花两入觐，赠谥二代。以后连年，赛英不花均有建树，无论是赴募国事，还是地方治理，成绩卓著。据《〈元史〉本传》，至大四年（1311），赛英不花加勋上护军，诏许世袭，时播州南部卢崩蛮内侵，诏赛英不花会思州宣慰使田茂忠讨之，赛英不花不幸以疾卒于军中，年方四十，赠推诚秉义功臣、银青荣禄大夫、平章政事、柱国，追封播国公，谥忠宣，子嘉贞嗣。重要的是，赛英不花作为读书人，非但究心于宋代理学，且留下皇皇之著。《〈新元史〉本传》记："汉英究心濂洛之学，为诗文典雅有则，著《明哲要览》九十卷，《桃溪内外集》六十卷。"宋濂《杨氏家传》称杨家子弟"嗜读书，择明师授子经，四方士有贤者辄厚币罗致，岁以十百计"。清人袁桷作《书杨安抚训子诗后》，表彰杨氏家族的传世书香：

> 周鲁公传三十四世，夫子记二百四十二年之行事所不忍言，是则伯禽以后为无闻矣。家训之严，莫胜于袁柳，若包孝肃、司马文正庭诰俨在，至诸孙而靡传。君子之泽五世而斩，夫岂徒言哉！播州杨忠宣公，其子锡爵，作诗训示，韦玄成之。诗有曰："于戏（吁嚱）后人，惟肃惟谨，无忝厥祖，以蕃汉室。"公之诗有焉。今宣慰君盛年执讲问学，日积金玉厥躬，以承休誉，克昭乃显祖，视鲁公世家实为有光，尚勉之哉，则忠宣公实不朽矣！①

由此可知，在明代之前，贵州作为蛮荒之地，凡有文化的读书人极少，且基本集中于土司之大家族中。然四大土司中，以北部播州的杨氏土司大家族和东部思州的田氏土司大家族，因地沿文化辐射之关联密切，他们在接受中原儒家文化方面得天时地利之便，因而比之西部安氏和南部宋氏两个土司族落来说，能够有较多的文化人或做官或著文者，得以传载于地方志书而流传下来。像播州的杨氏家族和冉氏家族，思州的田氏家族、罗氏家族，皆算得上是家学渊源，代有传人。

三、明初至明中的大大小小读书人

贵州算得上是个移民省份，历史上曾有过三次较大规模的人口迁徙，

---

① 《贵州通志·人物志》，贵州人民出版社 2001 年版，第 19 页。

第一次就发生在明代初年。① 时朱元璋命傅友德大将军率 30 万明军赴黔滇以扫元遗，除携带大批家属外，还随之涌入了一批批宗教文化士人，沿途修建了大量卫所、屯堡、学校乃至宫观庙宇。中原的文化优势在逐渐地部分地替代原始荒野的同时，读过一些书的和正在开始读书的小文化人渐渐多了起来。这部分人大致由两类成分组成，一部分是因迁徙而来的军人、官员以及他们的子女，他们在带来文化因素的同时，也在这里为取得功名而继续作出努力；一部分是当地的富户子弟因条件发生变化而开始有更多的人进入庠序及塾院，除逐步建立起来的州学、府学、县学外，民间的私塾也渐渐地多了起来，为这部分人变更和提升文化身份奠定了基础。不过，我们还是依照从明初至明中的时间顺序，来大致回顾一下各类志书中提到的具有代表性的大大小小的读书人。这些人之所以能在志书中留名，一定在当时来说已然跻身于地方上翘楚之列。

王训是我们必须提到的明初黔中文化第一人，其字继善，号寓庵，贵州卫人，《贵州通志·人物志》对他有八字评价："博学知兵，诗文雄伟。"他出生在卫所，军人驻扎的地方，故可推知其先或本人乃内地随军迁徙而来。《贵州通志·人物志》② 云其"宣德乙卯（1435）举云南乡试"③，据此推算其生年应在 15 世纪之初。正统间，王训得都督吴亮荐，拔贵州儒学训导，其教法严整，文化以兴，足以绵蒀后来，蓍龟多士。王训这个读书人不仅讲教致学，还颇有军功，正统十三年（1448），麓川思仁发叛，尚书王骥总帅讨之，辟训往佐，卒获渠魁。十四年（1449）苗佬攻围新添、平越等卫，尚书侯琎亦辟训赞画，不阅月，围顿解，论功升教授。训强壮时，当道屡列荐，皆引避，晚以子官推封武略将军，卒年八十。

---

① 第二次移民，指发生在抗日战争时期的"内迁"；第三次移民，指 20 世纪五六十年代的"南下"与"支黔"。

② 《贵州通志·人物志》，贵州人民出版社 2001 年版，第 21 页。

③ 当时黔省未设乡试，黔中士子皆远赴云南，于昆明与云南士子同考。贵州独立设乡试科考，是在嘉靖十四年（一说为十六年）。

王训的文望，据莫友芝《黔诗纪略》：有文集三十卷见《明史·艺文志》，《千顷堂书目》载其集曰《寓庵文集》，旧记称其诗文雄伟，而清《四库全书提要》不存其目，惜逸已久矣。今可见者唯《月潭寺》一记，《嘉瓜》一颂，律诗五篇，未必为其精要，而《客夜》三诗，其诗境之苍凉雄郁亦可见一斑。明黔开草昧之功不能不首推王训也。贵阳城北二里许白岩山有台，叠石为之，傍凿池绕以花木，王训曾读书期间，今犹称读书台耳。

贵州卫设地，即今之贵阳，贵阳不仅出了个王训，还出了个詹英，詹家是贵阳一大家族，其子其孙，竟然与王阳明搭上了重重关系。

詹英，字秀实，贵阳籍举人。《乾隆志》记其明正统戊午（1438）举人，授会川（今遵义汇川）卫训导。他与前面提到的王训一样，同样与时任兵部尚书王骥搭上了关联。时滇有麓川之役，詹英上疏边务十三事，悉行之。然王骥凡三征麓川，卒不得思机发，议者咎骥等劳师费财，以一隅骚动天下，而会川卫训导詹英抗疏劾之，大略谓骥等多役民夫，贪功黩武，劳师费财，上大异之，即诏詹英往参其军。后詹英考满迁河西教谕，疏荐可抚蜀者侍郎张固，上可之，蜀赖以安。詹英卒后，所著有《止庵集》于《康熙通志》存目，全本已失传，唯见一诗、一疏于莫友芝《黔诗纪略》而已。詹英之孙詹恩，弘治八年（1495）举人，十二年（1499）进士，恰与王守仁为同科进士，他们之间的故事留作后文交代。

明代贵州的第一个进士是赤水卫人张谏，字孟弼，其先自应天句容来籍。《嘉靖通志》①云乃父伯安，读书好义，以孝友清俭为时所重。张谏富文学，有雄思，任监察御史，风裁凛然，累官太仆卿，以严能闻。《乾隆一统志》②云："谏少有志节，正统中由进士授行人。丁母忧归，哀毁骨立，庐墓三年，有产芝③之异。服阕，拜御史，督福建银课，时流寇余孽

---

① 转引自《贵州通志·人物志》，贵州人民出版社2001年版，第24页。
② 转引自《贵州通志·人物志》，贵州人民出版社2001年版，第24页。
③ 芝，即芝草，古人以芝草绕墓而生，群鸟环墓而飞，喻后人孝感之意，其墓称"孝芝墓"。

间或作乱，谏剿平之。父卒，复庐墓，芝再产墓侧，人咸异之，官至太仆寺卿。"莫友芝《黔诗纪略》对张谏的学行作了陈述："孟弼少有志节，喟乡里自宋元来，鲜以文章经济闻者，乃北走蜀学于刘仲珩，微言妙义，能辨析无滞，仲珩喜甚。适刘忠愍廷振奉使至蜀，仲珩见之，忠愍亦大奇之。"张谏的科举道路可谓顺利，他于宣德十年（1435）至京师师事刘忠愍门下，于正统四年（1439）成进士，授行人。

据史料记载，明代贵州有举人始于永乐辛卯（1411）。甲午（1414），则有附云南、四川乡试（时贵州未置科场）之刘宏（永宁人，官知县）、廖沈（播州桐梓驿人）。张谏为有明黔中进士之第一人。自是，人物汇起，而赤水为盛。其相次成进士者，天顺元年（1457）有陈迪，八年（1464）有朱谦，成化八年（1472，是年王守仁生于余姚瑞云楼）有徐节、茅铉。陈迪、朱谦、茅铉并官御史，有声。朱谦擢江西佥事，有真宪臣之目。刘宏、廖沈、陈迪、朱谦、茅铉等人"诗俱无传"，惟"孟弼犹存一篇"。

根据几种志书之记载而作出的综合统计，从正统四年（1439）张谏为黔中进士第一人起，到正德三年（1508）王守仁入黔前的这 70 年时间里，贵州一共产生出 24 名进士：

1439 年，张谏；

1442 年，秦颙；

1445 年，申祐、王敞；

1448 年，黄绂；

1454 年，易贵、周瑛；

1457 年，黎逊、钟震、彭果①、陈迪；

1464 年，赵侃、朱谦；

1469 年，杨遵；

1472 年，徐节、李珉、俞玑、茅铉；

---

① 彭果：《贵州通志·人物志》记为彭果，郭子章《黔记·大事记》记为彭果。

1484 年，朱壁、熊祥；

1487 年，郭珠；

1499 年，詹恩、汪大章、潘埘。

为了能够更合理地说明黔中王门产生的本土基础，本节拟将上述人物中具有代表性的几位读书人再行作出分析。这是因为，这几位人物不是在《康熙通志》、《乾隆一统志》有传，就是在《嘉靖通志》、《贵阳府志》、《黔诗纪略》等较为重要的志书中序传，可见都是一些相对较有分量的读书人，他们是秦颙、申祐、黄绂、易贵、赵侃、徐节和詹恩等七位。

秦颙，字士昂，贵州前卫人，登正统壬戌（1442）进士，累官至云南参政，履正奉公，旬宣不怠，而谦牧之德，尤为乡邦所重。《乾隆一统志》说他是贵州宣慰司人，成进士后，授行人，迁礼部员外郎，天顺初奉使滇粤咨民隐，归疏于朝，上多采纳。历官云南左参政时，铁索箐①贼起，攻破州府，颙袭擒之，会御史审决死囚，忽万鸟飞聚省堂，驱之不散，颙疑有冤，详鞫之，释无辜者 39 人。《康熙通志》亦载有事迹，说秦颙一次巡金齿，渡潞江，忽风涛大作，舟中人悉惊怖，独秦颙面不易容而正色赋诗云："若受赃私并土物，任教沉向潞江中。"风宁舟济，人谓忠诚所格。后卒于官。除几首诗外，秦颙未见有多少文字留存，恐皆佚失。

申祐，字天锡，贵州思南府务川人，正统三年（1438）乡试，正统十年（1445）成进士。申祐小时候为到思州府读书，每日身负干粮徒步往学，暇时又常跟从父亲田间务活。有一次，父亲被山中老虎所衔，申祐持杖挺身奋力击之虎，"虎逸，父免咥焉"。申祐进士即出四川道监察御史，"以謇谔闻"，虽不善言辞，却以正直见称。他常常出巡庐凤、安庆诸府，暇时则进诸生讲论经史，讲到忠孝节烈等事例时，尤其恳切动人，听者多感动不已，以至于在他返还都城时，诸生相送甚远。

---

① 铁索箐：云南宣威府地名。

申祐之死，甚为壮烈。正统十四年（1449）八月，瓦剌也先因怒于太监王振压低马价而大举入犯中原，塞外城堡均被其攻陷，形势危急。于是王振挟帝大驾亲征，举朝大臣未能制止。自太师英国公张辅以下大小官员数百人，行至土木堡地方，敌已逼近，守隘诸将纷纷以败战死，这就是史上闻名的"土木堡之变"。明军面临困境，为脱身计，正统皇帝"命选群臣貌似己者，众推申祐"，于是，申祐"遂冒乘舆，师溃遇难，扈从数百人惟数人得脱，而帝蒙尘以全"。然而申祐如此这样的忠烈事迹，却在后来所建的土木堡纪念馆内无任何体现。

对于申祐之以忠孝节烈称于当时，死后却未得以公正对待的情况，黔中王门理学三先生之一的李渭之门人，同是思南府人的萧重望，于百年后为其愤而鸣屈，题奏《缺漏申侍御土木堡忠诚庙名位疏》（见《黔诗纪略》）称："表扬忠孝，以鼓天下贤豪人心，以励万世地方风俗事。"但不幸的是，"顷者巡历土木堡见忠诚庙，忠愤之念勃勃欲发，竭诚诣词展拜，亲目牌位姓名，系正统时死难之臣，独未见申侍御忠臣牌位，目击心伤，寸肠碎裂万断已"。萧重望文中列举申祐"其节有三"："臣请为陛下言之：祐在童时居乡，随父之田，虎忽爪父去，祐执杖击虎，脱父命于虎口，事亲之难其一。及乡试于胄监，国学祭酒李时勉以言事忤旨枷示国子监门，祐倡六馆诸生石大用等挝鼓愿以身代师难，上霁天威得释，事师之难其二。迨至土木之役，王振惑帝亲征，两军对垒，危亡旦夕，上命群臣中选有与朕貌相合者，不妨代朕乘舆，庶朕脱难。众推申祐御貌与君貌若相似，即命以身代天躬乘銮远驭，保帝驾以全归，事君之难其三。"又有礼部尚书程敏政议草《为申侍御代驾死难苦忠扼腕不平书稿》："忠臣申祐代驾死节，忠孝名臣实迹有据，本当优恤，速令入祠享祀，谥荫耳耳。"可见公道恒在人心，天理不容泯灭。终于有了结果。其实如申祐这样的读书人，不仅作为黔中人物十分难得，就是在全国范围内的读书人中，也是十分少见的。

比申祐晚一科的进士黄绂，也是一个值得一书的读书人。

黄绂，字用章，其先封邱人，曾祖徙平越，遂家焉。黄绂登正统十三年（1448）进士，除行人，历南京刑部郎中，其性刚烈，人目之曰"硬黄"。地方上有一大猾谭千户者，占民芦场莫敢问，黄绂夺还之民。成化九年（1473），黄绂迁四川左参议，久之，进左参政。按部崇庆，旋风起御前，不得行，绂曰："此必有冤，吾当为理。"风遂散。二十二年（1486）擢右副都御史，巡抚延绥。弘治三年（1490）拜南京户部尚书，言官以绂进颇骤，频有言。帝不听，就改左都御史。黄绂历官四十余年，性情耿直，不容小物，但他自己能做到操履洁白，有所建树。弘治六年（1493）乞休，未行而卒，《明史》本传有记。作为贵州人的黄绂，在外做官时间较长，他的后裔寄籍吴中，无从访求。据《黔风旧闻录》，称其遗书仅《飞泉》四篇，高古浑健，足追汉魏。《黔诗纪略》云其"平身所著奏议诗文悉焚不留，惟见方志载《平越卫学》一记，《飞泉》《月山》等五诗而已"。还特别称赞道："公为有明贵州名臣之冠，劲节清风，沾丐闾里，诗文本不足言，然而零篇小咏亦自当行，片羽吉光弥增擎宝矣。"莫友芝最后品黄绂：晚岁好道，自号精一道人、蟾阳子，复有《参同契注》，未见。与王阳明同年的李梦阳，与黄绂为至交，撰有《尚书黄公传》，亦云其有《参同契注》本独存。不仅郑晓有《都御史黄公传》，甚至查继佐《罪惟录》、傅维鳞《明书》，都有为黄绂作传。

易贵，字天爵，贵州宣慰司人。《图经》上说他性通朗刚正，淹赅载籍，为文善叙事，登景泰甲戌（1454）进士第五人，筮仕职方主事，两奉使命，升礼部郎中。易贵出知辰州府，崇学校，恤民隐，遇事明而能断，不怵于势利，有古循良风。与前面提到的几位读书人极为相似的是，易贵在做人上的确堪称上流。《图经》还说他归田后，杜门校书十余年而卒，所作有《竹泉文集》十五卷，《诗经直指》一卷，《葬书》一卷。易贵无疑算得上是一个儒家学者，在王阳明到来前的明代中期，他闭门修书十余年，著述已不算少，但只有《黔诗纪略》稍详，先说他"撰《辰阳志》若干卷，以老乞归，闭门著书十余年始卒"，又说他"淹贯群经，尤长于《易》，尝构别业于贵阳北二里许，读《易》岩谷中，至今犹称点易岩。① 省、郡《志》载其著述但云有《群经直指》、《竹泉文集》。"考《明史·艺文志》"易贵《诗经直指》十五卷"，黄虞稷《千顷堂书目》"易贵《竹泉文集》十五卷"，朱检讨彝尊《经义考》亦载："易氏贵，《诗经直指》，佚，记长老言，易氏《易经直指》亦十五卷，今皆未见，其他《经》并卷数亦不可考矣。"依然是莫友芝的评价比较到位："黔人著述见于史者，别集始于王教授（按：即王阳明），经说始于先生（按：即易贵），并明一代，贵州文教鼻祖，其开创之功，不在道真、长通下。"将易贵与阳明并提，又称其文教开创之功不在尹珍、盛览之下，这个评价已经相当高了。所以莫友芝以为，当"遍访藏家求两先生著述与好事传之，乃大快也"。他说他曾经于"道光壬辰（1832）冬，友芝计偕经辰州，适修郡学正殿，先师、四配、十哲犹旧像设，校官诸生方检点贮器，散置庭庑间，闻余黔人，乃指圣贤像及最旧器相示曰，此君乡先生天爵易公遗也。又谓易公守辰，教士驭民一如家人父子，曲直往诉一言立决，案牍无留者，盖心先服之矣。有明辰阳守令循者殆无逾易公，辰人犹喜道其杖石以济被盗篓人，因以得盗一事，此特公小权数耳。"为此，莫友芝叹赞云："噫！徐三百年而循泽称道不衰，经术入人之深，诚非一切之所能及也。辰阳留别诗蔼然儒言，安得《竹泉集》一尽其蕴耶！"②

王阳明居黔时咏诗一首，名曰《夏日登易氏万卷楼用唐韵》，作于正德九年夏天，诗中易氏即易贵也。该诗描写了夏天六月登楼所见景色和作者感受，表达了作者因离家万里，关塞阻隔难归的惆怅心情。易氏万卷楼在贵阳老城（内城）北，由时任知府的易贵建以藏书，为明代贵阳名楼，今已不存。既然是当时的藏书楼，必然吸引大文化人王阳明前往，阅书是一方面，登临更是一方面，二者兼顾，自然大发诗兴：

　　　高楼六月自生寒，

---

① 点易岩，即位于贵阳城北六广门右侧上坡处，惜岩已劈。
② 莫友芝：《黔诗纪略》，贵州人民出版社1993年版，第61—62页。

　　杳嶂廻峰拥碧阑。

　　久客已忘非故土，

　　此身兼喜是闲官。

　　幽花傍晚烟初暝，

　　深树新晴雨未干。

　　极目海天家万里，

　　风尘关塞欲归难。①

王阳明喜作步韵（次韵、和韵）诗，除步友人、时人的诗韵外，还有步古人的，再如"用杜韵"、"用苏韵"等皆是。② 这个六月应是阳明入黔的第二年，因为第一年的六月他还不可能有如此从容的日子，能在贵阳城内的易氏万卷楼轻松做客会友。那时的夏日，也如今日"爽爽的贵阳"，新雨之后更是凉爽宜人。人好，景好，几乎使他忘记了自己身处异乡。忽而，他又清醒了自己的身份，思及万里家乡，欲归不能，又暗暗陷入无奈的愁苦之中。……这是几十年前的贵阳人易贵给一位外乡人带来的乡愁。

　　说了易贵，就来说说赵侃。赵侃，字至刚，贵州普定卫人。天顺三年（1459）举人，八年（1464）成进士，授吏科给事中，累升都给事。《图经》云其忠谨耿直，时政得失，军民利害，累形章疏，率见举行，升通政司右通政，兼掌五军诰命事，终于官，朝廷赐以谕祭。赵侃年五十八卒，有《草亭略》一书可述，惜不传。景泰首科，诏云南乡试不限云贵份额，据文字通校为去取，结果这一年贵州大获丰收，赵侃举第二，平坝卫卫兰第三，普定卫张清第四，兴隆卫周瑛、宣慰司钟震并有文名，称一时乡科之盛。钟震后来还举天顺丁丑（1457）进士，官工部主事。

　　还有一位有些分量的人物值得一书，他就是鼎鼎有名的徐节。徐节，

---

① 王守仁：《王文成公全书》，王晓昕点校，中华书局 2015 年版，第 1235 页。

② 这首诗用的是唐代大诗人岑参《和贾至舍人早期大明宫之作》一诗的韵脚。岑参原诗为："鸡鸣紫陌曙光寒，莺啭皇州春色阑。金阙晓钟开万户，玉阶仙仗拥千官。花迎剑佩星初落，柳拂旌旗露未干。独有凤凰池上客，阳春一曲和皆难。"

字时中，贵州宣慰司人，他中进士的那一年，乃成化壬辰年（1472），浙江余姚的瑞云楼诞下一男孩，这就是本书的第一主人翁王守仁。更为巧合的是，正德元年（1506），王守仁因言获罪，遭致权阉刘瑾打压，下诏狱，杖四十，贬贵州龙场驿丞。时任山西巡抚的徐节亦得罪权阉，与王守仁一道被列于反党集团名单，削籍贵州，贬为庶民。

徐节的祖籍乃安徽绩溪（今宣城市），明初，其曾祖徐伯逊谪戍贵州，后定居于贵阳。徐节自幼聪颖异常，6 岁入乡塾，所阅之书，过目成诵，少即习《易》，为巡抚陈泰大为称奇。陈泰乃福建光泽人，举子出身，惜才如命，对徐节如此才能倍加赞赏，乃惠赠徐节《易义》诸书，助其解惑释疑，并将其选送县学深造。正统十三年（1448），节父徐资"参谋戎幕，殁于战阵"，面对家庭不变，徐节惟有发愤自强，乃取经、史、子、集读之，不舍昼夜。天顺三年（1459），徐节举云贵乡试，之后即赴京会试，虽几次未及，却志矢不改，终于成化八年（1472）高中进士，授河南内乡知县。由于勤于政事，爱民如子，深得内乡民众交口称赞，成化十三年（1478）升福建道监察御史，离任河南时，内乡民众夹道不舍，滴泪远送，久不释手以至撕裂其衣。徐节于福建监察御史任上，三上奏疏，劾锦衣卫牛循之不法行径，上纳，牛乃法办。成化十九年（1483），徐节入掌河南、山西二道，又弹劾权相万安之不法，时人赞其"风裁凛若"。弘治元年（1488），节迁直隶太平知府，时生瘟疫，节亲临疫地，以"抚疗"之法救民水火，其效乃佳。弘治十一年（1498），升云南左参政，太平百姓遮道挽留，又现当年内乡场面。由于治滇之功卓著，朝廷授其"录功食正二品俸"。弘治十五（1502）至弘治十七年（1504），先后任广西左布政使、广东右布政使。

和王守仁一样，正德元年（1506），徐节遭受了其平生第一次重大波折。当兵部主事王守仁为救谏官戴铣等人受廷杖而谪戍贵州龙场驿时，已就任右副都御史、山西巡抚、提督京师的徐节因"廉能公谨，善誉四达"正待进一步提拔时，却因为"忤犯刘瑾"，被此权阉假传圣旨而"削职罢归"，遭到与王守仁相同的下场。既然削职罢归，按理徐节就应当回到了贵州，当王守仁于正德三年（1508）春至正德五年（1510）初逗留贵州期间，徐节即以其老迈之身简藏于贵阳家中。惺惺惜惺惺，初至龙场始得草庵而居之的王阳明，闻知徐都宪①蜗居贵阳老城，自然高兴得忙不迭要去徐府拜望这位前辈，此时已是春暖花开的时节，一对忘年之交，两个被贬之人，怀着彼此仰慕的欣喜，同游贵阳之南庵，王阳明作诗《南庵次韵二首》②：

其一

隔水樵渔亦几家，

缘冈石路入溪斜。

松林晚印千峰雨，

枫叶秋连万树霞。

渐觉形骸逃物外，

未妨游乐在天涯。

频来不用劳僧榻，

已僭汀鸥一席沙。

其二

斜日江波动客衣，

水南深竹见崖扉。

渔人收网舟初集，

野老忘机坐未归。

渐觉云间栖翼乱，

愁看天北暮云飞。

---

① 都宪，巡抚的别称、尊称，徐节被贬前曾任山西巡抚，故有此称。有学者著《王阳明黔中考》，称徐都宪乃徐文华，误也；又有学者著《王阳明贵州诗》，亦称徐都宪为徐文华，以误传误也。

② 参见王守仁：《王文成公全书》，王晓昕等点校，中华书局2015年版，第853页。

> 年年晚岁长为客，
>
> 閒杀西湖旧钓矶。

二人诗来辞往，甚是相契。王阳明又作《徐都宪同游南庵次韵》①一首：

> 崖寺藏春长不夏，
>
> 江花映日艳于桃。
>
> 山阴入户川光暮，
>
> 林影浮空暑气高。
>
> 树老岂能知岁月，
>
> 溪清真可鉴秋毫。
>
> 但逢佳景须行乐，
>
> 莫遣风霜着鬓毛。

他们不仅是诗友，而且还是书友呢。徐节流传到今天的书法遗迹已经很少了，但是他在当时却是一位在书法上颇有影响的人物，"通篆、隶、行、草诸体……乡邦楷范"。他擅长各种书法，为当时士人视为学习的榜样。从文献中对他的记载看，他在当时已是明代贵州著名的书法家了。以下一段考古发掘，见证了王阳明与贵阳徐节老先生的亲密合作。公元1955年在贵阳旧城西出土了《明封孺人詹母越氏墓志铭》，这通墓志铭上的志文作者是王守仁，汪汉用楷书录入，刻在纵横都是50厘米的石块上。这通墓志铭刻于正德年间，应该就是王阳明居黔的这段日子里。志盖上的"明封孺人詹母越氏墓志铭"11个篆字为徐节所书。这是目前仅见的徐节的手迹，他的字与同他大致同时的王木②的篆字风格相比较，各具特色。王木的篆字特点是方圆兼及，方中寓圆，圆中见方。而徐节的篆字，则比较

---

① 参见王守仁：《王文成公全书》，中华书局2015年版，第854页。
② 王木（生卒年不详），字子升，号晴溪，明朝贵州清平卫（今凯里市）人。正德八年（1513）举人，授隋州学正，历任御史、巡按，后出任云南佥事。主要著作有《东巡集》《晴溪诗集》等。《黔诗纪略》录其诗四首。

多地用了方折之笔，并且在字的造型结构上，其笔画往往向左右伸展。上述十一个字中，"明"、"越"、"人"、"母"、"孺"等几个字，明显地都具有此倾向，表现出舒展而方硬、挺括而细劲的特点。王阳明喜于与类如徐节这样的鸿儒交往，必然给他贬谪的时光带来了莫大的快乐，更何况二人同有贬谪之身呢！所以，至今仍保存在贵州省博物馆的"詹母越氏墓碑"上明显地镌刻着如下字样：

　　　明封孺人詹母越氏墓志铭
　　　赐进士出身余姚王守仁撰
　　　赐进士出身通奉大夫都察院右副都御史郡人徐节篆
　　　乡进士奉直大夫云南北胜州知州嘉禾汪汉书

喜讯传来，正德十年，当刘瑾篡政阴谋败露而"诏磔于市"，王徐二人亦同时迎来了新的生机，王守仁升任江西庐陵知县，徐节则奉诏官复原职，这时的徐节已是七十六岁高龄，不久就因年老体弱而辞官返里。"积学以致荣，砺行以范世"的徐节告老归林后，过着游心于文瀚的简朴生活，他"慕陶潜之所为"，作"挽歌行状"以示门人。其为人旷达，待人以礼，常常与二三绅耆硕儒觞咏于泉石之间，把酒临风，吟诗作赋，挥毫泼墨，更尤善篆、隶、行、草诸体，每每门生鳌集，玄歌不绝，起黔学风气于一时一隅耳，真所谓"居庙堂之上，则忧其民；处江湖之远，则忧其君"。正德十五年（1520），这个天生傲骨，一生正气的黔人离却人世，享年八十有六，给"天下想闻其清节"的人们留下了不尽的思念。

　　在这一节的最后，我们还应提到一个人，即前面谈到的詹英，他的孙子名叫詹恩。詹恩字莐臣，贵阳府人，他与王阳明有着多重关系。弘治十二年（1499），詹恩与王阳明同科进士，王阳明观政工部，詹恩则试政户部，这是第一重关系；正德三年（1508）王阳明到贵阳，欲拜望这位老同学，不意詹恩先故，其母越氏亦故，詹恩之弟詹良臣则拜师阳明，这是第二重关系；王阳明在黔期间，与詹家多有往来，詹恩之母去世，阳明受托作《詹母越氏墓志铭》以记，这表明彼此之间关系如此，并不一般。

从明初到明中的黔中大大小小的读书人，主要从之于两个来源：一是世居之富户子弟，特别是黔北播州之杨系世家、黔东思州之田系世家，可充牛耳；另一则是明初举家大迁徙而来的军伍、官宦、商贾之家，这些人家在黔中出生的第一代子弟长成之时，正是他们中的代表张谏长成而举进士（1439）之日。这一时期黔中的问学空气比起汉末至元的一千余年来说，已是不可同日而语。不可否认，我们从后来黔中王门诸子的构成可以看到，这一问学空气的变化，的确算得上是推动黔中王门得以产生的一个有力助因。

第三节　黔中王学的兴起

黔中之学，始于东汉尹珍，其后道中绝；到了明中，乃有阳明之学突放光彩。阳明龙场一悟，既掀起了黔中文化难得之高潮，也使黔中王学继之兴起，并成为王门后学最早一派，然而黄宗羲《明儒学案》却付诸阙如，实不应该。

一、黔中学术，始于尹珍

近代黔中学者雷玉峰 [①] 在其《黔学会缘起》一文中，对贵州地域学术史之路径，作了简要的阐述：

[①] 雷玉峰（1856—1906），名廷珍，号玉峰，绥阳人，光绪戊子（1888）中举，博学多通，尤醉心于经学，于顾炎武、黄宗羲二家的学术多所折衷，著有《经义正衡》、《文字正衡》、《时学正衡》等书传世。

　　吾黔自道真，讲学于汉季，阳明提倡于前明，桐野①、
子尹②，辉映后先，汉学宋学，得谓无人。然不惟经泽斩，来者
无闻，即溯其渊源所渐：道真，许学也；阳明，陆学也；桐野，
陆王学也；子尹，许郑学也。必求道乎古而有济于时，窃以为虽
许、郑、程、朱、陆、王诸贤而面质之，吾知其中学、西学，亦
将有所事也。

以上提到尹道真、王阳明、周渔璜、郑珍等人，均为黔中学术史上引领风
潮之人物，其中阳明王守仁先生，以及相关的黔中人物及其思想，则是本
书所关注之文化重点。

　　雷玉峰所处之晚清学术论场，清初的存宋非宋之争已然式微，乾嘉间
的汉宋之争尚存余绪，而清末民初中西体用之争则正值潮流。故雷氏就上
述诸家的学术旨向进行了归类：道真之学，接于许慎小学；阳明之学，乃
九渊心学之开展；桐野信奉陆王心学，郑珍继承了许慎、郑玄之考据训诂
之学③。关于汉学宋学、中学西学，暂且搁置不论，而特别注意到，黔中
学术文化发展的历史，是可以划分为几个不同阶段的。尹道真开黔中学术
之端倪，实为贵州学术史上第一阶段。不过之后一千二三百年之久，黔中
学术乏善可陈。近人李独清先生在其《孙应鳌年谱·自序》中说道："吾
黔僻处南服，早属荒裔，尹氏之前，虽有舍人、盛览，然人物崛起，教
化未开。至桓帝之世，毋敛人尹珍，从许慎受六经，又讲论图纬于应奉，
学成归教乡里，南域始有学焉。自典午失驭、中原云扰，谢、赵、宋、
杨诸大姓，先后保境自安，鲜与外通。唐宋以降，天荒人废，虽代不乏

<hr>

① 周起渭，字桐野，又字渔璜，贵阳人，清康熙年间著名诗人，王阳明心学信奉者，故
雷文言"桐野，陆王学也"。
② 郑珍（1806—1864），字子尹，遵义人。道光举人，曾任古州厅（今榕江县）学、荔
波县学训导。著名学者和诗人。著有《经说》、《仪礼私笺》、《说文新附考》、《巢经巢
诗集》、《文集》等多种。
③ 也有学者认为，郑珍研治汉学，兼及宋学，主张汉宋两学融合，坚持"治经宗汉，析
理尊宋"的治学方法。

人，而载籍莫考，诸史所记，不过谢恕、赵国珍、田佑恭、杨汉英数人而已……"到了公元16世纪初，因为贬丞王守仁的到来，黔中这才真正有了学术意义上的文化，黔中学术史亦进到一个新的阶段。

但是一直以来，黔中王门长时间被人忽视甚而遗忘。在本书正式切入黔中王门及其思想研究之前，我们有必要对以下这一令黔地学人既十分敏感而又不愿接受的话题，作一申诉性的讨论。

二、《明儒学案》，付诸阙如

黔中王门何以在其产生之后的三四百年间被人忽视甚而遗忘，自20世纪八九十年代以来，黔中学者乃至黔中之外凡涉此问之学人，皆形成一个统一的认识，即其原因之一，出在阳明的高足钱德洪和《明儒学案》的著者王学殿军黄宗羲。

正如刘述先所说："黄宗羲（梨洲，1610—1695）著《明儒学案》，可以说开创了中国断代学术史的新典范"①。"此书是一部传世不朽的名著，……无论如何，王学是《明儒学案》的中心关注所在，而研究明代儒学者莫不由此书入门，我自己也不例外。由此可见，梨洲对于阳明思想的阐释有多么大的影响力！"②我们今天研究学术思想史，无论是断代研究还是区域研究，没有不把梨洲的《明儒学案》作为重要参考书目的。遗憾的是③，梨洲在《明儒学案》中将有明一代学者大大小小梳理一遍，特别

---

① 此语引自刘述先：《论王阳明的最后定见》，载吴光主编《阳明学综论》，中国人民大学出版社2009年版，第1页。该页脚注：《明儒学案》不仅现在还在印行，坊间有各种不同的版本，近时更有简译的英文本出版，参见 Huang Tsung-his, The Records of Ming Scholars; A Selected Translation, edited by Julia, Ching, Honolulu:University of Hawaii Press, 1987。近日喜得张小明（笔者是他的硕士导师，后师南京大学李承贵教授，成为其门下博士）所赠中华书局2008年新版《明儒学案》，重读一遍，又有感。
② 刘述先：《论王阳明的最后定见》，载吴光主编《阳明学综论》，中国人民大学出版社2009年版，第1—2页。
③ 参见钱明：《王阳明及其学派论考》，人民出版社2009年版，第352页。

以很大篇幅记述王门后学诸案，依照地域乃分为浙中、江右、南中、楚中、北方、粤闽和泰州诸学案，唯独将黔中王门厥如不记。有学者认为，大概是因为，毕竟阳明只在贵州住了两年不到的时间，以为阳明黔中弟子相对较少，故不为黄宗羲等人所熟悉。① 同时也认为，这个原因并不一定能说得过去；而更为重要的原因是，"这可能与阳明的另一高足钱德洪有一定关系"②。那么，还有没有其他更为深沉一些的原因呢？或许有吧！比如说刘述先有这样的说法："在我论黄宗羲的书中，相信已提出足够的证据证明，梨洲著《明儒学案》所根据的，乃是蕺山思想的纲领。"③ 刘宗周对于阳明心学的态度曾有几度变化，即"始疑之，中信之，终而辩难不遗余力"④。有一桩事情可以说明梨洲对其师刘蕺山的有些过分的尊崇与维护。说到刘宗周哲学思想的主旨——慎独，黄宗羲在《刘子全书序》中开章明义地指出："先师之学在'慎独'"。⑤ 刘宗周自己也说"圣学之要，只在慎独"⑥。不过而今已有学者指出："说到刘宗周的哲学思想来源，尤其是他的慎独诚意说，似乎绕不过一个人，那就是王栋，因为他似乎应该是刘宗周哲学思想的最重要来源，但黄宗羲否认了这一点。"⑦ 诚然，慎独之说"向来为宋明以来理学家所重视，而刘宗周之所以仍能以'慎独''诚意'说在中国哲学史上占据重要地位，就是因为他对这两个概念有着不同于前人的理解。"⑧ 尽管如此，黄宗羲也不该说"师未尝见泰州之书，至理所在，不谋而合也"之类的话。

---

① 参见钱明：《王阳明及其学派论考》，人民出版社 2009 年版，第 259 页。

② 钱明：《王阳明及其学派论考》，人民出版社 2009 年版，第 259 页。

③ 刘述先：《论王阳明的最后定见》，载吴光主编《阳明学综论》，中国人民大学出版社 2009 年版，第 4 页。

④ 刘宗周：《刘宗周全集》第 5 册，台湾"中央研究院"中国文哲研究所筹备处 1997 年版，第 488 页。

⑤ 黄宗羲：《刘子全书序》，《刘宗周全集》，浙江古籍出版社 2007 年版，第 652 页。

⑥ 刘宗周：《刘宗周全集》，浙江古籍出版社 2007 年版，第 424 页。

⑦ 何俊、尹晓宁：《刘宗周与蕺山学派》，中国人民大学出版社 2009 年版，第 33 页。

⑧ 何俊、尹晓宁：《刘宗周与蕺山学派》，中国人民大学出版社 2009 年版，第 35 页。

实际上，在刘宗周之前，"慎独"之说已经在较大的范围内流传，黔中王门大师孙应鳌的"慎独论"已经产生并有了一定的影响。孙应鳌（1527—1584），字山甫，号淮海，贵州清平人，从阳明弟子徐樾为师，算是阳明的再传弟子，史料称孙应鳌"海内群以名臣大儒推之"，"为贵州开省以来人物冠"，①孙应鳌的"慎独"学说包含了较为丰富的内涵。首先，他把"慎独"贞定为"诚意"即"毋自欺"，并对"慎"、"独"、"诚"、"意"等慎独学说中的关键概念一一进行了梳理。孙淮海不仅从功夫上对慎独进行考察，他说："唯慎独，便有无合一、动静合一。有、无、动、静合一，便是致中和。故戒谨恐惧，即是慎独，只是一个功夫。"②进而还从本体上进行论证，说："不睹不闻，莫见莫显，只是一个真己"，"君子中庸，人与道一也；小人反中庸，人与道为二矣。君子时而中，慎独也，故与道为一；小人而无忌惮，不谨独也，故与道为二。"③孙应鳌将"慎独"置于与"道"、"中庸"相对等的层面，的确是有其独到之处的。孙应鳌去世的第二年，7岁的蕺山才开始读书。实际上在蕺山问学慎独理论之前，慎独之学更在晚明学界已然流行。不啻王栋，孙应鳌及与其交往的江右、楚中王门诸子早有多人论及慎独之学已是不争的事实，且不论有明一代对慎独的了解多从朱熹处来。不过正如有学者指出："刘宗周之所以仍能以'慎独'、'诚意'说在中国哲学史上占据重要地位，就是因为他对这两个概念有着不同于前人的理解。"刘蕺山既然连王栋都视而不见，就不说远在西南一隅的孙淮海了，难怪黄梨洲要说"至理所在，不谋而合"之类的搪塞话了。在刘黄师徒二人的眼里是否有来自骨子内的针对边远落后区域的轻忽之瞳，实在难以道得清楚。

---

① 莫友芝：《文恭孙淮海先生应鳌传》，《黔诗纪略》卷五，贵州人民出版社1993年版，第181页。
② 孙应鳌：《孙应鳌全集》第一卷，贵州民族出版社2016年版，第166页。
③ 孙应鳌：《孙应鳌文集》，贵州教育出版社1996年版，第173—174页。

三、黔中王学的兴起

阳明龙场悟道和贵阳传道，既为黔中学术文化开了新篇章，又使黔中王学得以兴起。之后，又可划分为如下几个阶段：一是阳明在黔悟道传道之阶段。这个阶段始于明正德三年（1508）春三月，直到阳明离开贵州（1510 年初）。其间虽说跨了三个年头，实际停留时间两年不足，却是至关重要的一个段落。若无这一段，既无阳明思想体系之创设，亦无黔中阳明文化之发端和黔中王学之兴起。阳明在黔悟道、证道、传道，于治经始。证道即治经之过程。若无治经，焉能内自省；若无治经，焉能尽性命；若无治经，焉能证其道、治其道；无证道、无治道，焉能治其教；无治教，焉能治其学，岂有所谓思想义理、道德文章出①。

阳明离黔后直至明末清初的一百多年时间，是贵州学术发展史的又一个阶段。在这个阶段，阳明的弟子、再传弟子乃至三传弟子，他们继承发展师说，但他们不是简单地"照着讲"，而是"接着讲"，使贵州的学术发展形成了一个前所未有的高潮。其特征是：这一时期的学术风气以崇尚和发明心性之学为趣向，这一时期的学术队伍以黔中王学为骨干。不仅产生了一批大师级的人物，且留下了许多具有原创性质的和有极高价值的思想及著述。黔籍王门后学除称得上大师级人物的"理学三先生"孙应鳌、李渭、马廷锡之外，尚有阳明亲炙弟子中有名姓者凡十余人②；非黔籍王门后学则有席书、蒋信、徐樾、王杏、邹元标、郭子章、冯成能等，笔者认

---

① 首先是"治经"与"内自省"之关联性。阳明之"内自省"以"圣人处此，更有何道"的发问为枢制，乃由对儒家经典的省思起，发于内敛之深度审察；继起"治经"与"尽性命"之关联性，中夜所悟既是"心之道"，是"心性之道"，更是"性命之道"。此"性"非为宋儒"性即理"之"性"。治经为悟道之始，亦为悟道之成。阳明以其所悟证诸《五经》，以为莫不吻合。然治教、治学之属也随之而在其中了。"治经"作为阳明心学思想体系建构的基础性工程，是他入黔所为的第一桩事，没有治经，断无中夜之悟。

② 参见王阳明：《镇远旅邸书札》，该书札与同时另外二书共名《与贵阳书院诸生书（三书）》，束景南撰《王阳明佚文辑考编年（增订版）》，上海古籍出版社 2015 年版，第313—316 页。

为，上述几位非黔籍王门后学虽然在黄宗羲《明儒学案》中分列于楚中、泰州、江右等学案，但就他们在黔中的大量讲学活动以及所形成之影响和理论之建树而论，视其兼属于黔中王门也并不为过。

清初以后学术风气丕变，与全国之形式趋附，心性之学落于谷底，是汉非宋与汉宋争焉存焉为之圭角，乃有郑子尹、莫友芝、周桐野辈等继而出焉，亦不乏一代人物领一时之风尚，肇而为一特立之阶段，亦可视为黔中王学最后的余波。清民以降，至新中国成立之前，为又一独立发展之阶段，在这个阶段里，阳明学说重新受到重视，自然与新文化运动以来现代新儒学之勃然开展不无关联。不过，这一阶段是否有称得上黔中王门之后学者，有待考量，此已溢出本书范围，恕不赘言。

根据上述，本书所讨论的"黔中王学"，属于狭义的范畴，故有以下限定：

第一，从时间上讲，限于明代中后期大约一百余年时间。具体从1508年阳明抵黔至明朝灭亡。

第二，从地域上讲，限于贵州境内。主体是黔籍学者，也有部分或做官、或贬谪、或游学于黔地，在贵州留有著述和作出事功之贡献的非黔籍学者。

第三，有明确的师承关系，或亲炙、或二传、三传乃至四传之及门者。

第四，有鲜明的心学思想旨趣并服膺于王门者。

所以，黔中王学的兴起，既有其历史的因缘，也有诸多条件的聚合，而王阳明龙场悟道，则是其产生的契机和导因。

第二章　明代黔中王学百年传习的三个阶段

　　黔中王学，或称黔中王门，也称王门黔中学派。作为一个学派，必须至少具备以下三个条件：第一，学派是一个群体，同时有一至数名具有相当影响的代表人物置身其中；第二，学派以开展学术活动而彰显其存在。第三，也是最关键的，学派以自己独到的、有创建性的见解，使自身在特定时空内形成影响。

　　从王阳明龙场悟道、贵阳传道始，至明朝灭亡，历一百三十余年时间，黔中王门的存在大致经历了从创立到展开，再到衰微的三个发展阶段。① 在这一百三十余年时间内，黔中王学，亦即王门之黔中学派，不仅是一个群体，而且这个群体代代相沿，产生出数名具有相当影响的代表性人物。在创立期（或称早期），陈宗鲁、汤冔、叶梧三人具有代表性，他们是王阳明的亲炙弟子，学者称"黔中王门早期三杰"；在展开期（或称中期），孙应鳌、马廷锡、李渭具有代表性，他们是王阳明的二传弟子，学者称"黔中王门理学三先生"，他们不仅是展开期的代表，更是整个黔中王门百年发展史上最具代表性人物，孙应鳌甚至被誉为"贵州开省以来人物冠"；在衰微期（或称晚期），也不乏有如邹元标、郭子章、陈尚象等儒家学者竭力支撑着黔中王门一派的"最后门面"。早、中、晚三期的黔

---

① 张明在《〈明儒学案〉缺载"黔中王门"考论——兼论"黔中王门"源流演变及心学成就》一文中有"黔中王门启、承、盛、衰四个时期之源流演变"的观点（参见中国人民大学报刊资料中心《中国哲学》2015 年第 5 期）。

中王门学人，无不以自己的种种学术活动（或讲会、或游学、或著述）彰显着自身的存在，更重要的是，他们不时提出自己独特的具有创建性的理论，在特定的时间空间内产生着影响。

开展对明代黔中王门百年发展之历史阶段的研究，既是黔中王门思想研究的重要前提，也是黔中王门及其思想研究必不可少的重要内容。

阳明先生龙场悟道和贵阳传道，开始创建其心学体系，也使思想史上之心学一脉开始了"自阳明而后大"（黄宗羲语）的历史进程。与此同步，黔中思想文化之发展亦随之进入一前所未见的发展阶段。归结起来，从正德初年到崇祯末的一百多年间，黔中学术气象赫然表现为三个方面：一是产生了大批学术人物，多数为黔籍，亦包括部分非黔籍，其中不乏产生了重要影响之大师级人物；二是大规模的书院讲学活动的蓬勃开展；三是产生了大量具有创设性的理论思想。

先看书院讲学活动的蓬勃开展。自阳明龙场悟道创立龙冈书院，又于次年讲学于贵阳文明书院起，在阳明的直接倡导和影响下，贵州的书院讲学活动如雨后春笋般发展起来，大有直逼大江南北之势。这也是明中后期黔中学术思潮能够与中原大地同步进入高峰的直接原因之一。龙冈书院开办时间不长，名声即遍传黔中，贵州提学副使席书亲至龙场请益，但问朱陆同异，阳明以自创思想作答，席书往返数四，方悟其学，故邀阳明讲学于贵阳文明书院，且全省选调生员数百，亲率诸生以师礼事之。阳明于贵阳文明书院"始论知行合一"，又创心学体系之重大命题。黔中虽在阳明到来之时有提学副使毛科创"文明"、"正学"两书院，但大量书院的涌现却是在阳明入黔之后，书院讲学活动也由此而勃然兴起。阳明居黔之时，龙冈、文明两书院有阳明执席，一时声名鹊起，贵阳、修文霭然而为黔中文化重镇。除龙冈、文明、正学等书院外，之后又有了阳明书院，《嘉靖贵州通志》有"在治城东，嘉靖间巡抚监察史王杏建"之记载。王阳明《年谱》附录亦云：嘉靖十三年（1534）"五月，巡按贵州监察御史王杏建王公祠于贵阳。师昔居龙场，诲抚诸夷。久之，夷人皆式崇尊信。提学副使席书延至贵阳，主教书院。士类感德，翕然向风。是年，杏按贵阳，闻里巷歌声，蔼蔼如越音，又见士民岁时走龙场致奠，亦有遥拜而祀于家者；始知师教入人之深若此。门人汤冔、叶梧、陈文学等数十人请建祠以慰士民之怀。乃为赎白云庵旧址立祠，置膳田以供祀事。杏立石作《碑记》。"① 王杏，字少坛，浙江奉化人，嘉靖十三年任贵州巡抚，虽未亲炙阳明门下，但为阳明私淑弟子，极为崇奉阳明之学。初至巡黔任上，有陈、汤、叶等阳明亲炙之黔籍弟子请益，时又有左布政史周忠、按察史韩士英之赞助，于是就在府城原白云庵旧址，创建了阳明书院。嘉靖二十年，蒋道林提学贵州副使期间，先讲学于文明书院，接着修缮了阳明书院，又新建正学书院。蒋信的讲学活动是继阳明之后，黔中王门讲学活动的第二次高潮。嘉靖二十五年（1546），贵州巡抚王学益（江西安福人）改建阳明书院于宣慰使司学右侧。嘉靖中（年未详）阳明弟子胡尧时任贵州巡抚，"又新阳明书院，刊守仁所著书于贵州，令学徒知所景仰。士风为之大变。"② 嘉靖三十年（1551），巡按贵州监察御史赵锦，在书院原址创建阳明祠，阳明门人江右罗洪先专为祠堂写了《龙场龙冈书院碑记》。隆庆三年，省城程番府更名贵阳府，建贵阳府学，遂把阳明书院改名贵阳府学明伦堂。隆庆五年（1571），贵州巡抚阮文中、按察使冯成能见阳明书院已成贵阳府学，遂与贵州左布政使蔡文、贵阳知府李濮等将阳明书院迁建于城东抚署左侧。孙应鳌 50 岁时，辞官归乡，万历五年（1577）筑学孔精舍于清平城西。自正德初至明末，黔中百年讲学活动高潮迭起，其中影响最大者有三次高潮：一是正德初之阳明；二是嘉靖中之蒋信；三是万历间之马廷锡。难怪后人在品评马廷锡讲学之影响时如是说，乃为"阳明、道林后仅见"！

　　自阳明居黔始，至明朝覆亡之一百余年，是黔中王学从创立走向鼎盛，又从鼎盛走向衰微的一百年。故黔中王学百年传习史，可分创立、鼎盛、衰微三个发展阶段。

---

① 王守仁：《王文成公全书》，王晓昕等点校，中华书局 2015 年版，第 1519 页。
② 《万历贵州通志》，贵州大学出版社 2010 年版，第 313 页。.

第一节　黔中王学的创设期

黔中王门的创立期，从时间上划分，起于阳明龙场悟道并创龙冈书院，止于嘉靖十四年前后，即蒋信掀起明代黔中第二波讲学高潮前止。这一时期的黔中王门弟子皆为阳明在龙冈书院与贵阳文明书院教授的亲炙弟子，他们中的绝大多数人，基本上是在接受阳明对之施予的儒学文化启蒙，也有部分佼佼者开始对阳明心学思想进行消化和吸收，尚无较大义理之创设。

一、第一个弟子群

从人物谱系看，创立期的黔中王学人物主要由阳明在黔亲炙弟子构成，形成了黔中王门之第一代学人。从籍贯上看，由两个部分组成：一是黔籍王门弟子。这部分人数较多，虽然大部分人名未能记载下来，但仍然有三十多位有名有姓者于今见诸文字。最集中的文献记载，是阳明在告别黔中弟子离开贵州途中，给黔中弟子留下的《镇远旅邸书札》一文："别时不胜凄惘，梦寐中尚在西麓，醒来却在数百里外也。相见未期，努力进修，以俟后会。即日已抵镇远，须臾舟行矣。相去益远，言之惨然。书院中诸友不能一一书谢，更俟后便相见，望出此问致千万意。守仁顿首。"[①]他在表达了对黔中及黔中弟子的深厚感情后，又于信中称姓道名地为诸黔籍弟子留下了谆谆教益，竟有二十多位有名有姓者的记载，是目今研究其亲炙弟子的重要数据，这些弟子有"高鸣凤、何廷远、陈寿宁、朱氏、阎氏、李惟善、张时裕、向子佩、越文实、邹近仁、范希夷、郝升之、汪原铭、陈良丞、汤伯元、陈宗鲁、叶子苍、易辅之、詹良丞、王世丞、袁邦

---

① 朱五义注，冯楠校：《王阳明在黔诗文注释》，贵州教育出版社1996年版，第201页。.

彦、李良丞"①等，凡22人。其中陈宗鲁、汤伯元、叶子苍三子，据史料记载，算得上是阳明黔中诸门下弟子中得意之佼佼者。詹良丞乃贵阳地方富户之子，其兄茇臣因与阳明进士同科有交，素慕阳明学问，今悉阳明卧榻龙冈而亲往拜谒师之，故使良丞而为阳明亲炙之弟子。

在阳明第一批亲炙弟子之诸多人物中，因问学与事功相对突出，陈文学、汤冔、叶梧三人被称为黔中王学"早期三先生"。

二、"早期三先生"

陈文学，字宗鲁，贵州宣慰司人（今贵阳），自号五栗山人，生卒年不详，享年76岁。正德初，宗鲁慕名赶赴龙冈书院，拜阳明为师，潜心问鼎心性之学。在阳明所有黔中弟子中，幸得先生亲赋诗者，盖文学而独有，阳明《赠陈宗鲁》诗有曰："学文乃余事，聊元子所偏。"自龙场悟道后，阳明在力挺心性本体之同时，于教法上已与朱子重道问学之向外格致一路分道扬镳，"学文乃余事"，强调直以内向之"心"体为第一位，知行本体的提出，以静坐涵养为收放心之小学一路功夫。陈文学著有《耀州存稿》、《余历续稿》、《娴移录》等书，《中峰书院记》、《何陋轩歌》等文。他的门人将之统编为《陈耀州诗稿》，又名《五栗山人集》，邵元善《序》之。陈文学对乃师阳明抱有异常崇敬与怀念之情，辑《阳明集诗》以表情怀，歌云："不拜先生四十年，病居无事检遗漏。羲文周孔传千圣，河汉江淮汇百川。"②宗鲁既得阳明心学之旨，又能精于诗词，故后人以为其既"得文成之和"，又"并擅词章"。莫友芝《黔诗纪略》："宗鲁名文学，亦宣慰司人，年十余即能诗文，以诸生事阳明，乃潜心理学。阳明《居夷集》中独有《示陈宗鲁诗》，盖进之也。正德十六年（1516）举于乡。累官耀州知州，改简告归，杜门不与世事。终日静坐，默记先圣语言与师说相证发，亦游

---

① 朱五义注，冯楠校：《王阳明在黔诗文注释》，贵州教育出版社1996年版，第201页。
② 《万历贵州通志》，贵州大学出版社2010年版，第231页。

艺染翰。或对客谈诗文，唯竟所识，殆无一时不自得。日者言其六十岁，将不利，乃预为《五栗先生志》。五栗，其自号也。又十六年始疾。客来视，曰：别矣！客去危坐而逝。著有《耀州存稿》、《娴移录》、《余历续稿》（或云《余生续稿》）。余历者，不利岁后之所作也，人谓其诗大半在溪山花月、杯酒游览间，语触趣而发，不强作。冲澹如栗里，萧散如苏州；沉郁蕴籍如少陵。而平生落落不偶于时，偃蹇寂寥以终其身，大都相似。"①

汤昺，名伯元，贵阳人，正德十一年（1516）中举，十六年（1521）成进士，历任南京户部郎、潮州知府、巩昌知府，后因中流言辞官回乡，享年81岁。阳明谪龙场时，席书聘阳明于文明书院讲学，其"为诸生讲知行合一之学，席公公余常就见论难，或至中夜，诸生环而观听，常数百人，于是黔人争知求心性。得其传者首推陈宗鲁及先生（汤昺）。宗鲁得文成之和，先生得阳明之正。文章吏治，皆有可称。"②

汤伯元有《逸老闲录》、《续录》，还有《表贤祠诗·并记》等著述。陈文学、汤昺于黔中王门第一代中居于重要地位，"两先生承良知之派以开黔学"③，是黔中王门创立期的关键人物。宗鲁得阳明之和，伯元得阳明之正。莫友芝如此评价，实为难得。但莫公又言："今宗鲁三《集》与伯元两《录》并无一存。"④虽然，莫公仍对陈文学与汤昺作了极为充分的肯定："两先生承良知之派以开黔学，岂区区诗文足以重两先生？""以开黔学"，这样的评价不可谓低。遗憾终究还是有的："然而后生不见遗著，何所凭借以为师法？三百年来，庠序间几不知两先生名字。"⑤就连他们的后

---

① 《万历贵州通志》，贵州大学出版社2010年版，第231页。
② 莫友芝：《太守汤伯元先生昺》诗一首附小传，载《黔诗纪略》，贵州人民出版社1993年版，第116—117页。
③ 莫友芝：《太守汤伯元先生昺》诗一首附小传，载《黔诗纪略》，贵州人民出版社1993年版，第116—117页。
④ 莫友芝：《太守汤伯元先生昺》诗一首附小传，载《黔诗纪略》，贵州人民出版社1993年版，第116—117页。
⑤ 莫友芝：《太守汤伯元先生昺》诗一首附小传，载《黔诗纪略》，贵州人民出版社1993年版，第116—117页。

人也说不出个所以然，"陈先生后裔亦不详谁某，文献荒略，惟有感叹而已"①。这就给我们今天研究两先生的后学徒增困难了。同样，对于第三位人物叶子苍的研究亦然。

第三位人物为叶梧，字子苍，贵阳人，举正德八年（1513）乡试。阳明龙场悟道后初创龙冈书院期间，叶子苍与陈宗鲁、汤伯元一道成为阳明先生龙冈书院的嫡传弟子。叶子苍后来又曾任湖南新化县主管教授（掌教湖南新化），且与阳明最早入室弟子徐爱（曰仁）有交，后回贵阳，与父母同居一起，以孝养，得家庭团聚之乐趣（迎养之乐）。文献记载，叶子苍曾任镇安知县，著有诗歌集《凯还歌》。明嘉靖十四年（1535），叶子苍与耀州知州阳明门人陈宗鲁、贵州都司赵昌龄三人在贵阳刊刻《阳明先生文录续编》全三卷，有学者认为这是贵州最早的阳明著作刊刻本，也是全国最早的阳明著作刻本之一②。叶子苍乃为黔刻本《阳明先生文录续编》的校刊者，此系确切无疑。阳明对子苍评价甚高，曾有《寄叶子苍》一书，其中称赞曰："子苍安得以位卑为小就乎！苟以其平日所学熏陶接引，使一方人士得有所观感，诚可以不愧其职。"阳明殁后的嘉靖十三年（1535），叶子苍与陈宗鲁、汤伯元等数十人曾联名上书巡抚王杏，请建立祠堂，追崇先生，以慰贵阳士民之怀念。所以，有赎白云庵旧址立阳明祠，置膳田以供祀事，使得贵阳的阳明祠成为全国最早修建的阳明祠。人们常记得王杏之业绩，殊不知三子之力也在其中。阳明《寄叶子苍》一书，作于正德七年，是阳明先生所留于黔中弟子之极少之个人书信，现录之于次：

> 消息久不闻，徐曰仁来，得子苍书，始知掌教新化，得遂迎养之乐，殊慰殊慰。古之为贫而仕者正如此，子苍安得以位卑为小就乎！苟以其平日所学熏陶接引，使一方人士得有所观感，诚可以不愧其职。今之为大官者何限，能免窃禄之讥者几人哉？子

① 莫友芝：《太守汤伯元先生髯》诗一首附小传，载《黔诗纪略》，贵州人民出版社 1993 年版，第 116—117 页。

② 参见钱明：《王阳明及其学派考论》，人民出版社 2009 年版，第 361—365 页。

苍勉之，毋以世俗之见为怀也。寻复得邹监生乡人寄来书，又知子苍尝以区区之故，特访宁兆兴，足纫相念之厚。兆兴近亦不知何似。彼中朋友，亦有可相砥砺者否？区区年来颇多病，方有归图。人远，匆匆略布闲阔，余俟后便再悉也。①

书信中记载了为师者对于学子的关爱与教导："古之为贫而仕者正如此，子苍安得以位卑为小就乎！"他教学生如何做人，切莫以官位之大小计较，应将平日所学，用于积极的弘道活动与文化传播："苟以其平日所学熏陶接引，使一方人士得有所观感，诚可以不愧其职。"身教重于言教，其实阳明本人就是这样做的，观其一生，他于戎马倥偬之中，时时乐于讲学布道之季而不疲不驻。他告诫曰："子苍勉之，毋以世俗之见为怀也。"足见其对弟子素怀殷殷之情。

陈宗鲁、汤伱、叶子苍是黔中王门创立期阳明弟子中最具代表性的三位人物，亦称黔中王门"早期三先生"。此外，除去阳明于《镇远旅邸书札》中所言及之二十余弟子，尚有未言及姓氏者若干。总之，第一代黔中王门的产生，使得整个黔中王门的初创期得以形成，同时也是阳明后学在全国范围内的最早的学术团体。当然，在这个团体中，还包括了相当部分且卓有建树的非黔籍王门弟子。

三、非黔籍弟子

黔中王门后学第一代，即创设期的黔中王学，亦有一些属于非黔籍弟子。他们因各种原因赴黔而来，或贬谪，或做官，或游历，或移居，均很快投于阳明门下，追随先生，为学与做人。他们还常于贵州各处兴办书院，授业讲学，哺养弟子，于阳明心学之开展作出较大贡献。他们的到来，对黔中王门的形成和进一步发展无疑起一助推作用。他们当中有席

---

① 束景南、查明昊辑编：《王阳明全集补编》，上海古籍出版社 2016 年版，第 140—141 页。

书、胡尧时、王杏、徐樾、蒋信、冀元亨、刘观时等，皆为一代理学名士。他们中的一些人，虽然已被学界（如《明儒学案》）划归诸如江右、泰州、楚中等王门，不过，根据其为学为教之足迹与建树，以及他们在黔中所作出的贡献，将其归之于黔中王门，或兼归之于黔中王门，也不无道理。

席书，字文同，号元山，四川遂宁人，弘治三年（1491）进士。席书提学贵州副使，正值阳明被贬龙场。席书闻知阳明讲学龙冈书院，于是满怀仰慕之情，手执《席书敦请守仁训迪诸生书》，礼邀阳明赴贵阳文明书院主讲。其书曰：

> 近时董诸士者，要不过属题命意，改课文，锻字句，以迎主司之意。裁新巧以快主司之目。上以是取之士，下以是挟策。师舍是无以为教，弟子舍是无以为学。居今之时，欲变今之习，诚难矣。岂朝廷取士之初意乎？然贵之士安于士俗，诱以利禄，尚不乐从。教以举业，复不能治。幸有治者，日省月试又不能工，而况大于举业者乎？舍是以教贵，诚难矣夫，举业者，利禄之谋也。世之皓首一经，凡为利禄而已。以书一人推之书少时治举业，要不过为利禄计耳。然昔者借是而有闻，今者脱是而愈暗，是误天下之豪杰者，举业也。然使天下之士借是而知所向上者，亦举业也。故韩子因文见道，宋儒亦曰科举非累人，人自累科举。今之教者，能本圣贤之学，以从事于举业之学，亦何相妨？执事早以文学进于道理，晚以道理发为文章，倘无厌弃尘学，因进讲之间悟以性中之道义，于举业之内进以古人之德业，是执事一举而诸士两有所益矣。①

席书由贵阳往返龙场数次，终于感动阳明，答应赴筑讲学。在贵阳文明书院，阳明始论"知行合一"学说，席书叹服，遂为阳明好友兼弟子。"既

---

① 郭子章：《黔记》卷三十九，《宦贤列传六》，西南交通大学出版社2016年版，第873—874页。

就书院，书公余则往见论学，或至夜分，诸生环而观听者以数百。自是贵人士始知有心性之学。"①正德五年，阳明离开贵州前夕，席书不忍，遂作《席书送别王守仁序》，阳明亦感应之，以《答人问神仙》为念，若干年后，席书去世，阳明作《祭元山席尚书》文悼之。不可否认，阳明所以能立稳脚跟，弘其所悟，与得力于席书等人的大力帮助不无关系。由于受邀席书而讲学贵阳文明书院，继龙冈之后，阳明又培养了数百黔中弟子，这对于黔中王门创立期的最终形成，起到了至为关键的作用。

蒋信（1483—1559）字卿实，号道林，湖南常德人。当得知阳明讲学龙场，遂与冀元亨、刘观时等从湖南远赴贵州龙场，拜阳明为师，成为阳明在龙场及门最早的亲炙弟子之一。次年，阳明离黔路湘时，于辰州又追往其问学，见二三子（即蒋信、冀元亨、刘观时等）于静坐澄默中"俱能卓立"，先喜而后有忧。蒋信后又师从湛若水，曾两度侍甘泉游南岳。蒋信于嘉靖十一年（1532）进士，历任户部主事、兵部员外郎、四川水利佥事、贵州提学副使等职，著有《桃冈日录》、《古大学义》、《蒋道林文粹》、《新泉问辩录》（合撰）等。湖南、贵州等地学者崇其学，称"正学先生"。在《明儒学案》中，黄宗羲视蒋信为楚中王门之冠，笔者则视蒋信一度为非黔籍之黔中王门学者，而且他还跨了黔中王门两代（创立期和展开期）。作为第一代（创立期）弟子，他与冀元亨等赴龙场亲炙阳明门下，于静坐澄默中体悟知行本体；作为第二代黔中王学（展开期），他于嘉靖二十年（1541）任贵州提学副使时，讲学文明书院，修缮阳明书院，又新建正学书院。蒋信黔中讲学，是继阳明之后的又一次高潮。他还培养了大批弟子，其中马廷锡、李渭、孙应鳌三人成就最大，被后世尊称为"理学三先生"，他们不仅促使了黔中王门展开期的形成，而且成为百年明代黔中王门的最主要代表。黔中王门在思想上于楚中王门有较多关系与契合，自然与蒋信无不关联。

① 郭子章：《黔记》卷三十九，《宦贤列传六》，西南交通大学出版社 2016 年版，第 874 页。

胡尧时（1499—1588），字子中，号仰斋，江西泰和人。以进士起家，嘉靖中累官贵州按察使。尝师事王守仁，学以躬行为本。他虽然官位是按察使，职责为专任刑名，却每每教化在先，而后刑名可用。又曾与提学副使奖励士流，身示表则；又新阳明书院，刊阳明所著书于贵州，令学徒知所景仰，士风为之大变。

朱光霁（1495—1570），字克明，号方茅，云南蒙化府人。其父朱恒斋任贵州宪长时，恰逢阳明贬官龙场，遂率光霁兄弟从阳明问学，并成为阳明的得意弟子。光霁与李元阳、杨慎等人交，共同编纂了《蒙化府志》。朱光霁是阳明在黔时期培养的极少数滇中弟子之一，遂使阳明学得以传播至最边远的云南。李元阳（1497—1580），字逢阳，号中溪，白族，云南大理人，从光霁问阳明学，系阳明私淑弟子。滇中成为阳明学传播的区域之一，也正因为有了朱光霁、李元阳这样的学者存在，王学在西南地区以贵州为中心，显然已辐射到云南、四川等地。

刘秉鉴，字遵教，号印山，江西安福人。正德三年（1508）登进士第，历刑部主事，署员外郎，出为河南佥事，迁大名兵备副使。秉鉴为官清正廉明，以忤宦官，逮系诏狱。得不死，谪判韶州，量移贰潮州，知临安府，未至而卒，卒时年未满 50 岁。刘三五评之曰："先辈有言，名节一变而至道，印山早励名节，烈烈不挫，至临死生靡惑，宜其变而至道无难也。"[①]刘秉鉴初学于甘泉，而尤笃志于阳明，闻阳明龙场授学，远道至龙场师焉，后为江右王门大师。故莫友芝《黔诗纪略》卷三云："国朝（清）毛奇龄《王文成传》本谓（阳明）贵州门人有刘秉鉴，正德中进士。"即此人。

冀元亨，字惟乾，号闇斋，湖南常德人，阳明谪龙场，与同乡蒋信同往师焉。学成而归，与蒋信一起遂开楚中王门。《明儒学案》卷二十八记载："阳明谪龙场，先生与蒋道林往师焉，从之之庐陵，踰年而归。正德十一年，湖广乡试，有司以'格物致知'发策，先生不从朱注，以所闻于

---

①　黄宗羲：《江右王门学案》，《明儒学案》，中华书局 2008 年版，第 444 页。

阳明者为对，主司奇而录之。阳明在赣，先生又从之，主教濂溪书院。宸濠致书问学，阳明使先生往答之。……忌阳明者，欲借先生以陷之。逮至京师，榜掠不服，科道交章颂冤，出狱五日而卒。在狱与诸囚讲说，使囚能忘其苦。先生常谓道林曰：'赣中诸子，颇能静坐，苟无见于仁体，槁坐何益？'"从冀元亨自己不挫志于艰危，可以看出其不愧为阳明心学的传人。

与蒋信几乎同时或稍晚的，还有王杏、徐樾、万士和、赵锦、阮文中、冯成能、王学益等人，依笔者之见，均可兼目之为非黔籍之黔中王门后学。万士和与冯成能抵黔时间稍晚，故置于以下之展开期加以讨论。

王学益承续阳明先生之志，在黔中职事间，自是成就了一番外王业绩，主要有三：一是行"十家牌法"；二是兴行礼义；三是请益增贵州解额5名。这些事情，往往都是接着阳明先生做下来的。王学益，字虞卿，安福人。嘉靖八年进士，二十四年，以右佥都御史巡抚贵州。贵州多盗，有如守仁当年赴南赣汀彰巡抚时。学益谓"弭盗之法莫切于保甲"，于是作《保甲谕》，有如当年阳明之《南赣乡约》与行《十家牌法》。王学益的《保甲谕》，以一特殊视角凸显了王门学人的经世致用之实学思路，其辞曰："谕父老子弟，本院祗奉上命，巡抚是方，恒以弭盗安民为念。闻尔会城之下，往年多盗，公私相视，无肯救援。或反作奸藏逆，潜通密引，此岂独顽悖者之罪？官司者政教之不行，盖有责焉。今为保甲法，与尔等相联属，因导之善。大约以十家为一甲（与阳明所拟同），每家各置一小牌，十家共置一总牌；小牌各揭门首，总牌轮次收掌。令各以吾告谕之意日相传宣，使各欣欣日劝于善，父劝其慈，子劝其孝，兄劝其友，弟劝其恭，夫劝其和，妇劝其柔，邻里劝其修睦，朋友劝其敦信，差役劝其勉供，赋税劝其早办，生业劝其勤治，无益劝其节省，酒劝其勿酗，鬼劝其无惑，凡处事劝其谦慎含忍。凡同甲之人相亲相爱，若有空乏疾病，相与恤之扶之；若有争而至于讼，相与和而解之；若有不道不法，不可谏者，相与告于官而正之；告之而力有不行，相与合甲而共正之；若有水火盗贼之灾，十家共出力而救之；救之而力有不及，则以甲传甲，合百家千家而共救之。仍每家各以其力，置为御盗之器，止火之器，使无至于临事束手。则虽以十家为保，实以百家千家为保矣。"①这就是身为黔省巡抚的王学益所推行的十家牌法，基本上是从守仁那里继承过来。王学益所做的又一桩事是兴行礼义。作为配合保甲法的一项重要措施，学益言曰："礼义兴行，风俗淳美，室家常安，弗虞有备，此即尧舜之民所谓时雍也。父老子弟听勿忽。"②第三件事情，嘉靖二十五年，学益请增贵州解额 5 人，帝从之。《贵阳府志》载曰："学益在贵州，以行保甲、增解额二事甚为人士所称。"③

　　王杏原属浙中王门后学，自来黔中，为推动贵州教育事业之发展，作出了贡献。王杏，字少坛，浙江奉化人。嘉靖十三年巡按贵州。先是贵州虽设布、按二司，而乡试仍就云南，应试诸生艰于跋涉，恒以为苦。世宗初，给事中田秋疏请于朝，请设贡院于贵州，别聘试官如他省，章下贵州抚按，逾五年未有定论。王杏至贵州，议云："贵州自建省设学校养士以来，历百五十余年，文教茂往昔十倍，诸生就试云南，苦于道路。今于贵州城内西南隅，择地可以营建贡院，计所需白金二千四百余两，检藩库羡缯可办。夫士盛既足为科，而费复易措，别开科可免诸士跋涉，益感恩勉学。愿睹宾兴盛事，以仰赞圣化，从秋议便。"④议上礼部，尚书夏言以闻，得俞旨。嘉靖十六年（一说为十四年），贵州遂专试诸生，是时解额凡 25 人。王杏算是一位严廉官员，有守仁为政遗风，据《贵阳府志》记载："杏性严峻有风裁，按事摘伏如神，大奸巨滑无不敛手。"⑤

　　徐樾是江右王门后学（也有将其归于泰州学派），但他曾任贵州提学

① 郭子章：《黔记》卷三十七，《宦贤列传四》，西南交通大学出版社 2016 年版，第 825—826 页。
② 郭子章：《黔记》卷三十七，《宦贤列传四》，西南交通大学出版社 2016 年版，第 826 页。
③ 周作楫辑，朱德璲刊：《贵阳府志》，贵州人民出版社 2005 年版，第 1113 页。
④ 周作楫辑，朱德璲刊：《贵阳府志》，贵州人民出版社 2005 年版，第 1115 页。
⑤ 周作楫辑，朱德璲刊：《贵阳府志》，贵州人民出版社 2005 年版，第 1115 页。

副使，讲学黔中，却教授过包括孙应鳌在内的一批黔中弟子。徐樾，字子直，江西贵溪人。以进士起家授官，嘉靖二十三年累迁贵州提学副使。其讲明心学，陶熔士类，不屑于课程。尝取苗民子弟衣冠之，假以色笑，而加训诲，苗民卒化，盖信此理，无古今，无中外，苟有以兴起之，无不可化而入也。樾少师王守仁，谓圣可必为，故信道最笃。后三迁至云南左布政使，为元江叛夷那鉴所害，以失事追夺官，事平后，赠光禄少卿。

第二节　黔中王学的展开期

这一时期的起点，以蒋信任贵州提学副使为标志。

一、跨代人物：蒋信

嘉靖二十年（1541），王阳明龙场时的亲炙弟子蒋信第二次来到贵阳，赴贵州提学副使任。他第一次来贵州，正是阳明先生居黔之时，因闻先生龙场悟道，又值龙冈、文明书院讲学而声名大振，遂与冀元亨、刘观时辈，自湖南常德数百里而来。距当下已是三十多年前的事情。蒋信此时因已兼涵阳明与甘泉学性，又浸湖湘一道气派，已然而为楚中王门一代宗师，在当时学界已有崇高之命望。蒋信不仅开启了黔中王门之展开期，且是跨黔中王门第一代与第二代之桥梁性人物。此一展开期时间上限由此开启，直到 16 世纪 80—90 年代黔中王门之"理学三先生"（孙、李、马）相继离世止，其间约历经半个世纪。自蒋信开启贵州讲学之风始，此间又有徐樾、王杏、胡尧时等相继来往于黔省府学之间。孙应鳌、李渭、马廷锡初皆为后学弟子就教于斯，不久，他们三人后发而起，遂成为"贵州王学三先生"，俨然构成黔中王门之主体。诚如清人谢圣纶称："李同野、孙淮海、马内江三先生皆崛起黔南，毅然以斯道为己任，青螺先生所谓'可以不愧龙场'也。……三先生躬行实践，体道入微，卓然为后学典型，非但振拔超群，为全黔一时山斗也。"①三先生共倡阳明心性之学，共同掀起黔中阳明学术之一大高潮，的确做到了"不愧龙场"。

二、"理学三先生"

李渭、孙应鳌、马廷锡，被称为黔中王学"理学三先生"，可以毫不夸张地说，正是因为此三人的存在，黔中王学方得以进一步展开并形成高潮。

李渭，字湜之（《广东志》作湜甫），号同野，贵州思南府人，生于正德八年癸酉（1513）十二月，嘉靖十三年（1534）举人，由华阳知县升知和州，调高州府同知，擢应天治中南户部郎，出知韶州府，晋广东副使，迁云南左参政。学者称同野先生。"卒于万历十六年戊子（1588）四月，为王阳明在黔再传弟子。李渭13岁补郡学弟子员，15岁生病时，父亲以'毋不敬'、'思无邪'勉励之。嘉靖十三年甲午（1534）22岁时，乡试以《易》中举，并作《思南府学射圃记》。嘉靖癸卯（1539）楚中王门巨子蒋信提学贵州时，李渭前往问学，蒋信破其'楼上楼下光景'。嘉靖己未（1559），李渭任广东高州府同知时，曾拜谒湛甘泉于小蜗峒中。癸亥年（1563），李渭过麻城访耿定向、耿定理兄弟，与耿氏兄弟二人相交甚契，称耿定向为师，定向示八语（见后文）。丙寅年（1566），李渭任广东韶州知府，于任上大修阳明祠宇，与诸亲炙弟子证道论学：'至隆庆己巳，知府李渭大修祠宇，集诸生与黄城等身证道要，师教复振。'②在此期间，李渭曾与当朝首辅，被称为"王门护法"的南中王门后学徐阶论学，徐阶回《复李同野太守》书。隆庆元年（1567），李渭再访耿

① 《万历贵州通志》，贵州大学出版社2010年版，第245页。
② 《万历贵州通志》，贵州大学出版社2010年版，第245页。

定向。隆庆辛未（1571）时，讲学石鼓书院，与泰州王门罗汝芳同游湖南。万历二年（1574），李渭转任云南左参政，又与罗汝芳同地为官，每相砥砺，学问益进。四年后，李渭告老还乡，讲学于为仁堂（后改名为仁书院）、点易洞，培养了众多弟子，使阳明学在黔东北土家族地区得以传播，思南遂成为贵州王学五大重镇之一①。李渭还曾于万历七年（1579）秋为马廷锡《渔矶别集》作序，并自作《思南府学记》、《书孝友堂》诸文。万历五年（1577）至万历十一年（1583），江右王门邹元标被贬都匀期间，李渭与其往来论学，为此元标称道云"首访清平孙淮海、思南李同野，所至讲学必称两先生，以示圣贤为必可学"②，并为其《先行录》作序。万历九年（1581），李渭作《修思南府学碑记》，十年（1582），撰《修观音阁碑记》。万历十六年四月（1588）李渭去世，享年76岁。耿定向《祭李同野》悲呼："前年丧胡正甫（庐山），去年丧罗惟德（近溪），同志落落如晨星，而湜之又继之长逝，斯道将何？"耿定力代兄题碑曰"明兴好学君子之墓"，神宗按其学问品行，亲题"南国躬行君子，中朝理学明臣"③至泰和郭子章抚黔时，已无缘以见李渭、孙应鳌诸先生，不禁潸然叹曰："王文成谪龙场，黔士大夫始兴起于学。当时龙场生问答，莫著其姓名，闻而私淑者，则有孙淮海、李同野、马内江，读三家著述，真有朝闻夕死可之意。可以不愧龙场矣！"④至今以为定论。虽然《明史·儒林》失其传，仅于《艺文志》载《先行录》十卷（仅为著录）。莫友芝云："故摭青螺《传》，益以省、郡《志》，滇、粤两《志》所记著于篇。"⑤青螺即郭子章，除了他的《黔记·理学传》中有李渭的评述外，在云南、广东

---

① 敷以深在《黔东北阳明学》一书中认为，贵阳、修文、清平、思南、都匀为黔中王学五大重镇。
② 邹元标：《先行录序》，载《万历贵州通志》，贵州大学出版社2010年版，第452页。
③ 莫友芝：《黔诗纪略》卷三，贵州人民出版社1993年版，第131页。
④ 郭子章：《黔记》卷四十五，《乡贤列传二·理学》，西南交通大学出版社2016年版，第984页。
⑤ 莫友芝：《黔诗纪略》卷三，贵州人民出版社1993年版，第130页。

两省的《志》中也可找到相关材料。

李渭著作颇丰，可惜大多佚失。主要有《先行录》十卷、《三泉志》四卷、《大儒治规》三卷、《毋意篇》合（《大学》、《中庸》、《易问》）为一卷、《诗文》三卷、《简寄》二卷、《杂著》一卷、《家乘》十二卷。单篇文章有《修思南府学碑记》、《思南府学射圃记》、《修观音阁碑记》、《铜仁府学学田记》、《西麓奏议序》、《务川县迁学记》、《渔矶别集序》、《世侯安绍南荣受封典序》等。

孙应鳌为黔中王门最具代表性之人物，其字山甫，号淮海，贵州清平卫（今凯里）人，生于明嘉靖六年（1527），卒于万历十二年（1584）。

孙应鳌在黔东南苗族地区建"山甫书院"、"学孔书院"、"学孔精舍"，大力展开教育，培养了许多王学弟子。在黔中王门中，应鳌与江右、泰州、浙中、南中、楚中等各流派学者都有往来，著作最为丰硕，成就最大，内容涉及非常广泛，有哲学、易学、经学、教育、文学、美学、史学、音乐、诗歌等。现存著作最为完善，主要有《四书近语》六卷、《淮海易谈》四卷、《庄义要删》十卷、《督学诗集》四卷、《孙山甫督学文集》四卷、《孙文恭公遗书》二十卷、《学孔精舍诗钞》六卷、《幽心瑶草》、《谕官师诸生檄文》等。展开期的又一位重要人物是贵阳的马廷锡（后文专述）。

孙应鳌、马廷锡、李渭即是黔中王门最为重要的代表性人物，他们的生平和思想乃是本书研究的重点，在以后章节将着重讨论。

应当说，与各地王门学案相比较，黔中王门诸先生无论是理论之深度、思想之水平、著述之宏富、讲学之热忱、弘道之不遗余力，皆不在其下耳。

三、嘉靖五进士

在黔中王门及其思潮的展开期，与马廷锡、李渭、孙应鳌同时，并彼此游学交往的，尚有许多非黔籍的黔中王门学者，他们虽曾归属不同地域的王门后学，但因来黔做官，亦不忘兴学论讲，发明心学，其思想倾向与所作所为，均可兼属于这一时期的黔中王门后学。他们当中比较有代表性的有赵锦、阮文中、万士和、冯成能、吴国伦，即郭子章《黔记》所称"五位嘉靖进士"①。

赵锦，字元朴，余姚人，王阳明的同乡。嘉靖二十三年进士，授江阴知县，征授南京御史。赵锦曾驰疏劾严嵩，世宗怒，逮系诏狱，杖四十，斥为民。后穆宗即位，赵锦起故官，擢太常少卿，未上，进光禄卿。隆庆元年赵锦以右副都御史巡抚贵州，破擒叛苗龙得鲊等。宣慰安氏桀骜，畏锦，为效命。再疏请改程番府为贵阳府，改贵竹、平伐二司为县，上许之。于是，移程番府于布政司治，改名贵阳；而县尚未置也。万历元年，赵锦入为大理卿，历工部左、右侍郎，尝署部事。万历二年迁南京右都御史，改刑部尚书，移礼部，又移吏部，俱在南京，乞休去位。赵锦于万历十一年召拜左都御史，六年满，加太子太保，寻加兵部尚书，掌院事如故。以所后父丧归。万历十九年，赵锦召拜刑部尚书，时年已76岁，一再请辞，不许，行次苏州卒，赠太子太保，谥端肃。赵锦始终励行清操，笃信阳明心学。为使阳明从祀孔庙，赵锦据理力争，终成。

阮文中，字用和，南昌人。嘉靖三十二年进士，授官后，累迁太仆少卿，拜右佥都御史，巡抚贵州。先是，贵州宣慰使安国亨杀安信，安信之弟安智借永宁之兵讨伐国亨，又告变于巡抚王诤，诤信智言，即以叛闻，而遣总兵安大朝讨之，为国亨所败。已而，安信之母疏穷，又诉国亨于劾事官，帝遣给事中一人与镇巡官杂治，知国亨非反，于是罢了王诤巡抚一职，以阮文中取而代之。阮文中临行之前，大学士高拱告诉他："国亨必不叛，不过夷人仇杀耳，若往，勿激变也。"②且授文中方略。

---

① 上述"五位嘉靖进士"何以兼归之于黔中王门，待后文述。
② 高拱：《靖夷纪事》，载于郭子章：《黔记》卷三十七《宦贤列传四》，西南交通大学出版社2016年版，第831页。

文中至，廉得其实，使人致国亨出听勘，弗肯，文中以"夷情狡诈，非有以创之，必不从命"为由，遂与御史郑国仕等上疏，请调诸路兵大剿。安国亨终于败阵王师，又害怕被杀，于是遣使诉于朝，其词甚恳切，解释之所以不出听勘，是害怕阮文中诱而诛之。同时安国亨听说安智在会城，又害怕遭到报复。高拱得知这些情况后，请使史科给事中贾三近往勘，安国亨闻勘使出，自愿就吏，阮文中于是遣宣慰同知宋一清出面，与安国亨约法五事：1. 献诸造谋之人；2. 究杀信罪，依夷俗准赎；3. 割地处智母子；4. 削宣慰使职，权令其子承替；5. 还官所费兵粮。安国亨依约，囚服对薄，自伏杀信状，论死，依夷法，以白金三万五千两自赎，事遂定，安国亨及安智皆革职。安国亨的儿子安民行宣慰司事，安智的儿子安国贞行夷目事。

阮文中有一桩事史书有载，是说贵阳旧有王阳明祠，僻在委巷，"文中与按察使冯成能改建焉，自作记。"曰《改建阳明祠记》，其言："昔阳明王先生以纠论逆谨，谪居贵阳之龙场者三年。……贵阳旧有祠而书院祀先生，既而适徒靡常，僻在委巷中。……夫上德而右功者，非天地之道乎！崇德而报功者，非人心之良乎！惟先生之居龙场也，不独悟彻微旨，而功德表表可见。……数十年来贵阳赖以安堵者，非先生之功遗之耶？始责人士从先生学，先生群弟子日与讲明良知之真，听者勃勃感触，……虽然，先生之功德尤著于江之右，……今在吉有怀德祠，在虔有报功祠，其遐思仰体者，视诸贵阳尤盛也。故于先生之泽，知其汪洋于天下，而不知入于江右为独深；知其涵濡于江右，而不知基于贵阳为独至。予江右人也，而宦于贵阳，故其知先生之功德尤为独详。"①

阮文中作为王门后学，对江右与黔中共同推动王学的发展不仅给予了充分肯定，还分析与表彰了江右与黔中对于推动阳明心学发展过程中，所

---

① 《万历贵州通志》，贵州大学出版社 2010 年版，第 400 页。

起到的不同功用。可见在当时，黔中王学业已崭露头角，与中原诸门相比较，可谓各领千秋而绝非弱旅。

冯成能，慈溪人。嘉靖十四年进士，隆庆五年官贵州按察使。贵州会城旧有王阳明祠二。贵阳之设府也，以其一为知府署，一为府学，而移祠于僻巷。成能至，则择地于城东隅，请于巡抚阮文中，更新之，并建书院于祠内，延乡先生马廷锡讲学其中，自为之记云《重修阳明书院记》。冯成能在《重修阳明书院记》中清楚表明了自己服膺阳明门下的侃切心志，更是在相当程度上流露出其决心继承阳明心学，并亟欲在黔中奋力加以弘扬的迫切愿望，时人称他是"力行古道，阐明理学居多"。①

万士和，字思节，江苏宜兴人。嘉靖二十年进士，改庶吉士，授礼部主事。父丧除，乞便养母，改南京兵部，累迁江西佥事，进贵州提学副使。以贵州士人多贫乏，出白金若干两贸粟，仿朱子社仓遗意，使贫士春贷秋还，士和自为《义仓记》纪其事，士流感之。万士和重在倡阳明实学以经世致用，江东之盛赞士和、成能二人，撰《二贤传》以表彰之，其曰："余于万冯二公之事，盖谓然太息，谓无人我先后，竟能相与共济，善作者不必善成，人有义举不必己出，大都以天下之善为天下成之而已。"② 江东之称"夫万公不以小善为无益而不为，又以公天下之善属望后之君子"；称冯公"力行古道，阐明理学居多"，"至今黔士不忘冯公德，而益思万公贤"③。

吴国伦，字明卿，兴国州人。亦属之江右王门。嘉靖二十九年进士，授中书舍人，擢兵部给事中。隆庆六年累迁贵州提学副使。课士以礼让为先，风气丕变。国伦有诗名，与王世贞、李攀龙、谢秦、宗臣、梁有誉、徐中行号为七子，才气横放，好客轻财，归田后声名愈甚，在贵州著有《西征杂述》。吴国伦乃明代中后期颇有名气的文人才俊，笔者将上

---

① 《万历贵州通志》，贵州大学出版社 2010 年版，第 444 页。
② 《万历贵州通志》，贵州大学出版社 2010 年版，第 443—444 页。
③ 《万历贵州通志》，贵州大学出版社 2010 年版，第 443—444 页。

述包括吴国伦在内的外籍诸公囊入黔中门下，难免引来坊间置疑，其道理何在？但若以一种宽阔而非故步自封的眼光审视天下学人，就会发现其中存在着的种种复杂面相。更何况，黄宗羲对于王门后学的分派，本就是以地域为主要参照，而非唯一参照，更不仅仅以出生地来划分天下王门。比如黄宗羲曾将耿定向先划为泰州学案①，并未纠结于定向的出生之地（湖北黄石），然于描述楚中王门时，又有"楚学之盛，惟耿天台一派，自泰州流入"的说法。可见，耿定向已有兼跨泰州与楚中二门的事实存在。② 在黄宗羲的眼中，楚中王门乃由三系组成：一系是楚中原籍（"出自武陵"）的"道林、闇斋、刘观时"，此系乃"武陵中及门，独冠全楚"；一系所谓"观徐曰仁同遊德山诗"中提到的七人，但"尚可考也"；一系就是从泰州流入的天台一派。笔者认为，这种以事实为依据，而不是仅仅以籍贯或出生地论地域门派的分派法，是完全可以理解，也是合理的。

第三节　黔中王学的衰微期

16 世纪 80—90 年代，黔中王学三大师孙应鳌、李渭、马廷锡相继去世，标志黔中王学的展开期，即鼎盛期即告结束，黔中王门一派的发展开始进入其衰落期。此一时期的思想人物主要由孙应鳌、李渭和马廷锡的第一代和第二代弟子构成，黔籍弟子如邵元善、邱禾实、萧重望等人，非黔籍阳明后学则有郭子章、邹元标等，他们在偏远的西南边陲极力传承师说，续倡阳明心性之道，力图使黔中阳明学派与其学说续挺不坠。与全国

---

① 参见黄宗羲：《明儒学案》之"泰州学案四"，中华书局 2008 年版，第 814 页。

② 黄宗羲《明儒学案》云："楚学之盛，惟耿天台一派，自泰州流入。……天台之派虽盛，反多破坏良知学脉，恶可较哉！"（《明儒学案》，中华书局 2008 年版，第 626 页）

阳明后学在风行天下之后遂渐流入空疏的大致情形相似，此一时期的黔中王门虽在书院讲学活动上比之此前有所扩展，书院的数量也有所增添，但在思想义理的深入探究上却并无大的进展，理论的创新基本处于停滞和复述状态。虽然，也不乏史料整理方面即百年黔中文化总结之力作，如郭子章《黔记》。

一、黔中王学的殿军：郭子章

郭子章（1542—1618），子相奎，号青螺、蠖衣生，谥文定，江西泰和人，系江右王门胡庐山之弟子。胡庐山即胡直，为欧阳德、罗洪先弟子。子章于隆庆五年进士，历官福建建宁府推官、摄延平府事、南京工部主事、广东潮州知府、四川提学副使、浙江参政，官至兵部尚书、右都御史职。明万历二十七年（1599），子章始巡抚贵州，是他政治学术生涯中较为重彩的一段。子章的学问虽说创新之处并非明显，但其学术文化整理总结之功却有极高价值，他除著有洋洋洒洒上百万言之《黔记》，给后人留下宝贵资料外，尚有《格物斋记》、《疾慧编》、《易解》等著述传之于世。子章由江右"流入"黔中，其在黔中王门中的重要地位与作用，以及他"对百年贵州心学进行了第一次比较系统的总结"，在阳明龙场悟道之后一百年（1508—1608）之后，黔中学术史上堪称扛鼎之作的《黔记》，总结记载了众多黔中王门弟子事迹与论学著作，还特别为李渭、马廷锡、孙应鳌作《理学传》，其立言之功断不可磨，成为至今研究黔中王门的重要文献资料。为宣传与缅怀黔中学人，郭子章还亲赴思南追怀李渭遗迹，于思南中和山作《题中和山寺壁·追忆同野李先生》文；又旋至凯里追怀孙应鳌而建"孙文恭公祠"，作《碑记》铭之；旋又赴都匀访邹元标讲学遗迹，专题"理学名儒"额以资褒扬。郭子章大力表彰黔中王学弟子，倾心发展贵州教育，对黔中王学的持续延展无疑起到了重要的助推作用。故称郭子章为黔中王学之殿军，实勘其情。

二、黔中王学的最后重镇：邹元标

黔中王学兴起后，从地域上看，有五大重镇：修文、贵阳、思南、凯里、都匀。从时序上看，都匀最晚。都匀是邹元标贬谪兴学之地。

邹元标（1551—1624），字尔瞻，号南皋、忠介，江西吉水人。邹元标与郭子章既是好友，又是大老乡，且同师于胡直，又同为江右"流入"黔中。邹元标在黔期间，著有《龙山志》、《云中存稿》、《戌记删后诗》等，离黔后又撰有《愿学集》、《四书讲义》、《邹南皋语义和编》等。邹元标于万历五年（1577）因得罪张居正谪黔都匀，主讲"鹤楼书院"，且建"讲学草堂"。一任当年先师阳明达观随寓之心态，慨而慷之云："黔南流滞数年身，不禁凭高发兴新。童冠可追沂水乐，咏歌遥溯舞雩春。"[1] 视讲学谓"怡然自得"，朝夕与诸生提倡心性，酷似当年阳明龙场情形，每每有人将元标与阳明讲学相提而论："盖自王文成，邹尔瞻讲学明道，人知向学，故黔之士能望的而趋，握瑾以售，正不乏人。"[2] 元标对同野、淮海二师尊敬有加，亦不仅仅是因为二师与其师胡庐山交往甚深。实是因当年李渭与孙应鳌二师年老辞官归田讲学，培养子弟，尚在时，作为晚辈的元标也曾亲往拜谒，虽比之年岁小、辈分低，其交也颇为之契，故尔瞻自谓忆云："元标一别兹土，荏苒凡二十年。忆承名儒，如少宗伯淮海孙公（应鳌）、参知同李君（李渭）及诸士陈君（陈尚象）等，以圣贤之学相切劘朝夕，……悠悠我思矣！"[3] 邹元标又曾为同野《先行录》作序，亦从中受到启发，并认为对自己重功夫品格的形成有着重要的作用。他说："子知先生（李渭）之学，则余昔之未以子躬行为是，今以先生躬行为正"。[4]

---

① 邹元标：《同诸子登船》诗，郭子章：《黔记》，西南交通大学出版社 2016 年版，第 959 页。

② 田雯：《黔书》二卷，《古欢堂集》三十六卷，清乾隆十四年两江总督采进本。

③ 邹元标：《贵州通志序》，《万历贵州通志》，贵州大学出版社 2010 年版，第 1 页。

④ 邹元标：《先行录序》，《万历贵州通志》，贵州大学出版社 2010 年版，第 452 页。

邹元标本为江右王门后期重要代表人物，又在黔中多有思想创设，对后期黔中王门影响极大，将其与郭子章一道，归之黔中王门自外"流入"一系，并成为明代后期黔中王门重要人物，应属合理。郭子章、邹元标之后，明代黔中王门不断步入衰微。

由于邹元标率徒讲学，把阳明之学扩散至黔南纵深之地，其所在都匀遂成为黔中王门五大重镇之一。邹元标的弟子主要有：

陈尚象，字心易，号见羲，贵州都匀人。余显凤，字德耉，贵州独山州人。吴铤，字金廷，都匀人。陈尚象、余显凤、吴铤为邹元标门下杰出者，世称"都匀三先生"。邹元标的弟子还有艾氏三兄弟：艾友芝、艾友兰、艾友芸，贵州麻哈州（今麻江县）人。同为邹元标弟子的还有陆氏二兄弟，曰陆从龙、陆德龙，贵州都匀人。可见，邹元标在贵州培养了众多弟子，作出了很大贡献。

三、李渭、孙应鳌、马廷锡的弟子们

李渭传道为早，自举后即开始收徒讲学，晚年辞官归田，遂在"为仁堂"、"点易洞"、"川上学舍"等处授业，影响颇大，从学者不仅有黔籍弟子，更有来自江西等地的学人。李渭在思南讲学，其弟子群主要以思南为中心，他使阳明之学覆盖至黔东北地域，遂使思南成为黔中王门五大重镇之一。李渭的黔中弟子主要有：萧重望，字剑斗，贵州思南府人，李渭门下最为杰出弟子。胡学礼，贵州务川人。冉宗孔，贵州思南人。田唯安，郡诸人。有所谓"思南三罗"，即罗国贤、罗廷贤、罗明贤。李渭有三子，李廷谦、李廷鼎、李廷言，皆从其学。

敖以深在《黔东北地域阳明文化研究》一书中，着重介绍了以李渭为核心的黔东北王门后学，除李渭（本书将以专章研究）外，还特别提到李渭的以萧重望为首的 13 位弟子。有必要提及如下：

萧重望，水德司人，万历乙酉（1585）乡试第一，丙戌（1586）进士第。重望端方严正，筮仕历有异政，擢御史，凡四奉代巡，多所条奏，告养归，仍疏安边五事，请设偏沅巡抚云贵总督，思南同知，设安化县、印江县学，辄报可嗣，召补都察院佥都御史，卒于官，御赐棺殓，驰驿归葬，并祀印江①。著有《李先生祠记》等作品。其孙萧其泽，明崇祯乙酉（1645）科举人，官四川叙州府知府。

李渭长子廷谦，字仲吉，水德司人，承父志，亦归王学门下。万历乙酉（1585）举，中式第九名，初授真定县教谕，迁国子监助教，答诸生问难，辩博无滞，日进诸生，讲论无不服其淹雅。

李渭学生中，罗氏三兄弟有名气。

长兄罗国贤，水德司人，嘉靖癸卯（1543）举人，中式第五名，官四川通江县知县。学博行饬，精敏有守。任通江令，勤于莅事，弊政悉除，处林下手不释卷，言笑不苟，誉满乡评。《思南府县志》录有其著《四个山》、《白鹭洲》和《元天观记》。《四个山》有诗云："突兀群山耸秀峰，天工巧斫玉芙蓉。红霞紫雾浮还敛，瑶草琼花翠复浓。一水环流青带绕，四山高插白云封。寻奇我有登临兴，须纳芒鞋任短筇。"又作《白鹭洲》，诗曰："地涌江心白鹭洲，拖蓝一水两分流。渔樵夹岸闲来往，鸥鹭眠沙自唱酬。芳草铺茵浮止水，贞珉堆玉积成丘。游人趺坐忘尘虑，恍若沧溟一叶舟。"②萧重望与罗国贤均尤重老师人品学识，分别著有《李渭年谱》与《同野先生年谱》。

二弟罗廷贤，水德司人，嘉靖壬子（1552）举于乡，中式第二十三名，官湖广长沙府同知。行己以圣贤为期，饭蔬布衣，穷约自甘。事霜母至孝，母疾，衣不解带；训育幼弟，卒以成名。历官州牧，屡著循声，入四川西充县名宦。

幼弟罗明贤，水德司人，万历己卯（1579）举于乡，中式第五名，谦和谨厚，知云南蒙自县，卓有声望。

---

① 印江，今贵州县名，与思南毗邻，同属铜仁市辖。

② 《思南府·县志》点校本，思南县志编纂委员会办公室 2002 年编，第 439 页。

此外还有郭宗荫，水德司人，嘉靖甲子（1564）举于乡，州式第二十七名，官四川临水知县。宗荫端方耿介，事伯兄以恭敬，少时曾读书一室，有婺妇夜奔，正色拒之。司铎邛州时，常捐奉以周贫士。擢邻水令时，则倡正学、奖节义，民塑石以永其思。晚年桂冠归，益励清修，蔽屋三楹，荒田数亩，依然寒士之风。

冉宗孔与冉釜父子俩，皆从学于李渭。宗孔乃万历岁贡生，明经，有循声，知略阳县，以操守廉洁名闻。归里，阐扬正学，继同野而起，是思南学者中继承同野心学、阐扬儒学正脉的代表者。其子冉釜，明万历癸卯（1603）举于乡，中式第八名，历任四川遵义府同知。据载，职任遵义府间，"值蔺酋叛，监军督粮，蔺酋平，卒于官，赠中宪大夫，恤银二十两，事载从信录，以子学汇中书科中书舍人，进赠通议大夫。"① 其侄冉学洙，万历戊午（1618）举中式第五名。其子冉学汇，明崇祯己卯（1639）举中式第五名，官中书舍人，喜读书，不与公事，与论贤之。学汇有《登中和山分韵》诗云："风流吾太守，此日启前车。为辟沿山菁，邀看上寺花。虚亭能共坐，薄酒尚堪赊。莫漫言归去，荒城不是家。"② 冉家四杰皆崇心学，于学问事功皆可品矣。

胡学礼，婺川廪生，志尚清洁淡泊，不求仕进，精邵子皇极学。他曾持同野书问学于邹元标，元标赠诗一首："圣学本无言，言者即不知。贫贱信所遭，富贵亦有时。鹍鹏元万里，鷦鷯自一枝。万里元非远，一枝亦自卑。嗟嗟寰中士，扰扰意何为？踌跼一生耳，徒令达者嗤。置身五行外，庶不负男儿。君更勿念我，久矣玩庖牺。"③ 又《思南府续志·隐逸》载，学礼"素精邵尧夫数学，志向清洁，淡泊自如，不求仕进，有古隐士风"。④

---

① 《思南府·县志》点校本，思南县志编纂委员会办公室 2002 年编，第 285 页。
② 《思南府·县志》点校本，思南县志编纂委员会办公室 2002 年编，第 430 页。
③ 莫友芝：《黔诗纪略》卷三，贵州人民出版社 1993 年版，第 131 页。
④ 《思南府县志》，思南县志编纂委员会办公室 2002 年编，第 339 页。

田惟安，郡诸生，性纯孝，有《思南府续志·隐逸》载，惟安"性纯孝，有识见，应袭世官不就，笃志好学，游郡人李渭之门，后卒，渭哭之以文"①，可见惟安不仅承同野之学，且二人有深厚之师生情谊，惟安笃志好学，深得李师赞赏，故安先死，有李师撰文痛悼且哭之。又《黔诗纪略》载，惟安父懋赏袭办事长官，爱少子惟臣，惟安遂让弟袭。

李渭弟子中的非黔籍学人有：赖嘉谟，江西万安人，父洁选府幕，嘉谟随之，聪慧过人，尝从举人李渭游，好学不倦，日夜与同门交相切劘，后数年归，成进士，历官四川左参政。徐云从，字时际，江西人，少从罗念庵、唐荆州游，闻郡人李同野兴学黔中，负笈远从，终生不忍归，每与朋友讲学，多所规益，时吐危论，同野尝称之曰："坐无徐子，谔谔②罔闻。"其以直谅见，重类如此。

孙应鳌的主要讲学活动在清平，即今黔东南首府凯里地域，阳明之学深入黔东南苗疆腹地，遂使凯里清平成为黔中王门又一重镇。孙应鳌弟子主要有：

邵元善，字台山，贵州普安州人。嘉靖癸卯（1543）举于乡，授嵋峨知县，擢民部郎，谪通州判，改知涿州，被逮获释，判辰州府。元善所在有治行，至是乃得卓异荐。嘉靖四十四年，吏部尚书严讷，奏请破资格，拔幽异，擢四川按察佥事。明史载平湖陆光祖为文选郎中，时破格擢廉能吏9人，下僚竞劝，其一为邵元善，即是其事。光祖择而讷奏之，方志失其行迹，为可惜也。普安诸邵文誉噪一时，台山尤长辞赋，工吟咏，著有《贤奕稿》，陈宗稷为之序，拟以元道州，可想象其风慨，惜访求未见。元善的事迹，《康熙通志》与《黔诗纪略》均有载。

王炯，字幼明，号阆斋，贵州清平卫人。

孙世祯，字兴甫，清平卫人。自幼笃志立学，万历癸酉（公元1573）举于乡，丁丑成进士。授桂平县令，时傜僮啸聚为乱，世祯至，即单车抚

---

① 《思南府县志》，思南县志编纂委员会办公室2002年编，第339页。

② 谔谔：正直之语。

谕之，擒其魁首，余党悉平。行取南工科给事中。万历初，奄寺多不法，世祯悉数其罪，词甚激切。世祯上疏极谏，得旨，敕罢。孙世祯后又出为韶州知府，居六月，丁父忧归，哀毁骨立，服补顺天府。世祯自幼从孙淮海游，每有心得，辄录之就正淮海，久而成帙。世祯生平谦退，即贵显往返经里门，恂恂若处子。其在官清约，自为县至郡领，将二十年，囊橐萧然。西充刘启周令清平，尝曰："吾果城三巴名郡，守其土者，余润及数世唯我朐山先生①不及其身，而行资尚乏，得毋清廉而过者乎？"据《黔诗纪略》，世祯有著《就正诗稿》二卷，惜已逸。

邱禾实，贵阳新添人。万历戊戌（1598）进士。《康熙通志》载其官翰林院庶子，才高学博，著有《经筵进讲》、《循陔园》等集行于世。《贵阳通志》载：禾实，文章详雅，贵州有大政须记载者，多出其手。郭子章修《黔记》及贵定建县，新添改马政，禾实皆为之序记。《黔诗纪略》述之较详，曰：禾实，字登之，新添卫人，泸州守东昌之子也。文思颖赡，为诸生已有善誉，万历十九年（1591）乡试第一，万历二十六年（1598）进士，考庶吉士散馆，授检讨，阅十年，迁左庶子，旋告归家居，卒。著有《循陔园文集》八卷，《诗集》四卷，载《明史·艺文志》。又有《经筵进讲录》，今咸佚。邱禾实的著作理应反映他的思想倾向，加之其与郭子章的关联，判为明代黔中王门最后一人，并非毫无缘由。虽然据《黔诗纪略补》云："邱庶子《循陔园集》，为黔人某所获，秘惜不肯示人，又以见通怀好事之难。"不过，总算在《万历贵州通志》中，有其序记保存，是今人考其思想的难得证据。

孙应鳌的学生中还有所谓"清平三王"，即王念甫、王从祖、王习祖。非黔籍弟子中有留名者温纯，字景文，号一斋，谥恭毅，陕西三原人。不过，李渭、孙应鳌、马廷锡的这些弟子们已很难说有学术上之重要建树了，随着他们在文化道场上的渐渐淡去，黔中王门作为一个学派也就悄悄

---

① 朐山先生：朐山乃世祯别字。

走到了历史的终点。

　　明代黔中王学由盛而衰的原因是什么？有学者认为："一是因为孙、李、马、邹的弟子们相继去世，后继乏人，如萧重望、陈尚象等在1610年代去世，……；二是贵州连年战乱，社会动荡，贵州书院大多被毁，……；三是明廷为打击东林党，封毁天下书院，禁止自由讲学；四是人们厌恶王学末流空谈误国，转宗程朱之学和考据之学。"①此论诚然有一定道理。但更应该看到，中国封建社会总体上的逐步走向衰落，尤其是明代社会之国势进入万历年间后的急剧败坏和滑坡，崇祯末年流寇四起与清朝入主中原所奉行的思想钳制与封闭措施，与其他各地的阳明后学所遭命运一样，也是黔中王学由盛而衰的重要原因。除上述外部原因外，还有其深刻内因：阳明学从本质上讲是一种有相当自由度和开放性的文化现象，必然不为政治上竭力维护君主威权的思想所容，相比于作为士子之学与帝王之学的朱学，阳明学更是一种颇具世俗化和草根性的文化现象，明末至清以后，王朱分庭抗礼的局面渐渐打破，思想史的空间开始蜕变为扬朱抑王，甚至于是朱非王的局面。所以，黔中王学走向衰微，其命运与其他王门是大抵一致的。凡是一个在历史上创造了价值的学派，即使经历过流传与风行，也免不了其兴其覆之大势。尤其到了末尾，流弊相缘而起，"王学在万历、天启间，几已与禅宗打成一片"②，这样的情况，表现在衰微期的"黔中王学"身上，也未必能够幸免。

---

① 张明：《王阳明与贵州阳明学派》，载《阳明学刊》第一辑，贵州人民出版社2004年版，第127页。

② 梁启超：《中国近三百年学术史》，东方出版社1996年版，第47页。

中篇 思想内涵

　　龙场悟道既是阳明心学之起点，也是黔中王学之开端。从悟道到证道，到体道，到弘道，整个阳明心学构建的同时，黔中王学亦得以形成和展开，其在思想内涵上则表现为既别于朱子之学又不同于象山之学的以"新型心学"为特征的相关诸范畴的深入探究与创造性发挥。王阳明居黔时期思想对黔中王学的形成有着至关重要的影响和举足轻重的作用：孙应鳌的经学思想（包括《易》学、"四书学"等），孙应鳌和李渭的知行学说，马廷锡的心斋之学以及黔中王门学人的经世致用的理论与实践，等等，都是由此而生发开展，并使黔中王门作为一个地域性学派终于形成，以至于在更大范围构成影响。

第三章　阳明居黔思想

关于王阳明早期的思想，在时间上可以有两种不同的界定。无论怎样，这两种界定都必然以"龙场悟道"为重要节点。如果第一种界定是以"龙场悟道"为下限，上限可追溯到其少年时代以"立志学圣"为"人生第一等事"，其间所历经有所谓"三变"或"五溺"等等；后一种界定则是以"龙场悟道"为起点、为上限，认为这才是王阳明思想的真正起点，属于他自己的思想"大旨始定"，以后就有了所谓"为教三变"的展开历程。① 本书采纳后说。

第一节　悟道——心学的起点

毫无疑问，迎来真正意义上的黔中王学之曙光，是打从阳明踏入贵州地界的那一刻起，序幕即将拉开。《平溪馆次王文济韵》② 是他辄入黔中而

---

① 参见王晓昕：《王阳明"为教之变"的本体与功夫》，中国人民大学资料中心《中国哲学》2009 年第 1 期。

② 参见王守仁撰，王晓昕等点校《王文成公全书》，中华书局 2015 年版，第 835 页。此为王阳明到达今日贵州的第一首诗，当时平溪卫属湖广省，贵州省辖东至今施秉以西，离平溪卫尚有一段路程。王文济正是阳明此时所遇一位命运与志趣相似相投之人，于是互以诗和。诗中既有诉说又有欣慰，欣慰的是邂逅了一位有着共同语言的人，同时又诉说着其既向往归隐又不忘忠君的矛盾心情。

发出的第一声感叹：

> 山城寥落闭黄昏，灯火人家隔水村。
>
> 清世独便吾职易，穷途还赖此心存。
>
> 蛮烟瘴雾承相往，翠壁丹崖好共论。
>
> 畎亩投闲终有日，小臣何以答君恩？

一、从"在想"到"想明白"

"龙场中夜大悟"是阳明"想明白"了，而之前，他就一直在想："圣人处此，更有何道？""在想"和"想明白"是前后两个相互衔接的认识上的逻辑环节，缺一不可。从"在想"到"想明白"乃是阳明思想认识上一个由量变到质变的转化过程，阳明龙场中夜大悟，与其说是一种神秘直觉体悟，不如说是一认识上之质的飞跃。大悟之前，阳明想的是什么呢？或许他想得很多，但毕竟被归结为八个字："圣人处此，更有何道？"而中夜大悟又使他想明白了什么呢？仍然是八个字："圣人之道，吾性自足。"从"圣人处此，更有何道"到"圣人之道，吾性自足"，是阳明通过龙场之彻悟而实现的个体认识上的质的飞跃。

若干年来，"龙场悟道"这一话题，的确成了学界讨论之热门。比较一致的看法，都是将其视之为阳明心学体系构筑的起点。有学者谈到，王阳明在回顾早年思想的开展时曾说，他直至龙场悟道，"始知圣人之道，吾性自足，向之求理于事物者，误也"[①]（《年谱》戊辰条）。这表明，从弘治二年己酉谒娄谅为格物之学，至正德三年戊辰龙场之悟，青年阳明的心路历程一直为心与理的问题所困扰。……这对以往的哲学立场，无疑具有一种革命的意义。还说："从思想发展来看，龙场悟道不仅是阳明历年苦参心、物、理问题的结果，也与弘治乙丑（时34岁）与湛甘泉定交以来的

[①]　陈来：《有无之境——王阳明哲学的精神》，北京大学出版社 2006 年版，第 20 页。

思想发展有关。"①"阳明在赴龙场之前已明显地表现出与朱学分道扬镳的倾向，这也是龙场之悟的基础。"②还说："吾性自足"是论本体（性体），不当"求理于事物"是论功夫。龙场悟道的基本结论实质上就是"心即理"，③联系到阳明思想发展与转变过程，认为甘泉的五溺说与德洪的三变说的另一不同是，甘泉认为阳明是在五溺之后于丙寅（1506）"一变至道"，而德洪则认为阳明直至居夷处困，在龙场大悟（1508），才"经三变而至道"。④所以得出的结论是所谓"重建心学"：如果说龙场以后的阳明思想主要致力于在儒家的立场上融合仙佛，那么，龙场之前阳明思想的主要课题就是如何扬弃宋儒格物之学以重建心学。终阳明一生，他的思想的主要课题始终是批判宋学的支离与吸收佛道的智慧两者，而他对宋学的不满正是基于他自己青年时代"为宋儒格物之学"的实践。⑤"如果说朱子到了40岁学问大旨始定，在这个意义上，阳明只是到了谪居龙场时学问大旨始定，从此，阳明学术才真正有了自己的性格。"⑥所谓"学问大旨始定"，所谓"学术才真正有了自己的性格"，其实都是在肯定作为阳明心学体系起点的"龙场悟道"这一事件。冈田武彦也认为，阳明体悟到"圣人之道吾性自足"，则是正德三年37岁在龙场时的事，即所谓"龙场悟道"。佐藤一斋说，阳明由此始悟圣人之道（《传习录栏外书》上）。⑦简言之，"龙场悟道"无非是对心即理的体悟。⑧有的学者的看法则较为直接，如说："王阳明经历了龙场悟道，这确是事实，不过，这并不完全是一种突如其来的神秘顿悟，而是一个长期沉思与瞬间突破交互作用的过程。人的一生中，其认识与境

① 陈来：《有无之境——王阳明哲学的精神》，北京大学出版社2006年版，第20页。
② 陈来：《有无之境——王阳明哲学的精神》，北京大学出版社2006年版，第21页。
③ 参见陈来：《有无之境——王阳明哲学的精神》，北京大学出版社2006年版，第22页。
④ 参见陈来：《有无之境——王阳明哲学的精神》，北京大学出版社2006年版，第295页。
⑤ 参见陈来：《有无之境——王阳明哲学的精神》，北京大学出版社2006年版，第296页。
⑥ 参见陈来：《有无之境——王阳明哲学的精神》，北京大学出版社2006年版，第299页。
⑦ 参见冈田武彦：《王阳明与明末儒学》，上海古籍出版社2000年版，第44页。
⑧ 参见冈田武彦：《王阳明与明末儒学》，上海古籍出版社2000年版，第44页。

界往往会经历阶段性的跃迁，而困境中的反省，则可成为实现飞跃的触媒。去龙场之前，王阳明对'第一等事'已上下求索了十余年，龙场的特定境遇，一方面使他有机会对以往的思考作一总结，另一方面也促使他在超越生死之念中，对具有终极意义的问题作出更深刻的体认。这里既有理智层面的认识飞跃，又有境界意义上的精神升华。……龙场之悟，王阳明究竟悟到了什么？从直接的内容看，不外是对格物致知说的重新理解，而其深层的内涵则似乎更为复杂。……相对于朱学，这确乎可以看作是一种哲学的转换。"① 把龙场悟道视之为相对于朱学的"一种哲学的转换"，是一种比较客观的理解。还有的学者认为，阳明何时揭"心即理"之宗旨，一般以龙场悟道为始。……对于王阳明龙场悟道，我们只能作平实看待，其龙场一悟不过是立了一块心学大厦的基石，大厦的建成还得经过长期不懈的努力，……龙场一悟只能证明阳明有了彻底的心学转向，悟了"心即理"的内向性工夫进路，心即理说的扩充和完善是逐步完成的。② 还有的学者认为，王阳明一生以实现圣学理想为价值追求，"龙场悟道"乃是他心路历程长期探索的关键性事件。这一关键性事件不仅标志着他的个人精神生命获得了大彻大悟的突破，而且象征着中国思想史的发展又进入了一个新的高峰。也就是说，"龙场悟道"既显示了东方文化探求生命奥秘及宇宙真实的特殊"入思"进路，也表明了儒学主动调整内在发展理路的尝试性努力。③ 也有的学者指出：至于著名的龙场之悟，经居夷处困、动心忍性之后，大悟"圣人之道吾性自足，向之求理于外者误也"。④ 龙场之悟，是王阳明一生数次学术宗旨变化中体验最痛切、对他意义也最大的一次。龙场之悟的直接结果，就是阳明看到了道德意志在生死患难中的巨大作用，

---

① 杨国荣：《心学之思——王阳明哲学的阐释》，三联书店 1997 年版，第 33—34 页。
② 参见叶远厚：《身心修养之道——王阳明心学的受用与诠释》，首都师范大学出版社 2005 年版，第 98 页。
③ 张新民主编：《阳明学刊》第一辑"开卷语"，贵州人民出版社 2004 年版，第 1 页。
④ 张学智：《明代哲学史》，北京大学出版社 2000 年版，第 87 页。

他悟到的是"圣人之道吾性自足，向之求理于事物者误也"①。"龙场之悟，是他心外无理说建立的根据。"他甚至认为，阳明龙场之悟确定道德理性的至上地位之后，又寻求道德理性的根源，并用经典印证之后得出。② 龙场之前，王阳明走的是一条用格物所得的物理填补心的灵明而后靠涵养转换成天理的道路。龙场之后，阳明以心中本具之理来归约、化解外在物理。③ 还有学者不仅充分强调了龙场悟道的意义，更是进一步涉及"黔中王门"之类的很关键的话题，并认为王阳明的龙场悟道是黔中王门形成的重要契机，这一判断深为笔者与黔中学人所认同。同时"其引丘养浩、陶望龄诸说，认为'始基'说和'过化'说皆能成立"的说法也不无道理。

《年谱》中钱德洪那句对"龙场悟道"实质的广为人知的话尤为重要："圣人之道，吾性自足，向之求理于事物者，误也！"说明阳明悟道的当下语境是他一直百思不得其解的"格物致知"的问题。他后来反复强调的也是这个问题："及在夷中三年，颇见得此意思，乃知天下之物本无可格者。其格物之功，只在身心上做，决然以圣人为人人可到，便自有担当了。"④ 格物只在身心上做，不须外求，这就是王阳明针对朱子之学在格物致知问题上的重大转换。由此可以得出结论，在笔者看来，龙场悟道的实质，是王阳明通过对"格物致知"问题的重新理解并实现重大转换，从而确立起自己"心即理"的哲学立场。

二、"始基说"与"过化说"

"龙场悟道"乃王阳明早年思想变迁之一大拐点，故称为黔中王学之"始基"，实不为过。而"过化"即教化，是就阳明之"为教"而言，"悟

---

① 张学智：《明代哲学史》，北京大学出版社 2000 年版，第 89 页。
② 参见张学智：《明代哲学史》，北京大学出版社 2000 年版，第 92 页。
③ 张学智：《明代哲学史》，北京大学出版社 2000 年版，第 89 页。
④ 王守仁：《传习录译注》，王晓昕译注，中华书局 2018 年版，第 498 页。

道"是就阳明的"为学"而言。如果说"过化"强调的是阳明在贵州的教育开化,那么,"悟道"便是凸显阳明在黔中的思想创设,它对黔中地区在阳明学形成过程中之重要性的首肯是显而易见的,陶望龄的思路即由此而生。① 如果说弘治年间的阳明洞修道是阳明思想的萌芽期,正德初年的京师论道是阳明思想的形成期,那么正德三年的龙场悟道便是阳明思想的转折期,而正德末年至嘉靖六年的越中论道则可谓阳明思想的成熟期。这正是笔者既不赞同丘养浩的"养熟道凝"说,也不迎合陶望龄的"始基龙场"说,而比较赞成焦竑"以黔为文成过化地"的根本原因。②

事实上,从嘉靖初年到万历末年的一百余年间,作为王学"始基"的贵州地区也的确为王门贡献过一大批阳明学传人③。

除"始基"与"过化"二说外,还有所谓"开端"说的提出:就阳明的"龙场悟道"而言,其实质乃是对自我之心与宇宙之道的本质同一性的确认,是对自我之心作为天下事理之本原的确认。它不仅标志着其主体意识的最终觉醒,而且亦标志着其存在性的终极澄明。在"吾性"被确认为世界现象之本体的前提下,"圣人之道"与"事物之理"便不再具有任何"外在"的意义,而仅仅是心灵本体的自身内容,……是他长久以来对朱熹格物致知学说不断思考的一种思想成果,他终于根据自己的生活世界与心灵世界的真实状态而转向了对于朱熹学说的否定。因此阳明的"龙场悟道",既是他在思想上真正与朱熹学说分道扬镳的"开端",亦是他本人形成并建构其心学体系的"开端",它在阳明思想的整体发展过程中是具有重要意义的。④

综上诸说的实质,都在肯定一个事实,同时也是本书的基本观点:一方面,龙场悟道,乃是阳明心学的逻辑起点。由这个起点开始,阳明一步步完善着他的哲学体系;另一方面,也是由这个起点开始,一个地域学

---

① 参见钱明:《王阳明及其学派考论》,人民出版社 2009 年版,第 352—354 页。

② 参见钱明:《王阳明及其学派考论》,人民出版社 2009 年版,第 354 页。

③ 参见钱明:《王阳明及其学派考论》,人民出版社 2009 年版,第 355 页。

④ 参见董平:《王阳明的生活世界》,商务印书馆 2018 年版,第 53 页。

派——"黔中王门"由此诞生。

三、得鱼忘筌，醪尽糟弃

根据阳明中夜大悟后立马将其所悟证诸《五经》的事实可以推测，阳明在大悟之前的一段日子里脑海里一直在思考些什么。很显然，他在反思自身及其当下境况、未来出路，并用他已有的知识与经验来加以印证，以寻找它们之间的因果关系。他通过默默地忆读《五经》，并将《五经》所载与自己切身经历、与当下之境遇、与成圣成贤之苦苦求索，一一加以对照，但始终是百思不得其解。关于记载《五经》的书籍，他一本也没有带来，因为出发实在是太仓促、路途实在是太遥远、谪道实在是太险恶。他在《五经臆说序》中写道："龙场居南夷万山中，书卷不可携。"虽书卷未能随身携带，但凭借阳明的经学功底和他超常的记忆力，他在五岁时就已能闻祖所读默而诵之。如今面对当下，他"日坐石穴，默记旧所读书而录之。意有所得，辄为之训释。期有七月而《五经》之旨略遍，名之曰《臆说》。"[①] 可见，没有书本，并不能难倒王阳明。王阳明有着非凡的记忆力，青少年时代读书打下的坚实基础，像他这样的古代文人，把《五经》文字烂熟于胸，应是一桩再正常不过之事。还是在他五岁的时候，就能"闻祖诵时已默记矣"，当他的爷爷读经书时，他还不能开口说话，他在一旁却默默记下来，一旦开口说话，却能倒背如流。圣人的那些教导他是熟知的，关键的问题是，圣人的教导如何与自己的生命、如何与自己的过去、现在和将来联系起来？特别是如何解读和应对当下和明天？经典与现实的结合点在哪里？在他看来，"盖不必尽合于先贤，聊写其胸臆之见，而因以娱情养性焉耳。则吾之为是，固又忘鱼而钓，寄兴于曲糵，而非诚旨于味者矣。呜呼！观吾之说而不得其心，以为是亦筌与糟粕也，从而求鱼与

---

① 　王守仁：《五经臆说序》，《王文成公全书》卷二十二，中华书局 2015 年版，第 1004 页。

醴焉，则失之矣。"① 于是，他把所有的感叹浓缩为八个大字："圣人处此，更有何道?"② 王阳明读经，是一定要发端于内心深处而回归于内心深处的，这是他与朱熹的最大的不同。朱熹首先明确天理的先在性，天理散在于天地之间的事事物物中，求理就是要向事事物物中去遍寻，因为事事物物各得其理。故朱熹的用力方向是发散的，而阳明则表现为收敛；前者是繁琐的，后者则是直捷简明；前者是外向的，后者则是内向的。阳明通过治经而致道，龙场是一个有力的例证。作为心学家，他看到陆象山的"粗"，就是因为未能将心学的思考与治经（对经典的诠释）加以完美的结合。而对经典的诠释，阳明绝不是人云亦云，而是有独到的见识。他的对儒家经典的性质的一句最为精到的判语是："六经者非他，吾心之常道也。"③ 这显然是他在龙场的亲身实践中所得到的第一时间的证明。他把龙场所悟与儒家经典互证，结果莫不一一吻合。所谓"吾心之常道"，即阳明龙场所悟，按他后来的解释，就是"通人物，达四海，塞天地，亘古今"，无所不在，无所不同，永远不变的普遍规律。这个"常道"，"表现在天则称为'命'，表现在人则称为'性'，表现在身则称为'心'。这一'常道'，存具在我们心中，用来言称其阴阳消息之运行，就是《易》；用来言称其纪纲政事之实施，就是《书》；用来言称其歌咏性情之抒发，就是《诗》；用来言称其条理节文之外化，就是《礼》；用来言称其欣喜和平之生意，就是《乐》；

---

① 王阳明：《五经臆说序》，《王文成公全书》，中华书局 2015 年版，第 1003 页。

② 《年谱》"三年戊申，先生三十七岁"条曰："春三月，至龙场驿。龙场在贵州万山中，蛇虺蛊虫毕聚，夷人鴃舌，不通语言，可与通语言者，仅中土亡命耳。时瑾憾未释，先生自计得失荣辱俱亡，惟生死一念尚在，乃凿石椁以俟命焉。会从者皆病，先生亲析薪取水，作糜饲之。又为歌诗，调越曲，杂诙笑，以相解慰。因沉思'圣人处此，更有何道'？忽中夜大悟格物致知之旨，不觉呼跃而起，从者皆惊。始知圣人之道，吾性自足，向之求理于事物者误也。默记《五经》之言证之，莫不吻合，著《五经臆说》。"此据王晓昕、赵平略点校，施邦曜辑评：《阳明先生集要》，中华书局 2008 年版，第 8 页，是本《年谱》与明隆庆谢氏刻本《王文成公全书》中钱德洪所编《年谱》相对照，明显在文字上作了删节甚而改动。参见王晓昕等点校：《王文成公全书》，中华书局 2015 年版，第 1395—1396 页。

③ 王守仁：《稽山书院尊经阁记》，《王文成公全书》，中华书局 2015 年版，第 309 页。

用来言称其诚伪邪正之辩证，就是《春秋》。"[1] 然而阳明对于《五经》，自有其独立的态度，而不愿照搬照抄。在《五经臆说序》的开头，他以"得鱼忘筌"、"醪尽糟弃"为喻，表达对《五经》之"道"的把握。他说：

> 得鱼而忘筌，醪尽而糟粕弃之。鱼醪之未得，而曰是筌与糟粕也，鱼与醪终不可得矣。《五经》，圣人之学具焉。然自其已闻者而言之，其于道也，亦筌与糟粕耳。窃尝怪夫世之儒者求鱼于筌，而谓糟粕之为醪也。[2]

其实人们往往问到心学派与理学派的差别，在对待儒家经典的态度上，犹如求鱼与筌、求醪与糟粕之不同，鱼与醪、筌与糟粕，孰为之本，孰为之末，在阳明眼里是一目了然，然于宋儒那里却未必分得清明。分不清醪与糟粕之别尚可谅之，"夫谓糟粕之为醪，犹近也，糟粕之中而醪存"。分不清鱼与筌则实属不该，"求鱼于筌，则筌与鱼远矣"，舍本逐末，于道相去甚远。

得鱼忘筌，醪尽糟弃。总而言之，龙场悟道的本质，是阳明通过反思和扬弃朱子"格物致知"之学，而确立下"心即理"的哲学立场，找到了他成圣立德的道路、方法（功夫）和方向，这才是龙场一悟的最深刻的本质。

第二节　以经证道

一、阳明心学的开端

阳明居黔三年所产生的思想，是他整体心学体系的开端，也可称之为

---

① 翁绍军著：《心学思潮》，尹继佐、周山主编：《中国学术思潮史》卷六，上海社会科学院出版社 2006 年版，第 230 页。
② 王守仁：《五经臆说序》，王晓昕等点校：《王文成公全书》，中华书局 2015 年版，第 1003 页。

"阳明的早期思想"。他是阳明心学发展早期阶段的思想，是阳明心学起步阶段与创立阶段的思想。之所以冠以"思想"之名，就在于他已具有了原创性与系统性这两项特质。之前，可认定阳明尚无即定之思想。虽然龙场之前阳明有所谓"为学三变"的经历，他的思绪尚处于漂泊无定，即所谓"依违往返，且信且疑"的状态。龙场之悟后，阳明多年的思想探索"大旨始定"，他的具有独立特征的思想体系开始产生。终其一生，阳明心学思想体系的发展大体经历了三个渐次深化而日趋成熟圆融的发展阶段。从时间上来说，可分为早期发展阶段、中期发展阶段和晚期发展阶段。与中期和晚期的思想一样，阳明早期思想本身就是一个系统，是与阳明整个心学思想体系既相互联结又相互区别、既相互依赖又彼此独立的子系统。

早期发展阶段，即阳明之居黔三年，自正德三年（1508）始至正德五年（1510）止，这是阳明心学体系的创立期。笔者采用"一期"、"二典型"、"四环节"及"诸多新说的提出"，来描绘阳明于这一阶段的基本思想框架：

所谓"一期"，即指这是一个独立的时期，与之前和之后相比较为一独立完整的思想发展的时段。

所谓"二典型"，即是指这一时期有两个极为典型的学术事件：第一个典型事件是阳明龙场大悟"心即理"之旨，这一事件既是阳明自己思想学说创立的开端，亦是黔中王门得以产生的重要契机；二是阳明于贵阳文明书院"始论知行合一"。作为阳明心学系统中极重要的核心范畴，"知行合一"的完整理论虽不能仅仅认为只是在贵阳产生，阳明后来与徐爱于归省途中讨论《大学》宗旨，又于晚年《答人问学》，将知行合一学说作了成熟而完善的发挥，但这一命题的提出毕竟是在贵阳，这个提出（始论）不能不说是这一时期极为典型的学术事件，就是在整个阳明心学的创建之中，其也堪称典型。

所谓"四环节"，是指阳明在龙场先后经历了思想与行动上的"悟道"、"证道"、"体道"与"弘道"四个环节，这四个环节贯穿于阳明居黔三年之过程始终。"悟道"发生于中夜之一瞬间；"证道"则有一较长过程，阳明将其所悟证诸《五经》，历经数月，乃成《五经臆说》，即所谓"阅十有九月，《五经》略遍，命曰《臆说》"。通过"证道"，他得出两个截然相反的结论：一方面是"莫不吻合"、"洞然无复可疑"；另一方面则是"每相抵牾"。他后来曾有回忆："昔谪官龙场，居夷处困，动心忍性之余，恍然有悟，证诸六经四子，洞然无复可疑，独于朱子说相抵牾，恒疚于心"。①这一正一反的证明得出一个相同的结论，即对本体的把握乃证成"圣人之道，吾性自足"，对功夫的践行乃明了"求理于事物者误也"。"体道"是阳明于此时所着力的第三个环节，他使用了以静坐为主的小学功夫②。第四个环节"传道"乃是阳明于成己前提下的成人举措，具体地表现为他创办龙冈书院和尔后主讲于文明书院的实践，他要将自己所悟之道加以弘扬，传之诸生，传之社会，这反映在他与席书的对话与讨论中，以及后者"身率诸生以师礼事之"的事实，所谓"过化"一说可以成立，就在于"弘道"必然是"过化"其中应有之义。

所谓"诸多新说的提出"，是指阳明在经龙场大悟之后，厚积而薄发，接连提出新说，这些新说每多独创，成为后来思想趋于圆融的理论前奏。比如他的"治经"思想，他的"心外无理"说，他的"知行合一"说，他的"处乐出为"说，他的"天下无不可化之人"说，皆可谓之"极高明而

---

① 王守仁：《朱子晚年定论》，《王文成公全书》卷三，中华书局 2015 年版，第 158 页。
② 在王阳明后来的文字中（《与辰中诸生》和《年谱》）均有对静坐这一小学功夫的检讨。《与辰中诸生》云："前在寺中所云静坐事，非欲坐禅入定。盖因吾辈平日为事物纷拏，未知为己，欲以此补小学收放心一段功夫耳。"（王晓昕等点校：《王文成公全书》，中华书局 2015 年版，第 176 页。）《年谱》"五年庚午，先生三十九岁"条载：语学者悟入之功。先是，先生赴龙场时，随地讲授，及归过常德、辰州，见门人冀元亨、蒋信、刘观时辈俱能卓立，喜曰："谪居两年，无可与语者，归途乃幸得诸友！悔昔在贵阳举知行合一之教，纷纷异同，罔知所入。兹来乃与诸生静坐僧寺，使自悟性体，顾恍恍若有可即者。"既又途中寄书曰："前在寺中所云静坐事，非欲坐禅入定。盖因吾辈平日为事物纷拏，未知为己，欲以此补小学收放心一段功夫耳。明道云：'才学便须知有用力处，既学便须知有得力处。'诸友宜于此处着力，方有进步，异时始有得力处也。"（王晓昕等点校：《王文成公全书》，中华书局 2015 年版，第 1398—1399 页。）两处记载的意思是一致的，皆肯定静坐为小学初级功夫。

道中庸"，成为他后来心学大厦中几个核心理论的思想前奏。故就其整个思想发展之全过程而言，阳明居黔思想期，即此思想创设之早期，可喻之为先是"初九之潜龙无用"，进而至"九二之见龙在田"。

虽然阳明中后期思想不是本书所讨论的主要内容，但也有简单作一交代的必要。笔者对阳明整个思想发展历程所作之三阶段划分，除早期阶段已有上述交待外，认为阳明心学系统的中期发展阶段，应从正德五年（1510）始至江西平宁止。作为中期发展阶段，也有几个称得上典型的学术事件：一是1512年底阳明升南京太仆寺少卿，时值徐爱知祁州考满赴京，二人相约同舟归越讨论《大学》宗旨逾月，后形成《传习录上》的核心内容。二是阳明于留都考仲晦而著《朱子晚年定论》："正德九年（1514）南京鸿庐寺卿。学徒众多，议论甚烈。在此时期，取朱子书细读之，乃知其晚年改变其说。于是从朱子文集三十四书中各抄一段，以为朱子晚年定论"①。三是于赣南（1518）刻《大学古本》，又许门生刻《传习录上》。这一阶段，特别是初于京师如论朱陆同异每多晦言，后逐渐挺立己说，是"九三君子终日乾乾"而终进于"九四或跃在渊"之展开阶段。

阳明心学系统的成熟阶段，也是其思想的完成阶段，乃于江西平宁之后"揭致良知"之教始，归越，征思田，至殁。"致良知"之教之提出，使阳明心学思想达致一高峰，是最终形成之标志，可喻为"九五之飞龙在天"也。晚年"天泉四句教"的提出，乃"上九之亢龙有悔"也。阳明殁后，后学亦将先生之学"风行天下"，亦使先生之学"渐失其传"，用九，见"群龙无首"也。

王阳明龙场悟道后，乃默记"五经四子"，证其所悟，阅十有九月，成《五经臆说》四十六卷，"沛然若决江河而放之海也"。然阳明不以《五经臆说》示弟子，谓付秦火久矣。阳明殁后，弟子钱德洪偶获残稿，遂录而存之，乃今《五经臆说十三条》。在十三条中，除德洪《序》外，实得

---

① 陈荣捷：《王阳明传习录详注集评》附录《从朱子晚年定论看阳明之于朱子》，台湾学生书局1983年版，第437页。

阳明十二条：有《易》四条（分别为"恒"、"遁"、"晋"三卦各一，"贞"一）、有《春秋》三而《诗》五也。所谓"龙场三卦"，即《恒》、《遁》、《晋》。阳明诠《晋》，曰"心之德本无不明，故谓之明德"，是阳明"以心解易"的致思之发端，而回归儒学正脉，则是阳明判决的新路向。龙场期间，阳明乃"潜龙无用"之时，这一点，在他几年之后（见龙在田）才有了明确的表述。

二、王阳明的早期经学

王阳明在离开黔中三年后的一次与徐爱的讨论中，较集中地表达了他的治经理念。"治《经》"，即同于《传习录》中"拟《经》"，又与王通之"拟《经》"有所不同。曰：

　　爱问文中子、韩退之。

　　先生曰："退之，文人之雄耳。文中子，贤儒也。后人徒以文词之故推尊退之，其实退之去文中子远甚。"[①]

在对韩愈和文中子二人的比较中，可以明显见出阳明对"治《经》"的态度与立场。他的这一立场是通过自身多年的苦苦探索后所确立的。摈弃辞章之学而从事圣贤之学，使他得出了"退之去文中子远甚"的结论。这个例子是为了进一步论证《传习录》一开头所提出的"先生于《大学》'格物'诸说，悉以旧本为正"的基本立场的。于是二人由此展出了一场围绕治经观念的讨论，讨论涉及立场、动机、效果等等问题。

　　爱问："何以有拟经之失？"

　　先生曰："拟经恐未可尽非。且说后世儒者著述之意，与拟经如何？"

　　爱曰："世儒著述，近名之意不无，然期以明道。拟经纯若

---

① 王守仁：《阳明先生集要》，中华书局 2008 年版，第 38 页。

为名。"

先生曰："著述以明道，亦何所效法？"

曰："孔子删述《六经》，以明道也。"

先生曰："然则拟经独非效法孔子乎？"

爱曰："著述即于道有所发明，拟经似徒拟其迹，恐于道无补。"①

对话中涉及动机与效果的问题。对王通拟经（所谓独拟其迹）如何看待，对朱熹的著述（所谓有所发明）又如何看待？以下的大段文字，全面而深刻地道明了阳明重内心而著实行的治经观，也是阳明为恢复和申明经典原本正当性，而提防"有所发明"的章句集注之类对视听之混淆的努力。

先生曰："子以明道者，使其反朴还淳，而见诸行事之实乎？抑将美其言词而徒以譊譊②于世也？天下之大乱，由虚文胜而实行衰也。使道明于天下，则《六经》不必述。删述《六经》，孔子不得已也。自伏羲画卦，至于文王、周公，其间言《易》如《连山》、《归藏》之属，纷纷籍籍，不知其几，《易》道大乱。孔子以天下好文之风日盛，知其说之将无纪极，于是取文王、周公之说而赞之，以为惟此为得其宗。于是纷纷之说尽废，而天下之言《易》者始一。《书》、《诗》、《礼》、《乐》、《春秋》皆然。《书》自《典》、《谟》以后，《诗》自《二南》以降，如《九丘》、《八索》，一切淫哇逸荡之词，盖不知其几百篇，《礼》、《乐》之名物度数，至是亦不可胜穷。孔子盖删削而述正之，然后其说始废。如《书》、《诗》、《礼》、《乐》中，孔子何尝加一语？今之《礼记》诸说，皆后儒附会而成，已非孔子之旧。至于《春秋》，

---

① 王守仁：《阳明先生集要》，中华书局 2008 年版，第 38—39 页。

② 譊譊：语自《三国志·蜀志·孟光传》："好公羊《春秋》而讥呵左氏，每与来敏争此二义，光常譊譊譁咋。"譊譊（náo náo）：争辩之声；譁（huān），喧哗。譊譊譁，形容争辩之声喧闹嘈杂。

虽称孔子作之，其实皆鲁史旧文。所谓‘笔’者，笔其旧；所谓‘削’者，削其繁：是有减无增。孔子述《六经》，惧繁文之乱天下，惟简之而不得，使天下务去其文以求其实，非以文教之也。春秋以后，繁文益盛，天下益乱。始皇焚书得罪，是出于私意，有不合焚《六经》。若当时志在明道，其诸反经叛理之说，悉取而焚之，亦正暗合删述之意。自秦、汉以降，文又日盛，若欲尽取之，断不能去，只宜取法孔子，录其近是者而表彰之，则其诸怪悖之说，亦宜渐渐自废。不知文中子当时拟经之意如何？某切深有取于其事，以为圣人复起，不能易也。天下所以不治，只因文盛实衰，人出己见，新奇相高，以眩俗取誉。徒以乱天下之聪明，塗天下之耳目，使天下靡然争务修饰文词，以求知于世，而不复知有敦本尚实、反朴还淳之行：是皆著述者有以启之。"①

后儒章句《六经》，虽重读书，也只是成一口耳之学。阳明重内心而著实行的治经观，与他的"知行合一"的重要哲学理念有着一脉相承的内在关联，他把"治经"与"治世"结合起来，以为断断然不可为之二矣，因为"天下所以不治，只因文盛实衰，人出己见，新奇相高，以眩俗取誉"。而且当时之士子文人往往"徒以乱天下之聪明，塗天下之耳目，使天下靡然争务修饰文词，以求知于世，而不复知有敦本尚实、反朴还淳之行：是皆著述者有以启之"。春秋以后，繁文愈盛，天下愈乱，几近难于收拾之局面，故有阳明深为叹之，以欲拯时救弊。从上述师徒二人的讨论中，已经见出阳明抵牾于宋儒在思想立场上的公开表态，而他采取的是对儒家经典的诠释态度的巧妙方式。因为在任何时候，只有以代表儒学正脉的"经"的立场来衡量一切，才是当时恒定是非的最有力的武器。"虽千经万典，异端曲学，如执权衡，天下轻重莫逃焉"！

---

① 王守仁：《阳明先生集要》，中华书局 2008 年版，第 39—40 页。

三、本体与功夫之道

撇开成圣立德终极目标之方法道路的获得，如若再次追问，王阳明龙场中夜大悟，到底悟到了什么？换一句话说，阳明中夜所悟，该用什么样的哲学话语来加以表述呢？有的说，阳明悟到的是"心即理"之道，有的说是"格物致知"之道，还有的说是"知行合一"之道。前两种说法分别从本体和功夫上说，自有其道理。然而第三种说法，无论从话语产生的时间顺序，还是从逻辑推理上讲，似乎都还"隔着一层"。阳明于正德三年龙场所悟之道和次年于贵阳文明书院始论之"知行合一"之道，虽然有着体系上的严密逻辑关系，但毕竟有所次递，不可相互替为一谈。《年谱》上有关于阳明龙场悟道较为详细的记述：

> 先生自计得失荣辱俱忘，惟生死一念尚在，乃鑿石槨以俟命焉。……因沉思圣人处此，更有何道，忽中夜大悟格物致知之旨，不觉呼跃而起，从者皆惊。始知圣人之道，吾性自足，向之求理于事物者误也。①

仔细地分析起来，应当从如下两个方面来理解《年谱》中的这段话。一是从本体而论，"吾心之常道"即是所谓"吾性自足"，吾性亦即吾心，此"常道"之实质就是"心即理"，即是"心外无理"、"心外无事"、"心外无物"；另一是从功夫而论，别"吾心之常道"而"向之求理于事物者误也"，朱熹的向心外求理的功夫论遭到质疑。由"向物求理"转而向人的内心求理，此即阳明所开辟的功夫论上的格物致知全新之道。依此而论，对于阳明龙场中夜大悟之道的理解，应当是包涵了本体和功夫两个方面的完整性表述，即龙场所悟之道，是作为本体的"心即理"之道和作为功夫的"格物致知"之道，此二道是阳明同时所悟而得，表明了本体和功夫的不可分离。决不可要么只讲"心即理"，要么只提"格物致知"，把阳明龙场悟道

---

① 王守仁：《阳明先生集要》，中华书局 2008 年版，第 8 页。

中本体与功夫的关系弄不清楚、弄不明白，而导致本体与功夫的分裂。作为本体的"心即理"之道与作为功夫的"格物致知"之道既不可分离，也不可混为一谈。既不可将"心即理"之道替代"格物致知"之道，说龙场所悟之道只是一个"心即理"之道；也不可将"格物致知"之道取代"心即理"之道，说龙场所悟之道只是一个"格物致知"之道。所以，关于阳明龙场所悟之道的完整表述就应当是：阳明龙场中夜大悟，其所悟为"心即理"之本体之道与"格物致知"之功夫之道。

作为本体的"心即理"之道，阳明在离开黔中后的正德七年壬申，曾在与徐爱的讨论中有进一步的阐释。按照《传习录上》的文字顺序，是先讨论"格物致知"，后讨论"心即理"，我们不妨将这一顺序颠倒一下，即先讨论"心即理"，再讨论"格物致知"。实际上，阳明龙场所悟之"心即理"本体之道与"格物致知"功夫之道，在时间上是没有先后之分的。下面是二人的对话：

> 爱问："至善只求诸心，恐于天下事理有不能尽。"
>
> 先生曰："心即理也。天下又有心外之事、心外之理乎？"①

这可以说是阳明对"心即理"之道的最直白和简捷的说明。一切都在我的心中，离开了主体意识，一切事、理的存在意义都成了疑问。离了主体之心，一切的存在都毫无意义，一切事和理的存在也只是以主体之心对它们的统摄相联系、相对待。在这里，对"事理"的进一步解释，对"心"与"事理"的关系的进一步解释，紧跟着在二人的对话中出现：

> 爱曰："如事父之孝，事君之忠，交友之信，治民之仁，其间有许多理在，恐亦不可不察。"
>
> 先生叹曰："此说之弊久矣，岂一语所能悟！今姑就所问者言之：且如事父，不成去父上求个孝的理？事君，不成去君上求个忠的理？交友治民，不成去友上、民上求个信与仁的理？都只

---

① 王守仁：《阳明先生集要》，中华书局 2008 年版，第 29 页。

在此心，心即理也。"①

具体的"事理"无不体现在"父之孝"、"君之忠"、"交友之信"与"治民之仁"等等上面，而所有这些都须有一心的主理，表面上看起来有点像是朱熹的"理"与"万殊"的关系，其实不然，阳明与程朱的区别就在于，用"心即理"替代"性即理"的同时，"理"的地位发生了根本的变化。在"性即理"中，理是为主的，理始终对"性"有着主宰和统率的权力；而在"心即理"中，"理"的地位和威权完全被颠倒了过来，在这里，心不仅统摄着理和事，而且心就是理、心就是事。心之外没有理、也没有事。心和理的关系是心为主，为根本，"理"从而降到了从属的地位。心的本质是什么呢？接下来是对心的进一步规定：

> 此心无私欲之蔽，即是天理，不须外面添一分。以此纯乎天理之心，发之事父，便是孝，发之事君，便是忠，发之交友治民，便是信与仁。只在此心去人欲、存天理上用功便是。②

这里为什么又说"此心无私欲之蔽，即是天理"呢？阳明所理解之天理，与朱熹断然不同，朱熹的天理完全是外在的律令，类似于康德之自然法则；阳明所理解的天理乃是孟子所谓"我故有之，非由外铄"，即是人所故有的先天之所纯然，这未发之心是一"纯乎天理之心"，他在已发之前是无所谓善也无所谓恶的。从未发到了已发，此心就有了两种可能性。"发之事父，便是孝，发之事君，便是忠，发之交友治民，便是信与仁。"这是善的可能性及其实现；反之，就是恶。恶的原因正是所谓此心有"私欲之蔽"，所以要"在此心去人欲、存天理上用功"。功夫所至，此纯乎天理之心自然昭然明朗。王阳明将程朱的"存天理，去人欲"改述为"去人欲，存天理"，实际上也是为了适应于将"心"与"理"的地位与威权关系倒置的需要。这一改述的根源，最早应当追溯到龙场中夜大悟之功夫论："向之求理于事物者，误也"。

---

① 王守仁：《阳明先生集要》，中华书局 2008 年版，第 29 页。
② 王守仁：《阳明先生集要》，中华书局 2008 年版，第 30 页。

作为功夫的"格物致知"之道，在阳明看来，应当改述为"致知格物"，才符合与朱熹的理学相对应的心学的内在逻辑。实际上在后来的思考过程中，阳明正是这样去理解和表述的。依然是在与徐爱的讨论中，师徒二人有所问答：

> 爱问"'知止而后有定'①，朱子以为'事事物物皆有定理'似与先生之说相戾。"

> 先生曰："于事事物物上求至善，却是义外也②。至善是心之本体，只是'明明德'到'至精至一'处便是。然亦未尝离却事物，本注③所谓'尽夫天理之极，而无一毫人欲之私'者得之。"④

阳明与徐爱讨论《大学》宗旨。由于朱熹将"知止而后有定"一语理解为万事万物都有特定的道理，而阳明认为，在万事万物上探究至高无上的善，就是把义看成外在的东西了。至善是心之本体，心之本体即是至善，只要"明明德"达到至精至一处便是至善了，达到至精至一便是达到心之本体，便是善的实现。这里特别强调的"明明德"的功夫，按照《大学》"三纲领八条目"的排序与对应关系，"明明德"的首要功夫是"格物"与"致知"。然而从对应关系来讲，由于"明明德"中的前一个"明"是动词，可以对应于"格"和"致"；后一个"明"是形容词，"明德"只能对应于"知"，而不能对应于"物"。"明德"和"知"之所以作为心之本体，是固有的，非由外铄；之所以达到至善，是因为通过"明明德"的功夫而

---

① "知至而后有定"：语出《大学》。"事事物物皆有定理"：这是朱熹对"知至而后有定"的解释。语出朱熹《大学·或问》："能知所止，则方寸之间，事事物物皆有定理矣。"（《朱子语类》二，中华书局1986年版，第380页。）

② 义外：语出《孟子·告子上》："告子曰：'食、色，性也；仁，内也。非外也。义，外也，非内也。'"杨伯峻：（《孟子译注》，中华书局2010年版，第236页。）孟子反对告子义在心外的观点，认为仁和义都在人心之中。

③ 本注：即朱熹《大学章句》第一章注："明明德新民，皆当止于至善之地而不迁。盖必其有以尽夫天理之极，而无一毫人欲之私也。"（《四书章句集注》，中华书局2011年版，第4页。）

④ 王守仁：《阳明先生集要》，中华书局2008年版，第29页。

达到"至精至一"的结果。因此,"明明德"也就是"致知"的意思。另外,"明明德"中的第一个"明"虽可以与"格物"的"格"相对应,"明德"却怎么也无法与"格物"的"物"相对应。所以,王阳明把《大学》中"格物致知"换位成了"致知格物",是符合阳明"吾性自足"的心学的内在逻辑理路的。依此道理,何处去求至善?王阳明作出了与朱熹完全不同的回答。

> 郑朝朔①问:"至善亦须有从事物上求者?"

> 先生曰:"至善只是此心纯乎天理之极便是,更于事物上怎生求?且试说几件看?"

> 朝朔曰:"且如事亲,如何而为温清之节,如何而为奉养之宜,须求个是当,方是至善,所以有学问思辨②之功。"

> 先生曰:"若只是温清之节、奉养之宜,可一日二日讲之而尽,用得甚学问思辨?惟于温清时,也只要此心纯乎天理之极;奉养时,也只要此心纯乎天理之极。此则非有学问思辨之功,将不免于毫厘千里之谬,所以虽在圣人,犹如'精一'之训。若只是那些仪节求得是当,便谓至善,即如今扮戏子,扮得许多温清奉养的仪节是当,亦可谓之至善矣?"③

王阳明的"致知"与朱熹的"格物"的区别在于:"致知"是求至善,而至善必须是使此心达到纯粹天理之境界,要达到此种境界,必须做学问思辨的功夫,且务必达到"精一"的水准,即使是圣人也务必如此;而朱熹的"格物",在阳明看来,一天两天就完事了,哪里用得什么学问思辨的功夫,就像演戏一般,只是走走形式,做做表面文章罢了。二者的区别可

---

① 郑朝朔:名一初,广东揭阳人,官至监察御史。阳明任吏部主事时,朝朔为御史,曾向阳明问学。

② 学问思辨:语出《中庸》:"博学之,审问之,慎思之,明辨之,笃行之。"(《四书章句集注》,中华书局 2011 年版,第 32 页。)

③ 王守仁:《王文成公全书》,中华书局 2015 年版,第 4 页。

说是差之毫厘，失之千里。从本质上看，就是如何处理主与客、内与外、心与理的关系问题。阳明"致知格物"的功夫论，强调主体的决定性，方向直指人的内心深处，认为事物之理的崇高境界存在于人的心灵深处，通过学问思辨的功夫去挖掘人内心深处的天理，并使这种功夫达到至精至一，才是正确的方法与途径。

四、以经证道：阳明著《五经臆说》

王阳明居黔时治经活动较为明确的文献记载，为《年谱》戊申条中提到所谓《五经臆说》，不过，在隆庆谢氏刻本《王文成公全书》[①] 和上古本《王阳明全集》[②] 中，均仅见《五经臆说十三条》而未见《五经臆说》全文，迄今亦无任何资料显示，有《五经臆说》全文的发见。至于《臆说》全文的写作背景，以及其如何演变而为后来之残篇断简，阳明高徒钱德洪在其所整理的《五经臆说十三条》前言中有曰：

> 师居龙场，学得所悟，证诸《五经》，觉先儒训释未尽，乃随所记忆，为之疏解。阅十有九月，《五经》略遍，命曰《臆说》。既后自觉学益精，工夫益简易，故不复出以示人。洪尝乘间以请。师笑曰："付秦火久矣。"洪请问。师曰："只致良知，虽千经万典，异端曲学，如执权衡，天下轻重莫逃焉，更不必支分句析，以知解接人也。"后执师丧，偶于废稿中得此数条。洪窃录而读之，乃叹曰："吾师之学，于一处融彻，终日言之不离是矣。即此以例全经，可知也。"[③]

阳明于龙场之悟前前后后，皆一直处于对儒家经典进行思考和求证的过程中。他根据自己所悟，对照《五经》，自觉朱子对"六经四子"的诠释

---

① 指明隆庆六年浙江谢廷杰刻本《王文成公全书》，今藏北京国家图书馆善本书室。
② 指吴光、钱明等编校本《王阳明全集》，上海古籍出版社 1992 年版。
③ 王守仁：《王文成公全书》，中华书局 2015 年版，第 1123 页。

并不到位，因此凭借记忆，阳明写下了《五经臆说》46卷，用以阐明自己所悟。《五经臆说》的写作，其具体时间，如按《年谱》戊申条"中夜大悟……默记《五经》之言证之，莫不吻合，著《五经臆说》"所述，德洪以上前言中有"阅十有九月，《五经》略遍，命曰《臆说》"一语，看来前前后后共花19个月的时间。不仅钱德洪如是说，阳明本人也说过，写作《五经臆说》花了他19个月的时间。他在《五经臆说序》一文中明确表示："龙场居南夷万山中，书卷不可携，日坐石穴，默记旧所读书而录之。意有所得，辄为之训释。期有七月而《五经》之旨略遍，名之曰《臆说》。"①"期"即是一年，"期有七月"，正是19个月。钱德洪说"阅十有九月"，正是依据于此。这几乎就是阳明中夜大悟之后的所有居黔的日子。②

为何在离黔以后的大多数日子里，阳明较少把《五经臆说》及其观点常加提及，德洪大致讲了三条理由：由于居黔之学问只是阳明思想发展的一个阶段，离黔后，阳明于湖南、江西、京师、南京等地随处讲学，"既后自觉学益精，工夫益简易"，学问渐入高级境界，这是其一；德洪复问，阳明笑曰："付诸秦火久矣"，这多半是阳明玩笑一般推托之辞，真真假假，实难判断，此为其二；然根本原因乃是阳明后来所说的这段话："只致良知，虽千经万典，异端曲学，如执权衡，天下轻重莫逃焉，更不必支分句析，以知解接人也。"此其三也。

尽管如此，也不等于说，对阳明早期③之著述，就可以不被重视。恰

---

① 王守仁：《王文成公全书》，中华书局2015年版，第1003页。
② 由此可以大致推算出阳明龙场悟道的具体时间，是他赴龙场后的第三个月。阳明居黔三载，实足为22个月，第一年（正德三年）9个月，第二年（正德四年）满足12个月，第三年（正德五年）实际只有一个月。龙场悟道后，阳明紧接着以经证道，开始著《五经臆说》历19个月。故此推算，其悟道大约是在赴龙场后第三个月。
③ 任文利《心学的形上学问题探本》（中州古籍出版社2005年版）一书中，将龙场悟道之后至提出致良知之前，视为阳明心学的早期阶段，以后为晚期。笔者以阳明在黔三年为其心学的早期阶段，离黔之后至江西始揭致良知之前为其心学发展之中期阶段，以后为其心学发展之晚期阶段。

恰相反，欲深入探究阳明的整体思想学说之发展全过程，特别是考察对阳明思想发展具有重要作用、甚至具有里程碑意义的重要事件之前前后后，考察阳明在特定历史时期、特定历史状况下思想的特殊表现形式，无疑十分重要，也十分必要。

作为思想家、哲学家、文学家、教育家与军事家之王阳明，一生著述颇丰，居黔几年，亦是其著述极为辉煌之时期。以文章为例，清康熙间吴楚材、吴调侯编《古文观止》，辑历代名文，上迄东周，下至明末，洋洋 220 篇，其中选有明一代文人 12 位十有八篇，7 人各 1，大名鼎鼎之宋濂、刘基、方孝孺、归有光各 2，惟王阳明 1 人独占 3 篇。这三篇文章分别为《象祠记》、《瘗旅文》、《稽山书院尊经阁记》。前面两篇，恰为谪居龙场所作。阳明居黔三个年头，实际时间也就两年未足，却留下大量遗文，自初至龙场（1508，正德三年春）"穴山麓之窝读易其间"著《玩易窝记》起，至离黔途中所写《镇远旅邸书札》止（1510，正德五年腊月底），其间，共写下各类文章计 27 篇，诗歌 105 首。27 篇文章中，记事类 8 篇，示谕类 2 篇，序文类 5 篇，信札类 6 篇，祭祀类 4 篇，论说类仅有 2 篇。然此两篇论说文章，集中反映了阳明于龙场期间高度抽象的形上思辨。这两篇论说类文章，一曰《论元年春王正月》，另一篇就是《五经臆说十三条》。两篇论文标题虽异，内文却有着密不可分之关联，然《五经臆说十三条》之第一条，正乃"元年春王正月"条，前者正可视之为后者内容之阐发。因为，前者乃为德洪据阳明所遗《五经臆说》残稿所编，故有学者以为，前者极有可能正是阳明《五经臆说》全文中之一篇而已。

关于这一前一后两篇文章[①]，仔细考来，尚有疑惑未能解开：即这两篇文章的关系。它们本就同属一篇文章？还是如前所述，为一前后展开的两文？抑或两者兼而有之？当然，讨论这样的疑惑并不具有多少实质性意

---

① 此处《五经臆说十三条》和《论元年春王正月》两篇文章，非指时间上的一前一后。

义。下面的讨论则是有意义的。

《五经臆说十三条》之第一条，即所名"元年春王正月"条，全文如下：

> 元年春王正月，人君即位之一年，必书元年。元者，始也。无始则无以为终。故书元年者，正始也。大哉乾元，天之始也；至哉坤元，地之始也。成位于其中，则有人元焉。故天下之元在于王；一国之元在于君；君之元在于心。元也者，在天为生物之仁，而在人则为心。心，生而有者也，曷为为君而始乎？曰："心，生而有者也。未为君，而其用止于一身；既为君，而其用关于一国。故元年者，人君为国之始也。当是时也，群臣百姓，悉意明目，以观维新之始。则人君者，尤当洗心涤虑以为维新之始。故元年者，人君正心之始也。"曰："前此可无正乎？"曰："正也，有未尽焉，此又其一始也。改元年者，人君改过迁善，修身立德之始也；端本澄源，三纲五常之始也；立政治民，休戚安危之始也。呜呼！其可以不慎乎？"

由此条内容可见，王阳明于《春秋左传》首条之疏解，着重在于阐明其思想义理。此条之短短数语中，"心"字六见，足见阳明所思所想，合于龙场所悟，其又以强调"人君之正心"为旨要，所言"天下之元在于王；一国之元在于君；君之元在于心"，将"心"作为范畴并提升至万物始基位。又言："元年者，人君正心之始也"，"人君者，尤当洗心涤虑以为维新之始"，将"正心"作为"人"与"人君"之生命真实存在的逻辑起点，由此开启了阳明心学之系统建构的一大机枢。

一般对《春秋》"元年春王正月"六字之诠释，着重强调以下四点：首为"元年"，次为"春"，复次为"王"，末为"正月"。

元者，始也；元年者，国君在位之首年；然此"年"，实非为以当时周天子为中心的纪年，而是鲁国国君在位之年次。杜预注"元年春王正月"："（鲁）隐公之始年，周王之正月也。凡人君即位，欲其体元以居正，故不言一年一月也。隐虽不即位，然摄行君事，故亦朝庙告朔也。"①孔颖达疏："元，始也，正长也，此公之始年，故称元年；此年之长月，故称正月。言王正月者，王者革前代驭天下，必改正朔易服色，以变人视听。"②"变"已然透于此中，是孔颖达疏关键一词。

　　首先，王阳明疏"元年"为"正始"，且曰"大哉乾元，天之始也；至哉坤元，地之始也"，又曰"无始则无以为终，故书元年者"。此所谓"元"，在阳明看来，有天下之元，有一国之元，有为君之元。天下之元与一国之元统于君王，而为君之元在于心，这就把心提揭到了至高无上的位置。"心"成为阳明所疏关键一词。"元"是一统摄万事万物之本体，元"在天则为生物之仁，在人则为心"，所以"心"才是元最集中的表现。阳明一再强调心的"生而俱有"之先验性的之同时，又将"心"作"在人之心"与"在君之心"之两分。且曰"在人之心"，其用止于一身；曰"在君之心"，其用关乎一国。足见"君心"至关之重要。阳明没有一刻忘记，自己是如何被贬至此地的，也没有一刻忘记，权阉刘瑾是如何倒行逆施的，更没有一刻忘记，武宗的心是如何"关乎一国"的。最终，"君心"是元最高的本质，"正心"的关键在于"正君心"。"心"、"君心"皆为本体，"正"乃为功夫。"正心"与"正君心"，乃为本体与功夫的一致性而言。"元"作为王天下之始，其本质亦是"正心"之始，是"正君心"之始，是每一任君王洗心涤虑之始，是每一任君王维新革命之始。此在，亦是阳明中夜大悟之后，"心"的作用和地位得到了空前的提高；"心"，成为阳明心学的最高概念，同时也是阳明在龙场悟道之初，他心学体系的最初起点。"正心"，无疑成为阳明晚岁揭"致良知"之教的理论前奏。

　　其次，"春"乃是一季节之概念，与《春秋》这部书的书名有关。一般来说，一年乃有春、夏、秋、冬四个季节。《左传》中，一年的记事，总是以春季开始，以冬季结束，所以每年第一桩事情，总是重新从当年之

① 《唐宋注疏十三经》（三），《左传注疏》卷二，中华书局1998年版，第20页。
② 《唐宋注疏十三经》（三），《左传注疏》卷二，中华书局1998年版，第20页。

春季始。一年之中，有春、夏、秋、冬四季的先后出现，于是错举春、秋二季之名，用来通指一年。历史总是一个春、夏、秋、冬之后，紧接着又一个春、夏、秋、冬，于是"春秋"就成了史书的代称。也有学者测算，在上古时期，一年只有春、秋两季，故用"春秋"来指一年。既无夏日之酷暑，亦无冬日之严寒，那时的气候的确让人感觉不一样。无论如何，"元年春王正月"的"春"，一定是表示这一年的开始。

复次，"元年春王正月"之"王"又作何解？

从性质上讲，汤武革命，与《春秋》中所记几乎所有王之更迭并不能相提并论。《周易·革卦·象》曰："天地革而四时成。汤武革命，顺乎天而应乎人。革之时大矣哉！"其以为天地变革而成就四季，商汤革夏桀之命，周武王革殷纣王之命，皆顺乎天意又合乎民心。《革》卦有与时偕行的重大意义，不过桀、汤、纣、武皆属天子级别，他们之间的替代是改朝换代的历史大事件，然《易经》中"革命"的本来意思如此；《春秋》所载"元年春王正月"之"王"，此"王"虽指周王，然《春秋》是依鲁国诸侯之年号记事，在这里，表明鲁国使用的历法是周王的历法。《春秋》记事，从鲁隐公始（鲁隐公元年，前722年），至鲁哀公十四年（前481年），242年历史，共12代诸侯[①]。《象》曰："泽中有火，革。君子以治历明时。"能够制定历法者，能够阐明时令者，非天子即诸侯也。这里所讲君子，往往指的就是诸侯以上大人物，并非孔子后来在多数情况下所言之道德高尚者。"君子"语义的扩展，由"位"扩大为"位"与"德"，是孔子所作出的贡献。

最后，"元年春王正月"之"正月"又作何解？

[①] 《左传》的记事，和《春秋》一样开始于鲁隐公元年（前722年），但下限却一直记到赵、魏、韩三家灭晋（前453年），比《春秋》下延28年。《左传》里的《春秋》，记事于鲁哀公十六年（前479年），最后一句是"夏四月己丑，孔子卒"，这和《公羊传》、《穀梁传》中的《春秋》都止于鲁哀公十四年不太一样，一般认为这是孔子弟子在孔子死后，补记了两年，直到孔子去世为止，所以如果以鲁哀公十四年为下限，就不把这两年计算在内。

上古时代，夏、商、周三代各自使用自己不同之历法，各自历法又有各自不同之正月，这些不同之正月分别名之为夏正、殷正、周正，即所谓"三正"。

"正月"即每年之第一月，夏、商、周三代历法的第一月，早晚是不一样的。"夏正"即今之农历；"殷正"则比"夏正"早一个月，"周正"则又比"殷正"早一个月。"周正"就相当于今之第十一月。春秋时期，并非每个诸侯国都使用周历，有使用夏历，有使用殷历的。鲁国从隐公到哀公的二百多年里，一直使用周历，即王历。阳明对"正月"的解释是"正也，有未尽焉，此又其一始也"，"正月"就成了另一意义上之元年：每年都有自己的正月，好比每个诸侯都有自己的元年；正月者，一年之始也；元年者，诸侯之始也。诸侯之每一年都有一新正月，诸侯之每一年都有一新开始，"有未尽"，这就为人君连续不断、反复多次地洗心涤虑、改过迁善、修身立德提供了理论上的依据。阳明真是用心良苦，他同时也为自己寻找到了一个完全新的起点。这个新起点，就是龙场中夜大悟之当下，就是由"圣人处此，更有何道"之追问转换至"圣人之道，吾性自足"之瞬间。

《易》之"贞"又作何解？

这就是上文提出的第二个疑惑。它仿佛是一个历史的吊诡。

钱德洪整理的《五经臆说十三条》中，涉及《春秋》有三条，除"元年春王正月"外，尚有"'元年'者，鲁隐公之元年"条和"郑伯克段于鄢"条；涉及《易》有四条，即"贞"与《恒》、《遁》、《晋》三卦；涉及《诗》有五条：《时迈》十五句、《执竞》十四句、《思文》八句、《臣工》十五句、《有瞽》十三句。算来算去就只十二条，何来十三呢？况且"鲁隐公"条本就类于"元年春王正月"条，算来就成了十一条，更不足为十三之数。笔者遍查相关文献，无论是最权威之善本，即明隆庆六年谢廷傑所刻《王文成公全书》，还是新版《王阳明全集》，皆以《五经臆说十三条》名之而无异出，名与实的这种错位与出入，不得不让人顿生纳闷。或许这种错位大可不必较真，小小的出入也可忽略不计，或许所谓"十三"之数，只是为了应和某种暗示，或者它干脆只是一个概数罢了。在所有这些条目中，阳明对《易经》"贞"的臆说，相比之下字数较少：

> 天地感而万物化生，实理流行也。圣人感人心而天下和平，至诚发见也。皆所谓"贞"也。观天地交感之理，圣人感人心之道，不过于一贞，而万物生，天下和平焉，则天地万物之情可见矣。①

《易》中经文"贞"字 109 见（不包括《传》），其中"贞吉"32 见，"贞凶"10 见，"利贞"23 见，"贞厉"7 见，"贞吝"4 见，"利艰贞"2 见，"安贞吉"2 见，"利永贞"1 见，"元永贞"2 见，"永贞吉"2 见，"可贞"4 见，"永贞"2 见，"艰贞"1 见，"利居贞"1 见，"贞疾"1 见，单独一个"贞"字则 15 见。这些"贞"字，皆当训为"定"，训为"正"。②

先看《易》中经文的"贞"，"定"是基本义，"正"是引申义。通常喻为"由定的坚定不移，固守不变而抽象引申为坚持原则、坚持为正"③。

《易》中经文"贞"的解释，除了为"定"、为"正"之外，还有把它解释为"卜问"的，但不多见④。但惟"定"与"正"往往可通，如《乾》经文曰："元亨利贞"，义为刚健，大为亨通，利于贞正。《坤》辞："元亨，利牝马之贞；君子有攸往，先迷，后得主，利；西南得朋，东北丧朋；安

---

① 王守仁：《王文成公全书》，中华书局 2015 年版，第 1125 页。

② 甲骨文、金文中，"贞"、"鼎"本同字，"贞"从"贝"，即鼎。鼎，定也。故贞通定。而定字从正得声。《老子》45 章："清静，为天下正。"郭店楚简《老子》乙本"正"作"定"。《老子》18 章："国家昏乱有贞臣。"郭店楚简《老子》丙本"贞"作"正"。（参见荆门博物馆编：《郭店楚墓竹简》，文物出版社 1998 年版，第 118、121、129 页）。可见，"贞"、"正"、"定"同源，音同，义近，可通。

③ 廖茗春：《〈周易〉经传十五讲》，北京大学出版社 2004 年版，第 171 页。其注曰：可参见屈万里《说易散稿·贞》（《书傭论学集》，台湾开明书店 1969 年版第 31—32 页）、曹福敬《〈易经〉'贞'析义》（《齐鲁学刊》1987 年第 5 期）、饶宗颐《'贞'的哲学》（《华学》第 3 辑，紫禁城出版社 1998 年）三文。

④ 参见廖名春：《〈周易〉经传十五讲》，北京大学出版社 2004 年版，第 172 页，设"[思考题]3.'贞'解释为'定'、'正'好，还是解释为'卜问'好？请谈谈你的看法。"可见确有"卜问"一说。

贞吉。"前一句义为柔顺，大为亨通，利于像母马一样守持正固，强调了
"正"的意思；然后一句则主张安居而不主动，方为吉利，强调"定"的
意思。《坤》六三爻辞"含章，可贞；或从王事，无成有终"，喻义内含文
采，尚能守持正固。由于《乾》卦和《坤》卦要么全阳，要么全阴，属于
六十四卦中最基本卦，故有"用九"、"用六"，然其余卦均阴阳相杂，故
无用九或用六。《坤》之"用六，利永贞"，是说六爻都是六，利于永远固
守不动，"利永贞"是《坤》卦的主要特征，就是强调柔顺而不出头争胜，
也是"定"的意思在里面。除最基本的《乾》卦和《坤》卦外，《屯》卦和《蒙》
卦算是六十四卦中排列第二的卦。《屯》的卦辞"元亨利贞，毋用有攸往，
利建侯"，乃为初生而弱小时，亨通，利于固守不动；不宜有所前往，利
于封建诸侯。"贞"与"往"对，相对之意义明显，此"贞"义当训为定，
即守持而不动。初九"盘桓，利居贞"，"贞"义亦为定，又与"居"义近，
表示徘徊不前，原地不动而有利之意。接下来六二爻辞"女子贞不字，十
年乃字"，"字"通"子"，"贞"通"定"，仍为不动之意。九五爻辞"屯
其膏，小贞吉，大贞凶"，意为弱小时保守不动，则吉利；若强大了依然
保守，则凶险，仍为定之意义。

　　"贞"何以训之为正，见《讼》卦九四爻辞："不克讼，复即命，渝，
安贞吉"。"渝"，乃为改义，争讼不胜，而回头能听命，重新做人，安于
贞正，则吉利。又见《师》卦之辞"师贞，丈人吉，无咎"，喻行军打仗
之事，但凡指挥得正，必使长者吉利而无咎。再如《比》卦六二爻辞"《比》
之自内，贞，吉"[1]，喻为亲比、团结出自于内心，就会吉利。这里"贞"
显然是"正"的意思。复如《比》的六四爻辞"外比之，贞，吉"[2]，喻为
哪怕是外人，也要讲个亲比、团结。如此则正，吉利。此"贞"亦训为正。
《比》卦讲亲比、团结的道理[3]，是为"贞""正"之道。

---

[1]　楚简本《比》卦六二爻辞无"贞"字，可从。

[2]　楚简本《比》卦六四"贞吉"作"亡不利"即"无不利"。

[3]　但是孔子讲"君子周而不比，小人比而不周"，其意似乎与此相悖？

考察以上阳明对"贞"的训解，尚可将"贞"训之为：其一，定理、实理意。曰："天地感而万物化生，实理流行也"。此之"实理"，乃即天地交感之理，万物之所得以变化生成，皆因了天地交感之实理之流行，此"贞"亦作"定"讲，"定"即"定理"意，乃为恒定不变之规律性。其二，正心、诚正意。曰："圣人感人心而天下和平，至诚发见也。皆所谓'贞'也。"天下之所以和平，皆因圣人之心在起作用，圣人以己之心，而感动世人之心，故有所谓天下太平。此"贞"作"正"义，"正"即"正心"、"诚正"之意。王阳明再一次将"心"拔至关键词地位。至此，阳明推导出了两个关于"贞"的因果系列：一是自然领域的因果系列；一是社会领域的因果系列。在自然领域的因果系列中，不变的恒定之理是因，据此因而有天地交感之果，然又据于天地交感之因而有万物化生之果。此自然系列中，"贞"训为"定"。在社会领域的因果系列中，圣人之正心乃为因，据此因而有人心之感化，圣人据此感人心之因而有天下和平之果。此社会系列中，"贞"则训为"正"。然此二系列最终又整合为一整体系统，"皆所谓'贞'也"，且"不过于一'贞'"。此时，"贞"所训之"定"，乃由"定理"而为"定心"，"贞"所训之"定"与所训之"正"乃统合而为之"一"。"定"即"正"，"正"即是"定"；"定理"即"定心"，"定心"即"正心"；心即是理，理归入于心，无不吻合于阳明中夜大悟"格物致知"之功夫所参到的"圣人之道，吾性自足"的"心即理"本体之实蕴。因此，心即是理，定理即定心，正理即正心，天地万物，世事人心，无论是自然领域抑或社会领域，其根据皆统一于一"贞"，其本源而归之于一心。此乃谛丞阳明于黔中早期思想起步时构筑其心学体系的逻辑起点，证诸《易》之"贞"，甚觉吻合，直以为"沛然若决江河而放之海"也矣！

王阳明悟道，是其心学体系构建的逻辑起点。阳明证之于所悟之道，即所谓"证道"，则是与此起点紧密相连的认识论上的重要环节。悟道之意义不仅在于认知理性，更在于道德伦理之理性；然证道则更多在于认知理性之意义。其所证"吾性自足"之"心"，即"吾心"至少在《五经臆说》

中有以下诸意：

一为本体之心、本原之心。在《五经臆说》"元年春王正月"条中，阳明曰"故天下之元在于王，一国之元在于君，君之元在于心"，将"心"置于最为根本之"元"。

二为始基之心，心为之出发点。仍然是在"元年春王正月"条中，阳明曰："则人君者，尤当洗心涤虑以为维新之始。故元年者，人君正心之始也。"将正心置于为人君者之最根本之前提。

三为是非抉择之心。阳明在"郑伯克段于鄢"条云："辩似是之非，以正人心，而险谲无所容其奸矣。"以心为判定是非善恶之标准。

四为感诚发见之心。在"贞"条中，以"诚"训"贞"，提出"圣人感人心而天下和平，至诚发见也"，"观天地交感之理，圣人感人心之道，不过一贞"耳。

五为明德之心、良知之心。阳明于龙场时已有良知之意，只是"良知"二子未能出口，其证在《晋》卦，曰："心之德本无不明也，故谓之明德。有时而不明者，蔽于私也。去其私，无不明矣。"此"心"即后揭之良知，良知即心。

六为自强不息之心。"《执竞》十四句，言武王持其自强不息之心，其功烈之盛，天下既莫得而强之矣。"有此心，方有功烈之盛。此心即志，立志即立此心。阳明自幼所立"人生第一等事"，即是此志，即是此心。

第三节　体道与弘道

在大致完成了主要在思想层面展开的悟道与证道环节后，阳明立马进入了思想与践履并行不悖的体道与弘道环节。他创办了龙冈书院，教学授徒，并立下了"立志"、"勤学"、"改过"、"责善"的八字教训。弘道与体道并进："立志"是要立"鸿鹄之志"，教导人人皆来成就圣贤，其初级阶段是先教人包括静坐在内的"小学收放心"功夫。而"知行合一"则是每一阶段都务必贯穿的圣门宗旨。他每到达一处，每游历一个地方，每一次讲学，每一封书信，每一首诗文，每一次聚会，都不忘身负之责。

一、"天下无不可化之人"

他在应土司安贵荣之请，为夷民新建象祠作记时，亦不忘自己身负弘道的责任，这是一种"以天下为己任"的责任。

《象祠记》一文于阳明心学体系中之地位，代表了阳明龙场悟道之后构建心学体系之早期思想，可视为其晚期"致良知说"问世的前奏。"天下无不可化之人"语实为代表《象祠记》核心思想的关键一词，它的提出，无疑是对孟子"性善论"、"人皆可为尧舜"说的升华与扩展。"化"是句中灵魂，其又有"主体之化"与"客体之化"的不同指向。文中提出的"爱屋及乌"说、"舜善用人"说、"舜善化人"说及"人性本善"说，无不建立于道德理性之层面。《象祠记》中所反映的祭象的精神实质，更重要的还在于它的意义世界的层面，以下通过涉及对宗教等相关不同角度的分析，揭示人的生命存在意义，这实际上也是《象祠记》中所述祭象现象背后深藏着的真实之意蕴。

之前把王阳明整个心学思想体系的构建划分为早、中、晚期三个阶段①，并认为阳明在黔三年属于所谓早期阶段②。在这个早期阶段里，阳

① 笔者认为，王阳明整个心学思想体系建构过程不同阶段的划分，以在黔三年（三个年头，实际时间两年）为早期阶段；以阳明离开贵州（1510）至嘉靖元年为中期阶段；归越后的六年为其晚期阶段。

② 王阳明正德三年（1508）春到贵阳，正德五年（1510）春离开贵州赴任江西庐陵知县，虽跨了三个年头，实际在黔时间只有两年。

明所有著述尚可以分为两类：即哲学类和非哲学类。

阳明龙场悟道之后，在贵州的短短两年时间内，接连写下了多篇哲学论著，而其中最具代表性、反映阳明心学体系构建初期思想的，毫无疑问是《五经臆说》，虽然如今仅存《五经臆说十三条》，然另有一文曰《论元年春王正月》者，也属哲学类论文。此外尚有《五经臆说序》一篇，文字虽不多，也属阳明此期的哲学著作无疑。此外诸如《玩易窝记》和《象祠记》，也应视为阳明于这一时期之哲学论著，因为在这些文章中，同样各自包含了阳明构建心学体系初期于某一方面的哲学思考。自从于龙场一悟"圣人之道，吾性自足"之本体精神与"向之求理者误也"功夫路向的价值理想后，阳明以"心即理"的"心"为出发点，开始找寻和探究人的生命存在的意义之维。

如前所述，《古文观止》破例收录文章一人达三篇者，唯有守仁王阳明先生，然此三篇文章中，竟有两篇出自黔中，这绝非巧合，它们理应成为今人研究黔中阳明学说及文化的重要文献。这两篇文章，一篇为《瘗旅文》，另一篇即是《象祠记》。关于《象祠记》及其写作背景与相关因素的研究，无疑应是黔中阳明文化研究的一项重要内容。通过研究，人们不难发现，《象祠记》在阳明居黔所著诸文中，有其独特意义，有利于认识和了解阳明心学建构早期的思想及其重要价值。为方便起见，兹录全文于下：

> 灵博之山有象祠焉，其下诸苗夷之居者，咸神而事之。宣慰安君因诸苗夷之请，新其祠屋，而请记于予。
>
> 予曰："毁之乎？其新之也？"
>
> 曰："新之。"
>
> "新之也，何居乎？"
>
> 曰："斯祠之肇也，盖莫知其原。然诸蛮夷之居是者，自吾父吾祖，溯曾、高祖而上，皆尊奉而礼祀焉，举之而不敢废也。"
>
> 予曰："胡然乎？有鼻之祠，唐之人盖尝毁之。象之道，以

为子则不孝，以为弟则傲。斥于唐而犹存于今，毁于有鼻而犹盛于兹土也。胡然乎？我知之矣。君子之爱若人也，推及于其屋之乌，而况于圣人之弟乎哉？然则祀者为舜，非为象也。意象之死，其在干羽既格之后乎？不然，古之骜桀者岂少哉？而象之祠独延于世。吾于是益有以见舜德之至，入人之深，而流泽之远且久也。象之不仁，盖其始焉尔，又乌知其终之不见化于舜也？《书》不云乎："克谐以孝，烝烝，乂不格奸"，瞽瞍亦允若，则已化而为慈父，象犹不弟，不可以为谐，进治于善，则不至于恶；不抵于奸，则必入于善，信乎？象盖已化于舜矣！孟子曰："天子使吏治其国，象不得以有为也。"斯盖舜爱象之深而虑之详，所以扶持辅导之者之周也。不然，周公之圣，而管、蔡不免焉。斯可以见象之既化于舜，故能任贤使能而安于其位，泽如于其民，既死而人怀之也。诸侯之卿，命于天子。盖周官之制，其殆仿于舜之封象欤？吾于是益有以信人性之善，天下无不可化之人也。然则唐人之毁之也，据象之始也；今之诸夷之奉之也，承象之终也。斯义也，吾将以表于世，使知人之不善，虽若象焉，犹可以改。而君子之修德，及其至也，虽若象之不仁，而犹可以化之也。"[1]

文中所述"灵博之山"，于今贵州黔西县东部素朴镇境内，距县城约三十公里。由省城贵阳出发往西北方向行约四十余公里，既可达阳明所谪之地龙场，继往北行数十里过六广河（乌江的一段），即入"宣慰安君"所辖水西地界，"象祠"即坐落于此之灵博山上（一说为麟角山，九龙山之一峰）。笔者暂且省略对水西一带从古至今祭祀活动概貌的考察，光是直接从《象祠记》中所描述的，以及其他相关材料所记叙的，即可向人们传达

---

[1] 王守仁：《阳明先生集要》，中华书局2008年版，第873—874页。此页有施邦曜尾批云："此篇凡论舜象处，皆古今未发之议，而一篇立意之高，意在恶人亦可化而善，善人又要做到能化恶人地位，才是驻处。是关系世教文字。"

三个方面信息：一是与氏族首领祭祀活动相关之信息；二是与当地少数民族群众祭祀活动相关之信息，三是反映王阳明当下心态之信息。来自三个方面不同信息聚合在一起，至少叠合而成两个层面的现实存在：一是道德认知层面。在这一层面，人性问题是讨论之焦点，人性之善与恶以及相互转化问题的讨论，基本上借助于祭祀形式而加以展开。另一是宗教信仰层面。在这一层面，人的生命之意义，精神价值之实现，也基本上借助于祭祀的形式得以维系。

《象祠记》一文中，王阳明承续了儒家思孟一派"人本性善"之理路，不是"照着讲"，而是"接着讲"，体现了阳明早期思想创建的努力，所使用的语辞，也基本上属于阳明心学体系构建早期思想义理之表现形式。这时候，他尚未提出"知行合一"、"致良知"等诸如其成熟时期的思想范畴，目前尚不能说《象祠记》为"致良知"说增添了新的内容，是对"致良知"说的发展，相反，笔者认为，说《象祠记》所反映的思想或许是"致良知"说的理论前奏，则较为恰当。阳明后来正式提出"致良知"时，也曾认为自己早于"居夷三载"时，已有如此想法，只是"良知"二字一直未能说得出口。他最终提出"致良知"，无疑是对他包括《象祠记》在内的早期思想的提炼和升华。

从所表露的王阳明当下的心态和胸襟来看，《象祠记》一文的写作时间，毫无疑问应当是在龙场中夜大悟之后，阳明此时的心态，已经完全摆脱并超拔于原先那种时而浮躁、时而郁闷的状态，而进入了一种全新的境界。对阳明此时此刻思想意蕴的解读，如上所述，应当从两种不同层面加以考量：从传统儒家道德伦理意义上观之，又有如下几种解读：一乃所谓"爱屋及乌"。"君子之爱若人也，推及于其屋之乌，而况于圣人之弟乎哉！"因"古之鸷桀者岂少哉"，而象祠"独延于世"，便知"祠者为舜，非为象也"。二乃所谓"舜善化人"。《史记·五帝本记》："舜耕历山，历山之人皆让畔；渔雷泽，雷泽上人皆让居；……一年而所居成聚，二年成邑，三年成都。"① 阳明自信地认为，"象已化于舜"，而瞽叟"则已化而为慈父"，"象之不仁，盖其始焉耳，又乌知其终之不见化于舜也"。三乃所谓"舜善用人"。阳明以"孟子曰：'夫子使吏治其国，象不得已有为也'"为例，以为"斯盖舜爱象之深而虑之详，所以扶持辅导之者之周也"，故而使象终究"能任贤使能，而安于其位，泽加于其民，既死而人怀之也"。阳明实际上是在以象写舜，借象扬舜，在他看来，这才是象祠得以独延、得以重建的真实原因。四是所谓"人性本善"。阳明语"吾于是盖有以信人性之善，天下无不可化之人也"，好一个"天下无不可化之人"，阳明晚年隆重推出的"普圣说"，在这里埋下一伏笔②。可见孟子以来儒家"性善论"之脉络，至少在阳明心学体系建构初期思想中，已有创造性之发挥。一直到于江西提出"致良知"时，阳明依然坚持不渝地以良知为自己思想系统中的最高范畴。阳明于"人性本善"学说的发挥，也着重体现在其"天下无不可化之人"一语，"舜善化人"与"舜善用人"是"天下无不可化之人"的具体表现方式，"爱屋及乌"则是其"人性本善"在既定景况中的一种合乎理性的心理状态。在王阳明平定宸濠以后归越的几年，是阳明晚期思想之发展阶段，在这个阶段的最后日子里，阳明于天泉证道提出所谓"王门四句教"，其中"无善无恶心之体"一句（此语引起后世学者无休止之争论，此处暂不赘言），看来早在若干年前的《象祠记》一文中已初见端倪。在《象祠记》中，阳明将"象之始"和"象之终"加以区分，指出："唐人之毁之也，据象之始也；今然则之诸夷之奉之也，承象之终也。斯

---

① 余怀彦主编：《王阳明与贵州文化》，贵州教育出版社 1996 年版，第 141 页注："历山，历来说法不一。一说在山东济南市东南之舜耕山；一说在山西永济县东南之雷首山；一说在河南旧濮阳城之东南；一说在湖北桑植县西北；一说在浙江境内有二，一是永康县南之釜历山，一在余姚县西北等。录此备查。"又注："雷泽，又名雷夏泽，在今山东菏泽县东北。"上述引文中"湖北桑植"有误，应为"湖南桑植"。

② 王阳明晚年与门人共倡"人皆可为尧舜"、"人皆可为圣人"、"愚夫愚妇可为圣人"、"满街都是圣人"等言论，笔者概括其为"普圣说"。并认为，《象祠记》提出"天下无不可化之人"一语，可视为后来阳明心学"普圣说"之前奏。

义也，吾将以表于世，使知人之不善，虽若象焉，犹可以改；而君子之修德，及其至也，虽若象之不仁，而犹可以化之也。"他的"四句教"在心、意、知、物四个节点上，则更为全面地描绘了"心"由"心之体"之无善无恶到"意之动"之有善有恶，再到良知的知善知恶，最后到致良知（格物）的为善去恶的全过程。

东西方关于人性善与恶的讨论，一直在"性善论"和"原罪说"之间的较量与交锋中进行着。的确，在古今中外思想史上一个十分突出的哲学命题，即人性问题吸引着众多哲学家的思考与兴趣，辩论热烈，异说纷繁，而尤以性善还是性恶最为集中。"孟子道性善，言必称尧舜"，中国思想史上第一个系统论证人性的哲学家是孟子，阳明的心性之学在很大程度上，是承接了孟子学说而来。在阳明《象祠记》中，善与恶这两个幽灵除了彼此之间的交锋与较量外，甚至可以附着在同一主体身上而交替出场，象和他的父亲瞽就是这样的附着主体，善和恶这两个幽灵，在他们身上通过"化"而实现了互换，这正好印证了"人性本善"的背后那个隐匿着的"原罪"的存在。"天下无不可化之人"，天下所有的人都是可以变化、且能够变化的，这是一种变易的观点，在这里，阳明的心性学说以"化而趋善"的因子的加入，已经在原有孟子思想的基础上有了新的增长点。

从《象祠记》文本的理论特点看，其主要旨意在于承续孟子"性善论"而"接着讲"，因而"人性本善"是贯穿其中的一条主线，"天下无不可化之人"是该文的核心命题，也是阳明对孟子学说的新的发展，"化"字是统率全文之关键词，也是全篇的灵魂。此"化"字，与荀子"化性起伪"之"化"不同，而自有其丰富的内涵和极高的价值。此"化"字又可从两个方面加于诠释：即主体之"化"与客体之"化"。"主体之化"意为施行"化"的主体具有"化"之现实力量，圣人施行教化，"化"乃"教化"之"化"，此"化"即为"主体之化"，舜就是具有此种"主体之化"的现实力量的典范；"客体之化"是一种可能性，是指客体能够通过被教育而发生变化，"化"乃为"被变化"之"化"，象与瞽叟，即是实施"化"的客体，是"客体之化"的可能性对象。所谓"天下无不可化之人"之"天下人",皆为具有"客体之化"属性的"可化之人"。在阳明心学看来,一切人皆为"可化之人",一切人不仅可"化",甚至一切人"可为圣人"。圣人能够教化天下,且教化天下之人,并将天下之人"化"为圣人。圣人与天下之人、天地万物截然沟通,乃是"圣人与天地万物为一体",即"仁者以天地万物为一体"的集中表现形式。《象祠记》中的确显示出阳明晚年思想的端倪。

《象祠记》所反映诸苗祭象之精神实质,还应当上升到意义世界层面去寻找。宗教信仰于人们生活中之地位是崇高的,事实上,象在这里仅仅是一个被抽象了的符号,即使没有象,也会有另外一个对象被列举出来,充当这一祭坛上之供物和神庙顶端的徽记,而不管它是善者、恶者,抑或先恶后善者、改恶从善者。在这里,人们往往所重视的,是生命存在之归属,意义有无之证明,需要一个特定的指向,"神圣心体之存在,与善恶因果之信仰等,在一般之论,或以为此纯属个人自由信仰,以满足其主观之情感上之要求;或以为此要求,为尊重经验事实,与一般之理性思想,所不应信仰之迷信。"①笔者认为,之所以作出这样的判定必定有其真实合理的依据,这个判定实际表明了两种态度:一是满足其主观情感之要求的个人自由之信仰;另一是尊重经验事实的一般理性思想。后者如哲学家康德,"则以为此乃道德生活求达完满之至善,不容不置定而信仰之者";前者则如"一般西方宗教家则以此人之生命之永存,而与神灵合一,而其善恶得受公平之赏罚,以住天堂,即人之道德生活之终极的意义之所在。"②与此相似的是"佛家则以此人之道德生活可经无量劫之善恶因果,以消除生命中之罪恶染污,而圆满善行,以成佛圣,更利乐有情,穷未来际,以普度众生,为人生之终极,而更有如法相唯识宗等之理论,以证成之;并以此信仰,为人于依理性以作推论时,亦不容不信者。"③

① 唐君毅:《生命存在与心灵境界》,中国社会科学出版社2006年版,第571页。
② 唐君毅:《生命存在与心灵境界》,中国社会科学出版社2006年版,第571页。
③ 唐君毅:《生命存在与心灵境界》,中国社会科学出版社2006年版,第571页。

毫无疑问，当初黔中水西民众的宗教情结与华夏中原汉民族的信仰诉求，一定有着千丝万缕之联系。无论从祭祀活动的每一细节，乃至对象，到人生之终极关注，精神最终的挂劄之点，无一不折射出彼此之间之种种契合。灵博山乃当时水西一带以彝苗为主之多民族聚居地，众彝苗的宗教形式与其土司制的政权形式，表现为高度的政教合一。"在世界上有过宗教性的血缘组织的民族不乏其例，但像中国早期文明社会中所见的宗教组织与政治权力同构的情形，却属罕见。古代中国文明中，宗庙所在地成为聚落的中心，政治身份的世袭和宗主身份的传递相合，成为商周文明社会国家的突出特点。"①明代中期，黔中水西灵博山一带的部落族群所拥有的宗教文化，毫无疑问地表现为3600年前中原之华夏宗教文化，向偏居遐陬的西南边陲之异族文明在时间和空间上的延伸与拓展。

宗教的首领同时就是政治权力的掌控者，掌控者的意志派生出"宣慰安君因诸苗夷之请，新其祠屋，而请记于予"之举，众苗夷之请高度集中于掌控者之断，这恰好是宗法性社会的一个基本特点。在这里，不仅政治层面的宗法关系依然存在，社会伦理层面的宗法关系则以更加明显的家族形式，处处显现出来，并被牢加固定。这种家族形式来自于远古的"三王"时代，舜对象、舜对瞽叟的态度就是这种形式的最典型的证明。这种形式在道德的层面与孝的诠释有关，在宗教之层面与信仰有关，在政治之层面则与体制的维系有关。"这样一种社会，在性质上，近于梁漱溟所说的'伦理本位的社会'。伦理关系的特点是在伦理关系中有等差，有秩序，同时有情义，有情分。"②不仅如此，集政权与神权于一身的安氏贵荣对阳明提问的答复亦体现出这种家族血缘关系的根源性诉求："斯祠之肇也，盖莫知其原，然诸蛮夷之居是者，自吾父吾祖溯曾高祖而上，皆尊奉而礼祀

① 陈来：《古代思想文化的世界——春秋时代的宗教、伦理与社会思想》，生活·读书·新知三联书店2009年版，第3—4页。
② 陈来：《古代思想文化的世界——春秋时代的宗教、伦理与社会思想》，生活·读书·新知三联书店2009年版，第4页。

焉，举之而不敢废也。"

　　滥觞于上古华夏之祭祀文化在偏居遐陬的西南水西诸苗那里得到了延伸。上古华夏之时，由中原迁徙而来的"有苗来格"者，他们的祭祀文化中的崇拜物为何是诸如"象"这一类属于夏代的符号，而不是其后众多的属于商周及其以后的人们更加熟悉的文化符号呢？在这里，时间隧道仿佛一下子回到了三千多年前，时间停止了，或者说，空间上跨越了上万里的同一祭祀文化，在时间上却是凝固不变的；当华夏中原汉族的宗教文化与上古时相比，已然发生了巨大变化的时候，西南水西诸苗的宗教活动还在恪守着他们最初迁徙时的祭祀习俗，而很少有所变更。诚然，这个结论不仅仅是从他们的祭祀对象及其他表象推断而来。

　　水西诸苗"咸神而事之"的多神崇拜，也是古老东方宗教的一个显而易见之特征的一般性缩影。诚然，水西诸苗的祭"象"虽不完全类似一种真正意义上的宗教信仰，却是一种地地道道的祭祀文化，这种祭祀文化如同盛行在古老中国的祭祀文化一样，有着完全类同的意义。西方的宗教常被人们认为是一种严格意义上的宗教，而东方的祭祀文化中也存在着祭祀对象、祭祀的某些形式，然根本性的区别则在于崇拜物的多样性和多样性崇拜物的特征，亦即所谓多神崇拜的"反宗教（一神教）"特征，抑或是在同一个狭小的空间范围以内。据《贵州通史》载："佛教自唐宋以来传入贵州，但没有越过乌江。元代始向乌江以南传播，而寺庙仍很稀少。到了明代，不惟府、州、县、卫皆有佛寺，而且土司地区也不例外，深入穷乡僻壤。"[1] 不光是佛教，道教在元代也开始传入贵州，"有明一代，卫所普遍建立宫观"，"由于贵州的卫所均设在驿道上，由此形成了一条以卫所为通道的道教传播线。横贯东西，纵穿南北，致使原先道士未至的地方，如地处偏南的都匀卫和黔西北一隅的乌撒卫，也有了道教。"[2] 甚至大异其旨的伊斯兰教也通过水西驿道而传至乌撒（今威宁）。当时，黔中有所谓

---

[1]　贵州通史编委会：《贵州通史》第 2 卷，当代中国出版社 2003 年版，第 367 页。

[2]　贵州通史编委会：《贵州通史》第 2 卷，当代中国出版社 2003 年版，第 384 页。

四大宣慰使司：思州田氏、播州杨氏、水东宋氏和水西安氏。在这种多教并存的社会中，在它与史前部族式图腾崇拜相互混杂的局面下，部族首领与族众的信仰存在一种表层的共通性，亦即多神崇拜的共通性，正是这种共通性表现出完全东方式的特质①。但是，如细细探究不同人们内心深处的意义世界，则会发现其中各个不同的内在期冀。

以上可知，在祭祀象祠的意义世界里，水西宣慰安贵荣于时值多教鼎立的局面之下特别提出重修象祠，其意义值得深究。安贵荣重修象祠的意义，恐怕不仅仅在于道德与教化，"意义的呈现具有相对性。这不仅在于意义总是相对于成就自我（成己）与成就世界（成物）的过程而言，而且在于意义的生成具有条件性。在理解—认知这一维度上，意义的生存和呈现，本身以一定的知识背景为前提。"②在安宣慰的意义世界里，象祠本身所呈现出来的，是他的理想王国中最具象征性的，无疑是威权的化身，它本身即具有超越性，又以一种暗示于人的方式存在；在安宣慰的意义世界里，祭祀的对象及祭祀的形式则是对自己的威权借助神的力量的维护，因为对神的力量的维护无疑就是对自己威权的维护。象祠本身的呈现，以及祭祀对象——象和象祠的崇拜形式的守护，就成了安贵荣成就自我（成己）的不可省弃的环节与过程。在这些环节中，在这个过程中，成就自我（成己）和成就世界（成物）又自觉不自觉地实现为一个完全一致的行为。然而对安贵荣治下的诸苗而言，祭祀的对象是谁，这并不重要，重要的是，这整个过程的最终结果。它是否会导致由成就世界（成物）向成就自我（成己）的转化（向诸夷的转化），这一最终结果到底能否出现？或许能出现，抑或根本不会出现。或许追求的本来只是一个过程。在这个过程中，人们是否感觉到了一种身心痛苦递减的发生，而不是与日俱增。这是一种最低限度的成就自我，其意义不言而喻，只不过这种意义的呈现表现为一种相对性，意义的生成是有条件的，且受到极大的条件限制。

① 即使是在今天的象祠遗址，多神祭奉的事实依然存在。
② 杨国荣：《何为意义——论意义的意义》，《文史哲》2010年第2期。

总括而言，人是不能没有信仰的，祭象的意义不在于对象的膜拜，也不在于祭祀本身，而在于深藏于其中关于人的生命存在的意义。

在水西安宣慰贵荣之治下，众彝苗为了找到生命存在意义的住所而重修象祠以祭之，并请阳明先生作记，此事晃眼虽已去五百余年，它仍将给我们留下不一样的启示。什么启示？这对于精神一时找不到寓所的当代人来说，此问题尤其值得深思。阳明先生《象祠记》所揭示的诸多哲学道理之一，对于当今当下来说，其最为深刻的意义，恐怕就在于此。

二、"处乐"与"出为"的君子之道

龙场悟道之前，王阳明对其人生的不断追问被归结为八个字："圣人处此，更有何道？"中夜大悟之后，这八个字变成了"圣人之道，吾性自足"！又继而引申到"向之求理于事物者误也"的真理性判断。"圣人之道，吾性自足"关乎本体的确立，"向之求理于事物者误也"则关乎工夫的批判。在通过以《五经》证其所悟之道莫不吻合之后，王阳明的思想已然处于一种开悟之后的兴奋状态之中，且每有清新之感、神来之笔，在短短不到一年的时间内，写下了十数篇文章，他在《送毛宪副致仕归桐江书院序》一文中提出并讨论了"处乐出为"的君子之道，在《瘗旅文》中感悟于"达观随寓"的儒者境界，并于《祭刘仁徵主事》、《重刊文章轨范序》、《阳朔知县杨君墓志铭》等文中，对"处乐出为"、"达观随寓"的君子之道作了进一步的发挥，强调在"圣人之道，吾性自足"的成圣追寻中所应秉持的积极向生、达观向死的君子风度，他的思想的确进到了一个新的境界。

从王阳明体道与弘道之维度恒察"处乐"与"出为"，如说"处乐"关乎体道之维，则"出为"关乎弘道之维。"处乐"与"出为"皆是合知与行而为一的，应是阳明知行实践的重要呈现。

在《送毛宪副致仕归桐江书院序》中，王阳明开出了新的意境，他提出了"处乐出为"的君子之道，笔者认为，这是他早期一十分重要的思想，甚至与他"心即理"与"知行合一"学说的提出有着十分密切的联系，但这一思想一直以来未被重视甚至很少有人提及，故有必要将全文录之于下：

正德己巳夏四月，贵州按察司副使毛公承上之命，得致其仕而归。先是，公尝卜桐江书院于子陵钓台之侧者几年矣，至是将归老焉，谓其志之始获遂也，甚喜。而同僚之良昔公之去，乃相与咨嗟不忍，集而饯之南门之外。酒既行，有起而言于公者，曰："君子之道，出与处而已。其出也有所为，其处也有所乐。公始以名进士从政南部，理繁治剧，顾然已有公辅之望。及为方面于云、贵之间者十余年，内釐其军民，外抚诸戎蛮夷，政务举而德威著。虽或以是召嫉取谤，而名称亦用是益显建立，暴于天下。斯不谓之有为乎？今兹之归，脱履声利，垂杆读书，乐泉石之清幽，就烟霞而屏迹，宠辱无所与，而世累无所加。斯不谓之有所乐乎？公于出处之际，其亦无憾焉耳已！"公起拜谢。复有言者曰："虽然，公之出而世也，太夫人老矣，先大夫忠襄公又遗未尽之志，欲仕则违其母，欲养则违其父，不得已权二者之轻重，出而自奋于功业。人徒见公之忧劳，为国而忘其家，不知凡以成忠襄公之志，而未尝一日不在于太夫人之养也。今而归，告成于忠襄之庙，拜太夫人于膝下，旦夕承懽，伸色养之孝，公之愿遂矣。而其劳国勤民，拳拳不舍之念，又何能释然而望之！则公虽欲一日遂归休之乐，盖亦有所未能也。"公復起拜谢。又有言者曰："虽然，君子之道，用之则行，舍之则藏。用之而不行者，往而不返者也；舍之而不藏者，溺而不止者也。公之用也，既有以行之；其舍之也，有弗能藏者乎？吾未见夫有其用而无其体者也。"公又起拜，遂行。

阳明山人闻其言而论之曰："始之言，道其事也，而未及于其心；次之言者，得公之心矣，而未尽于道；终之言者，尽于道矣，不可以有加矣。斯公之所允道者乎！"诸大夫皆曰："然。子盍书之，以赠从者？"①

毛公即毛科，号拙庵，浙江余姚人，与王阳明本是小同乡。毛科在阳明谪黔之前已任贵州布政司按察副使兼提学副使，阳明抵黔后，提学副使则由四川遂宁人席书接任。正德四年已巳（1509）夏四月，毛公任满致仕，在与一帮友人一起欢送毛公退休的聚会后，王阳明以三位不同聚会参与者的口吻，表达并描述了面对旧时官员于退休当下的三种不同心态。如果仅从文章的字面上看，似乎阳明刻意回避了前两种态度，而赞成了第三种态度，即"用之则行，舍之则藏"的态度。这实际上是一种为正统儒家所不可取的消极的人生态度，正好反映了作者当时的矛盾心理，或许是出于对当时在场人物的一种委婉迎合。其实，第一种态度才是真正可取的"君子之道"，才是阳明恒定的真实思想与态度。其曰："君子之道，出与处而已。其处也有所乐，其出也有所为。"笔者以为，由心态学视角观阳明心学，阳明心学即成为一定意义上之心态学。人之际遇不同，即会持有不同之心态。当是之时，经过龙场一悟，阳明个体之心已从消极心态向积极心态实现了成功转化。他显然是以一种积极的儒者心态来考量序文中所阐述的三种不同心态的。事实上，阳明是在借他人之言来表达自己的思想。

王阳明借第一位表达者，阐发出他的第一种心态，即"君子之道，出与处而已。其出也有所为，其处也有所乐。"②"处乐"与"出为"，是这里关键之词。值得注意的是，阳明在中夜悟道之前，最为集中的想法是"圣人处此，更有何道"，亦可释解为"圣人所处之道"，联系到阳明本人，或曰"君子所处之道"。《送毛宪副致仕归桐江书院序》文作于悟道

---

① 王守仁：《王文成公全书》，中华书局2015年版，第999—1001页。
② 王守仁：《送毛宪副致仕归桐江书院序》，《王文成公全书》，中华书局2015年版，第999页。

之第二年，即正德己巳夏四月，此时此刻，阳明的"圣人所处之道"不仅落实为"君子所处之道"，并已然展开而为"君子所处之道"与"君子所出之道"两个重要方面。不仅"其处也有所乐"，更是"其出也有所为"，阳明"君子之道"的内容得以扩充，其精神境界陡然得以提升。昔周敦颐教人"孔颜乐处"，但突出"处乐"，《论语》中分别有"颜子之乐"与"曾子之乐"。颜子处"箪瓢陋巷"，为逆境之乐；曾子处"春风沂水"，乃顺境之乐。阳明居黔所处，有逆有顺，悟道之前，乃为逆境，"自誓石墎以俟命"，算不上顺境之乐。悟道之后，以积极心态为主，逆顺相随，有逆境之乐，也有顺境之乐。今阳明复强调"处乐"之外，更突出"出为"，俨然见得其情更为达观，其思更为缜密，其志向更为高远。在阳明看来，有"乐"才有"为"，无"乐"安能有所"为"；有"为"，则"乐"方能极致；无"为"，则"乐"安能久远。"乐"是常态，"为"是落脚点。但若无所作为，"乐"的意义如何体现。这正是为何阳明一经悟道，便要立即投身于其弘道事业而有所作为的深广之因。处乐，关乎"成己"；出为，关乎"成物"与"成人"。昔孔子赞颜回："一箪食，一瓢饮，在陋巷。人不堪其忧，回也不改其乐。"① 回之乐拘于"成己"，尚未能"成物"，因而未见其"出为"。未能"出为"，安能"成物"。阳明深刻意识到这一点，把"处乐"而后"出为"贯通，打通成己成物之路向，显现了一种难得的实践智慧与实践精神，故能于悟道之后，以积极向生之达观态度奋而投身于其认定了的传道弘道事业。所以阳明在文尾云"始之言，道其事也"，但为何又云这始之言"未及于其心"呢？这需要联系接下来的"次之言"和"终之言"，方能明了。

　　关于"次之言"和"终之言"，王阳明称前者是"得公之心矣，而未尽于道"，后者是"尽于道矣，不可以有加"。阳明在文中借"次之言"，道出了尽"孝"与尽"忠"难以两全的矛盾。这种矛盾近似于"道"与"心"

---

① 《论语·雍也》，朱熹：《四书章句集注》，中华书局 2011 年版，第 85 页。

的矛盾，"道"是"处乐出为"的君子之道，"心"这里专指敬孝之心。道是道心，心是人心，表面上看二者截然为二，其实不然，在这里，有见于阳明对"十六字心诀"①的独特见解：第一，"人心"在这里并非全为人欲，人心并不排除孝亲之心；第二，道心与人心实为一心。这一点最为重要，事实上阳明凭借"终之言"者之口，道出了他所要表达的思想："虽然，君子之道，用之则行，舍之则藏。用之而不行者，往而不返者也；舍之而不藏者，溺而不止者也。公之用也，既有以行之；其舍之也，有弗能藏者乎？吾未见夫有其用而无其体者也。"儒家的"忠"（弘道）与"孝"（敬养）是合二而一的君子之道，一是其体，二是其用，根据不同情况，可以用，也可以舍；可以行，也可以藏。该用则行，该舍则藏。该用而不行，该舍而不藏，就会"往而不返"、"溺而不止"，显然不合于君子之道，也是没有出路的。在王阳明看来，有体即有用，有用即有体，不可将体用截然二分，所以他说："吾未见夫有其用而无其体者也。"阳明就是要用"终之言"告诉人们，能将"处乐"、"出为"、"孝亲"、"敬养"集于一身，并根据不同时期、不同情况而可用可舍、可行可藏者，才是真正把握和践行了君子之道。阳明的思想包含着辩证的思维，他的"知行合一"的理念由此而继续发酵。

三、积极向生、达观随寓的儒者境界

王阳明在龙场所作《瘗旅文》的字里行间，在对客死他乡的路人呈露出惋惜与悲怜的恻隐之心的同时，更自觉挺立了他参透生死、积极向生、达观随寓的儒者精神。

从逻辑上推算，《瘗旅文》的写作时间，应是在阳明龙场悟道之后，文中有"自吾去父母乡国而来此，二年矣，历瘴毒而苟自全，以吾未尝一

---

① "十六字心诀"：即"人心惟危，道心惟微，惟精惟一，允执厥中"。（参见王守仁：《象山文集序》，《王文成公全书》，中华书局2015年版，第296页。语自《尚书·大禹谟》。）

日之戚戚也"之句可证。该文被吴楚材、吴调候叔侄编选的《古文观止》收录，也算是阳明一生中最为经典、最为优美的散文之一①。其文曰：

维正德四年秋月三日，有吏目云自京来者，不知其名氏，携一子一仆，将之任，过龙场，投宿土苗家。予从篱落间望见之，阴雨昏黑，欲就问讯北来事，不果。明早，遣人觇之，已行矣。

薄午，有人自蜈蚣坡来，云一老人死坡下，傍两人哭之哀。予曰："此必吏目死矣。伤哉！"薄暮，复有人来，云："坡下死者二人，傍一人坐叹。"询其状，则其子又死矣。明早，复有人来，云见坡下积尸三焉，则其仆又死矣。呜呼，伤哉！念其暴骨无主，将二童子持畚锸往瘗之。二童子有难色然。予曰："嘻！吾与尔犹彼也。"二童悯然涕下，请往。就其傍山麓为三坎埋之，又以只鸡、饭三盂，嗟吁涕洟而告之曰：

呜呼伤哉！繄何人？繄何人？吾龙场驿丞余姚王守仁也。吾与尔皆中土之产，吾不知尔郡邑，尔乌为乎来为兹山之鬼乎？古者重去其乡，游宦不踰千里，吾以窜逐而来此，宜也；尔亦何辜乎？闻尔官，吏目耳，俸不能五斗，尔率妻子躬耕可有也，乌为乎以五斗而易尔七尺之躯？又不足，而益以尔子与仆乎？呜呼伤哉！尔诚恋兹五斗而来，则宜欣然就道，乌为乎吾昨望见尔容蹙然，盖不任其忧者？夫冲冒雾露，扳援崖壁，行万峰之顶，饥渴劳顿，筋骨疲惫，而又瘴厉侵其外，忧郁攻其中，其能以无死乎？吾固知尔之必死，然不谓若是其速，又不谓尔子尔仆亦遽尔奄忽也。皆尔自取，谓之何哉！吾念尔三骨之无依，而来瘗尔，乃使吾有无穷之怆也。呜呼痛哉！纵不尔瘗，幽崖之狐成群，阴壑之虺如车轮，亦必能葬尔于腹，不致久暴露尔。尔既已无知，

---

① 《古文观止》收集了思想史、文学史上的散文精华，阳明独占3篇，其中《象祠记》、《瘗旅文》作于黔，另一为《稽山书院尊经阁记》，作于其归越之晚岁。

然吾何能为心乎？自吾去父母乡国而来此二年矣，历瘴毒而苟能
自全，以吾未尝一日之戚戚也。今悲伤若此，是吾为尔者重，而
自为者轻也。吾不宜复为尔悲矣。①

此时此刻，阳明恻隐之心的自然流露抑或其良知的自然呈现，无不与其龙
场中夜之悟本然之心体相关。在对路人掩埋的同时，一面责怪其不该为
五斗米折腰，一面触景生情，勾起了沉痛悲伤的生死情感："今悲伤若此，
是吾为尔者重，而自为者轻也。吾不宜复为尔悲矣。"其中无不具有强烈
的震撼力量。

　　王阳明紧接着发出了震天撼地的千古绝唱：

吾为尔歌，尔听之，歌曰："连峰际天兮，飞鸟不通；游子怀
乡兮，莫知西东。莫知西东兮，维天则同；异域殊方兮，环海之
中。达观随寓兮，奚必予宫。魂兮魂兮，无悲以恫。"②

好个"达观随寓"，此正是阳明历经磨难之后，深深悟到的超越死生的积
极而乐观的精神趣向。

又歌以慰之曰：与尔皆乡土之离兮，蛮之人言语不相知兮。
性命不可期，吾苟死于兹兮，率尔子仆来从予兮。吾以尔邀以嬉
兮，骖紫彪而乘文螭兮，登望故乡而嘘唏兮。吾苟获生归兮，尔
子尔仆尚尔随兮，无以无侣悲兮。道旁之塚累累兮，多中土之流
离兮，相与呼啸而徘徊兮。飧风饮露，无尔饥兮；朝友麋鹿，暮
猿与栖兮。尔安尔居兮，无为厉于兹墟兮！③

　　清代贵州后学沈毓荪在其《谒王成公祠诗》中叹曰："群州古驿生春
草，越国青山隔暮云。当日龙场曾瘴旅，他乡谁忍读遗文。"④好个"他乡
谁忍读遗文"，真正至情可见。又有《古文观止》末批曰："先生罪谪龙场，

---

① 王守仁：《阳明先生集要》，中华书局 2008 年版，第 942—944 页。
② 王守仁：《阳明先生集要》，中华书局 2008 年版，第 942—944 页。
③ 王守仁：《阳明先生集要》，中华书局 2008 年版，第 942—944 页。
④ 李宗昉：《黔记》卷一，贵州人民出版社 1992 年版，第 260 页。

自分一死，而幸免于死。忽睹三人之死，伤心惨目，悲不自胜。"① 也难怪阳明竟发出"吾与尔犹彼"这般感伤的情怀。伤感徒伤感，阳明并非止于伤感而未能自拔，文中所流露更多的，是一种参透生死、积极向生的达观精神。他借对吏目的责怪与惋惜，顺势抨击了那种为追逐功名利禄而不顾惜生命的价值观。他极不赞同吏目为了五斗米这样的蝇头小利而舍命奔波，不惜给自己，甚至给儿子、仆人带来死亡之灾难的可怜至极的价值观。阳明所看重的，则是一种对生命的尊重和对人性挺立的精神。阳明认为，虽然谪居两年，却能"历瘴毒而苟能自全，以吾未尝一日之戚戚"，未曾常戚戚者，则是坦荡荡的，阳明有着君子一般积极乐观的心态和圣人一般宽广辽阔的胸襟。无论何种艰难困苦，我当"欣然就道"，自然就不会"瘴厉侵其外，忧郁攻其中"了。只有在龙场悟道之后，阳明才会有这种对生死体验的超越，对命运、人生的大彻大悟，这难道不正是一种既参透生死，又积极向生的达观精神吗？这难道不正是一种既超越生死、又关怀生命的儒者气象吗？阳明后来提出"乐是心之本体"的命题，当人问"不知遇大故于哀哭时，此乐还在否"时，先生曰："须是大哭一番了方乐，不哭便不乐矣。虽哭，此心安处，即是乐也，本体未尝有动。"② 当哭则哭，当悲则悲，不强压自己的情感，使之得到自然而然的宣泄，伤感徒伤感，宣泄复宣泄，此心此体并无损伤，其性情仍归之于正。这是否正暗合了现代精神分析大师弗洛伊德之"宣泄疗法"也未可知。

四、名利与生死的价值取向

孔子把推行仁道看得比生命更为重要，声言"朝闻道，夕死可矣"③；

---

① 吴楚材、吴调候：《古文观止》下集，中华书局 1982 年版，第 559 页。

② 王守仁：《传习录》卷下，《王文成公全书》，中华书局 2015 年版，第 138 页。

③ 《论语·里仁》，朱熹撰《四书章句集注》，中华书局 2011 年版，第 70 页。

孟子道性善，且以仁义当先而何必曰利。这一点，王阳明亦然。

也是在同一时期，王阳明在《祭刘仁徵主事》一文中，其既参透生死、又积极向生的达观精神又一次得到了鲜明而酣畅的流露。在面对名利和生死的两难抉择时，阳明铿然而言：

> 於乎！死也者，人之所不免。名也者，人之所不可期。虽修短枯荣，变态万状，而终必归于一尽。君子亦曰："朝闻道，夕死可矣。"视若夜旦。其生也奚以喜？其死也奚以悲乎？其视不义之物，若将浼已，又肯从而奔趋之乎？而彼认为已有，恋而弗能舍，因以沉酣于其间者，近不出三四年，或八九年，远及一二十年，固已化为尘埃，荡为沙泥矣。而君子之独存者，乃弥久而益辉。
>
> 呜呼！彼龟鹤之长年，蜉蝣亦何自而知之乎？①

人难免一死，名不可过度期望。人的生命有寿有夭，人的生活有富有贫，人的地位有贵有贱。尽管人有各种不同际遇，不同毁誉，人生一路，如白驹过隙，终将面对死亡。若以仁义之道安身立命，将此一生"视若夜旦"，生命就会变得非常充实，人生方价有所值，人死则死得其所。参透生死，就不会因生而徒喜，亦不会因死而徒悲。积极向生，不为名利所拘，反使生命之价值更加辉煌而长久。古之圣人就是如此。当阳明反复追问"圣人处此，更有何道"时，这种达观精神的因子就开始了量的积累，中夜大悟，其实质就是量的积累所导致的质的飞跃。

王阳明悟道后，由其"圣人之道，吾性自足"的觉悟而催生的参透死生、积极向生的达观精神，对于提升人们的精神境界，获取人的生命的新历程，无不有所裨益。正如他在为贵阳士子所作《重刊文章轨范序》中坦言：

> 夫知恭敬之实在于饰羔雉之前，则知尧舜其君之心，不在于

---

① 王守仁：《王文成公全书》，中华书局 2015 年 6 月版，第 1195—1196 页。

习举业之后矣；知洒扫应对之可以进于圣人，则知举业之可以达于伊、傅、周、召矣。吾惧贵阳之士谓二公之为是举，徒以资其希宠禄之筌蹄也。①

当初为科考入仕而写之应试范文，被阳明因势利导，赋予举业与修身相结合之冀望，从日常生活、举业中培养理想人格，避免了仅以追逐功名利禄而忽视身心之学之流弊，这对于儒生们的人生价值导向的纠偏，无疑具有一定的重要的现实意义。

五、"处乐出为"与知行合一

以积极向生的达观精神为统领，王阳明自然就得出结论："宠辱无所与，而世累无加。"诚如中夜悟道之前所念念之，一切得失荣辱俱能度外，唯生死一念尚存而未觉自化。不过此时超越生死之念已与之前判然为二，所以能够无所于宠辱，无加于世累。"出而仕也"，"出而自奋于功业"，阳明既承继儒家理想，又创造性地展开这一理想。"处乐"与"出为"，既关乎"成己"与"成物"，又务必通过"知"与"行"的功夫，践行其君子之道。就在这时，阳明受席书之邀，于贵阳文明书院首次提出了他的"知行合一"的理念，他把这一理念贯穿到了"处乐出为"的君子之道之中。根据阳明上举终之言者曰："虽然，君子之道，用之则行，舍之则藏。用之而不行者，往而不返者也；舍之而不藏者，溺而不止者也。"②又由此可见功夫的两个系列：处而乐之则成己，成己则藏；出而为之则成物，成物则行。成己成物，内圣外王之道也。"公之用也，既有以行之；其舍之也，有弗能藏者乎？吾未见夫有其用而无其体者也。"③这段话写在阳明于贵阳文明书院"始论知行合一"之时，不能不说是对阳明提出"知行合一"学说的理

---

① 王守仁：《王文成公全书》，中华书局 2015 年版，第 1003 页。
② 王守仁：《王文成公全书》，中华书局 2015 年版，第 1000 页。
③ 王守仁：《王文成公全书》，中华书局 2015 年版，第 1000 页。

论拓展。在讨论了"君子之道"之"处之乐"与"出之为"之后，阳明以非常紧凑的逻辑推理之法，提出"君子之道，用之则行，舍之则藏"的论断，在体用一致的同时，又把知与行即刻统一起来，直接地就是把所悟之道引向所弘之道。

关于这"处乐出为"的君子之道，如何用"心之本体"来加以说明呢？"阳明山人闻其言而论之曰：'始之言，道其事也，而未及于其心；次之言者，得公之心矣，而未尽于道；终之言者，尽于道矣，不可以有加矣！'"① 前两言可谓各处一隅，终之言说才是阳明之意，这样一来，阳明为其"处乐出为"之君子之道安排了三种不同境界：一曰道其事而未得其心。这里的道，又可作动词解。二曰得其心而未尽于道。这里的道，作名词解。这前言为有限境界，皆未必能做到知行合一。三曰"终之言"尽于道而不可有加。尽于道自然尽于其心，当不必有所附加矣，故无住无滞，无泥无溺，自然将知行合一之道贯穿于"处乐"与"出为"，成为君子之道的高明境界。对于这第三种境界，阳明心向往之。对于"处乐出为"的君子之道，如何做到"尽道而不加"，联系于《论语》"四子侍坐"之典，阳明透点曰："三子是有意必，有意必便偏着一边，能此未必能彼。曾点这意思却无意必，便是'素其位而行，不愿乎其外'、'素夷狄行乎夷狄，素患难行乎患难，无入而不自得'矣。"② 说得十分清楚明白，"尽道而不可有加"，就是"素其位而行不愿乎外，素夷狄行乎夷狄，素患难行乎患难，无入而不自得"③。阳明倡导的是无累无滞之精神气象，其不可执着的处乐出为之道，往往蕴涵着佛道的"无念"、"无住"人生智慧。这是一种实践的智慧。有学者认为，成物与成己往往构成了同一过程的两个方面，"实践中的协调与配合既涉及实践主体之间的互动，也关乎自己的成就。从后一方面看，这里又涉及目的与手段的关系。人是目的，这是人禽之辨

① 王守仁：《王文成公全书》，中华书局 2015 年版，第 1000 页。
② 王守仁：《王文成公全书》，中华书局 2015 年版，第 18 页。
③ 王守仁：《王文成公全书》，中华书局 2015 年版，第 18 页。

相联系的基本价值原则，以此为前提，则每一主体都不仅应将自身视为目的，而且也应确认他人（其他主体）的目的性规定，在此意义上，主体之间呈现为互为目的的关系。儒家所谓己立而立人、成己而成人，已蕴含这一观念。"① 也只有在超越自我生命的积极对待中，在处乐出为的君子之道的"用之则行，舍之则藏"的自我生命的证悟中，才能表现出这一无量的实践智慧。这种实践的智慧绝不执泥于患得患失，阳明故而能在《瘗旅文》中说出"吾不宜复为尔悲矣"之语。此时在阳明的精神世界中，每每流露出精神的自得之趣。这正是他所主张的"世累无加"的无著、无滞生活方式，这种生活态度更能促进他期冀的儒家道德之域"尽性至命"理想的实现。因在阳明看来，"未见夫有其用而无其体者"②，此正是他所主张的哲学上的有用有体、体用如一的心学一元论。

<hr />

① 杨国荣：《论实践智慧》，《中国社会科学》2012 年第 4 期。
② 王守仁：《王文成公全书》，中华书局 2015 年版，第 1001 页。

第四章　黔中王学的经学思想

经学传统，源远流长。对古代儒家经典的训诂注疏、义理阐释，以及对历史上经学学派的思想传承、演变的研究，向为儒家学者乐此不疲。王阳明在贵州期间，他的经学思想主要表现为"以经证悟"（上文已述），留下了宝贵的经学思想。与历代和同时代的儒家学者一样，黔中王门的几位主要学人，亦十分重视对儒家经典的训诂考证与义理注疏，且尤其注重义理的阐释。他们对经典的诠释也并非仅仅囿于故纸堆，就古籍而古籍，而是紧密结合时代纷争，作出自己的有价值有意义的判断。孙应鳌的经学思想集中反映在他的《淮海易谈》四卷和《四书近语》六卷之中，李渭的经学要道则体现在他的《毋意论》和《先行录》之中，同然，《警愚录》和《渔矶集》则无疑蕴涵了马廷锡治经之学术旨趣。

第一节　孙应鳌及其《淮海易谈》

毫无疑问，孙应鳌是黔中王门最具代表性人物，其学之形成与其地位之确立，无不与其受阳明心性之学于徐樾、罗洪先、罗汝芳、蒋信、胡直、赵贞吉、耿定向与耿定理等王门后学之大师级人物之影响，他们每每彼此"相互切劘、发挥良知、张望眇悟"，通过彼此之"参政、巡抚"的政治生涯，以及大量学术的面晤与神交，共同推动着黔中王学在明代中后期步入全盛。与此同时，这些史实亦对作为黔中王门大师级人物孙应鳌思想系统之形成，产生了至为重要之影响。

一、"贵州开省以来人物冠"

莫友芝对孙应鳌倍加称赞，誉其为"贵州开省以来人物冠"。近人李独清著《孙应鳌年谱·自序》，引济南田雯语曰："黔之人物，尹珍以上无论已。明之以理学文章气节著者，如孙应鳌、李渭、陈尚象，以及王训、詹英、黄绂、秦顒、蒋宗鲁、徐节、田秋、徐卿伯、易楚诚、张孟弼、许奇、申祐、吴淮、邱禾实、潘润民、王祚远、蒋劝善，皆大雅复作、声闻特达者也。而文恭为之最。"[1]田雯的评价客观而公允，其在首肯"文恭为之最"的同时，亦列举了大批黔籍王门学者，应鳌自然与之构成关联，然每有非黔籍王门后学者，如徐樾、蒋信、耿定向、胡庐山与赵大洲[2]等，均对孙应鳌思想之形成及产生构成影响，未可小觑。

关于应鳌的生平，《明史》无载，《明儒学案》又失其姓字，其余如《清一统志》、《陕西通志》、《江西通志》、《湖北通志》、《四川通志》、《贵州通志》、《清平县志》，虽各有传记，皆不详。最为详尽之记载有见于近人李独清先生所撰《孙应鳌年谱》，然时间上较早一些的，则有泰和郭子章撰《尚书文恭孙应鳌传》，稍后，于《黔诗纪略》中又有独山莫友芝撰《孙文恭公小传》，贵定邱禾实之《孙文恭先生传》等等，均略述其详。

孙应鳌，字山甫，自号淮海，学者称淮海先生，清平卫（今贵州黔东南凯里属）人。出生日，有"卫人馈六鲤"至，因名之鳌。应鳌为同辈兄

长，李独清著《孙应鳌年谱》，所载应鳌诸弟可考者八：应鹏、应轸、应阳、应对、应雷、应鲲、应驹、应豸，为"应"字辈。据资料证明[1]，应鳌生明世宗嘉靖六年丁亥（1527），是年守仁尚在世，正值往征广西思田事宜。嘉靖七年戊子十月壬戌（1529 年 1 月），王守仁卒于南安时，应鳌2 岁。嘉靖十三年甲午（1534），应鳌 8 岁。是年王杏巡按贵州，又有李渭举乡试[2]。9 岁时，邱禾实《孙文恭先生传》称"生而颖异，九岁能属文"。这年中央政府许贵州设乡试，解额 25 人，乃为黔省教育史上一重大里程碑。应鳌 10 岁，就塾，从周慎轩，日诵千言。是年，就应鳌而言颇具意义。郭子章《尚书文恭孙应鳌传》曰："就塾受业，日诵数千言，正襟危坐，求解大义。"邱禾实《孙文恭先生传》曰："授之书，辄取大义。书竟，辄暝目危坐，不从群儿嬉。已尽发家藏书读之，学遂通。"独清先生以为，应鳌就塾日，无确定年代可考，应鳌后来撰《祭周慎轩先生文》，谓己以稚龄受业门下六年。壬寅，应鳌 15 岁，父任官云南，随之，上述祭文中

---

[1] 李独清撰《孙应鳌年谱》认为，定嘉靖丁亥为先生生年，其证有三：一、据胡直《衡庐精舍藏稿·答山甫中丞》："文少我十年，精力尚健。"按，《耿天台集》及《明儒学案》，胡直生正德十二年丁丑，至嘉靖五年丙戌，十岁。嘉靖六年丁亥先生生，"少我十年"正合。依此推算，生于是年。二、据查继佐《罪惟录·科举志》：年二十以内魁元："嘉靖丙午解元，清平卫籍如皋孙应鳌，二十。"嘉靖丙午年二十，依此推算，生于是年。三、据郭子章《黔记·工部尚书孙应鳌传》："年十九，以儒士应乡试，督学徐公樾一见大奇之，许必解额，放榜果以礼经中第一人。"考《贵州通志·名宦总部》："徐樾字子直，贵溪人，进士。嘉靖二十三年，以副使督学贵州。"按《明史·选举志》，乡试三年为一科，于子午卯酉之年举行。提学使由京简考，于乡试前，有岁考及科考，依省份远近，按站驰驿而往，以年终为到任之期。周历各府州县考试，举行岁科两考。先考廪增附生，次考童生。旧例第一年为岁考，第二年为科考。但于僻远省份，交通不便不能再行周历者，先岁考，继科考，接连考试童生，一曰儒童，（即儒士）于县府试后，接考院试，院试即提学使主持之考试也。贵州地处边裔，远离上京，学政简命，多在八月，年终未必能达；即使年终到达黔境，考儒童亦在次年。徐樾于嘉靖二十三年奉督学黔省之命，二十四年始能举行乡试前之儒童考试，否则二十五年即乡试之年，不能再举行岁科两考矣。先生以儒士应试，必为嘉靖二十四年之事。嘉靖二十四年乙巳，先生年十九，依此推算，生于是年。

[2] 郭子章《参政李渭传》："嘉靖甲午举于乡。"见李独清撰《孙应鳌年谱》，贵州师范大学学报编辑部 1990 年印本，第 16 页。

有"某亦归从"四字，应鳌从周慎轩就塾于嘉靖十五年丙申至二十年辛丑之间，因随父入滇而暂且中断。在从学慎轩先生期间，约11岁至14岁时，楚中蒋信以副使督学贵州，应鳌曾前往道林处问学，此事在后来的记叙中得到证明。15岁，慎轩遘疾，应鳌旋辍学。16岁时，应鳌随父至云南保山县任，在滇居留两年，18岁时，应鳌返清平家居，尔后迎来了他人生的一个新起点。

嘉靖二十四年乙巳（1545），19岁的孙应鳌参加乡试（以儒士应试），其俊才一露。郭子章《黔记》所记为详："（应鳌）年十九，以儒士应乡试，督学徐公樾一见大奇之，许必解额。放榜，果以《礼经》中第一人。"①果然，第二年乡试（岁科两考之第二考），应鳌举第一。《年谱》"嘉靖二十五年丙午(1546)，（应鳌）二十岁"条载：举乡试第一。《罪惟录》亦载："嘉靖丙午解元，清平卫籍如皋孙应鳌，二十。"邱禾实《孙文恭先生传》："弱冠，举省试第一。"《贵州通志》本传："弱冠，登丙午乡试第一"，《贵州通志·选举表》则曰："孙应鳌，嘉靖丙午科解元"。

凡事开局虽佳，接下来却往往并非一帆风顺，21岁的应鳌初入京，应礼部会试，榜发落第，只好先入太学读书，他在《与李文荐求亡弟应豸塘铭》中写道："余丁未不第，客京读书三年。"除读书之外，应鳌广交友朋于天下，一如当年青年王守仁，邱禾实忆曰："明年，卒业太学，谓士当友天下，不宜应故事，取具日月。"应鳌此次于京城共待了三年，邱禾实《孙文恭先生传》云："三年始归，一时司成甚礼重之，谓孙生良苦。"在京期间，应鳌写下了自己的处女诗（独清按，先生诗始见此年）《纪梦诗》一首，以抒其志。其诗云：

己酉十月十三日夜，梦身挟两羽，飞入天宫见玉皇，命作步虚词一首以进，觉而识之：

上天何高高，鼓翼一跻攀。

---

① 郭子章：《黔记》卷四十五，西南交通大学出版社2016年版，第980页。

耳聆仙至语，身在碧空间。

凤凰绕金殿，虎豹峙玉关。

长望倚间阖，红云时往还。

　　无巧不成书，与先师阳明完全相似的情形似乎在孙应鳌身上重演，他的第二次会试又宣告落第。《年谱》"嘉靖二十九年庚戌（1550），应鳌二十四岁"条载："应礼部试，又报罢，归里，患肺痈，昼夜呕血不止。"仍然是在《与李文荐求亡弟应豸塘铭》一书信中，应鳌描绘了自己当时的窘境："庚戌，余又不第，归久之，余患肺痈，昼夜呕血不止"。他的消极情绪显然因落第心态而导致，与当年阳明"世以不得第为耻，某以不得第动心为耻"之豪志相比较，反差明显甚巨。丧心之事接踵而来，是年，应鳌的恩师徐樾战亡于云南布政使任上，应鳌于是作《公无渡河哭波石先生》诗痛哭之。想起自己与徐师的交往与所受教益，应鳌忆云："余鳌少尝从波石徐公论学，波石公庚戌死难元江，余览虹崖王公功冠南荒卷而悲之，不忍言。"若干年后，谪黔都匀卫的邹元标，忆及徐、孙老少二人的这段交往无不感叹，元标于《愿学集·徐公祠堂记》中描述道："贵溪徐公为滇佐辖，死事，赠光禄卿。……元标待罪黔竹，一日，有黔州士述光禄开讲时，闻鸟鸣，问诸生闻否？诸生曰：闻。鸟声息，又问，诸生曰：不闻。光禄语曰：若是，是以境闻不闻也。元标惕然有省，如待涵丈。既接少宗伯孙文恭，乃公所造士，口公教不忘。"此番徐樾师问于诸生，鸟鸣闻与不闻，与阳明公南镇问于诸友，树花见与不见，实有异曲同工之妙。"余鳌少尝从波石徐公论学"，反映了应鳌以师礼侍之徐公，每聆听教诲，深受心学开蒙，自然念念不忘之史实。可见，应鳌从阳明心斋之学，始受之于徐公。

　　嘉靖三十二年癸丑（1553），27岁，应鳌两次会试落第后，终于迎来了他人生难得的一大进步：应鳌入京应试礼闱，遂成进士，廷试选庶吉士。据谭希思《明大政纂要》载：嘉靖三十二年癸丑三月，廷试赐陈谨、曹大章、温应禄等进士及第出身有差。逾月，选张四维、王希烈、姜宝、

孙铤、孙应鳌等28人为庶吉士。郭子章《尚书文恭孙应鳌传》曰：应鳌
"癸丑成进士，选庶吉士"。为了报答老师梅山陈老先生，应鳌但作《送
梅山陈老先生升浙江宪副序》称："吾师梅山先生，自礼部郎中擢浙江按
察副使，将戒行李，门下士张谊辈，谋欲为先生别，乃属孙应鳌申言以
赠。……方吾二十人者，以经术试礼部，先生同主考试，乃褒然举之进
于廷，吾二十人是以得师事先生。"然谭希思《明大政纂要》、彭孙贻《明
史纪事本末补编》、《贵州通志·选举表》等均明确记录嘉靖三十二年癸
丑会试，选孙应鳌等28人为庶吉士。因作《传胪诗》，又复命读中秘书，
为从聂豹①的阳明后学、时为馆师的徐阶②"以国士目之"。据李独清先生
按，考官徐阶已为东阁大学士，仍兼礼部尚书，预机务，虽旋解部事，但
为馆师，亦不过领衔而已。故应鳌诸士子皆以梅山陈老先生为其师，均未
认同曾师于徐阶徐大人。接下来，应鳌以佥事出江西，时地方流贼四起，
有如当年阳明出南赣时。而应鳌"捍御有方，一道晏然"。又有九江三百
人误坐贼党，应鳌一言出之。又提学陕西，实意作人，身先为范。尝与楚
黄耿定理书云："世道理乱，关于人才，人才成就，系于师道，人人能言
之。至师道之以称职名于时者，力勤较阅、品评不爽已耳，猎名词华、驰
誉经学已耳。某意不然，荀卿子曰：'师术有四，传习不与焉。尊严而惮，
可以为师；耆艾而信，可以为师；诵说而不陵不犯，可以为师；知微而论，
可以为师。'此荀氏大醇之言，似矣而未尽也。孔子曰：'温故而知新，可
以为师。'此则万世师道之极则也。温故知新，学者多以所闻所得为解。

---

① 聂豹（1487—1563）字文蔚，号双江，江西永丰人，正德十二年进士，授华亭知县，
兴学校，修水利，减赋税，革积弊，甚有政声。召为御史，直言敢谏。在山西平阳知
府任上，修关练卒，却寇有方，升陕西按察司副使，为时相夏言所恶，因事下诏狱，
逾年得出。后累官至兵部尚书。上书忤辅臣严嵩，致仕归家。卒赠太子少保，谥贞
襄。有《双江聂先生文集》十四卷和《困辩录》。（参见吴可为编校整理：《聂豹集》，
凤凰出版社2007年版，第1—2页。）
② 徐阶（1494—1574）字子升，号存斋，松江华亭人。嘉靖癸未进士第三人，授翰林编
修。以学士掌翰林院事，进礼部尚书，加少保，文渊阁大学士。少曾受业聂豹，81岁
卒，赠太师，谥文贞。有《存斋论学语》存世。

某妄意为：故者，当如孟子言性则故之故；新者，当如《大传》日新盛德之新。凡天下万物之实体灿然具陈，故也。其真机昭然不息，新也。二者虽有显微，其总括于人心，运行于人心，生生之妙，一也。能温，则实体之总括不晦；能知，则真机之运行不滞。不晦不滞，则天地万物合为一体，则仁。仁，则成己成物，位育参赞皆其能焉。成己成物者，师道也，师职也。故子思作《中庸》，亦以温故知新，承圣人发育峻极之大道，此孔氏家法也。故某妄以孔子'温故知新'之旨，为孔子示人万世师道之极则者，此也。"①孙应鳌在陕西设座讲学，成一时之盛，悉一方名硕。应鳌后又参政四川，显露其从政处事之才能，曾经有土夷薛兆乾执参将叛乱，都御史谷中虚前来问计于应鳌，应鳌所表现出来的韬略与才能，宛如当年阳明之于安贵荣。孙应鳌对谷中虚这样说："参将与天子孰轻？昔英宗北狩，于肃愍数语，国威益振，卒，返英庙。今者岂恤一参将耶！"谷中虚从其计，擒薛兆乾，参将亦免其害。隆庆元年（1567），应鳌升佥都御史巡抚郧阳，"以上方冲年，莅政伊始，防杜宜早，乃因境内灾，疏请勤学、励政、亲贤、远奸等十事，上嘉纳之"。②太和提督巨珰为民蠹，应鳌弹劾其欺悖贪谬，谁知状于上，却遭斥逐，应鳌既而上疏恳乞骸归。作为一代名硕儒者，从王阳明到孙应鳌到邹元标，一个个都是刚直不阿的直谏之士，气节秉柄可上云霄。

万历初，孙应鳌获诏，复起于郧阳抚任，时诏书录建文死事、诸臣至革除事，人皆讳之，避之惟恐不及，应鳌却出公心，衍德意，上疏万历帝曰：

> 褒扬人之子，必先其父，则子之心安；故褒扬人之臣，必先其君，则臣之心安。建文诸臣委质致身，志节甚伟，陛下深为恤录，真厚幸矣！但建文君未沾旷绝之典，恐诸臣有知且不能安受

---

① 莫友芝：《孙文恭公小传》，原载《黔诗纪略》，后录《孙应鳌文集》，刘宗碧等点校，贵州教育出版社1996年版，第5—6页。

② 孙应鳌：《孙应鳌文集》，贵州教育出版社1996年版，第3页。

地下，亟复位号、量拟谥法。事有系空名而与论悉归、人心愈固者，此类是也。孔子作《春秋》，每年必书，每时必书，见天道王政、上下维属不可缺也。建文君在位凡四年，书以革除，举其事，缀附洪武间，名实紊淆，轨迹惑贰，何以补国家信史之缺！①

疏奏留中，举朝目为昌言。

甲戌，孙应鳌入为大理卿。丁丑，孙应鳌又升户部右侍郎改礼部掌国子监祭酒，应鳌可谓干一行像一行，正所谓雅意持风化，作人才，效吕公枏遗意。疏言："举人率多回籍自便，以入监卒业为耻，不知当其在籍，师儒之训弗及，宪臣之令弗加，闾党矜其资望，有司遇之隆重，身靡所检还易荡，及入官材质已坏，莫可如何矣！宜征天下举人悉入监，祖宗设太学，非举贤，非勋胄、恩、荫不入。祭酒、司业为朝廷作人于内，提学为朝廷作人于外，必在内树风教，而后在外振纲纪。今提学所摈斥者尽归之太学，倒置若此，则太学毋乃为生员不才者之逋逃薮与？甚且至愚不肖，资货一入，咸厕其中，太学之污蔑极矣！"②疏上，悉著为令。

丙子八月，万历帝驾幸太学，应鳌举《周书·无逸》章进讲，上嘉纳，命坐、赐茶。不久，应鳌以病予告，回到家乡贵州凯里清平炉山，筑"学孔精舍"于西城之阳，讲学不辍，培养了一批黔中弟子。虽又曾诏刑部右侍郎，寻升南京工部尚书，应鳌均坚辞不就。

万历十二年（1584），应鳌58岁，卒于家。陈尚象撰《南京工部尚书孙应鳌墓志铭》，云及立"蜀大儒祠"将其与赵大洲、胡庐山增祀其中，合称"三先生"。江右学者郭子章巡抚贵州，奏请神宗赐赠祭葬，谥文恭。郭子章为建"孙文恭公祠"，并撰《工部尚书孙应鳌》纪之。贵州学者邱禾实撰有《孙文恭先生传》一文。

孙应鳌两次居乡期间，筑"平旦草堂"、"学孔精舍"、"山甫书院"，

---

① 孙应鳌：《孙应鳌文集》，贵州教育出版社1996年版，第3页。
② 孙应鳌：《孙应鳌文集》，贵州教育出版社1996年版，第4页。

潜心著书，一意讲学，与友人蒋见岳以传道化俗自任，前后讲学共达12年之久，"问学者履盈庭"。又与黔中王门马廷锡、李渭诗文唱和。著名学者吴国伦亲往清平，与孙氏晤于山甫书院。胡庐山弟子、东林党领袖邹元标谪戍都匀，也"首访孙应鳌、李渭，所至讲学，必称二先生"。万历间，郭子章巡抚贵州，以未见孙应鳌为憾事，请建"孙文恭先生祠"，并亲作《祠记》。孙应鳌在事功上不仅是贵州开省以来人物之冠，而且在学术上也代表贵州心学的最高成就。惜《明史》、《明儒学案》失载孙应鳌事迹。应鳌一生著述甚丰，可考者有《淮海易谈》四卷、《四书近语》六卷、《左粹题评》十二卷、《庄义要删》十卷、《学孔精舍诗钞》六卷、《律吕分解发明》四卷、《教秦绪言》一卷、《道林先生粹言》二卷、《督学文集》四卷、《督学诗集》四卷、《教秦绪言》一卷、《幽心瑶草》一卷，另外还有《春秋节要》、《学孔精舍论学汇编》、《学孔精舍汇稿》、《学孔精舍续稿》、《教秦总录》、《雍谕》、《归来漫兴》等。其总量超过守仁《王文成公全书》38卷之数。

二、孙应鳌的《淮海易谈》

1. 义理易学之心学流派

关于《周易》，历来有"经"、"传"、"学"的不同。《周易》原书分为《易经》、《易传》两大部分，"学"则是指自孔子之后两千五百多年来后人对上述两部分的研究。孙应鳌的《淮海易谈》，自然属于《周易》之"学"的部分。"经"乃卜筮之书，一说以为包牺氏与周文王相继完成；一说以为编于殷周之际，为上古丞史文化的遗存。"传"的说法也有不同，传由十篇文章构成，称为"十翼"，一说以为孔子所作；一说以为战国中后期作品。至于易之"学"，据不完全统计，古今的易学著作将近有七八千种，现存于世的也近三千种。今天我们看到历史上解释《周易》的主要著作，在清修《四库全书》经部易类中，有《子夏易传》至清代翟均廉的《周易章句证异》168 部。在 2002 年 4 月完成的《续修四库全书》的经部易类里面，有《帛书周易》至《古三坟书》143 部。至于民国以来的大量易学著作，还没有一个准确的统计数字。在众多的易学著作中，就其历史影响程度而言，大概要算魏王弼的《周易注》、唐李鼎祚的《周易集解》两部书的影响面最大。其后北宋程颐的《伊川易传》和南宋朱熹的《周易本义》也对元、明、清三代的易学研究产生巨大影响。① 晋魏王弼首开以玄论易，其后对易的研习流派众多，有学者统计，总起来可归为两派六宗。对这一问题稍加梳理是必要的，由此则可见出淮海谈易的学派归属及其创造性之所在。传统所谓两派，指象数派和义理派。传统所谓"六宗"，指的是占卜、禨祥、图书、老庄、儒理、史事。而六宗中，占卜、禨祥、图书三宗为象数派。象与数本是分开的，在易学中被连起来用。"象"指形状，也称"易象"；"数"指数目和计算，也称"易数"。象数派的代表人物如汉昭、汉宣帝时之孟长卿，西汉梁人焦延寿，西汉学者京房，唐五代末宋初的华山道人陈抟，尤其是北宋五子之一的邵雍。总体上来说，象数派注重卦象、爻变的研究，以其所理解的道理推断人事吉凶。在六宗中，老庄、儒理、史事三宗为义理派。"义"和"理"无形无象，不能单独存在，需要通过文字或图形的描述方能显示。象数和义理可视为同一事物的两面。譬如乾之所以为刚健之义，就是因为日月等天体的运行规律周而复始，从不间断，且威力强大。义理学派注重《易经》的卦名、卦爻辞和卦象中所蕴含的意义和道理。义理学派的代表人物为其创始者王弼，继承其学说的主要有宋代的胡瑗、程颐、杨万里、李光。尤其程颐的《伊川易传》，对孙应鳌的影响最大。笔者通过分析孙应鳌的易学思想，得出结论认为：孙应鳌的易学思想，属于易学研究的义理学派，他作为阳明心学的后继人物，他的哲学思想总体上是心学的性质和根基，但他的易学思想却是直接从程颐处发挥而来，他把心学与易学结

---

① 参见郭彧译注《周易·前言》，中华书局 2006 年版，第 1 页。

合起来，具体而言，他把阳明心学与义理易学熔为一炉，形成了自己独具特色的义理易学的心学流派的完整体系。有学者认为，孙应鳌作为义理易学的心学流派，其特征是"以心释《易》和以《易》证心学，从而形成了一个一以贯之的易学体系"①。此话不无道理。

2. 王门后学的易学概貌

据《明史·艺文志》卷九六载，凡王门后学者，有方献夫《周易约说》十二卷，罗洪先《解易》一卷，王畿《大象义述》一卷，李贽《九正易因》四卷（贽自谓初著《易因》一书，改至八九次而后定，故有"九正"之名），孙应鳌《易谈》四卷，郭子章《易解》十五卷，邹元标《易穀通》一卷，焦竑《易筌》六卷，高攀龙《大易易简说》三卷、《周易孔义》一卷，刘宗周《周易古文钞》三卷、《读易图记》一卷，黄道周《易象正》十四卷、《三易洞玑》十六卷。② 其中孙应鳌《易谈》四卷、郭子章《易解》十五卷、邹元标《易穀通》一卷，占了二成份额，表明黔中王门的易学研究并非弱旅，不可阙如不计。

3.《淮海易谈》——孙应鳌的易学思想体系

孙应鳌作为义理易学之心学流派的翘楚者，他以心释易和以易证心的论证与阐述，不仅遍及经，且涉及传；不仅遍及经的六十四卦之卦辞，且涉及经的几乎所有三百八十四爻之爻辞；不仅遍及经辞，而且涉及传辞；不仅论及象之辞，而且论及象之辞；不仅涉及大象，且涉之小象。总而言之，对于《周易》经与传的所有问题的讨论，孙应鳌无所不及，且每有己见，每以心性之论一以贯之，确然蔚成一独具特色的易学体系。

孙应鳌的心学之易的全部思想，集中反映在他的《淮海易谈》一书之中。该书的写作，据李独清《孙应鳌年谱》"隆庆二年戊辰（1568）四十二岁"条载："《淮海易谈》撰成。"且书中有自序，落款为"隆庆二

---

① 王路平等：《孙应鳌思想研究》，群言出版社 2007 年版，第 3 页。
② 《明史》载，有明一朝《易》类专书 222 部，1570 卷。（参见《明史》卷 96，中华书局 1974 年版，第 2344—2351 页。）

年戊辰中秋日"。这是该书之问世最可靠的时间。《孙应鳌年谱》录《明史·艺文志》:"孙应鳌易谈四卷"。《孙应鳌年谱》又录《四库全书总目提要》:"淮海易谈四卷，两淮盐政采进本，明孙应鳌撰。"反映出该书在当时已具有相当影响。虽然王阳明本人对易的讨论除在龙场时的《五经臆说》之外并不多见，但阳明之后至明末的百多年间，各派王门后学关于易学的专著却层出不穷，反映出后学们对易的热情。

4.《淮海易谈》的基本结构

是书有序三篇:一是泰和郭子章《尚书文恭孙应鳌传》;二是独山莫友芝《孙文恭公小传》(原载《黔诗纪略》);三是自序。全书分为四卷。全书约85000字。

卷一可断为90个自然段，有助阅读，但若误断，则误导矣。自"观乾卦可见天之所以为大，而唯人能合其大，故学者当为大人之学，若自小之者小人矣"始，至"其去欲也，贵健决不贵因循，是干己之蛊，人所未知者也"止。凡论《乾》、《坤》、《屯》、《蒙》、《需》、《讼》、《师》、《比》、《履》、《泰》、《小畜》、《大畜》、《履》、《泰》、《否》、《同人》、《大有》、《谦》、《随》、《豫》、《蛊》等21卦。

卷二可断为84个自然段。自"进而凌逼于物谓之临"始，至"可见吉凶之道无不自心而生，求益者求诸心是谓真益矣"止。涉《剥》、《无妄》、《大畜》、《颐》、《大过》、《离》、《恒》、《大壮》、《晋》、《明夷》、《睽》、《蹇》、《解》等13卦。

卷三70段。自"夬以五阳决一阴，宜易易矣"始，至"外卦，皆已济之事，曰'志行'、曰'有孚'、曰'饮酒'，欲人之谨于处济也"止，涉《夬》、《升》、《困》、《革》、《震》、《渐》、《丰》、《旅》、《巽》、《兑》、《涣》、《小过》等12卦。

卷四99段，是应鳌对《易传》的义理分析，彰显了其作为儒家义理易学派的鲜明特征。自"程子谓:'圣人用意深处全在《系辞》,《诗》、《书》乃格言'。愚谓道不可以精粗分，……"始，至"愚于今之读《易》者亦云然"

止，涉《系辞》上下等，其义理分析无所不及、无所不显其运思之宏富与精微。

5.《淮海易谈》涉及的人物

从《淮海易谈》所涉及人物数量之多，可以观察到孙应鳌对易之经、传、学的深入辟里之洞悉，和如何引出自己熟虑之心得体会。由于卷四专论《易传》，故汇集全书各卷，自然引述孔子最频，其次就是孟子、朱子、程子，然程子之引述还略多于孟朱。其余所引尚有周子、邵子、颜子、阳明与甘泉等，不一一而足。其所引程子之多，足见应鳌研易之于程子之内在关联，不可不察，举例如下：卷一释《乾》之上九爻，孙应鳌以为"言居此爻则尽此情也"。何为此情？应鳌以为此爻喻大人"时乘六龙"，故居此位则尽此位之情。此情"如天之云行雨施，自然而然无所强也"，"无所强"正是此爻之情。然乾之德初为刚，孔子又有"大哉乾元"之赞，此德与彼情如何化解？"刚强"如何向"无所强"转化？在这里，应鳌通过对三位哲人观点的引征，来消解这一难题。先引孔子之言[1]，应鳌说："夫子赞'大哉乾元'，首以'刚'言之，他日言未见'刚'者，而曰：'枨也欲，焉得刚？'是乾之刚以无欲也。"[2] 因为有了"枨"的制约，所以刚的发展不是无休止的，使"乾之刚以无欲"的"枨"，可视之为一种外在的、客观的物的限制。当然这还不够。应鳌接着引周子语："圣可学乎？可。何为要？一为要。一者，无欲也。"[3] 在应鳌看来，周濂溪所谓"无欲"，已经不仅仅限于外在的物的限制，而是来自于本体的内在要求。"功夫"的意见被应鳌引进，他说："故非无欲，不足以言刚；非一，不足以言无欲。"[4] 以下的"体"，属功夫的概念，"体乾之元是曰'得一'"[5]。濂溪"体"

---

[1] 孙应鳌持孔子传易说。
[2] 孙应鳌：《淮海易谈》卷一，《孙应鳌全集》，贵州民族出版社 2016 年版，第 13 页。
[3] 孙应鳌：《淮海易谈》卷一，《孙应鳌全集》，贵州民族出版社 2016 年版，第 13 页。
[4] 孙应鳌：《淮海易谈》卷一，《孙应鳌全集》，贵州民族出版社 2016 年版，第 13 页。
[5] 孙应鳌：《淮海易谈》卷一，《孙应鳌全集》，贵州民族出版社 2016 年版，第 13 页。

的功夫，直接被引到了程子"体贴"的功夫；濂溪的"体乾之元"、"得一"就是程伊川的"体贴天理"，"体贴天理"就是"体贴无欲"。应鳌说："程子体贴天理二字，亦自无欲体贴耳，故无欲就是天理。"[1] 无欲是体贴天理的前提，"亦自无欲体贴耳"，只有人心中无欲，方能去做对天理的体贴。这里已然包含了伊川通向心本体论的隐微之路，应鳌正是要去点透并发挥这一点。以无欲为前提而体贴到的天理，其本质也是无欲的，"故无欲就是天理"。由《乾》德之刚强向《乾》六爻情之"无所强"、"无欲"转变的难题由此化解，其要枢正在于以无欲之心作为前提。

孙应鳌释《坤》之六五。经曰"黄裳，元吉"，小象曰"《象》曰：黄裳元吉，文在中也"。应鳌于此处对"中"给予了格外的关注，他引程子语，伊川言："一刻不存非中也，一事不为非中也，一物不该非中也。"[2] 但是世人对"黄中通理"的理解，认为黄中为性，通理为情，把二者作了两分，是"过分析矣"。孙应鳌指出："君子之德，中而已矣。"在孙应鳌看来，"中"才是圣人释此爻的关键，"中"是统领和贯穿此爻的核心。所以他接着说："中则自通，中则自理。正位者，中之正也；居体者，中之居也。"这样一来，自然就避免了世人将"中"与"理"截然两分的过失。"中，至美之德也；至美之德在中。'畅四支，发事业'，皆此中之至美也。"[3] 把"中"视为最高境界之德性，而最高之德性正是表现为中，这一观念不仅直接发挥了程伊川的"中"的思想，而且是远承孔孟儒家道统而来。如果说王弼的易学为老庄之易，程子则进一步开出了儒理之易，而孙应鳌则在儒理之易中开出了心学之易。因为程子虽举"一刻之中"、"一事之中"、"一物之中"，然较之孙应鳌强调"君子之德之中"、"正位者之中"、"居体者之中"、"至美之德之中"来，应鳌则更侧重其内心体悟的一面，这些，乃是"中之至

---

① 孙应鳌：《淮海易谈》卷一，《孙应鳌全集》，贵州民族出版社 2016 年版，第 13 页。
② 孙应鳌：《淮海易谈》卷一，《孙应鳌全集》，贵州民族出版社 2016 年版，第 17 页。
③ 孙应鳌：《淮海易谈》卷一，《孙应鳌文集》，贵州教育出版社 1996 年版，第 22 页。

美也"，"知此者，知黄中之义矣"①。这不能不说是孙应鳌以心释易的典型一例。

二、孙应鳌易学的理论渊源

若论孙应鳌易学的直接来源，须从两方面考索：一方面，他在继承王阳明良知心学的同时，也发挥了阳明的易学思想；另一方面，程伊川的义理易学，是孙应鳌易学的直接渊源。两方面的熔铸与创获，形成了孙应鳌的义理心性易学，或称为义理易学的心学流派。

1. 孙应鳌易学的直接来源：阳明心学与伊川易学

就心性之学的承续关系而言，孙应鳌虽不是阳明的亲炙弟子，他曾直接教从于徐樾、蒋信等师，又与耿定向、胡直、赵大洲、罗洪先等人多有交往，他们对应鳌产生过十分重要的影响。但阳明的思想必定通过诸后学一脉相传。应鳌反反复复亲睹亲读阳明遗书，自不待言。应鳌作为阳明后学于黔中的代表性人物，亦是不争的事实。至于应鳌是怎样站在阳明心学的哲学根基上，掘开义理易学的门径而上通程伊川义理易学而独以心解易、以易证心，遂创立一心易之学系统，需要作出如下一一之探明。

事实上，程伊川治经易，已有暗自曲通心性之潜义，其于《入关语录》中说出了"《六经》之言，在涵蓄中默识心通"一语，还说："知不专为藏往，《易》言知来藏往，主蓍卦而言。"又说："人多思虑不能自宁，只是做他心主不定。要作得心主定，惟是止于事，为人君止于仁之类。如舜之诛四凶，四凶已作恶，舜从而诛之，舜何与焉？"②接着又说："学者患心虑纷乱，不能宁静，此则天下公病。学者只要立个心，此上头尽有商量。""得之于心，谓之有德。"此种理路，牟宗三先生有所先见。

---

① 孙应鳌：《孙应鳌文集》，贵州教育出版社 1996 年版，第 22 页。
② 程颢、程颐著，王孝鱼点校：《二程集》上，中华书局 2004 年版，第 143—144 页。

2. 与伊川的对话

孙应鳌在讨论《复》卦时，尝引程伊川之言曰："程子曰：'圣人无复，故未尝见其心'是也。"在上经卦中，有《剥》与《复》为对，《剥》曰"顺以止"，《复》曰"顺以行"。《复》谓亨，称为"以刚反"，其德有三：一曰"出入无疾，朋来无咎"；二曰"反复其道，七日来复"；三曰"利有攸往"。三德分别喻之为"以动而顺行"、"以天行"、"以刚长"。因为在应鳌看来，"天地之心，生生是也"，"天地之心无在而无不在，生生不已"[①]。所以《复》所象征着的一应德性全都要在天地之心这里锁定而后表现出来。刚柔、动静、七日皆天地之心，所以刚反、动以顺行、七日来复，皆可见天地之心。话锋一转，孙应鳌直截了当地说出："天地生物之心，即人之本心也。"这不禁让人想起陆象山先生的宇宙吾心、吾心宇宙之论。由程伊川而陆象山，由陆象山而王阳明，由王阳明而孙淮海，这正是孙应鳌要从伊川儒理之易中，引出心性儒理之易的意图，其推论如下："天地生物之心，即人之本心也。了得此心，则何动何静、何见何不见；不了得此心，何从而见，何以谓之见。"[②]这类同阳明所说的天地鬼神离了我的灵明，何曾有什么天地鬼神之语。这正是应鳌在立足于心性哲学根基上，对义理之易所作之心学沟通的努力。《复》的所有德性，都在心的前提下得以展开。孙应鳌接着说："所以教人复，复则刚，反则顺，动则刚长。见得此后无往非天地之心，即无往非人之本心，动亦是，静亦是。非以复为天地之心，是教人就复处看天地之心也。"[③]为什么在"复"处能够且可见天地之心呢？人在天地之中，居于中心位置，人心又在人之中，居于中心位置，"复"对于任何人来说，都是不可或缺的，即使是圣人也概莫能外，"复"在这里，已然上升为一种修养的功夫。应鳌认为："圣人之心清明在躬，志气如神。"圣人不通过"复"的功夫，也未尝能见其心。圣人

---

① 孙应鳌：《淮海易谈》卷二，《孙应鳌文集》，贵州教育出版社 1996 年版，第 56 页。

② 孙应鳌：《淮海易谈》卷二，《孙应鳌文集》，贵州教育出版社 1996 年版，第 3 页。

③ 孙应鳌：《淮海易谈》卷二，《孙应鳌文集》，贵州教育出版社 1996 年版，第 57 页。

"失此清明则昏，昏则扰乱"。平常之人就更不用说了，孟子说"人之异于禽兽几希"，应鳌指出："好恶相近之间所谓几希也，夜气所息复此几希也。几希复，则夜气即平坦之气，平坦之气即旦昼之气，以能息也。几希不复，则夜气不能不失于平坦，平坦之气不能不梏于旦昼之所为，以不能息也。息与为别，能息，则为即是息；不能息，则息即是为。能息就见本心。故曰：'复其见天地之心'。"① 在这段话语中，通过对"几希"的辨析，孙应鳌对人之本心与人心作了严格的区分。在这里，天地之心是本体，天地之心即是人之本心，故人之本心即是本体。"见天地之心"是对人之本心，即对本体的把握。对本体的把握离不开功夫的施展，"复"就是应鳌认可的把握本体的功夫。在这里，《易》之"复"由儒理之易通向心性之易的同时，又由孙应鳌赋予了功夫的含义。

又见《咸》卦。《咸》卦是《易经》第三十一卦，下经之第一卦。孙应鳌言此卦系"程子定性之书，其九四之精蕴耶"。此如何为"程子定性之书"？又如何谓"九四之精蕴"？在孙应鳌看来，《咸》之卦辞为"亨，利贞。取女吉"，《彖》曰其柔上而刚下，二气感应以相与。《咸》之象，"男下女"，得其正，是以"亨，利贞，取女吉"也。《咸》的德性统之为"有情"，其情有感曰三：一曰男女感而有爱情亲情；二曰天地感而万物化生；三曰圣人感人心而天下和平。总而言之，"观其所感，而天地万物之情可见矣。"伊川针对《彖》曰"天地感而万物化生，圣人感人心而天下和平"一句，解释道："天地二气交感而化生万物，圣人至诚以感亿兆之心而天下和平"，以为圣人须是至诚，人心乃是亿兆之心。接着他说："天下之心所以和平，由圣人感之也。观天地交感化生万物之理，与圣人感人心致和平之道，则天地万物之情可见矣。"② 对于上一句，孙应鳌赞同，所以"天地感而万物化生"，是"以天地万物之气同也"，"天地二气"与"天地万物之气"皆一个"同"字了然；下一句"圣人感人心而天下和平"，孙应

① 孙应鳌：《孙应鳌文集》，贵州教育出版社1996年版，第57页。
② 程颢、程颐：《二程集》，中华书局2004年版，第855页。

鳌释之以"众人圣人之心其理同也",与伊川有所不同。伊川的"亿兆之心"乃是圣人所感之对象,"圣人"与"亿兆之心"相对且相感,而致天下和平。"圣人"与"亿兆之心"是主体与客体的关系,"天下和平"则是此主客关系之互动而生之结果。孙应鳌的理解则不然,他将"圣人"训为"众人圣人之心",这显然与王阳明"人皆为圣"之理路全然相通。在这里,"众人圣人之心"是主词,"其理同也"则是副词,如王阳明所言"人同此心,心同此理"一致,所以能致天下和平。孙应鳌才有此感叹:"和平二字妙矣哉!"和也者,和天下众人圣人之心,则天下无不和;平也者,同天下众人圣人之心于天理,则天下无不平矣!然《咸》之所以能感者,和平耳;和平者,天地万物之情也。失其和平,则非情之正;非情之正,则失其感。"① 这是一个循环互交的条件链,"正"则是其中一重要之环节。《咸》之《象》曰"山上有泽,咸,君子以虚受人",伊川传之曰:"泽性润下,土性受润,泽在山上而其渐润通彻,是二物之气相感通也。君子观山泽通气之象,而虚其中以受于人。夫人中虚则能受,实则不能入矣。虚中者,无我也。中,无私主,则无感不通。以量而容之,择合②而受之,非圣人有感必通之道也。"③ 程伊川依然强调天地二物之气,其"虚其中以受于人"之"人",依然是君子所观之客体对象,对象之"无我"、"无私",方能无感不通。孙应鳌对"君子以虚受人"的训释,以"正"为重要环节,彰显了其以心释易的立场与方法的同时,又将他的"虚",作了"以易阐心"的发挥。其曰:"唯虚,然后能受;唯虚,然后感应不失其正;唯虚,然后和平而得天地万物之情。寂然不动,所谓虚也;廓然大公,所谓虚也;内外两忘,所谓虚也。"④ 此所谓"寂然不动"、"廓然大公"、"内外两忘"无疑都是指向人心。这就不只是一般意义上的儒家义理易学派的立场,其义

---

① 孙应鳌:《孙应鳌文集》,贵州教育出版社1996年版,第66—67页。

② 合:一作交。

③ 程颢、程颐:《二程集》,中华书局2004年版,第855—856页。

④ 孙应鳌:《淮海易谈》卷二,《孙应鳌文集》,贵州教育出版社1996年版,第67页。

理易学之心学之端昭然若揭。

至于如何而为"九四之精蕴"，作为《周易》下经的首卦，"咸"在卦中的意义非指全、皆、都、普遍，更非指咸味，而是指"感"。咸下有心为感，可见心是感的基础、根据，感是主客体之间相互作用、相互影响而生之反应，如曰感应、感觉、感动、感情、感触等等，所有这些反应离了心，也就无从发生，无以存在了。《咸》之九四经辞曰："贞吉，悔亡。憧憧往来，朋从尔思。"应鳌让人先识伊川之意。伊川针对《咸》九四的第一句解释是"感者，人之动也，故皆就人身取象"，由于在《咸》卦中，初六"咸其拇"，六二"咸其腓"，九三"咸其股"，依次往上，到了九四，自然到了心脏所处的位置，即"当心之位"。所以伊川说："九四无所取，直言感之道，不言咸其心，感乃心也。四在中而居上当心之位，故为感之主，而言感之道：贞正则吉而悔亡，感不以正，则有悔也。"①既然九四处于《咸》卦当心之位，其即居于《艮》之上，而又处《兑》下初爻，且于《咸》中之小互卦《乾》之中央，真乃"当心之位"也。既然是当心之位，必然为"感之主"，代表着"感之道"。能体顺于感之道则为贞正，贞正则吉，反之则悔。所以，心的根源性功用在伊川这里已有凸显。伊川又曰："圣人感天下之心，如寒暑雨晹，无不通，无不应者，亦贞而已矣。贞者，虚中无我之谓也。"②对于"当心之位"之心，程伊川作了"天下之心"与"私心"的两分。"天下之心"实为程氏所体贴之"天理"而已，此天理乃"中虚"、"无我"而"贞正"，故为"无所不通"、"无所不应"者，然圣人能以天下之心感天下之物，遂无不通、无不应。伊川所谓"私心"即人心，他认为若以私心感物，有两大缺憾。其一，私心虽能感物，却不能无所不通。伊川说："用其私心以感物，则思之所及者有能（一作所）感而动，所不及者不能感也，是其朋类则从其思也，以有系之私心，既主于一隅一事，岂能廓然无所不通乎？"其二，私心虽能感物，却不能无所不感。伊川说："《系

① 程颢、程颐:《二程集》，中华书局2004年版，第857页。
② 程颢、程颐:《二程集》，中华书局2004年版，第857—858页。

辞》曰：'天下何思何虑？天下同归而殊途，一致而百虑，天下何思何虑？'夫子或咸极论感通之道。夫以思虑之私心感物，所感狭矣。天下之理一也，途虽殊而其归则同，虑虽百而其虑则一。虽物有万殊，事有万变，统之以一，则无能违也。故贞其意，则穷天下无不感通焉，故曰：'天下何思何虑？'用其思虑之私心，岂能无所不感也？"①虽然在程伊川看来，以天下之心感物和以思虑之私心感物存在区别，即在于无所不通与无所能通、无所不感与无所能感，这对于站在有宋理学家立场立论而言，则是自然而然要得出的结论。关键是对于"当心之位"之"心"所作的不同解释。在伊川看来，《咸》卦之九四爻所以为"当位之心"，实取"天下之心"耳，所以妙而神通："君子潜心精微之义，入于神妙，所以致其用也。潜心精微，积也；致用，施也。积与施乃屈信也。"至于《咸》卦之九五爻辞曰"咸其脢，无悔"，伊川释为："脢，背肉也，与心相背而所不见也。言能背其私心，感非其所见而说者，则得人君感天下之正，而无悔也。"他对《象》曰"咸其脢，志末也"的理解是："戒使背其心而咸脢者，为其存心浅末，系二而说上，感于私欲也。"

　　孙应鳌对《周易》之《咸》卦的研究更深入一层，且有颇具独到的见解。首先，应鳌对"咸之体"、"咸之德"、"咸之象"一一作出了新的诠释。关于咸之体，孙应鳌说"咸之体上柔下刚，二气感应以相与"，《咸》卦艮下兑上，故下阳刚而上阴柔，二气交感而相摩相荡，是为"感之体"即"咸之体"；关于咸之德，他说："咸之德正而感之专，说而应之至。"在他看来，"正"、"专"、"至"是咸之"德施普与"之环环相扣的逻辑要件。正，则感而之专；专，则感而之德至。"说而应之至"乃是咸之德所欲达到之高级境界；关于"咸之象"，应鳌说："咸之象男下女上，得其正，得其时，是以'亨，利贞，取女吉'也。"②此《咸》卦艮下兑上，亦即男下

---

① 程颢、程颐：《二程集》，中华书局 2004 年版，第 858 页。
② 以上皆见孙应鳌：《淮海易谈》卷二，《孙应鳌全集》，贵州民族出版社 2016 年版，第 65 页。

女上，呈自然交感之状也。此种状态必然为亨，为利贞，为女吉。孙应鳌由咸之体、咸之德、咸之象合乎逻辑地推论出新的结论：感应乃为天下之道。

孙应鳌认为，天下之道，"感应"而已。所谓"天下"，有天，有地，有万物，有气，有圣人，有众人，故天下无所不包。所谓"天下"亦即宇宙。宇宙之中，天地与万物的逻辑关系是"天地感而万物化生"[1]，先有天地，然后有万物。而所感者，气也；这是孙应鳌明确的看法："以天地万物之气同也。"[2]气者，所感者也，天与地与万物之所以相感，是因为有着相同之气；因为有此相同之气，则感于天地万物，而天地相感又感于万物，万物始得以化生。宇宙之中，又有人伦关系，《易传·彖》曰"圣人感人心而天下和平"，之所以如此，应鳌认为，皆因"众人圣人之心其理同也"。"心"与"理"的概念在此出现了，且"心"与"理"在这里有着密切之关系。自宋以来，关于"心"与"理"的讨论一直未歇，至明中，王阳明主"心即理"、"心外无理"，将心学做大，此后门人主心，以心论心，乐此不疲。孙应鳌"众人圣人之心其理同"之论所涵意蕴，其所指无论是众人之心还是圣人之心，其一一之心所涵之理莫不通同，故已道明，此理并不在心之外，而实实落落包含于众心（众人圣人之心）之中。应鳌承接了阳明"心外无物"的传统，指出心是广大备至、无所不包的，理是贯通于其中的，不假外求；理的贯通性，无论是存于众心抑或圣心之中，"也只是一个理"。这个通同之理到底是什么呢？应鳌感叹道："和平二字妙矣哉！"一语点明，此理乃和平之理也。又曰："咸之所以能感者，和平耳。"咸借助众人圣人之心而后能感；众心圣心所以能感，通同之理具也；感通同之理，而天下和平也。天下和平，感之所归也；感之所归，乃万物之情。所以，应鳌已

---

[1] 《周易》之《咸》卦《传·彖》曰："天地感而万物化生"，仅就这一句的理解，孙应鳌与二程同。

[2] 孙应鳌：《淮海易谈》卷二，（《孙应鳌文集》，贵州教育出版社1996年版，第62页）云"天下万物之气同"，应鳌并未因此而认同北宋关学之气论。

然观之曰："和平者，天地万物之情也。失其和平，则非情之正；非情之正，则失其感。"① 无感，则无天下之情；无情，则无天地之感、众心圣心之感。无感无情，则无天下和平，天下之道尽失矣。

孙应鳌还认为，《咸》所以能"感"的前提条件是"虚"，唯"虚"而后能"受"。《咸》卦《象》曰："山上有泽，咸，君子以虚受人"。孙应鳌诠释曰："唯虚然后能受，唯虚然后感应不失其正，唯虚然后和平而得天地万物之情。"② 天地万物、社会人伦，皆所以感应而不失其正，都必须以"虚"为其前提条件，"唯虚然后能受"，所受者，天地万物之情也；能受之以天地万物之情，则天地万物感之以和平。何为"虚"？应鳌曰："廓然大公所谓虚也，内外两忘所谓虚也。"③ 虚者，心也，无他。廓然大公之心，所谓众心也；内外两忘之心，所谓圣心也。众心，非小我之心也；圣心，非人欲之心也。非小我之心，非人欲之心，谓之得其正。众心圣心，即天下之心，因其虚而得其正，因其虚而顺天地万物之情，因其虚而使天下之心终致和平。

孙应鳌得出结论，九四为咸之主，心之象，此乃"九四之精蕴耶"。他说："九四为咸之主，心之象。心之本体不落于思虑，则寂然不动、感而遂通，是谓正。正则吉，则悔亡。一入思虑失其心体，则'憧憧往来'不胜其扰，是谓思。思则朋从，则不正、则悔。"④ 经过一番推理方式的以心释易过程，应鳌反转过来直接地以易证心，他认为《咸》卦的经辞与传辞中，虽"心"字未见直言，尤其九四未言"心"字，然观其象，本心已然深藏。所以他说："九四本心，象而不言心；正见感之，不可以有心；心之不可以有所也。"⑤ 这里对心的特征的描述，十分接近于老子对道的表

---

① 孙应鳌：《淮海易谈》卷二，《孙应鳌文集》，贵州教育出版社1996年版，第62页。
② 孙应鳌：《淮海易谈》卷二，《孙应鳌文集》，贵州教育出版社1996年版，第62页。
③ 孙应鳌：《淮海易谈》卷二，《孙应鳌全集》，贵州教育出版社2016年版，第65页。
④ 孙应鳌：《淮海易谈》卷二，《孙应鳌文集》，贵州教育出版社1996年版，第62—63页。
⑤ 孙应鳌：《淮海易谈》卷二，《孙应鳌文集》，贵州教育出版社1996年版，第63页。

述，这个所谓"本心"，深藏于卦象之中，具有不可言说、不可据为己有、不可有特定住所的特性。这大概正是应鳌所谓"九四之精蕴"之感叹："学者察于九四主爻，得此心无思无为之体，则不离于应感，不逐于应感，不失于应感而天下之道毕矣。程子定性之书，其九四之精蕴耶。"① 这个"本心"乃所谓"无思无为之体"，且又具备"三无"，即"不离"、"不逐"、"不失"于应感之特质，方能"毕"于"天下之道"矣。

四、龙场三卦：《恒》、《遁》、《晋》——从王阳明到孙淮海

所谓"龙场三卦"，即阳明《五经臆说十三条》中所阐述之《恒》、《遁》、《晋》，此三卦因属阳明于龙场所阐发，并用以证其所悟，故得此名。对此三卦，孙应鳌深有所契，这是他对阳明"龙场三卦"的"接着说"，进一步丰富了阳明的易学思想。

王阳明《五经臆说十三条》对易卦《恒》、《遁》、《晋》（学者称"龙场三卦"）作了心学的创造性阐释，他的再传弟子孙应鳌著《淮海易谈》，不仅对《易经》六十四卦辞、三百八十四爻辞，且对《彖》、《象》、《说》、《系辞》等，均一一有所发挥，其对"龙场三卦"的"接着讲"，每有独到之新发明，其理论贡献比之明代当时国内诸学派毫不逊色。毫无疑问，王明阳与孙应鳌及其易学，是义理易学心学流派的典型代表。

龙场悟道之后，王阳明作《五经臆说》，以证其所悟之道。不过，《五经臆说》的全文，人们并未见到，而今只留下当中的"十三条"。由于其中第一条乃为钱德洪所序，故阳明原文实际十二条。在整理先生遗著时，德洪谈到先生主张不立文字的重要原因。德洪在序中写道：

> 师居龙场，学得所悟，证诸《五经》，觉先儒训释未尽，乃随所记忆，为之疏解。阅十有九月，《五经》略遍，命曰《臆说》。

---

① 孙应鳌：《淮海易谈》卷二，《孙应鳌全集》，贵州民族出版社 2016 年版，第 65 页。

既后自觉学益精，工夫益简易，故不复出以示人。洪尝乘间以请。师笑曰："付秦火久矣。"洪请问。师曰："只致良知，虽千经万典，异端曲学，如执权衡，天下轻重莫逃焉，更不必支分句析，以知解接人也。"后执师丧，偶于废稿中得此数条。洪窃录而读之，乃叹曰："吾师之学，于一切融彻，终日言之不离是矣。即此可例全经，可知也。"①

现今所见"五经臆说"十三条（一说以为原文达48条），除德洪序外，尚有十二条为阳明原稿，即《春秋》三条、《易》之"贞"一条、《诗经》五条，另有《易》卦三条：《恒》、《遁》、《晋》，即所谓"龙场三卦"②。

作为王阳明再传弟子③的孙应鳌，在其著《淮海易谈》中，对《易经》六十四卦、三百八十四爻以及《易传》作了十分全面的考察。他在《自序》中说：

《易》者何也？以著天地万物之理也。天地万物之理妙人心，故《易》著天地万物之理以明心也。古之圣人生而明诸心矣，欲人人皆明诸心不可得，于是著《易》之书为经书。不过语语之所贵者，意意之所贵者，不可以无言晦，不可以有言传。故得其所以言则传，不得其所以言则晦。传则得其所以为心，晦则失其所以为心，非得自外得自我也。自《经》之意晦而无传，于是诸大儒又出疏《易》之《经》为《传》。愚自学《易》，尝求诸大儒之说于《传》，求诸大圣人之说于《经》，未窥测之。已乃因《传》以求《经》，因《经》以求心，浸浸乎若有窥测矣，而未能见晓。已乃反之于心，略其所有言与无言，涵泳之，优游之，日用起处

---

① 王守仁：《王文成公全书》，中华书局2015年版，第11123页。
② 参见高予远：《王阳明"龙场三卦"臆说》，载于《王学研究》2008年第4期（总第49期）。关于高文中所提"明夷"卦与阳明的关系，虽有德洪所编《年谱》谈及，未见阳明原文，故本文尚未主张有确证的关涉。
③ 孙应鳌师蒋信，蒋信师阳明矣。此笔者于《孙应鳌与非黔籍王门后学——兼述〈教秦绪言〉》一文中有较详阐述。参见：《王学研究》，2012年第2期（总第62期）。

罔不念斯，久之则若诸大儒之意若可起于衷，诸大儒之语若可出诸口，而诸大圣人著《经》之意即若可不远于吾心。嘻嘻！天地得《易》以清、以宁，万物得《易》以生、以成，吾人得《易》上下四方、往古来今罔不毕臻，心之理若是至精、至纯、至大、至一也耶！得其心斯得其理，天地万物合为一体，固诸大圣人所以立教，诸大儒所以修教，吾人所以由教，意之贵而可传者深矣。犹然与俱行嗒，然与俱忘，继自会请以终身者必在是《易》也。夫隆庆二年戊辰中秋日。①

在这段文字不多的短短自序中，"心"字出现了 11 次，凸显孙淮海以心释易的理论特色。对于《易》的理解和立场，孙淮海与王阳明一样，同是典型的义理易学之心学流派。淮海自序中的"心"，指"人心"、"人心"又即"本心"、"吾心"，他强调"天地万物之理妙人心"，"天地万物之理以明心"，言"古之圣人生而明诸心，欲人人皆明诸心不可得"，又言"传则得其所以为心，晦则失其所以为心"，"圣人著《经》之意即若可不远于吾心"。他不主张"因《传》以求《经》，因《经》以求心"的"反之于心"的理路，强调"天地得《易》以清、以宁，万物得《易》以生、以成，吾人得《易》上下四方、往古来今罔不毕臻"，心的根源性意义在于"心之理若是至精、至纯、至大、至一"，所以最终能够"得其心斯得其理，天地万物合为一体，固诸大圣人所以立教，诸大儒所以修教，吾人所以由教，意之贵而可传者深矣"②。

以"心"为主脑，贯彻于《易》的诠释，体现在《恒》、《遁》、《晋》三卦的疏解中，孙淮海对于先师阳明，不是照着讲而是接着讲，不仅是接着讲更是每有新的发明。淮海心易理论的提出，的确是使黔中王门得以确立，并丝毫不逊色于同时代诸学的基本内核。

---

① 孙应鳌《淮海易谈自序》，《孙应鳌文集》，贵州教育出版社 1996 年版，第 10 页。
② 孙应鳌：《孙应鳌文集》，贵州教育出版社 1996 年版，第 10—11 页。

1.《恒》——"天地之至"与"不易不已"

孟子论恒心，以为恒产、恒行之基，王阳明以为天地之至恒、长久不变之道，孙淮海则谓"不易之恒"、"不已之恒"，主张"君子以成德为行，恒之谓也"，君子有恒久不变的高尚德行，此是恒的本质义。

"恒卦"是《易经》的第三十二卦，其经文为："恒：亨，无咎，利贞，利有攸往。初六：浚恒贞凶，无攸利。九二：悔亡。九三：不恒其德，或承之羞，贞吝。九四：田无禽。六五：恒其德，贞。妇人吉，夫子凶。上六：振恒，凶。"

《恒》卦和上面提到的《咸》卦是一对，《咸》在前，《恒》在后，是下经之首。《咸》卦讲男女感应问题。咸下有心，心是所以感的前提和基础，有感则贞正，则吉，可见心的极端重要性。

《恒》卦讲恒久之道，无论是《彖传》、《大象传》、《序卦》、《杂》卦，都一致给予了强调。恒久之道靠的什么，帛书《易传·衷》篇称："恒言不已"。"不已"即是不停止，有恒言，当然是有恒心所致。"恒言不已"，也是以有其恒心为前提和基础的。

王阳明在《五经臆说》中对《恒》有较详之讨论，其曰：

> 《恒》，所以"亨"而"无咎"，而必"利"于"贞"者，非《恒》之外复有所谓贞也，久于其道而已。贞即长久之道也。天地之道，亦惟长久而不已耳，天地之道，无不贞也。"利有攸往"者，常之道，非滞而不通，止而不动之谓也。是乃始而终，终而复始，循环无端，周流而不已者也。使其滞而不通，止而不动，是乃泥常之名，而不知常之实者也，岂能常久而不已乎？故"利有攸往"者，示人以常道之用也。以常道而行，何所往而不利！无所往而不利，乃所以为常久不已之道也。天地之道，一常久不已而已。日月之所能昼而夜，夜而复昼，而照临不穷者，一天道之常久而不已也。四时之所以能春而冬，冬而复春，而生运不穷者，一天道之常久而不已也。圣人之所以能成而化，化而复成，而

妙用不穷者，一天道之常久不已也。夫天地、日月、四时，圣人之所以能常久而不已者，亦贞而已耳。观夫天地、日月、四时，圣人之所以能常久而不已者，不外乎一贞，则天地万物之情，其亦不外乎一贞也，亦可见矣。《恒》之为卦，上震为雷，下巽为风，雷动风行，簸扬奋厉，翕张而交作，若天下之至变也。而所以为风为雷者，则有一定而不可易之理，是乃天之下至恒也。君子体夫雷风为《恒》之象，则虽酬酢万变，妙用无方，而其所立，必有卓然而不可易之体，是乃体常尽变。非天地之至恒，其孰能与于此？①

王阳明首先指出，恒所以亨而无咎，是因为恒本身涵有了"贞"这一长久之道，亦即天地之道。反过来说，天地之道所以能久能长，是因其有了贞正的本质规定。所以能够由始而终，终而复始，循环无端。天地、日月、四时、圣人之所以能长久不已，"亦贞而已耳"、"不外乎一贞"。什么是天地雷风之"一定而不可易之理"呢？什么又是天地雷风之"卓然而不可易之体"呢？阳明的回答是一致而肯定的，就是那作为"天地之至恒"的"贞"。所以恒心之所以不停止，就在于恒心所具有的贞正的品质和规定。这一品质和规定正是使恒"亨而无咎"而为"天地之至恒"的前提和基础。所以不仅"咸"是以心为前提和基础，在阳明看来，贞正之心无疑也是恒久之道的前提与基础。这个理论上的发现，是否在孙淮海那里得到继承和发扬呢？

孙淮海在讨论《咸》卦后，接着讨论《恒》卦。《淮海易谈》卷二中说道：

恒，刚下柔上，乾坤交而风雷相与，巽而后动，卦体成而刚柔相应，恒之所以得名也。《彖》以"久于其道，天地之道，恒久不已"释"恒：亨，无咎，利贞"，此不易之恒也；以"终则有始"

---

① 王守仁：《王文成公全书》卷二十六，中华书局 2015 年版，第 1126 页。

释"利有攸往"，此不已之恒也，此自然之常道也。故日月得天
而久照，圣人久于道而天下化成。道不可易而后见其不容已，道
不容已而后见其不可易。故体常者斯能尽变，尽变者斯能体常。
故曰："观其所恒，而天地万物之情见也[①]"。故不贞则不能利，
不利则不足以贞，未有能守而不能行，能行而不本守[②]者也。君
子以成德为行，恒之谓也。[③]

"立不易方"，是该卦"大象"所曰"雷风，恒。君子以立不易方"一语的
关键词。既然雷发风行相交不息，且象征恒常持久，君子则应效法此种精
神，树立立世为人的原则，永不改变。所以淮海说：

"立不易方"，方者，道之所在也。"立不易方"，久于其道
也。[④]

孙淮海先对"立不易方"作了空间上的规定，"方"即"道之所在"，按阳
明先生的讲法，即天地、日月、圣人也；既而又作了时间上的规定，"立"
则是"久于其道"而不变之恒常。他接着说：

道者，日用事物当行之理，大之父子君臣，小之事物细微。
"不易"则时止则止，时行则行，终食于是，造次颠沛于是。道
即身，身即道，事虽万变，理则贞于一矣，非天下之至恒，孰能
与于斯。[⑤]

淮海这里有两个方面的扩展：从空间上看，他将宏观的天地、日月、四
时、圣人扩展而降落到"日用事物"、"父子君臣"（把"君臣父子"在顺
序上作了颠倒，以还原原始儒家的亲亲之仁）、"事物细微"；从时间上看，
扩展到了具体的"终食"之间、"造次"之间、"颠沛"之间。这样一来，

---

① 《恒》卦《彖》辞："观其所恒，而天地万物之情可见矣"，"也"作"矣"。
② "不本守"，应为"不能守"，据上文。
③ 孙应鳌：《孙应鳌文集》，贵州教育出版社1996年版，第68页。
④ 孙应鳌：《孙应鳌文集》，贵州教育出版社1996年版，第68页。
⑤ 孙应鳌：《孙应鳌文集》，贵州教育出版社1996年版，第3页。

作为天下至恒的道就有了彻底的贯通性，不过这种贯通性是不外于身、不外于心的，也是以贞为前提和基础的。"道即身，身即道，事虽万变，理则贞于一也"，可见恒久之道不在身外，而在于我身，身外事物虽然变化万端，其万事万物之理不过"贞于一"而已。

在解读《周易》之《恒》卦经辞和传辞之后，孙淮海对《恒》卦各爻辞亦作出一一疏解。先是初六：

> 初六虽与四为正应，但隔于二、三，又四阳性震体不交于下，初以理之常者而深求之，其人不合，其交反疏，虽贞亦凶，故言"浚恒，贞，凶；无攸利"也，此知常而不知变者也。①

"浚恒，贞，凶；无攸利"，是说远离恒久之道，背离了至恒之贞，就会有凶险，也不会有利益。"浚"，楚简作"叡"，义为疏通。"浚恒"，使恒松动而发生改变。这样做，无疑是对恒德的否定，对恒德的否定，必然会带来凶险和不利。接着九二：

> 九二以阳爻居阴位，似非常理然能恒久于中，则不失正，虽所处所遭非其时位，自然处置停当不失其常，故言"悔亡"也。②

九二作为阳爻，在初之阴与三之阳之间，所以是阳爻居阴位。淮海从爻位之间的关系来分析恒德，能"恒久于中"、"不失其正"、"不失其常"，能够恒久，当然无悔。接下来九三：

> 九三以刚躁之资，处上下之间，当风雷之交动而无常者也。或善于前而失于后，或美于始而改于终，故言"不恒其德，或承之羞"也。③

从爻位来看，九三自身为阳，又上下皆阳，所以必然刚躁，难免变动无常而前后相失、终始难一。"不恒其德，或承之羞，贞，吝"，是说不能恒久保持美德，就会时或蒙受羞辱；老是如此，必有吝惜。帛书《易

---

① 孙应鳌：《孙应鳌文集》，贵州教育出版社1996年版，第68页。
② 孙应鳌：《孙应鳌文集》，贵州教育出版社1996年版，第68页。
③ 孙应鳌：《孙应鳌文集》，贵州教育出版社1996年版，第68页。

传·二三子》篇记载有"孔子曰":"此言小人知善而弗为,攻进而无止,
损几则(无)择矣,能(无蔺乎)?""知善而弗为",就是"不恒其德";"攻
进而无止",就是"贞"。这样,损失几乎就会不可避免,自然就是"吝"。
帛书《易传·缪和》篇又载"子曰":"'不恒亓德',言其德行之无恒也。
德行无道,则亲疏无;亲疏无,(则)必将(羞辱时至,故曰)'蔺'。"进
一步阐明了爻辞的内在逻辑:无德则无亲,无亲则有辱,有吝。《论语·子
路》载:"'不恒其德,或承之羞。'子曰:'不占而已矣。'"这种从德不从
占的精神,应该是孔子对易的内在哲理的继承和发扬。[1]孙应鳌以"或善
于前而失于后,或美于始而改于终"的"非恒"、"非贞"之德提示"不恒
其德,或承之羞"所导致的恶果,也是对儒家从德不从占精神的进一步
肯定和遵循。

九四爻辞"田无禽",孙应鳌如是说:

> 九四以阳居阴,"久非其位",不当久而久者。凡处非其地,
> 交非其人,乘非其时,虽久不能成功,此守株待兔之徒,故言
> "田无禽"也。[2]

九四为何是以阳居阴呢?自身为阳者,又上下皆阳,显然所居不当位,若
自身为阴,上下为阳则当其位,故曰九四以阳居阴,故曰"久非其位"。
所以应鳌认为时间也好,地点也好,人物也好,都是必须讲究的,"凡处
非其地,交非其人,乘非其时,虽久不能成功",即使久守田地,也难有
什么收获。其根本原因就在于人无恒心,不仅获取不到猎物,甚至诸事
不成,与《论语·子路》载"南人有言曰":"人而无恒,不可以作巫医",
意思一样。"人而无恒"之"恒",当然指的是"恒心",即孟子所谓"有
恒心则有恒产,无恒产则无恒心"。

六五"恒其德,贞,妇人吉,夫子凶",是说恒久保持安静顺从之德,
妇人可获得吉祥;男子必有凶险:

---

[1]　廖名春:《周易经传十五讲》,北京大学出版社 2004 年版,第 114 页。
[2]　孙应鳌:《孙应鳌文集》,贵州教育出版社 1996 年版,第 68—69 页。

六五以柔中应刚中，常久不易以顺为道，似亦正矣。但妇人以从顺为正，夫子以制义为正，此乃妇人之吉，非丈夫之宜，故言"恒其德，贞，妇人吉，夫子凶"也。①

为什么同是"恒其德"，"妇人"、"夫子"各有吉凶呢？帛书《易传·缪和》篇载"子曰"说提供了解释："妇德一人之为，（不）可以又它。又它矣，凶（必）产焉，故曰'恒亓德，贞，妇人吉'。"妇人的道德要求是从一而终，不能再有别人，否则凶险必然产生。"其男德不（然），恒安者之又弱德，必立而好比于人。贤、不肖人得其宜，则吉；自恒也，则凶。"而对男人的道德要求却不同，男人长期安于现状，就会有"弱德"，缺乏进取心，一定要能自立而喜欢跟人竞争。不论是贤者还是不贤者，只要得竞争之益，就会吉利；长期安于现状，缺乏进取心，就会有凶险。看来，吉凶就在于"贞"了。贞是安，妇人"恒安"有"弱德"，是吉利。男人"恒安"有"弱德"，则凶险。"贞"是"妇人"之德而非"夫子"之德。《小象传》说："'妇人贞吉，从一而终也；夫子制义，从妇凶也。''妇人'之所以吉利，是因为'贞'。是因为'从一而终'；'夫子'之所以'凶'，是因为像'妇人'一样，只知'从'而不知'制义'，混淆了两种不同的道德要求。这一解释，与帛书易传说是接近的。"② 所以孙应鳌认为，之所以"妇人以从顺为正，夫子以制义为正"，因其六五"以柔中应刚中"，此乃妇人之吉，非丈夫之益。上六爻辞"振恒，凶"，是说动摇恒固就会凶险。"振"有动义。"振恒"，就是动摇了恒，就是不恒。孙应鳌对此的理解极其到位：

上六以震终当恒极，质既阴柔，居又非地，不知守恒，一味躁动，以振动为常，故言"振恒，凶也"。③

此上六爻"以震终当恒极"，恒走到了自己的顶端，必然要向自己的反面转化，虽然此爻为阴，本质上为柔，但是它"居非其地"（应鳌在前

---

① 孙应鳌：《孙应鳌文集》，贵州教育出版社1996年版，第69页。

② 廖名春：《周易经传十五讲》，北京大学出版社2004年版，第114页。

③ 孙应鳌：《孙应鳌文集》，贵州教育出版社1996年版，第69页。

面强调过这一点），因此其"不知守恒，一味躁动"，反倒是一种正常现象了。孙应鳌对《恒》卦作了总体上的概括：

> 恒者，中道也。初在下体之下，四在上体之下，知恒而泥于恒，上在下体之上，六在上体之上，不知恒而以妄为恒，以皆失中也。唯五与二似得乎中，然五以柔中为恒，止妇人之吉；二以刚中为恒，止悔亡，亦未尽善也。尽恒之善非潜心于《象辞》何以得之哉！①

所以整个《恒》卦，不是说恒，就是说不恒；即使是恒，又有妇人与夫子之别；妇人之恒，在于顺从，夫子之恒，在于制义。总而言之，都是从正反两面讲恒久之道，依不同对象讲恒久之道。而孙应鳌特别强调以时间、地点、人物为转移，来讲恒久之道，如此方能"尽恒之善"。

2.《遁》——"远小人所以为遁"

综合王阳明与孙应鳌的看法，"远小人"之义有二：一为君子身外小人，当远则远，当避则避，此"遁"，乃孔子所言"亲君子，远小人"之教。二为君子己内小人，更应避之贵远不贵近，行之贵速不贵迟。去恶从善，不恶而严，立德成圣，此正是应鳌赋予《遁》卦的退避之道的深刻含义，此"遁"，远小人也，正言之，乃"自昭明德"、"明明德"、"致良知"之教，为阳明立教的圣门宗旨。

《遁》是《易经》中的第三十三卦，其经文曰："遁：亨，小利贞。初六：遁尾厉。勿用有攸往。六二：执之用黄牛之革。莫之胜说。九三：系遁。有疾厉。畜臣妾吉。九四：好遁。君子吉。小人否。九五：嘉遁贞吉。上九：肥遁无不利。"

《序卦传》、《杂卦传》都以"退"释"遁"，因此，《遁》卦之义当为退遁，该卦是讲避世退隐之道的，又有释为明哲保身，以退为进之义的。卦辞"遁：亨，小利贞"，是说适时隐退，就会亨通；若固守不动，即为"贞"、

---

① 孙应鳌：《孙应鳌文集》，贵州教育出版社 1996 年版，第 69 页。

"定"，既不隐退，也不冒进，属于中策，所以只能有"小利"。

且看王阳明在《五经臆说》中关于《遁》卦的讨论：

> 《遁》，阴渐长而阳消遁也。《象》言得此卦者，能遁而退避则亨。当此之时，苟有所为，但利小贞而不可大贞也。夫子释之以为《遁》之所以为亨者，以其时阴渐长，阳渐消，故能自全其道而退。遁，则身虽退而道亨，是道以遁而亨也。①

这里强调，适时地把握住"遁"，即退避之道，则亨；当一定需要有所动作的时候，则一定要把握住只可"利小贞而不可大贞"，确实是有一个度的问题在，这大概也是一种特殊情况下的退避之道吧。阳明接着说：

> 虽当阳消之时，然四阳尚盛，而九五居尊得位；虽当阴长之时，然二阴尚微，而六二处于下应五。盖君子尤在于位，而其朋尚盛，小人新进，势犹不敌，尚知顺应于君子，而未敢肆其恶，故几微。②

王阳明在这里顺势牵引出了君子与小人在同一问题上所持的不同态度。六二之阴与九五之阳，乃比应关系，对于君子来说，正当其位，所以小人一时间也不敢放肆自己的恶行。

> 君子虽已知其可遁之时，然势尚可为，则又未忍决然舍去，而必于遁，且欲与时消息，尽力匡扶，以行其道。则虽当遁之时，而亦有可亨之道也。虽有可亨之道，然终从阴长之时，小人之朋日潮以盛。苟一裁之以正，则小人将无所所容，而大肆其恶，是将以救敝而反速之乱矣。故君子又当委曲周旋，修败补罅，积小防微，以阴扶正道，使不至于速乱。程子所谓"致力于未极之间，强此之衰，艰彼之进，图其暂安"者，是乃小利贞之谓矣。夫当遁之时，道在于遁，则遁其身以亨其道。道犹可亨，则亨其遁以行于时。非时中之圣，与时消息者，不能与于此也。

---

① 王守仁：《王文成公全书》，中华书局 2015 年版，第 1126—1127 页。
② 王守仁：《王文成公全书》，中华书局 2015 年版，第 1126—1127 页。

故曰："《遁》之时义，大矣哉！"①

孙应鳌对王阳明《遁》卦的阐释，绝不是"照着讲"，而是"接着讲"，且又不囿于一般性地接着讲，他有他全新的、创造性的发扬。他说：

> 于《遁》卦，见圣人未尝忘天下之情。二阴渐长势宜遁矣，但五以阳刚当位，下应于二，其时犹可与有行者乎！见望治之心也。二阳虽长势犹未盛，四阳将消势犹众多，或犹可，小有所正，未至，大坏者乎，见求治之诚也。故贤人于遁之时则一于求去，圣人则苟可致力无不曲尽以扶持之也。然而必遁者何不得不然也，其心则有不然者也。②

他与阳明先生的视角相同，首先注意到了九五与六二的对应关系。所谓"见望治之心也"，也强调君子应在把握好度的前提下适时进取。"君子"与"小人"是儒学讨论的长久话题，然君子与小人又有德与位之不同指向。孔子主张"亲君子而远小人"，应鳌用作对《遁》的发挥：

> 远小人所以为遁也，不恶则不为小人所害，自治严小人不能不远矣。③

"遁"是针对何者而言，有时当然是针对小人，这正是应鳌在解释《遁》卦时所作的在义理释易上的扩展。他认为，释《遁》的一方面，当面对小人，就要逃离得远远的，这是自孔子以来儒家所提倡的一个道理。《遁》卦的六爻为二阴四阳，乾在艮上，天下有山。初与二为阴，三、四、五与上皆为阳，此乃为阳遁阴之象，亦即君子遁小人之象。又，初与四、二与五乃为互卦，有攸利往而之贞吉，所以遁中有贞，有吉利。关于《遁》的初六，应鳌说道：

> 初六："遁尾，厉，勿用有攸往"者，二为遁主，初在二之下与二同类，而迹稍远。唯其迹之稍远，故但不往静守以俟时，

---

① 王守仁：《王文成公全书》卷二十六，中华书局 2015 年版，第 1127 页。
② 孙应鳌：《淮海易谈》卷二，《孙应鳌文集》，贵州教育出版社 1996 年版，第 69 页。
③ 孙应鳌：《淮海易谈》卷二，《孙应鳌文集》，贵州教育出版社 1996 年版，第 69 页。

尚可免咎，以类之同，盖己在其家邦为其党与矣，此圣人戒小人
之词也。①

初六"遯尾，厉，勿用有攸往"，是说退避在后，有危险，更不要说有所
前往。尾，后。初六在一卦之最下所以称为"尾"。廖名春先生解释为"打
仗断后最危险，最容易被敌人消灭"。而孙应鳌则认为，初与二相比较而
言，二为遯主，初在二之下，虽与二同类，却稍有一定距离。如果自以为
离初爻很远，就可以不顾退遯之道，岂不真有点"五十步笑一百步"的意
思在，这不正是孟圣人曾经对小人的讥讽吗？

六二如是：

> 六二："执之用黄牛之革，莫之胜说"者，二正为遯之主，
> 四阳之避者皆以二也，但二体本柔顺，位亦居中，其资犹或可语
> 不至为恶之极。当斯时也若欲执系斯人，唯宜就其中顺之资以固
> 结其志，令其相善，不至解脱得以纵肆其恶，此圣人处小人之词
> 也。②

六二爻辞"执之用黄牛之革，莫之胜说"，是说用黄牛皮的革带捆住，没
有谁能够逃脱。"说"，读为脱，逃脱，也就是"遯"。"《小象传》以'固
志'作解，是说不能有逃遯之心。帛书《易传·衷》篇说：'（遯之）黄牛，
文而知朕矣。''朕'读为'胜'。'文'，当指'执之用黄牛之革'，因为黄
是中之色，革有柔性。'用黄牛之革''执之'，谁也逃脱不了，是用文，
用柔道来表现战胜。"③ 孙应鳌认为，六二体本柔顺，又于居中之位（指就
《遯》卦而言，非初非上；就艮而言，位置居中），所以不至于为"恶之极"，
对于这样的人若用皮带捆住，"其中顺之资以固结其志，令其相善，不至
解脱得以纵肆其恶"，也合于遯避之道，这也是圣人就如何处理小人所作
的告诫。应当说，在爻辞原文原意考据基础上深辟其蕴涵的哲思哲理，正

---

① 孙应鳌《淮海易谈》卷二，《孙应鳌文集》，贵州教育出版社 1996 年版，第 69 页。
② 孙应鳌《淮海易谈》卷二，《孙应鳌文集》，贵州教育出版社 1996 年版，第 69—70 页。
③ 廖名春：《周易经传十五讲》，北京大学出版社 2004 年版，第 115 页。

是儒家义理学派的下手之处。应鳌将《遁》卦的退避之道引申到君子小人相为对待的伦理意义上，这不能不说是应鳌作为儒家义理易学派的显著特征之一。

关于九三，应鳌如是曰：

> 九三："系遁，有疾，厉；畜臣妾，吉"者，三当遁之时，下比二阴，是人皆知不善决意于遁，己犹以为利不果于遁，其心系恋甚非所宜，疾而厉也。①

九三爻辞"系遁，有疾，厉；畜臣妾，吉"，是说捆绑逃遁之人，将有疾患和危险；把他们当成臣仆侍妾来畜养，则吉利。"系遁，有疾，厉"是接九二爻辞而说的，尽管用捆绑的方法可以使想遁逃的逃不掉，这只是下策；上策是以德服人，使其臣服，为我所用。以上是爻辞原意。且看应鳌是如何作出义理分析的：九三"系遁"不作捆绑逃遁之义，而作"当遁之时"义，"系"，作当什么时候。比较下面的初六、六二来，人们都知其不善，应该当机立断选择退遁，若因为纠结于小利而迟疑不决，心存侥幸而留恋忘退，必然遭致疾患和危险。因为初六、六二乃阴，九三以上，咸作阳者，可见阴终不能破于阳，阳终不能委于阴者也。故君子小人泰否之异可得而分之矣。故而关于九四，应鳌如是曰：

> 九四："好遁，君子吉，小人否"者，四虽以初为应，然体本刚健，虽有所好能绝而去之，此君子之能，小人之不能也。②

九四爻辞"好遁，君子吉，小人否"，原意是说喜欢及时退避，君子吉利，小人却办不到。应鳌分析道：九四阳爻，初六阴爻，二者为比应关系，九四之爻德为刚健，不会因为小利（有所好，或私利）而不选择退避之道，这是君子的本能，这是君子之儒在面对利与义时所作的必然选择。小人当然做不到。应鳌称九五为遁之"嘉美者"，"嘉遁"是《易》之经文对九五爻的溢辞，他如是说：

---

① 孙应鳌：《淮海易谈》卷二，《孙应鳌文集》，贵州教育出版社1996年版，第70页。

② 孙应鳌：《淮海易谈》卷二，《孙应鳌文集》，贵州教育出版社1996年版，第70页。

九五："嘉遁，贞吉"者，五虽与二应，然刚中处外，无所

好，无所系，不专于应，可行即行，遁之嘉美者也。①

九五爻辞"嘉遁，贞，吉"，原意是说嘉美及时退避，能够贞正，则吉利。应鳌指出，九五虽然与六二为比应关系，但由于其所处的位置，可说是没有什么纠结可言（无所好，无所系，不专于应），可行即行，十分有利于选择退避之道，故称之为"遁之嘉美者也"。九五之后是上九，经文称前者为嘉美，后者为肥。二者又有何等同异呢？先看看应鳌对上九是怎样说法：

上九："肥遁，无不利"者，九阳刚居卦外，又无系应，其

去也，处之裕如，道德仁义足以自润，遁之肥者也。②

上九爻辞"肥遁，无不利"，原意是说高飞远遁，无所不利。廖名春先生引宋姚宽说："《九师道训》云：'遁而能飞，吉孰大焉？'张平子《思玄赋》云：'欲飞遁以保名。'注引《易》'上九，飞遁无不利'，谓去而迁也。曹子建《七启》云：'飞遁离俗。'"廖以为其说可信。孙应鳌认为，上九之爻德必阳刚，所居之位更无牵挂，处之裕如，所谓"道德仁义足以自润"，比喻君子之德达到了最高境界，君子对于遁避之道的把握也相应到达更完美（肥）的程度。因此，如果把"肥"继续释之为"飞"，似乎有所不通了。应鳌回过头来对各爻重新强调，它们的关系有了进一步的表白：

二为遁主，圣人欲固结而挽回之，欲其不迫于阳，使阳之遁

也。初为二类，圣人教以晦处静俟，欲其不从二以迫阳也。三近

阴，故言系。四渐远，故言好。五、六益远，故言嘉、言肥。以

此见君子之于小人，避之贵远不贵近，行之贵速不贵迟，皆不恶

而严也。③

---

① 孙应鳌：《淮海易谈》卷二，《孙应鳌文集》，贵州教育出版社1996年版，第70页。
② 孙应鳌：《淮海易谈》卷二，《孙应鳌文集》，贵州教育出版社1996年版，第70页。
③ 孙应鳌：《淮海易谈》卷二，《孙应鳌文集》，贵州教育出版社1996年版，第70页。

为什么应鳌要一再反复强调"二为遁主"呢？在释初六爻辞时，首提"二为遁主"，释六二爻辞时，又提"二正为遁之主"，释九三爻辞时，又提到"三当遁之时，下比二阴"，释九五时，则又提到"五虽与二应，然刚中处外"，可见在应鳌看来，在《遁》卦的六个爻之中，二爻虽为阴，却处于十分重要的位置，不仅与其他各爻发生关系，且有左右其他各爻状态的力量。他明确指出，二与初，皆阴，故类；三虽阳，却与二最近，故系（可见应鳌对"系"的解释，并非捆绑之意）；四阳与二阴渐渐远了，故好；九五、上九皆阳，离二阴越来越远，所以说是嘉美与肥。应鳌为何要强调这一点，将四、五、上视为逐级上升的境界呢？所谓"以此见君子之于小人，避之贵远不贵近，行之贵速不贵迟，皆不恶而严也，"其寓意是十分明白的，包含如下两层意思：

其一，君子之于身外之小人，当远则远，当避则避。此乃孔子所言"亲君子，远小人"之教。

其二，君子之于己内之小人，更应当避之贵远不贵近，行之贵速不贵迟。去恶从善，不恶而严，立德成圣，此正是孙应鳌赋予《遁》卦的退避之道的深刻含义，此含义与"自昭明德"、"明明德"、"致良知"之义通道为一，也正是心性义理之学所要固持的儒家圣门宗旨。

并不夸张地说，统观古今易学，少有像孙应鳌如此立意者。

3.《晋》——象也，德也，变也，皆上进之意

针对《晋》卦中的"明"，王阳明将二义赋之：天之明为大明，人之明为明德。"日之体本无不明也，故谓之大明。有时而不明者，入于地，则不明矣。心之德本无不明也，故谓之明德。有时而不明者，蔽于私也。"孙应鳌将"晋"释之为"进"，说："晋，进也。"进即是上进，其义有三：一曰"或当明盛之时"；二曰"或备忠君之德"；三曰"或逢下贤之君"。此三者皆上进之义。涉及"象"、"德"、"变"，都是上进的意思。

《晋》卦是《易经》中的第三十五卦，其经文曰："晋：康侯用锡马蕃庶，昼日三接。初六：晋如摧如，贞吉。罔孚。裕无咎。六二：晋如愁如。贞

吉。受兹介福，于其王母。六三：众允，悔亡。九四：晋如鼫鼠，贞厉。
六五：悔亡，矢得勿恤。往吉，无不利。上九：晋其角，维用伐邑。厉吉
无咎。"

《晋》卦与《明夷》卦是一对。

一般认为《晋》卦讲的是晋升时应当注意的问题。《晋》卦下为坤，即地；
上为离，即火，也就是日，日为太阳，是最大的火。从卦形上看，它附会
了太阳从地平线上升起之义，所以《晋》卦之义作升（昇）。

在不同的易学者那里，卦辞"晋，康侯用锡马蕃庶，昼日三接"的解
释居然出入甚大：廖名春认为"以卫康叔蒙受天子诸多赏赐，一天之内荣
获多次接见为例，说明此卦讲的是晋升之事。'康侯'前人以为虚指，顾
颉刚则确定为卫康叔，其说可从"。① 请注意，廖名春先生把"昼日三接"
理解为"一天之内荣获多次接见"；然郭彧先生却认为：《彖》曰："晋，进
也。明出地上，顺而丽乎大明。柔进而上行，是以康侯用锡马蕃庶，昼日
三接也。"这是一个表明上进意思的卦。指的是明亮从地上升起，顺行而
又附丽着宏大的光明，柔顺地前进，而往上行。② 这一点与廖先生的晋升
之义同，或范围更宽一些。但下面的解释出入就太大了。郭彧认为，"康
侯用锡马蕃庶，昼日三接"，是说康侯用赏赐所得之马进行繁殖，白天里
交配了三次。"昼日三接"被解释成了"白天里交配了三次"。

又《晋》卦《大象》曰："明出地上，晋。君子以自昭明德。"认为晋
的象征意义就在于所谓"明出地上"，意为君子观看这一卦象，要自我表
现出光明的品德。

王阳明于《五经臆说》中对《晋》卦作了自己的解释，其着眼点在于
对该卦大象的集中阐发。针对大象"明出地上，《晋》，君子以自昭明德"
一语，阳明说道：

> 日之体本无不明也，故谓之大明。有时而不明者，入于地，

---

① 廖名春：《〈周易〉经传十五讲》，北京大学出版社 2004 年版，第 117 页。
② 郭彧译注《周易》，中华书局 2006 年版，第 184—185 页。

则不明矣。心之德本无不明也，故谓之明德。有时而不明者，蔽
于私也。①

阳明主张，"日之体"与"心之德"都是"本无不明的"，是谓"大明"和"明
德"。"明德"当然就是"良知"，只是这个时候，阳明龙场大悟之初，方
以《五经》证其所悟，"良知"一语尚未说得出口。他这里主要要解决的，
是何以"有时而不明，蔽于私"的问题。可见，阳明境界之高明是后之学
者所不能及的。当然，郭彧与廖名春二先生只是在作考据注疏，他们的学
问不是义理之学，更不是心性之学。为要解决上述问题，王阳明接着说：

去其私，无不明矣。日之出地，日自出也，天无与焉。君子
之明明德，自明之也，人无所与焉。自昭也者，自去其私欲之蔽
而已。②

既然有"蔽于私"，就当"去其私"。日之大明与君子之明德，其去私之
功夫有同有异。同者，皆自去之也。日之去蔽，自出于地而已；君子之去
蔽，自明而人无所与焉。异者，日之自出于地，君子之去蔽则自昭。所以
"自昭"是这里的关键词，只有自昭，方能去其私欲之蔽，还君子之明德。
可见，"自昭明德"即"明明德"，即是"致良知"。接下来是阳明对爻意
的阐发：

初阴居下，当进之始，上与四应，有晋如之象。然四意方自
求进，不暇与初为援，故又有见摧之象。当此之时，苟能以正自
守，则可以获吉。盖当进身之始，德业未著，忠诚未显，上之人
岂能遽相孚信。使其以上之未信，而遂汲汲于求知，则将有失身
枉道之耻，怀愤用智之非，而悔咎之来必矣。故当宽裕雍容，安
处于正，则德久而自孚，诚积而自感，又何咎之有乎？盖初虽
晋如，而终不失其吉者，以能独行其正也。虽不见信于上，然以
宽裕自处，则可以无咎者，以其始进在下，而未尝受命当职任

---

① 王守仁：《王文成公全书》卷26，中华书局2015年版，第1127页。
② 王守仁：《王文成公全书》卷26，中华书局2015年版，第1127页。

也。使其已当职任，不信于上，而优裕废弛，将不免于旷官之责，其能以无咎乎？①

孙应鳌将"晋"释之为"进"，吻合于通常"晋升"、"进步"义。他说："晋，进也。"进即是上进，而上进之义有三：一曰"或当明盛之时"；二曰"或备忠君之德"；三曰"或逢下贤之君"。此三者皆上进之义。以下涉及"象"、"德"、"变"、"康侯赐马，昼接"，都是上进的意思。如其所说："'明出地上'，象也；'顺而丽乎大明'，德也；'柔进而上行'，变也；是以'康侯赐马，昼接'，皆上进之义也。"②

孙应鳌将此卦辞中的"明出地上"、"自昭明德"与《大学》中的"明明德于天下"联系起来，解答了"如何明之"的疑问。他说："'自昭明德'，可见明德本明，君子不过自明其本明者耳。"③明德乃是本来就明的，明德就是本明。"明明德"，就是明其本明之德。接着说："'明明德于天下'与'明出地上'，一矣。"以"天下"等同"地上"。关键是"如何明之"？应鳌的回答就是一个"致知"。曰："《大学》明德在致知，此知体即明德也，致知是自昭明德也。"④"致"即是"自昭"，"知体"即是"明德"，"致知"也就是"自昭明德"了。可见，孙应鳌对《晋》辞的阐发直接承之于阳明。

接下来是孙应鳌对《晋》卦各爻的阐发：

关于初爻，应鳌如是说：

初六"晋如、摧如，贞吉。罔孚，裕无咎"盖初当晋始，或有见摧者，但当守正则吉。盖人己"罔孚"能宽裕处之，乃无咎之道，急于求孚不失守，必伤义矣。⑤

---

① 王守仁：《王文成公全书》卷26，中华书局2015年版，第1127—1128页。
② 孙应鳌：《淮海易谈》卷二，《孙应鳌文集》，贵州教育出版社1996年版，第66页。
③ 孙应鳌：《淮海易谈》卷二，《孙应鳌文集》，贵州教育出版社1996年版，第66页。
④ 孙应鳌：《淮海易谈》卷二，《孙应鳌文集》，贵州教育出版社1996年版，第66—67页。
⑤ 孙应鳌：《淮海易谈》卷二，《孙应鳌文集》，贵州教育出版社1996年版，第71—72页。

通常对《晋》卦初六爻的解释，认为“晋如、摧如，贞吉。罔孚，裕无咎”，是说晋升时要注意谦让，保持常态不变，就会吉利。如果得不到别人的信任，也要宽以待人，就不会有咎害。作出这样的解释是有根据的。《广雅·释诂一》：“摧，折也。”帛书《易经》“摧”作“浚”。《字汇补·水部》：“浚，与踆同，伏也。”朱珔《说文假借义证》：“盖以浚为踆之假借。”《古文苑·刘歆〈遂初赋〉》：“鸟胁翼之浚浚。”章樵注：“浚与踆同，伏也。”而伏有屈义。所以，“摧如”，即摧折的样子，也就是保持低调。帛书《易传·衷》篇说：“(晋如摧如)，所以教谋也。”认为爻辞初六“晋如摧如”是教人在晋升时要有谋略。[①] 这样的解释是合理的。这样我们才能理解应鳌所说“盖初当晋始，或有见摧之者，但当守正则吉”的意思，有晋升时要低调处事，方为无咎之道；若“急于求孚不失守，必伤义矣”。所以必须发出这样的忠告。然后看看孙应鳌对二爻是如何说来：

六二“晋如、愁如，贞吉。受兹介福，于其王母。”盖二在下无援有中正之德，不强于进，虽有愁如之象，然守正得吉，久而必彰，自受福于王母也。[②]

六二爻辞“晋如、愁如，贞吉。受兹介福，于其王母”，是说晋升时要有忧患意识，与往常一样贞正不变，就会吉利，王母就会赐予大福。帛书《易传·衷》篇说：“榗如秋如，所以辟（怒）也。”晋升时有忧患意识，保持低调，谦虚谨慎，就能避免得罪人。这样的解释应是准确的。郭沫若认为：“这王母二字，并不是祖母，也不是王与母，更不是所谓西王母，应该就是女酋长。”[③] 不过廖名春认为，《周易》“王”之称屡见，此为六二，故称“王母”，可见“王母”当为“王之母”。孙应鳌讲“盖二在下”，似有此义在。不过廖名春先生又认为，从“受兹介福”看，“王母”似乎

① 廖名春：《〈周易〉经传十五讲》，中华书局2006年版，第117—118页。

② 孙应鳌：《淮海易谈》卷二，《孙应鳌文集》，贵州教育出版社1996年版，第72页。

③ 郭沫若：《中国古代社会研究》，《郭沫若全集》历史编一，人民出版社1982版，第64页。

为女性天神。还说，在《周易》中，仅《益》卦六二爻辞有"王用享于帝"说，也可能"王母"为天帝之母或配偶。以上这些都仅仅是考据，孙应鳌则直入义理，他说"二在下，无援，有中正之德"，意思是说，处于二这一下方的位置，不仰仗权威的帮助，恰恰就具有中正之德。不勉强做出进攻的态势，而表现为忧患之象，守住贞正，自然是吉利的。长久下去必得到表彰，并受赐于王母。这里的关键在于"中正之德"的强调。

六三爻辞"众允，悔亡"，是说晋升之时能获得众人的信任，悔恨就会消亡。允，允诺。六三是下卦坤的最上爻，坤为众，率众阴爻一同上进，虽然不中有悔，但能得到大家的拥护，悔也就亡失了。初六是独进，因而凶险，六三众进则悔亡。《象传》说："众允之志，上行也。"是说因修养晋德而得到众人的信赖和支持，这是由于有向上晋升的志向的缘故。孙应鳌说："盖三不中正宜有悔咎，然在顺体之上，与下二阴皆欲上进，为众所信、得众之助，悔自亡也。"他强调的是三爻的中正，如果背离了中正，就会有悔咎。因为它与其下的二阴爻构成一种上进之势，所以能得到众人的信赖与支持。

九四爻辞"晋如鼫鼠，贞厉"，是说晋升之时像鼫鼠一样无能，保持不变则会有危险。《大戴礼记·劝学》曰："螣蛇无足而腾，鼫鼠五伎而穷。"该《晋》卦，二至四互艮，艮为鼠，九四像鼠头，艮为止。五伎鼠，能飞不能过屋；能缘不能穷木；能游不能度谷；能穴不能掩身；能走不能先人。九四变而成山地剥。上艮为鼠，因而说"晋如鼫鼠"。鼫鼠，一种危害农作物的鼠。该爻《象》曰："'鼫鼠，贞厉'，位不当也。"应鳌说："盖九居于四，处非其位，贪位而居，心常畏人如鼫鼠，然贞亦厉也。"[1]九四以阳爻居于阴位，所以说"处非其位"，为什么呢？根据应鳌所得出的结论，往回推，理由有三：其一，九四居于离体，已进入明中，但又在二阴之内，是明藏暗中，如鼫鼠夜行，所见不大，其行不远；其二，与初阴有

---

① 孙应鳌：《淮海易谈》卷二，《孙应鳌文集》，贵州教育出版社 1996 年版，第 72 页。

应，又不能提携初阴，是刚爻又不能与中正的六二和与上九有应的六三的孚信，九四处于三四五爻组成的互坎中，坎为险阻，反而是横亘在众阴爻晋升的道路上，求进于六五又有灭上之嫌；其三，进到六五成观卦，也是处在将要被阴灭阳的状态，退到六三也是成艮为止而不行，简直技穷犹如鼫鼠。所以九四位置不当，进退尴尬无比，固守眼前的危险，自然是征厉而非贞吉。

六五"悔亡，失得勿恤，往吉无不利"，是说晋升之时要消除悔恨，不要计较得失；勇往直前，就会吉利，就会无所不利。孙应鳌分析道："盖五居离中大明在上，坤居离下下皆顺从，得道多助以纯王之心，行纯王之政，不计得失，不谋功利，故无不利也。"[1] 孔子讲过三戒之一为"戒之在得"，又《象传》曰："'失得勿恤'，往有庆也。"主张不必为得失担忧，求上进自然有吉庆。因为根据应鳌的分析，《晋》卦是由消息卦《观》卦的九五下到六四，六四上到九五的位置演变而来的，九五下到六四后，原来《观》卦的上卦巽就变为《晋》卦的离，巽为风顺为利，所以为失利，但六四升到尊位成六五，所得大于所失，恤是忧虑，失得勿恤，就是要求不必患得患失，中有三、四、五爻为互坎，坎为忧为恤。不必忧虑得失是因为六四唯一地进到六五，其收获远远大于损失（往吉、往有庆也）。六五居离体中爻，中正光明柔和，故无不利。

上九"晋其角，唯我伐其私邑，厉吉无咎，贞吝"，是说晋升势头强劲至极时，强调主动出击，虽有危险但可获吉利，而不致咎害；如果静守不动，放弃机会，则会有吝惜。孙应鳌说："盖九过刚，处晋极，不宜伐外，唯用伐其私邑，示以自治之道也。"[2] 角指上爻，晋其角，就是晋到最上了，上九处于上离，离为明为兵戈，九四与上九同体，故为同邑，以上伐下方的叛逆，名正言顺，虽面临危厉，但终将吉而无咎。根据应鳌的分析，上九居离体顶上，离为火，火性炎上，上九无可炎上，火性

---

[1]　孙应鳌：《淮海易谈》卷二，《孙应鳌文集》，贵州教育出版社1996年版，第72页。

[2]　孙应鳌：《淮海易谈》卷二，《孙应鳌文集》，贵州教育出版社1996年版，第72页。

附丽，上九无可附丽，就是进无可进，守无可守，故贞吉。离为火趋上，上九的光明不能远照到下方（道未光也），所以就只好用兵讨伐了。应鳌所要强调的，是所谓"不宜伐外，唯用伐其私邑"，表明这才是贞正的自治之道。

总括六爻，孙应鳌得出结论："下三爻坤体，初吉、二吉、三悔亡，唯顺以进故利也。上三爻（中），四与上皆阳体，皆厉，以不当位也；五柔体当位也，唯进而当位，始无恶于进也。"[1]

五、心学视野观照下的"《蒙》以养正"

《周易》之《蒙》卦《象》辞提出"蒙以养正，圣功也"，主张《蒙》之道有五。王阳明在赣州作《训蒙大意》，阐述了蒙童教育的原则、内容和方法。孙应鳌《淮海易谈》卷一《蒙》第四，对作为圣功的"蒙以养正"作出具有创获性的诠释，提出"《蒙》之道有六"，除"发蒙"、"包蒙"、"困蒙"、"童蒙"、"击蒙"外，提出具有独特价值的"慎蒙"，且其"击蒙""必先正己"之论，揭示了"击蒙"即"致良知"之深刻意蕴，开启了其心学视域下的"蒙以养正"之道。

作为"圣功"的"蒙以养正"所包涵的深刻含义，于今日之童稚教育无疑具有启示意义。能否帮助处于蒙昧状态的儿童提供树立正确"三观"的基石，已经成为当今一个十分严峻的现实问题。"蒙以养正"，源自《周易》上经第四卦《蒙》的《象辞》[2]，几千年来一直被视为培养理想人格最为基础的工程，故《象》有曰："蒙以养正，圣功也。"王阳明抚南赣汀漳

---

[1] 孙应鳌：《淮海易谈》卷二，《孙应鳌文集》，贵州教育出版社1996年版，第72页。

[2] 笔者译注的《传习录译注》（中华书局2018年版，第358页）释"蒙以养正"：蒙，蒙昧，昏暗；蒙以养正，意为通过教育，将儿童之昏昧状况培养为纯正的品质。语自《周易·蒙·象》："蒙以养正，圣功也。"圣功，最有价值的事业。参见陈荣捷先生（《王阳明传习录详注集评》，重庆出版社2017年版，第224页注7）云此语自《蒙卦》象传，误也。或是将"象"误录为"象"。

时，高度重视"训蒙"之教，心系"庶成蒙以养正之功"而时时"念之念之"。黔中大儒孙应鳌撰《淮海易谈》，论及"《蒙》之道六"，每有新得，更创造性地提出"慎蒙"之功。他的"《蒙》之道六"论"心"者十有余见，呈现出心学视域观照下"蒙以养正"的致思理路。

1."蒙以养正，圣功也"

"蒙以养正"语自《周易》上经第四卦《蒙》。

《蒙》卦由八卦中的《坎》卦和《艮》卦两部分组成，坎在下，艮在上；根据《易传》，坎象征水，艮象征山，因此，《蒙》卦所象征的形象是"山下出泉"，即山下流出泉水。《蒙》的经、传文云：

> 蒙亨。匪我求童蒙，童蒙求我。初筮告，再三渎，渎则不告。利贞。
>
> 《彖》曰：蒙，山下有险，险而止，蒙。"蒙，亨"，以亨行时中也。"匪我求童蒙，童蒙求我"，志应也。"初筮告"，以刚中也。"再三渎，渎则不告"，渎蒙也。蒙以养正，圣功也。
>
> 《象》曰：山下出泉，蒙。君子以果行育德。①

蒙，亨通。不是我去求幼稚蒙昧的人，而是幼稚蒙昧的人来求我。初次占问则告诉对方吉凶，若反复占问，那是对神灵不恭敬，故不再告诉。

---

① 王弼：《周易注疏》，《唐宋注疏十三经》（全四册）第一册，中华书局1998年版，第24页。

这才是吉利的占问活动。《彖》传云，此卦艮在上、坎在下，艮为山为止，坎为水为险，象征山下有危险，遇险则停止，这是"蒙"的字面意义。"蒙，亨通"，是因为九二阳爻与六五阴爻居下卦和上卦的中位，且互相应合，象征合乎时宜的亨通之道在发挥作用。"不是我去求幼稚蒙昧的人，而是幼稚蒙昧的人来求我"，这一方面说明双方的志趣是相合的，另一方面也体现出教与学双方关系的一个基本原则：学有所求，则有教的可能。"初次占问则告诉对方吉凶"，因为这种做法符合刚健适中的原则。"反复占问，那是对神灵的不恭敬，可以不再作答"，因为反复占问显然有违启蒙之道，如同孔子所说"不愤不启，不悱不发"①。《彖》传的最后一句特别重要，是带有总结性的赞语："蒙以养正，圣功也。"在蒙昧之时培养纯正之德，这是圣人的功业。这里的关键之一是教育要抓住人成长的关键时期，蒙童稚子，就好比一张白纸，好画最新最美的图画，错过这个关键时期，必将事倍功半。"正"是实质与核心，纯正之德的培养，正确"三观"的确立，美好行操的养成，即所谓"正"，是乃内容之"正"；另有行为之"正"，作为动词，指正确的方法和适宜的功夫。这些都充分反映了《彖》传的作者对教育的高度重视，反观我们今天错误的教育制度，常常以学生考试得分高低或就业是否有利，作为教育成败的价值取向和最终目标，显然与《周易》之圣教背道而驰。《彖》传的这一观点是发人深省的。

孔子称赞《易经》，常于每卦的《彖》传或《象》传中，生发出百世千秋警谕之言，构成中华文化的民族精神。如在《象》传中，有《乾》卦的"天行健，君子以自强不息"、《坤》卦的"地势坤，君子以厚德载物"，对中华民族品格的造就，产生了极大的影响；《彖》传中，《蒙》卦的"蒙以养正，圣功也"是为典型，具有与前者同样大的价值和功用，然其影响却远不如前，更未引起教育管理者和广大教育者的足够重视。

----

① 《论语·述而》，朱熹《四书章句集注》，中华书局 2011 年版，第 92 页。

2.《周易》:《蒙》之道五

《蒙》卦的爻辞中提出了"蒙以养正"的五种具体形式和方法,依次分别为"发蒙"、"包蒙"、"困蒙"、"童蒙"和"击蒙"。

《蒙》卦爻辞的经文和传文如下:

初六:发蒙,利用刑人,用说(tuo,通"脱")桎梏,以往,吝。

《象》曰:"利用刑人",以正法也。

九二:包蒙,吉;纳妇,吉。子克家。

《象》曰:"子克家",刚柔接也。

六三:勿用取女,见金夫,不有躬,无攸利。

《象》曰:"勿用取女",行不顺也。

六四:困蒙,吝。

《象》曰:"困蒙"之"吝",独远实也。

六五:童蒙,吉。

《象》曰:"童蒙"之"吉",顺以巽也。

上九:击蒙,不利为寇,利御寇。

《象》曰:"利"用"御寇",上下顺也。[1]

"蒙以养正"强调的是人生教育、人格教育,包含了家庭教育、法治教育、金钱观、婚恋观等等问题上的正确态度和立场。由首爻可以看出,周代的发蒙教育中已经包含了法治教育。发蒙,启发蒙昧的人,让他们知晓法律,利于他们免除刑具之苦;否则,就会发生令人悔恨之事。孔子称赞说,这就叫作遵纪守法,依法办事。

包蒙是指对人进行包容、宽容的教育,尤其是家庭教育,古人十分重视家庭教育,这种教育应该是从小就开始的,后来成为儒者"齐家"的重要前提和内容。对幼稚蒙昧的人施予包容和宽容,吉祥。娶女子为

---

[1]　王弼注:《周易注疏》,《唐宋注疏十三经》(全四册)第一册,中华书局1998年版,第24页。

妻，吉祥。儿子能管理好家业。孔子称赞说，儿子能管理好家业，是因为夫妻关系和睦，相互包容，阴阳之间能互相感应交接。九二作为阳爻，居于适中的位置，故能生发出吉祥之兆。"包蒙"这样的家庭教育，是十分必要的。

六三爻谈的同样是家庭教育，是家庭教育中的婚恋观。爻辞中没有说明这是什么"蒙"，爻辞和《象》传中都不含"蒙"字，但笔者认为它显然是从九二"包蒙"引申而来的，是一种否定的句式，短短十三个字中，就有"勿"、"不"、"无"等否定辞。说道：不适合娶这样的女子，她见到有钱的男子就委身相从，娶这样的女子没有什么好处。孔子十分赞赏这样的婚恋观，他认为，这是因为这种女子的行为悖逆不顺。为什么不能娶这种见钱眼开的女子呢？为什么是悖逆不顺呢？因为六三以阴爻居阳位，又处于九二阳爻之上，象征此女子不中不正，且凌驾于男子之上，势必带来不吉利。现在见钱眼开的女子很多，有钱委身相从，无房无车不嫁，几乎成了一种社会风气。这种价值观绝不是"蒙以养正"之"正"，由于不正，故六三爻辞无"蒙"，表示对这样的女子根本谈不上"包容"、"宽容"，而只能是弃之而不娶。

六四为"困蒙"，指那种陷于困境、迷途而不知返的蒙昧者，其结果是必然带来终生的悔恨。一个重要的原因是，他远离了可以依靠的人。因为六四爻的上下为两个阴爻，这在本卦中是唯一的情况。他远离九二和上九两个阳爻，与初六爻又不相应合，仿佛一个人被阴柔小人重重围困，得不到益友（阳爻）的支持，将预示着"吝"，即令人悔恨之事的发生。一般认为六四是《蒙》卦六爻中最差的一爻，其实它告诉了人们交友的重要性。《论语》中孔子关于交友的讨论很多，且有益友与损友的区别。"困蒙"作为一种教育，告知了人们交友的重要性。

六五为童蒙。童，童真、纯真之意，指的是保持了纯真天性的幼稚蒙昧之人，是吉祥的。孔子《象》传称赞说："保持了纯真天性的幼稚蒙昧之人之所以吉祥，是因为柔顺而谦逊。"这是因为六五阴爻居上卦之中位，与九二阳爻相应合，且处于上九阳爻之下，因此，六五象征阴柔者居于尊位，而能尊敬、服从阳刚者，虚心听从阳刚者的教诲，故预示着吉祥。此爻的引申意义：人的纯真天性是吉祥的，是善的，人之初，性本善耳。人处于幼稚蒙昧之时的纯真天性就是良知，良知，人之本体，人之本心，"无善无恶心之体"，故能"顺之以巽"，即是至善也欤！尊敬上者，虚心听取阳刚者的教诲，是人的本分，也能通向吉祥。这些都是"童蒙"教育中所不可缺少的。但是，"童蒙"要长久保持自己纯真的天性是很难很难的，人来到世间，受物欲的影响，实难保持其纯真的天性，于是"击蒙"作为一种功夫和手段，越来越显示其重要。

上九为"击蒙"。此爻的字面意思是说，猛击蒙昧无知的人以使其觉悟，不一定要率先发动进攻，而预防则更为有利。这是"击蒙"的两种不同方式："不利为寇"和"利御寇"。孔子主张"利御寇"，认为只有这样才能做到"上下和顺"，做到心平气和，使被击蒙者心悦诚服。因为上九阳爻居《蒙》卦之终，象征阳刚者面对昏聩之极的蒙昧者。对这样的蒙昧者，采取严厉的手段，称为"击蒙"。"击蒙"的目的不是消灭蒙昧者，而是使其觉悟，使其迷途知返。因此，"击蒙"的具体手段就应有所选择，应讲究方式方法。采用感化的方法，使蒙昧者真正觉悟，是孔子、孟子和王阳明所共同推崇的。王阳明的"致良知"，就包含了"击蒙"这种方式，这是一种更为高级、更为理想、更易为普通人所适用和接受的，主要通过感化而使之觉悟的方式。孟子和王阳明都共同认为，这种"击蒙"方式的最初尝试产生于舜对于象的感化的实践，王阳明主张把这种实践运用于一切人，所以才会在《象祠记》中提出"吾于是益有以信人性之善，天下无不可化之人也"①的重要思想。

关于"蒙"的思想，除上述外，有《周易·序卦传》云："物生必蒙，故受之以《蒙》，蒙者蒙也，物之稚也。"指出事物生长必然从萌芽状态开

---

① 王守仁：《象祠记》，《王文成公全书》卷二十三，中华书局 2015 年版，第 1024 页。

始，所以继之以《蒙》卦，蒙是萌生的意思，指事物还处于幼小的状态。所以"物稚不可不养也，故受之以《需》"。《杂卦传》云："《屯》见而不失其居，《蒙》杂而著。"《屯》卦表示万物开始呈现其形象并各得其所，《蒙》卦表示万物错杂生长并且形态显著。《杂卦传》关于《颐》卦，提出"颐养正也"的论断，表示以正道颐养，虽然其对象已非童稚，然其"正"者则一。①

《周易》将"蒙以养正"视为作圣之功的思想，应该引起高度重视。

3. 阳明：训蒙之道

"训蒙"，是王阳明针对儿童教育提出的开示功夫。"训蒙之道"揭示了王阳明关于蒙童教育的原则、内容与方法。正德十三年（1518）四月，王阳明平定南赣汀漳叛乱后，班师还赣州，建立社学，他聘请了若干"教读"（即教师），在他的指导下，开展针对儿童的启蒙教育。他当时写下的《训蒙大意示教读刘伯颂等》一文，就是写给刘伯颂等教读遵照施行的儿童教育大纲。在他所颁布的这部大纲中，"训蒙"和"蒙以养正之功"，是其纲领和核心。王阳明在这里提出来的"训蒙"一词，是《周易》经传所未提及的。

王阳明阐明了训蒙的原则、训蒙的内容与训蒙的方法。

训蒙的原则比如有"因势利导"、"随才成就"。因势利导就是要根据童子的天性，"大抵童子之情，乐嬉游而惮拘检，如草木之始萌芽，舒畅之则条达，摧挠之则衰痿。今教童子，必使其趋向鼓舞，中心喜悦，则其进自不能已。"②当时儿童教育的许多做法违背了教育的原则，结果是适得其反，"若近世之训蒙稚者，日惟督以句读课仿，责其检束，而不知导之

---

① 王阳明关于"正"的解释，有多处不同表述，其基本意思是：心体之本然即为正，或良知之本体即为正。失却心体之本然、良知之本体，即为不正。故须致知以格物，去其不正以归之于正。

② 王守仁：《王文成公全书》，中华书局 2015 年版，第 108—109 页；王守仁撰，王晓昕译注：《传习录译注》，中华书局 2018 年版，第 356—358 页。

以礼；求其聪明，而不知养之以善；鞭挞绳缚，若待拘囚"。孩子们把学校看作是监狱而不愿意去，把老师看作是魔鬼而不愿意见，于是想方设法要逃学而跑出去嬉戏玩耍。一方面要求他们向善，一方面又驱使他们作恶，完全是事与愿违。

训蒙的内容则是"惟当以孝、弟、忠、信、礼、义、廉、耻为专务"，王阳明的"蒙以养正"十分重视道德教育，把德育放在了重中之重的突出位置。

训蒙的方法王阳明讲了很多，他的概括是："其栽培涵养之方，则宜诱之歌诗以发其志意，导之习礼以肃其威仪，讽之读书以开其知觉。"他很重视诗教，尤其对于童子，认为这是一个行之有效的教以做人的好方法。而"今人往往以歌诗习礼为不切时务，此皆末俗庸鄙之见，乌足以知古人立教之意哉"！他希望教读们能够理解并加以运用他的这一套"蒙以养正"的原则、内容与方法，并"永以为训"，这既是他自己的教育理念，也是千古流传的圣人教人的基本道理。"蒙以养正，圣功也"，不要因为世俗言论而更改废弃我的规矩，这也许就可以成就"蒙以养正"的功效了。

4. 淮海：《蒙》之道六

与《周易·蒙》经文"《蒙》之道五"不同的是，孙应鳌《淮海易谈》卷一《蒙》第四则称"《蒙》之道有六"①。除原有"发蒙"、"包蒙"、"困蒙"、"童蒙"、"击蒙"而外，孙应鳌创见性地增加了"慎蒙"一语。对于原五蒙，他分别有所表述，其中亦有发明。

关于"发蒙"，他区分出未发与已发两种情况，而前一种情况"未发"，则是经传文中尚未讨论到的，而《礼记》中已有这样的说法："禁于未发之谓豫。"他是这样解释的："蒙者，嗜欲未长，天理未丧，乘此之时，发其本心之良，以我此身为蒙所刑法，使一切嗜欲为此心天理之

---

① 孙应鳌：《淮海易谈》卷一《蒙》第四，《孙应鳌全集》，贵州民族出版社 2016 年版，第 21 页。

械击者爽然脱去，则蒙斯正。"①这其实就是阳明所云"无善无恶心之体"，孙应鳌这里或许有受到"现存良知"的影响。如何保有这"嗜欲未长，天理未丧"的心体，并立此为范（刑法），使一切人欲在"此心天理"面前统统拒之于外，统统扫荡尽净，"则蒙斯正"矣。他对初六"利用刑人，用说桎梏"一语的解释是利用未发之蒙作为标准（刑人），形成一种规范，这才是"发蒙"的本来意义（为"发蒙"之象，此也）。如果人性没有一个统一的标准（人性不齐），有各自不同的"忿疾之意"，就不能称之为"发蒙"了！

既然"人性不齐"，有未发之蒙，有已发之蒙，施之以教育就成为必要，"包蒙"则应运而生，成为"蒙以养正"的第二个阶段。孙应鳌说："蒙虽柔暗，我虽刚中，亦必两意相接，教始能施，故贵'包蒙'。"这里所谓"我"，是作为可以"利用刑人"的榜样和标杆，无论何人，"天子以至于庶民"，皆以"未发之蒙"为学的："虽以人君之尊学于我，我则以阳受阴，如纳妇然；以下事上，如子克家然。九二以'纳妇'、'克家'为'包蒙'之象，此也。""纳妇"也好，"克家"也好，都是后来儒家所主张的"齐家"的必学内容。"齐家"是要有相当的包容心的，但又不是一味地不讲原则的包容。包容是具体的、有原则的包容。"蒙之下愚不移者，不知择师，惟利是从，在我则当拒绝之，不可一概包容，如女子之'见金，夫不有躬'者，则勿取之，是'有教无类'之中，又得取善去恶之道。"②对于那些"下愚不移者"，不知道学好，反而唯利是从，比如六三所及之"拜金女"，则勿取之，不仅不娶，且不取。这并不有违于"有教无类"的原则，且亦符合为善去恶之道。故而"六三'勿用取女'之象，此也"。

① 孙应鳌：《淮海易谈》卷一《蒙》第四，《孙应鳌全集》，贵州民族出版社2016年版，第21页。
② 孙应鳌：《淮海易谈》卷一《蒙》第四，《孙应鳌全集》，贵州民族出版社2016年版，第21页。

孙应鳌列出"慎蒙",但他在《蒙》第四中并未阐释"慎蒙"。六三的解释中出现了类似开蒙("蒙尚可开")的话。他说:"世间有一种至愚至柔之人,蒙昧不通者,若求二与九刚明之人学之,则蒙尚可开。"[①]这句话有着十分积极的意义,可说与王阳明"天下无不可化之人"一语有相当程度的契合。《周易》经传的原文是没有这层意思的,九二与上九的示范作用得到了充分的体现,这无疑是孙应鳌的一个具有创获性的见解。

至愚至柔之人,蒙昧不通之人,如能虚心向二、九刚明之人学习,开蒙尚有机会。如果连这种机会都不去抓住,那就真是无可救药了。孙应鳌说,这种人"若又远于刚明之人,困而不学,民斯为下,六四'困蒙'之象是也"。六四与九二和上九都隔着一层,故其结果为"吝",所以才被视之为一种"困境",处于这种"困境"的人不可否认是存在的。其改变是困难的,"困而不学"是心的堕落,破山中贼易,破心中贼是难的。

六五接近于上九,又与九二对应,因此是有希望的。"六五,童蒙,吉。"孙应鳌是这样解释的:

> 凡求仁之教,必忘其贵,忘其贤,人君居尊,不移于声色货利,不作聪明,诚心下贤,则贤必尽心于我,天下俱受其福,……六五"童蒙"下从九二之象是也。[②]

这句话显然是针对统治者而言,儒家学者总是希望统治者行仁道,那就务必先学习"仁之教",即所谓"修道之谓教"。此"童蒙之教"要求居于尊位的人君务必做到"忘其贵,忘其贤",不自作聪明,能够诚心诚意地礼贤下士,这是一个方面;另一方面是"不移于声色货利",这样才能"贤

---

① 孙应鳌:《淮海易谈》卷一《蒙》第四,《孙应鳌全集》,贵州民族出版社2016年版,第21—22页。

② 孙应鳌:《淮海易谈》卷一《蒙》第四,《孙应鳌全集》,贵州民族出版社2016年版,第22页。

必尽心于我，天下俱受其福"。他还举了"高宗于傅说"①、"成王于周公"
两个例子来加以说明。孙应鳌希望国家的统治者时时刻刻保持一种"童
蒙"之教的虚心态度，不要把自己看得高于一切，而应"忘其贵"；不要
以为别人统统不如自己，而应"忘其贤"；不要自作聪明，以让人顶礼膜
拜，从而把自己孤立起来。要"诚心下贤"、"贤必尽心"，这样才能使"天
下尽受其福"，才有所谓"六五'童蒙'下从九二之象是也"。孙应鳌对于
六五"童蒙"之意的发挥，有其较为深刻的含义。

最后是上九"击蒙"。他先解释了一个问题，即既然"九二"与"上
九"皆为刚明，为何"九二"尚能"包蒙"，"上九"则不能？那是因为，
"二得中得时，故为群蒙之主。九过中过时，故不能包蒙，能击蒙"，虽不
能"包蒙"但"能击蒙"。"击蒙"方是上九的本分。接下来的阐释同样是
深刻的，孙应鳌说：

> 其击蒙也，必先正己，故"不利为寇"。其击蒙又不可过暴，
> 故但言"御寇"。寇者，蒙之至者也。若但御之而不过暴，则我
> 既顺，彼亦顺，故言"上下顺"，上九"击蒙"之象是也。②

"击蒙"，本意为猛击蒙昧无知的人以使其觉悟。"不利为寇，利御寇"，意
为不利于率先发动进攻，利于防御对方的进攻。孙应鳌对"击蒙"的创获
性阐释如下：第一，孙应鳌认为"击蒙""必先正己"。"正己"则"利御
寇"，否则就是"不利为寇"。这是对"不利为寇"的较为合理的解释。第
二，孙应鳌认为"击蒙不可过暴"。此处运用了儒家"中庸"及"无过无
不及"的原则，亦是"击蒙"所应遵循的原则。第三，孙应鳌将"蒙之至

---

① 高宗于傅说：《史记殷本纪》云："武丁夜梦得圣人，名曰说。以梦所见，视群臣百吏
皆非也，于是乃使百工营求之野，得说于傅险中。是时说为胥靡（轻刑之名），筑于
傅险，见于武丁。武丁曰：'是也。'得而与之语，果圣人，举以为相。殷国大治。故
遂以傅险姓之，号曰傅说。"（转引自杨伯峻译注：《孟子译注》，中华书局 2010 年版，
第 277 页注 2。）

② 孙应鳌：《淮海易谈》卷一《蒙》第四，《孙应鳌全集》，贵州民族出版社 2016 年版，
第 22 页。

者"视为"寇"。所谓"蒙之至者",指人的蒙昧愚蠢到达最严重的程度,这就是寇。击蒙就是御寇,首先是御己寇,御己寇就是正己。故,击蒙必先正己,击蒙就是正己。第四,能正己,而又御之不过暴,就能做到"上下顺"。己顺彼亦顺,即为上下顺滑。这是击蒙所要达到的目标,即所谓"击蒙之象"。"击"即是"御","御"而"不过暴",是为"致";"蒙之至"即是"寇","御寇"必先正己,正己即是正己心,正心即是去其不正(蒙之至)而归之于正。归正即复明本心之良知。故曰:击蒙,致良知是也。

5."心"与"蒙以养正"

孙应鳌论《蒙》,"心"字多见,凸显其在心学视域观照下的"蒙以养正"之道。其道概而言之,有如下数端:

其一,"大人不失赤子之心"。在孙应鳌看来,"蒙以养正",关键在于"养正","只养正,便是圣功",并不是说今日之圣,后日之圣。"圣之所以为圣,正而已矣",圣即是正,正即能圣。"正"就是"大人不失赤子之心"。大人怎样才能不失赤子之心呢?孙应鳌认为,此赤子之心就是"不虑而知,不学而能,今自良知而养之,以至于圣人之无所不知,亦只是当初一点不虑之知;今自良能而养之,以至于圣人之无所不能,亦只是当初一点不学之能。大人与赤子之心原无分毫增减,但系所养之是正与不是正耳。"①所谓赤子之心,就是以当初生而俱有的不虑而知,以今良知而自养之,即可达于无所不知之圣人;以当初生而俱有的不学而能,以今良能而自养之,即可达于无所不能之圣人。这里的关键是"自养",能自养者,则大人与赤子之心无分毫差别,即是正;若不能自养,则失却赤子之心,是为不正。正与不正,在于所养。此即为心学视域下的"蒙以养正"之一义。

其二,"发其本心之良"。孙应鳌认为,人之童蒙阶段,是启发本心良知的最佳时机。他引《礼记》之言"禁于未发之谓豫"以释"发蒙"云:"蒙

① 孙应鳌:《孙应鳌全集》,贵州民族出版社2016年版,第21页。

者，嗜欲未长，天理未丧，乘此之时，发其本心之良，以我此身为蒙所刑法，使一切嗜欲为此心天理之械击者爽然脱去，则蒙斯正。"① 所谓"发蒙"，就是要趁童稚之人在私欲尚未萌生，本心天理之良知尚未丧失之时，充分发扬本心之良知。欲发其本心之良知，务必"以我此身"（本心之良）为发蒙的标的和范本（刑法），让一切私欲在此心天理的荡涤下爽然脱去，蒙就可以归之于正，这也是在心学视域下"蒙以养正"的正确道路和方法。

其三，"诚心下贤"、"尽心于我"。孙应鳌在阐释《蒙》卦六四爻辞"困蒙"之象时，不仅揭示了"困蒙"发生的原因，还特别告诫人们，应该怎样正确对待和解决"困蒙"之象？他指出，发生"困蒙"之象的原因在于"远于刚明之人"而"困而不学"，故而"民斯为下"。他说："若又远于刚明之人，困而不学，民斯为下，六四'困蒙'之象也。"② 继而他提出了在心学视域观照下，如何解脱"困蒙之象"之道（方法、功夫）："凡求人之教，必忘其贵，忘其贤，人君居尊，不移于声色货利，不作聪明，诚心下贤，则贤必尽心于我，天下俱受其福。"③ 求教于人，务必放下架子，方见其诚心；莫荡于心猿意马，不移于声色货利，始见其尽心。顺此则俱受其福，逆此则咸取其殃。孙应鳌将"诚心"与"尽心"贯注于作为"圣功"的"蒙以养正"之过程，使得人们对此"圣功"全过程的了解获益甚丰，并遍受诸多启发。他的"诚心"与"尽心"之论在其《四书近语》一书中有极广而深的讨论，笔者在下节"黔中王学的'四书学'"中关于"中"、"诚"、"心"的讨论有所拙见，此不赘述。

无论是王阳明的《五经臆说十三条》还是孙应鳌的《淮海易谈》，二人对"龙场三卦"《恒》、《遁》、《晋》的分析与阐发，明确承续了以孔子为代表的传统儒学尚德不尚卜的精神，这还可以从他们对《咸》卦，特别是对《蒙》卦的"蒙以养正"的创造性诠释中看出，所以二人的易学应毫

---

① 孙应鳌：《孙应鳌全集》，贵州民族出版社 2016 年版，第 21 页。
② 孙应鳌：《孙应鳌全集》，贵州民族出版社 2016 年版，第 22 页。
③ 孙应鳌：《孙应鳌全集》，贵州民族出版社 2016 年版，第 22 页。

无疑问归于义理易学。然又非一般意义的义理易学派，他们是义理易学派中心性易学的最重要的代表人物。尤其是孙应鳌的易学思想，作为黔中王学思想的重要组成部分，不仅有其独特之处，且比之同时代其他王学思潮，丝毫也不逊色。

第二节　黔中王门的"四书学"

康熙甲午岁桂月之五日，黄平王耘作《四书近语·序》曰："清平孙淮海先生，生有明盛时，得孔孟所以教人之指，当时讲明正学，与豫章南城罗公近溪、蜀内江赵公大洲、楚黄安耿公楚侗，号称理学（四先生），著有《四书近语》，每发一论，亲切著明，与朱《注》相表里。"① 毫无疑问，这是寻找黔中王门学者与同时期外籍王门学者相互联结、彼此交往、砥砺问学的一条重要线索。但是，更为详尽的材料却难觅踪迹，笔者数年来费尽时力，以至于发动参与本项目的我所带研究生，多方查找，所获不多。就连三百多年前的王耘老先生也不由得感而慨之曰："当时讲学清平（指应鳌），已梓行世，历年既久，遂致零落。耘癸巳读《礼》，搜得于敝笥中，缺《论语》下及《孟子》，会施秉顾孝廉其宗、同里赵守戎起龙，乃辑成全璧。"② 王耘距应鳌不过百余年间，况且如此，应鳌距今已近五百年，斗转星移，有关材料更是"历年既久"而愈加零落，难觅其迹。今幸得黄平王耘先生震来，辑《四书近语》全璧，方能将应鳌之学传而研之。后武陵戴嗣方老先生于康熙乙未岁续作《四书近语·序》，对应鳌之学与王先生补辑之功俱有公道，对纸传之难也发出了感叹，其曰："书在当日虽已梓行，值兵燹，几更百余年梨枣荡然，黄平王先生震来得其残篇而读之，喜

① 孙应鳌：《孙应鳌全集》第一册，贵州民族出版社 2016 年版，第 156 页。
② 孙应鳌：《孙应鳌全集》第一册，贵州民族出版社 2016 年版，第 156 页。

发挥透彻，语不离宗，而深惜书之不全，于是旁搜博访，得片语只字，珍如尺璧，久乃辑成全书，付剞劂以公于世，盖先生不忍淮海一身之精灵，竟湮没百年之近，且不忍百年以后之学者，知尊孔、曾、思、孟之书，而不知孔、曾、思、孟所以教人之旨归各有在，而圣贤千言万语皆非泛设也。"①戴嗣方先生接着谈了自己读《四书近语》的感想："予小子于《四书》诵习有年，亦未得其要领。展卷伏读，不觉恍然有悟；悟夫圣贤之所以教人者真有在也，故敢妄有所赘云尔。"戴嗣方先生又于《重刻〈四书近语〉序》中续语曰："予小子敬诵此篇，惧久散失，勉登梨枣，以志私淑。窃恐识见卑陋，校仇未当，冀高明同志考订商榷，公之海内，此则区区厚幸矣。"②今研读《四书近语》本，皆赖王、戴二公之力，之后三百多年来，全无所增益。又幸得20世纪80年代龙连荣、王雄夫先生点校《四书近语》并编入刘宗碧先生牵头之《孙应鳌文集》出版，《文集》虽可推敲处尚存，但亦不失为大功一件。又必定有两个本子是撰写本书所务必参照的：一是经莫友芝博访遍蒐后，由其弟莫祥芝于光绪庚辰（1880）年刊行的《孙文恭公遗书》，另一则是宣统庚戌（1910）年七月，由南洋官书局印行的《孙文恭公遗书》。除研究孙应鳌本人，还要将其学与明代若干非黔籍王门之学进行整体的或个案的比较研究，所需资料甚多，分析尤需准当，难度自然很大。

宋以后，《大学》、《中庸》、《论语》、《孟子》上升到经典的重要地位，学者对《四书》的研究成为热门。阳明对《四书》的研究尤为重视，但他对朱子的章句往往持批判的态度，总体上主张恢复古本，特别是《大学》的古本，为此阳明留下了许多关于《四书》的思想论述。孙应鳌的《四书近语》六卷，直接以《四书》为题展开讨论，李渭的"毋意"与"先行"，均直接发生于《四书》之《论语》的名言。因此可以说，黔中王门关于《四书》的学说并不缺乏，而是较为丰富、厚重，也是黔中王门经学思想的重

---

① 孙应鳌：《孙应鳌全集》第一册，贵州民族出版社2016年版，第157页。

② 孙应鳌：《孙应鳌全集》第一册，贵州民族出版社2016年版，第158页。

要组成。

一、"求之《六经》而一变至道"

阳明凡述儒家经典，多以《六经》为据，更提《四书》，尤其《大学》，乃众之所识。黄梨洲曾直言道："先生之学，始出词章，继逃佛老，终乃求之《六经》，而一变至道，世未有善学如先生者也，是谓学则。先生教人，吃紧在去人欲而存天理，进之以知行合一之说，其要归于致良知，虽累千百言，不出此三言为转注，凡以使学者截去之绕，寻向上去而已，世未有善教如先生者也，是谓教法。而先生之言良知也，近本之孔孟之说，远溯之精一之传，盖自程朱一线中绝，而后补偏救弊，契圣归宗，未有若先生之深切著明者也，是谓宗旨。"[①]黄梨洲所言王阳明"终乃求之《六经》，而一变至道"、"近本之孔孟之说，远溯之精一之传"、"盖自程朱一线中绝"等等说法，均为实情。就连王阳明本人也常常是对之直言不讳。虽然到了明代中后期，阳明心学产生很大影响，乃至于"像打针药一般，令人兴奋"。平心而论，用历史的观点客观评价，在当时，阳明心学能与朱学并驾齐驱、分庭抗礼，已经是很大的成功了。阳明之后，他的学生在对待儒学经典的态度上，在《六经》抑或《四书》的取舍上，是否完全囿于师教，还是尚且具有较大的包容性，乃可作一考察。

除王阳明先生《古本大学注》，动机在于表彰古本大学之正当性，扬正本而阙章句外，有明一朝，据《明史·艺文志》卷九十六载，《四书》类专著凡59部，计720卷，其臧否兼俱而已。其中又以江右学者为多，如李材[②]有《论语大意》十二卷，邹元标有《学庸商求》二卷，刘元卿有《四书宗解》八卷，管志道不仅有《论语订释》十卷，还有《中庸测义》一卷

---

① 黄宗羲：《明儒学案》，中华书局 2008 年版，第 183 页。
② 黄宗羲《明儒学案》单列李见罗于止修学案，见《明儒学案》，中华书局 2008 年版，第 666—701 页。

和《孟子订释》七卷，等等。许多江右学者还每每将《四书》作为论学的重要话题。譬如关于"中庸"，就是其中一个重要题目。因为首先孔子与王阳明对于"中庸"就极为重视。孔子曰："中庸之为德也，其至矣乎! 民鲜久矣。"[1] 把"中庸"提至最高境界。阳明以圣学正传自诩，自然对中庸之道格外留心，他在谪黔道经沅湘时，曾作《吊屈平赋》云："宗国沦兮摧腑肝，忠愤激兮中道难"，[2] 流露出其对国家危难，仕途艰险，中道难行的深深忧虑。"中"和中庸之道，在江右王门学者那里，有着较多的讨论。如聂豹在《答王龙溪》中有"万世心学之源，惟在执中一语"[3] 的论断。他在《答应容庵》中还说："但子思以后，无人识中字。"[4] 又在其《答戴伯常》曰："自中之为说不明，而尧舜之学不传，其来远矣。"[5] 特别是在其《困辨录·辩中》，对"允执厥中"一语作了极为精辟的阐释："夫中之为义不明，允执之旨流而为义袭之学。……中是真正首脑，允执是功夫归结处。"聂豹还忠实地继承阳明所提倡的"中"是"至善"，而"过"与"不及"都是"恶"这一思想原则，仍然是在《困辨录·辩中》中，他亦云："过与不及，皆恶也。"[6] 另一江右学者邹东廓守益云："程门所云'善恶皆天理，只过不及处便是恶'，正欲学者察见天则，不容一毫加损。虽一毫，终不免逾矩，此正研几脉络。"[7] 邹守益认为，心之本体是合乎"中"之"至善"的。江右学者李材《答李汝潜》则云："知止执中，盖是一脉相传。"[8] 王时槐（1522—1605）更是在其《答钱启新》中提道："凡悟道未尽者，执下则遗上，执精则遗粗，是未能执两端而用中也。惟舜之大智，精粗本末，

---

① 《论语·雍也》，朱熹《四书章句集注》，中华书局 2011 年版，第 88 页。

② 王守仁：《吊屈平赋》，《王文成公全书》卷十九，中华书局 2015 年版，第 798 页。

③ 聂豹：《答王龙溪》，《聂豹集》，凤凰出版社 2007 年版，第 393 页。

④ 聂豹：《答应容庵》，《聂豹集》，凤凰出版社 2007 年版，第 300 页。

⑤ 聂豹：《答戴伯常》，《聂豹集》，凤凰出版社 2007 年版，第 316 页。

⑥ 聂豹：《辩中》，《聂豹集》，凤凰出版社 2007 年版，第 544 页。

⑦ 黄宗羲：《明儒学案》卷一六，中华书局 2008 年版，第 343 页。

⑧ 黄宗羲：《明儒学案》卷三一，中华书局 2008 年版，第 678 页。

融贯无二，是谓执两端而用其中。"①

二、论"中"

孙应鳌对"中"的讨论，既秉承了阳明的心学致思原则，又与江右学人不尽一致而有自己独特的发明，他尤其把"中"与"诚"连贯起来，其于《四书近语》卷二云：

> 性、道、教三者，就是《中庸》之理，只是一"诚"字耳。命，即天道流行之实，所谓中庸也。天以二气流行，而气之中者即命，人受天地之中以生即性。性感而发于万物，率循而不失，即道。修道云者，圣人以人物为性道所同已，虽率性而人物未尽，是天与我之性命有亏，故为之立教，以继天立极，使人物之性尽，而己之性分亦尽。②

在孙应鳌看来，天、地、人是完全统一于"中"的，性、道、教是贯彻于其中之理，这一点，与王阳明所强调的"中"乃是"天理"的思想一脉相承。王阳明在《传习录》中说"此心全体廓然，纯是天理，方可谓之喜怒哀乐未发之中，方是天下之大本"③。孙应鳌在这里所要强调的，是天理之"中"必须贯彻到人性、人极，天、地、人是贯彻始终的，性、道、教是相互为用的，否则就是"率性而人物未尽，是天与我之性命有亏"，自然就不符合天、地、人三者由"中"所一以贯之的原则，也不符合性、道、教三者作为《中庸》之理的统一安排。故孙应鳌认为"中"作为天理之则，"盖此理本出一原，人物本同一体"④。修道也好，立教也好，不过是为了尽性命而致达"中"的途径，"圣人修道、立教，不过尽

---

① 黄宗羲：《明儒学案》卷二十，中华书局 2008 年版，第 469 页。
② 孙应鳌：《四书近语》卷二，《孙应鳌全集》，贵州民族出版社 2016 年版，第 165 页。
③ 王守仁：《传习录》卷上，《王文成公全书》，中华书局 2015 年版，第 30 页。
④ 孙应鳌：《四书近语》卷二，《孙应鳌全集》，贵州民族出版社 2016 年版，第 165 页。

人物之性而归于一，使命自我全，性自我尽，极自我立，而圣学之能事毕矣"①。孙应鳌的这一思想，继承了王阳明"道也者，性也，不可须臾离也"的思想并有所提升。"道不远人，人之为道而远人，不可以为道"。既然把"中"落实到人，就具备了把"中"注入人心的条件，因为天理只有存在于人心，"中庸之道"才是实实在在有了着落处。王阳明在《论元年春王正月》中曰：

> 圣人亦人耳！岂独其言之有远于人情乎哉？而儒者以为是圣
> 人之言，而必求之于不可窥测之地，则已过矣。②

王阳明认为，没有"不可窥测之地"，孙应鳌亦认为，天理自在人心，所谓"中"也就在其中了，此却是"人所不知而己所独知之地也"。孙应鳌接着在《四书近语》中言曰：

> 所谓中也，此吾心之真机也。吾心之真机，即人所不知而己
> 所独知之地也。③

这个所谓"人所不知而己所独知之地"虽先为朱熹章句语，但孙应鳌指其当只在"人的内心"，即所谓之"真机"④，真是一大突破。"戒谨恐惧，便是慎独"，也是活动于人之内心，而绝非是在人心之外。这一点无疑是王阳明、王心斋之学的路子。所以孙应鳌又说：

> 君子戒慎恐惧，非有加于此真机之外，只是顺此真机，直
> 养无害，使独知之地，惺惺不昧。天理人欲，炯然先见，无一
> 时或间，无一处不存，此心全是天理流行体用一原也，在此显
> 微无间也。在此尽性者尽此而已，率性者率此而已，未发已发

---

① 孙应鳌：《四书近语》卷二，《孙应鳌全集》，贵州民族出版社 2016 年版，第 165 页。
② 王守仁：《论元年春王正月》，《王文成公全书》，中华书局 2015 年版，第 1047 页。
③ 孙应鳌：《四书近语》卷二，《孙应鳌文集》，贵州教育出版社 1996 年版，第 173 页。
④ 真机：莫本、南洋官书局本均作"真几"。"真机"或"真几"，作"心"，即良知解。孙应鳌说："君子戒慎恐惧，非有加于此真机之外，只是顺此真机，直养无害"。（孙应鳌：《四书近语》卷二，《孙应鳌全集》，贵州民族出版社 2016 年版，第 165 页。）"真机"若作枢要、关键解，未妥。

皆该之矣。①

孙应鳌论"中",依照儒家传统,展开为天、地、人处,而归结于人性,并直指人的心灵(真几),把《中庸》的"慎独"与心学的"良知"相扣而打拼为一,这样一来,"中"、"中和"、"真几"、"至精"、"至一"、"慎独"等皆贯通而为"中"为"一",更加凸显出其用心学本体论解《庸》之意趣。孙应鳌曰:

> 戒谨恐惧,便是慎独。复言慎独者,即戒谨恐惧之真几至精、至一者言之也。慎独则尽性,尽性则廓然而大公,便是未发之中;物来而顺应,便是已发之和。未发不在已发之外,盖冲漠无朕,而万象森然,是和之所统会,乃天下之大本也。已发即在未发之中,盖万象森然,而冲漠无朕,是中之所流行,乃天下之达道也。大本达道,兼总理条,一以贯之,是致中和矣。中和致,则天地之位位于中和,万物之育育于中和,非慎独之极功,尽性之能事耶?②

在这里,孙应鳌以自己独特的表达方式将《中庸》首条作了完整的理解,总而言之,一个"中和"贯通。无论是"戒谨恐惧"还是"慎独",其真几至精至一,一个"中和"贯通;"未发"与"已发",未发不在已发之外,已发即在未发之中,故一个中和贯通;"大本"还是"达道",一以贯之,亦是一个中和贯通;天地之位与万物之育,更是一个中和贯通。孙应鳌以"中"统而贯之的心学位育观的确富有特色。

不仅如此,孙应鳌更把"中"的原则贯彻到"知"、"仁"、"勇",乃至"知行合一"。他说:"中立而不倚,大本之中,不倚于喜怒哀乐也。知者,知此耳;仁者,行此耳;勇者,强此耳。知强,此仁耳,一也。知、

---

① 孙应鳌:《四书近语》卷二,《孙应鳌全集》,贵州民族出版社 2016 年版,第 165—166 页。

② 孙应鳌:《四书近语》卷二,《孙应鳌全集》,贵州民族出版社 2016 年版,第 166 页。

仁、勇，同功并进，便是知行合一。"①

他首先对"知"、"仁"、"勇"这儒家"三达德"的道德原则分别作了阐明，在他的阐明中，"中"的原则始终是贯彻无间的。

对"知"的阐明，孙应鳌曰："知斯三者，'知'字最重。凡人不能修身、治人、治天下国家，只因失此真知。有此真知，则好学、力行、知耻，工夫俱作实去做。及其知之，一也在此；真知及其成功，一也，也在此。"②应鳌这里所谓"一"，既是"知行合一"之"一"、"真知"与"力行"的合一之"一"，同时也是"中"的含义，不偏不倚就是中，就是一；无过无不及就是一，就是中。乃至于"真知由是，人己一理。身无不修，其于天下国家，一以贯之矣"③。真知之所以能行，就在于知而后能修身，能治人，能治天下国家；所以修身就是行，治人、治天下国家也就是行。此知与行方能合二而一，这其中又有个"中"的原则贯彻，此方是所谓"一以贯之"之道。

对"仁"的阐明，孙应鳌按照孔子的说法"仁者人也"，认为"一部《论语》，圣人惟教人以求仁"④。他又说出自己的理解："可见人之所以得为人者，以有此仁尔。失此仁，不得为人矣。曰义曰礼，都是成此一个'仁'，以仁其身耳。"⑤"仁"是修身的根本，故应鳌强调"仁"之道，曰："修身以道，即达道之道，身外无道矣。"⑥《中庸》曰："中也者，天下之达道。"应鳌之修身与《庸》之"中"相契合，修身依"中"的原则行事，是为达道。应鳌又以"仁"为修身之目标，曰："身者，天下国家中本也。修身以道，即达道之道身外无道矣。修身以仁，即达德之仁，仁外无道矣。"⑦"仁"

---

① 孙应鳌：《四书近语》卷二，《孙应鳌全集》，贵州民族出版社 2016 年版，第 167 页。
② 孙应鳌：《四书近语》卷二，《孙应鳌全集》，贵州民族出版社 2016 年版，第 172 页。
③ 孙应鳌：《四书近语》卷二，《孙应鳌全集》，贵州民族出版社 2016 年版，第 172 页。
④ 孙应鳌：《四书近语》卷二，《孙应鳌全集》，贵州民族出版社 2016 年版，第 179 页。
⑤ 孙应鳌：《四书近语》卷二，《孙应鳌全集》，贵州民族出版社 2016 年版，第 172 页。
⑥ 孙应鳌：《四书近语》卷二，《孙应鳌全集》，贵州民族出版社 2016 年版，第 172 页。
⑦ 孙应鳌：《四书近语》卷二，《孙应鳌全集》，贵州民族出版社 2016 年版，第 172 页。

固然是从"道"与"德"的层面来规定，所以仁外无道，仁外无德。"从'道'字内生出个'仁'字，仁所以尽道也。又从'仁'字内推出个'义'与'礼'，'义'与'礼'所以尽仁也。"① 孙应鳌在这里很机智地安排了一个由道至仁，又由仁至义与礼的伦理道德的认识路线。毫无疑问，由于"道"即是中庸之道，于是"中"的原则是贯穿了仁与义与礼的。前面提到，"知"也是由"中"所贯通，故"中"的原则贯穿于"仁义礼知"之中，这是孙应鳌对儒家中庸思想的发挥。那么，"勇"呢？

对"勇"的阐明，孙应鳌着笔不多，他仍然遵循儒家传统，把勇与知与仁统称为所谓"三达德"。他说："曰知曰勇，与仁相并为三达德。"② 在所谓"三达德"中，"勇"的位置虽然在论述秩序上是次于"知"与"仁"，但应鳌特别强调了他对于"行"的强化性要求，即对"行"赋予了"勇"的要求。他说："知、仁、勇，同功并进，便是知行合一。"③ 还说："勇者，强此耳。知、强，此仁耳，一也。"④ 可见，知、仁、勇三者除在论述上有所先后外，在功夫与本体上则是"同功并进"，不分轻重强弱的。此正是孙应鳌所要格外强调的"中庸"之道与"知行合一"之道。

"知、仁、勇"本身就包含了理所应当的知和行于其中，就是知仁知勇的同时，如何去行仁行勇，要把"中"的原则贯彻，必然就有知行合一的要求。故而孙应鳌接着说："中和之理，即中庸之理也。索隐行怪，过乎中庸者也；半途而废，不及乎中庸者也。皆身与道为二者也。"⑤ 把《中庸》"过犹不及"的原则体现在"知"与"行"之中，"知"与"行"都是在《中庸》的原则规定范围内才得以存在。正如孙应鳌所说："依乎中庸，所知所行只在中庸，身与道为一者也。"⑥ 在这里，知即知道，行即身行，

---

① 孙应鳌：《四书近语》卷二，《孙应鳌全集》，贵州民族出版社 2016 年版，第 172 页。
② 孙应鳌：《四书近语》卷二，《孙应鳌全集》，贵州民族出版社 2016 年版，第 172 页。
③ 孙应鳌：《四书近语》卷二，《孙应鳌全集》，贵州民族出版社 2016 年版，第 167 页。
④ 孙应鳌：《四书近语》卷二，《孙应鳌全集》，贵州民族出版社 2016 年版，第 167 页。
⑤ 孙应鳌：《四书近语》卷二，《孙应鳌全集》，贵州民族出版社 2016 年版，第 167 页。
⑥ 孙应鳌：《四书近语》卷二，《孙应鳌全集》，贵州民族出版社 2016 年版，第 167 页。

知与行之合一，犹如道与身之合一。他接着说："遁世不见，知而不悔，无时无处而不依乎中庸也。依中庸而不悔，只因我之天命于穆不已，无须臾可离，虽欲罢而不能者也。"① 在孙应鳌看来，贯穿着"中"与中庸之道原则的"知"与"行"，是不受时间与空间的制约和限制的，此取决于天命之性的於穆不已的性格和须臾不离的特点，真是欲罢不能。孙应鳌把儒家的"中"与"中庸之道"，同王阳明的"知行合一"学说紧密结合起来加以论述，的确是其思想的一大特色，作为黔中王门的代表性人物，这算得上是他对阳明学说发展所作出的贡献之一。正如他自己所总结的："知之笃实处，便是行也，一也，知行合一之理。所谓中和也，和而不流，达道之和，不流于喜怒哀乐也。"②

三、论"诚"

关于"诚"，王阳明在《传习录》卷上有所讨论，他把"诚"与"思诚"作为两个不同的概念来加以应用："诚字有以功夫说者，诚是心之本体，求复其本体，便是思诚的功夫。"在王阳明看来，"诚"与"思诚"，是本体与功夫的关系。这说明，心就其本体而言并无不善，因而并无不诚。"诚"和"中"都是《中庸》的核心条目。由于诚是心之本体，思诚又是使心体至善的功夫，所以，诚必于为中，必于为仁，皆是贯彻于义、礼、智、信的本体。承认和肯定"心之本体无不仁"，自然要承认和肯定心之本体无不诚，心之本体无不中。"阳明哲学的心体事实上被赋予了许多规定，这些规定都是正面的价值，从而心体作为纯粹意识并不表示它的无规定性，而表示它是先验的、不受任何感性、经验杂染的德性主体。"③

---

① 孙应鳌：《四书近语》卷二，《孙应鳌全集》，贵州民族出版社 2016 年版，第 167—168 页。
② 孙应鳌：《四书近语》卷二，《孙应鳌全集》，贵州民族出版社 2016 年版，第 167 页。
③ 陈来：《有无之境 - 王阳明哲学的精神》，北京大学出版社 2006 年版，第 70—71 页。

《传习录》记载了王阳明与他的学生陆澄的一段对话：

（陆澄）问："宁静存心时，可为'未发之中'否？"

先生曰："今人存心，只定得气。当其宁静时，亦只是气宁静，不可以为未发之中。"①

可见，王阳明对所谓"未发之中"的要求并不简单，气宁未必做到心宁，亦未必为"未发之中"。后世学者，对阳明关于"未发之中"的含义未必真正理解，往往以为简单做到"静"，就万事皆休、万事皆安了。所以接下来《传习录》又有讨论。还是陆澄在问，先生着答。

曰："未便是中，莫亦是求中功夫？"

曰："只要去人欲存天理，方是功夫。静时念念去人欲存天理，动时念念去人欲存天理，不管宁静不宁静。若靠那宁静，不惟渐有喜静厌动之弊，中间许多病痛只是潜伏在，终不能绝去，遇事依旧滋长。以循理为主，何尝不宁静？以宁静为主，未必能循理。"②

难怪许多年后钱德洪在编辑《传习录续篇》时，盛赞师徒二人（阳明与陆澄）的一问一答，说"读者皆喜澄善问，师善答"③，所以这里就交代得比较清楚了：循理为主，还是宁静为主。循理为主，何尝做不到宁静？若以宁静为主，未必能够做到宁静。在王阳明看来，做到"中"，做到"诚"，"循理"和"宁静"都是其前提条件。而"循理"是必要条件，"宁静"则是充分条件。循理就是循去人欲存天理之理，"只要去人欲存天理，方是功夫"。把住此理一个中、一个诚，宁静还是不宁静，就未必十分重要了。即使是动，也是"动时念念去人欲存天理，不管宁静不宁静"。孙

---

① 王守仁：《传习录》卷上，《王文成公全书》，中华书局 2015 年版，第 17 页。

② 王守仁：《传习录》卷上，《王文成公全书》，中华书局 2015 年版，第 17 页。

③ 笔者在《王文成公全书》（点校本，中华书局 2015 年版）中，将第一册第 87 页之"答原静书出，读者皆喜澄善问师善答"句点断为"答原静书出，读者皆喜澄善问，师善答"。然上古本《王阳明全集》则点断为"答原静书出，读者皆喜。澄善问，师善答。"后者未当。

应鳌对阳明关于"中"之动与静的讨论不仅能够师承，且得有所发挥，故能提出其具有创造性见解的"真机"的中庸观。

王阳明依照儒家传统把"中"与"诚"联系起来的同时，又将之纳入其心之本体的范畴。在他看来，"中"与"诚"虽为相通义，但"诚"却毫无疑问更具心本体之意蕴。自宋以来对"诚"的讨论渐丰，却都不如阳明将其植入心本体的努力来得直接。阳明先作一铺陈，其曰：

> 《中庸》言"不诚无物"，《大学》"明明德"之功，只是个诚意，诚意之功，只是个格物。①

这个铺陈看似与宋儒之讨论并无大异，但接下来的辩辞却开始渐入心学之境。仍然是与陆澄答问。

> 澄尝问象山在人情事变上做功夫之说。

> 先生曰："除了人情事变则无事矣。喜怒哀乐非人情乎？自视听言动，以至富贵贫贱患难生死，皆事变也。事变亦只在人情里，其要只在致中和，致中和只在谨独。"②

这里有"人情"、"致中和"、"谨独"之类，亦仅是作一引导，还须接着下去，即使是"教人为学，不可执一偏"③这一类的话，亦属过度。

> 澄问《学》、《庸》同异。

> 先生曰："子思括《大学》一书之义，为《中庸》首章。"④

> 不可谓未发之中常人俱有。盖体用一源，有是体即有是用，有未发之中，即有发而皆中节之和。今人未能有发而皆中节之和，须知是他未发之中亦未能全得。⑤

> 喜怒哀乐，本体自是中和的。才自家着些意思，便过不及，

① 王守仁：《传习录》卷上，《王文成公全书》，中华书局 2015 年版，第 7 页。
② 王守仁：《传习录》卷上，《王文成公全书》，中华书局 2015 年版，第 19 页。
③ 王守仁：《传习录》卷上，《王文成公全书》，中华书局 2015 年版，第 19 页。
④ 王守仁：《传习录》卷上，《王文成公全书》，中华书局 2015 年版，第 21 页。
⑤ 王守仁：《传习录》卷上，《王文成公全书》，中华书局 2015 年版，第 22 页。

便是私。①

经过上述铺陈，"中"和"诚"向心学系统的切入就通融无碍而顺理成章了。接下来的讨论是明明白白的，阳明说：

> 人只要成就自家心体，则用在其中。如养得心体果有未发之中，自然有发而中节之和，自然无施不可。苟无是心，虽预先讲得世上许多名物度数，与己原不相干，只是装缀，临时自行不去。亦不是将名物度数全然不理，只要"知所先后，则近道"。②

学生陆澄所问好色、贪财、慕名等心，固然属之私欲，但像那些闲思杂想，为何也称私欲呢？阳明下面的回答，有把一应私心杂念都归结于一个道理，即皆是未能使人之本心达致"寂然不动"、"廓然大公"与"未发之中"的种种表现；反之，若能致达"感而遂通"、"发而中节"、"物来顺应"，一切私心杂念自然就会廓清涤净。阳明这里确定无疑地是强调功夫的，并无良知现在之意思，功夫与本体原是一致的。他强调的功夫之一是"自寻其根"。阳明曰："毕竟从好色、好利、好名等根上起，自寻其根便见。如汝心中决知是无有做劫盗的思虑，何也？以汝原无是心也。汝若于货色名利等心，一切皆如不做劫盗之心一般都消灭了，光光只是心之本体，看有甚闲思虑？此便是'寂然不动'，便是'未发之中'，便是'廓然大公'，自然'感而遂通'，自然'发而中节'，自然'物来顺应'。"③关键一条，是否把心放于"中"的位置，无论是未发还是已发。未发时，时时以"中"为准绳与标的；已发时，又每每能命中目标，不偏不倚。阳明认为，只要做到了"未发之中"，就必然能够致达"发而中的"和"发而中节"，这当中已经预设了一个必不可少的前提条件，即：一切私欲之心都消灭了，此心"光光只是心之本体"。到了"光光只是心之本体"的澄明境界，心自然就"廓然大公"，自然就"感而遂通"，就"发而中节"，就"物来顺应"

---

① 王守仁：《传习录》卷上，《王文成公全书》，中华书局 2015 年版，第 25 页。
② 王守仁：《传习录》卷上，《王文成公全书》，中华书局 2015 年版，第 27 页。
③ 王守仁：《传习录》卷上，《王文成公全书》，中华书局 2015 年版，第 28 页。

了，此正是阳明先生苦心积虑"致良知"所欲致达之崇高境界。

四、论"温故知新"

对《四书》之一的《论语》，孙应鳌有许多颇具独到的见解。而这些独到的见解并非空穴来风、仅就书本而发其微，而是因时政世风有感而发。他在迁陕西提学副使时，就已实意做人，身先为范，此时在一封给泰州学人黄安耿楚侗的书信中，发抒尤其侃切："世道理乱，关于人才；人才成就，系于师道，人人能言之。至师道之以称职名于时者，勤力较阅品评不爽已耳，猎名词华驰誉经学已耳。某意不然，尝考诸荀子曰：'师术有四：传习不与焉，尊严而惮，可以为师；耆艾而信，可以为师；诵说而不陵不犯，可以为师；知微而论，可以为师。'此荀子大醇之言，似矣而未尽也。"① 他的这番议论，看似以师道为话头，却是有极现实的指向，在提倡身心之学，反对词章之学、记诵之学、口耳之学等功利之学方面，极近似于当年王阳明在《答顾东桥书》中的"拔本塞源"之论，是地道的实学。接下来，他对《论语》"温故而知新"发表了他的一番见解："孔子曰：'温故而知新，可以为师。'此则万世师道之极则也。温故知新，学者多以所闻所得为解。某妄意为：故者，当如孟子言'性则故'之'故'；新者，当如《大传》'日新盛德'之'新'。"② 仅观其对"故"对"新"的释义，就已异于前人时学。他进一步阐发"故"与"新"："凡天下万物之实体灿然具陈，故也；其真机昭然不息，新也。二者虽有显微，其总括于人心、运行于人心，一也。能温，则实体之总括不晦；能知，则真机之运行者不滞。不晦不滞，则天地万物合为一体，则仁，仁则成己成物，位育参赞皆能其事。成己成物者，师道也，师职也。故子思作《中

---

① 转引自郭子章：《尚书文恭孙应鳌传》，刘宗碧等点校《孙应鳌文集》，贵州教育出版社1996年版，第2页。

② 孙应鳌：《孙应鳌文集》，贵州教育出版社1996年版，第2页。

庸》，亦以温故知新承圣人发育峻极之大道，此孔氏家法也。故某妄以孔子温故知新之旨，为孔子示人万世之道之极则者，此也。"①孙应鳌在这里通过一步步的推论，仿佛又回到他最初"为师之道"的话头，实则进入了一个更高的境界："温故知新"是"孔门示人万世之道之极则"。第一步，指出什么是"故"，什么又是"新"？"故"是实体，是天下万物灿然具陈的实体；"新"是真机，是天下万物昭然不息的真机；第二步从第一步合乎逻辑地推出结论：作为实体的"故"是显在的，作为真机的"新"则是隐微的。二者虽有显微之别，则是统一体的两个方面，不可分割。他把"故"和"新"视之为同一事物中现象和本质的关系，这的确是从未有过的关于"温故而知新"的诠释。第三步尤为关键：作为统一体的"故"与"新"虽有显微之别，是"总括于人心，运行于人心"的，因而是"生生之妙"，是"一"。既然实体的总括和运行都统摄于"人心"，那么人心就自然而然成了天地万物存有与存在的根据。孙应鳌的"心学"显然比起象山的"宇宙吾心"更为精微，也更为"中正和平"，因为他强调"生生之妙"，归结为"一"，强调"故"与"新"是"一"，又导致"温"与"知"具备了不同的功能的进一步推论：能温，则实体之总括不晦；能知，则真机之运行者不滞。做到了"不晦"、"不滞"，则天地万物合为一体，正因为合为一体，才能够成就为仁。事实上他推论的必然结果就是"仁"，即所谓"天地万物一体之仁"。"一"即是"仁"，"仁"即是"一"。一番推导之后，孙应鳌的讨论似乎又回到了他所坚守的为师之道，而且是在更高层面、更高境界上的为师之道：由于有了"天地万物一体之仁"，这样的"仁"自能成己成物，自能位育参赞；成己成物者，师之道也，师之职也。最后他得出结论，并把这一结论归功于子思作《中庸》的初衷，子思之所以作《中庸》，就是要以"温故知新"来启承圣人"发育峻极之大道"，这个"道"也就是孔子"朝闻道"之"道"，通过"温故知新"来实

---

① 孙应鳌：《孙应鳌文集》，贵州教育出版社 1996 年版，第 2—3 页。

现"闻道"。在一般看来孙应鳌的这个提法的确很大胆，所以他最后谦恭地以"妄"议来形容自己："故某妄以孔子温故知新之旨，为孔子示人万世师道之极则者，此也。"

五、孙应鳌对《论语》"五十发学《易》"章的创造性解读

孙应鳌对"四书"之《论语》的创造性诠释，最应引起注意的，是《述而》篇"加我数年"章的既颇具新意又不无深度的独立见解。

《论语·述而》"子曰：'加我数年，五十以学易，可以无大过矣'"一句，凡 17 字，自成一章。此章之名，有称"加我数年章"的，也有称"五十以学易章"的①，并无大异。若称"可以无大过章"，也未尝不可。此章 17 字明显三句构成，撇开先后秩序不论，而以何句为其章名，全看识者的观察重心。本书以"五十以学《易》"句为此章观察重心，并作为章名。自《论语》② 出，论识者歧多，对此章三句的解释层出不穷，特别对"五十以学《易》"中"五十"二字的解释，见仁见智。绝大多数人的解释，虽各有不同，但都是紧紧围绕在"时间"这一维度，跳不出既定之樊篱，惟有黔中学者孙应鳌，能够打破常规，甩开两千年之思维巢臼，突破"时间"的一重维度，跃踞"空间"之多重维度对"五十"二字，作出全新的创造性诠释。在孙应鳌看来，此章三句中，"加我数年"虽呈知了时间的维度，"五十以学《易》"之"五十"，则完全透露的是空间信息，预示着此章所内含的空间与时间的高度一致。最后一句"可以无大过"，岂止仅为"无大错误"、"无大过失"之意？殊不知，《大过》之卦，乃《易经》六十四卦之第二十八，其辞曰："大过，栋桡。利有攸往。亨。"联系起《象》传

---

① 毛奇龄：《四书改错》卷十五《改经错》即作此谓，华东师范大学出版社 2015 年版，第 320 页。

② 《论语》自鲁《论》外，尚有齐《论》与古《论》，后二者亦称他《论》。今所据《论语》，通常指鲁《论》。

和《大象》传既深刻而又动人的阐述，显然就不是常人所作出的那种简单的认知了。能"知变化之道"、"知神之所为"、"便可合幽明、一事理"，故"可以无大过矣"。于是孙应鳌得出了"五十以学《易》，是以五十之理数学《易》，非五十之年始学《易》"的惊人结论，近人李独清叹赞曰："先生之论，颇称创获，尚可再加研考阐发，亦一说可存也。"①

1.作为时间维度的"五十"

为了叙述方便，拟将《论语·述而》"五十以学《易》"章分前、中、后三句分别析之。"加我数年"为前句，"五十以学《易》"为中句，"可以无大过"为后句。中句"五十以学《易》"句之先，尚有前句"加我数年"，是首先要解释的。司马迁《史记·孔子世家》云："假我数年，若是，我于《易》则彬彬矣。""加"作"假"，后世有以为是声相近而误读，亦有以为加、假为通字，非声近之误。自此而后，再无更多解释。然对中句的阐发则多种多样，不过笔者以为，除孙应鳌外，所有人的认知都是紧紧围于时间维度而未能超脱。

（1）何晏以"五十"作"岁"

魏何晏集解、宋邢昺疏《论语注疏》释云："《易》，穷理尽性以至于命，五十而知天命，以知命之年读至命之书，故可以无大过。"邢昺疏曰："此章孔子言其学《易》年也，加我数年方至五十，谓四十七时也。《易》之为书，穷理尽性以至于命，吉凶悔吝预以告人，使人从吉不从凶，故孔子言己四十七学《易》，可以无过咎矣。（注：《易》穷，至大过。）"②邢昺疏曰：云"穷理尽性以至于命者，说卦，文也；命者，生之极；穷理，则尽其极也。云五十而知天命者，《为政》篇文云：以知命之年，读至命之书，故可以无大过矣者，《汉书·儒林传》云：孔子盖晚而好《易》，读之韦编三绝而为之传，是孔子读《易》之事也，言孔子以知天命终始之年，读穷理

---

① 李独清：《孙应鳌年谱》，贵州师范大学学报编辑部（黔新出（90）图字第120号），第116页。
② 《唐宋注疏十三经》（四），《论语注疏》卷七，中华书局1998年版，第46页。

尽性以至于命之书，则能避凶之吉，而无过咎，谦，不敢自言尽无其过，故但言可以无大过矣。"①

第一句是对《易》的注解，将《易》作了"穷理尽性以至于命"的本质性规定，指明《易》是"吉凶悔吝预以告人，使人从吉不从凶"的"至命之书"。接下来的解释则完全将前句之"数年"与中句之"五十"联结起来，对"五十"作了纯粹时间维度的诠解。之所以说是时间维度，因其表述有如下两点：一是明确孔子开始学《易》的年龄时段，"谓四十七时也"，"孔子言己四十七学《易》"；二是明确孔子学《易》所经历的时间，乃"五十而知天命"、"加我数年方至五十"、"孔子以知天命终始之年，读穷理尽性以至于命之书"云云。所以，无论是讲孔子学《易》开始之年，还是讲孔子学《易》历经之年，都只是揭示了时间这一重维度。

除上引《史记》与何晏注疏外，北宋程颐于《河南程氏经说》卷第六《伊川易传》云："子曰：'加我数年，五十以学《易》，可以无大过矣'。此未赞《易》时言也。更加我数年，至五十，以学《易》道，无大过矣。古之传《易》，如《八索》之类，皆过也，所以《易》道未明。圣人有作，则《易》道明矣。云学，云大过，皆谦辞。"② 程颐判定孔子此语是尚未"赞《易》"时的言论，是其 50 岁以前的言论。孔子 55 岁起始周游列国凡 14 年，69 岁时返鲁，开始赞《易》。20 年前始学《易》，斯时"《易》道未明"，虽有"古之传《易》，如《八索》之类，皆过也"，在那种情况下，难免让人不犯大的过失。通过学习，又有了近二十年的蹉跎，孔子已然到达了能够"赞《易》"的思想境界，故有所谓"圣人有作，则《易》道明矣"。至于此章中孔子所说的"学"与"大过"，只不过是孔子使用的谦辞罢了。程颐对于"五十"的理解，仍然局限于时间之维。

---

① 《唐宋注疏十三经》（四），《论语注疏》卷七，中华书局 1998 年版，第 46 页。

② 程颐：《二程集》，中华书局 1981 年版，第 1145 页。若依上述解释，孔子 50 岁前始学《易》，到 70 岁前（或实为 69 岁）周游列国 14 年返鲁始赞《易》，孔子自"始学《易》"至"始赞《易》"，整 20 年矣！

（2）王阳明"玩《易》"

王阳明在贵州"龙场悟道"，揭开了思想上的极大的创造性发展的可能性，他随后写下的《玩易窝记》，其中对"五十以学《易》章"的理解，并非是因袭前人而毫无发明，他这样表述说："盖昔者夫子尝韦编三绝焉。呜呼！假我数十年以学《易》，其亦可以无大过已夫！"这里虽然将"数年"扩展到了"数十年"，作为时间之维，似乎看不出有何新意。但有一点应引起注意，王阳明没有提到至为关键的"五十"二字，是否可以理解为，这时的王阳明对于"五十"二字作"五十之年岁"解尚有疑虑，他吃不准。但有一点是可以肯定的，他认为学《易》（玩《易》）的功夫，尚离不开"象"、"数"、"辞"、"占"等的用力。用他的话来说，"古之君子，居则观其象而玩其辞，动则观其变而玩其占"①。"观象玩辞"，"观变玩占"，突出一个"玩"字，可见"玩"是王阳明学《易》的超乎平常的高级境界。既然要玩占玩辞，就离不开数的推衍，王阳明在这里虽然没有直接运用到"五十"之类数的概念，但他道出了结论，这个结论显然是通过"数的推衍"等"玩占"活动而产生的。他说：

> 观象玩辞，三才之体立矣；观变玩占，三才之用行矣。体立，故存而神；用行，故动而化。神，故知周万物而无方；化，故范围天地而无迹。无方，则象辞基焉；无迹，则变占生焉。是故君子洗心而退藏于密，斋戒以神明其德也。②

王阳明当时年方三十有七，就他自身而言他不可能说自己"五十岁以学《易》"，而他早于此前就因学《易》而熟知《易》理，故较孔子而更早进入"玩《易》"的高级境界，也正因为他深知《易》理（玩辞）和熟悉"数的推衍"（玩占），才能得出上述结论。在上述心得中，"君子洗心而退藏于密"，既是对世人（包括君主）的谆谆告诫，也是以贬谪之身居于贬谪之地，对自己顿然觉悟之后在言语和行动上的低调处理，这诚然与他当下已体之"出"

① 王守仁：《玩易窝记》，《王文成公全书》，中华书局 2015 年版，第 1029 页。
② 王守仁：《玩易窝记》，《王文成公全书》，中华书局 2015 年版，第 1029 页。

与"处"之观念不无关联。

(3) 朱熹以"五十"作"卒"

朱熹的注疏异于上述,其于《论语集注》此章注云:"刘聘君见元城刘忠定公自言尝读他《论》,'加'作假,'五十'作卒。盖加、假声相近而误读,卒与五十字相似而误分也。愚按:此章之言,《史记》作'假我数年,若是,我于《易》则彬彬矣'。加正作假,而无五十字。盖是时,孔子年已几七十矣,五十字误无疑也。学《易》,则明乎吉凶消长之理,进退存亡之道,故可以无大过。盖圣人深见《易》道之无穷,而言此以教人,使知其不可不学,而又不可以易而学也。"①

朱熹的注疏可分为如下几层:第一,"加"抑或"假",乃"盖加、假相近而误读",是音相近而产生的误读。第二,"五十"作"卒",是"卒与五十,字相似而误分也"。此二层朱熹很肯定地说:"加正作假,而无五十字。盖是时,孔子年已几七十矣,五十字误无疑也。"古文竖排时,"五"与"十"连写就成了"卒",似乎很有些道理。"卒"是完成的意思,加我数年,完成对《易》的学习,就可以不犯大的过失了。因为《易》中包含了"吉凶消长之理、进退存亡之道"这样的深刻本质,完成了对他们的学习,把握了他们的方法,就可以不致犯大的过失了。这一《易》道对于孔子来说,是不可不学的,但又不是轻易可为的。他可以使人无大过,却难以让人避免小过。

针对朱熹将"五十"作"卒"的观点,有人提出疑义,明末清初的毛奇龄颇具代表性。针对朱熹"刘忠定自言尝读他《论》,'加'作'假','五十'作'卒'。盖'加'、'假'声相近而误读,'卒'与'五十'字相近而误分也。是时孔子年已几七十矣,'五十'字误无疑也"一语,毛奇龄说:

> 《论语》自鲁《论》外,但有齐《论》、古《论》,并无他《论》
> 之名。且此三《论》中,文异者四百余字,今皆无可考,安得复

① 朱熹:《四书章句集注》,中华书局 2011 年版,第 94 页。

有异字为刘元城所见？错矣。①

毛奇龄首先否认有所谓"他《论》"的存在，从根本上推倒了朱熹的立论之基，并指朱熹所云刘定公所见异字为虚。这是从根据上发出的颠覆之论。接下来毛奇龄按云：

> 《史·世家》作"假我数年"，然加、假通字，非声近之误。若"五十"作"卒"，则字形全不近。五以上下相互为形，从"二"从"Ｘ"；卒以衣识各见为形，从"衣"从"十"。使校古文耶，则"Ｘ"与"众"近乎？校今文耶，则"五"与"衣"近乎？此皆大无理者。且朱氏何以知是年夫子将七十也？不过谓夫子赞《易》在七十前耳。经明曰"学《易》"，而注者以赞《易》当之，将谓赞《易》以前，夫子必不当学《易》，岂有此理？②

可见，毛奇龄对于朱子关于"五十以学《易》"章前句与中句之解均作了颠覆性的驳斥，特别对中句，则是从文字学的角度，动摇了朱子立论的基础。朱子甚至未能把孔子"学《易》"和"赞《易》"这两桩事之间的相互关联，以及各自所处的年龄段加以区分。以下毛奇龄对《易》以及与"五十"相关的一系列数字附加了说明：

> 盖学《易》者，六艺之一也。古以《诗》、《书》、《礼》、《乐》、《春秋》、《易》为六艺，亦名六学。而学之者则自十五入大学始，每三年通一学，至三十而五学已立。惟《易》则无时不学。《汉·艺文志》所云五学者，犹五行之更递用事，而《易》则与天地为始终。故古者四十强仕，五十服官政，至六十则不亲学矣。夫子三十五即游仕齐、鲁间，五十而为中都宰。未至五十，则游仕之际犹思学《易》，所谓《易》则无时不学者。盖将假此入官之年为穷经

---

① 毛奇龄：《四书改错》卷十五《改经错》之"五十以学《易》"章，华东师范大学出版社 2015 年版，第 320 页。

② 毛奇龄：《四书改错》卷十五《改经错》之"五十以学《易》"章，华东师范大学出版社 2015 年版，第 320 页。

年也，惟恐过此之不亲学也。五十也，终学之限也。①

在毛奇龄所及，认为"六学"中唯《易》的学习异于其他"五学"，其他"五学"自 15 岁起每三年通一学，到 30 岁时即可完成。《易》的学习则不然，必须"无时不学"，乃至终生学习。可惜，毛奇龄所及"十五"、"三十"、"四十"、"五十"、"六十"与"七十"等数，均为年岁之数，均未超出时间的范畴和系列，故此处无新意。

（4）刘宝楠试图总结

清学者刘宝楠（字楚桢，号念楼，1791—1855）著《论语正义》云："子曰：'加我数年，五十以学《易》，可以无大过矣。'"他在关于此章的"注"中，首先指明《易》是关于"穷理尽性以至于命"之书，孔子尝云"年五十而知天命"，其"五十"乃知命之年，以知命之年，读至命之书，故可以无大过。随后对历代诸家作了搜罗："《孔子世家》：孔子晚而喜《易》，序《彖》、《系》、《象》、《说卦》、《文言》。读《易》，韦编三绝。曰：'假我数年，若是，我于《易》则彬彬矣。'"彼文作"假"，《风俗通义·穷通卷》引《论语》亦作"假"。《春秋》'桓元年'："郑伯以璧假许田"。《史记·十二诸侯年表》作"以璧加鲁，易许田"，是"加"、"假"通也。刘宝楠接着说："夫子五十前得《易》，冀以五十时学之，明《易》广大悉备，未可遽学之也。及晚年赞《易》既竟，复述从前'假我数年'之言，故曰：'假我数年，若是，我于《易》则彬彬矣。'"② 他又说："若是者，竟事之辞。言惟假年，乃彬彬也。《世家》与《论语》所述，不在一时，解者多失之。"又举姚氏配中《周易学》云："文王爻辞，惟九三言人事，《传》则言行、言学、言进修，无在非学也。《象》曰'君子以自强不息'，子盖三致意焉。子曰'五十以学《易》'，而于每卦《象传》必曰'以'。'以'者，学之谓也。"又曰："学《易》，学为圣也，非徒趋吉避凶已也。有天地即有《易》，既作《易》，而

---

① 毛奇龄：《四书改错》卷十五《改经错》之"五十以学《易》"章，华东师范大学出版社 2015 年版，第 320—321 页。

② 刘宝楠：《论语正义》，中华书局 1990 年版，第 268 页。

天地之道著，天下之理得，圣人所以为圣，求诸《易》而可知矣。"刘宝楠案："学《易》可以无大过"者，《易》之道，皆主中行，主变通，故学之而可与适道，可与立权也。《系辞传》云："是故君子居则观其象，而玩其辞；动则观其变，而玩其占。是以自天祐之，吉无不利。吉凶者，言乎其失得也。悔吝者，言乎其小疵也。无咎者，善补过也。"夫子盛德，既学《易》，当无小疵。无过可补，而云"可无大过"者，谦言不敢自承无过也。《释文》云："学《易》如字，鲁读易为亦，今从古。"此出郑《注》。惠栋《九经古义》："《外黄令高彪碑》：'恬虚守约，五十以敩。'此从《鲁论》，'亦'字连下读也。"刘宝楠案：鲁读不谓学《易》，与《世家》不合，故郑从《古论》。刘宝楠特别注意到戴望《论语注》："加当言假，假之言暇。时子尚周流四方，故言'暇我数年'也。'五十'者，天地之数。大衍所从生，用五用十以学《易》，谓错综变化以求之也。《易说》曰：'《易》，一阴一阳，合而为十五之谓道。'阳变七之九，阴变八之六，亦合于十五，则象变之数若一。阳动而进变七之九，象其气之息也。阴动而退变八之六，象其气之消也。故大一取其数以行九宫，四正四维皆合于十五，五音、六律、七宿由此作焉。《大过》于消息为十月卦，阳伏阴中，上下皆阴，故《杂卦》曰'大过，颠也'，颠则阳息，万物死。圣人使阳升阴降，由《复》出《震》，自《临》而《泰》，盈《乾》升《井》，终《既济》，定六位，正王度，见可不遇大过之世也。"① 刘宝楠指出，戴望以"五十"皆《易》数，亦备一义。他又引"《易》'穷理尽性以至于命'。"分析说，"穷理"者，致知格物之学；"尽性"者，成己成物之学；"至命"，则所以尽人事而达天道也。

　　刘宝楠《论语正义》注"加我数年"章，可谓搜罗备细，后出者皆无出其右。但他对戴望将"五十"解为《易》数的提法似乎感觉很新鲜，显然也不知道孙应鳌早在数百年前已经提出。对于"大过"作为六十四卦之

① 刘宝楠：《论语正义》，中华书局 1990 年版，第 268—269 页。

一,刘宝楠未曾放过,这是他优于前人之处,后来许多释者,均未有超越刘宝楠者。戴望的《论语注》值得注意,他的"五十"之数显然超越了前论,突破了时间的范畴与系列,他说:"'五十'者,天地之数。大衍所从生,用五用十以学《易》,谓错综变化以求之也。《易说》曰:'《易》,一阴一阳,合而为十五之谓道。'阳变七之九,阴变八之六,亦合于十五,则象变之数若一。阳动而进变七之九,象其气之息也。阴动而退变八之六,象其气之消也。故大一取其数以行九宫,四正四维皆合于十五,五音、六律、七宿由此作焉。"[①]不过由于戴望晚于孙应鳌若干年,不管他是否读过孙应鳌之书,戴氏之论至多算是接着讲(甚至是"照着讲")而谈不上是创获。刘宝楠接触到了戴望,但并不知道孙应鳌,不能不说是一大遗憾!

蒋伯潜(1892—1956)《四书读本》于此章所云亦有一定影响,但他模糊了所学对象,其云:此章自汉以后,都从古文《论语·鲁论》。"易"字作"亦",当读作:"加我数年,五十以学,亦可以无大过矣!"加我数年,就是再加我几岁年纪。然后才把《易》引入所学之物,让人有自相矛盾之感:"五十以学《易》"者,是到了 50 岁,可以研究《易经》也。孔子说此话时,大概是四十多岁(邢疏谓在 47 岁时)。研究《易经》以后,就能明白吉凶消长之理,进退存亡之道,所以可以没有大过失也。蒋伯潜大概后来又考虑到,如果不把学习对象确定下来,又如何有"明白吉凶消长之理,进退存亡之道,所以可以没有大过失"的结论呢?他也注意到朱注引刘聘君说,谓元城刘忠定公自言,见一本"加"作"假","五十"作"卒"。他又根据《史记·孔子世家》"孔子晚而喜《易》……曰:'假(与'加'通)我数年,若是,我于《易》则彬彬矣'"数语,以为"是时孔子年已几七十矣。五十字误,无疑"。当然也注意到了刘宝楠《论语正义》所谓"夫子五十前得《易》,冀以五十时学之明,《易》广大悉备,未可遽学之也。及晚年,赞《易》既竟,复述从前假我数年之言,故曰'假我数

---

① 刘宝楠:《论语正义》,中华书局 1990 年版,第 268—269 页。

年，若是，我于《易》则彬彬矣。'"蒋伯潜最后谈道.:《世家》与《论语》，所述不在一时，解者多失之。不过蒋伯潜没有接触到孙应鳌，连戴望也不曾论及，这一点，甚至不如刘宝楠，而刘宝楠的总结有疏漏耳。

2. 孙应鳌语出惊人

孙应鳌出乎人之所料，谓"五十以学《易》"，是以"五十之理数学《易》"，而非以"五十之年岁学《易》"。

孙应鳌一生著述颇丰，37 岁时即有《左粹题评》12 卷撰成，42 岁时撰成《淮海易谈》四卷，48 岁时撰成《幽心瑶草》，54 岁时《庄义要删》十卷刊成，《四书近语》是孙应鳌清平讲学时的著述，具体成书时间待查。但不管怎么说，就哲学（经学）角度而论，《淮海易谈》与《四书近语》是其代表之作。《四书近语》六卷（一说为四卷，误），被视为是作者"为切问近思之学"而著，武陵戴嗣方为此书序云："清平孙淮海先生，为切问近思之学，窥知行合一之原，其于四子书融会贯通，详说反约，著《四书近语》，务得圣贤大旨所存，不拘一章一句训诂。"① 至于《淮海易谈》，《明史·艺文志》虽仅存目，然《四库全书总目提要》却有客观品评："《淮海易谈》四卷，两淮盐政采进本，明孙应鳌撰。是书谓天地万物，在在皆有《易》理，在乎人心之能明，故其说虽以离数谈理为非，又以程子不取卦变为未合，而实则借《易》以讲学，纵横曼衍，于《易》义若离若合，务主于自倡其说而止，非若诸儒之传，惟主于释经者也。自《说卦·乾坤》六子以下，即置而不言，盖以八卦取象之类，无看假借发挥耳。其宗旨可知矣。"②《续文献通考》亦有类似著录。虽然《四库全书总目提要》讨论到孙氏《淮海易谈》时，称其"非主于释经，乃借《易》以讲学"，属较为公允的评价，但由于只是存目的原因，未能详考书中所论，实属遗憾。

孙应鳌持"五十以学《易》"，是以"五十之理数学《易》"，而非以"五十

① 戴嗣方：《四书近语序》，《孙应鳌文集》，贵州教育出版社 1996 年版，第 116 页。
② 李独清：《孙应鳌年谱》，贵州师范大学学报编辑部印本，第 115 页。

之年岁学《易》"之论，绝非为一时所兴，而为其数十年所持守。他42岁中年时撰《淮海易谈》四卷，其卷四《系辞上》之第八章即云：

> 五十以学《易》，是以五十之理数学《易》，非五十之年始学《易》也。数始于一，备于五，小衍之为十，大衍之为五十，参天两地而为五，十者两其五，五十者十其五。又《河图》中之所居者惟五与十。得此五十之精微，便是知变化之道，便知神之所为，便可合幽明，一事理。①

这段判语至少比戴望早出二百余年，且更为详备。他是在研读《易》之《系辞上》中一段话后作出此番判断的。事隔若干年后，他晚年归居清平讲学，以所撰《四书近语》为本，讲到《论语·述而》第十六章时，又一次抬出了他的惊世之论：

> 五十学《易》，非五十之年学《易》，是以五、十之理数学《易》也。大衍之数五、十，《河图》中之所虚者惟五与十。参天两地而倚数，合参与两成五，衍之成十。五者，十其五；十者，五其十。参五错综，《易》之理数尽于是矣。透得此五、十之精微，以通神明之德，以类万物之情，皆不能外。所以夫子谓为无过。②

大约相距15年的前后不同表述，异者小，同者大。同者为体，异者为用；用虽有异，实为互补。以下先分析以上前后表述作为"用"之所异者：

其一，作为文献出发点之前后所异。前者论"五十以学《易》"，是以《周易·系辞上》为文献之出发点。

《周易·系辞上》第十一章云："天一，地二；天三，地四；天五，地

---

① 孙应鳌撰，赵广升编校整理：《孙应鳌全集》册一，贵州民族出版社2016年版，第124页。

② 孙应鳌撰，赵广升编校整理：《孙应鳌全集》册一，贵州民族出版社2016年版，第127页。编校者在前者《淮海易谈》之"五十"间无顿点，而后者《四书近语》之"五十"间有顿点，即"五、十"。后者可通。

六；天七，地八；天九，地十。"①

第九章云："大衍之数五十，其用四十有九。分而为二以象两，掛一以象三，揲之以四以象四时，归奇于扐以象闰，五岁再闰，故在扐而后掛。天数五，地数五，五位相得而各有合，天数二十有五，地数三十，凡天地之数五十有五。此所以成变化而行鬼神也。《乾》之策二百一十有六，《坤》之策百四十有四，凡三百有六十，当期之日。二篇之策，万有一千五百二十，当万物之数也。是故四营而成《易》，十有八变而成卦，八卦而小成，引而伸之，触类而长之，天下之能事毕矣。显道神德行，是故可与酬酢，可与佑神矣。"②

关于《系辞》中所述之数，是夫子赞《周易》的成果之一，其就里之蕴，下文尚将交代一二。此先来了解一下孙淮海的解读，他认为："天一地二"以下，是天地之数；"大衍五十"以下，是筮策之数；"四营成《易》以下"是八卦之数，"数本于天地，著于大衍，成于八卦，八卦列而《易行》矣"③。下面一段关于《周易》的本质的表述，自"《易》行，则至微者彰，故显道"，至"得此知，则得《易》"，业已关乎"五十以学《易》"语之本体，则留待下文述之。而后者论"五十以学《易》"，则是以《论语·述而》第十六章"加我数年"为文献之出发点。由于在《淮海易谈》中已有关于"天地之数"、"大衍之数"等的阐说，而此为复述，故简。

其二，作为文字表述有前后繁简之异，直观可见。前者云"数始于一，备于五，小衍之为十，大衍之为五十"，而后者只云"大衍之数五、十"；前者云"参天两地而为五，十者两其五，五十者十其五"，后者则云"参天两地而倚数，合参与两成五，衍之成十。五者，十其五；十者，五其十。参五错综，《易》之理数尽于是矣"；后者有"所以夫子谓为无过"，而前者无。

---

① 冯国超译注：《周易》，商务印书馆2016年版，第576页。
② 《周易》，商务印书馆2016年版，第563页。
③ 孙应鳌：《孙应鳌文集》，贵州教育出版社1996年版，第123—124页。

其三，对"五十以学《易》"之功用前后表述有异。前者因是直接对《周易》之理的研究，故认为"得此五十之精微，便是知变化之道，便知神之所为，便可合幽明，一事理"，对后句"可无大过"一语却略而无论；然后者因据夫子之言而强调学《周易》之用，故云"透得此五、十之精微，以通神明之德，以类万物之情，皆不能外。所以夫子谓为无过"。"无过"是后者的落脚点。

前者与后者之同为大，且为之本体，其同有四：云"孔子'五十以学《易》'，是以五十之理数学《易》，非五十之年始学《易》也"，此为同一；云"大衍之为五十"，此为同二；云"《河图》中所居者惟五与十"，此为同三；云"透得此五十之精微，便是知变化之道，便知神明所为，便可合幽明，一事理"，此为同四。在此四同中，首同是孙应鳌的总纲，后三同正是对首同的证论与说明，也正是孙应鳌创获性见解的论据所在。于此，本节将在下文展开讨论。

孙应鳌主张的"五十以学《易》"，是他异于前人之论的创获所在。他的这一理论创获，表现在他大大突破了前人对"五十"二字的狭隘解读，那些狭隘的解读无论是"五十年"也好，"五十岁"也罢，包括朱子的"卒"，都无一不是线性的、囿于时间维度的解读。孙应鳌提出"以五十之理数学《易》"，无疑是对之前单一线性思维的突破，而在时间与空间的交融会通上实现了理论上的超越。孙应鳌完全脱开前人所有既定之说，彻底开了一个崭新的认识路径，他的创见涉及《易经》的"象数"论和"图书学"（河图、洛书）的深广的知识和玄奥的道理。我们先把对此的解析放一放，看一看孙应鳌创获性见解的理由究竟何在？

孙应鳌是建立了系统理论的易学家，在他遑遑四卷的易学专著《淮海易谈》中，遂逐一对《易经》六十四卦之卦辞、爻辞、彖辞、象辞一一展开了讨论，《易》在他那里，俨然上升到了"天地万物之理"既体既用的高度，用他自己的话来说："《易》者何也？以著天地万物之理也。天地万物之理妙于人心，故《易》著天地万物之理以明人心也。""噫嘻！天地得《易》，以清以宁；万物得《易》，以生以成；吾人得《易》，上下四方，往古来今，罔不毕臻。心之理，若是至精、至纯、至大、至一也耶！得其心，斯得其理，天地万物合为一体，固诸大圣人所以立教，诸大儒所以修教，吾人所以由教，意之贵而可传者深矣。"①孙应鳌不仅是义理易学的大家，同时还将义理易与象数易结合起来，以心学贯穿于其中，是少有的理、数兼论兼通的心易之学的大家。孙应鳌有一个颇具创获性的独特见解，就是他把他的理数皆赅的心易之学用来对《论语·述而》之"五十以学《易》"章中对"五十"二字的发明。只有从心性《易》理之高度，才能悟透"五"与"十"之数理（"透得此五十之精微"），并用以生发异于常人的奇思，所以孙应鳌能够独辟蹊径，语出惊人，说"五十学《易》，非五十之年学《易》，是以五、十之理数学《易》"。在他看来，孔子晚岁赞《易》，著"十翼"，发前人之所未发，真正是义理易学的开山之祖，虽为后世开发了《周易》义理学之路，却为后世所不懂，故而误判。实际上，孔子以为对《周易》的研究还有许多悬而未解之谜，比如当时已经出现了的"河图"之辞、它们与《周易》是一种什么样的关系？孔子还没有来得及接触，更谈不上学习与研究，才要发出"加我数年"的慨叹。

　　"加我数年"之"数年"，诚然为一时间维度，于此孙应鳌并无疑问。然而他在指出"五十之年岁"之非的同时，肯定"五十之理数"之是，则是在保有时间维度"加我数年"的同时，将思考引向广阔的空间维度，将时间与空间融彻贯通，揭示了常人不易察觉的"学《易》"的本质要求与规定。为什么说"五十之理数"对于《周易》来说，是一个或者说主要地是一个关于空间的本质规定呢？

　　3. 作为空间维度的"五十"

　　"理数之《易》"不仅涵盖了时间的维度，更是涵盖了空间的维度。属于时间维度的比如有《周易·系辞》之"揲之以四以象四时"，北宋邵雍

---

①　孙应鳌撰，赵广升编校整理：《孙应鳌全集》册一，贵州民族出版社2016年版，第8页。

的"元"、"会"、"运"、"世"亦揭示了时间的维度，他认为"天地"不仅表明空间维度，也具有时间的特质。在关于"天"和"地"有无终始的问题上，邵雍的回答是"有"。他说："《易》之数穷天地始终。或曰：'天地亦有始终乎？'曰：'既有消长，岂无始终？'"但他更强调天地的空间特性，故继而云："天地虽大，是亦形器，乃二物也。"[1]邵雍的象数学，更多地讨论了数的空间特性与维度，比如他说"天圆而地方，圆者之数，起一而积六；方者之数，起一而积八，变之则起四而积十二也。六者常以六变，八者常以八变，而十二者亦以八变，自然之道也。"[2] 他把这种空间上的"数之变"称为"自然之道"。邵雍的数理《易》可说源自两汉孟、焦、京、虞一脉，史称"象数易"，孙应鳌的心学之义理易学，显然是熔铸了多家《易》义的。他的心学源自陆王（陆九渊似有图数之言），他的义理《易》有契于程颐，则又发扬了邵康节，可说是一位关于《易》学的海纳百川者。

孙淮海欲讨论"象数学"，或曰"《易》图象"之学，断然离不开对于《太极图》、《河图》、《洛书》三者的关注。其实，三者的来源扑朔迷离，至今也没有让人确信无疑的定论，只有一些可让人大致了解的说法。如果再加上先天图，象数易学家就有了四种图的说法。而关于四种图的源头，似乎每一种说法都无不归寻于华山道士陈抟。

A.太极图：由陈抟传之种放，种放传之穆修，穆修传周敦颐，周敦颐传程颢、程颐。

B.河图、洛书：陈抟传之种放，种放传李溉，李溉传许坚，许坚传范谔昌，范谔昌传刘牧（这只是《河图》、《洛书》一支）。

C.先天图：陈抟传之种放，种放传穆修，穆修传李之才，李之才传邵雍（李之才是否李溉，不能确定，此仅是先天易图一支）。

而"河图"与"洛书"，不仅有来源的不同说法，更有着在词语解释和数字表述上的不同主张。宋代以来，有的以黑白点五十五数为《洛书》

---

① 邵雍：《皇极经世书·观物外篇》，《邵雍集》，中华书局 2010 年版，第 90 页。
② 邵雍：《皇极经世书·观物外篇》，《邵雍集》，中华书局 2010 年版，第 87 页。

之图，以黑白点四十五数为《河图》之图；另一种观点相反，则以五十五数为《河图》之图，以四十五数为《洛书》之图。由此可以看出，《河图》也好，《洛书》也罢，极有可能都是古代数学的产物，甚至是数学的一部分。把数学引入对于《易》之义理的研究，大有将质的研究引向数的研究，乃至于将《易》的义理的质与量统一起来进行研究，所以两宋以后关于《易》的研究，比起先秦两汉来说，的确是大大向前推进了一步。

以下是宋人心目中颇具代表性的理想的《河图》，此图30个黑点，25个白点，共55个黑白点组成，它们在空间中的排列，则依不同的理解有所不同。

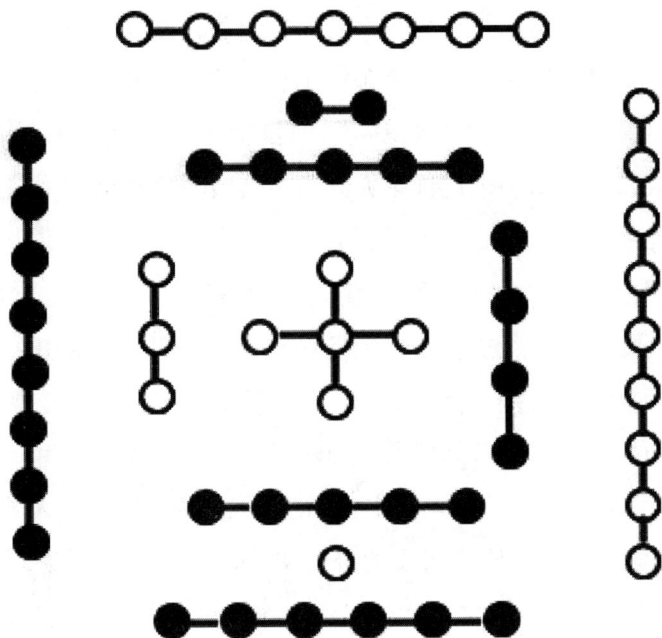

宋人总想通过自己想象中的图，来揭示图的更深处所隐藏着的内容，这些内容至少在先秦时候已经为人们所接触，比如"河图"之名早已为孔子所揭示：

其一，孔子修诗书，必然读到《尚书·顾命》中"越玉五重陈宝：赤刀、大训、弘璧、琬、琰，在西序；大玉、夷玉、天球、河图，在东序"一语，可见他已经相信《河图》的真实存在。不过，这里的《河图》，似乎更应是一种可用于礼祭的天然存在物，是一种石头，或称为"玉"，而不是属于人类思维表述形式的"图"与"数"之类。

其二，《论语·子罕》中如是云："子曰：凤鸟不至，河不出图，吾已矣夫！"这一情况与上述相类。或为黄河中出现的有纹理的石头，称河图。

其三，孔子在《易·系辞》中发出感叹："是故天生神物，圣人则之；天地变化，圣人效之；天垂象，见吉凶圣人象之；河出图，洛出书，圣人则之。易有四象所以示也。"尽管孔子这时已经认识到"凤鸟不至，河不出图"、"河出图，洛出书"是圣人受命之瑞象，但其中关于数的奥秘还没有解开。这个数到底为何？历来争讨不已，莫衷一是。有说是八卦的，有说是五行的，有人以黑白点来表示。直到1500年后的宋代，以邵雍为代表的一派人物才推出一个让许多人都大为信服的象数之学，想来孙应鳌也是深信于此吧！

孔子此段文字中的"四象"，值得深加关注，因为其并非单指春夏秋冬四季，而更与本文所主张之数理易学的时空一致性有密切之联系。有学者的分析尚具一定之理，其云："第一，'天生神物'是指龟甲与蓍策，一为动物一为植物，均为自然界所生而用于卜与筮的神圣之物，故'圣人则之'；第二，'天地变化'是指四时寒暑的自然现象，故'圣人效之'；第三，'天垂象'是指日月星辰所表现的昼夜阴阳，也是自然现象，故'圣人象之'；由是，我们可以推之第四的'河出图，洛出书'，也应该指自然现象才是。"[①] 此中"四象"："天生神物"、"天地变化"、"天垂象"、"河出图，洛出书"，皆无不穿透了时间与空间的维度，是时空的统一体。"四象"则皆以时间和空间作为自己存在和为人所识的存在方式。此言不虚。

① 高怀民：《宋元明易学史》，广西师范大学出版社2007年版，第150页。

先秦以后直至宋之前，凡接触到《河图》、《洛书》的，均以文字表述而未见图形，甚至连原有的一些因素都抛弃了。如孔安国说："河图，八卦。伏羲王天下，龙马出河，遂则其文以画八卦，谓之河图"①；刘歆说："歆以为宓羲氏继天而王，受河图则而画之，八卦是也"②；《礼记·礼运篇》云："故天降膏露，地处醴泉，山出器车，河出马图"③；郑玄则注："马图，龙马负图者也"；云云。这些众说与纷论不仅徒增"河图"、"洛书"之神秘感，而且离孔子赞《易经》的初衷越来越远了，即离开《易传》本身所具有的数的思想越来越远了。所以宋人所引申出的象数易学，既是对《易传》的回归，也是在新的起点上对前论（一般指汉论）的超越。先秦本身是有易数思想的，比如卦象本身的一奇一偶之数，《易传》所谓的"大衍之数"，《洪范》中的"五行之数"，并由此而演变出来的一、二、三、四、五之"生数"与六、七、八、九、十之"成数"，《易传》中"一"、"三"、"五"、"七"、"九"之天数，"二"、"四"、"六"、"八"、"十"之地数，以及"大衍之数五十，其用四十有九"。于是有郑玄不得不注云："凡五行减五，大衍又减一，故四十九也。"④孙应鳌所云"大衍之数五十"，便是由此而来。宋代的理学家们（如邵雍、二程、朱熹、蔡元定等，甚至包括心学家陆九渊），基本都是循着这一理路沿袭下来的。

"五行数"的最早历史文献可追溯到《尚书·洪范》，我们看到，宋人的"河图"是巧妙地把这个"五行数"结合进去了的。一说以为刘牧是《河图》的较早制作者，他的《易数钩引图》用黑白点表示出《河图》的直观形式（但这是不是龙马出河时的最初样式，谁也不知道）。既然有了图，人们想方设法地就来加以文字的说明，宋仁宗时的阮逸在其《正洞极元经传》卷五

①　孔安国：《孔氏传尚书》卷十一《周书·顾命》，《尚书》（上），中华书局1998年版，104页。

②　转引自高怀民：《宋元明易学史》，广西师范大学出版社2007年版，第150页。

③　张树国点注：《礼记》，青岛出版社2009年版，第103页。

④　汉郑玄撰清孔广林辑《周易注十二卷》，通德遗书所见录本（光绪刻）。

如是说：

> 河图之文，七前六后，八左九右，圣人观之以画卦。是故
> 全七之三以为离，奇以为巽；全八之三以为震，奇以为艮；全六
> 之三以为坎，奇以为乾；全九之三以为兑，奇以为坤。正者全其
> 位，偶者尽其画。

这样一来，《河图》不仅以"五行"相契合，同时又与八卦连接在了
一起，且不仅有了《河图》之图，又有了对图进行描绘的"河图之文"。
不过真正站在学术理论高度讨论《河图》的"河图之文"，还应首推邵雍
的象数学著作《皇极经世书》，此书分《观物内》与《观物外》两篇，他
的《观物外篇》一开始便以"河图天地全数"为题，内中图文并茂，一段
不长的文字述之如下：

> 天数五，地数五，合而为十，数之全也。天以一而变四，地
> 以一而变四，四者有体也，而其一者无体也，是谓有无之极也。
> 天之体数四而用者三，不用者一也；地之体数四而用者三，不用
> 者一也。是故无体之一以况自然也，不用之一以况道也，用之者
> 三以况天、地、人也。①

其实孔子在《系辞传》中也谈到"天地之数各五"，即天数（奇数）
二十五，地数（偶数）三十，合为全数之五十有五，此正前列《河图》中
黑白点数之和。邵雍在《河图》之数中引入了阴阳、隐显的范畴，认为天
地各以一而变四，在图上说便是天数隐"五"于其中，而地数隐"十"于
其中，其余天数之一、三、七、九与地数之二、四、六、八分列四方，在
中者谓"无体"，在四方者谓"有体"。换句话说，有体之数四为天地表现
之可见之数，为天之春、夏、秋、冬，地之东、南、西、北。无体之数天
地各一，使春、夏、秋、冬得以流行，使东、南、西、北得以分置。然
后，四有体数中"用三而一不用"，按邵雍的观物所得，指春、夏、秋三

---

① 邵雍：《观物外篇》，《邵雍集》，中华书局 2010 年版，第 170 页。

季生物而冬不生，前、左、右三方见物而后不见。最后，邵雍还借用了老子"人法地、地法天、天法道、道法自然"的思想，以无体之一况"自然"，不用之一况"道"，有体而可见之三况天、地、人。天数隐于五中，地数隐于十中，正是孙应鳌所理解的《河图》之中所虚者惟五与十；一、三、七、九，二、四、六、八皆为实者，虚者无体，实者有体。所谓参天两地，合起来即是五，然后各列奇偶相因而有五，有十，有十五、二十、二十五，依此推之，大衍之数相因而成，又变化无穷。所以，透得此五、十之精微，自然就可以"通神明之德，以类万物之情"了。邵雍在《观物外篇》有一句话不仅提到《河图》，还提到《洛书》与《周易》与《洪范》："圆者星也，历记之数其肇于此乎！方者土也，画州井土之法其仿于此乎！盖圆者河图之数，方者洛书之文，故羲文因之而造《易》，禹箕叙之而作《范》也。"[1] 如此一来，在宋代易学家那里，《河图》乃三者存焉：一乃《河图》之图，二乃《河图》之文，三乃《河图》之数。《系辞传》中诸数，特别是"大衍之数"，成了研究"河图之数"的基本对象。邵雍的理解尤其引人关注：

> 《易》之大衍何数也？圣人之倚数也。天数二十五，合之为五十；数三十，合之为六十。故曰"五位相得而各有合一"也。五十者，蓍数也；六十者，卦数也。五者蓍之小衍，故五十为大衍也；八者卦之小成，则六十四为大成也。[2]

他还给出了"大衍之数"的具体算法，说：

> 大衍之数，其算法之源乎？是以算术之起，不过乎方圆曲直也。乘数，生数也；除数，消数也。算法虽多，不出乎此矣。[3]

作为心学家的陆九渊对象数之学也是极为关注的，他于《三五以变错综其数》云："三极之道岂作《易》者所能自为之哉？错之则一、二、三、四、

① 邵雍：《观物外篇》，《邵雍集》，中华书局2010年版，第107页。
② 邵雍：《观物外篇》，《邵雍集》，中华书局2010年版，第91页。
③ 邵雍：《观物外篇》，《邵雍集》，中华书局2010年版，第97页。

五，总之则为数十五。三居其中，以三纪之，则三五十五。三其十五，则为《洛书》九章四十有五之数。九章尊位，纵横数之，皆十五。此可见三五者，数之所以为变者也。……故天地之数五十有五，而五为小衍，五十为大衍。盖五者，变之终也。参五以变，而天下之数不能外乎此矣。"①在象山的象数论中体现了时间与空间的交融会通与一致性。从时间上看，"天以气运而为春夏秋冬"，从空间上看，"地以形处而为东西南北"，然而，"天地既位，人居其中，乡明而立，则左右前后为四方"，于是"中与四方，于是为五。故一生水而水居北，二生火而火居南，三生木而木居东，四生金而金居西，而五生土而土居中央"②。陆九渊将象数之学与《洪范》的"五行"结合了起来。虽然如此，他在论及《论语》"五十以学《易》"章时，却轻易地将"五十"之深意放过了，因而他只是平淡地说："圣如夫子，犹曰'加我数年，五十而学《易》，可以无大过矣'。"还不如像王阳明那样，索性将"五十"二字付之阙如。

朱熹《周易本义》指出："天地之数，阳奇阴偶，即所谓河图者也。"③此短短十五字《河图》之文，清晰点明了《河图》之数与《河图》之文的关系。"大衍之数"为何是"五十"呢？朱子作出了回答："大衍之数五十，盖以河图中天五乘地十而得之。"④《系辞》中为何又说"其用四十有九"呢？朱熹解释道："至用以蓍，则又止用四十有九，盖皆出于理势之自然，而非人之智力所能损益也。"⑤朱熹客观理性主义的思想贯彻在其对于"河图之数"的分析中，不能不说具有相当的说服力。认识和解释"理势之自然"，是朱熹所主张的分析解读"河图之数"，进而学习《周易》和研究《周易》以至"无大过"的最终目的所在，可惜他没有把这一正确

---

① 陆九渊：《陆九渊集》，中华书局1980年版，第261—262页。
② 陆九渊：《三五以变错综其数》，《陆九渊集》，中华书局1980年版，第262页。
③ 朱熹：《周易本义》，天津市古籍书店1986年版，第303页。
④ 朱熹：《周易本义》，天津市古籍书店1986年版，第305页。
⑤ 朱熹：《周易本义》，天津市古籍书店1986年版，第305页。

主张贯彻到他所有的易学主张中，特别是"五十以学《易》"一章。不过，他关于"大衍之数""五十"的推衍，及"其用四十有九"的具体操作法，对后世有很大影响。由于远古时代的筮占之法今已难考，人们就把朱子之法作为一选，当然，朱子之法认真考究，也自有其渊源脉络。朱子"大衍"之法云：

> 两，谓天地也；掛，悬其一于左手小指之间也。三，三才也；揲，闲而数之也。奇所揲，四数之余也。扐，勒于左手中、三指之两间也。闰，积月之余日而成月者也。五岁之闲，再积日而再成月，故五岁之中凡有再闰，然后别起积分，如一掛之后，左右各一揲而一扐，故五者之中，凡有再扐，然后别起一掛也。①

这个推演（衍）之法是以"天地之数即河图"这一基本观点为前提的。朱熹和蔡元定的看法趋于一致，二者有很多这方面言论恕不能一一摘录，但应当确认一点，他们不仅仅是建基于图形上的奇偶点数立言，同时也是站在数理的立场上思考说话。只是不能贯彻得比较地通达、全面。

其实，《河图》之图、《河图》之文、《河图》之数三者，都是古人试图用来表达同一个东西的不同表现形式。即使没有这些表现形式，人们也会"附会"出别的什么形式来。形式不能没有，但形式并不是最重要的，人们是要通过这些形式，去探索深藏在其内部的属于本质一类的东西。这就是《易传》所说的"变化之道"、"神之所为"，邵雍所说的"以况天、地、人"和朱熹所说的"理势之自然"。

4. 知变化之道、神之所为

孙应鳌语出惊人，云"五十"乃"五十之理数学《易》"，而非"五十之年学《易》"，实际上是要求人们通过对以"大衍五十"为代表的一系列"河图之数"的学习，以达到对《周易》的深刻本质的把握，从而达到不

---

① 朱熹：《周易本义》，天津市古籍书店 1986 年版，第 305 页。

犯大的过失的目标。在这个以"五十之理数学《易》"的"五十"系列中，既有时间与空间的融会贯通，亦有形式与内容、现象与本质的辩证统一的道理穿透其中。

无论是在中年时期的《淮海易谈》，还是在晚年阶段的《四书近语》，孙应鳌的这个基本立场是始终如一的，是完全的理论自觉，而非是随心所欲。本着这一基本立场，孙应鳌从以下几个方面开展了论证：

第一，五十学《易》，非五十之年学《易》，是以五十之理数学《易》。这个与《易经》关联的数的系列，孔子早在其所赞《系辞》中已有完备交代。孙应鳌取《周易·系辞上》不同之处的两段文字合而论之，来说明所谓"五十之理数"：

> 天一，地二；天三，地四；天五，地六；天七，地八；天九，地十。天数五，地数五，五位相得而各有合，天数二十有五，地数三十，凡天地之数五十有五。此所以成变化而行鬼神也。大衍之数五十，其用四十有九。分而为二以象两，挂一以象三，揲之以四以象四时，归奇于扐以象闰，五岁再闰，故再扐而后挂。《乾》之策二百一十有六，《坤》之策百四十有四，凡三百有六十，当期之日。二篇之策万有一千五百二十，当万物之数也。是故四营而成《易》，十有八变而成卦。八卦而小成，引而伸之，触类而长之，天下之能事毕矣。显道神德行，是故可与酬酢，可与佑神矣。①

孙应鳌并非倚《系辞》原来顺序按部就班地加以讨论，而是按他所理解释义相近相关的集合起来加以阐发，所谓"《易》谈"，就是他区别于其他易学家的特色。他认为，"天一，地二"以下（至天九、地十），是"天地之数也"；"大衍五十"以下，是"筮策之数也"；"四营成《易》"以下，是"八

---

① 孙应鳌：《孙应鳌全集》，贵州民族出版社 2016 年版，第 123 页。郑玄注《周易》之传并不分章，后世易学者都有据己意而分章者，此风气似源自程朱。孙应鳌也有自己的分法，他把此中原属《易传》不同的部分列于一处，作为《淮海易谈》卷四之第八章。

卦之数也"。"数"是因为天地而产生的（"数本于天地"），表现为大的推演，就成了八卦，八卦排列（重以六十四卦），《易经》也就产生了。为什么"大衍之数"为五十呢？《系辞》中点明了"大衍之数五十，其用四十有九，分而为二以象两"，指的是占筮时用五十根蓍草，用于具体运算的则是四十九根。把这四十九根蓍草任意分为两堆，以象征天地两仪；所谓"挂一以象三"，是指从两堆蓍草中任意取出一根，放到一旁，以象征天、地、人三才；所谓"揲之以四以象四时"，即是把两堆蓍草各自以四根一组取出，以象征春、夏、秋、冬四季，所谓"归奇于扐以象闰"，即把每堆中剩下的蓍草（不足四根）置于手指之间，以象征闰月；所谓"五岁再闰，故再扐而后挂"，是说农历五年中有两次闰月，所以占筮时也要重复上述步骤，并把再次演算后剩下的蓍草夹于手指之间，并置于一旁。天数有一、三、五、七、九，地数有二、四、六、八、十，各有五个数，各自相加，便知天数之和是二十五，地数之和是三十，天地之数的总和是五十五。正是依靠这些数字，才构成了各种变化，并能与宇宙神明（鬼神）相通。

既然大衍之数为五十，那么小衍之数为何为十呢？孙应鳌这里的"小衍"，就是指最初步的、最简单的演算，天五与地五，就是十。所以他说"数始于一，备于五，小衍之为十"，就是这个意思。在此基点上，演算逐渐加码，"参天两地而为五，十者两其五，五十者十其五"，每一"五"的组合中，都包涵了天、地、人三才。再推下去，《乾》卦六个阳爻包括二百一十六根蓍草，《坤》卦六个阴爻包括一百四十四根蓍草，两者相加为三百六十，相当于一年的天数。《易经》上下经六十四卦包的蓍草，达到一万一千五百二十根，以此数目来代表天地万事万物。数的象征意义就大大地扩展了。掌握了这一切《易经》的道理，就可以从容地应对，做到沟通神灵，俯察天地了。这就是孙应鳌对"五十以学《易》"的解释，通过对"五十之数理"来学会《易经》，就不至于犯大的过错。

通过什么来把握"五十之理数"呢？孙应鳌认为通过《河图》来把握

"五十之理数"，是一个可取的方法。因为，《河图》中"所居者惟五与十"。宋代以来的《河图》多以黑白点表示，东、西、南、北、中，上、下、左、右、中，黑白点之间，彼此都逃不脱"五"的关系，要么"参天两地而为五"，要么"十者两其五"，要么"五十者十其五"。孙应鳌的"参天两地而为五"，是指《河图》居中的黑白点数，应该是接受了朱熹在《周易本义》卷首的看法（邵雍的《河图》，包括当时流行的河图，基本上都是以五居中）。朱熹说：

> 河图以五生数统五成数而同处其方，盖揭其全以示人而道其常数之体也。①

> 其皆以五居中，何也？曰：凡数之始，一阴一阳而已矣。阳之象圆，圆者径一而围三；阴之象方，方者径一而围四。围三者以一为一，故三其一阳而为三；围四者以二为一，故两其一阴而为二，是所谓参天两地者也。三二之合则为五矣，此河图、洛书之数所以皆以五为中也。②

宋代以来的《河图》绝大多数都遵循了这么一个基本原则，即图的四方均以五与十为等差向外扩展，十个数字中明用一、二、三、四、六、七、八、九，而暗用五与十，故以五与十居中。《河图》就是一个数目排列的图形，呈现出一种有秩序的数列，体现了自然的数理法则，易学家们并依如此法则而产生的思考，上升到哲学的层面而使其具有了高尚的意义。把"天"与"地"引入到这一自然的数理秩序之中，"参天两地而为五"，就成了解释《河图》义理的一个重要的哲学概括。即使是在宋易《河图》问世以前，这种利用数学创思的思维方式已在知识阶层流传。"郑玄、班固、扬雄、《易纬》作者、《淮南子》作者、《吕氏春秋》作者甚至上推到墨子，都已经为此数学排列所震惊，而采取了它的序数排列，只是尚未与《尚书》、《论语》、《易传》中的河图一支文化相结合。到了关朗或陈抟之时，

---

① 朱熹：《周易本义》，天津市古籍书店1986年版，第305页。
② 朱熹：《周易本义》，天津市古籍书店1986年版，第305页。

将此二系合一，遂产生黑白点数排列的河图，并由此向易学思想上大发挥……。"①

怎样"向易学思想上大发挥"，并由这一"大发挥"产生出对于天地之理的认知与所谓"鬼神之道"的揭示，就成了通过《河图》之图、之文、之数的学习而把握易道的实质，也是孙应鳌所主张的通过"五十之理数学《易》"的实质。关于这个实质，孙应鳌称之为"《易》之理数"的精微之处，他分别在《淮海易谈》和《四书近语》中作出了大意一致而文字略有不同的表述。

《淮海易谈》卷四第八章云：

> 得此五十之精微，便是知变化之道，便知神之所为，便可合幽明，一事理。②

《四书近语》卷四第十六章云：

> 透得此五、十之精微，以通神明之德，以类万物之情，皆不能外。③

"知变化之道，知神之所为"，语自《周易·系辞传》第十章，意思是知道事物变化规律的人，大概就知道了神灵的所作所为吧。这样的人就可以做到不犯大的过失，因为他通过"五十之理数"的学习，已然把握了圣人之道。

为什么说通过"五十之理数"的学习，就可以把握《易》的变化之道呢？《易传》解释道：

> 参伍以变，错综其数，通其变，遂成天地之文；极其数，遂定天下之象。非天下之至变，其孰能与于此？《易》无思也，无为也，寂然不动，感而遂通天下之故。非天下之至神，其孰能与于此？夫《易》，圣人之所以极深而研几也。唯深也，故能通天

---

① 高怀民：《宋元明易学史》，广西师范大学出版社 2007 年版，第 167 页。

② 孙应鳌：《孙应鳌全集》，贵州民族出版社 2016 年版，第 124 页。

③ 孙应鳌：《孙应鳌全集》，贵州民族出版社 2016 年版，第 217 页。

> 下之志；唯几也，故能成天下之务；唯神也，故不疾而速，不行
> 而至。①

反复不断地变化推演，交错综合蓍草的数目，贯通了其中变化的规律，就可以确定天地间丰富多彩的事物；穷尽了蓍草的数目，就可以确定天下的所有物象。《易经》本身没有思虑，也无作为，它寂静不动，但是通过占问就能发生感应，并能贯通天下所有事物。若不是天下最为神妙的东西怎么能达到如此之程度？《易经》是圣人用来探究事物的最幽深、最隐微之道理的。正因为它的幽深，所以能沟通天下人的心志；正因为它的隐微，所以能成就天下的事业；也正因为它的神妙，所以用不着急于求成，甚至可以不期而就。

圣人之道的具体内容又是什么呢？《易传》云：

> 《易》有圣人之道四焉：以言者尚其辞，以动者尚其变，以
> 制器者尚其象，以卜筮者尚其占。②

其意为：指导人们的言论的，是《易经》的卦爻辞；指导人们行动的，是《易经》所包涵的变化之道；指导人们制作器物的，则有赖于《易经》的卦、爻、象；指导人们对未来进行预测的，则是《易经》的占断功能。"是故圣人以通天下之志，以定天下之业，以继天下之疑。是故蓍之德圆而神，卦之德方以知，六爻之义《易》以贡。圣人以此洗心，退藏于密，吉凶与民同患。神以知来，知以藏往，其孰能与此哉！"③圣人通过蕴涵了"五十之理数"的《周易》来贯通天下人的心志，成就天下的事业，决断天下的疑难之事。所以蓍草圆而无不灵验，卦形方而充满智慧，六爻的意义充满变化而告人以吉凶。圣人通过蕴涵"五十之理数"的《周易》来净化自己的心灵，退而隐藏于秘密之处，与民众一起同甘苦，共患难，休戚与共，同时凭借蓍草的神通预知未来，通过卦体的智慧保存历史的记忆。

---

① 《周易》，商务印书馆 2016 年版，第 573 页。
② 《周易》，商务印书馆 2016 年版，第 573 页。
③ 《周易》，商务印书馆 2016 年版，第 577 页。

若非以"五十之理数学《易》"的圣人，又有谁能达到如此境界呢？这便是孙应鳌所认为的"便可合幽明，一事理"的"五十之精微"，透得此，以通神明之德，以类万物之情，皆不能外！这方是孔子期待的"无大过"。

第三节　孙应鳌论"心"

孙应鳌以"心性"、"仁体"为其心学立论之基，然"心性"、"仁体"又被孙应鳌展开为多维度之阐发，表达了他对"心"的全景像之理解。孙应鳌关于"心"的讨论主要发表在他的《淮海易谈》和《四书近语》两部著作中，其论可析为三端：以心解《易》、以《易》释心、心《易》互诠。以下兹分别加以述及。

一、以心解《易》

从孙应鳌以"心"解《易》的角度看《周易》八卦之"大象"，以阐明心物之关系。在这里，他既反对"遗心逐物"，亦反对"舍物求心"，证明"易之象"终归为"心之象"而已。淮海对八卦的大象一一作出极简极精准的归纳。他说："八卦'大象'：乾言'天行'，坤言'地势'，坎言'水洊至'，离言'明两作'，震言'洊雷'，艮言'兼山'，巽言'随风'，兑言'丽泽'，推之而为六十四卦。天、地、水、火、风、雷、山、泽，交互错综，皆《易》之象也。"[1] 他先是逻辑地通过人而后达于心。淮海认为八卦的"大象"所指不离于人，皆以人为其言说之对象，即"皆用易之人也"。他说："'大象'或言君子，或言大人，或言后，或言圣人，或言先王，皆用易之

---

[1]　孙应鳌：《淮海易谈》卷一，《孙应鳌全集》，贵州民族出版社 2016 年版，第 13 页。

人也。"① 不过这里所指的人，皆为古时所谓"上之人"。

既然"大象""皆用易之人"，他在谈到天地三德时，指明"天地万物之象，皆吾心之象，吾心其即物理乎。吾心之用，即天地万物之用，物理即吾心乎。吾心即是物理，乃欲去物理而归空无，不知吾心者矣。"② 又说"人者天地之心"，他引孟子"仁人心也"，认为孔子"克己复礼为仁"之深意在于"体仁而天地之心尽矣"。可见，人乃为天地之心无疑，故《易》与用《易》者皆以心为之主宰。所以淮海得出结论："《易》之象，心象也；用易者，心用之也。"③

而且"六十四卦之大象皆言'以'，只一'以'字，吾心与《易》象合矣"④。不仅八卦之大象与用易者皆合归于一心，作为认识对象的六十四卦与作为认识主体的用易者，皆合统于"只一"，所谓"吾心与易象合矣"。所以在他看来，《易经》的卦象无论怎样变化多端，皆为人心之象，即人心之表征而已。万象归于一，一即是心，心即是一。应鳌的心学比之陆氏（象山）则更为简捷通透。

接下来，淮海接续几千年之心学传统往下讲，就点明了心与物的关系。既然他说了"天地万物之象皆吾心之象，吾心其即物理乎。吾心之用即天地万物之用，物理其即吾心乎"，那么吾心与天地万物的关系，亦即心与物的关系。现在我们看淮海是如何论证这心物关系的？他接着说："吾心即是物理，乃欲去物理而归空无，不知吾心者矣。"反之亦然，"物理即是吾心，乃欲于事事物物上穷究，不知物理者矣"⑤。此话显然是对宋儒判吾心与物理为二的批评。所以他得出结论："知吾心、物理之无二，然后知吾身与天地万物实是一体，非实不然而强名之也。"⑥ 关于心与物的

---

① 孙应鳌：《淮海易谈》卷一，《孙应鳌全集》，贵州民族出版社 2016 年版，第 13 页。
② 孙应鳌：《淮海易谈》卷一，《孙应鳌全集》，贵州民族出版社 2016 年版，第 13 页。
③ 孙应鳌：《淮海易谈》卷一，《孙应鳌全集》，贵州民族出版社 2016 年版，第 13 页。
④ 孙应鳌：《淮海易谈》卷一，《孙应鳌全集》，贵州民族出版社 2016 年版，第 13 页。
⑤ 孙应鳌：《淮海易谈》卷一，《孙应鳌全集》，贵州民族出版社 2016 年版，第 13 页。
⑥ 孙应鳌：《淮海易谈》卷一，《孙应鳌全集》，贵州民族出版社 2016 年版，第 13 页。

关系，在孙应鳌看来，是截然不可二分的，必以吾心与天地万物浑然而为一体，方能行易之大道。"彼遗心逐物、舍物求心者，乌足以用易。"① 逐吾心与物理为二者，是不足以用《易》的。

孙应鳌进一步讨论心物关系：强调天地之道与吾心之关联时，应注意区分天地之道与天地之形的不同。

《淮海易谈》卷二中有"语'大'至天地尽"② 一语，"大"是对天地的形容。不过孙应鳌指出，"大"并非喻指天地之形貌，而是指天地之大道，天非形大而道大也。他说："然天地之大也，大以道，非大以形。"③ 因此"君子取法天地"，是"法此道也"，即君子是取法天地之道，而非取天地之形。而且，形与道的区别还在于，"天地有形矣，道则不囿于形"④，天地的形是具体的，道则被赋予了超越性与抽象性，故为真正意义上的"大"。但是，天地之道与天地之形又断断不可须臾而离，二者相辅相成，是抽象与具体、超越与现实的关系。

尽管如此，天地之道虽大，未为至大，而至大者，则是心也。在孙应鳌看来，心是比之天地之道还大的存在，只有心，才是"至大无外"者。依照孙应鳌的理解，心是管乎道的。他说："心者，道之管也。"他又把天地之形与道，比诸人之身与心，曰："人有身矣，心则不囿于身。"⑤ 同样道理，人之身虽为具体而有限，心则是抽象而超越，亦具备无限的品格。君子虽为人者，但并非以人之身而取法天地，而是以心则之，"故人之不能法天地者，以此心也"⑥。不过，孙应鳌又为"此心"增设了一个条件，即"大其心"，而排除了"小心"与"私心"。"大其心"即大公之心，取法天地之君子应备此大公之心而已。故孙应鳌有曰："故大其心则是以尽天地，

① 孙应鳌：《淮海易谈》卷一，《孙应鳌全集》，贵州民族出版社 2016 年版，第 13 页。
② 孙应鳌：《淮海易谈》卷一，《孙应鳌全集》，贵州民族出版社 2016 年版，第 18 页。
③ 孙应鳌：《淮海易谈》卷一，《孙应鳌全集》，贵州民族出版社 2016 年版，第 18 页。
④ 孙应鳌：《淮海易谈》卷一，《孙应鳌全集》，贵州民族出版社 2016 年版，第 18 页。
⑤ 孙应鳌：《淮海易谈》卷一，《孙应鳌全集》，贵州民族出版社 2016 年版，第 18 页。
⑥ 孙应鳌：《淮海易谈》卷一，《孙应鳌全集》，贵州民族出版社 2016 年版，第 18 页。

非尽天地也，尽道也。尽道则天地之始吾之始，天地之终吾之终，天地之不息吾之不息，天地之无疆吾之无疆。凡万象之变化于天地者，皆吾心之变化。其富贵、贫贱、生死、祸福，不过万象变化之瞬息陈迹耳，何足以与吾大。"①这里，应鳌将天地万物与吾心的因果关系阐释得异常明白，其与陆象山的"宇宙吾心"之论、与先师阳明的"心外无物"之论，既续而承之又大而广之，其特突之妙在于强化一"大"字。后来黄宗羲因未见得黔中有王门一案，更未见得孙应鳌有谈易之书，所言"白沙精微、阳明后大"之论虽为不虚，如能晓谕应鳌深意，定作叹止。孙应鳌直契孔门仁体之大学问，因言："孔子志于学，志此大人之学也。故学非大，不足以言学。"②看来，学问之大，首根在于"大其心"。不能大其心，则不足以言学耳！

其次，孙应鳌以为，大其心，然后能体易，知《学》、《庸》为《易》之权舆。

"无心"、"私心"、"小我之心"，是断不能体易用易的。孙应鳌断言："必知大，然后能体《易》；必知中，然后能用《易》。"此"大"，有双重义。据上文，为"大其心"之"大"，据下文，则为《大学》之"大"。中，乃为《中庸》之中，"必知中，然后能用《易》"③，讲的是"大"与"中"的关联，应鳌言曰："中者，大之枢也；大者，中之度也。"④以"枢"与"度"喻《学》、《庸》之关系，显然强调了二书互为因果、共居一统绪的截然之不可分离。又曰："曾子作《大学》，知大矣而中具焉；子思作《中庸》，知中矣而大具焉。"⑤可见，二者之关联如此。然二书（指《大学》、《中庸》）与《易》，又成为至重之关系。孙应鳌是如此定义的："二书者，其易之权

① 孙应鳌：《淮海易谈》卷一，《孙应鳌全集》，贵州民族出版社 2016 年版，第 18 页。
② 孙应鳌：《淮海易谈》卷一，《孙应鳌全集》，贵州民族出版社 2016 年版，第 18 页。
③ 孙应鳌：《淮海易谈》卷一，《孙应鳌全集》，贵州民族出版社 2016 年版，第 18 页。
④ 孙应鳌：《淮海易谈》卷一，《孙应鳌全集》，贵州民族出版社 2016 年版，第 18 页。
⑤ 孙应鳌：《淮海易谈》卷一，《孙应鳌全集》，贵州民族出版社 2016 年版，第 18 页。

舆乎。"①"权舆"，如车之两轮，鸟之两翼，二书于《易经》，俨然如《易传》也矣。

再次，孙应鳌指出，良知即为"赤子之心"，重在养之正与不正。

孙应鳌在《淮海易谈·卷一·蒙卦》中，将孟子所谓不虑而知、不学而能的"良知"比之为"赤子之心"。他说："大人不失赤子之心，只因赤子之心不虑而知、不学而能。今自'良知'而养之，以至于圣人之无所不知，亦只是当初一点不虑之知。今自'良知'而养之，以至于圣人之无所不能，亦只是当初一点不学之能。大人与赤子之心原无分毫增减，但系所养之是正与不是正耳。"② 这里涉及到先天与后天、本体与功夫的不同。从先天来看，此赤子之心是不虑而知、不学而能的，圣人的所谓无所不知、无所不能，也只是"当初一点不虑之知"、"当初一点不学之能"。由此看来，孙应鳌对即使是圣人的赤子之心，即良知先天性的认可，也是十分有限，他更强调的是后天所"养"，而"养"的关键之处则在于"所养之是正与不是正耳"。所谓正养，即是良知不曾放失的功夫论，孟子谓"不放心"，此只是一被动之语，而主动的功夫，则为孙应鳌所曰"发其本心之良"。在这里，孙应鳌对"蒙"的理解，显然通"萌"，正应其"当初一点"。他认为"蒙之道有六"：一曰发蒙者；二曰包蒙者；三曰慎蒙者；四曰困蒙者；五曰童蒙者；六曰击蒙者。实际是蒙（通"萌"，即"当初一点"）的六种不同表现形式，他以蒙之六爻一一证之。他说，蒙的初六"利用刑人，说桎梏"，是发蒙之象，"人性不齐，使有忿疾之意何能发蒙?""蒙虽柔暗，我虽刚中，亦必两意相接教始能施"，"虽以人君之尊下学于我，我则以阳受阴"。于人君发蒙之初而我教施之，此为蒙道之首要功夫。接下来，孙应鳌以九二"纳妇"、"克家"为"包蒙"之象，六三为"勿用取女"之象，六四为"困蒙"之象，六五"童蒙"下从九二之象，上九"击蒙"之象是也。所以，孙应鳌得出结论："蒙者嗜

---

① 孙应鳌：《淮海易谈》卷一，《孙应鳌全集》，贵州民族出版社 2016 年版，第 18 页。
② 孙应鳌：《淮海易谈》卷一，《孙应鳌全集》，贵州民族出版社 2016 年版，第 21 页。

欲未长，天理未丧，乘此之时发其本心之良，以我此身为蒙所型法，使一切嗜欲为此心天理之械系者爽然脱去，则蒙斯正。"得蒙之正，是为正养，所养者"吾浩然之气"耳，"乘此之时"也与阳明先师教人"克治省察"，将人欲"扫荡心腹之患"而"廓清平定"于"未萌方萌之际"实为相契同功。反之，则为养之不正。

以下是孙应鳌以心解《易》的大量例证。

在《比》卦中，孙应鳌曰："诸侯以天子之心为心而亲万民，则万民皆以诸侯之心为心而亲天子矣。"[1]

在《同人》卦中，应鳌曰："火上同于天，上下之心同"，"中正则己无私心"，"可见君子之所同者，同天下人心之公理而已。"[2]"同人于门"乃"初九同人之始，刚而无应是无私主之心、无比昵之迹、无私与之人，一出门而天地四方皆在所与矣，故无咎也"[3]。

孙应鳌证明治"人心之梗"须"至明"、"至健"。他于《噬嗑》卦之《彖》曰："颐中有物曰噬嗑"，以卦形颐之象，喻之为人心有梗。"虽然人心亦有梗焉，治人心之梗非至明不足察其几，非至健不足致其决。天下归仁则合矣，克己复礼之学其至乎。"[4]几，极细微也，由量的变化开始；决，彻底决裂，完成质的变更。孙应鳌强调治人心之梗须用功夫，是一个细致入微的渐进过程，此过程，非至明至健之功夫不能达成，亦不能使天下之仁合而归之。这正是孔子"克己复礼之学"的最深刻的用意。

在《复》卦中，应鳌强调"反复其道，乃见天地之心"。《复》，何谓"亨"？以刚反也。《复》，何谓"出入无疾，朋来无咎"？以动而顺行也。《复》，何谓"反复其道，七日来复"？以天行也。《复》，何谓"利有悠往"？以刚长也。这里，"刚反"、"动而顺行"、"天行"、"刚长"，皆为"复"之

---

① 孙应鳌：《淮海易谈》卷一，《孙应鳌全集》，贵州民族出版社 2016 年版，第 27 页。
② 孙应鳌：《淮海易谈》卷一，《孙应鳌全集》，贵州民族出版社 2016 年版，第 36 页。
③ 孙应鳌：《淮海易谈》卷一，《孙应鳌全集》，贵州民族出版社 2016 年版，第 36 页。
④ 孙应鳌：《淮海易谈》卷二，《孙应鳌全集》，贵州民族出版社 2016 年版，第 48 页。

德。四德何以一之？孙应鳌有曰："故曰：'复'见其天地之心乎。刚柔则天地之心，而'刚反'则见天地之心矣。动静皆天地之心，而'动以顺行'则见天地之心矣。七日、八月皆天地之心，而'七日来复'则见天地之心矣。刚柔消长皆天地之心，而'刚长'则见天地之心矣。"①

孙应鳌于《震》卦之论"心"字凡十有一见。如曰"此心专一，敬有所主"，曰"此心戒慎恐惧无一毫之不敬"，曰"此心安平宽舒无一毫之不泰"，曰"'此心之不放'曰'恐惧'"，曰"'此心之不违'曰'修省'"。又以初九为震主，曰"当震初常存戒谨，不失本心之则，故吉也。"九四"震遂泥"，曰"盖九四亦震之主，亦犹初阳②，而云'遂泥'者，人心之动唯初为善，以其未入于私意，……发乎本心无所因袭，……在人之心为过常，……"但言《震》之六二与六五相应，故有曰"两'亿'字正见圣人处变而不懈思惟之意，今人但言处变而勿动其心，不知圣人之处变曲尽其酬酢之宜者，乃所以为真不动心也"③。

孙应鳌于《兑》卦，凡"心"字九见。针对"说以利贞"、"顺乎天而应于人"，孙应鳌释之以"合乎天理之自然为顺，得乎人心之同然为应"；曰："说者，心体也。义理无穷，知识有限，若不就朋友讲习，吾之心体何由得明，心体不明，则物欲深而天机浅，求说难矣。唯朋友讲习，则以文会友，而义理之著于事物者不昧；以友辅仁，而吾心之融乎义理者日深。心之所同然者，义也，理也，理义之说我心，说之至也，是谓'真说'。"④又论九二，"以阳居阴，密进于三，……其为说也本诸真心"；而"六三阴柔不中正，是无其德；为兑之主，是志在于说；上无所应，是无所以说；自失其位妄以说之，本心亡矣。故曰：'来兑，凶'也。"⑤凡此，不一一赘言。

---

① 孙应鳌：《淮海易谈》卷二，《孙应鳌全集》，贵州民族出版社2016年版，第53页。
② 重卦《震》乃为两单卦《震》所叠，故初九为下单卦之主，九四为上单卦之主，故应鳌称九四"亦犹初阳"。
③ 孙应鳌：《淮海易谈》卷三，《孙应鳌全集》，贵州民族出版社2016年版，第94页。
④ 孙应鳌：《淮海易谈》卷三，《孙应鳌全集》，贵州民族出版社2016年版，第105页。
⑤ 孙应鳌：《淮海易谈》卷三，《孙应鳌全集》，贵州民族出版社2016年版，第105页。

孙应鳌于整篇《淮海易谈·卷四》[1]，凡"心"字一百二十有一见。以《易》为心，为孙应鳌所钟之论，其直言之曰："《易》者，心也"，"日用一切处，此心"也矣。易不离心，心不离易。对于君子而言，躬行于易乃是心之所主、心之所行。无论是处乐之时，还是出为之际，"居而安，乐而玩，君子之于《易》躬行心得而已"，他引《系辞上》二章所言"君子所居而安者《易》之序，所乐而玩者爻之词"，把心之乐、心之所戏、所玩躬行于《易》，对《易》的体悟自然入于高级境界。孙应鳌曰："躬行心得乎《易》，则动与天游，静与天俱，常吉在我，故无不利。"[2] 也正如"子思曰：'君子无入而不自得'。自得者，常安也，常乐也。常安常乐者，常吉也。故周子曰：'君子修之吉。他人非不居，但不得《易》之序，是以不安；非不玩，但不得《易》之辞，是以不乐。"[3] 我们考察孙应鳌的"《易》者心也"的思想之渊源，可由子思追溯至周敦颐，而直接于先师王阳明。于是，孙应鳌总结云："心之象便是《易》之序，心之变便是《易之辞》。"[4] 这段话是孙应鳌以心解《易》、以《易》释心的典范之语。王阳明先生当年在龙场以"心外无物"、"心外无事"、"心外无理"之心态"玩"《易》，是何等之境界；孙应鳌深知，若无"心者易也"、"易者心也"的本体与功夫，"玩"的至高境界是断然到达不了的。

孙应鳌由此引申出"得易者，得心也"的结论。

孙应鳌以为："致知则得易，易者，心也。"他对"神无方而易无体"的解释是："心之不测便是神，心之生生便是易，非致知其何以哉。故知致则理穷、则性尽、则命至。"[5] 下面在"安土敦乎仁，故能爱"的理解中，

---

① 孙应鳌"以心解《易》"、"以《易》释心"更多地见于其《淮海易谈·卷四》。（孙应鳌：《淮海易谈》卷四，《孙应鳌全集》，贵州民族出版社2016年版，第116—148页。）
② 孙应鳌：《淮海易谈》卷四，《孙应鳌全集》，贵州民族出版社2016年版，第117页。
③ 孙应鳌：《淮海易谈》卷四，《孙应鳌全集》，贵州民族出版社2016年版，第117页。
④ 孙应鳌：《淮海易谈》卷四，《孙应鳌全集》，贵州民族出版社2016年版，第117页。
⑤ 孙应鳌：《淮海易谈》卷四，《孙应鳌全集》，贵州民族出版社2016年版，第119—120页。

依然以心体为仁之基，其曰："圣人以安土言仁，至矣哉！安土者随寓而安，心无系累，如是方能敦仁，方能爱。"①心之于爱者、仁者又如何？其曰："爱者，天地生物之心，所谓仁也。"②心之所以能爱者，能仁者，又因其乐之在，其安之在。故心，与爱，与仁，与乐，与安，常为儒家所一以贯之，又以仁心而统之，如孔子之言"仁者爱人"，则"仁心"，当为爱人之心而已。尧舜也好，孔颜也罢，如孙应鳌所曰："若不能安土必择自安之地，则唯知有己，不知有人，何以能爱？故尧、舜之得位，孔、颜之不遇，其敦仁，一也，能爱，一也。"③在孙应鳌看来，之所以乐，心体而已，"心无一毫系累谓之乐，乐者，心体也"④。他指出了之所以非乐的根源："常任多忧只因不能乐天，不能乐天只因不能知命。"⑤非乐的根据为不知命，而不知命又因为什么呢？孙应鳌接着说："观幽明、死生、鬼神、昼夜，其屈伸代谢于天地万物之中，自然而然，何莫非命。知命，则一身之生死、得丧与天地万物同其屈伸代谢，变者不容不变，常者不容不常，何忧之有！"⑥所以，他用《论语》终言告诫人们："不知命，无以为君子。"他最后得出一结论："学至知命而成矣，难已哉！"⑦此处"知命"的内涵，可否与孔子所谓之"天命"同，若同，则孔子所谓"五十而知天命"，又谓"五十而学《易》可以无大过"，能够达于"成"之境地否？故孙应鳌叹之谓"难已哉"。虽未定于"成"，然得之于心，终能得之于成。"得《易》者，得心也，知者，心之本体，得此知，则得《易》。"⑧"见者何？见《易》也。见《易》者，见心也。"⑨。故曰：知易则知心，得心则得易。

①　孙应鳌：《淮海易谈》卷四，《孙应鳌全集》，贵州民族出版社 2016 年版，第 120 页。
②　孙应鳌：《淮海易谈》卷四，《孙应鳌全集》，贵州民族出版社 2016 年版，第 120 页。
③　孙应鳌：《淮海易谈》卷四，《孙应鳌全集》，贵州民族出版社 2016 年版，第 120 页。
④　孙应鳌：《淮海易谈》卷四，《孙应鳌全集》，贵州民族出版社 2016 年版，第 120 页。
⑤　孙应鳌：《淮海易谈》卷四，《孙应鳌全集》，贵州民族出版社 2016 年版，第 120 页。
⑥　孙应鳌：《淮海易谈》卷四，《孙应鳌全集》，贵州民族出版社 2016 年版，第 120 页。
⑦　孙应鳌：《淮海易谈》卷四，《孙应鳌全集》，贵州民族出版社 2016 年版，第 120 页。
⑧　孙应鳌：《淮海易谈》卷四，《孙应鳌全集》，贵州民族出版社 2016 年版，第 124 页。
⑨　孙应鳌：《淮海易谈》卷四，《孙应鳌全集》，贵州民族出版社 2016 年版，第 123 页。

对"心"的进一步揭示，则是由人主之心扩展到宇宙天地，曰"天地之心，即人之心也"。孙应鳌释《易传》"一阴一阳之谓道"，认为"心体"而已。阴、阳、道、理、天、地、体、仁，都只是一个心体。"见者何？见《易》也；见《易》者，见心也。""天地之心，即人之心也。""人心之静正，如乾之专，如坤之翕，则易简之善是亦天地而已。寂然不动则自专、则自翕，是所谓静正也。"① 不啻人心之静，人心之动亦然："引申触类而拟议成变化之妙，皆可自得于吾心矣。此便是圣人教人以见《易》之准也。"②

孙应鳌将宋儒经常讨论的动静寂感话题应用于人心，但又不同意将寂与感判而为二，指出"寂感非二，明此之本体"。认为无论寂或是感，动或是静，都是心本体的表现形式，非出于二端。孙应鳌曰："故《易》有圣人之道者，谓心也。""寂感，人心也，寂感之间，圣人所谓一贯也。"③他据周敦颐"动静"、"神妙万物"之意，感而言之曰："吾心之妙万物以寂然不动，感而遂通耳。《中庸》论不睹不闻，莫见莫显之几，而归其功于慎独。孟子论有事勿正之道，而约其要于'勿助勿忘'，勿助勿忘便是慎独，慎独则寂感自一，发明心学至此无余蕴矣。"④

孙应鳌进一步将周敦颐的"太极"用于其心学论证，得出"心为太极"的命题。邵雍也有"心为太极"之意，孙应鳌感言之"至矣"！进而发表出"心生生便是全体太极"之感悟。原本"易有太极"，孙应鳌多次言及"易即是心"，他分析道："太极非在仪象卦爻之先，论实理为太极生阴阳，论实体为阴阳涵太极。易者生生之谓也，生生之不假丝毫智力，于本然之中有自然之妙，不离不杂是太极也。邵子曰：'心为太极'，至矣！心生生便

---

① 孙应鳌：《淮海易谈》卷四，《孙应鳌全集》，贵州民族出版社 2016 年版，第 124 页。
② 孙应鳌：《淮海易谈》卷四，《孙应鳌全集》，贵州民族出版社 2016 年版，第 124 页。
③ 孙应鳌：《淮海易谈》卷四，《孙应鳌全集》，贵州民族出版社 2016 年版，第 124 页。
④ 孙应鳌：《淮海易谈》卷四，《孙应鳌全集》，贵州民族出版社 2016 年版，第 124—125 页。

是全体太极。"① 王阳明与孙应鳌的"心"非为邵子之"心",二者之间是有明显区别的。应鳌通过释"知几其神乎",来证明——人人谓心为神明,此即神也。

儒家一般以"精义入神"谓之内,孔子由此而发挥到致用;儒家一般以"利用安身"为之外,孔子却内化为"崇德"。此亦为孙应鳌所主张,可见圣人之学是合了内外之道的。"知几其神乎",人人谓心为神明,即此神也。神明之"神",非鬼神之"神"。孙应鳌说:"不神则物,物则不通,神妙万物。"不神之物,乃为今所谓无生命的物体,当然是不可通达于心知的。他接着说:"心也者,妙万物而为言者也,故知几则神。"有了心的贯穿,万物方妙,活脱脱地显现出来,成为人心所识别的对象。动与静的关系由此而生显:"几者动之微,吉凶之先见,只'先见'便是'知几'。'知微知彰,知柔知刚',先见也。先见者,心之所以为神也,……此心体当下便是,……圣人得《易》者无他,只是得此先见之心体耳。"② 可见,孙应鳌与王阳明的"心"皆是指的"心体"、"心之本体";以此为是,则应鳌之"心体"、"仁心"之观愈加明朗。

二、以易释心

除《淮海易谈》卷四外,其余三卷亦对"心"有讨论,充分体现了孙应鳌"以易释心"的理论特色。

在《淮海易谈》卷一中,结合《易》,分析了心与一、吾心与物理的关系。

首先,明了大人之学乃一贯之学。"大人之学不可自小也,自小者不足言矣。而世之以空、无言性命者,岂知此实心实理者耶。故知实心实

---

① 孙应鳌:《淮海易谈》卷四,《孙应鳌全集》,贵州民族出版社 2016 年版,第 126 页。
② 孙应鳌:《淮海易谈》卷四,《孙应鳌全集》,贵州民族出版社 2016 年版,第 130—131 页。

理则知诚，知诚则知仁；知体仁则知所以合天，即知所以用易；知所以用易，即知我与天地万物一体，即知一贯之学。"① 孙应鳌反对以空无言性命，强调实心实理、知诚知仁，知仁则合天，知所以用《易》，这才是我儒家知天地万物一体的"大人之学"、"一贯之学"。为此，方有所谓"圣人治于上则位乎天德，圣人治于下则天下文明。而圣人之心，则为九二之安也"②。

既然圣人以天地万物为一体，必然考察吾心与天地万物之关系，即吾心与物理之关系。孙应鳌曰："天地万物之象皆吾心之象，吾心其即物理乎？吾心之用，即天地万物之用，物理其即吾心乎。吾心即是物理，乃欲去物理而归空、无，不知吾心者矣。物理即是吾心，乃欲于事事物物上穷究，不知物理者矣。知吾心、物理之无二，然后知吾身与天地万物实是一体，非实不然而强名之也。"③ 在孙应鳌看来，物理与吾心乃为不可分，不容有二。物理即是吾心，吾心便是物理。此语近于陆象山言，然又不同，孙应鳌的深意在于，知物理与吾心之无二，然后知吾身与天地万物实为一体。

谈到《乾》卦之三德，孙应鳌亦强调其心为之所主的优先性。他说："天地之德，元尽之矣。天地之所以为天地，浑然唯此元气也。故曰'乾元'，曰'坤元'。元气之成象为日月，元气之运行为四时，元气之变化为鬼神，元气之虚灵之在人者为心，一也。大人之合明、合序、合吉凶，总只是与天地合德，故曰：'人者，天地之心也。'朱子谓'人与天地鬼神，本无二理，唯蔽于有我之私，是以梏于形体而不能相通。大人无私，与道为体，故无彼此先后之可言。'语体元也，语体仁也，其言至矣。孟子曰：'仁，人心也。'孔子曰：'克己复礼为仁。'体仁而天地之心尽矣，克己而仁体矣。此谓之大人之学，非九二之'存诚'极其至，何以能合？合

---

① 孙应鳌：《淮海易谈》卷一，《孙应鳌全集》，贵州民族出版社 2016 年版，第 11 页。
② 孙应鳌：《淮海易谈》卷一，《孙应鳌全集》，贵州民族出版社 2016 年版，第 12 页。
③ 孙应鳌：《淮海易谈》卷一，《孙应鳌全集》，贵州民族出版社 2016 年版，第 13 页。

者，一也。"①这里，体仁而天地之心尽，是孙应鳌讨论的最为核心，是他的"心体仁体"之论的又一着力表达。

在知"心体仁体"的功夫论上，孙应鳌赞同《易传》"早辨"之论，曰："吾心一念天理之发，辨之于早而拓充之；一念人欲之萌，辨之于早而遏绝之。成贤圣、配天地、不沦夷狄、不入禽兽皆在于此。故曰：'知远之近，知风之自，知微之显。'非知不能早辨。"②

所为"大人之学"之"大"，非"利见大人"之"大"。孙应鳌曰："语'大'，至天地尽矣。然天地之大也，大以道，非大以形。君子取法天地，法此道也。"③然天地之道虽大，又是由心作主管的："心者，道之管也。天地有形矣，道则不囿于形；人有身矣，心则不囿于身。故人之能法天地者，以此心也。故大其心，则是以尽天地，非尽天地也，尽道也。尽道，则天地之始吾之始，天地之终吾之终，天地之不息吾之不息，天地之无疆吾之无疆。凡万象之变化于天地者，皆吾心之变化。其富贵、贫贱、生死、祸福，不过万象之瞬息陈迹耳，何足以与吾大？"④

大人何以为其大人？只因"大人不失赤子之心，只因赤子之心不虑而知，不学而能。今自'良知'而养之，以至于圣人之无所不知，亦只是当初一点不虑之知。今自'良知'而养之，以至于圣人之无所不能，亦只是当初一点不学之能。大人与赤子之心原无分毫增减，但系所养之是正与不是正耳。"⑤能够正养其"良知"，排除不正之养，则使大人之心与赤子之心无分毫增减，此为"不失"，这是孙应鳌在释《蒙》卦的"蒙以养正"。可见，孙应鳌特别重视功夫对于"心性本体"的重要作用。他接着说："《蒙》者嗜欲未长，天理未丧，乘此之时，发其本心之良，以我此身

①　孙应鳌：《淮海易谈》卷一，《孙应鳌全集》，贵州民族出版社 2016 年版，第 14 页。
②　孙应鳌：《淮海易谈》卷一，《孙应鳌全集》，贵州民族出版社 2016 年版，第 16 页。
③　孙应鳌：《淮海易谈》卷一，《孙应鳌全集》，贵州民族出版社 2016 年版，第 18 页。
④　孙应鳌：《淮海易谈》卷一，《孙应鳌全集》，贵州民族出版社 2016 年版，第 18 页。
⑤　孙应鳌：《淮海易谈》卷一，《孙应鳌全集》，贵州民族出版社 2016 年版，第 21 页。

为《蒙》所刑法，使一切嗜欲为此心天理之械击者爽然脱去，则蒙斯正。"① 未发时克之于方萌之际，已发时则存天理而灭人欲，此为孙应鳌以心解易、以《易》之《蒙》释心以致良知的独特表达。

在《比》卦，孙应鳌曰："上亲下，则下以上为心；下亲上，则上以下为体，故《比》则吉。"② 此为"亲比之象"，曰："诸侯以天子之心为心而亲万民，则万民皆以诸侯之心为心而亲天子矣。是之谓天下一家，中国一人，《比》之至也。"③ 此处撇开治世关系不论，只见其以心为要，即可见其以心解易也。同时，也是儒家"天地万物一体之仁"的间接表述。而其直接的表述，王阳明在《大学问》中业已道明："阳明子曰：'大人者，以天地万物为一体者也，其视天下犹一家，中国犹一人焉。若夫间形骸而分尔我，小人矣。大人之能以天地万物为一体也，非意之也，其心之仁本若是，其与天地万物而为一也。'"④ 孙应鳌接着在《泰》卦中论天地之道，用以心解易之法来表述君民关系。他说："天地之道，何道也？曰'交'而已。'以左右民'，正是君民之情交，民以君为心，君以民为体。凡有一之不遂其生、不若其性者，皆取足于圣人'裁成'、'辅相'之中矣。"⑤ "民以君为心，君以民为体"的观念自是陈迹，但其以心解《比》卦，自见其一贯之道也。

在《同人》卦中，看应鳌欲如何规范君心为天下大公之心？他说："同人以离遇乾，火上同于天，是上下之心同也。六二得位得中，上应九五，是君臣之德同也。一阴而五阳同与，是彼此之情同也。《同人》贵公不贵私，贵大不贵昵，'《同人》于野'，公而大矣。处一家，同乎一家；处一国，同乎一国；处天下，同乎天下。……'文明以健，中正而应'，此君子之正也。内文明则察于理，外刚健则勇于义，中正则己无私心，应乾则可合

① 孙应鳌：《淮海易谈》卷一，《孙应鳌全集》，贵州民族出版社 2016 年版，第 21 页。
② 孙应鳌：《淮海易谈》卷一，《孙应鳌全集》，贵州民族出版社 2016 年版，第 27 页。
③ 孙应鳌：《淮海易谈》卷一，《孙应鳌全集》，贵州民族出版社 2016 年版，第 27 页。
④ 王守仁：《大学问》，《王文成公全书》，中华书局 2015 年版，第 1113 页。
⑤ 孙应鳌：《淮海易谈》卷一，《孙应鳌全集》，贵州民族出版社 2016 年版，第 33 页。

天德，此君子之正，所以‘能通天下之志’者也。天下之人万殊而志则一，唯正则能通之。能通天下之志，是谓大同。可见君子之所同者，同天下人心之公理而已。”①如此，方能得君子之正。得君子之正，则能通天下，是谓大同。所谓大同，是同天下之人心。孙应鳌的以《易》解心无疑充满理想主义色彩。

相反在《大有》中，孙应鳌提出破“小人自私之心”，曰：“大有之时，有外臣修其时享，心在王室，不敢存小人自私之心，……”②

在《淮海易谈》卷二中，孙应鳌继续以心解易，以易释心。如《噬磕》卦续论“人心之梗”，其曰：“虽然，人心亦有梗焉，治人心之梗，非至明不足察其几，非至健不足致其决。天下归仁，则合矣。克己复礼之学其至乎！”③强调治人心之梗的功夫务必至明至健，如此方能合克己复礼之学而天下归之于仁。继而论“利有攸往”，《复》卦的“利有攸往”为应鳌所见，其曰：“《复》，其见天地之心乎。刚柔皆天地之心，而‘刚反’则见天地之心矣。动静皆天地之心，而‘动以顺行’则见天地之心矣。七日、八月皆天地之心，而‘七日来复’则‘见天地之心’矣；刚柔消长皆天地之心，而‘刚长’则见天地之心矣。”④无论是刚柔、动静、消长，合于“利有攸往”，皆有见于天地之心。因为天地之心本来就是活泼泼的本体存在。孙应鳌说：“天地之心，生生是也。天地之心，无在而无不在，生生不已。指静为天地之心，天地之心何尝倚于静也！指动为天地之心，天地之心何尝倚于动也！……所以谓‘《复》，见天地之心’也。”⑤天地之心不依于静、不依于动，这完全是王阳明的思想。王阳明以天地之心为灵明，天地万物山川河流离了我的灵明，谁去俯它深？谁去仰它高？那

---

① 孙应鳌：《淮海易谈》卷一，《孙应鳌全集》，贵州民族出版社 2016 年版，第 36 页。
② 孙应鳌：《淮海易谈》卷一，《孙应鳌全集》，贵州民族出版社 2016 年版，第 38 页。
③ 孙应鳌：《淮海易谈》卷二，《孙应鳌全集》，贵州民族出版社 2016 年版，第 48 页。
④ 孙应鳌：《淮海易谈》卷二，《孙应鳌全集》，贵州民族出版社 2016 年版，第 53 页。
⑤ 孙应鳌：《淮海易谈》卷二，《孙应鳌全集》，贵州民族出版社 2016 年版，第 53 页。

是因为这个灵明、这个天地之心本身就是活泼泼地、生生不已的。在孙应鳌看来，天地之心（天理）同时又包含了生物之心（物理），皆统合于人之本心。孙应鳌说："天地生物之心，即人之本心也。了得此心，则何动何静、何见何不见？了不得此心，何从而见、何以谓之见？所以教人《复》？《复》则刚，反则顺，动则刚长。见得此后，无往非天地之心，即无往非人之本心，动亦是，静亦是。非以《复》为天地之心，是教人就《复》处看天地之心也。"① 孙应鳌在《复》卦中，把"心"的实质作了一层层的推演，由天地之心所含有生物之心，到人的本体之心，最终指向"圣人之心"，这是他的着眼点："何以《复》处见天地之心？圣人之心，清明在躬，志气如神。程子曰：'圣人无《复》，故未尝见其心'是也。失此清明则昏，昏则扰乱，故孟子曰：'人之异于禽兽几希。'好恶相近之间，所谓几希也。夜气所息，《复》此几希也。几希《复》，则夜气即平旦之气，平旦之气即旦昼之气，以能息也。几希不《复》，则夜气不能不失于平旦，平旦之气不能不梏于旦昼之所为以不能息也。息与为别，能息则为即是息，不能息则息亦是为，能息就见本心。故曰'《复》，其见天地之心'。"②"《复》之初爻，即全乾之体。'不远复'者，非动而即复之谓也。此'不远'，非《中庸》'道不远人'之'不远'。天地之心即我之心，我不失此心，即复天地之心，故言'不远《复》'。复而未尝有失，故曰'大吉'。"③ 这是典型的以易释心。

在《坎》中，孙应鳌探讨了"心之亨"。他说："坎，有险之义；习坎，重险之义也。圣人以'水流而不盈，行险而不失其信'释《坎》之'有孚'，以'刚中'释《坎》之'维心亨'，以'往有功'释《坎》之'行有尚'。盖《坎》中为阳，阳动，故曰'水流'；陷中未出，故曰'不盈'。水唯险则行，故曰'行险'。水中实，故曰'孚信'。刚在中，心象也，故

---

① 孙应鳌：《淮海易谈》卷二，《孙应鳌全集》，贵州民族出版社 2016 年版，第 53 页。
② 孙应鳌：《淮海易谈》卷二，《孙应鳌全集》，贵州民族出版社 2016 年版，第 54 页。
③ 孙应鳌：《淮海易谈》卷二，《孙应鳌全集》，贵州民族出版社 2016 年版，第 54 页。

曰'心亨'。险行则有济，故曰'尚，往有功'。天险、地险、王公之险，极言《坎》之用也。"①"心之亨"有"心亨"与"心不亨"，只有维持住心亨，方可刚且中。孙应鳌曰："'唯心亨，乃以刚中'。人之处险，凡夷狄患难，此身可陷，此心不可陷。心亨，则虽险而夷；心不亨，则自入于险而不可出。非刚中，乌能与于斯？'君子无入不自得'，其道故有在也。"②做到"心亨"，就能化险为夷，君子出入自得，是把握住了道的表现。

在《咸》卦中，孙应鳌认为此卦的要义在于本于心象而不言心。其曰："九四为咸之主、心之象。心之本体不落于思虑，则寂然不动、感而遂通，是谓正。正则吉，则悔亡。一入思虑，失其心体，则'憧憧往来'，不胜其扰，是谓思。思则朋从，则不正，则悔。九四本心象而不言心，正见感之不可以有心，心之不可以有所也。……学者察于九四主爻，得此心无思无为之体，则不离于应感，不逐于应感，不失于应感，而天下之道毕矣。程子《定性》之书，其九四之精蕴耶！"③九四爻是《咸》卦的主爻，它的本质在于正，乃心之本体之正，是无思无为之正，却又不离于应感，不逐于应感，又不失于应感。感，乃咸下有心，是为有契矣。

在《遁》卦中，孙应鳌曰"于遁卦见圣人未尝忘天下之情。二阴渐长，势宜遁矣，但五以阳刚当位，下应于二，其时犹可与有行者乎，见望治之心也。……然而必遁者何不得不然也，其心则有不然者也。"④希冀圣人有天下之情和望治之心，而不是一味遁避，这是孙应鳌对圣人的深切企望。

在《恒》卦中，孙应鳌强调"有恒"即正心。曰："君子以成德为行，《恒》之谓也。"⑤在《家人》卦中则强调"正心"："'大象'言有物而行有恒，修身之谓也。身修则家齐而国治天下平矣。言乐'有物行'。曰'有恒'，非

---

① 孙应鳌：《淮海易谈》卷二，《孙应鳌全集》，贵州民族出版社 2016 年版，第 62 页。
② 孙应鳌：《淮海易谈》卷二，《孙应鳌全集》，贵州民族出版社 2016 年版，第 62 页。
③ 孙应鳌：《淮海易谈》卷二，《孙应鳌全集》，贵州民族出版社 2016 年版，第 65 页。
④ 孙应鳌：《淮海易谈》卷二，《孙应鳌全集》，贵州民族出版社 2016 年版，第 68 页。
⑤ 孙应鳌：《淮海易谈》卷二，《孙应鳌全集》，贵州民族出版社 2016 年版，第 66 页。

正心何以哉！心正则诚，诚者言之物也，行之常也。"①

在《睽》卦中，孙应鳌涉及所谓"愿合之心"。曰："初九'悔亡，丧马勿逐自复，见恶人无咎。'盖初九上无正应，然四与相应，不无愿合之心，有'丧马自复'之意，彼既愿合，我不得不见；既见恶人，则非避矣。"②君子对于恶人持"愿合之心"，由舜对于象始，愿合即感化之，王阳明《象祠记》"天下无不可化之人"之深意矣！

在《益》卦中，孙应鳌主张立"惠心"，认为吉凶之道无不自心而生，《易》云"'有孚惠心，勿问'元吉，有孚惠'我德'也。上九以阳居《益》之极，求《益》不已，此立心不恒之人也。求《益》不已者，怨所由起，是凶之道。故云：'莫益之，或击之，立心勿恒，凶'也。此卦初曰'元吉'，二曰'永贞'，三曰'有孚'，四曰'中行'，五曰'有孚'，六曰'恒'。可见吉凶之道，无不自心而生，求《益》者，求诸吾心，是谓真益矣！"③强调吉凶之道无不由心所生，所以求《益》务必求诸吾心，此之谓"有孚惠心"，方可谓之真《益》之道。

在《淮海易谈》卷三中，孙应鳌多以"正言若反"的表达方式，继续阐释他关于"心《易》互释"的广深之意。若论《升》卦上六之"自反其冥升之心"，其曰："若能自反其冥升之心不息于正，是为大利，故云：'冥升，利不息之贞'也。"④至于其余各爻之《象》与《象》：初爻为"合志"，二爻为"孚"，三爻为"无所疑"，四爻为"顺事"，五爻为"正"，六爻为"不息之贞"。但凡志之不合与有疑，以及不顺、不正、不恒者，皆不足以进德，不足以立位，即使是"升"了，也不是《易》之所谓升。"冥升之心不息于正"，不息于正之心，方为《易》之《升》，此是孙应鳌心释《易》的必然规定。

---

① 孙应鳌：《淮海易谈》卷二，《孙应鳌全集》，贵州民族出版社 2016 年版，第 73 页。

② 孙应鳌：《淮海易谈》卷二，《孙应鳌全集》，贵州民族出版社 2016 年版，第 75 页。

③ 孙应鳌：《淮海易谈》卷二，《孙应鳌全集》，贵州民族出版社 2016 年版，第 81 页。

④ 孙应鳌：《淮海易谈》卷三，《孙应鳌全集》，贵州民族出版社 2016 年版，第 87 页。

在《困》卦中，孙应鳌在回答"困何以亨"时，强调"亨不于其身于其心，不于其时于其道"①。主张了"心"对于"身"、"道"之于"时"的绝对优先性。

在《井》卦中，孙应鳌自解答了孟子"见孺子入井"的所谓"恻隐之心"。此"恻隐之心"即"心恻"，是人之所固有，从而主张了性善论。孙应鳌于"九三"曰："可食之泉而人莫之食，行道之人皆为心恻，非三恻也。君子怀才抱德，待时而动，上遇王者之明而见用，则天下受利泽之益者以之。"②又于"九五"与"上六"曰："井以阳刚为泉，上出为功，六当上出，善博施而能济众，天下无不信，心志之公也。《井》至五、六，井道大成矣。"③"天下无不信，心志之功"，皆是对人性本善的肯定，而不主张人性本恶。

在《革》卦中，孙应鳌将"心"释之为"革心"，而所革之对象为君子，君子之心"革"，则小人自然听从而面革。此一如《论语》中"风草之喻"（君子之德风，小人之德草，风动，草必偃之）。孙应鳌以"心"释之，提升了讨论的深度。其曰："君子之革心者，如豹之变，小人之革面者，听其从，革面不强其心，若往则凶，若居贞则吉，是所谓'君子豹变，小人革面，征凶，居贞吉'也。"④以"豹变之喻"代"风草之喻"，突出了心的主宰作用。

在《震》卦中，孙应鳌释心，强调："君子一生功夫，只是'恐惧修省'四字，……故'恐惧'非惶惑也，'修省'非矜持也。小心翼翼，昭事上帝，自此心之不放曰'恐惧'，自此心之不违曰'修省'，可谓奉天矣！"⑤此心为"恐惧"，此心为"修省"，更是主此心为一"敬"，"然此心专一敬有所主、惧有所忘、不暇他不顾者，莫如主祭"，"此心戒慎恐惧无一毫之不敬"，"此心安平宽舒无一毫之不泰"。又以正言若反之方式言说，何为"真

---

① 孙应鳌：《淮海易谈》卷三，《孙应鳌全集》，贵州民族出版社 2016 年版，第 88 页。
② 孙应鳌：《淮海易谈》卷三，《孙应鳌全集》，贵州民族出版社 2016 年版，第 90 页。
③ 孙应鳌：《淮海易谈》卷三，《孙应鳌全集》，贵州民族出版社 2016 年版，第 90 页。
④ 孙应鳌：《淮海易谈》卷三，《孙应鳌全集》，贵州民族出版社 2016 年版，第 91 页。
⑤ 孙应鳌：《淮海易谈》卷三，《孙应鳌全集》，贵州民族出版社 2016 年版，第 94 页。

不动心"？其曰："盖九四亦震之主，亦犹初阳，而云'遂泥'者，人心之动，唯初为善，以其未入于私意，故初之虩虩，遇变而谨，发乎本心，无所因袭，此不失匕鬯诚敬之至者也。……今人但言处变而勿动其心，不知圣人之处变曲尽其酬酢之宜者，乃所以为真不动心也。"①依然是先天性善的主张。

在《巽》卦初六，他说："盖六以柔居刚，心志不定疑与巽者也。"②因为巽主柔，所以心志不定是巽的表现。

《兑》卦通"说"（读"悦"），在应鳌看来，"说者，心体也。义理无穷，知识有限，若不就朋友讲习，吾之心体何由得明？心体不明，则物欲深而天机浅，求说难矣。唯朋友讲习，则以文会友，而义理之著于事物者不昧，以友辅仁，而吾心之融乎义理者日深。心之所同然者，义也，理也。理义之说我心，说之至也，是谓'真说'。说非自朋友得也，资朋友而得也。"③"说"与"乐"通，可见"处乐出为"之道是儒家传统，更是王阳明所倡之精神境界。儒家由"箪食瓢饮"到"寻孔颜乐处"，再到孙应鳌将之上升至"说者心体"的高度之"真说"，可谓一脉相承。通过讲会，以文会友，以友辅仁，是获取"真乐"的最佳方式，难怪王阳明、蒋道林、孙应鳌、马廷锡，一代一代黔中王门均乐此不疲。同是在应鳌看来，"乐"是发自内心自我的真实感受，"心之所同然者义也、理也，理义之说我心，说之至也，是谓'真说'。说非自朋友得也，资朋友而得也。""乐"的实质是心合于义、心合于理，心即是理也。乐的心境全由自我生成，然亦离不开朋友的相互帮助与彼此切磨。

孙应鳌解《涣》之初六，以为"盖心和而平，道公而大，非寻常思虑之所能，故云'涣其群，元吉。涣有邱，匪夷所思'，言光大也。"又言及九五："君臣同德，发号出令天下，因王言之大，知王心之一，故云'涣

① 孙应鳌：《淮海易谈》卷三，《孙应鳌全集》，贵州民族出版社 2016 年版，第 94—95 页。
② 孙应鳌：《淮海易谈》卷三，《孙应鳌全集》，贵州民族出版社 2016 年版，第 103 页。
③ 孙应鳌：《淮海易谈》卷三，《孙应鳌全集》，贵州民族出版社 2016 年版，第 105 页。

其汗大号，涣王居，无咎'，言正位也。"① 孙应鳌通过《涣》解心之和、心之平、心之公、心之大、心之一也。

孙应鳌于《中孚》之《彖》中，训心为之"中"，其谓"中孚以利贞，乃应乎天"②，指尽性也。《中庸》首言"天命之谓性"也。然此"性"乃心之训："唯天自然，故其虚也。非可以无心得；其实也，非可以有心求。此天理之至者，无一毫人欲之私，则自中自孚也。"③ 又有九五言曰："缘九五刚健中正，至诚所惑，固结拘挛天命，人心不能离也。"④ 此语于人心的挺立担当，亦为在人心之天理所不容有二也。

孙应鳌于《既济》与《未济》卦，论"克终之心"与"克终之才"。其曰："处既济者贵有克终之心，处未济者贵有克终之才。唯心不克终，故既济为未济；唯才可克终，故未济终必济。"⑤《既济》卦之本意是象征事物发展圆满成功，但它的初九爻却有"初吉终乱"之意，故尤其强调要有一预防在先之思想准备，此孙应鳌名之为"克终之心"。《未济》与之相反，为坎下离上，有水火不济之意，故而阴差阳错，事物的发展现出波澜曲折。故孙应鳌提出一个"克终之才"。如无克终之心，事物走向反面，"故既济为未济"；即使这样，有克终之才，亦可力挽狂澜，"故未济终必济"也矣。在孙应鳌看来，在事物相互转化的过程中，"心"作用的确立具有至关重要的意义。

三、心与《易》互诠

在《淮海易谈》卷四，孙应鳌集中讨论《易传》，继续以心释易，以

① 孙应鳌：《淮海易谈》卷三，《孙应鳌全集》，贵州民族出版社 2016 年版，第 107 页。
② 孙应鳌：《淮海易谈》卷三，《孙应鳌全集》，贵州民族出版社 2016 年版，第 109 页。
③ 孙应鳌：《淮海易谈》卷三，《孙应鳌全集》，贵州民族出版社 2016 年版，第 110 页。
④ 孙应鳌：《淮海易谈》卷三，《孙应鳌全集》，贵州民族出版社 2016 年版，第 110 页。
⑤ 孙应鳌：《淮海易谈》卷三，《孙应鳌全集》，贵州民族出版社 2016 年版，第 115 页。

易解心，心与易互释互解。

第一，心的简易之理体现于日用一切处。

在孙应鳌看来，一部《易经》"皆飞跃上下之间，昭著不息之体也"。"日用一切处，此心易简之理，不著丝毫意见，凡饮食起居、声声色色，有还有，无还无，即当时当处受用地也。"①

第二，《易》是君子躬行的心得。

孙应鳌指出，居而安，乐而玩，"君子之于《易》，躬行心得而已"。"躬行心得乎《易》，则动与天游，静与天俱，常吉在我，故无不利。故子思曰'君子无入而不自得'者。常安也、常乐也，常安常乐者常吉也。"②孙应鳌接着引周子言，曰："君子修之吉，他人非不居，但不得《易》之序是以不安；非不玩，但不得《易》之辞是以不乐。心之象便是《易》之序，心之变便是《易》之辞。"③《易》作为君子躬行的心得，还在于《易》是君子常安常乐、动与天游、静与天俱之心安与理得的标的所在。"心无一毫系累谓之乐，乐者心体也"，抛却一应系累于心之物，动则与天俱游，静则与天俱安。"安土敦乎仁，故能爱"。"圣人以安土言仁，至矣哉！安土者随遇而安，心无系累，如是方能敦仁，方能爱。爱者天地生物之心，所谓仁也。"④

第三，易以天地为准，然易者，心也。得易者，得心也。

孙应鳌指出："盖天地易而已矣，圣人得易故与天地相似，得易者得心也。""此知放而弥六合卷而藏于密，吾心不虑而知之知是也。……致知则得易，易者心也。故曰：'神无方而易无体。'心之不测便是神，心之生生便是易，非致知其何以哉？故知致则理穷、则性尽、则命至。"⑤"生生者不外

① 孙应鳌：《淮海易谈》卷四，《孙应鳌全集》，贵州民族出版社 2016 年版，第 117 页。
② 孙应鳌：《淮海易谈》卷四，《孙应鳌全集》，贵州民族出版社 2016 年版，第 117 页。
③ 孙应鳌：《淮海易谈》卷四，《孙应鳌全集》，贵州民族出版社 2016 年版，第 117 页。
④ 孙应鳌：《淮海易谈》卷四，《孙应鳌全集》，贵州民族出版社 2016 年版，第 120 页。
⑤ 孙应鳌：《淮海易谈》卷四，《孙应鳌全集》，贵州民族出版社 2016 年版，第 119—120 页。

于阴阳，不逐于阴阳，不倚于阴阳，不杂于阴阳，是以能生生也。此天地之心，即人之心也。"又曰："至动则可乱，圣人见天下之至动而爻立，故不可乱。见者何？见《易》也，见《易》者见心也。"又曰："得《易》者得心也，知者心之本体，得此知则得《易》。""故《易》有圣人之道者，谓心也。"①

第四，吾心之妙，在于万物以寂然不动，感而遂通。

孙应鳌强调："人心之静正，如乾之专，如坤之翕，则易简之善是亦天地而已。寂然不动则自专、则自翕，是所谓静正也。"②他直接指出："（此心）寂感人心也，寂感之间圣人所谓一贯也。……明此心之本体也。……吾心之妙万物以寂然不动，感而遂通耳。……勿助勿忘便是慎独，慎独则寂感自一，发明心学自此无余蕴矣。"③能勿助勿忘，能慎独，皆由于心之既寂然不动又感而遂通。而功夫却在于"圣人以此洗心，退藏于密"，"圣人以此斋戒，神明其德"。所谓此者，何所指耶？悟得及，则洗心便是斋戒，退藏便是神明。密者，神明之宅也。他说："阖辟虽异而枢未尝移，心一也。动静虽殊，而体未尝动。得阖辟之枢，则乾坤之变通、形象、制用，出入，一以贯之；得动静之体，则人心之变通、形象、制用、出入，一以贯之。寂然之间，所谓枢体也。"④

他提出"知几其神乎"的命题，说："人人谓心为神明，即此神也。不神则物，物则不通，神妙万物。心也者，妙万物而为言者也，故'知几'则'神'。'几者动之微，吉凶之先见'，只'先见'便是'知几'。""知微知彰，知柔知刚"的确是先见也。"先见者，心之所以为神也"，故曰："颜子庶几"，故曰："圣人得《易》者无他，只是得此先见之心体耳。"⑤

第五，心之恒，是天地人之常理。"'易其心而后语'，心之恒也"。

---

① 孙应鳌：《淮海易谈》卷四，《孙应鳌全集》，贵州民族出版社2016年版，第124页。
② 孙应鳌：《淮海易谈》卷四，《孙应鳌全集》，贵州民族出版社2016年版，第122页。
③ 孙应鳌：《淮海易谈》卷四，《孙应鳌全集》，贵州民族出版社2016年版，第124—125页。
④ 孙应鳌：《淮海易谈》卷四，《孙应鳌全集》，贵州民族出版社2016年版，第125页。
⑤ 孙应鳌：《淮海易谈》卷四，《孙应鳌全集》，贵州民族出版社2016年版，第130页。

孙应鳌说："'安其身而后动'，身之恒也；'易其心而后语'，心之恒也；'定其交而后求'，交之恒也。顺道则安，不险则易，道义相与则定，只是得一个天地人之常理。"①观《易》之"变动不居，周流六虚，上下无常，唯变所适"，则世之拘执其心，物而不化者非《易》矣。观《易》之"出入以度，外内知惧，明于忧患，如临父母"，则世之莽荡其心、往而不返者非《易》矣。故圣人之心无有间断，时时发愤；圣人之心无有滞碍，时时是乐。他举孔子为例，孔子以五十之理数学《易》而可以无大过，故曰："圣人作《易》，幽赞神明"。神明者天地参两之体，即人之心也。心体一毫不失与天地同，是曰："无过毫厘，差特天地悬隔"。自形生神发、五性感动上看出，心体之流行不睹不闻者而言静，主静之学即无极之道也。又恐人误以主静之"静"为动静之"静"，故又提出"无欲"二字。见太极心体之流行所以无声无臭、不睹不闻者为之无欲。"无欲"二字为千古学《易》者之正赅，无欲便是不二，便是生生，便无不测。

第六，孙应鳌提出"天心"的概念。

他说："人心即天心。应物接事而心未尝动，故谓之天心。""帝之出、之齐、之见、之役、之说、之战、之劳、之成，非帝自为之出，自为之见、之役也，即卦气之出、之见、之役而帝因之也。帝者，天之主宰。故卦气常运而帝未尝动，以不动故谓之帝。其在于人，人心即天心，应物接事而心未尝动，故谓之天心。"②从《易》的角度讲，天心即为之太极。故曰："心为太极"。"易道当然也"，是易的当然之道。此天心，孙应鳌引邵子，曰："先天之学心学也，吾终日言之而未尝离乎是。"故观《易》者，知数圣之所以同，则知吾心之《易》通同。又曰："人心一私不容谓之虚，万理咸备谓之实，虚则为心之明，实则为心之诚。明则诚矣，诚则明矣，《易》道当然也。"③在孙应鳌看来，一部《易经》只是一变字，卦之变、

① 孙应鳌：《淮海易谈》卷四，《孙应鳌全集》，贵州民族出版社 2016 年版，第 131 页。
② 孙应鳌：《淮海易谈》卷四，《孙应鳌全集》，贵州民族出版社 2016 年版，第 136 页。
③ 孙应鳌：《淮海易谈》卷四，《孙应鳌全集》，贵州民族出版社 2016 年版，第 139 页。

易之变也，能知易之变而后得不变之真，能知易之不变而后得变之妙，此心体也。统统归结到"心体"的变与不变。他说："心体无时不变，无物不变，然亦无时能变、无物能变。"① 又引尧之"十六字心传"："尧曰：'人心惟危，道心惟微，惟精惟一，允执厥中。'心一也，'危'处便是'人心'，'微'处便是'道心'，'危微'一体，有至中之理存焉，在人'精一'之耳。精而一之，握天下之至不变以御天下之至变，无往非'道心'矣，变与不变，莫得而测，是至神矣。微哉！"② 事实上，孙应鳌的"天心"，亦即"道心"而已矣。

第七，人心又是自然之心。

在孙应鳌看来，"故卦之生自然，《易》之作亦自然，可见人之心亦自然"。此自然之心是寂然而应感的，万事万化皆出于此："图皆从中是，万事万化生于心。……可见，欲观吾心之应感，当观其寂然者；欲观吾心之寂然，当观应感者，不可二也。"③ 这样的心又是"纯心"，他引周濂溪言："故周子曰'纯心'。要矣！心何由以纯？只得《易》理到手，心便纯。"④ 可见，他的纯心、自然之心、天心、道心，皆一也，皆是《易》理之心。孙应鳌与宋儒的最大区别，仍在于"心即理"与"性即理"的区别。程明道谓："《订顽》立心便可达天德"，又言："学者须先识仁，……"横渠曰："……心所以万殊者，感外物为不一也。……"横渠又以形色为糟粕，以性道为易，以心之感应于天地之感。与《西铭》意旨迥别，孙应鳌认为，上述诸先儒皆"不知《易》理即我也，我自有之，我自得之，何弄？何不弄？"（此乃针对邵子"弄丸之喻"而言）孙应鳌的最终结论是："求《易》理者，当求之吾心。""得《易》者，得心也。"⑤

---

① 孙应鳌：《淮海易谈》卷四，《孙应鳌全集》，贵州民族出版社 2016 年版，第 140 页。
② 孙应鳌：《淮海易谈》卷四，《孙应鳌全集》，贵州民族出版社 2016 年版，第 140 页。
③ 孙应鳌：《淮海易谈》卷四，《孙应鳌全集》，贵州民族出版社 2016 年版，第 141 页。
④ 孙应鳌：《淮海易谈》卷四，《孙应鳌全集》，贵州民族出版社 2016 年版，第 141 页。
⑤ 孙应鳌：《淮海易谈》卷四，《孙应鳌全集》，贵州民族出版社 2016 年版，第 124 页。

第八，"巧"是心的特殊规定。

孙应鳌指出："吾心明物察伦，由仁义行，无毫发爽失，于《易》谓之曰'巧'。……观造化之无一毫爽失于《易》，为造化之巧，然后知吾心之巧可合妙于造化者，唯在自得。"[①]心的造化之巧出自天然，与自私之心、用智之心不同，后者"便天地悬隔，非难乎"[②]！他批评佛道："老子之学亦然。但圣人以《易》道自处，其心公；老子以一身自处，其心私；所以别也。"[③]

第九，作为天地之心的"道"是一以贯之的。

孙应鳌谈《易》与道、与心通道为一："《易》也者，道也；道也者，性也；性也者，心也；心也者，身也；身也者，人也；人也者，万物也；万物也者，《易》也。人，得《易》而生者也；性也，以生而名也者；心也，以主宰而名也者；身也，以形色而名也者；万物也，以变化而名也，而会之曰'道'，宗之曰'一'，得其一而道备矣。"[④]故曰："'人者天地之心'。既曰'天地之心'，以言乎天地之间则备矣，失其心则失天地矣。天地之间皆备，容可二乎哉？二之则有外，有外则非一，故不得一则非人矣，不知一则非道矣，不志一则非学矣。故《易》也者，一也；一则《易》，不一则不《易》。孔子曰：'吾道一以贯之。'"[⑤]在孙应鳌"以心释易"、"以易解心"的易学思想中，《易》之道、《易》与心，通道为一，他的"心本体"之道也是一以贯之的。

---

① 孙应鳌：《淮海易谈》卷四，《孙应鳌全集》，贵州民族出版社 2016 年版，第 142 页。
② 孙应鳌：《淮海易谈》卷四，《孙应鳌全集》，贵州民族出版社 2016 年版，第 143 页。
③ 孙应鳌：《淮海易谈》卷四，《孙应鳌全集》，贵州民族出版社 2016 年版，第 144 页。
④ 孙应鳌：《淮海易谈》卷四，《孙应鳌全集》，贵州民族出版社 2016 年版，第 147 页。
⑤ 孙应鳌：《淮海易谈》卷四，《孙应鳌全集》，贵州民族出版社 2016 年版，第 147—148 页。

第五章　黔中王门的"知行"学说

　　"知行"范畴及其相互关系历来是思想史上争议不休的论题，王阳明的"知行合一"学说则经历了贵阳文明书院"始论"之初创期、与徐爱同舟归省论《大学》宗旨之发展期和晚年"答人问学等四书"之成熟期三个发展阶段。孙应鳌承继与发挥师说，契于《大学》、《中庸》之格致、诚意、慎独，在本体与功夫的一致性层面大大丰富了知行合一学说；李渭主张的"先行论"之"先行"，非为行先知后之先行，而是行先于言，言虽属知，然又非同于知，"行先于知"乃知行合一题中应有之义。李渭从一个方面发展和丰富了阳明的学说。

　　中国哲学史上"知行"范畴的历史发展，到了王阳明这里，产生出辉煌灿烂的理论成果。自正德四年（1509）王阳明在贵阳文明书院"始论知行合一"后，知行关系范畴之理论遂进入了一个全新的发展阶段。由于王阳明龙场悟道是黔中王学产生的重要契机，王阳明在黔三年的思想成果既是阳明的早期思想，又是黔中王学的早期理论成果。"知行合一"这一新的理论创始于黔中，故其不仅是阳明心学体系的重要核心理论，也是黔中王学于思想理论上的重要成果。因为，当我们广义地来界定黔中王学时，自然亦将王阳明思想特别是阳明居黔之早期思想囊括于内了。然而，在黔中王学中后期的代表人物中，孙应鳌、李渭和马廷锡，甚至包括外籍居黔之王门后学如邹元标等，都分别对先生创设的"知行合一"学说作出了新的解读，既有在继承基础上的新发挥，亦有另辟蹊径、甚而剑走偏锋者，皆不失为独到之见解，展现了黔风多彩的理论特色。

不过，我们还是有必要对思想史上的知行范畴和阳明的"知行合一"学说的理论建构作一番简单的历史考察与回顾。

第一节　"知""行"范畴及其关系的历史考察

站在新的历史起点上，反顾思想发展的历史，我们可以追溯到王阳明之前的两千余年。

一、"知行"范畴

"知"在孔子那里尚有多解。《论语》中提到"知"字计 111 见。"知"与"智"同形①，其中读"智"者有 24 次，读"知"者有 87 次；"知"、"智"二字在《论语》中，不仅字形相同，字义亦紧相连接。虽然是紧相连接，但毕竟不能视为完全相同，相连而不相同，也是"知"与"智"在原初符号意义上的不同指向，作为符号，它真正标示了既相连接而又不相混同的价值意义。说文化的相连接，还因为文化具有因果依存关系，凡"知"皆指向"智"，凡"智"皆源于"知"，亦即"智"是致知的结果，"知"是成"智"的原因。王阳明的"致良知"从一定意义上说就是"致知"，"知"乃是无不良的。"致良知"的结果必然导致于"智"，因此不能说王阳明的"致良知"仅具有伦理学的意义而无认识论的意义。

《论语》"知"的第一义，可训为知识、认识、知道、了解等义。

① 俞樾：《群经平议》卷三十，《皇清经解续编》卷三九一，第 314 页。转引自赵纪彬著：《论语新探》，人民出版社 1974 年版，第 217 页。

除《子罕》篇“吾有知乎哉？无知也”云云个别章句而外，一般的
“知”字，都和所知的对象联结在一起，以明符之所号。例如知天命、
知命、知仁、知德、知言、知人、知己、知我、知过、知贤才、知十
世、知百世、知父母之年、知道之将行、知道之将废、知礼之损益、
知禘之说、知为君之难等等，皆有其所号之对象连接。此外，尚有言
“知松柏之后凋”一见，用来比喻“在浊世然后知君子之正”；又有“知
津”一见，乃长沮用以讥孔子周游求仕，非以自然，而以社会事物为
知之对象。

《论语》中所举“知礼”者10见，其他尚有虽字面无“礼”字而实义
为“知礼”的，如“知禘之说”即知禘理之义，“知十世”、“知百世”亦
即知礼的损益过程等等，不胜枚举。

《论语·为政》曰：“子曰：温故而知新，可以为师矣。”所谓“温故”
之“故”，“知新”之“新”，似皆为“礼”无异。由此可明，“知”的中心
意义和核心对象，皆在于“知礼”。“学”与“习”的活动，一方面限于“礼”
的后果，另一方面又为“智”即“知礼”的来源。由此又可明，当“智”
作“知”时，“智”即是“知礼”。“知”与“智”之间的因果联系不言而喻。
这正是《论语》中“知”这个符号的深广之情。

《论语》中读“智”的“知”字有24见，全为名词，与“愚”字相对，
乃聪明、智慧、明通等义，是孔门学习的德目之一。此外，赵纪彬先生认
为，“知”还有“志”（识、志、记）义，这是今人需加以格外注意的。尤
其《论语·为政》中，有一句话中“知”字6见：

子曰：由！悔女知（志、记）之乎？知之为知之，不知为不
知，是知（智）也。

赵纪彬先生指出：“何晏《集解》和朱熹《集注》对此章六‘知’字
皆如字读，殊非本旨。考其致误由来，当因对‘知’、‘智’同形，未加细
辨，对‘知’有‘志’（识、志、记）义，亦未察及之故。实则此章本义。《荀
子·子道》篇早已明言为孔丘以‘智’诲仲由，近人崔适在其《论语征知记》

中，亦曾引用《荀子》此文，以证此章所记为孔丘以'智'诲仲由之语。"①
由"知"到"知礼"即到"智"，正好完成一个具有因果联结的认识上的
逻辑循环。最初的"知"在孔子那里并不排除感觉器官的作用，故而"视"、
"听"、"言"、"动"皆是就"礼"，即"知礼"而言的。由"知礼"到"礼
已知"，又进入一个由知性到理性的认识阶段。在感性（视、听、言、动）
和知性（知礼）和理性（礼知）的三个阶段，认识的对象皆是"礼"无疑。
由此可明，在整个"知"的学习过程中，对象诚然是指向政治伦理范畴的，
但并不能由此得出结论说，《论语》中的"知"与"智"，其认识论或逻辑
学的意义颇为淡薄。

关于知与行的关系，历来有多方面内容。有知与行的有无问题，有知
与行的先后问题，有知与行的轻重问题，有知与行的内外问题，有知与行
的难易问题，还有知行主体的区分问题，所有这些，都为一个更为重要的
知行关系问题所左右，即知与行"同一性"的问题，用西方哲学的术语讲
就是知与行"有无同一性"的问题。围绕知行关系问题而展开的内容丰厚
的、纷繁复杂的理论与实践的思考，构成了中国思想史上一幅理论的长
卷，为中华民族精神的生长与构成提供了宝贵而富有价值的资源。

二、知与行的关系

考诸知行关系，首先所遇到的是知与行的有无问题，这个问题，逻辑
地又可作出四种不同的回答：一是不知不行，或曰无知无行。这基本上不
是人的所为。二是知而不行，或曰有知无行。这类人学了知识，但不去付
诸实践，其知不过如空中楼阁一般，毫无用处。"知而不行，不能把自己
所了解的当然之则付诸实践，恰恰表现行动者还没有达到真知。"②王阳明

---

① 赵纪彬：《论语新探》，人民出版社 1974 年版，第 219 页。
② 陈来：《有无之境——王阳明哲学的精神》，北京大学出版社 2004 年版，第 88 页。

则直截了当地批判道："知而不行，只是未知"①"可以知致知之必在于行，而不行之不可以为致知也，明矣。"②"不行不是谓之知"。③ 知而不行，学了也毫无用处，毫无意义。"又有一种人，茫茫荡荡，悬空去思索，全不肯著实躬行，也只是个揣摸影响，所以必说个行，方才知得真。"④"是故知不行之不可以为学，则知不行之不可以为穷理矣。"⑤ 三是无知有行，或曰未知而行。这也是王阳明极力反对的。阳明先生说："古人所以既说一个知，又说一个行者，只为世间有一种人，懵懵懂懂的，任意去做，全不解思惟省察也，只是个冥行妄作，所以必说个知，方才行得是。"⑥第四种回答是所谓"有知有行"。如果说前三种回答是知行"同一性"问题上的否定性回答，那么，只有这第四种回答才是对"知行同一性"问题所作的肯定。

　　紧接着是知与行孰先孰后的问题。答案有四：

　　一是"知先行后论"。朱熹持此说。朱熹首肯知行之同一性，曰："致知力行，用功不可偏废。"⑦ 但论孰先孰后，却强调"知先行后"，他说："……但只要分先后轻重，论先后当以致知为先，……"⑧ 又说："知行常相须，如目无足不行，足无目不见。论先后，知为先……"⑨陈来先生认为，"朱熹虽然主张先知后行，但并不是要人达到'知至'才去力行，不是要人达到真知才去力行，并不是让人一生为学实践中先用几十年去致知，穷

①　王守仁：《传习录》卷上，《王文成公全书》，中华书局 2015 年版，第 4 页。
②　王守仁：《传习录》卷中，《答顾东桥书》，《王文成公全书》，中华书局 2015 年版，第 62 页。
③　王守仁：《传习录》卷中，《答顾东桥书》，《王文成公全书》，中华书局 2015 年版，第 52 页。
④　王守仁：《传习录》卷上，《王文成公全书》，中华书局 2015 年版，第 5 页。
⑤　王守仁：《传习录》卷上，《王文成公全书》，中华书局 2015 年版，第 57 页。
⑥　王守仁：《传习录》卷上，《王文成公全书》，中华书局 2015 年版，第 5 页。
⑦　朱熹：《朱子语类》卷九，中华书局 1986 年版，第 148 页。
⑧　朱熹：《朱子语类》卷九，中华书局 1986 年版，第 148 页。
⑨　朱熹：《朱子语类》卷九，中华书局 1986 年版，第 148 页。

尽一切理后方去行，而是主张在具体实践中'知行互发'，他主张'知与行工夫须著并到'①'知与行须是齐头做，方能互相发'②。"③尽管如此，当朱熹讲"互发"、"并列"、"互相发"时，仍为阳明先生所不予认同，并认为朱熹仍把知行分做"两截"、"两件事"来做了。王阳明说："知行功夫本不可离，只为后世学者分作两截用功，失却知行本体，故有合一并进之说。"④ 在《语录》中，阳明说："今人却就将知行分作两件去做，以为必先知了，然后能行。我如今且去讲习讨论，做知的功夫，待知得真了，方去做行的功夫，故遂终身不行，亦遂终身不知。此不是小病痛，其来已非一日矣。某今说个知行合一，正是对病的药，又不是某凿空杜撰。"⑤

二是"行先知后论"。过去常常把唯物主义的认识论与"行先知后"的知行观联系在一起，其实这仅仅是从认识发生的角度来考虑的，认为先有实践，后有认识，然后又从认识回到高一级的实践。但如果从道德行为的养成与道德知识的学习角度来看待知行关系，则陆九渊所主张的"尊德性而后道问学"，实则是宋明理学家在道德层面上讨论知行关系时所引出的"行先知后"说。在这个问题上，朱熹、陆九渊争论的焦点是如何看待和处理为学功夫中心性的道德涵养的挺立（行）与经典的学习和研究（知）两者之间的关系。在这里，是否可以说，道问学属知，尊德性属行。朱熹主张"知先行后"，强调"道问学而后尊德性"；陆九渊主张"尊德性而后道问学"，属"行先知后"论者。陆九渊认为，学习的目的是为了实现道德的境界，经典的学习或外物的研究都不能直接有助于这个目的的实现。道德的根源来自于人的本心，只需完善、扩大人的良心结构，就自然能够实现这个目的。因此，在陆学的体系中，"求放心、存心的功夫不需要

---

① 朱熹：《朱子语类》卷十四，中华书局 1986 年版，第 281 页。

② 朱熹《朱子语类》卷一百一十七，中华书局 1986 年版，第 2816 页。

③ 陈来：《宋明理学》，华东师范大学出版社 2004 年版，第 145 页。

④ 王守仁：《传习录》卷中，《答顾东桥书》，《王文成公全书》，中华书局 2015 年版，第 52 页。

⑤ 王守仁：《传习录》卷上，《王文成公全书》，中华书局 2015 年版，第 5—6 页。

以读书穷理为手段"①。"当然，陆九渊也绝不反对读圣人之书，但他强调，如果不在主体方面发明本心以确立选择取舍的标准，而去徒然泛观，那就无法对纷然复杂、真伪相混、精粗并淆的内容进行选择，其结果正是以蔽害本心。"②

陆学的这个立场，用《中庸》的语言来说，就是始终强调"尊德性"对"道问学"的优先性。尊德性是本，是行的功夫，故为先；道问学是末，是知的功夫，故为后。所谓"先"，就是要"先立乎其大者"，这与王阳明的"一念发动"极为相似。以心为出发点，自然在先了。陆九渊说：

> 今世论学者，本末先后，一时颠倒错乱，曾不知详细处未可遽责于人，如非礼勿视、听、言、动，颜子已知"道"，夫子乃语之以此，今先以此责人，正是躐等③。

> 近有议吾者云："除了'先立乎其大者'一句，全无伎俩。"吾闻之曰："诚然"④。

但是王阳明并不认可"行先知后"说，在他看来，"行先知后"依然是割裂了知行本体，做两截用功了，依然是不知合一并进之意。由于王阳明于正德中大倡知行合一，知行问题一时又成了讨论的热点，于是有一种所谓"知行交进"论应运而生。

三是"知行交进"说。在明中叶知行关系问题的大讨论中，湛若水与王阳明有不等相似之处。湛若水提出"知行交进"⑤，知指穷索，行指存养，与宋以来的道问学与尊德性的意思相近且衔接。甘泉说道："学不过知行，知行不可离，又不可混"⑥。湛甘泉所说"不可离"针对朱熹"知先行后"说，其"不可混"指向阳明的"知行合一"论。针对朱熹的"知先行后"说，

---

① 陈来：《宋明理学》，华东师范大学出版社 2004 年版，第 154 页。
② 陈来：《宋明理学》，华东师范大学出版社 2004 年版，第 154—155 页。
③ 陆九渊：《语录上》，《陆九渊集》卷三十四，中华书局 1980 年版，第 397 页。
④ 陆九渊：《语录上》，《陆九渊集》卷三十四，中华书局 1980 年版，第 400 页。
⑤ 黄宗羲：《甘泉学案一》，《明儒学案》卷三十七，中华书局 2008 年版，第 881 页。
⑥ 黄宗羲：《甘泉学案一》，《明儒学案》卷三十七，中华书局 2008 年版，第 881 页。

甘泉批评道：

> 后世儒者，认行字别了，皆以施为班布者为行，殊不知行在一念之间耳。自一念之存有，以至于事为之施布，皆行也。且事为施布，岂非一念为之乎？所谓存心即行也。①

王阳明讲过"一念发动处"即是行，甘泉也反复强调行在"一念之间"。这是他俩的相近处。但王阳明的"一念发动"尚有善恶之分，甘泉的分析就不如阳明那么细微，故其将"合一"指为"混一"，则明显粗糙。

在知行之先后问题上所作之回答，尚有第四个答案，那就是王阳明的"知行合一"说。要把王阳明的"知行合一"说理解得真切且精微，须把握三点：第一，知与行在时间上是没有先后之分的，依王阳明所言为"合一并进"；第二，知与行也并非是空间上两条不相交的平行线；第三，知与行也并非混同而不可分辨了。据此三点，我们仍不能对"知行合一"有了全面的准确的认识和把握，接下来，我们仍还须考察知与行的轻重问题。

知与行孰轻孰重？"轻"与"重"在儒家为一价值范畴，指向心性与事功，亦有答案三种：知轻行重，知重行轻，知行同轻同重亦即同重同轻。朱熹是知轻行重论者，他说："论先后，知为先；论轻重，行为重"②。《大学》中"明德"、"亲民"的着力处，"格"、"致"、"诚"、"正"、"修"、"齐"、"治"、"平"的学习认知与施行践履，程朱尚有轻重不同之对待，其重视"行"的看法，使朱熹的格物说多偏于知性活动，主张穷理（知）的同时，又特别强调"主敬涵养"（行），强调践行力行，认为只有在格物致知之后，力行实践，在内（主敬涵养）在外（齐治平）彻底践行而所当然而不容已者，才能真正达到圣贤之境界。由于朱熹把"行"区别为在内与在外，而在内的主敬涵养又有未发与已发的不同，未发是专与穷理致知相对的功夫，核心在主敬。所谓未发时的主敬，指在无所思虑与情感未发生时，仍努力保持一种收敛、谨畏和警觉的知觉状态，最大程度地平静思

---

① 黄宗羲：《甘泉学案一》，《明儒学案》卷三十七，中华书局 2008 年版，第 897 页。
② 朱熹：《朱子语类》卷第九，中华书局 1986 年版，第 148 页。

想和情绪，使心境清明而不昏乱。朱子谓："主敬之说，先贤之意善以学者不知保守，身心散慢，无缘见得义理分明，故欲先且习为端庄严肃，不至放肆怠情，庶几心定理明耳。"①做到这一点，在朱熹看来，在整个知行过程中，是最不容易的，再加之未发随后的已发，主敬所贯穿之未发已发而动，施之于外而贯穿在力行实践过程中，整个"行"成了一连串的过程，朱熹自然就得出的"知轻行重"的结论。

王阳明的高弟王龙溪可说是一位"知重行轻"论者，他极端地发展了阳明的"一念发动处便即是行了"的思想，提出所谓"一念之几"的观念。他说："千古学术，只在一念之微上求"②，"一念之微，……只在慎独"③。又说："见在一念，无将迎，无将著，天机常活，便是了当千百年事业。"④他还说："千古圣学，只从一念灵明识取，只此便是入圣真脉路。当下保此一念灵明便是学，从此触发感通便是教，随事不昧此一念灵明谓之格物，不欺此一念灵明谓之诚意，一念廓然无一毫固必之私，谓之正心。"⑤王龙溪"一念之几"的观念过于强调知的重要性，忽视行，甚而"以知代行"、"以知销行"，显而易见，他的确是典型的"知重行轻论"者。

知与行孰易孰难，有截然相反的两种不同见解。"知之匪艰"，语出《尚书·说命中》："非知之艰，行之惟艰。"意为懂得道理不难，难的是去实践它。一般认为，这是思想史上最早讨论知行关系的文献资料，也可算是所谓"知易行难"说。王阳明对此自有议论，《传习录》卷下记载：

> 或疑知行不合一，以"知之匪艰"二句为问。先生曰："良
> 知自知原是容易的，只是不能致那良知，便是'知之匪艰，行之

---

①　朱熹：《答方子实》，《朱文公文集》五十九。转引自陈来：《朱子哲学研究》，生活·读书·新知三联书店 2010 年版，第 381 页。

②　王畿：《水西精舍会语》，《王畿集》，凤凰出版社 2007 年版，第 59 页。

③　王畿：《水西精舍会语》，《王畿集》，凤凰出版社 2007 年版，第 59 页。

④　王畿：《水西别言》，《王畿集》卷十六，凤凰出版社 2007 年版，第 450 页。

⑤　王畿：《水西别言》，《王畿集》卷十六，凤凰出版社 2007 年版，第 451 页。

惟艰'"。①

意思是说，有人怀疑知行不能合一，就问先生《尚书》中"非知之艰，行之惟艰"两句话的意思。王阳明回答说，良知自然知道知原本是容易的，只是因为有人不能致良知，才会借"知之匪艰，行之惟艰"一语来为自己开脱。所以，在王阳明看来，知的孰易孰难，取决于能不能致良知。能致良知，则知则易，行亦不难；反之，不能致良知，知之虽匪艰，则行之亦难。实则是说，只要能致得良知，知与行之合一并无难易之别；能致得良知，知行皆易，不能致得良知，知行同难。这就是王阳明知行合一论的又一层意思。关于"知难行易"，则有孙中山的论说较为典型，本书不亦累述。这里，集中讨论一下王阳明。

三、从黔中至归越：阳明"知行合一"学说的三阶段论

《传习录》中，论"知行合一"者 23 见，不可谓不多。

有人说，第一次提出"知行合一"论点的，是稍早于王阳明的明代学者谢复②。但如果说对这一学说的探究之深入，讨论之周全，运用之娴熟，影响之广大，则唯有王阳明一人可以担当。

王阳明龙场悟道之后，正德四年（1509 年）于贵阳文明书院"始论知行合一"，开启了其"知行合一"学说发展的第一阶段。他在龙场彻悟了这样一个道理，人的本然之知是内在于人心的，要使人的本然之知升华为自为之知，只需向内用力而不须向外求得，朱熹的"格事事物物之理"完全是错的，他用其所悟证诸"五经"而莫不吻合。于是开始思考本然之知如何通过用功而转化为自觉之知的途径。从知（本然之知）到行（致的

---

① 王守仁：《传习录》卷下，《王文成公全书》，中华书局 2015 年版，第 149 页。

② 吴雁南：《王阳明的忧患意识与"知行合一"》一文中称"谢复第一次提出了'知行合一'论。他强调说：'知行合一，学之要也'"。（参见王晓昕主编：《王阳明与贵州》，贵州人民出版社 1996 年版，第 221 页。）

功夫）再到知（自觉之知），构成王阳明"知行合一"学说的最初框架和结构。

王阳明自接受贵州提学副使席书之邀在贵阳文明书院讲学开始，到后来离开贵州，途经辰州、常德等地，他一直在对他的致知功夫进行着亲身的体验，他不仅自己在体验，还身率诸生实施体验。这时候他主要的甚至唯一的功夫就是静坐。若干年后，当他的功夫获得新的进境的时候，也曾"悔昔在贵阳"时于功夫上的单调与局限。

这个阶段，王阳明的"知行合一"学说主要有以下几个特点：

其一，这时的"知行合一"学说具体解读为从知到行再到知的连续性，构成一种线性的因果链式结构。

其二，这时的"知行合一"学说主要地是作为一种功夫而提出来的，很少具有本体的意味。

其三，由于上述两方面的原因，王阳明的"知行合一"学说未能真正地对谢复实施超越。

第二阶段从正德七年（1512）开始。年底他升任南京太仆寺少卿，与徐爱结伴，从京师出发，沿京杭大运河顺道回浙江省亲。他们沿河船行一月有余，一路围绕《大学》宗旨讨论了很多问题，"知行合一"就是其中的一个重点，这一讨论显然使王阳明"知行合一"学说提升到了一个新的阶段。

徐爱当初未能领会先生"知行合一"的教诲，就与宗贤、惟贤反复争辩，仍不能弄明白，于是向先生请教，先生让其试着举例。徐爱说："如今尽有知得父当孝兄当弟者，却不能孝不能弟。便是知与行分明是两件"[1]。王阳明回答道：

> 此已被私欲隔断，不是知行的本体了。未有知而不行者，知而不行，只是未知。圣贤教人知行，正是要复那本体，不是着你

---

[1]　王守仁：《传习录》卷上，《王文成公全书》，中华书局 2015 年版，第 4 页。

> 只恁的便罢。故《大学》指个真知行与人看，说"如好好色，如恶恶臭"，见好色属知，好好色属行。只见那好色时已自好了，不是见了后又立个心去好；闻恶臭属知，恶恶臭属行，只闻那恶臭时已自恶了，不是闻了后别立个心去恶。①

在前一阶段里，王阳明强调的是知必须通过行才能获得，行必须通过知的引导才能通达。他在龙场悟道中体会到的这个本心良知，必须通过依赖相应的功夫才能体会到。这里提出的"知行合一"主要地还是一种认知的工夫论。

在第二个阶段与徐爱的对话中，对知行合一的理解的确深入了一层。王阳明更加强调"知"与"行"不分先后的问题，他反复强调"知"的同时就已是"行"，行的同时就已在知，并非是先知了，又另立个心去行，也并非是先行了，又另立个心去知。只要不是被私欲隔断，人们的知行在时间上是没有先后之分的。这种没有私欲隔断的知，是真正的知，行是真正的行。一旦知了便是行了，一旦行了便是知了，用不着分两次（截）去用功夫。

不能因此就说，王阳明的看法是"以知代行"、"以知销行"。我们应该细细品读徐王的这段对话，因为在王阳明看来，未能行，也就谈不上所谓知。正如"上"与"下"之相辅相成一样，不可分离，不分先后，并不等于可以相互代替。他接着上段话说：

> 如鼻塞人虽见恶臭在前，鼻中不曾闻得，便亦不甚恶，亦只是不曾知臭。就如称某人知孝、某人知弟，必是其人已曾行孝行弟，方可称他知孝知弟，不成只是晓得说些孝弟的话，便可称为知孝弟？②

这里还涉及一个不同感官与客观对象的连接的问题。眼虽见得恶臭，不能算知恶臭；须是鼻闻得恶臭，才算得是知恶臭。这是王阳明明确表示的看

---

① 王守仁：《传习录》卷上，《王文成公全书》，中华书局 2015 年版，第 4—5 页。
② 王守仁：《传习录》卷上，《王文成公全书》，中华书局 2015 年版，第 5 页。

法。会不会有因联想而产生"知恶臭"这样一种条件反射呢？这是王阳明未曾了解到的近代心理学的问题。巴甫洛夫认为通过反复的刺激可以实现。过去的经验虽然是一种带有综合性的知行问题，但他仍然可以为当下的单一感觉器官接触之后而造成综合性的联想，知也就在这种联想中得以形成。不啻单一的视觉、嗅觉可以引出综合性的联想，触觉和痛觉之类也同样如此。王阳明接着说道：

> 又如知痛，必已自痛了方知痛，知寒，必已自寒了；知饥，
> 必已自饥了。知行如何分得开？①

知与行是互为前提和条件的。可以作这样的理解：知以行作为存在的前提和条件，行也以知为存在的前提和条件。有知就必然有所谓行，有行就必然有所谓知。如同有上就有下，有左就有右，有高就有低，有南就有北，有东就有西一样，知与行是共居于一个矛盾统一体中的不可分离的两个方面，他们在空间上并居，在时间上并时。"知"与"行"既不能彼此分离，又不能相互代替，因而有关"以知代行"、"销行入知"的说法难免成为阳明"知行合一"学说的误读。还有一个意思其实已很明确，那些关于"知"与"行"孰先孰后的讨论，如同"鸡生蛋还是蛋生鸡"的辨诘一样，同样毫无意义。在王阳明看来，这都是因为未能领会"圣门立言宗旨"所致。当徐爱问"古人说知行做两个，亦是要人见个分晓，一行做知的功夫，一行做行的功夫，即功夫始有下落"时，王阳明作答：

> 此却失了古人宗旨也。某尝说知是行的主意，行是知的功夫；知是行之始，行是知之成。若会得时，只说一个知已自有行在，只说一个行已自有知在。古人所以既说一个知又说一个行者，只为世间有一种人，懵懵懂懂的任意去做，全不解思维省察，也只是个冥行妄作，所以必说个知，方才行得是；又有一种人，茫茫荡荡悬空去思索，全不肯着实躬行，也只是个揣摸影

---

① 王守仁：《传习录》卷上，《王文成公全书》，中华书局 2015 年版，第 5 页。

响，所以必说一个行，方才知得真。此是古人不得已补偏救弊的说话，若见得这个意时，即一言而足，今人却就将知行分作两件去做，以为必先知了然后能行，我如今且去讲习讨论，做知的工夫，待知得真了方去做行的工夫，故遂终身不行，亦遂终身不知。此不是小病痛，其来已非一日矣。某今说个知行合一，正是对病的药。又不是某凿空杜撰，知行本体原是如此。今若知得宗旨时，即说两个亦不妨，亦只是一个；若不会宗旨，便说一个，亦济得甚事？只是闲说话。①

在这个阶段里，王阳明在讨论"知行合一"论题时涉及本体与功夫的关系。本体既是功夫的前提，又是功夫所要达致的目的，所以说"知是行的主意，行是知的功夫"。本体（知）是功夫（行）的先天依据。功夫以本体为出发点和前提，"并在过程的展开中以本体为范导"②。在这个"过程"中知与行仍然是不可须臾分离的矛盾统一体中的两个方面，只是两者的状态与功用不同而已。本体一方面"范导"着功夫向实现自身的目的而展开，另一方面又在功夫的作用下使自身从可能转化为现实。这完全是一种辩证的态度，懂得了这个道理，也就明白了王阳明所说的"立言宗旨"，只要你内心真正认识到了这个"立言宗旨"。语言上怎么表达都不会有误，因为用语言来表达知行问题总是有先有后，须是先说一个，再说一个，方能让人听得明白。克服了第一阶段上的不足，王阳明的"知行合一"学说进展到了一个新的境界。在这个新的阶段，王阳明学说具有以下几个特点：

其一，他克服了先前将"知"与"行"关系视为线性因果联系的不足，将"知"与"行"理解为在空间上共居，在时间上并存的矛盾统一体中不可须臾分离的两个方面。

其二，他克服了先前把"知行合一"单纯解释为一种功夫而忽视本体的弊端，将"知行"关系从本体与功夫相统一的角度作了新的解读。本体

---

① 王守仁：《传习录》卷上，《王文成公全书》，中华书局 2015 年版，第5—6 页。

② 杨国荣：《杨国荣讲王阳明》，北京大学出版社 2005 年版，第 93 页。

既是功夫的前提，又是目的，本体"范导"着功夫，使功夫显得有价值和意义，本体则在功夫的作用下实现其由可能向现实的转化。

其三，据于上述，王阳明不仅克服了前人在"知行关系"问题上的错误，而且使他的"知行合一"学说真正实现了对前人的超越，使他的学说达到了当时所能达到的高度。但是他并不满足和停止于这一高度，而是向着更高的境界前行。

明嘉靖元年（1522）以后，王阳明因丁忧辞官，回到了家乡浙东，开始了自己的晚年生活，他的心学思想也在这个时候进到了成熟而达到几乎臻于完善的地步。钱德洪在编刻先生文录时说道："其余指知行之本体，莫详于答人论学与答周道通、陆清伯、欧阳崇一四书"[①]。"答人论说"指的是《答顾东桥书》。钱德洪先生的这个提示很重要，他的意思是说，其余关于知行本体的论述，最详细的莫过于回答顾东桥与回答周道通、陆清伯、欧阳崇一等人的四封书信。

顾东桥，名璘，字华玉，号东桥，江苏江宁人，进士，官至南京刑部尚书，是王阳明的朋友。他在给王阳明的一封书信中谈到，真正的认识是能付诸实践的，不能实行就不能称作认识。这是为学者提出的重要立论，必须踏实躬行才可以。如果真的以为实行就是认识了，恐怕人们就只去专心存养本心，就会因忽视学习、思考而忘了事物的道理，这样一来，就会有不明白不理解的地方，这难道是圣学中所说的知行并举的既成方法吗（"抑或圣门知行并进之成法哉"）？针对顾东桥的这些疑问，王阳明作出了极其认真而严谨的回答：

> 知之真切笃实处即是行，行之明觉精察处即是知。知行工夫本不可离，只为后世学者分作两截用功，失却知行本体，故有合一并进之说。[②]

"知之真切笃实处即是行，行之明觉精察处即是知"，是王阳明知行合一学

---

① 王守仁：《传习录》卷中，《王文成公全书》，中华书局 2015 年版，第 49 页。
② 王守仁：《传习录》卷中，《王文成公全书》，中华书局 2015 年版，第 52 页。

说中最应引起注意的一段话，也是他晚年思想达到成熟的表现之一。其意思是说，认识真切地付诸行动就是实践，实践中明白精确地体察就是认识。这是对顾东桥"真知即是所以为行，不行不足谓之知"的肯定回答和进一步的解释。先看认识，即知。阳明从来主张知而必行，行而必知，"知是行的主意，行是知的功夫"，知而不行，只是未知。因为在王阳明看来，若真有"不行之知"，也只能算是"未知"，而非"真知"。后世许多学者把知与行分做两截去用功，认为可以先做了知的功夫，再去做行的功夫，实在是失却了知行的本体。失却本体的功夫，只能是一种假功夫、伪功夫。依赖假功夫、伪功夫而获得的知，怎么能算是真知呢？真正的知，是必须付诸实践的，而且必须是"真切笃实"地付诸实践，这种知就又可以称之为行，因为这种知是赋予了行的品格的。这种赋予了行的品格的知，就是真知。

不是所有的知都是真知，不是所有的知都能行，不是所有的知都能"真切笃实"地付诸实践，不是所有的知都能自觉到本体与功夫的一致性。有的知是全然虚假的"伪知"，有的知是不能实行的"无用之知"，有的知只是"茫茫荡荡"之知、"悬空思索"之知、"揣摩影响"之知。这些都是王阳明所竭力加以反对的。

再看实践，即行。王阳明同样主张行必有知，知必有行，"知是行之始，行是知之成"。提到行，也是有区别对待的。在王阳明看来，行必须贯穿以"明觉精察"，而不是"懵懵懂懂任意去做"。贯穿了"明觉精察"的人的行为，就是一种"知"的行为，一种"自觉之为"。作为"明觉精察"的知，这里包含两种含义：一是知识之"知"，它是行的前提和出发点，它指导和范导着人的行为；二是知觉之"知"，它贯穿于人的行为的全部过程（"行是知之成"也含有这重意思），觉察和反省着人的行为的每一步骤，"自觉之为"与"知"融为一体，就成了一种"真知"。

同理，不是所有的行都是自觉的行，不是所有的行都能做到"明觉精察"，至于那种把知与行分做两件事来做，先去做知的功夫，再来做行的功夫的人，则根本谈不上"明觉精察"，更谈不上"自觉"、"自为"之行。这种行同样是王阳明所竭力反对的。

在这里，王阳明特别强调"知"的功夫与"行"的功夫的"合一并进"，知行功夫合做一个功夫，"本体"也就自然呈现，"知行功夫"与"知行本体"也就融合而为一体。王阳明心学的实质就是要人自觉实现这种本体与功夫的一体化过程。"知"是必须，也必然是要向内去求（行）的。"不可外心以求仁，不可外心以求义，独可外心以求理乎？"在这里，仁、义、理都是知，求就是行，二者都是向内统一于人心的。这就是王阳明"本体与功夫一致性"的实质。"外心以求理，此知行之所以二也，求理于吾心，此圣门知行合一之教，吾子又何疑乎？"在认真地解答了东桥疑问的同时，王阳明的确把他的知行合一学说在其心学体系的框架内阐发得更加成熟和圆满了。

除此之外，阳明围绕其"圣门宗旨"，把"知行合一"学说又从若干方面加以了展开。

在他看来，实施知与行的主体，是有不同对待的，当有不同的境界和多元的价值目标。他在《答顾东桥书》中说：

> 夫尽心、知性、知天者，生知安行，圣人之事也；存心、养性、事天者，学知利行，贤人之事也；夭寿不贰，修身以俟者，困知勉行，学者之事也。岂可专以尽心知性为知，存心养性为行乎？吾子骤闻此言，必又以为大骇矣。然其间实无可疑者，一为吾子言之。①

这里的意思是说，"尽心、知性、知天"，天生就知道，生来就能实践，这是圣人才能做到的；"存心、养性、事天"，学习了就知道，并能够顺利实践，这是贤人才能做到的事；"夭寿不贰，修身以俟"，艰难地获得知识，勉强地用于实践，这是学者的事情。这里"尽心知性"和"存心养性"是于不同主体的不同对待，而并非只理解为前者是知，后者是行。

---

① 王守仁：《传习录》卷中，《王文成公全书》，中华书局 2015 年版，第 53 页。

王阳明的这番说法给我们以启示：知行合一作为本体，于不同对象（主体）有着不同的对待，是因为不同的主体具有不同的价值目标。阳明充分肯定了知行主体价值目标的多元。由于价值目标的多元，使得知行主体的功夫各异。圣人的价值目标在于"知天"，贤人的价值目标在于"事天"，而一般学者则是"修身以俟"。各有各的境界，境界有高有低。有如冯友兰先生的"四境界"说。学者的"修身以俟"相当于道德境界，在其之上有天地境界，是圣人和贤人的价值目标，在其之下有功利境界和自然境界，它的对象及其功夫的讨论，我们或许可以在王阳明的一些其他论述中找到答案。在"知行合一"的不同主体和对象中，以"尽心、知性、知天"为价值目标的圣人，其功夫在于"生知安行"；以"存心、养性、事天"为价值目标的贤人，其功夫在于"学知利行"，以"寿夭不贰，修身以俟"为价值目标的学者，其功夫在于"困知勉行"。那些处于自然境界和功利境界的芸芸众生，能不能成为"知行合一"的主体和对象呢？他们的价值目标安放在何处呢？如果能，他们的知行功夫又是怎样的呢？阳明虽然没有直接回答，但他给我们留下了启发，问题的当代价值往往会在这样的启发中凸显出来。

王阳明随后又讨论了"知"与"学"的问题，这是知行问题的一种具体形式。他说："天下岂有不行而学者邪？岂有不行而遂可谓之穷理者邪？明道云：只穷理便尽性至命。故必仁极仁，而后谓之能穷仁之理。仁极仁，则尽仁之性矣，义极义，则尽义之性矣。学至于穷理，至矣，而尚未措之于行，天下宁有是耶？是故知而不行之不可以为学，则知不行之不可以为穷理矣。知不行之不可以为穷理矣，则知知行之合一并进，而不可以分为两节事矣。"[①]

在《答顾东桥书》中，围绕"知行合一"学说，阳明还讨论了"知行"与"格物、穷理"的关系问题。他认为，《大学》中的格物之说与《易经》

---

① 王守仁：《传习录》卷中，《王文成公全书》，中华书局 2015 年版，第 57 页。

中的穷理的意思大致相同而只是稍微有点区别。穷理中包含有格物、致知、诚意、正心等功夫。谈到穷理，格物、致知、诚意、正心等功夫都在其中；谈到格物，就必然兼有致知、诚意、正心，然后格物的功夫才能严密。针对时弊，王阳明指出：

> 今偏举格物而遂谓之穷理，此所以专以穷理属知，而谓格物未尝有行，非惟不得格物之旨，并穷理之义而失之矣。此后世之学所以析知行为先后两截，日以支离决裂，而圣学益以残晦者，其端实始于此。①

阳明认为格物也好，穷理也罢，都是将知与行统一于其中的，由于后世学者把知与行割裂开了，造成了"支离决裂"、"圣学残晦"。

王明阳在《答陆原静书》书信中，还强调对"知行"二字应精心体察。他说："所谓生知安行，知行二字亦是就用功夫说。若是知行本体，即是良知良能，虽在困勉之人，亦皆可谓之生知安行矣。知行二字，更宜精察"。②在《答欧阳崇一》一信中讨论了"知行"与见闻的关系等等，不一一赘述。

综上观之，王阳明"知行合一"学说第三阶段的特点，是讨论研究更加深入缜密，涉及论题更加全面广泛，使他这一学说真正达到了较为成熟和圆融的境界。

第二节 孙应鳌对"知行合一"学说的解读与发挥

在阳明之后的黔中王门诸学中，孙应鳌对先生"知行合一"之教，无

---

① 王守仁：《传习录》卷中，《王文成公全书》，中华书局2015年版，第59—60页。
② 王守仁：《答陆原静书》，《传习录》卷中，《王文成公全书》，中华书局2015年版，第85页。

论从功夫还是本体上，均采取了在忠实继承基础上的创造性发挥。

　　为进一步深入论证先师阳明的学说，孙应鳌采取的治学方法，首先是从《大学》、《中庸》、《论语》等儒家经典中，为自己的理论建构与发挥寻找证明与支撑。正如清康熙时学者戴嗣方所指出："嘉、隆间（指明嘉靖、隆庆年），清平孙淮海先生为切问近思之学，窥知行合一之原，其于四子书融会贯通，详说反约，著《四书近语》。"① 由于他的《四书近语》乃是按朱子框定的"学"、"庸"、"语"、"孟"的顺序，故不能不承认其受程朱影响的事实（本书在讨论"淮海易学"一章中，曾指出伊川易学对淮海易学的影响与某种关联性）。孙应鳌一方面先对"知"与"行"范畴分别作定义式的疏解，他发挥的依据主要来源于《语》与《庸》；另一方面，他又以此为基础，对先师阳明的"知行合一"学说作出自己的阐释和发挥。尤其值得注意的是，由于阳明的"知行合一"学说开启了本体与功夫的二重向度，如同上节所述，本体与功夫的二重向度，无疑是先师阳明对知行范畴历史发展的重大贡献，承接和沿着这一双重向度，作为再传弟子的孙淮海又进一步作出了独到而精彩的论证与发挥。

一、"知行合一"范畴的新解读

　　无论什么人，要阐释知行关系，都绕不开阳明与朱子在这个问题上的讨论。"《注》② 谓告曾子一贯以行言，告子贡一贯以知言。知行原拆不开，亦无一个知的一贯，又有一个行的一贯。"③ 朱熹在这里，借孔门高弟曾子与子贡为其言说，析知行为二的用意何其明显。应鳌则明确表示了反对，故说"知行原拆不开"。而朱熹要把知行拆开，用的是三种方法，即朱熹

---

① 戴嗣方：《四书近语·序》，《孙应鳌文集》，贵州教育出版社 1996 年版，第 161—162 页。
② 《注》：指朱熹的《四书集注》。
③ 孙应鳌：《孙应鳌文集》，贵州教育出版社 1996 年版，第 270 页。

知行观的三个基本特点：知先行后、行重于知、知行互发。朱熹说："知与行，工夫须著并到。知之愈明，则行之愈笃；行之愈笃，则知之益明。二者皆不可偏废。如人两足相先后行，便会渐渐行得到。若一边软了，便一步也进不得。然又须先知得，方行得。"① 朱熹认为知行有着密切的联系，知行并到，知越明白、清晰，行就越笃实；反之，行越笃实，知就越明白。即知行不可分割，是互动互补的。阳明后来提出"知行合一"，从表层含义上观之，与朱子之意并无不合，但问题是，朱子再深一层的意思，是更强调知与行实则有一个先后问题，即知在先，行在后，这就已经暗含着分割知行的嫌疑。阳明的"知行合一"，最初的想法，就是针对朱子的知先行后论而提出来的不同意见。《传习录》中有学生与阳明的问答，学生问："自来先儒皆以学问思辨属知，而以笃行属行，分明是两截事，今先生独谓知行合一，不能无疑。"阳明答曰："凡古人说知行，皆是就一个工夫上补偏救弊说，不似今人截然分作两件事做。某今说知行合一，虽亦是就今时补偏救弊说，然知行体段亦本来如是。"② 先秦以来儒家的传统观念，认为学问思辨是知，笃行为行。所以知行就是两种不同的事。《论语·学而》开口即是"学而时习之"，在朱子看来，"学"即是知，"习"即是行。子贡以学问思辨为知，曾子则以笃行为行，所以知与行当是判作两件事，分个先与后来施行。其实，在阳明看来，当朱子把知与行分作先与后来执行时，就已经把知与行全都当作一个行来看待了。既然知与行都只是一个行，同理，行与知也已然都同为一个知了。所以，在阳明的思想意识中，虽然承接了传统的用词，但更多的却是来为自己学说服务。阳明反对把知行"截然分作两件事做"，就是后来孙应鳌指出的，朱子主张举"曾子一贯以行，子贡一贯以知"以为事，用来为自己把知行作为两个事说辞。在王阳明看来，就是要对朱熹"知行"说进行补偏救弊，还其"知行本然状态乃为合一"之初。用后来孙应鳌的话，就是"知行原拆不开"。

① 朱熹：《朱子语类》卷第十四，中华书局1986年版，第281页。
② 王守仁：《答友人问》，《王文成公全书》卷六，中华书局2015年版，第252页。

为此应鳌与先师阳明一样认为，朱子由于分割了知与行，其知行观显然存在问题。此外，孙应鳌还认为，朱子知行之意还存在支离的弊端，其实在儒家本意中，知行如同敬义、内外、博约、精一、体用等等范畴，都是一元而一体的。他说"君子之学，只是合内外之道而已，合内外之道一也。直内、方外是以两句说话，明我一个学问。非是剖析，非是支离。……知敬义是一事，内外是一道，则凡言博约、言精一、言知行、言体用，皆一以贯之。"① 由此看来，孙应鳌遵循的是阳明知行一元论之理路，他们都反对朱子在知行观上所奉行的先后、轻重之论，而主张知行合一。

孙应鳌在继承王阳明批评朱子知行观后，又从多个角度对自己的知行理念加以了发挥，当仅从语言逻辑上撇开"行"而考察"知"时，"知"与"好"（作动词，四声）、"乐"等心理意识活动又有分别对待，他显然把"知"看得为重。他说："'知之'、'好之'、'乐之'，要看得'知'字重。程子曰：'学必明诸心'。知所往然后力行，以求至明诸心。知所往，知也；力行，好也；求至而至之不去，乐也。盖圣学，惟在于致知。好，则知之切实，而他道不惑；乐，则知之浑融，而与道为一。能好，则其知也，不涉于拟议；能乐，则其知也，不滞于行迹，皆非有外于此心之真知也。"②"知"是知道、明白所往，晓得自己应该做些什么，不应该做什么。此"知"乃为一种发自内心的意识活动，知道其所往必然力行去切实的做、去实践，愿意去做，高兴去做，就是"力行，好也"。"行"就是去实行其主体所知晓的"知"，做得高兴，做得愿意，这就是"好之"，即自然而然的去行，内心自愿地快乐地去行，没有一点勉强。这正是孙应鳌对"知行"关系的一种新解。他对将"知之"、"好之"、"乐之"进行一一解析的同时，强调"要看得'知'字重"，这个"知"就不仅仅是一般认识论意义上的"知"了。他说的知而行，目的是为了"求至明诸心"，明觉"本然之心体"。此"求"此"明"乃为阳明"致良知"之"致"，此"知"此"心"乃为阳明"致良知"

① 孙应鳌：《孙应鳌文集》，贵州教育出版社1996年版，第21页。
② 孙应鳌：《孙应鳌文集》，贵州教育出版社1996年版，第216页。

之"良知"。所以说个圣学（心学）宗旨在于致知（致良知）。无论是王阳明还是孙应鳌，均有极强之宗旨意识。所有论述，都紧紧围绕宗旨而不离。依孙应鳌思路，"好"作为"行"的实质与特征的具象表述，当说"好，则知之切实"时，即是用"行"这一语词来说明了"知"的本来特性，即"行"证释了"知"。然此"知"当指良知，故而说"能好，则其知也，不涉于拟议"。超越性的良知之知自然不能用知识论层面的概念来拟议、来安排。知行互释互动，才不会困惑儒家之道，才能够达致知（良知）与道浑融而一的乐境。当孙应鳌说"能乐，则其知也，不滞于行迹"时，知就不滞于行而获得超越性，上升到了"乐"的境界。关于"境界"的哲学意命，历来被公认为，它是中国传统哲学本体思想的一个特色话题而据此与西方哲学迥异。在孙应鳌看来，"良知之乐境"自然不会、也不可能滞着于形而下的经验现象之行迹。也只有如此"良知之乐境"，才是地地道道的心中之真知，真知是不外于人心的，人心之外亦无所谓真知而已，"皆非有外于此心之真知也"。这种不离主体的真知，即是"良知心体"，"良知心体"即为真知，即是良知为主体实有其体、实有其理的"真知"。这样一来，原来认识论意义上的知，由于赋予了超越性而上升到了"真知"的本心境界，成为了儒家道德伦理哲学的范畴。孙应鳌这里所欲作出的发挥，正是建立在先师阳明知行观之深切意蕴基础上的，诚如陈来先生所言："'真知'包含了'必行'在其中，如果不严格地说，则真知包含了'行'在其中。如果我们再在真知的意义上使用'知'，于是我们就有了知本身包含了行的结论，这就是阳明提出知行合一的基本线索。"[1]"当宋儒以'真知'指主体必定将所知付诸践履，以与常人之'知'相区别的时候，在概念上是清楚的。但当阳明要在真知的意义上使用知的概念时，这个真知的知与常人的知如何区别，就需要一个分疏。'知行本体'就是阳明用来代替真知的概念。"[2]且看孙应鳌的知行观，是如何大力发挥阳明"真知"的

---

① 陈来：《有无之境——王阳明哲学的精神》，北京大学出版社 2006 年版，第 88 页。

② 陈来：《有无之境——王阳明哲学的精神》，北京大学出版社 2006 年版，第 88 页。

思想的。

首先，孙应鳌极力从"真知"论说知行合一。他先举孔子之言为己说，且道："'不知而作'一章，夫子教人致知之学。盖人之妄有所作者，以其无真知也。知行一理，惟有真知，而后可作；苟不知而作，是外知以为行，行不本于知，非学矣。"① 应鳌用阳明"知行本体"之意来对孔子"不知而作"作出新的解读（孔子对"不知而作"所持批评态度，虽其原意与阳明并无不同，但其意境却不无落差），以释王门致知（致良知）之学。按应鳌所解孔夫子之意，当训人之妄为妄行，实乃未有真知之故。知与行是一个道理，即知行合一，只有有了真知，且在知的指导下，才可以做，才可以行。如无真知，即浑而无所知晓，其所作所行，即是离知而行，行就无所依据。如此知行分割，当不是学问宗旨。不可"外知以为行"，更不可"行不本于知"。所为致知之"知"、真知之"知"的含义就不仅仅是知识之"知"，而更是良知之"知"。应鳌强调知性之知与德性之知的合一，而更关注德性之知，即良知本体。

其次，孙应鳌进一步阐发"良知本体"，借用宋儒闻见之知与德性之知，来论证知行合一。应鳌曰："知有二：有德性之知，不由闻见而有，而闻见莫非德性之用，生知者也，上也；有学问之知，由多闻多见以求知，而闻见所会理明心，得德性之真知，因以不昧，学知之者，次也。彼不知而妄作者，不知致知者也。要见致知，乃所以为学；妄作，非所以为知。而致知之外，无余学矣。"② 他把"知"分为两类，一为德性之知，一为闻见之知。德性之知为上，闻见之知次之。德性之知是"生知者"，"不由闻见而有"，即不依赖于外部经验和知识积累而存在。见闻之知只是后天所有，通过经验活动获得，且"闻见莫非德性之用"，闻见之知只是德性之知的外部表现形式（用）。这样一来，应鳌就明确地将德性之知与闻见之知作了先天与后天、上与次、本与末（即本体与功用）、形而上与形而下

---

① 孙应鳌：《四书近语》卷四，《孙应鳌文集》，贵州教育出版社1996年版，第225页。
② 孙应鳌：《四书近语》卷四，《孙应鳌文集》，贵州教育出版社1996年版，第225页。

之分。同时他还指出，闻见之所以不昧，能够会理明心，是因为"得德性之真知"。他在强调闻见之知对德性之知的绝对依赖性的同时，更指出德性之知不由闻见而有。虽然心中本有的良知、真知，是生知、是先天具有的，只是德性之知也需要借用闻见的作用，方才能显现、发用。应鳌通过对德性之知与闻见之知的关系的论证，目的是为了阐发知行关系问题。在这一视角上，应鳌和先师阳明的主张一样，均采用了心学的诠释方法。关于德性之知亦即所谓天德良知，从孟子到阳明再到应鳌，释之一贯。依阳明一贯的看法，德性之知不依见闻而有，但又不离于见闻之知，他在晚年《答欧阳崇一》中有云："良知不由见闻而有，而见闻莫非良知之用，故良知不滞于见闻，而亦不离于见闻。"①看来应鳌是秉袭了阳明先生的这一辩证态度的，故有此言。

再次，与阳明稍有不同，孙应鳌还认为由多闻多见以求知的学问之知、闻见之知，此"闻见所会理明心"，要把外在的知识转化为主体的内在性理，就又有接近于朱熹理路的一面。此学问之知虽然是学知，要次于德性之知的生知，但也为应鳌所认可，在此问题上体现了应鳌和会朱熹与王阳明的特点。他认为这样得到的德性之知是真知，是不昧明觉的，真知在其眼中意味着知行天然合一。他反对不知而妄作的情况，认为妄作是不明白致良知的真义，致良知才是为学的最高主旨，妄作不能为良知。致知之外无余学，这就把知行关系导向致良知说。以致良知统摄一切，以致良知为知行合一的根据。阳明就明确说："要皆知行合一之功，正所以致其本心之良知。"②毫无疑问，在阳明那里，"良知"就是"知"，"致"就是"行"。"致良知"正是对"知行合一"的更加具体、更为深刻的表达形式，所以能够成为阳明心学体系中最为核心的概念范畴。孙应鳌无疑是领会了这层

①　王守仁：《王文成公全书》，中华书局2015年版，第88页。《答欧阳崇一》录于《传习录》卷中，据邓艾民《传习录注疏》上海古籍出版社2012年版第145页注〔1〕云：据《阳明先生文录》及《年谱》，此书写于丙戌（1526）。

②　王守仁：《传习录》卷中，《王文成公全书》，中华书局2015年版，第64页。

深义的，他则更想去作一番通过阳明乃至孟子，进而穿越到达孔子的打通的工作。

二、释《论语》以阐发知行

为了加深对先师阳明"知行合一学说"的理解，孙应鳌在其《四书近语》中，通过对《论语》相关内容的诠释，从新的不同于以往的角度论证"知行合一"，大大丰富了"知行合一学说"的思想内容。

首先，孙应鳌以"学"与"思"的关系论证"知行合一"。《论语》中有著名的"学而不思则罔，思而不学则殆"句，应鳌云："学而思，思而学，知行合一旨也。天下之道管于一心，而通之在思；散于万物，而体之在学。学而思，则学非事为之粗迹，思以善其事矣；思而学，则思非无实之虚见，学以善其思矣。不然，则各有一偏之弊。罔者，心之未融也；殆者，心之无据也。思、学工夫，非先后、非对待，一齐俱备到，即博、约并进也。"[①] 他首先明确，"学而思"、"思而学"，其本身就是知行合一；反之，学而不思或思而不学，都是背离了知行合一之宗旨的。天地万物皆是由心来主宰的，"天下之道管于一心"，心的这一主宰功能则是通过思考（"思"）来实现，"而通之在思"；这种思考体现在万物身上，就是学习（"散于万物，而体之在学"）。然在孙应鳌看来，学思合一，不可分割，又不能混为一谈，而是各有不同之功用：一方面是"学而思，则学非事为之粗迹，思以善其事矣"，学了后若不经过思考，只能是囫囵吞枣而事为之粗迹，学必结合思考方能"以善其事"；另一方面是"思而学，则思非无实之虚见，学以善其思矣"，《论语》说"思而不学则殆"，应鳌则认为，不学之思只能是"无实之虚见"，毫无任何意义，只会带来害处。应鳌这里最大的特点是"心释"，他说"罔"是"心之未融"，"殆"是"心之无据"。在他看来，

---

① 孙应鳌：《孙应鳌文集》，贵州教育出版社 1996 年版，第 194 页。

他的以心贯通的"学"、"思"功夫是"非先后、非对待，一齐俱备到，即博、约并进也"的。"博约并进"，是应鳌打通《论语》以释"知行"的又一向度。阳明亦从功夫角度考察过二者关系："博文者，即约礼之功。格物致知者，即诚意之功。道问学即尊德性之功。明善即诚身之功，无二说也。知者行之始，行者知之成，圣学只一个功夫，知行不可分作两事。"[①]博文与约礼即是本体与功夫的关系。博文是围绕约礼而行的，是其功夫，约礼是主旨、本体，这里主要还是为了论证知行合一的问题，知行不可分作两事，只有一个功夫。

其次，"知及仁守"也是孙应鳌所欲丰富的知行合一的一个方面。他举例道："'知及之'一章，圣人以全德望天下，便见吾儒大成。'知及之'，必仁以守之，知行之合一也。知及仁守，必庄以莅之，内外之合一也。庄莅必动以礼，见明新之至善也。造到如此地位，便是体用一原，显微无间而为一贯之学。"[②]应鳌认为按照孔子的观点，有的人虽然"知及之"了，却不能够"仁守之"，其结果是知也未必得到。这是因为，知的内容是仁，知为"知仁"，不能守仁，谈何知仁？所以"知及仁守"从本质上看仍是一个"知行合一"的问题。"知行合一"也是内外合一的，"便是体用一原，显微无间而为一贯之学"。朱熹与人讨论"知及仁守"，只见得功夫与本体之域，未见得知与行，仍然是把知与行割做两截的，他说："曰：知及之，仁能守之，是明德工夫，下面是新民工夫。……曰：固是，但须先有知及之，仁能守之，做个根本了，却方好生去点检其余，便无处无事不善。"[③]这是朱熹"知先行后"观的反映。尽管他实现道德至善的目的也为应鳌所认同，但应鳌的"知行合一"与朱熹"知先行后"不同，他更靠近阳明的主张。有学生问阳明："孔子言知及之，仁不能守之，知行却是两个了？""先生曰：说'及之'已是行了，但不能常常行，已为私欲间断，便

---

① 王守仁：《传习录》卷上，《王文成公全书》，中华书局2015年版，第17页。
② 孙应鳌：《孙应鳌文集》，贵州教育出版社1996年版，第276页。
③ 朱熹：《朱子语类》卷四十五，中华书局1986年版，第1148页。

是仁不能守。"①从孔子的论述看，知及之与仁能不能守？若不能守，知与行则有分裂的可能。阳明却更进一步，确认知行只是一个，说"知及之"，已经为行了。知不能及，即是知行不能合一，是因为人私欲遮蔽了良知心体，知行有了间断。孙应鳌继承了阳明的思想，认为"知及之"，仁必然守之。知及仁守就是知行合一，知行合一就是知及仁守。二者是一件事情的两种表达，完全可以互释。有了知及仁守的知行合一，圣人君主方能自然莅临而庄重的治理天下，这又是内外合一之理。

再次，自来君子崇尚"以文会友"、"以友辅仁"，孙应鳌言："君子之学，明道进德之实功，知行合一而已。'以文会友'，求致知之助于友也，就是讲明为仁之理。'以友辅仁'，求力行之助于友也，就是发挥所会之文、信乎朋友之伦，义重聚乐。若会而非文、辅而非仁，则丧道败德，何取于友？"②"以文会友"原是以道德文章的讲习结交聚集朋友，应鳌发挥为"求致知之助于友"，致知是讲清楚为仁之理，使友朋知晓仁理，即"知"说的是知晓道德伦理之"知"。"以友辅仁"是朋友相互切磋、相互激励而提升自己仁德修养，应鳌说这是"求力行之助于友"，是发挥、实行所会之文，即力行只不过是行其"知"之仁理而已。致知（知）力行（行）的合一，是明道进德的实功，是为了培养儒家视野中的理想道德人格。"求致知之助于友"、"求力行之助于友"之知行合一是化道德知识为主体德性，再化其德性为德行，他极力强调知行合一的道德践履。否则，"会而非文、辅而非仁"就是丧道败德，对朋友、自己都没有益处。他的学说特点比较周全，既说明培养德性的重要性，又主张实行其知晓的道德知识，即知行合一。

最后，在孙应鳌看来，"学"与"修行"也是知行合一之道。《论语·学而》"学而时习之"，"习"乃为"修习"、"修行"、"温习"、"实习"、"实践"之义，有着宽泛的介说，也可一句话，作"行"解。应鳌对此的阐释是：

① 王守仁：《传习录》卷下，《王文成公全书》，中华书局 2015 年版，第 149—150 页。
② 孙应鳌：《孙应鳌文集》，贵州教育出版社 1996 年版，第 255 页。

"学问自修，知行合一之理也。"① 很明显，他把"习"释为"自修"，更是释为"行"的。然而，他又以"明"和"诚"用来互释"学问"和"自修"，他说："学问，是自修之明处；自修，是学问之诚处。圣门诚意之实功，只是知行合一而已。"② 应鳌此语换句话就是说，知是行的明处，行是知的诚处。知是行的明明白白，行是知的真诚恻怛。这不正与阳明"知之真切笃实处即是行，行之明觉精察处便是知"如出一辙吗？

三、释《中庸》以阐发知行

自《大学》、《中庸》从《礼记》中剥离出来，便成为理学家构建哲学体系的基础性文献资源，孙应鳌也依此来建构他的思想体系，并进而以此阐发先师阳明之"知行合一"说。

首先，他把"知行合一"与"中庸"的概念相联系，强调："'知行合一'，圣学之中路也。道之不行，由于知之过不及；则道之行者，正行此所知之理耳，非知外有行也。道之不明，由于行之过不及；则道之知者，正知此所行之理耳，非行外有知也。外知以为行，外行以为知，民鲜能者，此也。道之不行者，此也。择中庸而不能期月守者，此也。中庸之不可能者，此也。"③ 中庸之道，即是克服过与不及，"中庸"具有方法论之意义。中庸之德，是一种恰到好处的德行，非常难得，很少能有人达到。这种无过无不及、恰到好处的德行就是实现了"知行合一"的德行。反过来，只有秉行中庸之道，方能实现知行合一。所谓"外知以为行，外行以为知"，将知行截然为二的同时，也背离了中庸之道。"道之不行"，是因为不能做到知行合一；"择中庸而不能期月守"、"中庸之不可能"是因为不能做到知行合一。孙应鳌把"中庸"与"知行合一"联系得如此紧

---

① 孙应鳌：《四书近语》卷一，《孙应鳌文集》，贵州教育出版社 1996 年版，第 158 页。

② 孙应鳌：《四书近语》卷一，《孙应鳌文集》，贵州教育出版社 1996 年版，第 158 页。

③ 孙应鳌：《孙应鳌文集》，贵州教育出版社 1996 年版，第 174 页。

密，这种表述，实不多见。他继续道："《中庸》载夫子言：道之不明，由于贤、不肖之过、不及；道之不行，由于知、愚之过、不及。可见道之不行，知、愚皆不行也；道之不明，贤、不肖皆不明也。言不明而由于行之过、不及，可见知之合一于行也。言不行而由于知之过、不及，可见行之合一于知也。知行合一，无'过'、'不及'，便是'中'也。此千古圣学之正脉。"① 他特别强调，知行不能合一的直接原因是"道之不明"，"道之不明"则是由于"贤、不肖之过、不及"所造成的"道之不行"。"道之不行"，则智愚皆不行；"道之不明"，则贤、不肖皆不明。"不明"是因为"行"之过与不及，"不行"是由于"知"之过与不及。所以不论从哪个角度，都在于克服过与不及。这样一来，不仅进一步肯定了阳明所申言的"知行合一乃为圣学正脉"，应鳌还提出了"无过与不及"之"中庸"，也是"千古圣学之正脉"的观点。

其次，在孙应鳌看来，中庸之道即是中和之理。他说："所谓中和也，和而不流，达道之和，不流于喜怒哀乐也。中立而不倚，大本之中，不倚于喜怒哀乐也。知者，知此耳；仁者，行此耳；勇者，强此耳。知、强，此仁耳，一也。知、仁、勇，同功并进，便是知行合一。中和之理，即中庸之理也。索隐行怪，过乎中庸者也。半途而废，不及乎中庸者也。皆身与道为二者也。依乎中庸，所知所行只在中庸，身与道为一者也。"② 在这里，孙应鳌把"中庸之道"作了更加丰富多样的发挥。"中庸之道"即是中和之道、中和之理。"中和"作为儒家学说的基本范畴，最初是指一种高度和谐、非常完美的理想境界。宋明理学家将其哲理化、思辨化，提升到形上范畴。王阳明就曾说，中和"是良知也者，是所谓'天下之大本'也。"③ 良知是中，是天下的大本。对"中和"的诠释愈趋丰富，有了方法论、本体论、境界论的不同向度。阳明又说："无所偏倚。……如明镜然，

---

① 孙应鳌：《孙应鳌文集》，贵州教育出版社1996年版，第245页。
② 孙应鳌：《孙应鳌文集》，贵州教育出版社1996年版，第174—175页。
③ 王守仁：《王阳明全集》，上海古籍出版社1992年版，第279页。

全体莹彻，略无纤尘染着"。"须是平日好色、好利、好名等项一应私心扫除荡涤，无复纤毫留滞，而此心全体廓然，纯是天理，方可谓之喜怒哀乐未发之中，方是天下之大本。"①"中"在阳明学语境中往往具有多重向度。孙应鳌亦如是："依乎中庸，所知所行只在中庸，身与道为一者……依中庸而不悔，只因我之天命之性於穆不已，无须臾可离，虽欲罢而不能者也。"②"中和"的多重向度决定了与其自身无二的"知行合一"也是多重向度的。所以说知行只是在于必然中庸，依中庸而必然知行合一。身与道、知与行，皆依乎中道、合一，无论是在境界、功夫，还是本体诸向度，皆通融无碍、通道合一。

再次，孙应鳌还把"中和"与"知、仁、勇"之所谓"三达德"联结起来，知行合一贯注其中的同时，进一步丰富了"知行合一"的内涵。应鳌说："知者，知此耳；仁者，行此耳；勇者，强此耳。知、强，此仁耳，一也。知、仁、勇，同功并进，便是知行合一。"③ 文中之"此"，即是作为儒家思想核心的"仁"。一切都是紧紧围绕"仁"来进行，围绕"仁"得以展开。知是"知仁"，行是"行仁"，勇是"强仁"。这便是一，便是同功并进，当然就是知行合一之乐。"知斯三者，'知'字最重。凡人不能修身、治人、治天下国家，只因失此真知。有此真知，则好学、力行、知耻工夫俱作实去做，及其知之一也，也在此，真知及其成功一也，也在此。真知由是，人已一理。身无不修，其于天下国家，一以贯之矣。"④ 不能将孙应鳌的"'知'字最重"简单理解为"知重行轻"之论，因为他前面讲了，知是"知仁"，具有重要的道德践履的深蕴，不是抽象认识意义上的一般的"知"，而是有丰富具体内涵的真知，这样的真知正如阳明先生所指出的，是必须包含了行的。阳明讲行，往往以爱亲孝道为例，孙应鳌讲行，则以

① 王守仁：《传习录》卷上，《王文成公全书》，中华书局 2015 年版，第 29—30 页。
② 孙应鳌：《孙应鳌文集》，贵州教育出版社 1996 年版，第 175 页。
③ 孙应鳌：《四书近语》卷二，《孙应鳌全集》，贵州民族出版社 2016 年版，第 167 页。
④ 孙应鳌：《孙应鳌文集》，贵州教育出版社 1996 年版，第 178—179 页。

"修身"、"齐家"、"治国"、"平天下"为职志。

最后应当指出的是，孙应鳌知行合一的观点与先师王阳明的"知行合一"学说尚有细微之差别。王阳明晚年对知行关系的一个十分重要的判语是："知之真切笃实处，即是行；行之明觉精察处，即是知。知行功夫本不可离。只为后世学者分做两截用功，失却知行本体，故有合一并进之说。"①这句话可以看作是阳明对知行关系的最为概括性的、也是最后的总结。一般的理解，"真切笃实"是对行的表述，"明觉精察"则是对知的表述，"明觉精察"与"真切笃实"分别是说明知与行的特点，"同时阳明又认为，无论是知的过程还是行的过程，事实上都需要具备两者。"②阳明要说明的是知行功夫本来就是合一的，是绝对不可分割的。如果知行分做两截用功，那么就会失却知行本体"本然合一"的状态。在这一点上，孙应鳌很好地理解了阳明，说"（知行）一也，知行合一之理"。当阳明用行的特征"真切笃实"说明知时，应鳌也说"知之笃实处，便是行"，这是一致处。但当阳明用"明觉精察"来说明"行"时，应鳌就没有接着下去，而是说"行之真切处，便是知"。当应鳌只用"真切笃实"而不用"明觉精察"来表述知与行时，他就跟李渭的"先行论"有些类似了，都强调知行合一实践品格"行"的一面，而未强调"知"的一面。在关于知行相互关系问题的讨论中，孙应鳌、李渭二人都暂时把阳明先生关于"真知"、"明觉之知"对于行的重要性搁置一边，想来是有其原因的。或许，为了面对当时"良知现成论"者过于重"知"的流弊，他们不得不矫枉过正。

四、实理、实言、实行：知行关系的"实"的考察

孙应鳌的学说本身，是一种具有经世致用之显著特征的学说。他特别强调"实"，主张"实理"、"实言"、"实行"，他同时就是实学。

---

① 王守仁：《传习录》卷中，《王文成公全书》，中华书局 2015 年版，第 52 页。
② 陈来：《有无之境——王阳明哲学的精神》，北京大学出版社 2006 年版，第 95 页。

依照王阳明之意，常将本体指为学问主旨，而功夫则为实现本体之方法与手段。杨国荣先生曾曰："在本体与功夫之辩中，王阳明在赋予本体以先天性质的同时，又强调本体唯有在后天的工夫中才能获得现实性品格，知行之辩可以看作是这一思路的引申。"① 阳明也曾有把知行明确区分为知行本体、知行工夫之论："知行功夫本不可离，只为后世学者分作两截用功，失却知行本体，故有合一并进之说。"② 知行"合一"既可以指本体的合一，也可以说是功夫的并进、互动。③ 实际上，知行之本体与功夫之论乃是贯穿于阳明学整个思想体系的。本体与功夫在逻辑上虽有所区别，然实际上本身则是断断不可二分的。阳明所说的知行本体维度不仅体现在知行合一，尤其体现在与"致良知"的关系上；孙应鳌强调知行之本体与功夫，则主要表现在知行合一与诚意慎独的关系。在这个维度中，应鳌于继承阳明理念的基础上，彰显了自己思想的独特之处。

首先，孙应鳌从"实理"与"实言"之维考察知行关系。应鳌有曰："忠信笃敬，此心之实理也。本此心之实理以为言，则其言为实言。本此心之实理以为行，则其行为实行。言行既实，则人同此心、心同此理，自然感应皆同而无不行矣。然其实落用功，必是未行之先，而忠信笃敬之实理念念不忘。'立，则见其参于前；在舆，则见其倚于衡'，随其所在，常目见之。虽欲须臾离之而不可得，则实理始为已有。而发之于言，征之于行，自无不实，然后可行矣。"④ 主体之心即是理，此理的实际内容自然是儒家"忠信笃敬"的道德规范。毫无疑问，以"心即理"所确立的心本论，已然成为阳明及其后学的立论基础。故应鳌说依据此"心之实理"之"言为实言"、"行为实行"。从根于心本体的言、行这一角度，亦即彰显为"知行合一"综合理论框架的一个向度。

---

① 杨国荣：《心学之思——王阳明哲学的阐释》，三联书店 1997 年版，第 195 页。

② 王守仁：《传习录》卷中，《王文成公全书》，中华书局 2015 年版，第 2 页。

③ 陈来：《有无之境——王阳明哲学的精神》，北京大学出版社 2006 年版，第 103 页。

④ 孙应鳌：《孙应鳌文集》，贵州教育出版社 1996 年版，第 271 页。

其次，孙应鳌又从"实言"与"实行"之维考察知行关系。他说"言行既实"，即意味着"人同此心、心同此理"，昭彰了"心即理"之心与理所本来具有的普遍性、超越性意蕴。因为在他看来，"心即理"本身就内含着"自然感应皆同而无不行"的先在性功能。这一思绪多少暗含了时下"现存良知论"的倾向。这时的"心即理"之心与理还是本然状态，要"实落用功"为其明觉形态，焉能省缺功夫之用？应鳌的意思是，在用功，即"实行之先"之前，"忠信笃敬之实理念念不忘"之"言"，强调的是"行"必须以"心即理"作为依据，而且此"心即理"之心与理虽呈露为之"言"，则无时无刻不在范导着"行"。这一"范导"无疑是具有普遍性的，"心即理"之心与理之通融而一，本然具有的"须臾离之而不可得"，规定着理与言、言与行的关联，亦是"须臾离之而不可得"。它们是所谓内在于道德主体的必然性，是所谓实有诸己的品格，即所谓"实理始为己有"，所谓"发之于言，征之于行"，这样的知行合一自然能使天理内在于道德主体，"自无不实"，依据天然的内在实理就可以施行了。表面上看，这似乎有些现存良知论的味道在，其实深究则不然。

合之以"实理"、"实言"、"实行"，结合"心即理"之论来互证"知行合一"，是阳明圆融己说的重要特点，其曰："外心以求理，此知行之所以二也。求理于吾心，此圣门知行合一之教，吾子又何疑乎？"[1]"此区区心理合一之体，知行并进之功，所以异于后世之说者，正在于是。"[2]诚如今之学者所言："'知行合一'之'知'是内求的心之理，不是外求的物之理；而'行'是由个人之'心'的思考、决断的结果，它依赖于个体对心中之理的体知、践履。"[3]倘若离开主体之内心而外求于理，只能导致这样的结果：既将知行为了两个，又进而分割了知行，阳明的理路是只有向内

① 王守仁：《传习录》卷中，《王文成公全书》，中华书局 2015 年版，第 53 页。
② 王守仁：《传习录》卷中，《王文成公全书》，中华书局 2015 年版，第 57 页。
③ 朱汉民：《由工夫以见本体——阳明心学的实践性品格分析》，《北京师范大学学报》2006 年第 3 期。

用功,知行才能合一。应鳌秉持了先师阳明的这一理路——"心即是理"、"心外无理"——如果外心以求理,"心之实理"就不可能转化为言、行,知行必然分裂为二。知行合一当然是主体"心即理"的合一,既然说到心外无理,自当心外无知,心外无行。"心即理"本体论故而成为"知行合一"实践工夫的理论基础和前提,由此推出知行合一的结论,势成必然。

再次,孙应鳌申明,"心即理"所主的"实理"、"实言"、"实行"之道,必须引出"实修"、"实证"、"实悟"之功,即完完全全落实在道德实践之中,这是他所最终关注的知行合一之"行"。其曰:"学者必须闻道,庶不虚生。如何谓闻道? 此必须实修、实证、实悟,始知非言语可解。"[1] 真正的行,即"实修"、"实据"、"实悟",绝非为仅知言语所可代替,他更看中"行"的一面。这里,孙应鳌的两个"三实"之论,各有侧重。后一个"三实",显然是在强调功夫的重要性,透露出了应鳌对"现成良知"者重言、重知而轻"行",导致"虚修"、"虚据"、"虚悟"弊端,起而痛责的良苦用心。

在孙应鳌看来,在理解先师阳明思想时,不仅"知行合一"与"心即理"是互通互释的,而且"知行合一"与"致良知"更有着逻辑上的一致性。如同刘蕺山所云:"良知为知,见知不囿于闻见;致良知为行,见行不滞于方隅。即知即行。"[2] 有现代学者认为:"知行学说是致良知学说的逻辑展开,甚至说致良知之教已具体化为知行合一之说,致知过程则相应地被理解为知与行的统一,其内容表现为先天良知通过行由本然的形态转化为明觉的形态。他还提出了知行合一的过程、总公式:知(本然形态的良知)——行(实际践履)——知(明觉形态的良知)。"[3] "知行合一"与"致良知"这两个阳明于不同时期提出的重要概念,不仅是阳明心学体系大厦内的核心支柱,而且彼此之间有着相当缜密的逻辑关系。

---

① 孙应鳌:《孙应鳌文集》,贵州教育出版社 1996 年版,第 202 页。
② 黄宗羲:《明儒学案》,中华书局 2008 年版,第 7 页。
③ 杨国荣:《心学之思》,三联书店 1997 年版,第 197 页。

王阳明曾明白无误地把这种逻辑关系加以揭示:"孰无是良知乎？但不能致之耳。《易》谓"知至，至之"，知至者，知也；至之者，致知也。此知行之所以一也。"① 阳明将"知至"理解为"知"，亦即良知；将"至之"理解为"致知"，亦即致良知。他主张人人皆具良知，但却不能"致"，那么，需要扩充、践行良知，这就是知行得以合一的缘由。为了进一步说明这种关系，应鳌用"知至至之"说明致良知与知行合一的关系:"'知至'，就是明心之本体。心学工夫全在致知。心之本体，知而已矣。"② 应鳌说"知至"就是明心之本体，也就是阳明"知至者"之良知，其良知为心之本体，这说的是"知"。"至之者，致知也"则说良知需要"致"、"行"，才能得以显现、落实，故而应鳌表示"心学工夫全在致知"，这就意味着知行的合一。他又说道:"此知在人与天同也，唯不能复此知体，是以昧而不觉。圣人之所以为圣，唯不失此知耳。故曰:'知进退存亡而不失其正者，唯圣人乎？'圣人于乾之九三独提'知'字示人曰:'知至至之，可与几也。知终终之，可与存义也。'……此'几'之所在，天地造化之体用皆统焉。"③ 知即指良知，良知虽然具有普遍超越的特性，但却"不能复此知体"，被遮蔽而未能为人明觉，即还需要致、行。他说此"知至至之"之几是体用皆统的，良知是体，致良知为用，需要推致良知之用，即知行合一。这就要求把先验的良知本体呈现出来，使本然之知转为明觉之知。

为了充分论证知行合一与致良知的密切关系，孙应鳌不断挖掘经典资源进行说明。如他说:"'有不善未尝不知'，以其能常知也。知之未尝复行，以其能常行也。常行即在常知之内，天之行健，是天之常知也。故《大学》之道在致知，知致而天地之道皆复于我，不远于我矣。"④"知"

---

① 王守仁:《王阳明全集》，上海古籍出版社 1992 年版，第 189 页。

② 孙应鳌:《孙应鳌文集》，贵州教育出版社 1996 年版，第 166 页。

③ 孙应鳌:《孙应鳌文集》，贵州教育出版社 1996 年版，第 14 页。

④ 孙应鳌:《孙应鳌文集》，贵州教育出版社 1996 年版，第 58 页。

为"常知"即良知，不是一般、暂时之"知"，上升到了本体层面。此"常知"具有自能知善知恶的功能，所以说有不善未必不知道；良知知恶之后就不会再为恶，因为此良知必能行，即致良知为常行。这样，就是"常行即在常知之内"，即致良知是在良知的范导下做达致、推行的工夫，知行不能分开，有知必然有行，行必然实行、实现知，知行本然合一。所以说，《大学》的关键在致良知，实行其良知。可见，致良知与知行合一的密切关系。在良知致、行之后，良知已然为主体所明觉、意识，主客合一，当然是"复于我"、"不远于我"了。同时，孙应鳌的致良知即是明明德："'自昭明德'，可见明德本明，君子不过自明其本明者耳。'明明德于天下'与'明出地上'，一矣。曰：如何明之？曰：《大学》明德在致知。此知体即明德也，致知是自昭明德也。"① 知体、良知即明德，致良知即明明德。心之德性、良知本是至善的、光明的，只因后天物质利欲等因素，才使本明的良知受到压抑与遮蔽，一旦去除私欲之蔽，自身的良知就会呈现出来。如何明其主体之明德、良知，应鳌明确说致知、行知而自昭明德，此就是知行合一。他不断有着类似的说法："故好学非他，明理也，明心体也。明心体者，致知也。"② 为学目的没有别的，就是为了明白天理，也就是明心体、良知，明其心体，也就是致其良知，说的还是知行的合一。

先师王阳明以"致良知"统摄、兼容"知行合一"，孙应鳌也是如此。应鳌表示："'知之'、'好之'、'乐之'，要看得'知'字重。程子曰：'学必明诸心'。知所往然后力行，以求至明诸心。知所往，知也；力行，好也；求至而至之不去，乐也。盖圣学，惟在于致知。……皆非有外于此心之真知也。"③ 此心之真知即为良知，所以说"知"字重。他以真知（良知）为心性本体根据，知、好（力行）、乐都是在良知心体的监控下。"知所往

① 孙应鳌：《孙应鳌文集》，贵州教育出版社1996年版，第71页。
② 孙应鳌：《孙应鳌文集》，贵州教育出版社1996年版，第285页。
③ 孙应鳌：《孙应鳌文集》，贵州教育出版社1996年版，第216页。

然后力行”的知行合一，是为了“以求至明诸心”，达到、实现良知本体。相对王阳明，他还提出了“乐”为知行合一的品格之一，使其说一定意义上有了美学味道。孙应鳌又说：“知、仁、勇，同功并进，便是知行合一。”①“知，即吾心之良知；仁，即吾心之良能；勇，即知、仁合一而乾乾不息者。知、仁、勇，总是一个人进德之序如此耳。进德者，以致知为入门，以践履为实地，以强立不返为全功。”②“知”原来主要指智慧、知识，在此为良知，“仁”本指道德伦理、情感，也诠释为人的良能。而勇是知、仁的良知良能合一，三达德说明的是一个人修德的次序，即知行合一的精神。以致知为入门、以践履为实地，说明只有知行的合一，良知心体才能确立起来而不会再丧失，才算是大功全功。他进一步说道：“圣人虽曰‘生知’，其实圣学只在‘致知’。若欲‘致知’，则必‘好古敏求’，然后其知始到。此夫子所以善充其知而无所不知也。”③生知是指先天具有的良知，但必须致知（致良知）。知为良知，致知为行，知行必须合一，他认为只有致知、行的作用，然后才能得到良知。也就是善于扩充本有的良知，使之具有无所不知的功能。

王阳明对此论题有总结性的发言：“良知之外更无知，致知之外更无学。”④他晚年以致良知统合一切，知行合一也收归致良知。而孙应鳌也有纲领性的说明：“彼不知而妄作者，不知致知者也。要见致知，乃所以为学；妄作，非所以为知。而致知之外，无余学矣。”⑤二者又一次有着类似的用词和意义。阳明既然以良知说统合一切，那么“良知”之外就不会再有什么其他形式的“知”了，自然致知（致良知）之外也不能存在其他的“为学”方式。孙应鳌在阳明学这样的思维方式下，自然会说“要见致知，

---

① 孙应鳌：《孙应鳌文集》，贵州教育出版社 1996 年版，第 174 页。
② 孙应鳌：《孙应鳌文集》，贵州教育出版社 1996 年版，第 236 页。
③ 孙应鳌：《孙应鳌文集》，贵州教育出版社 1996 年版，第 224 页。
④ 王守仁：《王阳明全集》，上海古籍出版社 1992 年版，第 218 页。
⑤ 孙应鳌：《孙应鳌文集》，贵州教育出版社 1996 年版，第 225 页。

乃所以为学"、"致知之外，无余学"。不断地表明知行合一必须与致良知结合，才能得以合理的建构。

五、"知行合一"就是"慎独"

将"知行合一"学说与儒家传统的"慎独"理论结合起来加以考察，是孙应鳌学思的特色之一。他在其《四书近语》卷二中，集中对此进行了讨论。《四书近语》卷二是孙应鳌讨论《中庸》的专章，与子思之《中庸》的安排一样，应鳌也跟着讨论"中"与"诚"这两个重要概念，主要在讨论"诚"的时候引入讨论"慎独"。所不同的是，应鳌在讨论"慎独"时，把"知行合一"这一在当时看来全新的理论糅了进去，即表现出其对先师阳明的服膺与承续，也体现出其独到的理论特色。

首先，孙应鳌既依循《中庸》的文序，又强调了其"心学"的旨归，由"中"演进到"心"，又由"心"逻辑地推导出"独知"。他说："所谓'中'也，此吾心之真机也。吾心之真机，即人所不知而己所独知之地也。"[①] 什么是所谓"独知之地"呢？他接着说："君子戒慎恐惧，非有加于此真机之外，只是顺此真机，直养无害，使独知之地，惺惺不昧。"[②] 可见这"独知之地"全然是内在于人心的，而不是在人心之外、真机之外（非有加于此真机之外），这独知之地就是人心之真机，但并非如"现成良知"者所言，应鳌的"独知之地"是需要"直养"的功夫的，"只是顺此真机，直养无害"，然后致达"惺惺不昧"。有了这样的"直养"功夫，则"天理人欲，炯然先见，无一时或间，无一处不存，此心全是天理流行体用一源也，在此显微无间也。在此尽性者尽此而已，率性者率此而已，未发已发皆该之矣。"[③]

其次，孙应鳌除讨论了"心"，即所谓"真机"、"独知之地"，还提出

---

① 孙应鳌：《孙应鳌文集》，贵州教育出版社 1996 年版，第 163 页。
② 孙应鳌：《孙应鳌文集》，贵州教育出版社 1996 年版，第 163 页。
③ 孙应鳌：《孙应鳌文集》，贵州教育出版社 1996 年版，第 164 页。

了所需的"直养"功夫，指出直养功夫的特点是"顺"（顺此真机）。"顺"之"直养"为何能使"尽性者尽此"、"率性者率此"、"未发已发皆该之"呢？由此应鳌逻辑地推出了"慎独"。他说："戒慎恐惧，便是慎独。"看来这"顺"之"直养"是由"戒慎恐惧"所规定的。应鳌将此话展开如下：

> 复言慎独者，即戒谨恐惧之真机至精至一者言之也。慎独则尽性，尽性则廓然而大公，便是未发之中，物来而顺应，便是已发之和。未发不在已发之外，盖冲漠无朕，而万象森然，是和之所统会，乃天下之大本也。已发即在未发之中，盖万象森然，而冲漠无朕，是中之所流行，乃天下之达道也。大本、达道，兼总理条一以贯之，是致中和矣。中和致，则天地之位位于中和，万物之育育于中和，非慎独之极功尽性之能事耶？①

他给慎独作了规定：慎独是以"心"为全部的出发点和归属，由戒慎恐惧，到尽性，到未发已发，一以贯之而致中和，天地万物皆统归于心，又回归到这真机的"独知之地"，能做到"慎独"的心。他把作为道德理念与道德践履的全过程的"慎独"完完全全范导于人心，即真机之内而不得溢出，与阳明的"心外无理"、"心外无物"、"心外无事"完全一致，这样一来，知行合一的整个过程就如同慎独的全过程一样，都只是在人心中实现其"动静合一"、"戒慎恐惧"、"未发已发"而致达中和，离开了此"独知之地"，自然就"非慎独之极功尽性之能事耶"！

通过如此一番逻辑推论，结合自己内心的深刻体验，孙应鳌得出结论："知行合一便是'慎独'，'慎独'便是知行合一。不能慎独，只是外知为行，外行为知，非天命之性之本然也。"②在孙应鳌看来，知与行纯然是一种相互内含的关系，与阳明的"知是行之始，行是知之成"、"知是行的主意，行是知的功夫"义同，脱离了这种关系，就没有了所谓"慎独"，而"非天命之性之本然也"。

① 孙应鳌：《孙应鳌文集》，贵州教育出版社1996年版，第166页。
② 孙应鳌：《四书近语》卷二，《孙应鳌文集》，贵州教育出版社1996年版，第165页。

第三节　李渭对知行的阐发：从"毋意论"到"先行说"

关于知行关系的讨论，到了黔中王门另一位重要人物李渭这里，却表现出了另一种认知形态："毋意"与"先行"。从字意表面上看，"毋意"之"意"，属知的范畴；"先行"之"行"，自然属行的概念。原来出现在《论语》中的这两个词汇，却成为了李渭思想的核心元素。在李渭那里，"毋意"与"先行"，并非同时提出，而是有一时间上的先后次第，他大致在中年时期时只是专提"毋意"，并阐发而为独具特点的"毋意说"，到了晚年，才集中提揭"先行"概念，并阐发而为自己带有总结性意义的"先行论"。从"毋意"到"先行"，标示了李渭思想发展的两个大的阶段。然纵观李渭思想发展的脉络，则又有一曲折之过程。

一、李渭思想的发展脉络

纵观李渭思想发展脉络，包括他自己的说法，尚有种种不同表述可考。根据李渭的学生萧重望为他所撰《李同野先生年谱》，谈到先生自己曾有如此表白："吾于此学，入白下（首访耿天台）时，觉与官和州时不同；登天台（二访耿天台）时，又觉与白下时不同；与近溪遊月岩，又觉与前不同。"[①] 李渭将自己的为学历程明确划分为三个段落：一是"入白下"时，自觉与在和州做官时不同，但并未言明不同的具体内容；二是"登天台"时，又觉得与白下时不同；三是"与近溪游月岩"，又有了与此前之不同。这种所谓"不同"的划分，仅仅是以含有地点与人物的事件为线索，而并未言及他的思想内容及倾向。既未提到"毋意"，也未提到"先行"。

---

① 萧重望撰：《李同野先生年谱》，《思南府（县）志》，思南县志编纂委员会办公室 2002 年版，第 562 页。

另一处关于李渭思想发展路径的说法，有见于耿定力所撰《李同野先生墓志铭》，其曰："公之学，自却妄念以至谨，一介取予去拘，士且远哉！道林先生（蒋信）破其拘挛，余伯兄（耿定向）谓之有耻，仲兄（耿定理）直指本心，近溪喝其起灭，卒契毋意之宗。"①耿定力的描述虽也涉及一些思想内容或方法，如"自却妄念以至谨"、"破其拘挛"、"直指本心"、"喝其起灭"，特别是"卒契毋意之宗"的"毋意"的点明，但仍然是以事件为划分的标志，未有提及李渭晚年所倡的"先行"。这样的划分很难说是完整的。不过，上述划分还是涉及李渭思想发展历程中的几个重要节点。

其实早在这几个重要节点之前，李渭少年时候的一段问学经历，对于他此后一生之所存影响，是断不可忽略的。郭子章记录道，李渭"十五病肺，屏居小楼，溽暑，散髪箕踞。父中宪公富以'无不敬'饬之，即奉而书诸牖。目摄以资检束，第觉妄念丛起。中宪又以'思无邪'饬之，又奉而书诸牖。久之，妄念渐除，恍惚似有得。及下楼，与朋友笑谭，楼上光景以失。于是专求本心，未与人接。自问曰：如何是本心？既与人接，又自问曰：本心是如何？"②这个15岁少年曾在生病时浮躁而生妄念，于是乃父李中宪教他居小楼，静坐收心，除去妄念，似有所得，方自觉走上了如何求诸"本心"的阳明心学运思理路。

李渭22岁，即嘉靖十三年甲午（1534）乡试中举，"嘉靖甲午举于乡。萧然布素，计偕以一仆自随。读孟子《伊尹耕莘章》，则曰：'尧舜居民事业，自一介不取，始交际，岂可不谨！'"③所谓"一介不取"，指李渭年纪轻轻即能讲究道德修养，倾向于朱子"主敬"之说。

---

① 耿定力：《李同野先生墓志铭》，《黔诗纪略》卷三，贵州人民出版社1993年版，第135页。

② 郭子章：《黔记》卷四十五《乡贤列传二·理学》，西南交通大学出版社2016年版，第982页。

③ 郭子章：《黔记》卷四十五《乡贤列传二·理学》，西南交通大学出版社2016年版，第982页。

前述定力所道"破其拘挛"，的确是青年李渭为学历程中的一个重要节点："癸卯蒋公信视学贵州，渭谒之，因陈楼上楼下光景，蒋公曰：楼上是假楼下与朋友谭笑却真。至一介不妄取，蒋公曰：此犹然楼上意思在，硁硁然小人哉！渭愧甚，以为学十四五年只成得一个硁硁小人，不觉面赤背汗淋淋也。"[1] 李渭被蒋信老师破了他"楼上楼下光景"，并斥之为"硁硁然一小人"，乃至"面赤背汗淋淋"，也即耿定力所说"道林先生破其拘挛"。这一事件，成为李渭为学之变的一大转折，这个转折之后，31 岁李渭的问学之路才有可能进入"毋意"的问思阶段。

接下来的节点是"入白下"。嘉靖四十二年癸亥（1563），51 岁的李渭首访耿定向、耿定理兄弟，受其影响，自然吸收了后者的某些观点，故而才有了"入白下时，觉与官和州时不同"的感受。

四年之后，55 岁的李渭于穆宗隆庆元年丁卯年（1567）再访耿定向，此时又有了"登天台时，又觉与白下时不同"[2] 的感叹。故而有定力"余伯兄（定向）谓之有耻，仲兄（定理）直指本心"之结论。

又过了四年，这时的李渭已近花甲（59 岁），于隆庆五年辛未（1571）与罗汝芳同游南岳衡山。三年后，即万历二年甲戌（1574），62 岁的李渭转任云南左参政，与罗汝芳同地为官四年，二人相交而游，"与近溪（罗汝芳）游月岩，又觉与前不同"。近溪深受王门教喻，注重功夫，且善于破除虚假光景，故告诫李渭曰："本体原无间断，学者不可在起灭上做工夫。"近溪帮助李渭破除了其在意念上的起灭工夫，径直求诸仁体，使良

---

① 莫友芝：《黔诗纪略》卷三，贵州人民出版社 1993 年版，第 128 页。

② 有人误认为所谓"白下"一事，指的是李渭拜访湛若水（张明：《王阳明与黔中王门》，《阳明学刊》，贵州人民出版社 2004 年版）。其文云嘉靖三十八年己未（1559）李渭"迁高州府同知，至则谒甘泉湛先生"。然笔者考证，"白下"一事，现于焦竑为李渭所作传记："公自言于学，入白下见耿师，与居和、高时不同；过楚登天台又觉与白下不同；与近溪游月岩，复觉有不同者。如登九级浮屠，随步而异，所谓未见其止者。"（焦竑：《澹园集》，中华书局 1999 年，第 932 页。）可见，"白下"一事系指李渭首访定向，而非拜访湛若水。

知当下显现，李渭总结道："予昔日工夫亦有起灭，被近溪大喝，通身汗浃，自是欲罢不能。"① 由于受到定向、定理、近溪等泰州学派"现成良知论"影响，于是李渭提出他的"毋意"之论就成了水到渠成之事，并与前者相为呼应。李渭虽然吸收耿定向、耿定理、罗近溪理念，提出了具有"现成良知论"倾向的"毋意"之说，不过到了晚年，李渭思想又有了新的进境，他开始自觉到先前理论之蔽，并有了新的理论的酝酿，他的"先行"论就是在他不断求新的晚年而得出的最后心得。

万历六年戊寅（1578），66 岁的李渭辞官归乡。

于此一年前，即万历五年丁丑（1577），邹元标贬谪都匀，六年后的万历十一年癸未（1583），邹元标离黔。李渭《先行录》正是写成于这一时段，有邹元标为之序。五年之后，万历十六年戊子（1588）四月，李渭去世，时年 76 岁。

关于李渭的死，《万历贵州通志》有记曰："及同野卒，耿楚侗铭之曰：明好学君子之墓。"《万历贵州通志》还有一段关于孙应鳌、马廷锡、李渭三人的扼腕而不朽之录："至泰和郭子章抚黔，邹忠介送之，惜其不及见孙、李诸先生。子章辑《黔记》，因举淮海、同野，合以贵阳马心庵，类传于《理学》。且曰王文成与龙场诸生问答，莫著其姓名，其闻而私淑者，则有孙淮海、李同野、马内江，读三家著述，真有朝闻夕死可之意，可以不愧龙场矣，至今以为定论。"②

二、从"子绝四"到"毋意论"

毋意，语出《论语·子罕第九》："毋意，毋必，毋故，毋我。"孔子杜绝四种缺点：不凭空猜测，不死钻牛角尖，不固执拘泥，不自以为是。孔子提出"毋意"，是要反对主观主义。孔子杜绝"意"、"必"、"固"、"我"，

---

① 莫友芝：《黔诗纪略》卷三，贵州人民出版社 1993 年版，第 129 页。
② 莫友芝：《黔诗纪略》卷三，贵州人民出版社 1993 年版，第 130 页。

具有尊重客观的认识论意义。

李渭"毋意论"的提出，除了是对儒学的基本理论的回应与诠释外，与他自己的心路历程和所受学界影响是分不开的，他所主张的"毋意说"有一个逐渐形成的过程。从他青少年时从学蒋信可以看出，他最初的学术路径选择是从"静坐"中"悟出端倪"，而蒋信最初的小学静坐功夫则是从先师阳明那里接受过来的。不过很快，阳明就发现了其中的弊端，并极其严肃地告诫蒋信、冀元亨、刘观时等人，希望他们不要死守这一初级的小学功夫，而应当向高明一路发展，以去除时弊。当阳明的体悟成圣立德的功夫已由通过静坐发展到"克治省察"、"事上磨炼"、"存天理去人欲"而达"致良知"的功夫与本体相一致的境界时，他的以往的一些学生很可能还处于早前的功夫阶次而停止不前，甚而至之，像蒋信这类的早期学员，在没有及时跟进先师的学术进路的情况下，又转而另投师门，在湛甘泉那里学习"随处体认天理"。早年的李渭不能不受此影响。所以，他中年以后提出"毋意"，实际上是对自己先前思想理路的一种自我反思。这种反思显然得益于他对其他王门后学的接触与影响（如前所述之耿氏兄弟及罗近溪等人）。

在黄宗羲《明儒学案·楚中王门学案》中，蒋信等被誉之为"独冠全楚"、"实得阳明之传"。黄梨洲说："楚学之盛，惟耿天台一派，自泰州流入。当阳明在时，其信从者尚少。道林、阎斋、刘观时出自武陵，故武陵之及门，独冠全楚。观徐曰仁同游德山诗，王文鸣应奎、……尚可考也。然道林实得阳明之传，天台之派虽盛，反多破坏良知血脉，恶可较哉！"[1]对于这段话中的最后一句"然道林实得阳明之传"，笔者认为，需作认真之分析：

黄梨洲所谓"阳明之传"，未见得是指阳明思想成熟期在江西揭"致良知"时候的思想，更未见得是阳明归越后"所得愈化，所操愈熟"的晚

---

[1] 黄宗羲：《明儒学案》，中华书局2008年版，第626页。

年思想，而极有可能指的是阳明早中期的思想，甚至仅仅是早期的思想。蒋信两次拜谒阳明，一次是在龙冈书院，一次是在阳明离黔赴赣路过辰州、常德时。此后，当阳明思想渐趋成熟时，蒋信早已转投甘泉门下。可知蒋信所秉"阳明之传"，并非阳明成熟期之思想。然"静坐"却是阳明早期思想中的主旨功夫，阳明传之蒋信，蒋信传之李渭，蒋信与李渭在接受阳明"就高明一路以去时弊"的纠偏的警示信息时，显然慢了半拍，李渭深受其影响，以至形成后来局面，被罗近溪批评为"在起灭上做功夫"，也就不难理解了。

在李渭看来，静坐是与"毋意"密切相关的，"毋意"是从静坐体验中抽象出来的。更确切一些说，"毋意"乃是李渭试图对静坐所实施的超越。

郭子章用较为简洁的文字描述了李渭"毋意"思想产生的基本过程与基本内容："渭之学基于庭训，切磨于蒋道林、耿楚侗，至滇与罗近溪同官，合并精神，学益进。"① 尝曰："认得孔子'毋意'，孟子'不学、不虑'，程子'不着纤毫人力'脉路，即千思万虑，已百己千，仍是'毋意'、'无纤毫人力'、'不学不虑'也。"又曰："本体原无间断，学者不可在起灭上做功夫。予昔日功夫，亦有起灭，自得近溪力，自是欲罢不能"。静坐不是枯坐如死槁，而须认得孔子"毋意"之旨，此"毋意"虽犹如孟子"不学、不虑"，程子的"不着千毫人力"，其实质已是千思万虑、已百己千，这就是"毋意"，真可谓"毋意之意，乃为至意"矣。

郭子章《参议李渭公传》又作进一步描述，尤其是之中耿楚侗与李渭登天台时饶有趣味的一段对话：

> 入觐，过麻城，从楚侗先生登天台。
> 楚侗示八语："近道之资，载道之器，求道之志，见道之眼，体道之机，任道之力，弘道之量，达道之才，八者阙一不可。"

① 郭子章：《参议李渭公传》，《嘉靖 道光 民国 思南府县志》，思南县志编纂委员会办公室 2002 年版，第 356 页。

对曰："渭于八者，独愧见道眼未醒耳！锲'必为圣人'四字，印而布之海内。尝曰：孔子'毋意'，孟子'不学、不虑'，程子'不着纤毫人力'皆是不安排。知'毋意'脉路，即日夜千思万索，亦是'毋意'；知毋纤毫人力脉路，即人一己百，人十己千，如此用力，实无纤毫人力。学是学此不学，虑是虑此不虑。知得不学、不虑脉路，任人只管学、只管虑，都是不学、不虑。"①

李渭以"毋意"论来对楚侗的"道之八者"作答，这应该是李渭对自己"毋意"论的较为典型、较为集中的阐释。首先他自谦自己对楚侗"道之八者"的唯一惭愧之处，在于"见道之眼未醒"。与先师阳明一样，李渭同样以"必为圣人"四字深锲于心而布之海内。在这里，"必为圣人"是本体、是目标，"毋意"自然就是达成目标的要紧功夫了。把握住"毋意"这一要紧功夫的脉路，既使千思万索，亦只是"毋意"；纤毫人力脉路、人一己百、人十己千，亦只是毋意；任尔只管学、只管虑，亦只是"毋意"耳。

实际上，李渭的"毋意"，不单单如孔子"子绝四"之"毋意"，即不单单是指不要主观臆断的意思。李渭的"毋意"，还指主张"无意识"，这是主要的一层意思；也有主张无事先刻意安排之意，也是不要主观臆断之意。他说："知毋意脉路，即日夜千思万虑亦是毋意。知无纤毫人力脉路，即人一己百，人十己千，如此用力，实无纤毫人力。学是学此不学，虑是虑此不虑。"② 什么是"毋意"？纵然有千思万虑的想法，也只是无意识而来；什么是"无纤毫人力"？纵然有己百己千的大动静，也没有丝毫人力所强加。李渭所主张的"毋意"，实际上是一种排除了所有主观臆断和外在干扰的纯粹的意识活动，无论这样的意识活动是否真实存在，李渭

---

① 郭子章：《参议李渭公传》，《嘉靖 道光 民国 思南府县志》，思南县志编纂委员会办公室 2002 年版，第 356 页。《县志》中所题为《李渭传（明贵州巡抚 郭子章 江西人)》，且有数处标点错误，已为笔者改正。

② 郭子章：《黔记》卷四十五《乡贤列传二·理学》，西南交通大学出版社 2016 年版，第 982—983 页。

的"毋意"近于"涤除玄览"，更近于"空"、"假"、"中"。李渭的"毋意"并非是让意念不与万物接触，绝对的不思不为，而是直任心体仁体的自然流行。他的理想意愿是以为既然有了直任心体仁体的自然流行，就可以避免（涤除）恶念的产生；在李渭自己看来，这种自然流行的"毋意"的结果，就是排除了恶念，保留了善端，其间似乎不需要作任何功夫的努力，就可以使至善的仁体径直发用到人的一应日常生活中。李渭的"毋意"论近于王畿与王艮，也因受罗近溪的影响，不仅具有了"见在良知"或"现成良知"的倾向，似乎也与禅家相靠拢。

三、从"先行其言，而后从之"到"先行说"

"先行"之辞，语出《论语·为政》："子贡问君子，子曰：先行其言，而后从之。"① 当子贡问什么是君子时，孔子说："先把自己想要说的话做好，然后再说出来。"② 在孔子看来，这是做人的基本准则，大概因为子贡有言过其实、言过其行之弊，孔子才有针对性地这样回答他。《论语·里仁》中有多处这样的内容："子曰：'古者言之不出，耻躬之不逮也。'"孔子认为古代人是不轻易把话说出口的，因为说出来却做不到是让人感到可耻的。又说："子曰：'君子欲讷于言而敏于行。'"孔子认为君子说话应谨慎，行动应敏捷。在《论语·公冶长》记载了这么一桩事情：

> 宰予昼寝。子曰："朽木不可雕也，粪土之墙不可杇也。于予与何诛。"子曰："始吾于人也，听其言而信其行；今吾于人也，听其言而观其行。于予与改是。"③

孔子说他原来是"听其言而信其行"，但是现在，宰予的表现改变了他的态度，他现在必须听其言还得观其行。最终在孔子看来，"听其言而观其

---

① 朱熹：《四书章句集注》，中华书局 2011 年版，第 58 页。
② 刘强：《论语新识》，岳麓书社 2016 年版，第 52 页。
③ 朱熹：《四书章句集注》，中华书局 2011 年版，第 76—77 页。

行",不如"观其行"而"听其言",不如先行动,做好了再说出来。所以,"先行其言,而后从之",大概是孔子在"言"与"行"关系问题上的最后认同,或说是最高境界吧。

朱熹《四书集注》释"先行其言,而后从之":"周氏曰:'先行其言者,行之于未言之前。而后从之者,言之于既行之后。'范氏曰:'子贡之患,非言之艰,而行之艰,故告之以此。'"[1]朱子的诠释是为平整,"先行其言"就是要将行、将做置于未言之前;"而后从之",就是要在行了、做了之后再说出来。言与行相较,言并不难,难的是行。对于言与行、知与行的难易问题,王阳明曾有讨论:"或疑知行不合一,以'知之匪艰'二句为问。先生曰:良知自知,原是容易的。只是不能致那良知,便是'知之匪艰,行之惟艰'。"[2]王阳明的"知",是否包涵了"言说"的意思在?可否权且将知行作言行待?王阳明道:"某尝说知是行的主意,行是知的功夫;知是行之始,行是知之成。若会得时,只说一个知,已自有行在,只说一个行,已自有知在。"[3]可见王阳明的"知行"与孔子的"言行",似不能相同对待,否则如何讲得通?为了集中强调和论证"知"与"行"的合一性,避免人们将"先行后言"误同为"先行后知",故而阳明避谈"言"与"行",可以理解。

李渭曾拜访思想接近阳明心学的湛若水。湛若水曾说:"古人先行其言而后从之,确实用功是以成材,今之人未行先言,这一点诚实意思已先发了,如草木之花先发必先萎,无足怪也。"[4]从人才培养的角度,认为强调"先行其言,而后从之",其功用与目的是为了培养儒家所倡导的理想人格。反之若果未行先言,其结果如草木之花"先发必先萎",无以成才,也就不足为怪了。

---

[1] 朱熹:《四书集注》,岳麓书社1985年版,第81页。

[2] 王守仁:《传习录》卷下,《王文成公全书》,中华书局2015年版,第149页。

[3] 王守仁:《传习录》卷上,《王文成公全书》,中华书局2015年版,第5页。

[4] 湛若水:《约言》,《甘泉先生文集》卷二十二,《〈四库全书〉存目丛书》本,第901页。

据郭子章的记载:"吉水邹忠介公元标戍都匀,首访清平孙淮海、思南李同野,所至讲学必称两先生,以示圣贤为必可学。赐环后,诗文时时及之,曾为同野序《先行录》。"① 李渭晚年著《先行录》,之后请被贬于贵州都匀的邹元标为之序,序中较集中地反映了李渭"先行"说的基本思想意蕴。始以其友与邹元标对话形式展开:

> 予昔与友谈学。
>
> 友箴予曰:"学岂在譊譊为哉? 躬行足矣!"
>
> 曰:"子知适燕者乎? 先调道里寥廓、山川纡回,然后可以适燕;不然,其不至于摘植塞途者几希! 学之不讲,徒曰躬行,亦奚异于是?"。
>
> 曰:"'先行其言,而后从之'者非耶?"
>
> 曰:"此夫子告子贡问君子意也。子贡堕在闻识,故药其病而告之。且圣人与君子有辨,曰圣人,吾不得而见。欲得见君子者,此可以见矣。"
>
> 他日又告之曰:"予一以贯之,此希圣极功也。"②

邹元标《先行录序》的前段,乃元标自省在未读李渭《先行录》时对言行关系所持观点,可以看出,元标将言等同于知,并持程朱"知先行后"之论。在读过《先行录》后,他原先的观点发生了动摇,接下来他不仅作了反省,且对李渭的《先行录》发出了"伟哉,先生之心乎"的感慨:

> 未几,同野先生以《先行录》命余弁卷端。余叹曰:"伟哉,先生之心乎! 古之学者,学之为君臣焉,学之为父子焉,学之为夫妇昆弟朋友焉。言理便是实理,言事便是实事。近学者谈杳渺之论,高入青冥,忽庸行之常,真若跛躄。其为不学子讪笑而讥议者甚矣! 呜呼! 其是天下,今之天下即古之天下;吾之人心,即古之人心。彼讪笑而讥议者,亦吾之躬行之未至。与先生论学

① 莫友芝:《黔诗纪略》,贵州人民出版社 1993 年版,第 129—130 页。

② 邹元标:《先行录序》,《万历贵州通志》,贵州大学出版社 2010 年版,第 452 页。

而以躬行名录，诚末世之瞑眩也。"①

邹元标感慨之余，仍以与友答问继续，并最后作出了对"先行后言"的肯定性结论：

> 友曰："子今左，躬行何居？"
>
> 曰："知行一体，识得语知而行在其中；语行而知在其中；语先而后在其中。"
>
> 先生昔尝以毋意为宗，观其言曰："学贵修行，若不知德，与不修等。如入暗室，有目不见；以手扶壁，有足不前。"子可以观矣。
>
> 子知先生之学，则余昔之未以子躬行为是。今以先生躬行为正，盖各有攸当未可以膜说为也。万里圣途，即之则是。凡我同盟，请绎斯语，庶几为适燕之指南也夫！②

昔李渭的《先行录》原文已佚，如今只能借助邹元标的《先行录序》，来作为了解李渭"先行"思想的一手资料了。虽然《黔诗纪略》有"《明史·儒林》失其传，仅于《艺文志》载《先行录》十卷"一语。其实只一句话的目录并无《先行录》全文。当初邹元标与友人谈论李渭"先行"思想，所读过之原文，早已不知去向。当时读过李渭《先行录》的邹元标已对李渭的"先行"之论深表认同，他也深知身边朋友亦是深有同感（"子知先生之学"），于是通过朋友之口来表达己意而作此序。同时，他对自己以往的观点作出了反思。

邹元标反思自己在尚未了解李渭《先行录》之前，对知行关系的看法存有弊病。往日讨论知行关系，当友人说到，为学不在于整天空谈而在于切实躬行，在于亲身实践，方能知理明道。而邹元标却以近乎朱子之论作辩。朱子讲一个"知先行后"，故言"义理不明，如何践履？……如人行路，

---

① 邹元标：《先行录序》，《万历贵州通志》，贵州大学出版社 2010 年版，第 452 页。

② 邹元标：《先行录序》，《万历贵州通志》，贵州大学出版社 2010 年版，第 452—453 页。

不见便如何行?"①邹元标借此作出比喻:如要去达某地,须要先知晓、探问去这某地的道路、方向、远近、状况等属于"知"的问题,有了"知"然后才可以去"行",去那要去的某地。如若不然,只会迷茫不着方向,那某地也是不可能达到的。邹元标当初强调"学之不讲,徒曰躬行,亦奚异于是?"如果不先讲"学",不先把"知"先搞个清晰明白,"行"就会缺乏知的指导,那样的"行"只能是徒劳无果之行。

其实王阳明提出"知行合一"就是针对朱熹"先知后行"的知行观,"今人却就将知行分作两件去做,以为必先知了然后能行,我如今且去讲习讨论,做知的功夫,待知得真了,方去做行的工夫,故遂终身不行,亦遂终身不知。此不是小病痛,其来已非一日矣。某今说个知行合一,正是对病的药。又不是某凿空杜撰,知行本体原是如此。今若知得宗旨时,即说两个亦不妨,亦只是一个;若不会宗旨,便说一个,亦济得甚事?只是闲说话。"②

如按王阳明的教导考量,邹元标早年所主张的"学之不讲,徒曰躬行",是受了朱熹的影响,认为必先知了然后才能行,就已经将知行看成两事而割裂了知与行。邹元标作为江右王学后期的主要代表,他在未读到李渭《先行录》之前,至少在知行关系上的看法,是与先师阳明的理念相悖的。元标还曾说"先诇道里寥廓、山川纡回,然后可以适燕",正是阳明所批评的,先做"知"的讲习讨论功夫,等到知得真了,再去做"行"的功夫,把知、行对立起来,当成两回事,结果是终身不行,终身不知。所以王阳明表示,他提出的"知行合一"主张就是针对这种毛病。

王阳明的知行观主张"知行本体原是如此",知行关系本然的形态就是"知行合一"。按阳明的意见,只要真正理解了知行合一宗旨,即使在用词上说一个"知",又说一个"行",关系不大,因为实质只是"一个",二者是合一的。反之,如果主旨不明,即使口说知行为一个,也未必掌握

---

① 朱熹:《朱子语类》卷九,中华书局1986年版,第152页。
② 王守仁:《传习录》卷上,《王文成公全书》,中华书局2015年版,第5—6页。

了要领。

《论语·为政》中"子贡问君子"一节，此番成为邹元标与友人所谈话题，诚然这一话题是由为李渭《先行录》作序一事所切入。在儒家道德哲学范畴中，往往这类话题的讨论中规中矩，所问所答符合传统以来对此问题的看法，其实也是李渭"先行"说题中应有之义。邹元标认为，孔子觉得子贡喜滞着于闻识，常以多闻多见、巧言善辩自许，这对德性的培养、提升不仅没有好处，甚至成为障碍，所以"药其病而告之"。须知儒家圣人与君子是有差别的，圣人高于君子，只能为人们所仰视，不能轻易得见；而君子作为一种人格，则是看得见摸得着，"先行其言，而后从之"是其典型品格之一。二人讨论完之后，元标不断反思，终觉这一品格也应该成为他自己一以贯之的诉求，成为自己仰圣习贤的最佳功夫。

李渭的"先行说"将先师阳明的"知行合一"论，以及孔子以来儒家的"先行其言，而后从之"的君子道德观契合起来。对这种谋求完美契合的追求，乃是李渭著《先行录》的最初动机。诚然，李渭作为后来者，在具有阳明学之道德哲学家的普遍特质的同时，还具有其因时代而形成的独到之处。李渭"先行"论的提出，最根本的目的是针对当时阳明后学的流弊。这成为邹元标在读过了《先行录》后的又一赞叹："伟哉，先生之心乎！"他深深地理解"先行"说的精神，深知李渭之所以语之"仁体"而少语"良知"，证明其在心性思想上就已经不自觉的表现出了一种超越阳明学人理路，而向着孔孟原儒的回归。这种回归不仅能够诉诸本体，同样还表现在功夫上。感叹之后是赞美，元标赞美李渭"先行"论符合"古"之精神：说理便是实理，说事便是实事，不务虚玄，不务空谈。这是一种什么精神呢？实乃《汉书》所言之"实事求是"的精神。李渭的"先行说"与阳明的"知行合一论"，以及孔子的"先行其言，而后从之"思想一样，就实质而言，体现的就是一种"实事求是"的精神。而"近时学者"，即有的阳明后学，则是"谈杳渺之论，高入青冥，忽庸行之常，真若跛鳖"。李渭批评阳明后学末流喜好空谈"良知"，陷于渺茫之论、故作玄虚的高远清谈，忽视了儒家君臣、父子、兄弟、朋友等具体的、基本的日常伦理，只能成为"跛躠"之弊，为世人所讥笑、所讽刺。元标反思，自己原先未能重视躬行功夫，也应属于被讥笑、被讽刺的对象。元标决心在研读了《先行录》之后，一定要以躬行为先，以先行为重，并希望用李渭的"先行"精神来对阳明后学末流实施补偏救弊。今后要完全以李渭的"躬行为正"、"先行"之重来轨范己学，以符合儒家正理，而不能有任何的细微间隔，方是"万里圣途，即之则是"。他号召"凡我同盟"，阳明学的同好、同志应该奉求李渭之"先行"，并遵奉他讲的道理，因为这才是培养理想人格的最佳门径，"适燕之指南"。受此影响，邹元标后来成为"江右王门从高谈空寂转变为面向人生的思潮中，最后一位有代表性的人物"①，绝非偶然。

不约而同，与李渭提揭"先行"几乎同时，孙应鳌也感而叹之曰："先行后言，是君子第一切己工夫。大率君子所行者，多是所未言，故曰：'先行其言'；其所言者多是所已行，故曰：'而后从之'。非将言之时且忍默以待行，既行之后遂急遽以自言也。"②孙应鳌旨在进一步强调"先行"精神。所谓"先行"，就是将要说的话先行了、先做了之后，方说出来，而不是先言了、先说了再去做。这是儒家君子最根本的功夫（君子第一切己功夫）。

面对先师王阳明的"知行合一"话题，李渭与孙应鳌则有所不同。后者通常从本体、功夫两个维度开发阳明"知行合一"学说，以便兼顾知行本体与知行功夫；前者则更多关注知行功夫，"先行"思想主要是为了解决功夫向度。这并不是说李渭不懂得阳明"知行合一"之本体与功夫的一致性，用邹元标所理解的李渭的话说："日知行一体，识得语知，而行在其中；语行，而知在其中；语先而后在其中。"③李渭也知晓知行为一体、

① 胡迎建：《论江右王学的"致良知"》，《江西社会科学》2009年第5期。
② 孙应鳌：《孙应鳌文集》，贵州教育出版社1996年版，第193页。
③ 邹元标：《先行录序》，载郭子章《黔记》卷十五《艺文志下》，西南交通大学出版社2016年版，第378页。

本然合一，说知必然有行，说行本身就内含了知，说"先行其言"，那么"而后从之"之"之"，就是言之前的那个"行"。《先行录》中说："学贵修行，若不知德，与不修等。如入暗室，有目不见；以手扶壁，有足不前。"[①] 为学的可贵之处，就在于修行知德与为学并举，言亦就在其后。此"行"指向道德精神修养功夫，也就是阳明"行"所内含的一个层面。"行"是自然包涵了知的，并在知的指引下行动。否则，就如同进入黑暗之地，有眼却看不见，有手扶墙壁、有脚抬步，却不知如何向前走。可知，李渭强推"先行"，并不曾否定了"知"，"知"已然作为行的前提条件，内含于"先行"之中。而"言"则在此之后，即在"知行"之后，在"知"与"行"之后。诚然，"知"若出现毛病，"行"自然也会出现问题，故而在此意义上必须强调一个知行合一。可见，李渭的"先行"论逻辑上内含了知行合一主张，他更重视"行"，有其针对性。李渭表面上的"剑走偏锋"，是为要反对"良知现成"论带来的空疏之流弊。

四、对"毋意"的修正和对"知行合一"的发挥

清朝黔中学者俞汝本于《王文成公生日祝田记》中有"其学以毋意为主，其功以先行为归"[②] 一语，道破了李渭思想主旨转变的简捷过程。他的前半句吻合或来自于邹元标《先行录序》中"先生昔尝以毋意为宗"之语，而《先行录序》最终的归纳，正应合了李渭"其功以先行为归"之蕴。看来由"毋意"转向"先行"，的确是李渭思想进路的基本脉络。这的确是一个天大的转换。"毋意"全然是"知"的范畴，正如他自己强调的："知毋意即千思万虑，皆毋意也。知无纤毫人力，即己百己千实无纤毫人

---

① 邹元标：《先行录序》，载郭子章《黔记》卷十五《艺文志下》，西南交通大学出版社2016年版，第378页。

② 《思南府续志》卷十一，见《思南府县志》，思南县志编纂委员会办公室2002年印本，第356页。

力也。学是学此不学，虑是虑此不虑而已。"①这里的"知"、"虑"、"学"、"意"，所指皆无出其右。事实上，李渭晚年的确来了一个大转换。"毋意"为何要转化为"先行"？这一问题显得颇为复杂，则又是理解李渭学说的关键。

从逻辑范畴的角度上看，"毋意"与"先行"的一个最大区别就是：前者重在论知，后者重在论行；前者知中无行，后者行中有知。李渭的"毋意论"提出后，随着他与时下学人交往的深入，特别是对时下十分流行的阳明心学中"知行合一"学说理解的深化，以及他自身修身实践与日用行常践履的体悟，他开始逐渐觉察到了自己早期思想的不足和局限，于是认真解读"先行其言，而后从之"的深刻含义。毫无疑问，随之而来对他触动最大的，显然是阳明的"知行合一"学说。把孔子的"先行其言，而后从之"和王阳明的"知行合一"学说结合起来，形成自己独到的理解，就成了他李渭的"先行之论"。李渭的"先行说"的提出有两方面意义，它既是对自己之前"毋意"学说的修正，又是对阳明"知行合一"学说的一种新的诠释。这种诠释可以说从某个方面发挥了阳明的"知行合一"学说。"发挥"不等于"发展"，它并没有超越阳明"知行合一"学说的整体意义。

说"先行论"是对"知行合一"的诠释和发挥，言下之意，"先行"并未溢出"知行合一"的论域，故不能将李渭的"先行说"等同于朱熹"知先行后"的对立面的"行先知后"论。知行关系从先后角度分解，可得出"知先行后"、"行先知后"、"知行交进"、"知行合一"几种论说。②在这个问题上，李渭申明"知行一体，识得语知而行在其中；语行而知在其中；语先而后在其中"，显然主张"知行合一"，"知"与"行"在时间上是不分先后的。知行为一体，说知即有行，说行即有知，说先必然有后，先后一

___

① 《思南府续志》卷十一，见《思南府县志》，思南县志编纂委员会办公室2002年印本，第356页。

② 参见王晓昕：《阳明学撮论》，西南交通大学出版社2009年版，第130—134页。

体，不能截然分割知行。如果仅仅从字面上看，"先行"论似有"行先知后"之嫌。"上世纪受马克思哲学的影响，理论界往往把中国传统思想中'行先知后'的知行观与唯物主义的认识论联系在一起，其实完全是两种不同思维模式。唯物主义认识论是从认识发生的角度来说，而如果从中国传统文化中道德行为的养成与道德知识的学习角度来看待知行关系，则陆九渊所主张的'尊德性而后道问学'，实则是理学家在道德层面上讨论知行关系时所引出的'行先知后'说。在这个问题上，朱熹、陆九渊争论的焦点是如何看待和处理为学功夫中心性的道德涵养的挺立（行）与经典的学习与研究（知）两者之间的关系。道问学属知，尊德性属行。朱熹主张'知先行后'，强调'道问学而后尊德性'；陆九渊主张'尊德性而后道问学'，属'行先知后'论者。尊德性是本，是行的功夫，故为先；道问学是末，是知的功夫，故为后。"① 也有学者曾作出对"先行说"的误读，说："李渭提出'先行'的观点，重行于知，是实践出真知。在知与行的认识上向唯物主义跨进了一大步，形成了躬行实践的学风和行重于知的认识论。"② 这一评价显然过头了。众所周知，陆王心学在"尊德性"与"道问学"的关系上，主张以尊德性为本，道问学为末，以价值优先的尊德性统摄道问学。李渭弟子萧重望评价为师时说道："认知识为良知，以致知为剩事者，遄遄皆是。先师有忧之。"③ 李渭尊奉心学家在二者关系上的主张，强调知识在培养、提升人的道德品格方面并无必然性，甚而会有知识与德性存在反向变动的情况。诚如王阳明所言："知识愈广而人欲愈滋，才力愈多而天理愈蔽。"④ 李渭担忧，若把知识来当作良知，势必以致知，而非以致良知为切要功夫。须知，知是良知，而非知识之知。以知为良知，即以尊德

① 王晓昕：《阳明学撮论》，西南交通大学出版社 2009 年版，第 132—133 页。
② 张雁南：《黔中理学名儒李渭生平事略》，《王学之路》，贵州民族出版社 2000 年版，第 303 页。
③ 萧重望：《同野先生年谱·序》，郭子章：《黔记》卷十四《艺文志上》，西南交通大学出版社 2016 年版，第 366 页。
④ 王守仁：《传习录》卷上，《王文成公全书》，中华书局 2015 年版，第 35 页。

性为先，以良知为先，这才是"先行"的本真意义。由于所面对的时代境遇不同，"知"与"行"的关系辨析对于象山、阳明、李渭而言，亦存在着不同的时代诉求。朱陆的"尊德性"与"道问学"之争，主要展开于"理"与"心"的学问之争层面，阳明倡明"知行合一"，则要即面对又超越程朱过分强调格物致知的"道问学"外在路线，又要向着当时社会政治的腐烂所带来的扼杀主体个性、能动性的思想僵化背景而发出的振聋发聩的吼声。相较而言，李渭"先行论"的境界层次是简单明了的，它是在晚明阳明学既风行天下又渐失其传的背景下，良知说出现偏差与弊害的情形下自我反省的产物。他的"先行"论以行为先、以行为重，显然是针对"良知现成"论的先知、重知，甚至以知涵盖、以知销行的空疏弊端，因而必须以"矫枉过正"的状态问鼎学场。

知行关系不仅有先后问题，还有轻重问题。从轻重角度看，可以分为知轻行重、知重行轻、知行同轻重。"轻"与"重"在儒家为一价值范畴，指向心性与事功。王龙溪可以说是一个"知重行轻"论者。[1] 王龙溪把先天之良知推到极致，说："良知原是无中生有，即是未发之中，此知之前，更无未发，即是中节之和。此知之后，更无已发，自能收敛，不须更主于收敛，自能发散，不须更期于发散，当下现成，不假工夫修整而后得。"[2] 这就是他直接用力于良知心体的"先天正心"说，即随任良知心体的发用流行，一了百了。"良知现成论"者主张直任良知心体，认为良知本体现成完满，只要抓住本体即可为功夫，不需要苦苦的践履，轻视具体的实行，以知统摄、消解掉行，可谓之"知重行轻"论者。李渭早期的"毋意"说与杨简、王畿一脉相承，当属"知重行轻"无疑，其思维理路更与王畿贴近，主张直任心性仁体，以本体替代功夫。李渭晚年提出"先行"说，表明他欲通过反省而刻意对己学作出修正。邹元标转引《先行录》："'学贵修行，若不知德，与不修等。如入暗室，有目不见；以手扶壁，有足不

---

① 王晓昕：《阳明学撮论》，西南交通大学出版社 2009 年版，第 134—135 页。
② 黄宗羲：《明儒学案》，中华书局 2008 年版，第 238 页。

前.'……今以先生躬行为正。"① 好一个"正"字，意味深长，自然是"正其不正，而归于正"之谓；又一个"今"字，判明"今"与"昔"非。"今以先生躬行为正"，就是要在反省之后，亮出"先行说"以正视听。由此可见，李渭的"先行"说具有明显的实践品格，可谓之"行重知轻"论，的确是对"知重行轻"之"毋意论"的修正与叛逆。但又与朱熹不同，朱子"致知力行，论其先后，固当以致知为先；论其轻重，则当以力行为重。"②，朱子的行只是外在的格物穷理，虽也强调对既有知识践行的一面，但并不重视内心道德修养的着着落实。所以，朱熹的"行"与阳明和李渭的"行"在内容上是大相径庭的。李渭是在王阳明"知行合一"的门径下强调先行，不仅不把知行割为二端，且由于"行"的内容的丰富性所致，行的重要性自然凸显出来，特别是把"仁体"的固定与推动视为"先行"的重中之重而贯彻于道德实践活动，"先行"的理论意义就更加彰显出来。

　　从经世致用的角度审视，如果说"毋意"论侧重于关注心性本体层面，那么，"先行"说则更加重视儒家社群伦理事功的"礼"的层面。这是李渭"毋意"转向"先行"的又一滥觞。但两个层面的诉求都是必要的，"毋意"说与"先行"说在李渭本体功夫体系中，在一定程度上并非格格不入，"先行"对"毋意"的修正和超越并非是前者对后者的彻底否定，而是批判的继承。难怪耿定力对李渭学说的判语仍为"契毋意之宗"，李渭最得意的弟子萧重望也认为，先生"启先行孔道，止毋意奥阃"，把"毋意"与"先行"共同视为其学说宗旨，甚至可以把二者结合起来。"先行"可说是对"毋意"的修正，亦可说是补充与完善，从理论上讲二者虽有价值意义的不同，亦并非截然对峙。"知"与"行"孰轻孰重，从功夫视角审之尚有一"度的把握"的问题。"毋意"、"先行"功夫对于"仁体"的实现，虽说人皆有此可能，但如何才能自觉地发用流行而朗然呈露？根据李渭"仁

---

① 邹元标：《先行录序》，载郭子章《黔记》卷十五《艺文志下》，西南交通大学出版社2016年版，第378页。

② 朱熹：《答程正思》，《朱文公文集》卷十五，北京图书馆出版社2006年版，第189页。

体自现"（良知自知、自显）的思路，用其"毋意"的道德修养功夫，就有可能直接切入心性仁体，使"毋意"之"意"与"仁体"之"仁"自然契合，走所谓"极高明"一路；然"先行"说也是求仁之方，是切入"仁体"的直截通道，走的所谓"道中庸"一路。如此一来，二者在本体与方法上实现了融通而达到一致。弟子罗国贤①的看法与萧重望把"毋意"与"先行"绞在一起的说法不尽雷同，他在为李渭修《年谱》时说："先生服官中外，尚友四方，贤不能遍历咨访以考其详。但据耳目见闻，参以《先行录》及海内名哲之所记述，仅仅得其十四五也。复谋先生诸子，又得其一二。遂与不倍，仰之两生分《年谱》。夫先生论学，或昭揭宗旨，或开示造诣，或破千古之疑，或捄一时之弊，《谱》中具述之。"②罗国贤与萧重望同修先生年谱，罗则极力推重《先行录》，说"先行"论才是昭揭了先生学说的宗旨，开示了先生的学术造诣，更是看到了"先行"的当下意义，在于破王学流衍之害，针砭王学末流而求除"一时之弊"。

第四节　马廷锡的学术经历与思想旨趣

马廷锡，学者称心庵，与孙应鳌、李渭并称黔中王门后学"理学三先生"。马廷锡为学自始追随阳明心性之学，尤以静坐为其功夫，其历学有三：一曰"师事朗州蒋信，讲学于桃冈精舍数年"；二曰"与清平孙应鳌等为性命交"；三曰"于渔矶构栖云亭，静坐其中三十余年，有悠然自得之趣"。然渔矶期间，马廷锡又以三事成名：一是教人功夫以静坐澄心而体认天理；二是讲学不辍而有"悠然自得之趣"；三是著《渔矶集》、《警愚录》，

---

① 罗国贤：贵州思南县思唐人，"思南三罗"之首。
② 罗国贤：《同野先生年谱》，载郭子章《黔记》卷十四，《艺文志上》，西南交通大学出版社2016年版，第366页。

读之使人卓然有"朝闻夕可"之意，以至于可以"不愧龙场"。

对于今天的学者来说，关于黔中王门理学三先生孙应鳌、李渭、马廷锡的研究，相对来说，马廷锡及其思想的研究较为困难，其原因说来也很单纯，人们至今尚未能找到他的直接思想著述。除了《黔诗纪略》中记录了他的几首诗外，其余几乎都是后人整理的"二手材料"，却偏偏成了人们解读马廷锡及其思想特点的重要文献。按时间顺序，郭子章《黔记》卷四十五之《理学传》，是迄今所见记录马廷锡的最初文献；又有莫友芝于《黔诗纪略》卷四，除辑有马廷锡三首诗作外，尚附有小传，文字较详；清人陈田撰《明诗纪事》，乃清陈氏贵阳听诗斋刻本，其卷二十，亦辑马廷锡小传；民国以后，又有《贵阳府志》和《贵州通志·人物志》，均辑马廷锡小传。这些文献，所录马廷锡事迹大抵相符，语言表述略有差异，个别案例稍有出入，值得细致推敲。

郭子章在其《黔记》中盛赞道："王文成与龙场生问答，莫著其姓名，其闻而私淑者，则有马内江、孙淮海、李同野。读内江著述，真有朝闻夕可之意，可以不愧龙场矣。"[1]郭子章所读马廷锡著述，今仍不见其传，只知有《警愚录》、《渔矶集》名，而不知其述，如何会令郭子章有"朝闻夕可"之感慨，以至于"可以不愧龙场"？别的不说，足见马廷锡为黔中王门之私淑者决不疑耳。按郭子章所见，其于马廷锡著《警愚录》、《渔矶集》自然所读一过，既然有"朝闻道，夕死可矣"之叹，足见郭子章于马廷锡二著之价值尤为首肯。莫友芝在《黔诗纪略》卷之四录马廷锡三诗前所附小传，其中仅有"心庵著有《警愚录》、《渔矶集》，惜不传"一语，更未予置评，留下诸般遗憾。

马廷锡，字朝宠，学者称心庵，贵州宣慰司人，《乾隆志》载其"幼持性端方，举止有异常人"，中嘉靖十九年庚子（1540 年）乡试举人。因曾知任四川内江县，又称马内江。马廷锡知内江县时，曾"洗冤泽物，甫

---

[1]　郭子章:《黔记·理学传》，明万历刻本；《贵阳府志》卷七十三，贵州人民出版社 2005年版，第 1297 页。

二岁，即解组归"。《黔诗纪略》曰："洗冤泽物以慈惠闻，遽弃官归，讲学不复出。学者称心庵先生。"《贵阳府志》说："选内江知县，狱无冤滞，且多惠政。顾自以心性之学未澈，履任仅二年，弃之而归。"之所以"履任仅两年，弃之而归"，有资料表明，原来，马廷锡是为了从学于朗州蒋信而急于赴桃冈问学。马廷锡弃官奔桃冈而问学蒋信的原因，郭子章《黔记》所述较详："贵州旧从学亦有往者。而心庵已谒选蜀令。在官尝念所学不尽澈，每自叹曰：'吾斯之未能信，无乃贼夫人之子乎？'才二岁即投籍走桃冈，就道林居"①。马廷锡原来就是蒋信提学贵州时的"旧从学者"，知内江时常常感觉自己"所学不尽澈"，于是决定弃官赴学。他后来以"心性之学"为其学旨趣向，学者称心庵先生，这次赴学奠定了他一生的思想主旨与学术趣向。无论郭子章《黔记》，还是莫友芝《黔诗纪略》，以及《万历贵州通志》、《贵阳府志》等文献资料，述及马廷锡的学术经历，皆有明确三段划分的历史记载：一是"师事朗州蒋信，讲学于桃冈精舍数年"；二是归黔后，"与清平孙应鳌等为性命交"；三则是"于渔矶②构栖云亭，静坐其中三十余年，有悠然自得之趣"。

一、师事于朗州蒋信

《黔诗纪略》不仅记载了道林从师阳明的史实，还详细交代了马廷锡师从蒋信，如何从贵阳追随至桃冈的前前后后。所谓"讲学于桃冈精舍数年"之"讲学"，到底是蒋信讲学还是马廷锡讲学呢？显然是马廷锡自己

---

① 郭子章：《黔记·理学传》（明万历刻本），《贵阳府志》卷七十三，贵州人民出版社2005年版，第1297页。

② 渔矶：位于贵阳南明河渔矶湾一小岛。渔矶湾，南明河左岸。巡抚王杏诗："层岩深曲结渔矶，碧石清流景亦稀。试欲塞鸥翻塞日，出潜晴鲤吸溪晖。琼梅点岸春犹丽，野荇尚郊晚自肥。鳌钓何人随画艇，吏情山色更相违。"巡抚严清诗："莫讶临流归去晚，严陵本性爱渔矶。"（郭子章：《黔记》卷八《山水志上》，西南交通大学出版社2016年版，第210页。）巡抚江东之扁（匾）其出曰"会心"。

讲学的可能性并不大，而是听取、参与蒋信讲学活动为真。

这段经历的大致时间，应从蒋信于嘉靖二十年（1541）任贵州提学副使起，至蒋信殁于桃冈之前不久。地点则是先在贵阳，后在桃冈。

道林是蒋信的号。蒋信乃阳明先生的亲炙弟子。《黔诗纪略》记载了蒋信与冀元亨、刘观时闻阳明谪修文龙场，三人从常德赴黔拜师阳明事迹："王文成守仁之谪龙场驿丞也，见武陵蒋信道林之诗而称之。时道林方为诸生，与冀元亨闇斋证'大学知止'是'识仁体'。闇斋跃曰：'然则定静安虑，即是以诚敬存之矣'。而皆未敢遽是。"①《黔诗纪略》里的这段话透露了如下几条信息：一是蒋信三人此时已在阳明门下从学，"时道林方为诸生"；二是阳明对蒋信的诗作有所称许，"王文成守仁之谪龙场驿丞也，见武陵蒋信道林之诗而称之"；三则是更重要的一条信息：揭示了蒋信与冀元亨等在龙场从阳明先生学习的重要内容之一，即是"大学知止"的"知止"，就是要识得"仁体"。若要"识得仁体"，则《大学》中"定"、"静"、"安"、"虑"的功夫次第之至为核心的一条，就是一以贯之地"以诚敬存之"，其余"而皆未敢遽是"。

讲求"定静安虑"的功夫次第，他们从先师那里学修静坐，此静坐非为枯坐。《大学》功夫的"定静安虑"须以"诚敬存之"，必得"以诚敬存之"方得能定、能静、能安、能虑，终悟得"大学"之"知止"确实是"识仁体"。孔子之学必以仁为体，领悟其要，即识得仁体，这是自程明道、王阳明以后一贯的主张，亦是蒋信一向之所求。孙应鳌与马廷锡皆从学于蒋信，孙在他的《四书近语》开篇引明道先生曰："学者须先识仁，识得此体，以诚敬存之"。又说："《大学》之要领也。格得此身与天下国家共是一物，而致其知，无有一毫疑惑障蔽，这便是识仁体。由此着实下诚意功夫，以正其心，以修其身，这便是以诚敬存之。只此就是大人之学。识仁则大，不识仁则小。"②

---

① 莫友芝：《黔诗纪略》卷四，贵州人民出版社1993年版，第160页。
② 孙应鳌：《四书近语》卷一，《孙应鳌全集》，贵州民族出版社2016年版，第159页。

　　回过头来，前面说到蒋信三人到龙场师从王阳明，"相携走龙场，受业文成之门。居久之，大有所得而去。"三人回到楚中自成一派，亦即黄宗羲《明儒学案》所云"楚中王门"者。黄宗羲谈及楚中王门之盛，以为大体由三个方面形成：一是由泰州流入的耿天台一派；另一则是以蒋信、冀元亨、刘观时形成的武陵一派；再则就是徐爱《同游德山诗》中提到的几人，不过这一派"尚可考也"。黄宗羲对此三派均有置评，其曰：

　　　　楚学之盛，惟耿天台一派，自泰州流入。当阳明在时，其信从者尚少。道林、闾斋、刘观时出自武陵，故武陵之及门，独冠全楚。观徐曰仁《同游德山诗》，王文鸣应奎、胡珊鸣玉、刘瓛德重、杨礽介诚、何凤韶汝谐、唐演汝渊、龙起霄止之，尚可考也。然道林实得阳明之传，天台之派虽盛，反多破坏良知学脉，恶可较哉！①

黄宗羲对道林为首的武陵一派给予了充分的肯定，"武陵之及门，独冠全楚"，"道林实得阳明之传"。而对于由泰州流入楚中的耿定向一派，则指其"天台之派虽盛，反多破坏良知学脉，恶可较哉！"

　　《黔诗纪略》的撰评者也认为："楚中传姚江学者，虽有耿定向天台一派，流至泰州王艮，然后多破坏，不如武陵蒋、冀得其真醇。"②蒋信与冀元亨辈如何得阳明真醇，待下文叙，至于蒋信后又从学湛甘泉，杂王湛之学而化之，此是后话。

　　然马廷锡从学道林，应视为接蒋信而"实得阳明之传"，步武陵蒋、冀而得阳明真醇。他其实是先于贵阳，而后赴桃冈从学道林的。"心庵举乡后一年，道林以副使提学贵州，重整旧祀。阳明之'文明'、'正学'两书院，择士秀者养之于中，示以趋向，使不汩没于流俗，教以默坐澄心，体认天理。一时学者翕然宗之，而心庵为之冠。"③说明在此时，蒋信在贵

---

① 黄宗羲：《明儒学案》，中华书局 2018 年版，第 626 页。
② 莫友芝：《黔诗纪略》，贵州人民出版社 1993 年版，第 160 页。
③ 莫友芝：《黔诗纪略》，贵州人民出版社 1993 年版，第 160 页。

阳教授了一批弟子，而"为之冠"者当数马廷锡也。其教学的内容当然是王阳明所传静坐一类功夫，趋向为"使不汩没于流俗，教以默坐澄心，体认天理"。几十年后马廷锡在渔矶教人功夫以静坐澄心，体人天理。此方为良知学脉，阳明真醇乃是。

蒋信还以事功泽被后学，"道林又置龙场阳明祠祭田以永香火"。为使贵州学子就近于乡，时值"湖广偏桥、镇远、清浪、平溪、五开五卫，地错贵州境，诸生乡试险远，多不能达，请增贵州解额，使之附试"①。蒋信不久后以病告归，"寻，告病归。御使劾以擅离职守，削籍。"②于是回到湖南桃冈，继续授徒讲学。看来与王阳明一样，热衷于授徒讲学，还真是蒋信一类学者的志趣所在，尚能得到朝廷的理解与恩惜，"后奉恩例，冠带闲住，筑精舍于桃花冈，聚徒讲学，置学田以廪远方来者。终日危坐其中，弦歌不辍。"于是，贵州的学子纷纷接踵而至，从学道林于桃冈，"贵州旧从学亦有往者"。根据《黔诗纪略》的记载，马廷锡并没有在蒋信离开贵州时立即从往桃冈，而是因故二岁后方至。那时"心庵已谒选蜀令"。不过马廷锡显然是身在曹营心在汉，"在官尝念所学不尽澈"，每自叹曰："吾斯之未能信，无乃贼夫人之子乎？"于是在蜀任官"才二岁即投籍走桃冈，就道林居"③。

马廷锡于桃冈精舍从蒋信学，"即往师事之，居数载，心有所悟，乃辞归"④。《贵阳府志·耆旧》曰："朝宠师事道林，其学术犹为复绝，评者置之文恭、同野之间，夫岂多让？"⑤这段话语内含了三层重要的信息：一是进一步肯定了马廷锡师从于蒋信的事实，"朝宠师事道林"矣；二是称他因从学蒋信而致使"其学术犹为复绝"。"复"通"迥"，亦通"远"。如

---

① 莫友芝：《黔诗纪略》，贵州人民出版社1993年版，第160页。
② 莫友芝：《黔诗纪略》，贵州人民出版社1993年版，第160页。
③ 莫友芝：《黔诗纪略》，贵州人民出版社1993年版，第161页。
④ 《贵阳府志》卷七十三，贵州人民出版社2005年7月版，第1296页。
⑤ 《贵阳府志》卷七十三，贵州人民出版社2005年7月版，第1296页。

说朝宠师事蒋信，而又学之迥异，显然不通。故取"远"意，以为通"原"长绝之意可顺。"学术犹为夐绝"的意思可作二解：一喻指朝宠接蒋信之旨长远绝通；二喻指朝宠之学长远绝通。诚然，"绝"亦可意为独到，与前解总体上无大出入。有评论者将朝宠"置之文恭、同野之间"，此句也可二解：一解为三人有同等之学术地位；二解为朝宠之学位孙应鳌之后，同野之前，排第二。笔者愿以前解为正说。其实，孙应鳌何尝不曾在师从徐樾之后，亦曾从师蒋信而往返桃冈数次。孙应鳌曾记得有两桩事情，清楚地交代了马廷锡从师蒋信的事实。

第一桩事，提到蒋信于贵州提学副使期间，"贵阳马廷锡从之游，粹然有成"。"从之游"一句，活脱脱显现当年师生一路出入、教学互动之活泼场景。

第二桩事颇让人咦嘘而充斥着吊诡，说的是马廷锡有一书信致蒋信，为孙应鳌所睹。此事发生在嘉靖三十八年己未（1559）。之前三个月，孙应鳌以公事至辰州，归来时专道武陵，赴桃冈拜学于蒋信，"侍蒋信桃冈三日，与论学"。三日后回黔。三月后孙应鳌又返桃冈。短短三个月，谁想桃冈已人去日非。就在孙应鳌返回桃冈的前十日，蒋信先生已然长逝。就在蒋信的逝榻前，孙应鳌亲手拾起了马廷锡委托贵竹汪君若泮带给蒋信先生的书信一封。此信不仅证明马廷锡师事蒋信的事实，且证诸师徒间常以书信来往，相与论学。虽然此封书信于今不存，但在孙应鳌当时写下的《正学先生道林蒋公墓志铭》[①]中，准确记载了此桩事情的前前后后，以及所涉诸多学人学识：

> 岁嘉靖己未冬十月，某以省觐道武陵，侍论道林先生桃冈三日，期莅官之便再侍焉。逾三月，某以莅官，复道武陵，未至前十日，先生属纩矣，十二月三日也。嗟痛哉！先生寿七十有七，感疾时，诸门人侍疾，惟论学无他语。疾革，作诗二首，歌咏传

① 孙应鳌：《正学先生道林蒋公墓志铭》，《孙应鳌全集》，贵州民族出版社 2016 年版，第 79—81 页。

性传神之微。贵竹汪君若洴，持马君廷锡书至，仍就榻与论《中庸》首义，命其子如川如止曰："我化，柳孟卿侍我久，撰我行；志我者，孙山甫乎。"是夜分，瞑目衣冠端坐逝……始先生少与阎斋冀公元亨友善，交砥砺已。及阳明先生自龙场谪归，先生见焉。阳明谓冀公曰："作颜子者，卿实也。"无何，先生病，久之哕血，于是寓道林寺一室自养，默坐澄心，常达昼夜。一旦忽觉此心洞豁，宇宙尽属一身，呼吸痾瘵，全无隔阂，虚白盈室，溘然病已。乃信大公廓然无内外之旨，此身与万有流通之旨，自悦自乐，自慊自成，悉由自得，由是神明焕发，有不言自喻之趣。后应贡入京师，谒甘泉湛先生，执弟子礼。甘泉每与议，皆契合，随侍甘泉于南雍。……①

马廷锡在贵阳文明、正学书院师事道林，已是确定无疑的事实，接下来在知内江县二年后，又亲赴桃冈从道林问学，也是确定无疑的事实。无论是在贵阳还是在桃冈，马廷锡从学蒋信皆颇有心得，《黔诗纪略》录马廷锡《登山》诗一首，抒发了他对学习的深刻体会：

> 为学如登山，且欲跻其巅。
>
> 望道如望洋，谁能涉其渊。
>
> 振衣上高台，善也风泠然。
>
> 兹行良有得，不在山水间。
>
> 知音苦辽绝，俯仰复何言。②

二、与清平孙应鳌等为性命交

如要准确地说，马廷锡在蒋信那里学习了几年，尚不能确知，但"数

---

① 孙应鳌：《正学先生道林蒋公墓志铭》，李独清撰《孙应鳌年谱》，贵州师范大学学报编辑部 1990 年印本，第 89 页亦载。

② 莫友芝：《黔诗纪略》卷之四，贵州人民出版社 1993 年版，第 161—162 页。

年卒业，乃归，与清平孙淮海先生为性命交"①，则是有据之实。马廷锡由此而步入他一生为学之道的第二阶段。"性命交"，即通常所谓"生死之交"。"性命交"非酒肉之交，非利益之交，甚至亦非淡如水之君子交，而是志同道合，与之生死相付，相依相托，乃是人我之交的最高境界。

说孙应鳌、马廷锡二人乃为"性命之交"，有孙应鳌几首诗为确证。

早在孙应鳌与马廷锡一同师事蒋信时，应鳌就有《怀马心庵》诗一首，回顾了二人拳拳之谊：

> 万桃冈上共歌游，十载离心绕故邱。
>
> 得意烟霞今税驾，有时风雨独登楼。
>
> 东西南北知音少，泉石沙汀卜地幽。
>
> 折尽梅花难寄与，停云落月两悠悠。②

诗中描写了在万桃冈上与马廷锡"共歌游"的美好记忆，把桃冈故邱比作"心"之萦绕处，离开十年了，依然不能忘怀，特别是与马廷锡在一起的日子。真是"东西南北知音少"、"折尽梅花难寄与，停云落月两悠悠"啊！作为在桃冈师从蒋信的同门，应鳌时时想着与马廷锡同隐而问学的快乐生活，其《闻心庵欲来同隐》一诗，更是道出了他的真情实感：

> 白头愿得一心人，万岁为期属所亲。
>
> 对榻平分孤月影，杖藜偕赏四时春。
>
> 苏门啸罢能同调，彭泽归来不厌贫。
>
> 漫道渔矶烟水阔，玄亭风物更清真。③

孙应鳌诗中"白头愿得一心人"、"对榻平分孤月影"以及视马廷锡为"同调"的感慨，不难使人联想到他们栩栩如生的游学场景。最后一句"漫道渔矶烟水阔"，显然说的是多年以后在南明河畔讲学的场景了。二人不仅在桃冈如此，更是在渔矶时依然是"对榻平分孤月影"、"杖藜偕赏四时春"，

---

① 莫友芝:《黔诗纪略》，贵州人民出版社 1993 年版，第 161 页。

② 莫友芝:《黔诗纪略》，贵州人民出版社 1993 年版，第 287 页。

③ 莫友芝:《黔诗纪略》，贵州人民出版社 1993 年版，第 287 页。

从早到晚，春去秋来，两个老学人，真真是大师老矣！尚能适否？

　　马廷锡不仅与孙应鳌为性命交，且与李渭亦为之至交。马廷锡作《渔矶别集》，李渭即为之序。序中说："心庵欲渭赘一语于卷末，且以为心法云云。"此序是马廷锡主动邀李渭作。《渔矶别集》和《渔矶集》从其标题所示，应当均为马廷锡于南明河畔所著，故可知，马廷锡与李渭的友情实已跨越两个阶段。彼此之间学问的切磋和思想的交锋亦多所经年。从李序即可知晓，"心法"显然是二人切磋的主题之一。"心法"之理路当从阳明而来，先生创"四句教法"后，"心法"功夫的有无成为后学们聚讼不已的话题，故有"良知现成"与良知"归寂"之论的分疏。马廷锡显然主"心有法"，且思李渭与之唱和，然李渭则以"心无法"回应，遂构成李马二人的"鹅湖之辨"。李序："渭曰：心有法乎？"李渭发出的疑问直截了当。"心"即良知，"法"即为功夫。"心"和良知皆为本体。肯定"心有法"，自是良知不离功夫，功夫不妄良知，是肯定本体与功夫一致的路数；反之，主张"心无法"，认良知为先天自恰自足，勿须功夫始得，自然是王畿、王艮等现成一派路数。李渭原来也是主张"心有法"的，"向者渭亦斤斤谒人曰'心有法可传'"，却在读了《论语》后改变了看法："近读《鲁论》，窃睹记夫子教指，即心字亦未见欻欻语次间。"[1]接着读下去，渐渐就有了新的看法："惟颜渊则曰：'其心三月不违仁'。自语云：'从心所欲不逾矩'。两言外不闻矣。"[2]孔子称颜渊"其心三月不违仁"，说到自己则是"从心所欲不逾矩"，《论语》中这两句话之外，未见有关"心"的提法罢了。到底心是有法，抑或无法？李渭主张："法因人立，心无法。有法，即心也。"[3]所谓法，即功夫，是人为后天而立，从这个意义上看，心

---

① 李渭：《渔矶别集序》，郭子章：《黔记》卷十五《艺文志下》，西南交通大学出版社，第388页。

② 李渭：《渔矶别集序》，郭子章：《黔记》卷十五《艺文志下》，西南交通大学出版社，第388页。

③ 李渭：《渔矶别集序》，郭子章：《黔记》卷十五《艺文志下》，西南交通大学出版社，第388页。

本身是无法的；又从良知之自恰自足上看，良知本体又是有其功用的，勿须后天外来添加，故心又是有法的。"有法，即心也。"李渭的考虑尤为思辨，却近于现成良知之论。他举了《论语》中数个著名例子来说明圣人心法之固有，这些例子都是圣人因材施教而对"仁"的询问的区别作答。如答颜渊，"语克己条目，曰非礼勿视，非礼勿听，非礼勿言，非礼勿动"；如答仲弓为仁，"则语之以出门使民、见宾、承祭、在邦"；又如答"尧舜禹之执中"，曰"四海困穷"，曰"万方有罪"，曰"四方政行天下归心"，故同野曰："为仁不离乎日用，执中不远于万方，圣人心法岂空悬摸索者哉？"① 李渭的意思实际上是，心无成法，心无即成之法，心无固定之法。无固定之法，非为法之空无所有，要去作悬空摸索者。心法是因人而立，"因材施教"的，为仁之心法断不能离乎日用，是具体而微的法，而不是抽象无端的法。李渭的"心无法"实质上是"有法"，是"无法之法，乃为至法"，即"法因人立，心无法"。这种具体而微的"至法"就是"有法，即心也"。由此看来，李渭的"心无成法"之"心无法"，并非是对马廷锡的"心有法"的反对，而是对马廷锡的"心有法"的深化和扩展。表面上看，李渭的"心无法"似乎有落于现成良知之嫌疑，实质上看，却有完全的不同。马廷锡和李渭的"心法"之论皆于良知在本体和功夫的一致性上维护了儒学正脉即阳明本旨的一贯路线，并有所深入和发扬。故在马廷锡为学的此一阶段，不仅与孙应鳌为性命之交，且与李渭在思想上有深度的切磨砥砺，交相发微的灵魂之交。

三、于渔矶构栖云亭，静坐其中三十余年，有悠然自得之趣。

马廷锡在渔矶三十年，是他自己的学问身心之学圆融无碍、悠游自得

---

① 郭子章：《黔记》卷四十五，明万历刻本；莫友芝撰：《黔诗纪略》，贵州人民出版社1993年版，第127页。

的最高阶段。马廷锡此时在贵阳讲学，影响日盛，曾经有阳明的另一后学曰冯成能，浙江慈溪人，嘉靖十四年进士，隆庆五年任贵州按察使，更是马廷锡的超级粉丝。《贵阳府志》卷五十七载："贵州会城旧有王阳明祠二。贵阳之设府也，以其一为知府署，一为府学，而移祠于僻巷。成能至，则择地于城东隅，请于巡抚阮文中，更新之，并作书院于祠内，延乡先生马廷锡讲学其中，自为之记。"① 可见，当时马廷锡的影响。莫友芝也谈及："提学宜兴万士和、巡抚南昌阮文中、布政龙溪蔡文、按察慈溪冯成能，相继延心庵主讲文明、正学两祠院"②。无论在官方还是民间，马廷锡已然成为一代宗师。

"渔矶"乃贵阳南明河③中之一小岛，当年马廷锡于小岛上自构之栖云亭早已不见踪迹，万历年间，黔抚江东之取"甲于天下之秀"意，于小岛上建了"甲秀楼"，迄今逾四百年完在，遂使此楼成为黔省筑府之历史地标。马廷锡于渔矶上之栖云亭静坐三十年，他的《渔矶集》应该就是著于此时。通过静坐之三十年，有悠然自得之趣，且自警略曰："必极静、极清，以至于极定；始长觉、长明，以至于长存。彻头方了道，入手莫言贫。"莫友芝《黔诗纪略》云："其励志如此，久之，悠然自得于道林所谓理气、心性、人我贯通无二者，更不思索，随所感触，浑是太和元气。"④ 故此可以认为，他的《警愚录》亦当著于此时。在渔矶时间最长，达三十年，既是他学术生涯的第三个阶段，也是他学术生涯最重要的阶段。这一时段的心庵之学，可以三项内容加以概括：一是他的心学功夫，其重要特点就是静坐，这一静坐的功夫乃是当年阳明于龙场，又传之桃冈蒋信，而深契于心庵之理路，实乃一脉相继的路数。二是马廷锡于渔矶静坐三十

① 《贵阳府志》卷五十七，贵州人民出版社 2005 年版，第 1117 页。
② 莫友芝：《马廷锡小传》，《黔诗纪略》，贵州人民出版社 1993 年版，第 160 页。
③ 南明河：万历《贵州通志》：南明河，城南门外。源出定番州界，东北流经郡城，至巴乡，北流合乌江，通思南府，绕城河入蜀涪州界，会川江。
④ 莫友芝：《马廷锡小传》，《黔诗纪略》，贵州人民出版社 1993 年版，第 160 页。

载，亦伴随而之的是三十年的实地讲学，"南方学者争相负笈请业，(一时)渔矶栖云间，俨嗣桃冈之威"。时督学万士和延马廷锡入书院为诸生师，四方学者益仰之，按察使冯成能重修阳明书院，亦"延乡先生马廷锡讲学其中"，甚而有巡抚王绍元谓其"笃信好学，妙契圣贤之经旨；默坐沉心，远宗伊洛之渊源"，并立疏荐于朝。"抚按复连疏以真儒荐"，马廷锡却"坚辞不肯起"。三是其立言为《渔矶集》(或又有《渔矶别集》)和《警愚录》等，而万历巡抚郭子章拜读之，有"朝闻夕可"、"不愧龙场"之叹。关于马廷锡渔矶三十年，较详细的记载有见于郭子章《黔记》四十五卷之《马内江廷锡传》，其曰：

> (心庵)于渔矶构栖云亭，趺坐其中三十余年，有悠然自得之趣。尝著《动静解》曰："万卷精通乃是聪明枝叶，一尘不染可窥心性本根。"又著《自警辞》略曰："抱守初心，周旋世务，精诚必贯乎金石，志行必合乎神明。必极静极清以至于极定，始长觉长明以至于长存，彻头方了道，入手莫言贫。"……妙契圣贤之经旨，默坐澄心，远宗伊、洛之渊源。历官三年，室如悬磬，家无擔石，意若虚舟，抱膝茅檐，有飘然物外之趣。甘心藜藿，无千毫分外之求。论其官虽若卑，职求其人则为真才。"疏入不报，四方士益仰之。督学万公士和请公入书院为诸生师，启曰："置一床于净室，停瞻高士之临，分丰席于玄门，实切鄙人之望。"同心有利，至德不孤。惟先生颜似冰壶，形如野鹤，弃荣名而修性命，脱凡近以游高明。始看邑宰飞凫，终见少微应象。寒潭见底，占断渔矶一湾。明月当空，坐破蒲团几个。炼金使渣滓尽去，画马求毛发皆真。却听反观，常启人天之钥。敛息候气，频焚午夜之香。……此举与席元山请阳明先生意同。……可以不愧龙场矣。①

---

① 郭子章：《黔记》卷四十五，西南交通大学出版社 2016 年版，第 983—984 页。

之所以郭子章有如此感叹，关键在于马廷锡之思想旨趣与思想深度。马廷锡归隐而静坐之思想特点，喜为静中求取心性，与江右学人之"归寂"说颇为接近。贵阳南明河畔的渔矶，马廷锡建栖云亭，并于其中趺坐，在长达三十余年的静坐中体悟，由此而生"悠然自得之趣"。马廷锡将精通诗词文章不过视之为小聪明，视之为细枝末叶，以为只有归寂心体，做到一尘不染，方是心性本体。一方面，马廷锡与李渭、孙应鳌一样，皆对朱熹的外在性知识理路不予认同，尤持先师阳明内在性路径；另一方面，马廷锡对于如何把握心性本体却持有自己独特的看法。马廷锡所言"初心"，于阳明心性之学语境中，一定程度上与阳明"良知"等同，阳明之语"良知"的确有不学不虑的赤子初心之意蕴。马廷锡以为，获取良知(致良知)，须达于心体之极清、极静，以至于极定的境界，方能明觉心体之存在，然求知心体存在之方，又惟在静坐归寂之功夫始得，心体（良知）实存之道方通方达。马廷锡并非止于心体之独悟，更亦有主张周旋世务、即刻入世一面，这就或多或少消解了枯槁孤坐的弊病，较好地保有了静坐之极静、极清，以至于极定的高明状态。当地有官员、学者认同于马廷锡"默涤澄心"的静坐功夫，认其契合了圣贤的精神宗旨，且充满了飘然物外的超然气度，更有无纤毫分外之求的道德情操。马廷锡的精神境界，大有一种"颜似冰壶，形如野鹤"的气象，他鄙视功名利禄，持修道德性命的儒门风度，给人留下极深印象。这种脱凡去俗的高明气象着实可贵，故郭子章称道他不辜负先师阳明龙场传道的拳拳命意（不负龙场）。难怪当时有人几番请他出山于书院主讲，甚至将其与当年修文讲学、贵阳传道的先师阳明相提并论。马廷锡在贵阳讲学所形成之影响巨大，以至于被誉为"盖自阳明、道林后仅见"。

　　书院这种教育机构形式已有极为悠久的历史，其既有官办，更有民间所立。作为一种民间教育机构，通常的观点倾向于认为，书院的初始形态产生于唐代，到宋代渐趋成熟，明清逐渐向官学化发展，到清末改为学堂。王阳明所处的明代中期，民间书院与官办书院各自设立，王阳明在黔期间，先是创办了龙冈书院，后又讲学于文明书院，这两所书院，一前一后，前者为在乡民们帮助下阳明自行创办的民间书院，后者则是前后任职提学副使的毛科与席书举办的官办书院。龙冈书院虽然极其简陋，不过由何陋轩、君子亭、宾阳堂等组合而成，但却在历史上能够留名，因为它与王阳明的"龙场之悟"有关。"龙场悟道"之所以是王阳明一生求索中最为看重的一桩大事，在于它揭开了阳明"心学"体系之宏伟建筑之开端，所以龙冈书院的创办，就成了阳明所极为钟爱的事业，因为这两件事情关乎着阳明的悟道与弘道这一宏大事业的两个重要环节。他在做这桩事情时显得是如此地主动。相反，王阳明讲学于贵阳文明书院，则完全出于被动。虽然他在文明书院开始提出他的"知行合一"之论，这在他思想发展的进程中无疑具有非同寻常的意义，但是他在这一官办书院的短短几月里并不像他于龙冈书院时那么畅快得意、心境裕如。据记载，王阳明在文明书院至多只是一主讲而已，虽然提学副使席书待他甚厚，可他仍和史上绝大多数儒学宗师一样，主动而愉快地悠游于民办书院，被动而应付地讲论于官办书院。蒋信也几乎完全相似地有此经历，即热衷于自在的民间游学而也曾应付于官办书院，由于对官学不甚用心，以至因"劾以擅离职守"而"削籍"。《黔诗纪略》中有《内江马心庵先生廷锡三首》所附小传，顺带描绘了蒋信如何从学于阳明先生，如何又"大有所得而去"，如何于马廷锡举乡一年后以副使提学贵州，又如何以"寻告病归"，"后奉恩例"而"冠带闲住，筑精舍于桃花冈，聚徒讲学"的全过程：

> 王文成守仁之谪龙场驿丞也，见武陵蒋信道林之诗而称之。时道林方为诸生，与冀元亨闿斋证"大学知止"是"识仁体"。闿斋跃曰："然则定静安虑，即是以诚敬存之矣。"而皆未敢遽是。相携走龙场，受业文成之门。居久之，大有所得而去。楚中传姚江学者，虽有耿定向天台一派，流至泰州王艮，然后多破坏，不如武陵蒋、冀得其真醇。心庵乡举后一年，道林以副使提学贵

州，重整旧祀。阳明之"文明"、"正学"两书院，择士秀者养之
其中，以示趋向，使不汩没于六俗，教以默坐澄心、体认天理。
一时学者翕然宗之，而心庵为之冠。道林又置龙场阳明祠祭田以
永香火。湖广偏桥、镇远、清浪、平溪、五开五卫，地错贵州
境，诸生乡试险远，多不能达，请增贵州解额，使之附试。寻，
告病归。御史劾以擅离职守，削籍。后奉恩例，冠带闲住，筑精
舍于桃花冈，聚徒讲学，置学田以廪远方来者。终日危坐其中，
弦歌不辍。贵州旧从学亦有往者。①

文中提到"阳明之'文明'、'正学'两书院"，皆为官办，文明书院前已
提及，正学则是后来所办，与阳明关系不大。蒋信于这两所书院讲学时间
并不长，便寻病告归。回到武陵创办了桃冈精舍，醉心于私人办学，聚徒
讲学，置学田以廪远方来者，以至于达到"终日危坐其中，弦歌不绝"的
境界。原先在贵州受教过的许多学生也前往桃冈重新师事蒋信，马廷锡就
是其中之一。马廷锡甚至连县官都不做了，也要前往桃冈。其时马廷锡知
四川内江，职差应付难以安心，"尝念所学不尽澈，每自叹曰：'吾斯之未
能信，无乃贼夫人之子乎？'二岁即投籍走桃冈，就道林居。"② 马廷锡于
渔矶讲学之盛，不仅从影响上看"盖自阳明、蒋信后仅见"，且从风格上
也与阳明、蒋信趋同，也曾有分别就讲于官办书院与民办书院的经历。他
在官办书院讲学，是因提学万士和、巡抚阮文中、布政蔡文、按察使冯成
能出面请他主讲文明、正学两书院："时隆庆四年（1570）也。心庵讲诲
不倦，兴起成就者甚众。（冯）成能复时时来会。听者常数百人。盖自阳
明、道林后仅见云。"③ 然马廷锡最为得意的讲学生涯，则是渔矶时段，正
如他自己所赋诗云："悠然坐矶石，尘虑忽以祛。垂纶不设饵，渊鳞方跃
于。亦知君子心，在适不在鱼。君不见，沙边鸥鸟解忘机，物类浮沉宜不

---

① 莫友芝：《马廷锡小传》，《黔诗纪略》，贵州人民出版社 1993 年版，第 160—161 页。

② 莫友芝：《黔诗纪略》卷四，贵州人民出版社 1993 年，第 160—161 页。

③ 莫友芝：《黔诗纪略》卷四，贵州人民出版社 1993 年，第 160—161 页。

殊。"① 果然是于渔矶构栖云亭，趺坐其中三十余年，有悠然自得之趣。

马廷锡的思想源自蒋信，而蒋信之学思则源自阳明。由阳明而蒋信而马廷锡，一条黔中王门之传承谱系之脉络清晰可见。"悠然自得于道林，所谓理气、心性、人我贯通无二者，更不思索，随所感触，浑是太和元气。"② 这正是马廷锡自析其理气、心性贯通无二之思想深受蒋信浸育的自白。蒋信在理气观上认为："宇宙只是一气，浑是一个太和，中间清浊刚柔，多少参差不齐！……先儒却以善恶不齐为气质，性是理，理无不善，是气质外别寻理矣。"③ 这里，有明显吸收关学张载气秉之论的因子，认为宇宙万物也只是一气充塞之流行，马廷锡无疑是受之影响的。不过，这只能算是马廷锡思想中的偶然因素。马廷锡的思想在很大程度上受之蒋信。

蒋信并不认同张载的气论，也不与朱子等宋儒以义理之性为纯善、气质之性有善有不善的说法相类，更不主张以义理之性于价值判断上高于并独立于气质之性之上之外的说法。在蒋信看来，天理（天命）之性与气质之性皆"同出一个太和"（太极），天理（天命）之性与气质之性就应原为一体（本原之体）。黄宗羲在《明儒学案》中指明蒋信的本体学说，是主张理气合一的一元论哲学，反对将理气二分。蒋信关于理气与心性关系的独特诠释，其要在于通过排除理气二元之弊，而扬心性一元之旨。蒋信道："理气心性人我，贯通无二。……心是气，生生之心便是所言天命之性，岂有个心，又有个性？"④ 蒋信认为所谓理气合一，其实质就是心性合一。理气与心性，实指一也。这样的阐释为马廷锡所接受和认同。马廷锡所言"理气心性人我，贯通无二"，即是直接承之蒋信而来。蒋信之论显

① 马廷锡：《矶上——渔矶湾见卷末》诗，见莫友芝：《黔诗纪略》卷四，贵州人民出版社 1993 年版，第 62 页。
② 莫友芝：《黔诗纪略》卷四，贵州人民出版社 1993 年版，第 161 页。
③ 黄宗羲：《明儒学案·浙中王门学案》，《黄宗羲全集》（第七册），浙江古籍出版社 2005 年版，第 734 页。
④ 黄宗羲：《明儒学案·楚中王门学案》，《黄宗羲全集》，浙江古籍出版社 2005 年版，第 734 页。

然又是上宗阳明先师。王阳明、蒋信、孙应鳌、马廷锡，在理气与心性之一元论上，观点一致而统一。王阳明言："心之体，性也，性即理也。"① 孙应鳌则言："盖性即此心。"② 就心性本体论而言，包括阳明在内的黔中王门诸家均站在完全相一致的立场上，与程朱之论形成鲜明的对照。不仅在本体论上是如此，在功夫论上亦同然。

马廷锡在理气、心性问题之本体论上完全认同蒋信，但在功夫论上，他发展的却是蒋信静坐功夫一面，这是他居渔矶三十年而闻名于世的独特之处。马廷锡诗《山中吟》，表达了其对归隐、自得、和乐的追求："春阳律转先深山，村村花柳回雕颜，鸟鸣高树声关关。几家烟火自村落，春酒熟时相往还。"③ 俨然一幅花柳鸟鸣烟火的山村美景，更是其自适心境的表露。在《矶上》，则是希望在南明河畔"悠然坐石矶"，逸然自得。"亦知君子心，在适不在鱼"④，则是其随应心境顺适自在的感受。

鉴于王阳明曾有过良知虚寂特征的表述："良知即是未发之中，即是廓然大公，寂然不动之本体，人人之所同具者也。"⑤ 这种关于良知的多重阐释，为后学们留下了多选的路线和展开的空间。马廷锡强调要"抱守初心"、"一尘不染可窥心性本根"，必然引入静坐澄心的修养功夫，其路数更靠近江右之聂豹、罗洪先的"归寂"说。聂豹针对时下王门各宗分歧，曰："今之讲良知之学者，其说有二。一曰：'良知者，知觉而已，除却知觉别无良知。'……一曰：'良知者，虚灵之寂体，感于物而后有知，知其发也'。致知者惟归寂以通感，执体以应用。"⑥ 前者所指乃王畿、王艮之现成良知之说，后者则指聂豹与罗洪先等的归寂之论。聂豹认为良知本体不可能现成具足，往往被后天意念所污染，故需施以后天功夫以去其昏

---

① 王守仁：《王文成公全书》，中华书局 2015 年版，第 42 页。
② 孙应鳌：《孙应鳌文集》，贵州教育出版社 1996 年版，第 283 页。
③ 莫友芝：《黔诗纪略》卷四，贵州人民出版社 1993 年版，第 162 页。
④ 莫友芝：《黔诗纪略》卷四，贵州人民出版社 1993 年版，第 162 页。
⑤ 王守仁：《王文成公全书》，中华书局 2015 年版，第 78 页。
⑥ 聂豹：《聂豹集》，凤凰出版社 2007 年版，第 94—95 页。

弊。这样一来，主静亦成为了马廷锡所主之思想旨趣及所持之修养功夫。主静以涵养良知未发之寂体，直接充养虚寂的心体，使良知得以复初、复明，用马廷锡自己的话来说，就是"警愚"。依笔者的理解，马廷锡的"警愚"具有如下双重含义：一是针对良知在"未发"时的警惕、慎独；二是针对良知在"已发"后的警醒、荡涤。罗洪先遵循聂豹的"归寂"说，指出："此间双江公，真是霹雳手段！千百年事，许多英雄瞒昧，被他一口道着，真如康庄大道，更无可疑。而阳明公门下犹有云云，却是不善取益也。"① 马廷锡的静坐澄心，就是他从蒋信、聂豹诸公手上接过的"霹雳手段"，在他看来，众多的王门后学中，毫无疑问，只有聂豹的"归寂"说最为佳良，故聂豹有言："静中隐然有物，此即是心体不昧处。"② 马廷锡这里主张直接通过静坐、归寂功夫，以截断意念的纷扰，使本明的心体不致遮蔽。马廷锡强调："必极静、极清，以至于极定，始长觉、长明、以至于长存，彻头方了道"。静坐到极致，以至于达到一种澄明的精神状态，才是彻底把握了心体之道。难怪郭子章要说他"讲性命之学，其旨皆以静养为主"③。马廷锡主张的所谓心"有法"，此"有法"实质上就是他成就心性之道的"静坐澄心"之法、"涤虑玄览"之法。正因为有了他的这一"成法"，遂使马廷锡的思想旨趣每每安之于"悠然自得"之境界，这大概就是子章所言"朝闻夕可"、"不愧龙场"之深广奥妙之处吧！

---

① 罗洪先：《罗洪先集》，凤凰出版社 2007 年版，第 158 页。
② 黄宗羲：《明儒学案》，中华书局 2008 年版，第 404 页。
③ 郭子章：《黔记·理学传》，明万历刻本。

第六章　黔中王学经世致用的理论与实践

黔中王门诸子不仅继承和发挥先师王阳明的心性之学，且对先生心性之学的致用与践行也多有阐发和亲履，因为在阳明的思想体系中，本身就包含着丰富的经世致用思想。从某种意义上看，王阳明的经世致用的心学思想体系，又是具有实学意义的思想体系。当初为了修正和纠偏，阳明针对程朱理学之流行而导致的"记诵词章之习"盛行的弊端而提出了一系列经世致用的思想。王阳明认为，致良知与声色货利等人的物质欲望密不可分，主张考虑利害和人情以务求公私两便而提出了"良知只在声色货利上用工"的思想；他肯定功利和事功，把格致诚正之说落到实处，提出了与空虚顿悟之说相反的"体究践履，实地用功"的实学思想；他还提倡和肯定"居官临民，务在济事及物"，尤其是倡导"亲民"的治世理路，使他真正成为一位在历史上并不多见的文治武功皆备的全能大儒。所有这一切，都不能不对黔中诸子产生极其深刻的影响。

第一节　黔中王学经世致用的理论

在黔中王学诸先生中，孙应鳌的经世致用理论具有代表性，主要反映在他的《四书近语》和《教秦绪言》等著作中。

一、"能用世为本"："处则为名儒，出则为名臣"

孙应鳌不仅是发挥先师王阳明心性之学的大师，他对先师阳明的经世致用的学术因子，同样给予了充分的关注及发扬。他的经世致用之学亦可称之为地地道道的实学，主要表现在下述几个方面：一是主张"行著习察，存心致知"；二是强调"励勤"；三是强调"善政不如善教"，教则以孝为先；四是提倡"革浮靡之习，振笃实之风"；五是重视"名至实归"；六是宣扬"养民之义"；七是主张"能用事为本"、"处则为名儒，出则为名臣"。

1. 行著习察，存心致知

孙应鳌在《四书近语》卷六中，就如何致良知，特别有针对性地指出："行不著，习不察，是不存心致知耳。"① 当然，他的这一经世致用思想的提出绝非偶然，而是具有现实的针对性。阳明殁后，其后学各派分流，有的逾渐空疏，大讲现成良知，大言空手缚鲛龙，使先生的实实在在之"致良知"学说被凭空肢解，导致本体与功夫的决裂。孙应鳌敏锐地感觉到了当下的这一严重弊病，察觉到有些人虽口口声声言及先生的"致良知"，实际上却完全不在行动上付诸"行"与"察"，实际上是"不存心"致良知，这样的学问实际上成了无意义的口耳之学。口耳之学导致名与实的分裂，导致本体与功夫的断裂。孙应鳌主张学问要与人伦日常之用结合起来，他说："农夫尽力于田亩，工人尽力于廛市，商贾尽力于道途。身无经业，则货无常主；能者辐辏，不能者瓦解，彼所以自食，道故然也。"② 农夫、工人、商贾之所以各有其名，全在于他们的"各尽其力"，各施其道，所以"道故然也"。他讲"体用合一"，"用"就是百姓伦常之日用，"用"在于民。"致良知"也好，"知行合一"也好，"慎独"也罢，其"用"皆不离于百姓伦常，不离民用。孙应鳌接着说："大舜知矣，好问好察，惟

---

① 孙应鳌：《四书近语》卷六，贵州教育出版社1996年版，第313页。
② 孙应鳌：《教秦绪言》，《孙应鳌文集》，贵州教育出版社1996年版，第329页。

在其用中于民。可见知者，知其所行耳。行之真切处，便是知也。"①他认
为大舜的"知"、"问"、"察"、"行"，都是"用中于民"，才是"行之真切
处"，才"便是知"。孙应鳌特别指出，知行合一之道实质上就是常行日用
之道，这无疑又是他在理论上作出的又一贡献。他说：

> 故知行合一，而慎独之功尽，便无时无处不与此道合一，就
> 是体用一原、显微无间之学，既不外于日用，又不滞于日用，不
> 离不囿，然后与道为一矣。②

> 可见，中庸之道即日常行之道。③

> 可见圣贤学问，只在人伦日用上做，外此皆非吾之学也。④

这样一来，孙应鳌既克服了王学末流空疏之弊害，又恢复了传统儒家与先
师阳明注重经世致用的传统。他强调一定要将"行"、"察"、"日用"与实
施"致良知"、"知行合一"、"慎独"等紧紧结合起来，否则就是"不存心
致知"。孙应鳌诟病当下时弊，可谓一针见血。

2."励勤"

"励勤"、"勤学"是经世致用的学问，也是王阳明学说的重要旨归。
当年王阳明先生龙场悟道后，为弘其道，在修文建龙冈书院教育学生，提
出了教条示龙场诸生，其中"勤学"就是极重要一条。孙应鳌在陕西教谕，
在清平筑书院，时时倡导勤勉，反对疏懒。他主张：

> 勤则不匮，不匮则日光；不勤则惰，惰则日堕。

> 为学莫善于能勤，莫不善于欲速。速与勤反，惟不能勤，故
> 欲速。

> 古之人自强不息，终日乾乾，修学砺行，缉熙光明，是以德

---

① 孙应鳌：《四书近语》卷二，《孙应鳌文集》，贵州教育出版社1996年版，第174页。
② 孙应鳌：《四书近语》卷二，《孙应鳌文集》，贵州教育出版社1996年版，第175—
　176页。
③ 孙应鳌：《四书近语》卷二，《孙应鳌文集》，贵州教育出版社1996年版，第176页。
④ 孙应鳌：《四书近语》卷三，《孙应鳌文集》，贵州教育出版社1996年版，第187—
　188页。

崇业广，令闻垂诸无穷。①

"日光"即日日光明，喻示为有美好的前途。孙应鳌把勤与日光对应起来，把不勤与日堕联系起来，虽其中不无功利性之因素，且亦不失为经世之用。但他的"勤"的说法又非完全的功利性质，他反对"欲速"，"欲速则不达"，因为速是勤的对立面。凡速者，皆是不能勤，所以欲速。在他看来，勤学非一朝一夕之功，务必"终日乾乾"，做到事事磨炼，时时磨炼。修学砺行，才有光明的前景，方能"德崇业广，令闻垂诸无穷"。

3."善政不如善教，教则以孝为先"

孙应鳌以为，如要"道千乘之国"，总是见以仁心而行仁政，实千古王道之本也。孔子行仁政的几条要律：一为"敬事"，则此心不敢忽信，则此心不敢欺；二为"节用"，则此心不敢侈肆；三为"爱人"，则此心不敢残忍；四为"使时"，则此心不敢劳伤乎人。孙应鳌在每一条中都贯穿一个"此心"作为要诀，"此心"只一个"敬"字，却又都该贯通了。故曰："敬者，帝王相传之心法也。"②把心体之学运用于施仁政，运用于经世致用之业，是孙应鳌思想的一大特色。他同时看到在治理国家的过程中，"教"的极端重要性，提出"善政不如善教"的主张。其云：

> "弟子入孝出弟"一节，便是蒙以养正圣功也。今日之弟子，
> 即他日之人才。凡国家兴替、治道隆污，皆由于此。古人教弟子
> 先孝弟（悌），今人教弟子先学文，古今人才所以相去之远。③

而教育的最先行，则是"孝"的教育。人言百善孝为先，在孙应鳌看来，百教也以孝为先，今天的青少年，是将来的人才，国家兴替、治道隆污，皆由于此。孙应鳌的这一思想在今天看来尤有重要之意义，孔子说"古之学者为己，今之学者为人"，应鳌说"古人教弟子先孝弟（悌），今人教弟

---

① 孙应鳌：《教秦绪言》，《孙应鳌文集》，贵州教育出版社1996年版，第329页。
② 孙应鳌：《四书近语》卷二，《孙应鳌文集》，贵州教育出版社1996年版，第182页。
③ 孙应鳌：《四书近语》卷三，《孙应鳌文集》，贵州教育出版社1996年版，第188页。

子先学文"。孙应鳌实际上探讨了在教育上的德育与智育的先后关系问题，他批评了当时教育上的轻德重文风气，他显然是主张德育为先，而在德育中，又主张以孝为先。

4."革浮靡之习，振笃实之风"

其实，明中后期社会风气之浮靡，王阳明早有察觉，他曾经把对程朱的盲目推崇、繁琐解读、空谈义理、不求创新的僵化教条学风和所谓"记诵词章之习"视为比杨、墨、释老更甚的大患。在《别湛甘泉序》一文中，阳明痛切之："颜子没而圣人之学亡。曾子唯一贯之旨传之孟轲，终又二千余年而周、程续。自是而后，言益详，道益晦；析理益精，学益支离无本，而事于外者益繁以难。盖孟氏患杨、墨；周程之际，释、老大行。今世学者，皆知宗孔、孟，贱杨、墨，摈释、老，圣人之道，若大明于世。然吾从而求之，圣人不得而见之矣。其能有若墨氏之兼爱者乎？其能有若杨氏之为我者乎？其能有若老氏之清静自守、释氏之究心性命者乎？吾何以杨、墨、老、释之思哉？彼于圣人之道异，然犹有自得也。而世之学者，章绘句琢以夸俗，诡心色取，相饰以伪，谓圣人之道劳苦无功，非复人之所可为，而徒取辩于言词之间；古之人有终身不能究者，今吾皆能言其略，自以为若是亦足矣，而圣人之学遂废。则今之所大患者，岂非记诵词章之习！而弊之所从来，无亦言之太详、析之太精者之过欤！夫杨、墨、老、释，学仁义，求性命，不得其道而偏焉，固非若今之学者以仁义为不可学，性命之为无益也。居今之时而有学仁义，求性命，外记诵词章而不为者，虽其陷于杨、墨、老、释之偏，吾犹且以为贤，彼其心犹求以自得也。"① 孙应鳌完全站在传统儒家与阳明心学的立场，视"记诵词章之习"等同于杨、墨、老、释，皆为"浮靡之习"，主张敦行儒家的孝、弟、忠、信、礼、义、廉、耻。孙应鳌在《教秦绪言》中颇有针对性地说："革浮靡之习，振笃实之风，务敦尚孝、弟、忠、信、礼、义、廉、耻，不许

---

① 王守仁：《别湛甘泉序》，《王文成公全书》，中华书局2015年版，第278—279页。

务口耳之学。"①他提出的振笃实之风,是"崇正学"、"迪正道",是着着实实地去行孝、行弟、行忠、有信、施礼、行义、行廉、有耻("行己有耻")。《教秦绪言》是孙应鳌在教喻陕西时给学子们留下的训文,他开宗明义地要求学生"不许务口耳之学",所以他的实学精神很早就已在内心有所挺立,并且主张学以致用,为天下、国家任事。他认为:"夫其养之使可用,用之以所素养,则士之以根本责效者,出而任天下国家事,斯为其术,与唐虞敷三代宾兴何异?"然而当时风气则导人于误而丢弃了根本:"今讲习诵读,但以拘挛于训诂;崇尚磨砺,尽皆胶滞乎占毕。以其词章争妍、取怜,无所不至。术陋心迷,罔自振拔。是国家期待本高且重,顾自处于卑且轻。"其导致的结果便是"所谓正学、正道,弃而费省;笃实之风,浸微浸灭;浮靡之习,浸明浸昌"②。在提倡正学、正道,主张笃实之风的同时,他还倡言:"机械变诈,君子所耻邪也;德慧术智,君子之所贵正也。"③作为一个道德高尚的未来治理国家的君子,自然应视德行不检与学术不端为耻辱,故人品(德慧)与学术(术智)都要走正学、行正道,这才是作为君子所最为看重(贵)的。

5."名"与"实"

孙应鳌的"实学"讨论了"位"与"名"、"名"与"实"的关系。他分析道:"位与名,是学者一生事业所在。非学则无以立乎其位,非实则无以彰乎其名。故君子求在我者,有其学、无其位,可也;有其位,无其学,患莫大矣;有其实,无其名,可也;有其名,无其实,患莫大矣。"④在孙应鳌看来,位与学相对应,名与实相对应,彼此之间,他更看重学与实。因为,有学而无位,可以;有位而无学,则患莫大焉。有实而无名,可以;有名而无实,患莫大焉。他这种重实轻名,重学轻位的精神,实乃

---

① 孙应鳌:《孙应鳌文集》,贵州教育出版社1996年版,第320—321页。
② 孙应鳌:《教秦绪言》,《孙应鳌文集》,贵州教育出版社1996年版,第321页。
③ 孙应鳌:《四书近语》卷六,《孙应鳌文集》,贵州教育出版社1996年版,第313页。
④ 孙应鳌:《四书近语》卷三,《孙应鳌文集》,贵州教育出版社1996年版,第203页。

秉之于先师阳明，也是其注重实际、经世致用思想的表现。

6."事上之敬"于"养民之义"

孙应鳌的经世致用思想反映在对待"民"态度上，强调对"民"要发自内心，讲究一个"敬"和"义"，而不是虚与委蛇。在《四书近语》卷三中，应鳌表明了这样一种如孔孟一般的亲民态度，他说："圣人经世宰物，只是一'义'字。"又强调一个"敬"字。他说："事上不敬，则行己之恭为虚文；使民不义，则养民之惠为姑息。"应该说，这是一种颇具辩证思维的态度。他很好地把握了度的原则，也是中庸之道的一种理解。因为在他看来："然行己恭，则事上之敬非容悦之私；养民惠，则使民之义无厉己之怨。"这完全与孔门儒道相吻合。"君子之道四，固又未始不相因也。夫子在齐，与晏平仲处者八年，平仲沮夫子尼谿之封，而夫子犹称其与人久交之善，可见圣人无我之量真同天地。"① 事民若无"敬"，所谓事民也就是"不存心"；使民若不讲究"义"，一味宽纵，又会适得其反，走到反面，就成了姑息养奸，反倒违背了当初惠民养民的初衷。孙应鳌对《论语》"敬事而信，使民以时"章的诠解，真有其独出之处。这样做的又一个好处就是"务民义，远鬼神"，能够"专务民义"，就能够"去了一切免祸求福之心"②。

7."能用世为本"——"处则为名儒，出则为名臣"

孙应鳌提出的经世致用理论，都是具有很强的现实针对性的。他在居官理政之时，特别强调将为学与为政统一起来，做到学以致用。他在陕西任教喻时，曾语重心长地教导学生说："士穷居不能通五常、三王之道，审当今之要务，察安危之术，不能预有此术，徒规时好，窃取荣名，异日者仕而任官效职，苟抱尺寸，应给仓卒。是人也，其出入不远矣。本道愿诸生矢为志其学，以能用世为本。"③"以能用事为本"，孙应鳌把学习的目的视之为"能用事"，且将"能用事"上升到了"本"的高度。"能用事"，

① 孙应鳌：《四书近语》卷三，《孙应鳌文集》，贵州教育出版社1996年版，第208页。
② 孙应鳌：《四书近语》卷四，《孙应鳌文集》，贵州教育出版社1996年版，第218页。
③ 孙应鳌：《教秦绪言》，《孙应鳌文集》，贵州教育出版社1996年版，第331—332页。

方能"辨黑白于掌上",方能为"治天下之大器",方能"处则为名儒,出则为名臣"。他在专"讲治"一条中提醒人:"一一观诸要难,而辨黑白于掌上,治天下之大器举在此。是以处则为名儒,出则为名臣,视苟抱尺寸,应给仓卒者,九霄之上,九地之下矣。夫历途于远以言有车,涉津以言有航。'前事之不忘后事之师',此之谓也。"①"处乐"与"出为",是王阳明心学系统中较早产生的思想,他在龙场悟道后,即有了这一思想,本书第二章已作论述。孙应鳌则将这一思想发展为"处则为名儒,出则为名臣",不仅厘清了"处"与"出"、"名"与"实"的关系,更是包涵了深刻的经世致用的思想。孙应鳌的这一系列经世致用思想,在他所处的时代,特别是在王学末流大谈性命而流于空疏的当下,有着不可忽视的意义。他的这些经世致用思想完全可以视为他对黔中王门在思想上的特殊贡献,也是与其他王门后学相比较而言的独特之处。

二、《教秦绪言》略论

孙应鳌于提学陕西副使期间,事功于教,辟正阳书院讲授,为关中弟子留下了经世之名篇。《教秦绪言》,又作《谕官师诸生檄文》,成于明嘉靖四十年辛酉(1561),时应鳌35岁。

嘉靖三十九年庚申(1560),应鳌34岁。父衣丁忧,九年仍不起复,遂焚牒自隐。又筑舍之右为"学易斋",以藏图书;更于舍之西隅,建"南明精舍",且多植卉木,盘桓其中。真是读书人之好去处。嘉靖四十年辛酉(1561),35岁的孙应鳌,迁陕西提学副使。郭子章《工部尚书孙应鳌传》:"迁陕西提学副使,公实意作人,身先为范。"《陕西通志》载,应鳌"督学关中,以濂洛之学自认,莅政举大体,不亲细务;教士务实效,不为虚名,当时号称得士"。孙应鳌在陕西辟正学书院,作《谕官师诸生檄文》

---

① 孙应鳌:《教秦绪言》,《孙应鳌文集》,贵州教育出版社1996年版,第332页。

(郭子章《理学传》名《教秦绪言》，千顷堂书目又名《教秦语录》)，本书取郭子章《教秦绪言》名，应鳌于其中提出教喻 16 条，以励诸学官弟子。其 16 条曰：1. 崇制；2. 订学；3. 论心；4. 立志；5. 破迷；6. 修行；7. 规让；8. 饰礼；9. 励勤；10. 戒速；11. 博理；12. 讲治；13. 进业；14. 惇友；15. 养蒙；16. 严范。其"论心"一条，反映了孙应鳌较早时候的心学理脉，故录兹于次：

> 人之心至难驭也，至难收也。故接爱欲之美艳，则生悦喜；觇悲若之情状，则萌感怆；值横逆之交加，则蓄愠怒；当势利之丛集，则发歆羡；见才智之腾跃，则起媢嫉；遇忧患之因仍，则生畏阻；无事则悠荡于千里，有事则腋扰于咫尺；拘检则横溃而他出，任纵则靡渐而不知；声色 于外，则心术塞于内；欲恶于内，则耳目丧于外。吁嗟乎！不踰方寸，神明舍焉。顾倏忽之间，热如火灼，寒如冰凝，骄如雄雷，偾如骤雨，急如操弦，驰如奔马，奈之何能燕处超然而与道息也。然犹可指以见本体者，明道定性之书，则尝言之，人之心有所蔽，故不能适道，大率患在自私而用智，不能内外两忘，而求以廓然应物；其于道也，不亦远乎！……故明道定性之书，以无将迎，无内外，发明动亦定、静亦定之旨。而所谓喜怒哀乐未发以前气象，当亦不出此而观之。故放心即收，则未发气象自见；随感而应之，体浑沦无物之实，莫非自然妙用，其求静恶动之心，执动泥静之心，至此俱知其非真矣。鉴不以无照而不明，心不以无感而不应，此酬酢之根本，理性之枢管也。故与诸生巧譬，使操存焉。[①]

孙应鳌把古今世子万般心态——照会得无处躲藏，把"心"的立足之本体了悟得格外透彻，遂阐发出"鉴不以无照而不明，心不以无感而不应，此酬酢之根本，理性之枢管也"之心得。孙应鳌"心本体"的哲学主旨遂奠基于斯。

---

① 孙应鳌：《教秦绪言》，《孙应鳌文集》，贵州教育出版社 1996 年版，第 322—323 页。

与王阳明龙场之悟后于龙冈书院"教条示诸生"于"立志"、"责善"相妨，孙应鳌在"订学"一条中首次提出"慎独"一语，不能不说是他日后《四书近语》中揭"慎独"教论的理论前奏。且录是条，看应鳌如何初识《庸》之"慎独"：

> ……本道素谙理术，然希志圣贤，实所孳孳，故愿与诸生共期勉。所谓妙于慎独，极诸默识，达于悦乐，合诸内外之旨。心之精微，口不能言；言之微眇，书不能文。自非面相订证，决难以尽厥旨归，端其趋会；此则挈矩强恕，靡有二贯，异日健造，自尔非常。关西古圣贤域，诸生图之。①

孙应鳌 35 岁于《教秦绪言》论"慎独"，又于晚岁归黔于《四书近语》论"慎独"，虽不似刘蕺山同论之昭著，却较蕺山为早出，尚有蕺山未及之处。如谓，一方面"极诸默识"，一方面"达于悦乐"，将单一静默的慎独之境来了一个提升，从此独慎非是那苦苦之心，而有喜悦之乐。所谓"合诸内外之旨"，是对"慎独"领悟的周咸，当使"慎独"践行之笃实，自然就是"心之精微，口不能言；言之微眇，书不能文"的了。

想王阳明自创龙冈书院，尚有"立志"、"勤学"、"改过"、"责善"四条教谕诸生，今孙应鳌《教秦绪言》"16 条"中，亦有"立志"、"励勤"、"戒速"、"严范"等条相应合。虽不能一一照契，却也大意如此，宗旨一贯。如言"立志"，应鳌引程子语："学者多为气所胜，习所夺，只可责志。"应鳌且自身体验应之，甚觉相合，"吾尝试之，有所验焉"。故告慰诸生，"愿诸生之志者，喻于义而学圣人焉，毋自悠荡宽假，日见摧颓也。夫勇士一人，雄入九军，不过此志之坚定耳。执是以求圣道，岂大有迳庭也哉。"② 王阳明初谒娄谅"圣人必可学而至"言，深遂契之，虽未入要领。直至龙场一悟而切入圣门，始知"学"乃必不可少，学什么则有待摸索。立志则第一要义也。孙应鳌《教秦绪言》之"勉勤"一条中，强调

---

① 孙应鳌：《四书近语》，《孙应鳌文集》，贵州教育出版社 1996 年版，第 322 页。

② 孙应鳌：《教秦绪言》，《孙应鳌文集》，贵州教育出版社 1996 年版，第 324 页。

"勤"的重要性，曰："凡学者有所睹记，然竟不能底于成，其究反恣，其性情、聪明不开者，则不勤之弊害螫之矣。"不勤是愚昧之根，此一点破语。应鳌又将"勤"与"不勤"加以对比："勤则不匮，不匮则日光；不勤则惰，惰则日堕。"应鳌尝举史以鼓舞诸生励勤，言："古之人，自强不息，终日乾乾修雪励行，缉熙光明，是以德崇业广，令闻垂诸无穷。"其中最为生动的具体事例，为唐代的李翱。"李翱生二十九年，自言'回视十九年，时如朝日耳'。又言'回视九年，时如朝日耳。'"[1] 这就是他对"勤则不匮，不匮则日光"的活泼泼的验证。应鳌也以自己的亲身践履作出回应，"本道常回视之，非虚语也"，循循诱导诸生"试各一回视之"。应鳌更强调，道勤，未必离了心，勤实为心之所主。回视，当是心的回视，无他。应鳌在"戒速"条中，将"勤"与"速"作了反观之比照，强调皆由心志所使："为学莫善于勤，莫不善于欲速。速与勤反，惟不能勤故欲速。若勤者，则心志恒一，积累罔间，不求速而自速矣。"[2]心志恒一者，故能时时勤勉，厚积薄发，自然而然，故不求速而自速矣！谈到读书的正确方法，应鳌认为："从容默会于幽闲静一之中，超然自得于书言意象之表，此读书正法也。"[3]读书不在乎于仅仅读出口，读出声，而在于默会，更要用心思，否则就不能称之为读书了，"使其言之若不出于吾口，思之若不出于吾心，虽读之吾犹以为未读也"[4]。不仅读书以心为之主，凡事皆由此心所主矣，凡科考、凡求道、凡莅官、凡临政者，无不如是，"故持此心以制举，必且为幸进；持此心以求道，必且为助长；持此心以莅官，必且为速化；持此心以临政，必且为苟简"[5]，"此治形理心之要，非特施诸读书也"[6]。孙应鳌在"进业"条中告诫诸生："诸生目今宜洗脱陋习，更易听观，

---

① 孙应鳌：《教秦绪言》，《孙应鳌全集》（四），贵州教育出版社 2016 年版，第 292 页。

② 孙应鳌：《教秦绪言》，《孙应鳌文集》，贵州教育出版社 1996 年版，第 329 页。

③ 孙应鳌：《教秦绪言》，《孙应鳌文集》，贵州教育出版社 1996 年版，第 329 页。

④ 孙应鳌：《教秦绪言》，《孙应鳌文集》，贵州教育出版社 1996 年版，第 330 页。

⑤ 孙应鳌：《教秦绪言》，《孙应鳌文集》，贵州教育出版社 1996 年版，第 330 页。

⑥ 孙应鳌：《教秦绪言》，《孙应鳌文集》，贵州教育出版社 1996 年版，第 330 页。

平居则博闻强记，根极要领。"强调读书功夫是"临时则端坐凝神，收敛身心"，就可以收取"主之以理，辅之以气，直写所得，求有发明"的功效，"人之才质，本不可同，短长异齐，宣郁殊致，惟能义意浃洽"①。应鳌以为，读书人须明了，做到"六出六不失"，即"出其昌大，不失诸空疏；出其清纯，不失诸枯落；出其依据，不失诸朽腐；出其谨严，不失诸逼窄；出其质直，不失诸鄙野；出其华藻，不失诸浮蔓"②。他对读书人的要求是，既能"自成一家"，又能无"过"与无"不及"，"是为自成一家，各中归趣，不求过人，人自不能及矣"③。应鳌主张心态的清纯端直是至为重要的，为此应摒除心中的种种不宜，诸如所谓轻心、怠心、昏气之心、矜心等等，"扬子有言，未敢以轻心掉之，惧其剽而不留；未敢以怠心易之，惧其驰而不严；未敢以昏气出之，惧其昧没而杂；未敢以矜心作之，惧其偃蹇而骄"④。孙应鳌的破除"四心"，由孔子之"子绝四"即"毋意"、"毋必"、"毋故"、"毋我"发展而来，但有所不同；黔中王门的另一位大师级人物李渭，从"子绝四"发挥出"毋意论"，又从"毋意论"发展到"先行说"，其论鲜明独到。本书前后文均有论及，此不赘言。

第二节　黔中王门经世致用的重要实践

古代儒家经世致用的实践活动主要体现在三个方面：一是政治军事实践；二是乡村治理实践；三是教育实践。王阳明是这三个方面皆成就卓著

---

① 浃洽：深入沾润。《汉书·礼乐志》："于是教化浃洽。"颜师古注："浃，彻也；洽，沾也。"司马相如《封禅文》："休烈浃洽。"休烈，盛美的功业。后来一般用为融洽、和洽的意思。如：情意浃洽。（《辞海》缩影本，上海辞书出版社1980年版，第927页。）
② 孙应鳌：《教秦绪言》，《孙应鳌文集》，贵州教育出版社1996年版，第333页。
③ 孙应鳌：《教秦绪言》，《孙应鳌文集》，贵州教育出版社1996年版，第333页。
④ 孙应鳌：《教秦绪言》，《孙应鳌文集》，贵州教育出版社1996年版，第333页。

的"全能大儒"。不过历来儒者志士们倾力最多、志趣最旺、感获最丰、影响最著者，往往是讲会、授徒、传道、解惑等一类教育实践。

一、传道授徒、以开教化

经世致用不仅表现在诸多黔中王门学者的思想中，更是体现在他们的行为实践中。在明代中后期，在作为农业社会的中国，在偏于一隅的黔中腹地，社会实践的主要内容之一，自然是从事教育实践活动，这也是黔中王门学者们最为重要的经世致用的实际内容及经世致用思想的具体落实。在这方面，王阳明堪称典范。

王阳明悟道后所要做的一件重要事情，就是传道，即传其所悟之道。他立马要做的第一件事就是建立书院，施行教育。龙冈书院不仅是他在贵州所创办的第一所书院，也是他一生中所开办的第一所书院。他给龙冈书院立下校训，作《教条示龙场诸生》，提出"立志"、"勤学"、"改过"、"责善"教谕四条。接着他又受席书之邀，主讲于贵阳文明书院，始提出他的"知行合一"的学说。这时候，他的学生已达二三百人之众，开始形成他一生中第一个具备规模的弟子群。

有学者将王阳明龙场悟道后在黔中推行的事功分为"为学"和"为教"，或"悟道"和"过化"，"而'过化'即教化，是就阳明之为教而言，'悟道'是就阳明的'为学'而言。如果说'过化'强调的是阳明在贵州的教育开化，那么'悟道'便是凸显阳明在黔中的思想创设，它对黔中在阳明学形成过程中之重要性的首肯是显而易见的"①。该学者引陶望龄之"始基说"，焦竑之"过化说"，认为："其实，'始基说'与'过化说'皆能成立"②。充分说明，王阳明在贵州不仅完成了他的思想创设，还作出了大量经世致用之事功业迹，其中最重要的一项实践活动，就是从事于教育，即所谓"过

---

① 钱明：《王阳明及其学派考论》，人民出版社 2009 年版，第 352—354 页。

② 钱明：《王阳明及其学派考论》，人民出版社 2009 年版，第 352—354 页。

化"。据阮文中《改建阳明祠记》云:"始贵人士从先生学。先生群弟子,日与讲明良知之真听者,勃勃感触;日革其浇漓之俗而还诸淳,迩者衣冠济济与齐鲁并。先生倡导之德至于今不衰。"① 贵州是明代开国以来最早设立的 13 个省之一,贵州教育的一个短板,是直至正德年间,尚未设立乡试考点,贵州的学子欲参加乡试,须不远千里远赴云南应考,且名额分配歧少。王阳明于黔中开教化以来,学子数量大增,若纷纷远赴滇国赶考,实在苦不堪言,为此王阳明和他的学生们,曾几番上书,请益增设贵州考点事宜。为适应"贵州教育发展和贵州学子就近应考的实际需要,贵州思南府进士田秋又会同王杏上疏明世宗,请求在贵州单独开科取士。嘉靖17 年(1537),贵州首次独立举行乡试,1000 余人踊跃参考,中举者 25 名,次年(1538),4 人同中进士,这是贵州建省 125 年以来(1413 – 1538)中举和中进士最多的一次,以后贵州每届科举名额 25 人成为定制"②。由此可见,早在嘉靖年间(1530 年代),以贵州独立科举考试为象征,表明王阳明及其后学对贵州教育的发展作出的卓越贡献,是黔中王学经世致用事功实践的一项突出表现。

二、掀起三次讲学高潮

黔中王门后学经世致用的事功实践运用于教育的另一突出贡献,是兴办书院和大力开展讲学活动。

正是王阳明先生在黔中掀起了一场持续百年的书院讲学运动,被誉之为"黔学之祖"③。自王阳明开贵州书院教育运动起,之后一百来年时间

---

① 《万历贵州通志》卷二十一,贵州大学出版社 2010 年版,第 400 页。.
② 张明:《明代贵州的书院讲学运动》,《王学研究》2014 年第 2 期。
③ 清代学者翁同书在道光《贵阳府志序》中称:"黔学之兴,实自王文成始……揭良知之理,用是风励学者,而黔俗丕变"。民国贵州著名学者陈矩在《重修王文成公祠堂碑记》中称:"终明之世,吾黔学祖,断以文成为开先,信不诬也!"(《贵阳府志》,贵州人民出版社 2005 年版,第 3 页。)

里，贵州各地书院如雨后春笋般建立起来，大规模的讲学运动前后共形成了三次高潮和五大讲学中心。

　　首先，黔中王门后学积极从事于书院建设的事功实践。

　　黔中与阳明直接关联有两所书院：一是龙场悟道后亲自创办和主持了龙冈书院；二是受席书之邀主讲于贵阳文明书院。这不仅是明代贵州文化史的重大标志性事件，由此揭开了黔中王门书院讲学运动的序幕。一百年间，贵州书院由最初屈指可数的几所，迅速增加到四十多所，即每两三年左右增加一所，这是贵州史上书院讲学运动最为兴盛的时期，从此中原儒学大规模进入贵州，黔中王门高举阳明心学旗帜，与其他王门学派形成相互呼应之势，书院遂成为黔中王门与中原其他王门学派思想互动的重要场所。为便于从总体上了解黔中王门书院讲学运动的概况，特将明代贵州书院汇总列表如下：①

明代贵州书院一览表（以时间为序）

书　院	时　间	地　点	创办人
1. 魁山书院	洪武、永乐年间	新添卫（今贵定县）	指挥使叶凤邑捐建
2. 中锋书院	弘治年间	程番府（今惠水县）	知府汪藻，改建时蒋信、陈文学有序
3. 草庭书院	弘治年间	兴隆卫（今黄平县）	乡人周瑛
4. 铜江书院	弘治年间	铜仁府（今铜仁市）	提学副使毛科
5. 文明书院	弘治十八年	贵州宣慰司（今贵阳市）	提学副使毛科
6. 龙冈书院	正德三年（1508）	龙场驿（今修文县）	谪丞王阳明
7. 天香书院	正德、嘉靖年间	黎平府（今锦屏县）	何志清
8. 石壁书院	嘉靖七年	平越卫（今福泉县）	佥事朱佩
9. 紫阳书院	嘉靖九年	镇远府（今镇远市）	知府黄希英
10. 兴文书院	嘉靖十三年	黎平府（今锦屏县）	士绅捐
11. 中锋书院	嘉靖十三年	平越卫（今福泉县）	谪丞陈邦傅

---

① 此表转引自张明：《明代黔中书院讲学运动》，《王学研究》2014 年第 2 期。

续表

书　院	时　间	地　点	创办人
12. 阳明书院	嘉靖十四年	贵州宣慰司（今贵阳市）	巡抚王杏
13. 安庄书院	嘉靖十五年	安庄卫（今镇宁县）	
14. 南山书院	嘉靖十五年	偏桥卫（今施秉县）	知县王溥
15. 正学书院	嘉靖二十一年	贵州宣慰司（今贵阳市）	提学副使蒋信
16. 渔矶书院	嘉靖三十五年	贵州宣慰司（今贵阳市）	马廷锡
17. 鹤楼书院	嘉靖年间	都匀卫（今都匀市）	谪臣张翀
18. 月潭书院	嘉靖年间	兴隆卫（今黄平县）	
19. 平溪卫书院	嘉靖年间	平溪卫（今玉屏县）	
20. 普定卫书院	嘉靖年间	普定卫（今安顺市）	
21. 明德书院	隆庆六年	石阡府（今石阡县）	知府吴维京
22. 斗坤书院	隆庆年间	思南府（今思南市）	金事周以鲁
23. 川上学舍	万历初	思南府（今思南县）	李渭
24. 为仁书院	万历初	思南府（今思南县）	李渭
25. 平旦草堂	万历初	清平卫（今凯里炉山镇）	孙应鳌
26. 学孔书院	万历初	清平卫（今凯里炉山镇）	孙应鳌
27. 山甫书院	万历初	清平卫（今凯里炉山镇）	孙应鳌
28. 张公读书堂	万历初	都匀卫（今都匀市）	谪臣邹元标
29. 南皋书院	万历二十二年	都匀卫（今都匀市）	陈尚象
30. 兴文书院	万历二十四年	偏桥卫（今施秉县）	知县王溥
31. 开化书院	万历二十五年	天柱县（今天柱县）	知县朱梓
32. 中和书院	万历二十九年	思南府（今思南县）	同知陈以耀
33. 西佛岩书院	万历年间	黎平府（今锦屏县）	
34. 花竹书院	万历年间	瓮安县（今瓮安县）	
35. 文明书院	万历年间	思南府（今思南县）	
36. 青螺书院	万历年间	毕节卫（今毕节市）	兵备道陈性学
37. 东西书院	万历年间	兴隆卫（今黄平县）	

续表

书　院	时　间	地　点	创办人
38. 镇东书院	万历年间	石阡府（今石阡县）	
39. 思州府书院	万历年间	思州府（今岑巩县）	
40. 狮山书院	万历年间	湄潭县（今湄潭县))	
41. 儒溪书院	万历年间	绥阳县（今绥阳县）	
42. 郑氏书院	时间待考	平溪卫（今玉屏县）	
43. 凤山书院	时间待考	程番府（今惠水县）	

资料来源：据万历《贵州通志》等资料，并参考张羽琼《论明代书院的发展》一文汇总得到此表。孔令中主编《贵州教育史》统计明代贵州书院为 28 所，似有误。

其次，由于书院的大量设立，黔中于阳明之后的一百年间出现长久不衰的讲学之风，涌现出三次大的讲学运动高潮。

第一次讲学运动高潮是由王阳明在龙冈和贵阳所掀起的，阳明在黔虽不足三年，却由悟道、证道、体道、传道而开启了书院讲学活动，形成贵州历史上第一次大规模讲学活动。他在为贵州播下阳明心学种子的同时，从此掀开了持续百年的书院讲学活动之序幕，影响了黔省的学风与民风。他在其《教条示龙场诸生》、《龙场诸生问答》等重要教育理论著作中明确提出："以四事相规，聊以答诸生之意。一曰立志，二曰勤学，三曰改过，四曰责善，其慎听，毋急！"龙冈书院"立志、勤学、责善、改过"可喻为四大院训，遂成为黔省书院讲学运动之旗帜。江右王门后学郭子章在《黔台校艺录·自序》中称："海内谈圣学，半宗余姚；余姚之学，成于龙场"①。阳明因教化边地之功，被学者誉为"黔学之祖"。清代学者翁同书在道光《贵阳府志序》中称："黔学之兴，实自王文成始……揭良知之理，用是风励学者，而黔俗丕变"②。民国贵州著名学者陈矩在《重修王文成公祠堂碑记》中称："终明之世，吾黔学祖，

① 郭子章：《黔记》卷十五《艺文志下》，明万历三十六年刻本。

② 《贵阳府志》，贵州人民出版社 2005 年版，第 3 页。

断以文成为开先，信不诬也！"此时间虽短，影响深远；开启之功，贯力极强。

第二次讲学运动高潮发生于嘉靖二十二年前后，以王阳明的亲炙弟子、楚中学派代表人物蒋信的到来为其标志。蒋信莅黔提学副使，复修阳明书院，举办正学书院，诸生闻风就学，不仅传播阳明心学，更是培养了大批黔中弟子，黔中王门的三位代表人物孙应鳌、马廷锡、李渭都是在这次高潮中加入进来，成为蒋信的学生，成为阳明的传人和黔中王门代表，作出了很大贡献。加入此阶段之讲学运动高潮的还有许多王门后学名宿，如江右的徐樾，浙中的王杏、赵锦等等。孙应鳌就曾亲聆徐樾教诲，举乡试第一。蒋信讲学的盛况，"一如当年文成"。马廷锡亦曾两次拜蒋信为师，深受蒋信思想影响。

第三次讲学运动高潮形成产生于嘉靖三十五年（1556）前后，经隆庆而延续至万历年，以马廷锡返乡于贵阳城南渔矶旁建栖云亭，开讲授徒30年为标志。马廷锡在渔矶深入研究阳明心学的同时，还招徒授课，培养了许多王门弟子，使简陋狭小的栖云亭成为当时贵阳讲学活动的中心。渔矶湾位于贵阳城南南明河左岸，马廷锡讲学时，渔矶湾呈现出茂林修竹、渔舟唱晚、风景清幽的优美景象。当时各地许多王门后学知名学者纷纷前往贵阳，观摩和参与讲学活动。嘉靖三十五年，江右学人王绍元借巡抚黔省之机，亲赴渔矶观学，耳闻目睹、心领神会于马廷锡的演讲风采与致思心得，深为感动，思此地处西南边陲之黔地尚有马氏这样的高明学者，实为十分难得。王绍元于是见栖云亭狭小破败，遂建渔矶书院于原址，且扩大了规模，增设了主静堂、栖云精舍于其中，延马廷锡主讲书院。嘉靖三十六年（1557），王绍元又上疏，称马廷锡"妙契圣贤之经旨，默坐沉心，远宗伊、洛之渊源"而举荐于朝。对于王绍元的推荐，马廷锡有志于学，不为所动。四方学者争先恐后负笈请业。后又有提学万士和、按察使冯成能、巡抚阮文中、布政使蔡文等相继延请马廷锡主讲贵阳文明、正学两书院。隆庆四年（1570），阳明弟子浙中学人冯成能见文明、正学两书院地址狭窄，年久失修，遂于城东新择一地，别建阳明祠①，榜其堂曰"正学"，云阳明书院，延马廷锡主讲其中。马廷锡讲学贵阳，前来求学者众，不仅有黔地本省的，也有不少外阜求学者；不仅有下层市民，还有部分地方官员，正所谓"讲诲不倦，兴起成就者甚众，成能复时时来会，听者常数百人"。由于马廷锡的努力，贵阳复再现当年阳明主讲龙冈、文明，蒋信主讲桃冈精舍之盛况，诚如莫友芝感叹云，廷锡掀起的第三次讲学高潮，"盖阳明、道林后仅见"!

三、形成五大心学重镇

黔中王门的经世致用的事功实践，更进一步表现在阳明文化五大重镇的形成。

由于阳明于黔中大倡书院讲学之风，历经黔中王门四代一百余年的大力弘扬，不仅阳明心学在贵州得以广泛传播，而且贵州教育文化事业得以长足发展。万历年间，泰州学派罗近溪游龙场，江右王门名宿、东林党领袖邹元标谪戍都匀卫，形成了泰州、江右两大王学巨匠与黔中王门"理学三先生"同现黔省的盛况，加快了彼此思想互动的进程。事功之业也得以同步发展。他们相互论学，兴建书院，培育人才，阳明心学覆盖贵州全省，黔中王门达到极盛的同时，黔中的文化教育也开出新的局面，从而出现了以龙场、贵阳、思南、清平、都匀五大阳明文化重镇为中心的书院讲学运动，形成了贵州古代教育史和学术史上前所未有的盛举。

---

① 冯成能作《阳明书院落成会记》云："隆庆辛未（五年，1571），余自里中赴贵阳廉访，时游于阳明先生之门先达长者，及诸同志之士相与践且送焉，则曰：'阳明先生之学，大成于贵阳，三载居夷，兴起甚众，及今则希声矣。公兹行也，先生之学其复昌乎？此学术兴替、世道污隆所系，吾辈窃延颈俟焉，不然何以为冯子？'"（《万历贵州通志》，贵州大学出版社 2010 年版，第 400 页。）

龙场堪称第一重镇。作为阳明悟道之地，龙场被视为阳明心学始基之地。嘉靖八年（1529），阳明殁后，黔中弟子和黔省士民走祭龙场，遂使龙冈书院终年香火不绝。嘉靖二十二年（1543），楚中蒋信提学贵州，重修龙冈书院，并置祠田，龙冈书院和阳明祠俨然成为天下王门之祖庭。嘉靖三十年（1551），提学谢东山重修"王文成公祠"。嘉靖三十一年（1552），巡抚刘大直拜谒龙场阳明遗像。嘉靖三十二年（1553），巡抚赵锦重建龙冈书院，黔中王门弟子陈文学作《何陋轩歌》，江右王门罗念庵赴龙场有撰《碑记》云："先生去龙场四十有三年，而后有祠，又三年，而余始为记。须野公持节来镇，夷獠底定，群公当藩维之寄，庶政修和……言于千里外，果何所慕也哉！后之观者试思之。"并《次韵寄题龙场驿阳明先生祠》："谪宦三年不出村，壁间随处有题痕。两楹来奠非前梦，一榻相传是旧轩。"① 泰州罗近溪亦游历龙场，题诗于阳明洞石壁，保存至今。"龙冈书院"和阳明祠的薪火相传，不仅凝聚了黔中本土学者的学术向心力，同时促进了黔中王门与其他王门学派的学术交流和思想联系。龙场遂成为黔中王学第一文化重镇。

贵阳是黔中王门至为重要的文化中心，这里汇聚了来自全省的精英与学子。以文明、正学、阳明三大书院为依托，黔中学人开展持续多年的讲学活动。嘉靖十四年（1535），阳明私淑弟子、浙中王门王杏巡按贵州，在黔中两位同为阳明亲炙弟子的陈文学与汤𫖳的提议下，于城东白云庵旧址修建了阳明祠（又名阳明书院）。嘉靖二十二年（1543），楚中王门蒋信提学贵州副使，修葺阳明、文明书院，并新建"正学书院"，大力弘扬心学。尤其是马廷锡归来故里，于"栖云亭"及阳明、文明、正学三书院大兴会讲，逾三十载之久，倡导私人讲学之风，直契阳明心学宗旨。隆庆五年（1571），提学万士和延请马廷锡讲学修葺一新的阳明书院，其辞云："惟先生颜似冰壶，形如野鹤。弃荣名而修性命，脱凡近以游高明……庶

---

① 罗念庵：《罗洪先集补编》，钟彩钧主编，朱湘钰点校，台湾"中央研究院中国文哲研究所"1987年版，第469页。

几明公为众领袖，务使多士范我驰驱。"① 至此，明代心学讲学运动在贵州，达到了"盖自阳明、道林后仅见"的又一高潮。此时的马廷锡"距桃冈归里时，又三十余年"矣，贵阳书院讲学活动的同时，大批黔中王门后学弟子涌现，如汤昺的子、孙、曾孙三代，"在明三世，皆能世其家"。马廷锡及其子、孙三辈均也有功于阳明心学。贵阳汤、马两氏，堪称贵阳阳明心学世家。

　　第三个重镇是孙应鳌的出生地凯里清平卫。万历五年（1577），孙应鳌因病告归，与蒋信的另一亲传弟子蒋见岳主讲"平旦草堂"、"学孔书院"、"山甫书院"，传播文化，在此俨然开拓出一方天地，使"远近求学者接踵而至，盛极一时"，"远近问学者履盈户"。著名的孙应鳌弟子、陕西三原人温纯，更于此地"沐教廿年"。万历年间，著名诗人、"明七子"之一的吴国伦提学贵州，乃亲晤孙应鳌于"山甫书院"。江右王门巨儒邹元标谪戍都匀时，也专程造访，"首访李渭、孙应鳌，所至讲学必称两先生"。孙应鳌、蒋见岳、温纯在清平的书院讲学活动，开创了以阳明文化教化苗疆之先河。据统计，明清两代，清平县中进士者达19人，中举人者达86人，使清平在明清两代成为苗疆人文荟萃之地及黔中阳明文化重镇。

　　第四个就是位于黔东北的思南。因有李渭晚年讲学20载，开边地苗夷一方学风而得名。《嘉靖思南府县志》载云："回翔郡邑盖有廿载"，"李渭倡理学，重躬修，教孝弟，行《四礼》，排释老，返朴还淳，士骎骎慕孔孟，习俗一归于正"②，"远近问学者以千计"。李渭培养了王门黔东北弟子群体，如李渭三子（李廷谦、李廷言、李廷鼎），思南三罗（罗国贤、罗廷贤、罗明贤），以及冉宗孔、胡学礼、萧重望、田惟安、熊时宪、安

---

① 　郭子章：《黔记》卷四十五《乡贤列传二·理学传》，西南交通大学出版社 2016 年版，第 984 页。

② 　《嘉靖、道光、民国思南府县志》，思南县志编纂委员会办公室 2002 年印本，第 356 页。

岱、李宗尧，还有江西赖嘉谟、徐云从等。他们继承李渭之业，著书立说，传教一方。比如：冉宗孔"阐扬正学，继李渭而起"①；江西赖嘉谟"好学不倦，日夜与门人相切，后数年归，成进士，历官四川左参政"；江西徐云从"闻郡人李同野兴学黔中，负笈远从，终身不忘"。"贵筑之学倡自龙场，思南之学倡自先生"。受李渭讲学的影响，邻近印江、务川、铜仁等地的学风也蔚然兴起，见证了阳明文化对边地少数民族产生的重大

---

① 李渭：《婺川县迁学记》云："堪舆家，古无有也，学者不道也，长读诗则有之。嵩高维岳，峻极于天，维岳降神，生甫及申信，诗言申甫固嵩岳所生乎？堪舆古者不道，诗固道之矣。婺川，黔古邑，僻在西南隅。元以往，声华文物未著。我国家天启圣治，函夏沾浃，思州文学，婺先被之。待御申公佑，登甲榜高等，为南畿文学宗。土木出狩，以臣节著烈。邹公庆，父子才美，与待御公埒名。邹公为滇州郡，卓有吏治，声称前哲，发祥遐域，振采宇内。此非舆域环美，何以有是第。皆起家郡庠，婺未有学也。嘉靖乙未（1535）郡人方伯（明清时对布政使的称呼）西麓田公秋在台谏时奏建焉。中丞梅坡敖公宗庆在行人（官名：掌传旨、册封等事）卒成之。县令栾君恕，身任构建事。唐生瑞，龚生冲霄，往还贵筑京师间，两生者则相厥成。时草创，蓍（shi，占卦）地未吉。丙寅（1566）岁，县令杨君某再蓍之，亦未吉也。洪君朝璋，乙亥（1575）来令于婺，以作人为己任。学宫在榛莽中，心慼之，乃议迁于三山祠。三山，县之后山，逶迤自北来，入县列为三山，二水环前，盖吉宅矣。洪君分俸鸠工，学谕马君腾汉赞之，邑人士皆纳金助役肇建。于丁丑（1577）岁某月，凡几阅月，工就绪。自孔庙以下为廊、为祠、为堂、为斋、为门，规模拓丽，旧贯僻陋弗如也。渭记曰：'国家设庠序，必立孔孟庙祀，何故耶？欲人人为孔孟也'。洪君，潮州人，潮居东海，唐以前士鲜娴道。昌黎韩子者，明道术、遵孔孟。奖进学宫弟子，孔孟学术及于皇波。渭治军旅，曾两趾潮州，官舍尝诉讯先哲，窃有慨慕焉。洪君盖被昌黎矩矱者乎。昌黎原道，叙述诚正，不及格致，世儒每加诟姗。渭曰：'格致要规，散见诚正，修齐治平，传中古本非缺也。'昌黎不及格致，盖独见也。昌黎于孔孟，深造与否，渭则不知。然亦学孔孟者，潮至今比得于邹鲁作人之化，岂不信哉！洪君成就二三子，二三子欲答洪君勤造，则遵何德耶！明孔孟之学而已。今之学典故，习比偶文则人人能矣。语之以孔孟乃退，然嚘喑莫当焉。昌黎曰：'尧以是传之舜，舜以是传之禹，禹以是传之汤，汤以是传之文武周公，文武周公传之孔子，孔子传之孟轲，所传者何事耶！夫岂今之典故比偶所若为耶。'洪君被昌黎矩矱，必以昌黎所谓传者，诏二三子矣。志孔孟所志，学孔孟所学，则亦孔孟矣，毋退然莫当也，此则渭之所以望于二三子。至于堪舆家云云，渭则不知，不能为二三子道也。"（《嘉靖、道光、民国思南府县志》，思南县志编纂委员会办公室 2002 年印本，第 368 页。）

影响①。

都匀作为第五个黔中王学重镇，与江右名宿邹元标和泰州学派赵大洲的到来有关。嘉靖二十九年（1550），泰州学派名宿赵大洲因与权相严嵩不和，被贬谪荔波教谕有年。稍后，广西著名学者、刑部主事张翀谪戍都匀，他在都匀龙山建"龙山道院"、"鹤楼书院"，一意宣讲阳明之学②。万历五年（1577），江右王门巨子、东林党著名领袖邹元标因获罪张居正而谪戍都匀。邹元标居匀六载（1577—1583），筑茅屋讲舍以为"讲学草堂"，聚徒而讲授，黔南弟子遂云集门下。"日惟讲明王守仁良知之学"，"与匀士共相切劘"，"问学者何啻百数"。郭子章云："阳明之学，成于龙场，尔瞻之学，定于都匀。"③以都匀为中心的黔南民族地区深受影响，出现了一批著名的黔中王门后学，如都匀"三先生"（陈尚象，余显凤、吴铤），都

---

① 李渭作《思南府学射圃记》云："民之不能无群，群之不能无争。在昔先王御世欲和让，天下以为福，有礼射焉。弧矢之利，倪其制也。侯明之典，扬其训也。历夏商以逮于周，而不争之教入于庠，故其时德行立而暴乱之祸不生。我国家考昔为治，天下寻有学皆设射圃。思南创立虽旧，厥事尚未克讲。时楚郧钟公添，以巨儒知郡，教其作人匪徒文华，凡礼之，足以敦化范俗者。次以习行，故其慨，射典之荒阙也。惧群争之不可长也。毅然以兴滞为己任，府宪董公翬闻而知之，其事遂。贡生刘魁，田庆远以请于抚巡徐公问，咸叶厥议，遂相地于学宫西北之间，厥土燥刚，厥位面阳，……将以反己，非以人胜也；将以祛戾，非以能角也。孔子曰：'君子无所争，必也射乎？'揖让而升，下而饮其争也。君子执弓以延，昭其族也。鹄已为射，昭其正也。正直审固，昭其度也。进止楫纡，昭其节也。中的以祈，昭其中也。驰张以别，昭其劝也。采繁以章，昭其职也。匪族斯乱，匪正斯迷，匪度斯离，匪节斯鄙，匪中斯饰，匪劝斯驰，匪职斯荒。族善天下之比，正端天下之趋，度轨天下之物，节文天下之固，中贞天下之一，劝鼓天下之动，职矢天下之勤。让而敬，可以摄勇。和而平，可以怀强。爱而恕，可以恬忿。他日济济，相让于朝，以养天下不争之化，举此以措之耳。兹固立射者之意，故为志之，以谂射者，且俾世知斯举肇自钟公也。若夫考工考翼，则府经赖公洁之优。（《嘉靖、道光、民国思南府县志》，思南县志编纂委员会办公室2002年印本，第367—368页。）

② 有学者戏言，黔中文化乃为贬谪文化，其云虽属一番史实，然既不入耳，亦不准确。确切地说，黔中文化受大量中原被贬士人的影响和参与，不乏积极之因素，然从整体上讲，黔中文化自有其独立鲜明之特色。

③ 郭子章：《黔记》卷四十二《迁客列传》，西南交通大学出版社2016年版，第959页。

匀陆氏兄弟（陆从龙、陆德龙），麻哈艾氏兄弟（艾友芝、艾友兰、艾友芸）等。其中，陈尚象中进士，因力言建储事，削籍归，于是在都匀接续讲学二十余年（1592—1613），"惟以兴起学术为事"，"不负所学，不愧师门也已"①。余显凤从邹元标最久，"所得尤深"，"州人讲正学，有科名，并自巩县（余显凤）始"②。吴铤于邹元标离开都匀后，也"毅然以师道自任"③。为表彰邹元标的传教之功，众弟子建都匀"南皋书院"。至此，黔中王门"经世致用"的理论与实践，不仅为明清时期黔南民族地区文化的兴起起到重大推动作用，亦为贵州全省的教育文化事业发展作出了重大的贡献。

① 莫友芝：《黔诗纪略》卷十一，贵州人民出版社 1993 年版，第 410 页。
② 莫友芝：《黔诗纪略》卷十一，贵州人民出版社 1993 年版，第 418 页。
③ 郭子章：《黔记》卷四十七《乡贤列传四》，西南交通大学出版社 2016 年版，第 1013 页。

下编　思想互动

第七章　黔中王学与浙中王学的思想互动

定点地研究黔中王门及其思想后，再将其与同期王门诸学进行互动比较，方能更清晰地描绘出黔中王门的思想特点。由于王门后学派系良多，笔者只能摄其主要，按照黄宗羲的地域分派，把其中浙中王门、江右王门、楚中王门以及泰州学派拿来作为重点的参照，考察彼此间人物、思想之互动，梳理彼此之同异，由此彰显黔中人物之理论贡献及思想特色。其余诸门恕不一一赘及。

毋庸置疑，黔中王门是王阳明最早的弟子群。"姚江之教，自近而远，其最初学者，不过郡邑之士耳。龙场而后，四方弟子始益进焉。"①龙场之后，王阳明一生所到之处，广收门人弟子，不断讲学传道，并由众多弟子大力传播、推行其学说，在明中叶以后形成了风靡天下、盛极一时的心学思潮，大有取代朱学于民间之势："宗守仁者曰姚江之学，别立宗旨，显与朱子背驰，门徒遍天下，流传逾百年，其教大行，其弊滋甚。嘉、隆而后，笃信程、朱，不迁异说者，无复几人矣。"②由于王阳明一生之思想主旨于不同时期有所变化，本身理论不可能尽善尽美，甚而有相互矛盾之处，况且，其弟子资秉不同，性格迥异，点拨又采于多法。诸多原因使得弟子们对先师学说的理解与吸收有着不同的侧重，呈现出多样的风格。阳明学的分化在阳明生前就已经开始，阳明殁后，弟子们纷纷创立新说、各

---

① 　黄宗羲：《明儒学案》，中华书局 2008 年版，第 219 页。

② 　张廷玉：《明史》，中华书局 1974 年版，第 7222 页。

立宗旨，彼此之间争论不休，甚至相互攻讦。一方面虽也促进了王学的发展，另一方面也使得良知之学渐入于荒滥。诚如黄宗羲所言："阳明先生之学，有泰州、龙溪而风行天下，亦因泰州、龙溪而渐失其传。"①

关于阳明后学流派的划分较为流行的标准，是黄宗羲于《明儒学案》中依地域论。其中浙中、江右、泰州三门影响最大，除此之外，仅就人数而言，黔中王门实为紧随其后的重要的地域性学派，又是最早的阳明弟子群，加之后起之孙应鳌、李渭、马廷锡及其诸弟子，又有非黔籍之黔中王门学人的加入，故黔中王门的确称得上是阳明后学的重要组成部分，与其他学派一起，共同形成与推动了明代中后期阳明心性之学的思想浪潮。

与此同时，其他学派有些学者与黔中学人相互之间有密切往来，对之产生了极大的影响。正如清代贵州学者黄国瑾所言："（贵州）明初改卫设省，文献稍有可采。先生（指王阳明）谪龙场，始开学派。郭青螺辑《黔记》，深惜龙场问业，莫著姓名。马心庵及事先生，与李同野同学于蒋道林，而楚中王学流于黔。徐波石振王心斋之绪，黔儒得孙文恭。邹忠介衍邓定宇之传，黔士有艾松滋、陈见义、余得耆、吴金廷，而浙东、江右王学亦流于黔。黔人为学，孰不以姚江为先路哉！"②说阳明龙场之行开启了黔中王门，其后楚中、泰州、浙江、江右诸多王门弟子又影响了贵州学者，使黔中王门逐步发展、成熟。确实，孙应鳌、李渭等人广交天下阳明后学。其中，马廷锡、李渭、孙应鳌等人都曾问学于楚中蒋信；王艮为泰州学派开创者，其后学徐樾、耿定向、罗汝芳等人对黔中学者影响极大；江右罗洪先、胡庐山、邹元标对贵州阳明文化的发展起了较大的作用；浙江王畿、王宗沐、许孚远对孙应鳌、李渭等人有一定的影响力。

王阳明在浙中最早的弟子，应追溯到正德二年初，据《王文成公全

---

① 黄宗羲：《明儒学案》，中华书局 2008 年版，第 703 页。
② 黄国瑾：《训真书屋诗文存·文存·跋王文成公画像（不分卷）》，《黔南丛书》第十辑，贵州人民出版社 2009 年版，第 299 页。

书·年谱》载云，阳明赴龙场前，曾回家乡余姚短暂停留，所收学生为其妹夫徐爱，以及朱节、蔡宗兖，只此三人。这大约就是黄梨洲所称姚江"最初学者，不过郡邑之士耳"，尚不能形成规模的弟子群与门派。曾有记载，徐爱等人拜师后，亦曾远涉千里赴龙场就教于先生，徐爱赴龙冈，是否参与了阳明的第一个弟子群——作为雏形的黔中王门——的相关活动，亦不无可能。此外，王阳明几乎所有的浙中弟子，都是平濠之后晚岁归越所收，除了早前的徐爱、蔡宗兖、朱节外，此期间较有名气者如董沄、黄绾（京师时入门）、王宗沐、季本、周汝登、许孚远等人，且又以钱德洪、王畿最具代表性。因为对先师晚年"四句教法"的疏解之不同，导致了以钱、王为首的在思想上的严重分歧，甚至于阳明殁后形成派系，后来学者冠之以"良知现成派"、"良知修证派"之别，前者以王畿为代表，后者则以钱德洪为主脑。

孙应鳌与王畿之间的交往，主要反映在二人之间的书信往来。孙应鳌等黔中学人与浙中王门的另一重要代表钱德洪则几乎没有往来。"钱德洪等人在编纂《阳明全书》时，阳明在贵州的著述已所剩无几，加之派遣到各地搜访阳明著作的弟子，因贵州路途过于艰难，只走到湖南。钱氏忽视了黔中王门，这也导致后来黄宗羲《明儒学案》未能为黔中单独立学案。"① 不过有资料显示，黔中孙应鳌与浙中另一学人王宗沐，则有较深交往。王宗沐（1523—1591），字新甫，号敬所，虽浙江临海人，却为江右欧阳德弟子。孙应鳌江西为官时，宗沐乃江西布政使职，应鳌于《学孔精舍诗钞》中《赠别王敬所三首》、《坐敬所乐寿亭》、《坐朋来亭怀王敬所次韵》等诗文② 对二人交往有所勾勒。此外，黔中李渭与浙中许孚远，亦有问学往来。许孚远（1535—1604），字孟仲，号敬庵，浙江德清人。许孚远为刘宗周之师，虽曾就学湛若水，不过后来湛王合流，亦可说属之阳明后学。许孚远曾复《与李同野》文，二人的书信往来，可说对后来刘宗周

① 钱明：《黔中王门论考》，《贵州文史丛刊》2007 年第 2 期。
② 参见王路平：《孙应鳌生平考》，《贵阳学院学报》2007 年第 3 期。

产生了一定的影响。换句话说，李渭通过与许孚远的书信往来，间接地对后来刘宗周的思想产生了影响①。

第一节　黔中王学与王畿

一、孙应鳌与王畿：义理易的心学立场

就易学研究的流派分属而言，孙应鳌与王畿均站在义理易学的心学立场。

王畿（1498—1583），字汝中，号龙溪，浙江山阴人。阳明门下最重要弟子之一，浙中王门的核心人物，其对先生之学的传播，曾起到非常重要的作用，有言云："象山之后不能无慈湖，文成之后不能无龙溪，以为学术之盛衰因之。"② 王畿自视甚高，为学喜走"上根人"之"高明"一路，以"良知现成"论驰名学界，称"现成"派，又称"主无派"。

前云孙应鳌与王畿有论学书信往来，王畿称，读应鳌书，尤其《与孙淮海》书后，慨而之言："我公信道力学，为道林、波石二兄入室宗盟，楚侗兄亦时时传诵高谊，无由聚首一谈，徒有耿耿。"③ 孙应鳌则次韵龙溪，作《太平兴国宫用王龙溪韵》诗合之：

咏真元福地，古径已平芜。

林隐云光乱，烟消殿影孤。

仙源何寂历，灵迹半虚无。

---

① 这里所谓"一定的影响"，有学者谓之以"反动的影响"，恐未安。

② 黄宗羲：《明儒学案》，中华书局 2008 年版，第 239 页。

③ 王畿：《与孙淮海》，《王畿集》，凤凰出版社 2007 年版，第 239 页。

闲坐观元化，吾今且丧吾。①

乃诗充分表明，二人彼此是了解对方思想的，且相互有所影响。当时王门后学中，王畿、孙应鳌于易学上的成就，均堪称不俗，许多观点又彼此吻合，皆归之于"以心解易"、"以易释心"的思维模式和学术流派。

首先，孙应鳌不仅在一定程度上认可阳明"四句教"，且不反对王畿"四无说"，故此，有接近王畿一面。其云："孔子论'性相近'，其指此继善成性之体本然者以示人与。不言善、不言恶，但言相近。盖宇宙之内，循环继续不息，浑然太和元气，天命流行物与无妄，中间虽有刚柔、善恶、中偏之不同，而天命之本然、太和之混辟无不同也，所谓相近也。"②经验现象中确实有刚柔、善恶、中偏的分别。但本体层面的性是超越于善恶的，故而不说善、不说恶，只说相近。此即是"四句教"首句"无善无恶者心之体"之本有内涵，应鳌的确关注阳明晚年此一教法。在《淮海易谈》中的《系辞》"知几"条，应鳌着重阐述了此论题：

> 知几其神乎？人人谓心为神明，即此神也。不神则物，物则不通，神妙万物。心也者，妙万物而为言者也，故知几则神。几者，动之微，吉凶之先见，只先看便是知几。"知微知彰，知柔知刚"，先见也。先见者，心之所以为神也，故曰："颜子庶几。"若颜子有不善方知，非庶几矣。惟能先见于善不善之前，故能知不善，不复行不善，以常知也。此心体当下便是，故曰："不远复，无祗悔，元吉。"常人不能当下默识此体，故远于复，故悔。悔则有不善不能知，知而复行矣。是谓'不神则物'。圣人得《易》者无他，只得此先见之心体耳。③

知几，就是洞察事物的迹象、先兆，此为所以"先见"，意为预先显示。孙应鳌以"良知心体"来说明"先"，在于"善不善之前"。此"心体"之

---

① 孙应鳌：《学孔精舍诗钞》卷三，《孙应鳌全集》，贵州民族出版社2016年版，第179页。

② 孙应鳌：《孙应鳌文集》，贵州教育出版社1996年版，第125—126页。

③ 孙应鳌：《孙应鳌文集》，贵州教育出版社1996年版，第133—134页。

所以"先",在于其超越经验善恶,不受善恶限制,所以为无善无恶、超善超恶的本体层面。故可判,应鳌"知几先见"之说,类于王畿"四无"之说。但是应当指出,孙应鳌对王畿"四无"说某一程度上的认可,并不等于就此归于王畿"良知现成"一派,就他的整体思想系统而言,显然是属于功夫派的。虽然孙应鳌亦云"此心体当下便是",认为良知当下即可得到,有接近王畿"良知现成见在"之论点,不过他在更多的场合则强调"慎独"、"知行合一"等等功夫。对于孙应鳌的良知论,应该作如下理解:有以"慎独"、"知行合一"、"知几"、"先见"等功夫为前提,"此心体当下便是",良知即刻可以实现。"良知即刻可以实现"与"良知现存先在",其义异者几稀?

比如面对先师王阳明"四句教"之诠解,尤其王畿"四无"之训,孙应鳌坚守传统性善论,并未过多关注"无"的一面。其云:"性之本然,善而已矣。然性非悬空在天的,必具于人气质之中。而气质之禀,则不能无清浊纯驳之殊。虽有清浊纯驳之殊,然本然之善未尝离也,故曰'相近'。至于习,则性体本然之善都变化了,不惟善者习于恶,恶者习于恶相去之远,虽善者习于恶、恶者习于善亦相去之远,故曰'相远'。曰'相近',见人不可不复所性;曰'相远',见人不可不慎所习,慎习,便能复性也。"①"慎习便能复性",是孙应鳌"此心体当下便是"的又一精准注脚。"复性"就是作为前提的功夫。性的本然状态诚然是至善无恶的,但性绝不是悬空抽象的,必须具体、真实地落实于人的气质中。本体层面的天命性理纯然至善,与"性相近"。然气质禀赋则有清浊纯杂之异,往往使性体发生变化,故云"习相远"。问题的关键仍在于功夫,所以孙应鳌是功夫论者。本体原为至善,后天所秉气质产生差别时,需用"诚意慎独"功夫,恢复、实现至善心体(复性)。可见,在此问题上,孙应鳌与王畿所识迥异。王畿持"先天正心"说,主张随任心体的发用流行,即所谓以

---

① 孙应鳌:《孙应鳌文集》,贵州教育出版社1996年版,第283页。

"自然"为宗，其言云："夫学当以自然为宗，警惕者，自然之用。……圣人自然无欲，是即本体便是功夫，学者寡欲以至于无，是做功夫求复本体。"① 王畿以本体为功夫，实质是借本体以消解功夫。孙应鳌则以"诚意慎独"为实落功夫，其云："其实落下手工夫，则曰'慎独'而已。知几者，慎独也。为己者，实落做慎独工夫也。"②"慎独"，是实实在在、落地践行的功夫。其又云："曾子'三省'，看'省'字何等用功！密切吾人心体。……此便见曾子诚意慎独之实处。"③ 他认为，慎独之功，时时不离反省，要省察涵养、克制私欲，时时不能懈怠，如此方能切入良知心体。孙应鳌的"诚意慎独"功夫异于王畿之顿悟与自然功夫。孙应鳌更进一步强调传统性善而反对"四无"，其云："孟子道性善，必称尧舜，盖尧舜是尽得此性善之人。惟性善，故人人可做尧舜。不肯学尧舜，自弃其此性之善者也。"④ 儒家强调培养理想的道德人格，就是主张扩充本具的性善心体，使之达于极致（至善）。此至善是以功夫为前提的。"明明德"、"亲民"是功夫，"知行合一"、"慎独"亦是功夫，殊途同归，殊功而同达于本体。其强调功夫者，均与王畿为异耳！

此外，孙应鳌与王畿的"易学"尤其值的一较，二人都是义理易学的心学宗师，都是以心解易的高手。孙应鳌有《淮海易谈》洋洋四卷，每每复云"《易》者，心也"⑤、"得《易》者，得心也"⑥。以易为心，易为心中之易。王畿亦云："《易》，心易也。""良知也，心之灵也。"⑦ 他们的共同主张集中表达了义理易学心学一派的基本立场。

《易》立场的一致，取决于他们形上本体的一致立场。王畿认为："不

---

① 王畿:《答季彭山龙镜书》,《王畿集》, 凤凰出版社 2007 年版, 第 212 页。

② 孙应鳌:《孙应鳌文集》, 贵州教育出版社 1996 年版, 第 185 页。

③ 孙应鳌:《孙应鳌文集》, 贵州教育出版社 1996 年版, 第 188 页。

④ 孙应鳌:《孙应鳌文集》, 贵州教育出版社 1996 年版, 第 301 页。

⑤ 孙应鳌:《孙应鳌文集》, 贵州教育出版社 1996 年版, 第 120 页。

⑥ 孙应鳌:《孙应鳌文集》, 贵州教育出版社 1996 年版, 第 128 页。

⑦ 王畿:《王畿集》, 凤凰出版社 2007 年版, 第 139 页。

外心以求仁，不外心以求义，独可外心以求理乎？"① 孙应鳌也主张："可见即心是仁，即仁是心。心外无仁，仁外无心。"② 皆以心为根本，以心统摄一切，确立了心的形上本体地位。

孙应鳌与王畿又都提出了"心为太极"的共同命题，尽一切可能把心提升到最本源的位置。王畿云："夫千古圣人之学，心学也。太极者，心之极也。"③ 太极是心，心为太极，心是最高原则。王畿"心易"、"心为太极"的命题，确立了一个"以易为心"、"以心为易"的易学心本论。孙应鳌亦云："邵子曰：'心为太极'，至矣！心生生，便是全体太极。"④ 孙应鳌赞同并利用邵雍"心为太极"的命题，以为"心生生之太极"方能作为全体之太极而涵盖一切。他强调："'易有太极'，言人有太极也。人人有太极，而自复之、自全之，是自成也，自道也，自慊也，自得也。人人有太极，而自去也，自亡之，是自贼也，自暴也，自弃也，自欺也。"⑤ 如同阳明提倡人人都有良知，孙应鳌与王畿皆云"良知即易"。王畿曰："夫良知之于万物，犹目之于色，耳之于声也。……故曰：'变动不居，周流六虚'，'不可为典要，惟变所适。'易即良知也。"⑥ 良知是明觉的灵体，具有时变而不泥固的特性。这就是易即良知、良知即易，王畿将良知纳入易学体系，以良知为易学的最高范畴。孙应鳌亦曰："致知则得《易》。易者，心也。"⑦ 在孙应鳌看来，致良知就能得到《易》，因为致良知，是合于易道的。

孙应鳌与王畿二人在以心解易的同时，又常常以易释心。对于《河图》、《洛书》之类，二人常持类似看法。孙应鳌云："可见先天不得不后

---

① 王畿：《王畿集》，凤凰出版社 2007 年版，第 246 页。
② 孙应鳌：《孙应鳌文集》，贵州教育出版社 1996 年版，第 212 页。
③ 王畿：《王畿集》，凤凰出版社 2007 年版，第 481 页。
④ 孙应鳌：《孙应鳌文集》，贵州教育出版社 1996 年版，第 130 页。
⑤ 孙应鳌：《孙应鳌文集》，贵州教育出版社 1996 年版，第 154 页。
⑥ 王畿：《王畿集》，凤凰出版社 2007 年版，第 214 页。
⑦ 孙应鳌：《孙应鳌文集》，贵州教育出版社 1996 年版，第 124 页。

天，后天不得不先天，先天不得不变为后天，后天不得不变乎先天。"①先天、后天可以相互转化，并非截然对立的。王畿亦云："先后一揆，体用一原，先天所以涵后天之用，后天所以阐先天之体。在伏羲非有待于文王，在文王非有加于伏羲也。"②二者之论何其相契！王畿以心学一元论思维诠释先天后天之学，以为先天为体，后天为用，先天之体立，才有后天之用行；后天之用行，亦显先天之体存，二者非为时间之先后关系，故决然而不可分割。关于《河图》、《洛书》，王畿云："河图固可以画卦，亦可以叙畴，洛书固可以叙畴，亦可以画卦，庶几不失图书之本旨。"③在王畿看来，《河图》、《洛书》可以互通互证，并非非此即彼的关系，这既不同于象数派，也不同于一般义理派在此问题上的看法。孙应鳌亦认为："晦庵先生以'河图'虚其中为易，'洛书'实其中所以为范。其实'图'之中未尝不实，'洛'之中未尝不虚。"④朱熹认为《河图》虚其中为易、《洛书》实其中为范，是把二者分割对立起来了，孙应鳌则主张《河图》、《洛书》互为"虚"与"实"的有机统一。另外，王畿亦然利用《易》，不断批评"归寂"说，且云："寂然不动之体，即所谓先天也……感而遂通之用，即所谓后天也。……而其机不外于一念之微，寂感相仍，互为体用，性命合一之宗也。"⑤孙应鳌在《淮海易谈》之"系辞解"亦有类似表达："寂感人心也，寂感之间，圣人所谓一贯也。虽寂，而天下之故未尝不感；虽感，而本然之真未尝不寂，故寂、感非二，是以两句说话，明此心之本体也。"⑥寂与感，皆只是良知心体的不同表现形式，寂与感是统一而不能分隔的。在这里，孙应鳌与王畿一样，都对"归寂"一派过分强调"静"的偏颇提出了批评。

---

① 孙应鳌：《孙应鳌文集》，贵州教育出版社1996年版，第143页。
② 王畿：《先天后天解义》，《王畿集》，凤凰出版社2007年版，第180页。
③ 王畿：《王畿集》，凤凰出版社2007年版，第182页。
④ 孙应鳌：《孙应鳌文集》，贵州教育出版社1996年版，第140页。
⑤ 王畿：《王畿集》，凤凰出版社2007年版，第181页。
⑥ 孙应鳌：《孙应鳌文集》，贵州教育出版社1996年版，第129页。

二、李渭与王畿：“毋意”与“意”为同调

尽管，李渭与王畿尚无直接接触的证明材料，然二人对杨简《己易》中的易学思想却一致推崇。与泰州耿定理论《易》学时，李渭有云：“余尝读杨敬仲《己易》，取之，谓其已见大意。”① 其言云于杨简《己易》所读一过，以为杨简“己易”已掌握了易道。且言己之“毋意”思想皆为续接慈湖而来。故杨简、王畿、李渭，皆属以“毋意”为运思路径者，可以说，李渭前期思想是非常接近于王畿的。李渭除在心性本体上与王畿有相通之处外，都共同遵奉了阳明学一些基本范畴和理路。但在功夫问题上，差异颇大，儒者尚可有相同之本体，功夫却可以风格迥异。故李渭的“毋意”论与王畿“意”论同调，二者所论皆是直接建立在心性本体之上，走了共同的致思理路。二人亦对杨简“不起意”说备加推崇。王畿有云：“知慈湖‘不起意’之义，则知良知矣。意者本心自然之用，如水鉴之应物，变化云为，万物毕照，未尝有所动也。惟离心而起意则为妄，千过万恶，皆从意生。不起意，是塞其过恶之原，所谓防未萌之欲也。不起意则本心自清自明，不假思为，虚灵变化之妙用，固自若也。”② 王畿称扬杨简的“不起意”尚能契合于阳明的良知，于是主张直接保任、涵养良知心体，使其自然发用流行，而意念不起，如此就能防止了欲望、防止了恶的可能。李渭“毋意”论之用意亦然如是，二人主张“毋意”、“无意”或“不起意”，是特别贴近的运思理路。王畿还特别提到了他之所以提揭“先天正心”说的原因，言云：“心本至善，动于意始有不善。若能在先天心体上立根，则意所动自无不善，一切世情嗜欲自无所容。”③ 心体本来是纯善的，自人心发动意念，才始有恶的产生。如果能于良知先天心体上用功发力，以本体为功夫，则于纯然至善的良知导向中，意念的发动自然而然

---

① 耿定向：《绎五经大旨》，《耿定向集》卷十，华东师范大学出版社 2015 年版，第 420 页。
② 王畿：《王畿集》，凤凰出版社 2007 年版，第 113 页。
③ 王畿：《王畿集》，凤凰出版社 2007 年版，第 10 页。

就是无不善的了。以良知所化一应世情嗜欲,恶产生的可能性就根本不会出现。王畿的这一思想开启了"见在良知"之说:"良知在人,不学不虑,爽然由于固有;深感神应,盎然出于天成。本来真头面,故不待修证而后全。"[1] 在他看来,良知是先天自足完满的,无须去做那艰苦的修养功夫,功夫的作用只是保任那原就完满至善的良知本体。李渭所云尤近于此:"孔子'毋意',孟子'不学不虑',程子'不着纤毫人力',皆非从安排得来。知毋意,即千思万虑皆毋意也;知无纤毫人力,即己百己千,实无纤毫人力也。学是学此不学,虑是虑此不虑,而已。"[2]"毋意"实际上也是直任良知心体自然而然的思维活动,不须作后天的刻意安排,只要从心体本源上做功夫,即可一了百了。如同王畿自信良知完满自足一样,李渭反对"加诚敬于仁体"[3],同样也反对朱子学敬畏、严谨的诚敬功夫,以"毋意"为功夫,寄希望于自然切入仁体、良知,其"毋意"论是直截简易的功夫,他早期的"毋意"论与王龙溪的"先天正心"说是何等地相契!

步入晚年的李渭完全改变了他中年的"未定之说"——"毋意",而提揭"先行"的实践功夫,这就与王龙溪开始了分道扬镳。他说:"万间新学甚盛,士子竞务讲席以为名高。其言既不皆于正,而其行又绝无以副之,则狂妄之病中之深也。"[4] 嘉隆万间,新学(阳明学)风行天下,王畿等人的影响,晚明会讲之风盛行,"士子竞务讲席以为名高",助长了空谈道德性命、轻视践行功夫的不良风气。王畿之流被时下学界喻为"狂禅",造就诸多狂荡弊病,其以"无工夫为工夫"的所谓工夫论,极有可能消解掉了传统儒家的道德践履功夫。加之其"良知现成"之言本身就有违先师阳明学旨,致使先生之学渐失其传。李渭显然觉察到了"良知现成"论的问题的严重性。就连邹元标也观察到了李渭的用心,故于为李渭作《先行

---

① 王畿:《王畿集》,凤凰出版社2007年版,第121页。
② 焦竑:《澹园集》,中华书局1999年版,第931页。
③ 萧重望:《同野先生年谱·序》,《黔记》卷十四,明万历三十六年刻本。
④ 万斯同:《列传》第一百五十九,《明史》卷三百八,清抄本。

录序》中发出了"谈杳渺之论，高入青冥，忽庸行之常，真若跛鳖"①的
警告。李渭终于回到了该回到的路途，提出重实践品格的"先行论"，以
为学问归宿。晚岁的李渭重视学问的品格在于修行、在于践行，避免了王
畿、罗汝芳等人一味好谈良知心体，而蹈入空疏的流弊。难怪邹元标要称
赞李渭："先生论学而以躬行名录，诚末世之瞑也。"②由此看来，李渭"先
行"论的意义，无论于当时抑或今后，均皆不容小觑。

第二节　黔中王学与钱德洪

一、孙应鳌与钱德洪：由功夫言本体

钱德洪（1496—1574），本名宽，字德洪，号绪山，浙江余姚人。德
洪与王畿齐名，同为阳明高弟，然学者评价迥异，诚如黄梨洲所云："龙
溪从见在悟其变动不居之体，先生（德洪）只于事物上实心磨练。故先生
之彻悟不如龙溪，龙溪之修持不如先生。"③与王畿重本体、重悟不同，钱
德洪尤强调事上功夫与修持，是与龙溪"主无"、"现成"派相对立的"主
有"、"修证"派的典型代表。如学者云："德洪主后天意念上为善去恶，
以此回复先天之性。龙溪则主不起念，以保任先天至善在心中流行。龙溪
功夫静，德洪功夫动，龙溪重先天，德洪重后天。后来，彼此对对方观点
都有退让、吸收，互相有所取益。但从学说整体上看，二人功夫路向正相

---

① 邹元标：《先行录·序》，莫友芝：《黔诗纪略》卷三，贵州人民出版社 1993 年版，第
　　130 页。

② 邹元标：《先行录·序》，莫友芝：《黔诗纪略》卷三，贵州人民出版社 1993 年版，第
　　130 页。

③ 黄宗羲：《明儒学案》，中华书局 2008 年版，第 225 页。

反。"① 钱德洪思想特质大抵如此。虽然，孙应鳌与钱德洪未有直接之交往，但二人处于同一时代，因其思想义理有异有同，可以作出一番比较。

首先表现在二人对先生"天泉证道"之"四句教法"的态度与立场，皆有竭力申明传统主流之"性善"主张的明确表示。孙应鳌于《淮海易谈·卷四》有云："惟能先见于善不善之前，故能知不善，不复行不善，以常知也。此心体当下便是，故曰：'不远复，无祇悔，元吉。'常人不能当下默识此体，故远于复，故悔。悔则有不善不能知，知而复行矣。"② 在孙应鳌看来，此心体超越于并先见于经验现象之善恶，且不受经验现象之限制，是为无善无恶的本体层面。虽然孙应鳌对"无"的特点有所认识，但他更强调善性的作用，要知其不善，不再做不善之事，强调了后天功夫的重要性，而主张性善"有"的一面。这与钱德洪的观点看法一致。黄宗羲《明儒学案·浙中学案》引德洪语云：

> 人之心体一也，指名曰善可也，曰至善无恶亦可也，曰无善无恶亦可也。曰善、曰至善，人皆信而无疑矣，又为无善无恶之说者，何也？至善之体，恶固非其所有，善亦不得而有也。至善之体，虚灵也，犹目之明、耳之聪也。虚灵之体不可先有乎善，犹明之不可先有乎色，聪之不可先有乎声也。目无一色，故能尽万物之色；耳无一声，故能尽万物之声；心无一善，故能尽天下万事之善……故先师曰："无善无恶者心之体"，是对后世格物穷理之学为先有乎善者立言也。因时设法，不得已之辞焉耳。③

在钱德洪看来，人的良知，即人的心体，一也。说它善、说他至善无恶、说他无善无恶，都是可以的，至善之体，当然是无善无恶的。德洪对心体"无"的特性并不否认。"对'无善无恶者心之体'，德洪与龙溪并无根本

---

① 张学智：《明代哲学史》，北京大学出版社 2000 年版，第 141—144 页。
② 孙应鳌：《孙应鳌文集》，贵州教育出版社 1996 年版，第 133—134 页。
③ 黄宗羲：《明儒学案》，中华书局 2008 年版，第 234—235 页。

的意见分歧，关于心之本体的这种'无'之特性，也是他所认同的。"① 这是因为他看到良知心体处于超越性、绝对性的本体层面，是虚灵之本体，不可用经验善恶来规定。本体层面的至善之"有"与"无"之特性的发用，具有无所不能、无所不通的功能。故，至善与无善无恶并不矛盾，只是站在不同角度而言。如何理解阳明"四句教"，在钱德洪看来，必须针对特殊的情形，有针对性地把握，切不可作过分的发挥。因此钱德洪针对王畿的"四无"论，提出了"四有"的论点："至善无恶者心，有善有恶者意，知善知恶是良知，为善去恶是格物。"② 良知心体虽是至善无恶，但心所发之意却有善有恶，良知具有知善知恶的功能，必然就会为善去恶。钱德洪进一步强调云："心之本体，纯粹无杂，至善也。良知者，至善之著察也。良知即至善也。……意有动静，此知之体不因意之动静有明暗也。"③ 良知心体本来是纯粹为善的，虽然心体发动之意而使有善有恶，但至善的良知本体并不会因意的动静、善恶而有所改变。由此可知，钱德洪与孙应鳌一样，都恪守了与王畿吸收佛禅"无"的思维模式有所不同的传统儒家性善论之"有"的立场。

其次，孙应鳌与钱德洪二人基于对"王门四句教"相同的认识，在把握思想本体的同时更加关注功夫的重要性。德洪强调后天功夫的重要性，反对离开功夫奢谈本体，进而提出"后天诚意说"。其言云："心体是天命之性，原是无善无恶的。但人有习心，意念上见有善恶在。格、致、诚、正、修，此正是复了性体功夫。若原无善恶，功夫亦不消说矣。"④ 承认良知心体之先天自足至善，但往往后天之习心、意念所杂染，意念上就有了善与恶，就须以格致诚正功夫去恢复良知本来无善无恶的心体。与此一致，孙应鳌于《四书近语》卷五有云："性之本然，善而已矣。然性非悬

---

① 吴震：《阳明后学研究》，上海人民出版社 2003 年版，第 126 页。
② 邹守益：《邹守益集》，凤凰出版社 2007 年版，第 103 页。
③ 黄宗羲：《明儒学案》，中华书局 2008 年版，第 232 页。
④ 王守仁：《传习录》卷下，《王文成公全书》，中华书局 2015 年版，第 145 页。

空在天的，必具于人气质之中。而气质之禀，则不能无清浊纯驳之殊。虽有清浊纯驳之殊，然本然之善未尝离也，故曰'相近'。至于习，则性体本然之善都变化了，不惟善者习于恶，恶者习于恶相去之远，虽善者习于恶、恶者习于善亦相去之远，故曰'相远'。曰'相近'，见人不可不复所性；曰'相远'，见人不可不慎所习。慎习，便能复性也。"①二者皆言本然、本体层面的性自然是至善无恶的，人在禀赋此性时会有清浊纯驳的差异，使本然之善发生偏离，甚至扭曲。这时候，需要用"诚意慎独"功夫去弃其昏蔽，从而恢复那先天至善的良知心体。可见，钱德洪的"格致诚正"功夫与孙应鳌的"慎独诚意"功夫，都特别强调一个"诚"字，在功夫运思问题上二人尤其相近相契。

再次，如将钱德洪的"后天诚意"说与孙应鳌的"诚意慎独"说相比较，可以得出大体相同而略有差别的结论。其相同者，德洪与应鳌都曾尊奉并引用了阳明关于"诚意"的论点。钱德洪云："昔者吾师之立教也，揭'诚意'为《大学》之要，指致知格物为诚意之功。门弟子闻言之下，皆得入门用力之地……师云：'诚意之极，止至善而已矣。'是止至善也者，未尝离诚意而得也。"②孙应鳌亦云："好恶正心之发而为意也。意诚则好善如好好色，恶恶如恶恶臭而自慊于心矣。意无不诚，则心即正，身即修。以其廓然之体，自无忿懥、恐惧、好乐、忧患之失，以其顺应之常，自无亲爱、贱恶、畏敬、哀矜、傲惰之偏，以之齐家而家齐，以之治国而国治，以之平天下而天下平，皆自意诚而致之也。故明道曰：'其要只在谨独。'旨哉！阳明曰：'《大学》之道，诚意而已；诚意之极，止至善而已。'是也。"③对于"阳明曰大学之要，诚意而已"句，二人竟然有如此雷同的诠释。钱德洪标阳明"揭诚意为《大学》之要，指致知格物为诚意之功"。孙应鳌亦举"《大学》之道，诚意而已"，"其要紧工夫只在诚意。曰'格物、

① 孙应鳌：《孙应鳌文集》，贵州教育出版社1996年版，第283页。
② 黄宗羲：《明儒学案》，中华书局2008年版，第231页。
③ 孙应鳌：《孙应鳌文集》，贵州教育出版社1996年版，第167页。

致知'者，所以为诚意之地者也。"① 二人承接阳明，以诚意为《大学》的核心精神，格物致知则是为了更好地诚意正心，二者是前因后果的关系，后者是致良知功夫的着力点和落脚点，此方为是阳明心学内在功夫的正确道路。对于阳明的"诚意之极，止至善而已"句，二人也有如出一辙的心得，均希望以用诚意功夫来实现和恢复良知的至善心体。

孙应鳌与钱德洪的主要区别在于，如果说德洪的"格物致知"的功夫论在语序表述上依然沿用传统之惯性的话，则应鳌的"慎独诚意"似乎更加贴近阳明的心学内在功夫路线，从功夫的角度论，应鳌的用语则更加突出"慎独诚意"的优先性和重要性，少涉乃至不涉"格物致知"。应鳌为此发挥出他的独具特点的"慎独"学说，亦为后来刘蕺山的"慎独"思路不谋而合而各有所胜。

二、李渭与钱德洪："毋意"、"不起意"与"诚意实功"

关于"心体"问题，李渭与钱德洪均继承阳明思想，在此问题上有基本一致的阐释。钱德洪云：

> 盖心无体，心之上不可以言功也。应感起物，而好恶形焉，于是乎有精察克治之功。②

> 知无体，以人情事物之感应为体。无人情事物之感应，则无知也。"③

李渭曾以"心无法"反对"心有法"，主张"法因人立，心无法"④。李渭与钱德洪二人的主张皆来自于王阳明"心无体，以天地万物感应之是非为

---

① 孙应鳌：《孙应鳌文集》，贵州教育出版社 1996 年版，第 167 页。

② 黄宗羲：《明儒学案》，中华书局 2008 年版，第 231 页。

③ 罗洪先：《罗洪先集》，凤凰出版社 2007 年版，第 74 页。

④ 李渭：《鱼矶别集·序》，《黔记》卷十五，《艺文志下》，西南交通大学出版社 2016 年版，第 388 页。

体"①之意。故知王阳明、钱德洪的"心无体"、"知无体"与李渭的"心无法",具有思想实质的一致性。良知心体并不脱离人们的生活世界,此乃阳明心学之一贯主张。良知心体,原无定体,亦无定法,只有在世间生活中,方能得以朗现。"心无体"的良知心体以"感应"的客观事物为实质内容,即本心在应事接物的发用上呈现,在事上磨炼,如此,"体"才得以存有。也就是说,心不能悬空而自成良知之体,只能在人情日用生活中才能得以确立,也只能在日用常行中才能得以朗现。所以,李渭的主张心无法,主张良知因人而随时随地呈现与发用,不主张枯槁般地悬空想象,即所谓"圣人心法岂空悬摸索者哉"?这些都是吻合于先师阳明之旨的,也与钱德洪于此问题上的看法一致。但是,李渭自身的思想亦同时充斥着矛盾,这个矛盾即是:他的"心无法"与他的"毋意说"的二律背反。好在他最终克服了这一矛盾,化解了这个二律背反,当然,这是他晚年提出"先行论"之后的事。

李渭与钱德洪也有思想上的不一致。

钱德洪的"后天诚意"说与李渭中年的"毋意"论实有较大差异。笔者认为,"毋意"可视为李渭中年的未定之说,"先行"则可视之为李渭的晚年既定之论。钱德洪曾一般地对"毋意"提出过批评:"真性流形,莫非自然,稍一起意,即如太虚中忽作云翳。此不起意之教,不为不尽,但质美者习累未深,一与指示,全体廓然;习累既深之人,不指诚意实功,而一切禁其起意,是又使人以意见承也。久假不归,即认意见作本体,欲根窃发,复以意见盖之,终日兀兀守此虚见,而于人情物理常若有二,将流行活泼之真机,反养成一种不伶不俐之心也。慈湖欲人领悟太速,遂将洗心、正心、惩忿、窒欲等语,俱谓非圣人之言,是特以宗庙百官为到家之人指说,而不知在道之人尚涉程途也。"②钱德洪肯定"毋意"、"不起意"所具价值,毋意直切良知心体,是真性自然之流行发用,有简捷明快、全

① 王守仁:《传习录》卷下,《王文成公全书》,中华书局 2015 年版,第 14 页。
② 黄宗羲:《明儒学案》,中华书局 2008 年版,第 228 页。

体廓然的特点。但这只能是上根之人、且习累未深之人所能体悟把握的。对于绝大多数中、下根人和习累即深之人而言，如不以诚意功夫进入，就会存在以意见混同心体的毛病。为此，钱德洪批评"毋意"、"不起意"的功夫模式，将个人意见当作本体，就会导致守成虚见的空疏弊病。中年的李渭云"知毋意，即千思万虑皆毋意"，则说的过于轻松、过于简单容易，认为只要在心体上用功了，就一了百了、一当百当。李渭的"毋意"论寄希望于直接在心体上禁止发起意念，以断绝恶念头的产生，如同杨简意图让人快速领悟本心一样，均是过于理想化了。"毋意"、"不起意"轻视洗心、正心、惩忿、窒欲等诚意慎独功夫，就好比说人到家了，其实还在路上。钱德洪一般地批评了"毋意"之论，许孚远则直接对李渭针对性地提出批评，他在《答李同野书》中云："老丈以毋意为宗，使人人皆由毋意之学得，无所谓欲速则不达者耶？……学者认得容易，反令心中浮泛不得贴实。"[1]杨简与李渭的"毋意"论都有试图使学者速就良知心体的美好意愿，这一理想化的论说显然忽视切实的修为功夫，显然有违王阳明"事上磨炼"之教。轻视功夫，就会导致虚浮不实，蹈入空疏而入于佛禅。中年前的李渭就曾经说过："加诚敬于仁体，因防检废就业。"[2]他在中年"毋意"阶段时，曾经竭力反对严谨的诚敬、防检功夫，认为会有碍仁体、有废就业，的确走了与钱德洪、孙应鳌不同的功夫之路。

在以孙应鳌、李渭为主要代表的黔中王门与以钱德洪、王畿为主要代表的浙中王门的思想互动中，我们不难看出，黔中王门作为一个地域学派、一个学术整体，充分表露出了他们所具有的鲜明的理论特点：

第一，在此互动中，黔中王门与其他王门一样，紧跟时代脉搏，紧扣学术思潮，反映出与其他王门诸学一样的问题意识。王阳明晚年于天泉证道，提出"四句教法"，即"无善无恶是心之体，有善有恶是意之动，

---

① 许孚远：《与李同野书》，《黔诗纪略》卷三，贵州人民出版社 1993 年版，第 129 页。

② 郭子章：《黔记》卷十四，明万历刻本。

知善知恶是良知，为善去恶是格物"①。特别是"无善无恶心之体"一句，于他在世时，就已引起讨论。他殁后的几十年乃至近百年，更是聚讼不已，由王畿的"四无"之论与钱德洪的"四有"之说（实为"一无三有"说）滥觞而形成几大学派，主要有良知现成派、修正派、归寂派等等。毫无疑问，从黔中王门的几位主要人物的思想中，可以清楚地看到他们积极参与和投身学术主潮，并提出自己独到而颇具创见性的意见。虽然，很难将他们简单地归之于或现成良知派、或修正派、或归寂派，但他们的确紧跟时代脉搏，紧扣时代潮流，并通过在与各派的思想互动中，表达自己的问题意识，提出了大量有价值的、独到而具有创见性意义的思想观点。

　　第二，在此互动中，在当时各派要么重视本体忽视功夫，要么重视功夫忽视本体的各个偏颇中，黔中王门的主要代表人物从总体上所表现出来的学术倾向是，既重本体又不轻视功夫，既强调功夫又不忽略本体，每每主张本体与功夫的一致性。孙应鳌曾充分肯定钱德洪对"归寂"派的批评："双江即谓'良知本无善恶，未发寂然之体也。养此，则物自格矣。今随其感物之际，而后加格物之功，是迷其体以索用，浊其源以澄流，功夫已落第二义。'论则善矣。殊不知未发寂然之体，未尝离家国天下之感，而别有一物在其中也。即家国天下之感之中，而未发寂然者在焉耳。此格物为致知之实功，通寂感体用而无间，尽性之学也。"②他又引用阳明语录为自己作论据，指出："'人有未发之中，而后有发而中节之和。'此先师之言……曰：'此未知未发之中也。未发之中，譬若镜体之明，岂有镜体既明而又有照物不当者乎？'此言未为不确，然实未尝使学者先求未发之中而养之也。未发之中，竟从何处觅耶？离已发而求未发，必不可得，久之则养成一种枯寂之病，认虚景为实得，拟知见为性真，诚可慨也。"③孙应

① 王守仁：《传习录》卷下，《王文成公全书》，中华书局2015年版，第145页。
② 黄宗羲：《明儒学案》，中华书局2008年版，第235页。
③ 黄宗羲：《明儒学案》，中华书局2008年版，第235—236页。

鳌和李渭都反对"现成良知"之说。如李渭云:"万间新学甚盛,士子竞务讲席以为名高。其言既不皆于正,而其行又绝无以副之,则狂妄之病中之深也。"①二人都反对现成派过于重本体、重悟而忽视日用修持功夫导致空疏的弊端。孙应鳌曾说:"人之为道而远人,不可以为道矣。道,源于性,具于心,著于人伦,见于日用常行。"②"吾儒实落止善工夫只在人伦日用上做。"③"下学是人事,上达是天理,理在事中,事不在理外。非下学是下学、上达是上达,亦非下学之功已毕,而后能上达。无时无处不是下学工夫,便无时无处不是上达学问,可见、可为、可思皆下学也。而不可见、不可思之至理即此而寓,便是上达也。知圣学之下学上达是合一的至理,便知圣人天人合一的学问。"④

第三,在此互动中,为了坚持本体与功夫一致性的立场,避免现成良知论与归寂论各自表现出来的偏颇,孙应鳌提出了独具特点和具有创见性的思想理论——"慎独说"。学者一般认为,晚明之"慎独说"最具影响者当属之于刘宗周,且不知孙应鳌早于刘宗周几十年就提揭此说,且自成系统(关于孙应鳌与刘宗周"慎独说"之比较见下文)。孙应鳌"慎独说"的一个明显理论特点,就是充分强调和坚持了本体与功夫的一致。孙应鳌将本体与功夫、未发与已发、有与无、动与静贯穿"慎独",他说:"慎独则尽性,尽性则廓然而大公,便是未发之中,物来而顺应,便是已发之和。未发不在已发之外,盖冲漠无朕,而万象森然,是和之统会,乃天下之大本也。已发即在未发之中,盖万象森然,而冲漠无朕,是中之所流行,乃天下之达道也……惟慎独,便有无合一,动静合一,有、无、动、静合一便是致中和。"⑤钱德洪曾对孙应鳌的"慎独便是致中和"作出高度

① 《嘉靖、道光、民国思南府县志》,思南县志编纂委员会办公室 2002 年印本,第367 页。
② 孙应鳌:《孙应鳌文集》,贵州教育出版社 1996 年版,第 215 页。
③ 孙应鳌:《孙应鳌文集》,贵州教育出版社 1996 年版,第 167 页。
④ 孙应鳌:《孙应鳌文集》,贵州教育出版社 1996 年版,第 267—268 页。
⑤ 孙应鳌:《孙应鳌文集》,贵州教育出版社 1996 年版,第 173 页。

评价："所以既谓之中，又谓之和，实非有两截事。致中和工夫，全在慎独，所谓隐微显见，已是指出中和本体，故慎独即是致中和。"[①]慎独即是致中和，中与和一体无二。慎独本为儒者功夫，孙应鳌将慎独提升至"中和"境界，成为"致中和"，从而使慎独实现了本体与功夫的统一。

第四，在此互动中，黔中王门的主要代表人物善于批判地吸取各家之长，用以修正己说，丰富己说，从而促使了阳明心学在黔中的进一步发展。李渭将自己中年"毋意"未定之说转化发展为晚年"先行"既定之说，就是一典型之例证。这个重要的思想转化说明了两个方面问题：一方面，黔中王门的思想家们善于在与同时代其他思想家的学术交往与思想互动中吸取养料；另一方面，黔中王门的思想家们勇于坚持真理，勇于修正自己学说的不足，从而发展自己的学说。

[①]　黄宗羲：《明儒学案》，中华书局 2008 年版，第 228 页。

第八章　黔中王学与江右王学之思想互动

明正德五年（1510），王阳明离开贵州后，转辗南北各地，曾连续为官多年，又带兵打仗，却从未停止学问与讲学活动，尤其是于江西南赣汀彰巡抚任上的讲学活动，是他一生中最重要的时段之一。在此之后，王阳明终于首揭"致良知"之教，标榜了他心学体系的最核心范畴，他的学说于是达到了高峰。中晚明的百余年间，阳明心学在江西广为传播，也以江右王门学者在阳明后学中阵容最强、人数最众有关，对阳明思想的继承和发展起到了举足轻重的重要作用。对此，黄宗羲于《明儒学案》有极高评价："姚江之学，惟江右为得其传，东郭、念庵、双江其选也。再传为塘南、思默，皆能惟阳明未尽之旨。是时越中流弊错出，挟师说以杜学者之口，而江右独能破之，阳明之道赖以不坠。"[1]江右王门人物中，首以邹守益、欧阳德、聂豹、罗洪先为领，又有刘两峰、黄洛村、刘师泉、王时槐、陈九川、胡直、李材、邹元标等辈紧随其后。这是一支异常活跃的队伍，在当时思想界产生广大影响。不过，影响虽大，思想倾向却颇为芜杂，大体又有两派：一是邹守益、欧阳德之所谓"修证派"；二是以聂豹、罗洪先为首的所谓"归寂"派。

较之浙中学人，黔中王门的主要代表孙应鳌、李渭与马廷锡，似乎与江右学人接触次数更多，接触人数更广，如邹守益、聂豹、罗洪先、邹颖

---

① 黄宗羲：《明儒学案》，中华书局 2008 年版，第 331 页。

泉、游震得、胡直、李材①、邹元标等，都有文献明确记载。孙应鳌对邹守益的推崇，甚至在其著作里每有语录引征。他还与邹子善、弟子游震得有所交往。孙应鳌与罗洪先交往则以文为证，他曾向罗洪先问学，作有《谒濂溪墓次罗公庵韵》与《念庵公案示近作》等诗述其交，洪先则复以《答孙淮海少参》。

江右胡直与孙应鳌、李渭之相交极深。孙应鳌曾为胡直作《正学心法序》、《衡庐诗稿后叙》、《寿胡母周太安人七秩序》、《峨眉稿题辞》等，胡直亦为应鳌门人邵元善所刻的《孙山甫督学文集》作序，序中不难想见，其对著者的称慕之情。胡直与李渭的交往，见于对后者《大儒治规》的题辞。李渭曾与江右李材于广东、云南等地同处为官，二人相交至深，后者《答李同野》文，深叙其谊。邹元标曾为李渭《先行录》作序，留下《先行录序》于今，成为如今考察李渭晚年"先行"即定之说的重要资料，也反映了二人思想的密切沟通。江右郭子章巡抚黔省任上，更将孙、李、马列入《黔记》的理学传中，②称"理学三先生"而予以表彰。

鉴于江右王门人多数众，下文仅根据黔赣彼此之间互动的深度和广度，以及学术旨趣的典型性，拟选出二邹（邹守益、邹元标）一聂（聂豹）一罗（罗洪先）作为代表，与黔中代表作一一比较。

第一节　黔中王学与邹守益

邹守益（1491—1562），字谦之，号东廓，谥文庄，江西安福人。前后两番赴越拜谒王阳明，并侍阳明多时，得阳明非常之赞赏。张学智对邹守益的判语较为平正："邹守益思想宗旨是'戒惧'说。虽其学远不如阳

---

① 《明儒学案》判李材为"止修学案"，其人亦有为江右的复杂面相。
② 参见刘宗碧：《孙应鳌与王学弟子》，《贵州文史丛刊》1993 年第 4 期。

明创辟宏阔，但亦可说不失阳明一生精神。他亦以王门正学自许，以辩正师旨，纠治同门偏颇为己任。"①

一、慎独功夫就是致良知

邹守益一面采朱子主敬功夫，一面以诚敬、戒惧功夫把握阳明的良知，即纠现成良知论之偏而竭力维护师说，被称修证派或王学右派，得许多学者如王艮、罗洪先、刘宗周等极高评价，乃至黄宗羲有云："阳明之没，不失其传者，不得不以先生为宗子也。"②孙应鳌岁齿少于邹守益为多，虽未曾谋面，然其互动见其二端：一是孙应鳌曾在其著中但引东廓语录；二是与邹守益子颖泉交往甚深，非止于谋面，实作有《连得邹颖泉书》。这种互动，不能不于行为而化之于思想。在他们之间的交往中，孙应鳌明确表示：慎独就是致良知。

说到"慎独"，邹守益也有讨论，不过他并不曾将慎独提升至最高的、唯一的功夫。他的儿子邹颖泉谈论慎独话题较多，应鳌与颖泉年岁相仿，且二人有着直接的交往，更有书信往来，盖二人处于同一时期。可见，在孙应鳌和邹颖泉所处的时期，"慎独"已然成为热门的话题。试举邹颖泉"慎独"话语：

> 所谓将来学问，只须慎独，不须防检，而既往愆尤习心未退，当何以处之？夫吾之独处，纯然至一，无可对待。识的此独，而时时慎之，又何愆尤能入、习心可废耶？
>
> 程门慎独之旨，发于川上，正是不舍昼夜之几。非礼勿视、听、言、动，时时在礼上用功，即慎独也。③

真是各说各话，《中庸》的一个"慎独"，引出无数诠解，真是仁者见仁，

---

① 张学智：《明代哲学史》，北京大学出版社 2000 年版，第 161—168 页。
② 黄宗羲：《明儒学案》，中华书局 2008 年版，第 332 页。
③ 邹守益：《答聂文蔚》，《邹守益集》，董平编校，凤凰出版社 2007 年版，第 582 页。

智者见智。然笔者以为，惟孙应鳌慎独之说，于当时独居高明，就是与后来的刘蕺山，也大可作一番比较（详见第十章）。

二、黔中王学与邹守益之异同

作为王门学人，邹守益与黔中诸子在思想上的同异，可如下观：

首先，在论功夫之朱王立场上，扬阳明良知之学而驳朱子支离功夫，为所同之一。邹守益云："剖析愈精，考拟愈繁，著述愈富，而支离愈甚。间有觉其非而欲挽焉，则又未能尽追窠臼而洗濯之。"①态度十分明朗。针对同一讨论，孙应鳌也有所见："故必默识，然后闻见之支离可去。而必慎独，然后默识之端绪可求，去闻见之支离，然后明通公溥之用得。"②他把自己的慎独观引入讨论，以张其旨，主张朱子外在理路之支离，只能通过慎独功夫，方可实现良知之道之把握，即"致良知"。此亦见出孙应鳌对阳明先生"致良知"学说的新释：将"慎独"功夫植入"致良知"功夫，将两种功夫并而为一。李渭也一样，对朱子支离之学提出批评："认知识为良知，以致知为剩事者，遑遑皆是先师有忧之……复悔支离之痛复起也。"③又云："以孔子遗书比偶为文词，是枝叶耳。国家课士以枝叶，因以观士中藏，非教人逐逐外骛也，至于挟无当空言猎荣、邀利，斧斤伐之，牛羊牧之，且又濯濯槁矣。"④李渭强调培养内在的仁德，见非于追逐外在的记诵训诂之学，更耻于将其作为获取功名利禄的手段和阶梯。

其次，在对待天泉证道之"王门四句教法"的态度上，邹守益与黔中诸子亦有主张"四有"，共同维护师说之同，此为所同之二。黄宗羲在

---

① 邹守益：《阳明先生文录序》，《东郭邹先生文集》卷一，《邹守益集》，凤凰出版社2007年版，第39页。

② 孙应鳌：《道林先生诸集序》，《孙山甫督学文集》卷一，《孙应鳌全集》第四册，贵州民族出版社2016年版，第21页。

③ 郭子章：《黔记》卷十四，明万历三十六年刻本。

④ 李渭：《修思南府学碑记》，《黔诗纪略》卷三，贵州人民出版社1993年版，第133页。

《明儒学案》卷十六《江右王门学案一》有云："是时越中流弊错出，挟师说以杜学者之口，而江右独能破之，阳明之道赖以不坠。盖阳明一生精神，俱在江右，亦其感应之理宜也。"① 这里"挟师说以杜学者之口"，当然指的是自视为上根人的王龙溪以"四无"之"现成良知论"一度"风行天下"；幸好有邹守益等"而江右独能破之，阳明之道赖以不坠"。东廓之学，得力于一个"诚"字，体现在他对钱德洪与王畿的讼案上，作了如下评判：

> 越中之论，诚有过高者，忘言绝意之辨，向亦骇之。及卧病江上，获从绪山、龙溪切磋，渐以平实。其明透警发处，受教甚多。夫乾乾不息于诚，所以致良知也；惩忿、窒欲、迁善、改过，皆致良知之条目也。若以惩忿之功为第二义，则所谓"如好好色，如恶恶臭"，"己百己千"者，皆为剩语矣。源泉混混以放乎四海，性之本体也，有所壅蔽，则决而排之，为尝以人力加损，故曰"行所无事"。若忿欲之壅，不加惩窒，而曰"本体原自流行"，是不决不排，而望放乎海也。苟认定惩窒为治性之功，而不察流行之体，原不可以人力加损，则亦非行所无事之旨矣。②

这无疑是反对"现成良知"、反对"本体原自流行"，主张以功夫治性的鲜明态度。邹守益无疑是江右功夫一派最具代表性人物。他把惩忿、窒欲、迁善、改过等功夫统统归之于致良知的具体条目，至为重要而决不可视为"第二义"。这些所有的功夫，邹守益又将之归结为一个"诚"字。"诚"的功夫是东廓之学的最得力处。这一点，黔中孙应鳌每有相和处。孙应鳌谈及《中庸》性、道、教功夫，但云："性、道、教三者，就是《中庸》之理，只是一个'诚'字耳。"③ 他将"诚"字展开而为戒惧、慎独功夫，且云："于

---

① 黄宗羲：《明儒学案·江右王门学案》，中华书局 2008 年版，第 331 页。
② 邹守益：《复聂双江文蔚》，《邹守益集》，凤凰出版社 2007 年版，第 494 页。
③ 孙应鳌：《四书近语》卷二，《孙应鳌文集》，贵州教育出版社 1996 年版，第 172 页。

此用戒惧、慎独功夫，率性之道之实功也，圣人教人之修道，修此也。"①
他还强调功夫不离于心性之本体——"真几"："君子戒慎恐惧，非有加于
此真几之外，只是顺此真几，直养无害，使独知之地，惺惺不昧。"② 孙应
鳌强调本体与功夫的一致性，既反对了现成良知论，也与只讲功夫忽视本
体的归寂派有所不同。他不仅力道"诚"与"敬"，这一点与邹守益相似，
他更是力挺"慎独"，并使其作为一等功夫、紧要功夫。对于"慎独"，孙
应鳌作出了极高明而道中庸的表达："戒谨恐惧，便是慎独。""只是一个功
夫。""复言慎独者，即戒谨恐惧之真几至精至一者言之也。慎独则尽性，
尽性则廓然而大公，便是未发之中，物来而顺应，便是已发之和。"③"惟慎
独，便有无合一、动静合一。有无动静合一，便是致中和。"④ 甚至在他看
来，知行合一的功夫也可收摄于慎独之功，故云："知行合一便是慎独，慎
独便是知行合一。不能慎独，只是外知为行，外行为知，非天命之性之本
然也。"⑤ 可见，江右邹守益与黔中孙应鳌都是较为典型的功夫论者，他们
共同反对"良知现成论"，邹守益将所有功夫统摄于一个"诚"字，一个"敬"
字，孙应鳌则把所有功夫统摄于一个"慎独"，知行合一也是慎独。而且，
孙应鳌还是功夫与本体的一致性论者，他尤其主张慎独就是致良知。

第二节　黔中王学与邹元标

　　在笔者看来，若按地域划分，邹元标应为跨门派归属的典型。邹元标

①　孙应鳌：《四书近语》卷二，《孙应鳌文集》，贵州教育出版社 1996 年版，第 172 页。
②　孙应鳌：《四书近语》卷二，《孙应鳌文集》，贵州教育出版社 1996 年版，第 173 页。
③　孙应鳌：《四书近语》卷二，《孙应鳌文集》，贵州教育出版社 1996 年版，第 173 页。
④　孙应鳌：《四书近语》卷二，《孙应鳌文集》，贵州教育出版社 1996 年版，第 173 页。
⑤　孙应鳌：《四书近语》卷二，《孙应鳌文集》，贵州教育出版社 1996 年版，第 174 页。

的身份可以作三方面定位：其一从总体上看，邹元标应归属于江右学派，黄梨洲在《明儒学案》中列"江右王门学案八"，有邹元标重要位置；其二，邹元标又是晚明东林党之重要一员；其三，是本书尤其关注的，邹元标曾"戍贵州都匀卫"，传播阳明学说的同时，结交了大批黔中学人（包括孙应鳌、李渭、马廷锡），他在都匀举办书院，培养了大量学生，遂使都匀成为黔中王学五大重镇之一，故邹元标又可归之于非黔籍的黔中王门学者，是黔中王学最后的重镇。实际上，邹元标戍匀六载，年岁在 26 岁至 32 岁间，正是他思想逐渐形成的关键时期，对他今后思想之影响与走向，有着不容低估的作用。

一、明代江右王门的最后一位代表人物

邹元标（1551—1624），字尔瞻，号南皋、忠介，江西吉水人。"江右王门最后一位有代表性的人物。他认为闭门涵养工夫不能得到真良知，提出离已发则无未发，体用无二。他还力图在日用人伦中发现良知，发现圣贤大道，以为圣贤与愚夫愚妇本为一体。"[①] 邹元标之所以如此接近"修证派"的学术趋向，与他于黔中王门之交往互动不无关系。他对比自己年长得多的孙应鳌崇敬有加，曾数番请益于彼，《黔诗纪略》载云："忠介至都匀益究心理学。岁数访淮海证可否，学以大进。"[②] 这种互动关系主要表现为：大多数情况下黔中学者以吸纳、输入为主，而在邹元标身上则表现为输出、互动兼具。包括李渭也对他的思想启发转变产生作用，表现在他为李渭所作《先行录序》中，有因受李渭《先行录》影响而反身自省的流露："子知先生（李渭）之学，则余昔之未以子躬行为是，今以先生躬行为正"。[③]

---

① 胡迎建：《论江右王学的"致良知"》，《江西社会科学》2009 年第 5 期。
② 莫友芝：《邹忠介公流寓传》，《黔诗纪略》卷十一，贵州人民出版社 1993 年版，第 419 页。
③ 莫友芝：《黔诗纪略》卷三，贵州人民出版社 1993 年版，第 130 页。

二、围绕"慎独说"的思想互动

首先，对孙应鳌创揭独具特色的"慎独说"产生了互动。闻知孙应鳌"戒谨恐惧即是慎独"、"知行合一即是慎独"的心学立场的表达，年轻的邹元标表示出赞同的态度："君子慎独，从心从真，只是认得此真心，不为意所掩，故通天通地，指视莫违，心广体胖，斯为真慎独。"① 慎独功夫能涵养真心。主张君子慎独、从心从真，不为意所掩这一点，邹元标完全赞同孙应鳌的看法，但进一步说下去，二人就有了很大的不同，邹元标主张"'放心自乐'，倡真率，"反对礼文的遮饰，称"赤子之心，真心也"②。邹元标晚年的思想是发生了很大变化的，他的"放心自乐"有流于禅俗的倾向，某些方面已经与学于孙应鳌时判若当初。也有人认为，元标之学以识心体为入手处，以行恕于人伦事物之间、与愚夫愚妇同体为入手功夫，以不起意、空空为之极致。故于禅学相较，亦有所不讳。

其次，作为功夫论者，说到百姓日用、人伦事物，邹元标与黔中王门学者有着共同的主张。邹元标明确表示："何以谓之索隐？今讲学者外人伦日用，说心性入牛毛者是也。"③ 认为离开百姓日常人伦道德用功，空谈心性，就必然偏离儒家正道。在此问题上，孙应鳌、李渭与邹元标的态度则完全一致。孙应鳌云："引文王'敬止'之诗以明至善，可见吾儒实落止善工夫只在人伦日用上做。"④ 李渭亦云："为仁不离乎日用，执中不远于万方，圣人心法岂空悬摸索者哉？"⑤ 强调为仁不能离开日用生活，反对悬空谈理、良知。正如刘宗周所说："以独知为良知，以戒惧慎独为致良知之功。此是师门本旨，而学焉者失之，流入猖狂一路。惟东廓斤斤以身

---

① 黄宗羲：《明儒学案》，中华书局 2008 年版，第 545 页。
② 参见胡迎建：《论江右王学的"致良知"》，《江西社会科学》2009 年第 5 期。
③ 黄宗羲：《明儒学案》，中华书局 2008 年版，第 545 页。
④ 孙应鳌：《孙应鳌文集》，贵州教育出版社 1996 年版，第 167 页。
⑤ 郭子章：《黔记》卷四十五，明万历刻本。

体之，便将此意做实落工夫。"①认为他反对王畿等人猖狂学风，严格地遵行、落实了阳明的学旨。那么，与之相近的孙应鳌、李渭，也应该受到赞同、欣赏。

再次，表现在对"归寂说"的共同批评。邹元标与孙应鳌、李渭又都批评了聂豹等人的"归寂"说。江右后期主要代表人物邹元标也说："离已发求未发，即孔子复生不能。子且观中节之和，即知未发之中，离和无中，离达道无大本。"②他们都强调已发与未发、寂与感、动与静的有机结合。孙应鳌、李渭在这一点与他们也非常一致。李渭说："亹亹斐斐破本末之二见，谓动静非两途。"③他主张良知心体本末一如、动静一体。孙应鳌则以"慎独"不断地批评"归寂"说："复言慎独者，即戒谨恐惧之真几，至精至一者言之也。慎独则尽性，尽性则廓然而大公，便是未发之中，物来而顺应，便是已发之和。"④应鳌反对"归寂"把未发之中、已发之和分割开来。他认为慎独即戒谨恐惧，全尽了人之本性，既是未发之中，自然而然的顺应为已发之和，慎独就贯穿了未发已发。

第三节　黔中王门与聂豹：破本末之二见，谓动静非两途

聂豹（1487—1563），字文蔚，号双江，谥贞襄，江西永丰人。他生前虽与阳明见过一面，但并未入门，嘉靖四年任苏州知府时，乃设牌位，在钱德洪、王龙溪见证下，始北面拜称弟子。

---

① 黄宗羲：《明儒学案》，中华书局 2008 年版，第 8 页。
② 黄宗羲：《明儒学案》，中华书局 2008 年版，第 545 页。
③ 郭子章：《黔记》卷十四，明万历刻本。
④ 孙应鳌：《孙应鳌文集》，贵州教育出版社 1996 年版，第 173 页。

一、孙应鳌对"归寂说"的批评

聂豹提出了独特的"归寂"说。他们主张的"归寂"说，在阳明后学中非常特别，其实主观意图也如同其他学者，在于提供自己的方案，以期解决阳明后学中产生的流弊。聂豹以为，当时王学各派的分歧是："今之讲良知之学者，其说有二。一曰：'良知者，知觉而已，除却知觉别无良知。'……一曰：'良知者，虚灵之寂体，感于物而后有知，知其发也。'致知者惟归寂以通感，执体以应用。"[①]"知觉"一语主要针对王畿与王艮的"现成良知"理路，他们认为良知天然具足完满，应该直接切入本体，顺其流行发用就行，其说既深化了阳明良知理论，也带来了诸多弊端。而"归寂"派认为良知心体不可能现成具足，往往被后天意念所污染，致使天理、良知与意欲往往相混，故必以主静功夫"归寂"良知心体。所云"归寂"，就是"使憧憧往来、意念纷扰之心返归其湛然澄彻、空无一物但又无物不照的本来面目。归寂才能通感，有归寂功夫才能更好地照察、反应外物。"[②] 也就是说，对于"致良知"是处于"寂"，还是处于"感"，性是未发之体，还是已发之用？在阳明后学中充满了争议。此一问题在当时思想界有着广泛影响。"归寂说"虽然有针对时弊的良苦用心，但又走向了另外一个极端，在当时被王门诸子视为对师说的偏离，亦为同属江右的邹守益、欧阳德所非议。黔中王门诸先生在这一问题上的反应则有所不同。马廷锡主张"心有法"，尚存归隐之心，主张静寂中求良知心体，与聂文蔚"归寂"说甚是相类。然李渭则对枯寂的"静坐"功夫提出了反思，主张"心无法"，批评了马廷锡所主张的"心有法"的归寂倾向。孙应鳌则较多地批评了"归寂"说。黔中王门内部孙、李、马三先生虽于时下流行之"归寂"说持有不同态度，但由此可以看出，三先生虽地处偏于一隅，却并不与时代思潮隔膜，而是每每占居学术前沿，发表出有深度有水准的

---

① 聂豹：《聂豹集》，凤凰出版社 2007 年版，第 94—95。
② 张学智：《明代哲学史》，北京大学出版社 2000 年版，第 178 页。

学术见解。

孙应鳌从根基上批评了"归寂"之说，他说："近来学问于人情物理之外，专讲出一段虚无寂静说话。夫虚无寂静，圣人未尝不以之教人，但虚者以实而虚，寂者以感而寂，静者以动而静，所以为大中至正、不偏不倚也。外实以言虚，外有以言无，外感以言寂，外动以言静，畔道甚矣！"① 孙应鳌对聂豹的了解，是通过其弟子徐阶这一间接途径，而对罗洪先的交往却纯属直接。前云"专讲出一段虚无寂静说话"，所指即为聂豹、罗洪先之"归寂"说。在孙应鳌看来，王阳明自是在一定论域内肯定良知有其虚寂的特征，静坐之法亦有其功用，但阳明明确主张实虚、有无、寂感、动静尽皆合一，"归寂"之论却截其为二。这是孙应鳌所不能接受的。李渭亦如是，且云务要"破本末之二见，谓动静非两途"②。提出只有本末、寂感、动静的统一，才符合良知本然之体，才是大中至正、不偏不倚的良知天德。

二、李渭以"中和"为良知心体

李渭也以"中和"表述良知心体："同野李公镌'中和'二字于石上，斯山之名于是乎千古维昭焉。""以阐大中之理，发雍和之蕴，不犹彰明而较著者乎！"③ 良知为大中之理，发而得其雍和之蕴，中与和、未发与已发统一非二。孙应鳌、李渭就是针对"归寂"说的问题而提出了符合阳明的见解。而聂豹于此问题就与他们有差异，他说："'良知是未发之中'，先师尝有是言，若曰良知亦即是发而中节之和，词涉迫促。"④ 他认为未发之中的良知一旦发用与物相接，则有私心意欲相杂。如此，良知本体本身往往

---

① 孙应鳌：《孙应鳌文集》，贵州教育出版社 1996 年版，第 146 页。

② 萧重望：《同野先生年谱·序》，《嘉靖、道光、民国思南府县志》，思南县志编纂委员会办公室 2002 年印本，第 368 页。

③ 郭石渠：《中和山记》，《思南府续志》卷十一，《嘉靖、道光、民国思南府县志》，思南县志编纂委员会办公室 2002 年印本，第 404—405 页。

④ 王畿：《王畿集》，凤凰出版社 2007 年版，第 132 页。

不纯洁，如果说良知发而皆中和就操之过急了。这是因为聂豹认为良知与已发之知有分别："良知本寂，感于物而后有知。知其发也，不可遂以知发为良知，而忘其发之所自也。"①他说良知具有寂然不动的特质，发用接触物后才有知，但已发之知不是良知，尽管此知是由寂然不动之良知所发而来的。由此，归寂为致良知的最佳功夫，"其充养虚灵本体之量，发无不中"②。以"归寂"为学功夫时刻存养寂体，如此执体应用，就发而中节，不会出现问题。其实，他未能很好地理解王阳明观点。王阳明原话说："良知即是未发之中，即是廓然大公，寂然不动之本体。"③聂豹知晓王阳明说的"良知即是未发之中"，固然良知在一定条件上可以用未发之中表述，但这只是形容良知本体的本然状态，是功夫纯熟之化境，而不能把未发与已发、中与和分割开来。他的观点虽然有阳明本身的理论渊源，也起着一定的价值，但隔离了动与静、寂与感等关系。所以说，孙应鳌、李渭就较好的把握了阳明思想，认为已发与未发不是有两个体，中与和也不是两件事。

第四节　黔中王学与罗洪先

孙应鳌与罗洪先有着直接的交往，二人甚至常有书信往来。孙应鳌曾有《念庵公寄示近作》、《谒濂溪墓次罗念庵韵》等诗。《念庵公寄示近作》诗云：

> 一函天上至，瑶草寄幽襟。
>
> 古洞石莲发，遥知相对吟。
>
> 道高名并重，心隐迹俱深。

---

① 聂豹：《聂豹集》，凤凰出版社 2007 年版，第 240—241 页。

② 聂豹：《聂豹集》，凤凰出版社 2007 年版，第 400 页。

③ 王守仁：《传习录》卷中，《王文成公全书》，中华书局 2015 年版，第 78 页。

三叹应忘味，非徒识雅音。①

诗中"古洞石莲"，指罗洪先辞官归乡后所辟石莲洞。因长期在洞中静坐，遂有"归寂"的功夫实践。孙应鳌观睹罗洪先精神气象，难免受其归寂主静思想之影响，这在他后来写给马廷锡的《闻心庵欲来同隐》诗中，有所流露。孙应鳌曾向罗洪先请教，洪先复《答孙淮海少参》书云："去岁伏承书惠，过持谦勤，务令献其迂鄙，草草漫有所呈，曾不记云何，要之皆腾空谈，非出自得，若真自得，必有难以出诸口者。仰辱越疆遣使，礼问益专，复理前语，不任含愧，诚不知所以为报也。贱体自去冬至后，衰症杂见，翻然有动于中，曰：'吾已非久人间世者，尚何役役为哉？'闭户伏枕，不复见客，今半朞矣，犹然尫怯，于是平生妄意尽向此中消蚀。栉沐已废，即家庭祀饮皆不与，其将来可知。此何足闻于执事，而虚怀雅度，施之不厌，则将奈何？执书徒切耿耿。若残喘稍延，尚得以嘿坐景象相质也。榻上命笔，莫能详整，惟不深罪，幸甚幸甚！"②虽说书中所复内容礼节性话语较多，义理之探究为少，却隐约流露了罗洪先持有的"归寂"信息。罗洪先说"闭户伏枕，不复见客，今半朞矣，犹然尫怯，于是平生妄意尽向此中消蚀"，则是在类于静坐之环境中所欲达到的一种气象，并冀期与孙应鳌以"静默"、"端坐"之"嘿坐景象"相质。

一、以"慎独"辟"归寂"之弊

罗洪先（1504—1564），字达夫，号念庵，谥文恭，江西吉水人。与王畿、钱德洪、邹守益等王门弟子相交甚深，是王阳明私淑弟子。他的思想与聂豹相近，也是江右王门中"归寂"学说的主要代表。

---

① 孙应鳌：《学孔精舍诗钞》卷三，《孙应鳌全集》（四），贵州民族出版社 2016 年版，第 180 页。

② 钟彩钧主编，朱湘钰点校：《罗洪先集补编》，台湾"中央研究院中国文哲研究所"1987 年版，第 176 页。

虽然，孙应鳌感佩于罗洪先之高洁人品，却并不认同其"嘿坐"手段，云其"归寂"弊端，阐明己说慎独："慎独者，合动静而一之，人所不见，即人所不睹闻而已所独知也。慎独，则存养省察，一时并妙。非先省察，而后存养也。曰敬、曰信，总括于慎独之内矣。极而言之，纯一不息，无形迹可疑，是笃恭矣，所谓致中和矣。"① 慎独不光动静合一，而且先后合一。所谓先后合一，是指省察存养合一，即所谓"存养省察，一时并妙"，而不是先省察然后存养。就连思想上的敬与行为上的信也是打拼而一、总括于慎独之内的。孙应鳌时时处处强调本体与功夫之于慎独的高度一致性原则。然与罗洪先有所不同，洪先过多强调功夫，然于功夫中又较多强调静的一面且以主静功夫为体知之旨。他说："诸儒之所宗者，濂溪也。濂溪学圣，主于无欲。此何尝有支离葛藤其间者乎？夫欲之有无，独知之地随发随觉，顾未有主静之功以察之耳。……故尝以为欲希圣，必自无欲始，求无欲必自静始。"② 以慎独为人所不知己所独知之地，这一点孙应鳌与罗洪先同，然洪先主无欲、主静，认为只有主静之功方能随发随觉独知之地的欲之有无，这又是洪先的细密之处，然洪先的"归寂"之论主张"先省察，而后存养"，认为只能先将良知这独知之地的欲之有无弄个清楚明白后，再去做克治存养的功夫，则是应鳌所不予认同的。孙应鳌强调"存养省察，一时并妙"，功夫不分先后，本体功夫总括而一，才是动静、寂感、有无合一之道，此便是致中和。是故，孙应鳌以"慎独"辟罗洪先"归寂"之弊矣。

二、对空疏不实学风的批评

黔中学者与江右学者关于本体功夫寂感之辨，若以先师王阳明主意裁之，孰是孰非，自现分晓。王阳明曾云："未发之中即良知也，无前后内外浑然一体者也，有事无事可以言动静，而良知无分于有事无事也，寂然

---

① 　孙应鳌：《孙应鳌文集》，贵州教育出版社 1996 年版，第 184 页。
② 　罗洪先：《罗洪先集》，凤凰出版社 2007 年版，第 330 页。

感通可以言动静，而良知无分于寂然感通也。动静者所遇之时，心之本体固无分于动静也。"①良知本体固然可以有未发之中、寂然不动的特性，但良知本体必须通过发用流行以呈现、落实自己。未发时可以言动与静，已发时也不必分动与静。致良知的功夫是不分寂感、不离动静的。依照王阳明主旨，"归寂"论主张的有无相分、寂感不一、动静有二、未发已发各个分离的论说，皆是有违王阳明主张的。而黔中孙应鳌维护师说，且有进一步之阐发，即以《易》释之，云："《易》曰：'寂然不动，感而遂通天下之故。'寂感，人心也。寂感之间，圣人所谓'一贯'也。虽寂，而天下之故未尝不感，虽感，而本然之真未尝不寂，故寂感非二。……《易》简理得之耳！岂后世学术或偏内或偏外，遗事物以求心，将无入空灭？逐吾心于事物，将无陷支离哉！三先生崛起数千载后，今谛观其言，虽人人殊，其要归在濂溪曰：'寂然不动，诚也。感而遂通，神也。动而未形，有无之间，几也。'诚精故明，神感故妙，几微故幽。明道曰：'寂然感通，天理具备，元无欠少，不为尧存桀亡。父子君臣，常理不易，感非自外。'阳明曰：'有事感通故可言动，寂然者未尝有增；无事寂然故可言寂，感通者未常有减。故照心非动，妄心亦照'谓皆仲尼之微言，非耶？"②孙应鳌借周濂溪、程明道之语，连结先师阳明之论，难怪牟宗三先生有"心学另案"一说。《周易·系辞上》云"寂然不动，感而遂通天下之故"，本为阴阳交感使万物顺通之意。阳明学者则用以讲明良知未发与已发、寂与感之关系。孙应鳌吸收了濂溪、明道、阳明相关理论，试图厘清良知之真，在于贯穿动静、有无、寂感、未发已发，反对在功夫上既偏于内又偏于外的做法。在心学家语境中，"内"指道德主体的道德意志、意向、价值判断等精神性内涵，"外"则为自然、社会中的一切事物事理。偏于内，在此

---

① 王守仁：《答陆原静书》，《传习录》卷中，《王文成公全书》，中华书局 2015 年版，第 79 页。

② 孙应鳌：《正学心法序》，《孙山甫督学文集》卷一，《孙应鳌全集》，贵州民族出版社 2016 年版，第 24—25 页。

指"归寂"派以"收摄保聚"把握心体，从而忽视"事上磨练"的"客观外在"之功，遗事物以求心，必然导致空疏不实之学风。偏于外，指朱子所谓外心以求物理，必将陷于支离。故，在功夫论上主张动静不二、寂感一致，既反对过于偏内的空疏学风，又反对过于偏于外的支离手段，是黔中孙应鳌等学人继承和发展师说的一个特点。

第五节　黔中王门与胡直

江右学人胡直与黔中学人孙应鳌交往甚深，胡直赞誉应鳌云："夫孙子名满天下，而莫逆莫予若。"①

一、胡直称：孙子名满天下

胡直字正甫，号庐山，吉安泰和人。嘉靖丙辰进士。黄梨洲《明儒学案》将之列于"江右王门学案七"。下文在述及耿天台时，也会涉及胡庐山胡直。黔人与之互动，以孙淮海为典型。实际上，孙应鳌与其余王门诸后学之交，以与庐山胡直为深。胡直与孙应鳌之交，见诸文献者不乏，且多以二人互序为事。胡直督学四川使，孙应鳌作《送庐山胡正甫序》载："庐山胡公以嘉靖乙丑为四川督学使"；普安州人邵元善汇刻应鳌《督学文集》，有胡直所作序。又于《衡庐精舍藏稿·孙山甫督学文集序》中，胡直谈论曰："古今之学术，上下之政治，吾得该而论之，无弗一也。然而一之一也易，不一之一也难。予不能知一，而幸友于淮海孙子。"胡直尝以友于应鳌为幸。儒家向来将学统政统归于道统，胡直以为，能否参

---

① 胡直：《刻督学集序》，《胡直集》，上海古籍出版社2015年版，第163页。

透此一，幸亏交上孙应鳌这样的挚友，方得以参透。这不能不说是对孙应鳌的极高赞誉："方予与孙子足未相数，言未相洽，骎骎乎合矣。已而足相数也，言相洽也，不知孙子之为予，予之为孙子也。"可见胡直与孙应鳌相与问学，至是融洽，以至于彼此难分难舍。盖其因，与孙应鳌天资及后天所受教益，至为关键："孙子生神颖，长学于道林。予视其气，杜机忘言，弗谍一光。至读其诗文凡数千万言，达于天地庶物，究于帝王，辨于诸家，放于上下、内外、巨细，尤严于学术、政治，而皆出其几微之所该。其韵不假揣度，而靡不应律；其辞不烦比拟，而靡不合轨。""予知孙子之无为，为之而不能不为，虽千万言，无言也，进乎一也。""孙子督学关西，门人尝刻其诗曰《督学集》。今台山邵子刻藏保宁者，皆文类，复仍其名。岂不以孙子窹道得一，自居关中寝盛也。""夫孙子名满天下，而莫逆莫予若，序而传之，以明孙子之学，非予则谁耶？"胡直对孙应鳌一口一个"孙子"，真可谓推崇备至。孙应鳌亦对胡直亦每多感佩之应和。孙应鳌为胡直作《寿胡母周太安人七秩序》，又为胡直《衡庐诗稿》作《后叙》，称曰："庐山胡子，江西泰和人也。自少功诗，师事念庵罗先生，笃志于道。往者，余两官江西，得缔交庐山子，己又数会芷崖兰水之间，今复同官于蜀。"孙应鳌念念回顾与胡直的交往："数会芷崖兰水之间"、"同官于蜀"。论及胡直诗作，直以为究之于其为人为学："……庐山子博诣玄解，为人绳墨崭然，故其诗甚精，不诡于法；其胸次洞然无蒂蒯，有物我同体之怀，故其诗畅而郁、直而宛。究厥品流，独立物表，埃搳者不得睨焉，故其诗天趣最深，非追琢可及。"孙应鳌认为作诗关键，在于"得处于道"，如若不然，则"不必作"。他说："余素亦喜为诗，年来自愧未有万分之一得处于道，乃渐次离去，不为理。将无亦偶同庐山子悔少之嗟耶？然庐山子则固得处于道，斯高泉谢子所谓不必作、不必不作者，故余不敢望而同也。"[1] 在为胡直而作的《正学心法序》中，孙应鳌道："泰和

---

[1] 孙应鳌：《孙应鳌全集》（四），贵州民族出版社 2016 年版，第 25 页。

庐山胡子，为西蜀督学使，力任斯道，藏教树轨。是时，中丞宜黄谭公、侍御湘阴李公，咸行部西蜀，相与崇嘉正学，士则易趣。胡子爰取高泉谢子昔共杨榷周程阳明之遗言，属慎哉伍子梓，乃问序友人孙应鳌。鳌常从道林蒋子游，讲求仁之旨已，已乃得数见海内大人先生，以是稍有闻圣贤绪论。今且与胡子相切磋将十年。"① 二人相交切磋近十年，于周濂溪、程明道、王阳明学问处深有感触：先是濂溪之"诚"、"神"、"几"，濂溪言："寂然不动，诚也。感而遂通，神也。动而未形有无之间，几也。"这是对"诚"、"神"、"几"的分疏之解，然又有"诚精故明，神应故妙，几微故幽"之合联之解。次是明道以"动"解寂，其谓"寂然感通"乃"天理具备"，其又谓"元无欠少，不为尧存桀亡。父子君臣，常理不易，感非自外"。再是阳明以"有事无事"说"动"与"静"，贯彻其心外无事、心外无物之旨，以为寂然者并不因此而有所增加，感通者亦并不因此而有所减损，尝言："有事，感通固可言动，寂然者未尝有增；无事，寂然固可言静，感通者未尝有减。"② 最后是孙应鳌"照心非动，妄心亦照"的之解，此解显然承续着阳明"心"的致思脉路，应鳌以为，此皆不曾与"仲尼之微言"相非。

二、胡直谓：孙公"宇内讲明正学"

孙应鳌将孔子"仁者乐山"理训为"仁性"，以为仁者之仁，在于得乎其性。其"仁性者"尝能"见性之变化"、"见性之育养"、"见性之宣朗"、"见性之盘礴"、"见性之广大"。此以仁解性，的确妙敏真实，无不该综也。这是孙应鳌读胡直峨眉诗稿后之感悟。孙应鳌《峨眉稿题辞》曰："峨眉山，佛经所谓光明山也。西竺千岁和尚称其高出五岳，秀甲九州。余至蜀二年所，不得一登；然得读庐山子诸诗，则不啻卧游焉。孔子曰：'仁者乐山。'仁，性也。仁者得乎性，故于云雷风雨之诡异，见性之变化；草

---

① 孙应鳌：《孙应鳌全集》（四），贵州民族出版社 2016 年版，第 24 页。
② 孙应鳌：《孙应鳌全集》（四），贵州民族出版社 2016 年版，第 25 页。

木禽兽之蕃息，见性之育养；晴霁喧烜之洞豁，见性之宣朗；岩谷硖涧之幽奇，见性之盘礴；方域原野之俯视，见性之广大。何也？以性之妙明真实，无不综也。得是者为不徒登，诗为不徒作。余读庐山子诸诗，得之矣！得之矣！"。①胡直后来曾称疾，卸任欲归，诸学官弟子问言于孙应鳌，孙应鳌又作《送庐山胡正甫序》，言："一笑往日之仕不仕，留不留，悲不悲，皆风云寒暑之成迹"之豪迈语，一见儒者丈夫气度，直"所谓知之则不流遁，德之厚则无决绝。是公与余所共期为尔。"②胡直与孙应鳌二人惺惺相惜，毕竟如此耳。

胡直亦不忘回应孙应鳌续而论之。他的《衡庐精舍藏稿·世德楼记》虽为孙父建世德楼落成而作，其中亦对孙应鳌有诸多盛评。胡直引孙父之言，提及孙父对其子的寄托："先生（孙父衣）复曰：'将代吾有行者，不在吾儿鳌乎？'"③孙衣建世德楼，依胡直的说法："古今称树德士，至自卜其子孙之兴、门闾之充，已而酬若左契者，何哉？其感应之机固然也。夫感应之机固然，而人区区焉有意以为之，又有心以卜之，是可以言人德，未可言天德也。可以逮一世二世，未可逮不世也。"④刻意求德，谓之人德，虽可一世二世，却未可久远。无意而顺德，乃为天德，非人为刻意为之，是为先天所固有的？次议近乎现存良知之论，但孙应鳌与胡直皆不弃于功夫。胡直引《易》之首卦《乾》卦之首语证之："《易》首言'乾元天德。'盖《乾》始能以美利利天下，而不言所利，无心于为德，故曰天德。"⑤所谓"天德"，岂可人为，岂可人言，岂可有心为之，岂可刻意为之？天德是天理的顺化流行，良知良心的自然呈露，这一点，在胡直看来，在孙应鳌身上，无论是为德、抑或是为学，皆有显然之表现。关于孙

---

① 孙应鳌：《孙应鳌全集》（四），贵州民族出版社 2016 年版，第 26 页。
② 孙应鳌：《孙应鳌全集》（四），贵州民族出版社 2016 年版，第 52 页。
③ 胡直：《世德楼记》，《胡直集》，上海古籍出版社 2015 年版，第 245 页。
④ 胡直：《世德楼记》，《胡直集》，上海古籍出版社 2015 年版，第 245—246 页。
⑤ 胡直：《世德楼记》，《胡直集》，上海古籍出版社 2015 年版，第 246 页。

应鳌之为德，胡直称言："山甫君又将其德以行于天下，岁泽丰功，岳岳然著，而爵禄名誉，一不以妍其衷；盖方焦然为之，而有嗒然忘之，蝇乎揭乎，以尽乎人；而恢乎遨乎，以游其天。若先生父子，岂非以天德相承者哉。"① 为了凸显乾元于揭示天德之先验性存有的根据和作用，胡直认为这种先验性对于天德而言，不仅在于"资始"，更在于"资生"。这是乾元之道所揭示的。"虽然，乾元之道大矣。人知乾之资始，而不知资生之功皆《乾》也。"② 除了为德，对于孙应鳌的为学，胡直同样赞道："山甫君之学，固奉《乾》赞元之学也。宇宙生乎身而不为大，造化运乎手而不为巧，范围不过、曲成不遗而不为有增。此先生之厚望于山甫君，固不可以世计者也。"③ 孙父衣寄予应鳌之期望厚且重，应鳌又如之何？胡直以为："山甫君著书数万言，行关以西、江以南，莫不满家。然多发阐先生（指父衣）《易》旨，不为叶言。"④ 论及他自己所受孙父之影响，胡直坦言："某与山甫君有弟昆之好，亦尝辱先生远诲，愧病不能从事，故特推其意为山甫君诵之。山甫君行且偿先生所欲为者，又奚假于某之叶言？"⑤ 就连胡直的学生郭子章也说："予师胡正甫先生尝语章曰：'宇内讲明正学，楚有黄安耿公，蜀有内江赵公，黔有清平孙公，吾豫章有南城罗公，皆贤人也。'"⑥ 无论是对孙应鳌为德的称道，还是对其为学的赞赏，皆可映胡直与孙应鳌的深谊，以及他们在共同道路上的互勉与共赴。

从江右学人与孙应鳌之交往，并于此交往中对孙应鳌的称誉——"夫孙子名满天下"，"宇内讲明正学"可以看出，当时的孙应鳌俨然已跻身于嘉隆万之名硕大儒之列而名满天下。《明史》不载，实为殊憾！

---

① 胡直：《世德楼记》，《胡直集》，上海古籍出版社 2015 年版，第 246 页。
② 胡直：《世德楼记》，《胡直集》，上海古籍出版社 2015 年版，第 246 页。
③ 胡直：《世德楼记》，《胡直集》，上海古籍出版社 2015 年版，第 246 页。
④ 胡直：《世德楼记》，《胡直集》，上海古籍出版社 2015 年版，第 246 页。
⑤ 胡直：《世德楼记》，《胡直集》，上海古籍出版社 2015 年版，第 246 页。
⑥ 郭子章：《南工部尚书孙文恭公祠记》，《孙应鳌全集》(四)，贵州民族出版社 2016 年版，第 384 页。

第九章　黔中王学与泰州学派之思想互动

　　泰州之学由泰州人王艮开创，在明代中叶以后崛起于民间并于社会下层传播开来。"泰州之后，其人多能以赤手搏龙蛇，传至颜山农、何心隐一派，遂复非名教之所能羁络矣"①。"泰州学案"不称"王门"而只称"学案"，盖由于此。其人物不仅来自泰州，亦多有来自于外阜，师承关系比较复杂，学术宗旨难免杂乱，学术争议更是歧大。其主要人物有王艮、王襞、徐樾、王栋、赵贞吉、颜钧、罗汝芳、耿定向、耿定理、焦竑、何心隐等。该学案三教九流兼容并蓄，除少数官员、士人外，大多为底层百姓，如樵夫、膳夫、佣工、吏卒等。他们讲学的内容和风格全然不同于精英士大夫书院式的思辨哲理之学风，而是致力于儒家伦理的普及、教化、宣传工作，使当世以阳明学为核心的儒学不断世俗化、平民化、生活化，甚至"不满其师说"，大有突破阳明学说羁络，"跻阳明而为禅"之走向。诚如黄梨洲所叹云："阳明先生之学，有泰州、龙溪而风行天下，亦因泰州、龙溪而渐失其传。"②

　　资料显示，黔中孙应鳌、李渭等与泰州学人有广泛之互动。孙应鳌、李渭虽都未曾与泰州当家人王艮有过直接交往，却受其影响颇深，然与门弟子之来往却较密切。王艮弟子徐樾，嘉靖二十年前后以副使提学黔省，时孙应鳌 19 岁贵阳乡试，颇得樾公的赏识，云其乡举第一人，果若，成

---

① 黄宗羲:《明儒学案》，中华书局 2008 年版，第 709 页。
② 黄宗羲:《明儒学案》，中华书局 2008 年版，第 703 页。

为应鳌心学受教之第一师。孙应鳌初识阳明与王艮之学,应始于此。孙应鳌与王艮三传弟子罗汝芳、颜钧亦有一定交往互动。孙应鳌尚作有《别罗近溪》,表明与罗汝芳之互动。李渭与罗汝芳相交最深,受其影响最大(前已论及)。李渭还与耿氏三兄弟耿定向、耿定理、耿定力交往较深,孙应鳌有《寄楚侗四首》、《答楚侗公书》、《怀耿在伦》、《耿楚侗信来游太岳》及为耿母所作的《荣寿纪篇叙奉祝静菴耿公洎秦太夫人》①,皆为明证。耿定向还曾向王畿推荐孙应鳌,李渭特意到湖北麻城分别拜访耿定向、耿定理两次,耿氏兄弟对其有极高评价。李渭通过耿定向认识焦竑,焦竑识后顿推其重,并执为李渭作传。

第一节　黔中王学与王艮

王艮(1483—1541),字汝止,号心斋,江苏泰州安丰场人,阳明得意门人之一,泰州王学开创者。虽然孙应鳌与他没有直接交流,但拜他及门弟子徐樾为师,还与其后学耿定向、罗汝芳相交较深。通过他们,孙应鳌了解了王艮许多思想理念,甚至在自己著述中每有引用王艮语录及观点。具体而言,孙应鳌受王艮影响,主要在"淮南格物"说、"百姓日用即道"说与"乐"论。

一、孙应鳌称"心斋数言,真得圣经之旨"

"淮南格物"说是王艮的著名命题,虽引起了争议不少,孙应鳌却在考察了多家格物说之后,独以王艮"淮南格物"说为己所认同。孙应鳌云:

---

① 参见刘宗碧:《孙应鳌与王学弟子》,《贵州文史丛刊》1993年第4期。

　　"格物"之论，诸家训释不同，循其言，皆可以入道。唯王
　　心斋有言："《大学》是经世完书，吃紧处只在'止至善'，'格物'
　　却正是'止至善'。"又曰："'自天子以至庶人'数句是释'格物'、
　　'致知'之意。"又曰："格物之物，即物有本末之物，其本乱而
　　末治者，否矣! 其所厚者薄，而其所薄者厚，未之有也。"此格
　　物也，故即继之曰："此谓知本，此谓知之至也。"心斋数言，真
　　得圣经之旨。①

宋明理学中对"格物"的诠释，影响最大者莫过于朱熹与王阳明。朱熹释
"格"为至，"物"即"犹事"，"格物"为"即物穷理"；王阳明则训"格"
为正，欲格其不正以归之于正，"物"即"事"，乃"意"中之物。虽朱熹
释"物"亦有作"事"讲时，却从外而入内，与王阳明内在性之理路不同。
朱、王的训释皆称以经典为据，于各自体系中各具道理。王艮的格物说则
异常独特，他诠释理路与多数儒者大异其趣，甚至别出心裁。孙应鳌对于
王艮"淮南格物说"的认同，首先表现在他对王艮《大学》三纲领之"止
至善"解读的欣赏。因为王艮曾言："'止至善'者，安身也；安身者，立
天下之大本也。"② 将"止至善"释为"安身"，是心斋的独步之处，而传统
一般则视"止至善"为一至高价值目标，绝无离开"明明德"、"亲民"为
前提的单独说法。在孙应鳌看来，王艮"淮南格物说"的独立意义和特殊
气质，就在于提出了"格物安身"说，而不是"格物修身"，因为在王艮
看来，修身的根本就是安身，安身才是目标。为此王艮曾云：

　　度于本末之间，而知"本乱而末治者否矣"，此格物也。物
　　格，知本也；知本，知之至也。故曰"自天子以至于庶人，壹是
　　皆以修身为本"也。修身，立本也；立本，安身也。③

修身是为了立本，而立本的目的是什么呢? 是为了安身。儒者务须先安身

---

① 　孙应鳌：《孙应鳌文集》，贵州教育出版社 1996 年版，第 165 页。
② 　王艮：《答问补遗》，《王心斋先生遗集》卷一，1917 年袁承业排印本。
③ 　王艮：《答问补遗》，《王心斋先生遗集》卷一，1917 年袁承业排印本。

立命，方能成就一番"齐、治、平"之伟业。孙应鳌正是从这层意义上充分肯定王艮"淮南格物说"之价值与意义的，所以才在他的《四书近语》中引用了这段话语。

其次，王艮关于"格"的诠释，也对孙应鳌深有影响。王艮云：

> "格"如"格式"之格，即后"絜矩"之谓。吾身是个"矩"，天下国家是个"方"。絜矩则知方之不正，由矩之不正也，是以只去正矩，却不在方上求。矩正则方正矣，方正则成格矣，故曰"物格"。①

王艮将"身"视之为"矩"，将"身"从功夫论意义上提升到了"本"的地位，因为"身是天下国家之本，不是抽象的说，不是存有论意义上置身于本体的地位，而是在工夫论意义上，置身于一种'根本'的地位"②。王艮至少表达了如下两层紧密相连的意思：矩的正与不正，决定了天下国家这个"方"的正与不正；虽然由絜矩可测知天下国家之不正，但不能直接通过"格"的功夫去纠正天下国家的不正，而应先去"正矩"，即先正身，而后才能正方，格天下国家之不正而归之于正。孙应鳌不仅认同"淮南格物"，更进一步发挥为"身是天地万物之本"。孙应鳌言：

> 不言我备万物，而言万物备我。盖我之此身是天地万物之本，是以逐其身于天地万物者谓之忘本，外其身于天地万物者谓之遗末。不忘本，不遗末，将天地万物之实理都收拾在自己身上，便是反身而诚，便是仁。③

孙应鳌不仅认同王艮"安身之为止至善也"的说法，更是以身为本，天地万物为末，既反对逐身于天地万物，也反对离身而谈天地万物，强调本末一贯，将万物之理统归于身，借孟子"反身而诚"语，又借孔子之"仁"，不忘本遗末，便是反身而诚，便是仁。孙应鳌在坚守儒家原道的

---

① 王艮：《答问补遗》，《王心斋先生遗集》卷一，1917 年袁承业排印本。
② 吴震：《王心斋"淮南格物"说新探》，《陕西师范大学学报》2008 年第 1 期。
③ 孙应鳌：《孙应鳌文集》，贵州教育出版社 1996 年版，第 147—148 页。

同时，充分肯定"淮南格物说"并有所超越。他主张的不是对外在知识的追求，而是更加强调身体力行的道德实践，强调内在的道德工夫。孙应鳌还强调："此身与天下、国家共为一物者也。不知立其身，以为天下、国家之本，失此身矣。"①王艮也说"安其身而安其心者，上也；不安其身而安其心者，次之；不安其身又不安其心，斯其为下矣。"②"此身应接于物……身辟则莫不辟矣。"③可见，孙应鳌与王艮二人在《大学》此问题上的思路是一致的。二人虽无资料显示是否谋面，但黔中学人孙应鳌积极参与了当时学术前沿的问题讨论确是不争之实，反映出黔中王门思想并不落伍。

二、"身"与"身"的不同

不仅如此，孙应鳌还力图避免了心斋"淮南格物"说中的某些缺陷。在多数场合，王艮论"身"，主要指生理意义之"身"，尤为重视肉体存在的一面，并提出了"明哲保身"说。王艮有云：

> 明哲者，良知也。明哲保身者，良知良能也。……知保身而不知爱人，必至于适己自便利己害人，人将报我，则吾身不能保矣。吾身不能保，又何以保天下国家哉。此自私之辈，不知本末一贯者也。君夫知爱人而不知爱身，必至于烹身割股，舍生杀身，则吾身不能保矣。吾身不能保，又何以保君父哉！此忘本逐末之徒，其本乱而末治者，否矣！④

王艮的"保身"、"爱身"的"身"，显然指的是肉体之身。此时如果以"身"为本，"安身为本"，就成了对个体自然生命之"本"的爱护和保护，只有

---

① 孙应鳌：《孙应鳌文集》，贵州教育出版社1996年版，第338页。
② 王艮：《语录》，《明儒王心斋先生遗集》卷一，1917年袁承业排印本。
③ 孙应鳌：《孙应鳌文集》，贵州教育出版社1996年版，第169页。
④ 王艮：《明哲保身论》，《明儒王心斋先生遗集》卷一，1917年袁承业排印本。

个体生命存在的肉体之身保护好、爱护好了，才有可能实施忠君孝父等儒家道德规范。如果生命都不能保护好，其他家国天下也就不可能去实行。也正如有学者指出的，王艮"安身保身的'身'都是指个体血肉之躯的生命存在。把关爱人的感性生命与尊重人类道德原则置于等同之地位，这的确显示了一种新的思想方向"①。笔者认为，王艮的"肉身之论"是把双刃剑，一方面"淮南格物"说肯定人身物质欲望，反对理学家过于强调伦理规范而对个体身体的压制，甚至摧残，具有解放思想的作用，这的确是在当时情况下"淮南格物"说的魅力所在；但是另一方面，将人身物欲加以扩充，导致道德伦理的败坏，确也是晚明社会颓芜风气的事实。孙应鳌并未对"淮南格物说"全盘接受，特别对"身"的解释不予完全认可。在《四书近语》中，孙应鳌云：

　　末引明哲保身之诗，德性之本体大用，昭晰不二。是明哲至德有于我，至道凝于我，是保身、尊德性、道问学之实功，只是慎独。②

孙应鳌对王艮的"明哲保身"采取了有选择的接受，只认可其"明哲者，良知也。明哲保身者，良知良能也"。而强调把身理解为道德良知之身、德性践履之身，且曰：

　　身者，天下国家之本也。修身以道，即达道之道，身外无道矣。……修身以道，修道以仁者，此也。体之为五达道、三达德，措之天下为九经，见之于身为言事行道，其要不过曰"明善诚身"，其工夫不过曰"学问思辨行"，总是一个人存道理，人存者，修身而已。③

孙应鳌强调修身以道为准则，修身以仁为依据。孙应鳌继而云之：

　　道即身，身即道，事虽万变，理则贞于一矣，非天下之至

① 陈来：《宋明理学》，华东师范大学出版社 2004 年版，第 276 页。
② 孙应鳌：《孙应鳌文集》，贵州教育出版社 1996 年版，第 182 页。
③ 孙应鳌：《孙应鳌文集》，贵州教育出版社 1996 年版，第 178 页。

恒，孰能与于斯！①

道即身、身即道，身与道不能为二，不能分离，修"身"若偏离于"道"，则离儒家之仁道远甚。在身与道的关系中，孙应鳌强调的是道的主宰性与优先行。而王艮虽然也说："身与道原是一件，至尊者此道，至尊者此身。尊身不尊道，不谓之尊身；尊道不尊身，不谓之尊道。"② 王艮把身与道完全视为等同，甚至是把身置于优先地位了。

三、对"百姓日用即道"的认可

王艮对黔中孙应鳌、李渭等产生影响的另一重要学说，是"百姓日用即道"。王艮提出了他的著名论题："圣人之道无异于百姓日用，凡有异者皆谓之异端。"③ 圣人之道并不神秘，与普通百姓的日常生活并无两样。他的学生也渐渐信服："先生言百姓日用是道，初多不信。先生指童仆之往来、视听、持行、泛应动作处，不假安排，俱是顺帝之则，至无而有，至近而神。"④ 确实，良知不仅人人具足，同时也体现在人的日常生活之中。王艮的这一思想有着浓厚的世俗化、平民化味道，对孙应鳌产生了一定的影响，孙应鳌承认："'百姓日用而不知'，百姓之日用即圣人之日用，但圣人知此日用，百姓不知此日用。日用即人情物理也，人情物理易理也，除却人情物理，何者为日用？"⑤ 承认百姓日用就是圣人日用，都是一个道理，但却有知与不知、自觉与不自觉的区分，差别仍然存在。孙应鳌接云："'老安、少怀'，只是平常日用之间，今日用之，今日就有下手处……虽日用平常之理，自有天地造化之量。"⑥ 在百姓平常日用中，功夫

---

① 孙应鳌：《孙应鳌文集》，贵州教育出版社1996年版，第68页。
② 王艮：《答问补遗》，《明儒王心斋先生遗集》卷一，1917年袁承业排印本。
③ 王艮：《语录》，《明儒王心斋先生遗集》卷五，1917年袁承业排印本。
④ 王艮：《明儒王心斋先生遗集》卷二，1917年袁承业排印本。
⑤ 孙应鳌：《孙应鳌文集》，贵州教育出版社1996年版，第149页。
⑥ 孙应鳌：《孙应鳌文集》，贵州教育出版社1996年版，第209—210页。

才有下手落实之地。虽然是日用平常之理，但却含有精微深奥之道。也就是说，"道者，日用事物当行之理，大之父子君臣，小之事物细微"①。道就是日用事物中应该行之理，此理大到君臣父子之礼仪，小到油盐酱醋之细微事。孙应鳌进一步阐明："引文王'敬止'之诗以明至善，可见吾儒实落止善工夫只在人伦日用上做。仁、敬、孝、信之理，即吾心之至善。此至善人人所同具，但众人去之而不存，君子存之而未尽，故把文王大圣人来做标准。"② 孙应鳌引用《诗经·大雅·文王》之诗，是为了证明主体本来具有的至善的良知心体，实现良知的实践工夫，就是在人伦日用上着力。仁、敬、孝、信都是至善良知心体的条目，良知人人具有自足，圣贤与百姓都一样，只不过有些普通民众放失本心，而君子存养心体罢了。只要百姓认识到自己本具的良知，就与圣贤同。李渭也说："至于语克己条目，曰非礼勿视，非礼勿听，非礼勿言勿动，仲弓为仁，则语之以出门、使民、见宾、承祭、在邦、在家。述尧舜禹之执中，曰四海困穷，万方有罪，四方政行，天下归心，为仁不离乎日用，执中不远于万方。"③ 实现仁体、良知就是在儒家传统的道德节目中，就在百姓日用生活中。孙应鳌和李渭都注意到了泰州学人世俗化、生活化的这一重要理论特点，孙应鳌云："以民心为心，必重民事。重民事，莫要制恒产。恒产制则恒心收而民可教为士。"④ 这正吻合于孟子所谓"有恒产则有恒心，无恒产则无恒心"。李渭亦云："财者，民之命也，居不求安，食不求饱，乃能为民立命？"⑤

王艮对孙应鳌的影响，还有所谓"乐"论。乐，也算得上是泰州学人所倡之风气。主张"百姓日用即道"，就预示着出现圣凡平等的可能，

---

① 孙应鳌：《孙应鳌文集》，贵州教育出版社 1996 年版，第 68 页。

② 孙应鳌：《孙应鳌文集》，贵州教育出版社 1996 年版，第 167 页。

③ 李渭：《渔矶别集序》，郭子章：《黔记》卷十五，《艺文志下》，西南交通大学出版社 2016 年版，第 388 页。

④ 孙应鳌：《孙应鳌全集》（一），贵州民族出版社 2016 年版，第 309 页。

⑤ 李渭：《铜仁府学田记》，郭子章：《黔记》卷十七，《学校志下》，西南交通大学出版社 2016 年版，第 425 页。

圣凡平等，自然使每个人充满自信和快乐、自由与愉悦。王艮认为生活、学习的目的就是为了得到快乐，"乐"是生活的最高目的，不仅生活快乐，学习是生活的一部分，学习自然也是快乐的。他们"乐"的思想集中表现于王艮所创《乐学歌》中："人心本自乐，自将私欲缚。私欲一萌时，良知还自觉。一觉便消除，人心依旧乐。乐是乐此学，学是学此乐。不乐不是学，不学不是乐。乐便然后学，学便然后乐。乐是学，学是乐"。① 孙应鳌对此是怎样作出回应的呢？他发自内心地赞道："心无一毫系累，谓之乐。乐者，心体也。"② 又赞曰："悟得'乐'字，便知我性体。乐，只是得我性体耳。"③ 他们同样都超越了感性快感之乐，而把乐贯注于来自内心良知的本体之中。当然，此乐的获得一定是需要通过学的途径，同时又贯穿于学的过程，故必须经过功夫的运用方可始得。正如《乐学歌》所言。

孙应鳌等黔中学人的思想根柢并非是纯粹的空谈义理，他们同样重视生民，重视民生，注重生活，寻求快乐，他们的学说同时也是实学，是在当时历史条件下所能做到的真正意义上的经世致用之学。

四、觉后之警醒

在黔中王门与泰州学案的学术互动中，以上讨论了他们的相同之处，接下来讨论他们之间的不同之处。

孙应鳌自己最具代表性的学说，是他的"慎独说"；而李渭自己最具代表性的学说，则是他的"先行论"。无论是孙氏"慎独说"还是李氏"先行论"，与泰州学案的相关话题比较起来，之间确有很大的不同。

先论及孙应鳌"慎独说"。孙应鳌云："学者必须闻道，庶不虚生。如

---

① 黄宗羲：《明儒学案》，中华书局 2008 年版，第 718 页。
② 孙应鳌：《孙应鳌文集》，贵州教育出版社 1996 年版，第 124 页。
③ 孙应鳌：《孙应鳌文集》，贵州教育出版社 1996 年版，第 214 页。

何谓闻道？此必须实修、实证、实悟，始知非言语可解。"① 闻道必须实修、实证、实悟，这在一定意义是对泰州自然学风的批评，反对过于自信良知完满而轻视功夫。而且，完全率性而行，容易出现混同情识与天理的弊端，故孙应鳌认为："拟之而后言，议之而后动，拟议以成其变化，乃君子之道也。不曰'如之何'，则凡时之常变、势之轻重、理之是非，皆不拟议于心思而率意以言。径情以动，其言为妄言，其动为冥行，'吾末如之何也已'。"② 泰州学派确实存在"径情以动"的倾向，他们往往反对拟议安排功夫，这就极易消解传统道德规范，使道德蹈空不实，而言为妄言，动为冥行。出于理学家的性格，孙应鳌改变了他在一定视角上赞同的"现成良知"，而极力反对泰州后学以情识为理、为良知的弊端。

再看李渭之"先行论"。李渭所处的时代，阳明学末流虚浮空疏之学风日盛。李渭之所以提出"先行论"，其中一个重要因素，也是针对泰州放任浮虚的学风。强调先行，其本身就包含了对功夫的强调，就是为要张扬避虚就实的实学倾向，这正是孙应鳌、李渭在与泰州的互动中，通过更深一步的了解后，经觉悟尔后发出的警醒。

第二节　孙应鳌与徐樾

徐樾的学派归属难以论定，一说以为泰州，一说以为江右。

一、徐樾其人

徐樾，字子直，号波石，江西贵溪人。樾少时曾事阳明，继而卒业心

---

① 孙应鳌：《孙应鳌文集》，贵州教育出版社 1996 年版，第 202 页。
② 孙应鳌：《孙应鳌文集》，贵州教育出版社 1996 年版，第 273 页。

斋之门。学者以为波石之学"以现成良知为言，以不犯做手为妙诀"。嘉靖十一年（1532）中进士第后，徐樾历官部郎，出任臬台。嘉靖二十三年甲辰（1544），徐樾以副使督学贵州（与蒋信为前后任）。《贵州通志》载曰："徐樾，字子直，贵溪人，进士。嘉靖二十三年，以副使督学贵州。"关于徐樾的陨亡时间，记载两歧。一是《明史·云南土司传》告，樾被害作嘉靖二十九年，与孙应鳌《功冠南荒卷题辞》中所述波石于庚戌死难元江，证之吻合。独清先生《年谱》从其说，故谓："嘉靖二十九年庚戌，徐樾升云南布政使。初，沅江土舍那鉴杀知府那宪，收其印，应大猷以闻，朝议讨之。……樾以督饷至南羡，毅然请行，鉴伏兵袭之，樾死。"二是《国榷》作嘉靖三十年，《明儒学案》作三十一年，徐儒宗著《江右王学通论》从其说。然笔者以为，后说据浅。今依《明史》。关于徐樾的门派归宗，有以因其为江西贵溪人而划归江右王门的；有以师承论而划归泰州学案者，徐儒宗认为"受业于非江西籍王门传人的江西籍弟子，如徐波石受业于泰州的阳明弟子王心斋，而波石与其弟子颜山农以及山农的弟子罗近溪、梁夫山（何心隐）等都是江西籍人"，故依黄梨洲将其归之于"泰州学案"；本书认为，以同一学者在不同时期所起之不同作用及所生之不同影响论，同一人物完全可分属为不同之门派（尤其以地域分）。以徐樾在黔之作为与所秉之学术趣向论，将他归入非黔籍之黔中王门学者实不为过。

二、哭徐樾

对于徐樾的死，作为学生的孙应鳌甚悲，作《公无渡河哭波石先生》以祭："公无渡河，公竟渡河，坠河而死，当奈公何！河水何汤汤，毒疠淫澜沧。鱼不敢游，鸟不敢翔。公独何为驾旌航？旌航去迢迢，游魂杳难招。遐夷不庭国之耻，提兵只欲扫蛮妖。蛮妖未扫得，国耻几时消？阴霾阁天雄风起，落日昏黄杀气紫。军败力尽北面呼，不受骳屈宁受死。目乐

之山猛虎屯，混龙之桥恶蛟瞋。芳草萧艾异今昔，可怜同作战场尘。皇穹
万里岂复照，孤忠一点谁堪论。瘴烟雾兮草斑，彗蛊廻兮林殷。磷火青兮
云黑，阵鬼往来兮雨泪潸潸。南方不可诇，公当何时还？嗟乎！使人听此
凋心颜。"①从诗中随处可见的至臻之情，可见应鳌不忘自少从学徐师、与
公论学之深情厚谊。孙应鳌又在《功冠南荒卷题辞》中叹曰："余鳌少尝
从波石徐公论学，波石公庚戌死难元江，余览虹崖王公功冠南荒卷而悲
之，不忍言。"孙应鳌年少时，徐公对之至为预期，应鳌果乡试即以礼记
第一报先生，与徐公之诲有契。应鳌后来回忆始悟得"圣门之学，全在自
己身心上用功夫"②，"人之心体，定而已矣"。③ 他日后进一步体会到"圣
门之学，全在求仁"④，提出个"心"字与"仁"字"相粘"，归根结底，
心是仁，仁是心，"心外无仁，仁外无心"。孙应鳌"心体仁体"之学始在
徐公。

第三节　黔中王学与耿定向

一、孙应鳌师耿定向：德容是承，德音是听

孙应鳌与泰州耿定向交（定向后流入楚中，或归于楚中王门）于嘉靖
四十一年壬戌（1561），时应鳌36岁。他在给后者的一封书信《答楚侗公
书》中，提到"某近按平梁试士"，讲自己周历平凉各地，考试儒生一事。

① 孙应鳌：《学孔精舍诗稿》卷二，《孙应鳌全集》（四），贵州民族出版社2016年版，第148—149页。
② 孙应鳌：《四书近语》卷四，《孙应鳌全集》，贵州民族出版社2016年版，第206页。
③ 孙应鳌：《四书近语》卷四，《孙应鳌全集》，贵州民族出版社2016年版，第206页。
④ 孙应鳌：《四书近语》卷四，《孙应鳌全集》，贵州民族出版社2016年版，第207页。

此语是否可以推断，孙应鳌与耿氏的结识，时间已在此信之前不久？紧接着，依然是在这一年，为祝耿定向母秦氏六秩，应鳌作《荣寿纪遇篇》，以其中《奉祝静庵耿公泊秦太夫人》一文贺之。

耿定向，字在伦，号楚侗，黄安人。官至户部尚书，督仓场，求退，卒年73岁，赠太子少保，谥恭简。著有《耿子庸言》、《先进遗风》、《硕辅宝鉴》、《耿天台文集》，事迹详《明史》本传。张居正夺情，定向寓书，誉为伊尹而贬言者，时议訾之。《四库提要·耿天台文集》："考与居正书在第六卷中，核其词意，盖求宽言者之罚，不得不先解居正之怒，求解其怒，不得不先顺其意而使之喜，于是借伊尹之任以献谀颂，遂为天下口实。"耿定向自己在《耿子庸言》中也不得不承认："然议论多而操履少，遂不免有迎合居正事，为清议所排。讲学之家往往言不顾行，是亦一证矣。"耿定向的自行检讨，可谓态度侃切。定向的其余行迹，尚未见诸《明史》，然查继佐《罪惟录·耿定向传》则有几处载录：或曰"于阁臣分宜严嵩无所献，且荐江陵曰：异日托孤寄名之才也"，此乃其一；或曰"督学南畿，荐海忠介瑞于华亭阶，入为主事"，此又其一；或曰"神宗立，江陵励精辅治，后寝苛急，定向书归之，不甚入"，此再其一。

孙应鳌与耿定向交，有见于《衡庐诗稿后序》："楚侗耿子自南都寓书余曰：'子今得为仁之依，舍庐山子莫可究竟者。'又寓书庐山子曰：'淮海子入蜀，其为子贺得良朋。'"[1]此语中，涉及孙应鳌与耿定向，还有胡直，共三人。三人皆阳明后学，虽岁齿有异，亦为同代，彼此间互为赞赏，相为砥砺。孙应鳌于《衡庐诗稿后序》中，分别将定向对胡直、定向与应鳌自己的赏评作了交代。谈到耿定向对胡直的品评时，孙应鳌忆曰："楚侗耿子自南都寓书余曰：子今得为仁之依，舍庐山子莫可究竟者。"耿定向寄书孙应鳌，对胡庐山之仁倍加称扬。"又寓书庐山子曰：淮海子入

---

[1] 孙应鳌：《衡庐诗稿后序》，《孙应鳌全集》，贵州民族出版社2016年版，第25页。胡直著：《衡庐精舍藏稿》，载《胡直集》，中华书局2016年版。此为应鳌为胡庐山诗稿之序也。

蜀，其为子贺得良朋。"耿定向对应鳌亦是欣喜赞之，视为良朋。这一点应鳌是心领会之的，"以余二人合并之益，即楚侗子在数千里外，犹相为慰藉"。可见，在当时国内学术界，至少在耿定向眼里，黔中王门孙应鳌与江右王门之大师级人物胡直的学望，是可以等量齐观的。由于受到耿定向之倍加推挹，孙应鳌官陕时曾作有《答楚侗公书》，表达了其对伏谒定向门下的欢欣之情：

> 某近按平凉试士。五月二十八日，孟大参政致到尊札，不胜忻忻！某企道德，为岁久矣，虽未觐觐光辉，然每窃伏自念宇宙至广大，士生其间，即异代不必论，幸而偕其时，以豪杰称，卓卓以圣贤自表树者，虽不能接颜色，得昕夕，倚下风，鄙心诚向往之。伏惟门下，卓卓以圣贤自表树，为一时豪杰，故某之向往最久。然不自意，迩来得遂伏谒，是昔日之徒以精神相周旋者，今且德容是承，德音是听，何其幸也。①

孙应鳌师于耿定向，已然到了"德容是承，德音是听"的程度，他俩交流的话题，无不涉及儒门之紧要处，其中"温故而知新，可以为师"一语，且视之为万世师道之准，万世师道之极则。孙应鳌曰：

> 门下尊札问及学政，可并心为者门下，备师道矣，某何能仰赞万一！惟是，世道理乱，关于人才；人才成就，系于师道，则人人能言之。至师道之以克举，其职称于时者，勤力校阅，品评不爽已耳！猎名词华，驰誉经学已耳！若师道之若是，则其克举宜无难。尝考诸《荀子》曰："师术有四：而博习不与焉，尊严而惮，可以为师；耆艾而信，可以为师；诵说而不陵不犯，可以为师；知微而论，可以为师。"此荀子大醇之言，似矣，而未尽者也。②

此段引及荀子之师术者四。此四者，真廪然大旨存焉。接下来又引孔圣耳

---

① 孙应鳌：《答楚侗公书》，《孙应鳌全集》（四），贵州民族出版社 2016 年版，第 73 页。
② 孙应鳌：《答楚侗公书》，《孙应鳌全集》（四），贵州民族出版社 2016 年版，第 73 页。

熟能详之圣言：

> 孔子曰：温故而知新，可以为师。此则孔子示人以万世师道之准，师道之极则也。温故知新，学者多以所闻所得为解；谋妄意谓"故"者，当如《孟子》"言性则故"之"故"；"新"者，当如《大传》"日新盛德"之"新"。凡天地万物之实体灿然具陈，是则所谓"故"也；天地万物之真机昭然不息，是则所谓"新"也。二词虽有显微之不同，其总括于人心，远行于人心，生生之妙，一也。能温，则实体之总括者不悔；以知，则真机之远行者不滞。不悔不滞，则天地万物合为一体。天地万物合为一体，则仁；仁，则成己成物，位育参赞，皆其能事。成己成物者，师道也，师职也。故子思作《中庸》，亦以温故知新，专承圣人发育峻极之大道，此孔子家法也。故某妄以孔子温故知新之旨，为孔子示人万世师道之准，为师道之极则者，此也！①

孙应鳌此番论述，完完持于心学之立场立论，天地人心，总括而一。故与新，温而后知，成己成物，皆不悔不滞，总括而归一。孙应鳌特别声明道，这是他早早即有的想法：

> 此见蓄之久矣，年来谬叨师职，愧浮声虚影，不能有所自立。故每每于门下，卓卓以圣贤自表树者倾心焉。学绝道丧之余，颛蒙者锢蔽而不知，离判者轻侮而不信，其有一二知从事者，又徒饰荣名，不求实际。发愤之念方起，惰慢之气已生，则世道之不唐虞，人才之不皋夔，何憾！某诚愿门下永肩是任，则斯文幸甚！虽顽钝，其忍自弃捐以负门下，伏惟门下为道为国保重！②

从此段所述之实际内容上看，孙应鳌所谓伏谒耿定向门下，此"门"之实

---

① 孙应鳌：《答楚侗公书》，《孙应鳌全集》（四），贵州民族出版社 2016 年版，第 73 页。
② 孙应鳌：《答楚侗公书》，《孙应鳌全集》（四），贵州民族出版社 2016 年版，第 73—74 页。

质乃为儒门之大道，并非一门一派之小径。

就门派的归属论，有将耿定向归于泰州学派者，其实耿定向"学无常师"，于思想上非常推崇阳明门下的王艮、邹守益和罗洪先，甚而亦曾表示，愿意"私淑"王艮。"依照时下的说法，以上三人分属'左派'（或'现成派'）、'正统派'（或'修正派'）和'右派'（或'归寂派'），如果天台与此三人均有思想渊源的话，真可谓是一种奇妙的组合。所以我一向认为，有关阳明后学的学派划分只具有'方便法门'的意义，因为按照后人的眼光对阳明后学各色人物加以区别归类之际，总免不了某种立场的预设，而有可能忽略阳明后学各派之间在思想观点上彼此重叠的复杂面相"①。笔者在研究黔中王门及其思想时，把一些非黔籍学人，特别是已被时下归于诸如江右王门、泰州学派以及楚中王门的一些学者，再次归入黔中王门，或者与黔中王学有密切联系者，的确也只具有"方便法门"的意义。当然，尽可能做到不"忽略阳明后学各派之间在思想观点上彼此重叠的复杂面相"，的确是应该认真加以关注的一个问题。比如既有人将耿天台归于泰州学派，也有人"认为耿天台并不适宜归入泰州学派"②，而属之楚中王门。在这里，笔者绝无意将耿定向归于黔中王门而授人笑柄，不过考虑到他与黔中王门孙应鳌的某种关联，并从中梳理出一些有价值的思想因素，则是值得一做的工作。

二、李渭师耿定向：自觉"三个不同"

经过考察可以大致认定，李渭中年以前的思想，受泰州学人耿定向、罗汝芳，浙中学人王畿影响较大。耿、罗、王三人的思想倾向，从本体与功夫之关系这一角度来看，都可以归之于重本体的现成良知派，或称为左派。中青年时期的李渭，主要与耿定向、罗汝芳有着亲身的，甚至是较为

---

① 吴震：《泰州学派研究》，中国人民大学出版社 2009 年版，第 16—17 页。
② 吴震：《泰州学派研究》，中国人民大学出版社 2009 年版，第 16—17 页。

密切的交往，这些交往，无疑对李渭中青年时期思想的发展产生了重要的影响。对于受耿、罗影响，李渭是这样描绘自己的思想历程的："吾于此学，入白下时，觉与官和州时不同；登天台时，又觉与白下时不同；与近溪遊月岩，又觉与前不同。"李渭用了三个"不同"，把自己中青年时期的思想区分为三个不同阶段。耿定向的弟子焦竑亲睹了他们之间的交往，故有如下见证："公（李渭）自言于学入白下见耿师与居和州时不同，过楚登天台又觉与白下不同，与近溪游月岩复觉有不同者。"① 也用了三个"不同"。这三个"不同"，就成了中青年李渭思想发展的三个里程碑。李渭第一次面谒定向，是于嘉靖四十二年（1563），"岁癸亥余师天台耿先生，董南畿学，同野李公从之游，余（焦竑）乃获交公。"② 李渭初次从游于天台耿先生的同时，也认识了定向的学生焦竑。这次面谒耿师，感觉自己思想与之前有了不同。第二次不同，发生在穆宗隆庆元年（1567），李渭又拜定向，"忆昔隆庆丁卯间关来黄，俟我于天台"③。而第三个"不同"，则是从游于罗汝芳于月岩而产生的。三个"不同"说明，李渭在中青年的不同时期，通过与泰州学人的学习与交流，加深了对阳明学的理解，从而对自己的思想学说做了相应的调整，学乃进益焉。李渭与泰州学者渊源最深，在有了第一个"不同"的感叹后，他肯定地确认了自己学问之路的开端，云："吾之知学，自耿先生始。"④ 李渭年虽长于耿定向，然甘拜少者为师，态度极其坦诚，于是"有深省，遂就弟子列"⑤。

又是什么原因促使李渭发出了第二个"不同"的感叹呢？隆庆丁卯，李渭"入觐过麻城，从耿楚侗先生登天台，楚侗示八语：'近道之资、载道之器、求道之志、见道之眼、体道之基、任道之力、弘道之量、达道之

---

① 焦竑：《澹园集》，中华书局 1999 年版，第 932 页。
② 焦竑：《澹园集》，中华书局 1999 年版，第 930 页。
③ 耿定向：《墓志碑铭祭文》，《耿天台先生文集》卷十二，明万历刻本。
④ 焦竑：《澹园集》，中华书局 1999 年版，第 933 页。
⑤ 焦竑：《澹园集》，中华书局 1999 年版，第 930 页。

才，八者阙一不可。'对曰：'渭于八者，独愧见道眼未醒耳。'"① 耿定向揭示"道之八者"，对李渭震撼极大，八语的关键、中心在于见道之眼，而李渭愧称自己"见道之眼未醒"，将此问时时挂记于心，久不释怀。后来耿定向才在李渭殁后所拟祭文中，披露了当时的用意。耿定向《祭李同野》云：

> 嗟嗟湜之，吾赖子翼主道盟，延此学脉于奕世，而今讵已耶。前年丧胡正甫，去年丧罗惟德，同志落落如晨星，而湜之又继之长逝，斯道将何？吾兹将谁翼！忆昔隆庆丁卯间关来黄，俟我于天台，尝订以适道八语。唯吾湜之，冲夷和粹，穆如条风，乐易温良，盎然冬日。盖所谓近道之资，载道之器而体道之基者，寔由于天植。吾固谅其可远到而无难者，故复勖之以任重诣极，盖谓见道乃能以弘道达道矣。繁世学人聪明特达者，立谈觌体矣。躭虚见而勘实际恂谨好修者，履绳践矣，多自封而鲜灵识。实具此见道眼者，戛乎难哉，亦各溺于其质矣。惟吾湜之，汲汲皇皇求友，四方周略就正，蹴屫裹粮，辨弗明而弗措达，忽启于成章。所谓求道之志，任道之力，又克兼之，以故沂孔门之真谛，恢越中之遗绪。学主同仁归乎，无意转见为知，如种在地，功深于己百己千悟彻。夫不学不虑，湜之于斯道卓乎有见，可谓具眼矣。②

近道之资、载道之器、体道之基，在耿定向看来，都是讲人具有的先天能力。这种能力来源于天，是天命所赋予于主体的，即是见其道，就要弘其道、达其道。世间非常聪明的学人，立即谈体当面见体，从本体用功，但是有的耽误、沉溺在心体上成了虚见、假象，而很少去实际的恭顺谨慎的修行、实践。即使具有见道之眼，知晓其主旨，但往往又缺乏其他各项能力，这也是非常难的。耿定向赞扬李渭具备各项能力，达到了儒者贤人的

---

① 郭子章：《参政李渭》，《黔记》卷四十五，明万历三十六年刻本。
② 耿定向：《墓志碑铭祭文》，《耿天台先生文集》卷十二，明万历刻本。

要求。他认为李渭不仅有求道之志，也兼有任道之力，这既是发扬孔子以来儒学的真精神，也是继承、发展了阳明的学旨。鉴于此时李渭已然去世，耿定向总结了李渭的学说，指出其学以"仁"为归，以"仁"为体，又提出"毋意"功夫以实现仁体。认为李渭的"毋意"可以释之为阳明的"良知"，"毋意"与"良知"有所关联。耿定向诠言："如种在地，功深于己百己千悟彻。"这也是李渭所曾宣称之"以不学不虑为不勉不思种子。以人一己百，人十己千为无纤毫人力功夫。"[1]主张直接在心体上发力，这也是一种简易直截、自然顺适的功夫，不必另施功夫。此即所谓"见道之眼"。

看来，李渭的确在他中年时期学习、吸收了泰州"现成良知"思想。这还可以从他与耿氏兄弟的多次交往中捕捉到。焦竑云："公（李渭）往谒，夜与先生弟子庸论，亟称明道'识仁'语，子庸不答也。俄疾呼：'同野在否？'公应曰：'在'。子庸曰：同野在，乃从明道'识仁'。公为之洒然。"[2]李渭在与耿定理（子庸）的讨论中，亟称程颢"识仁"，子庸则以禅家机锋方式点拨，人人本有仁体、良知，其现现成成、当下即是、无须思索。此乃泰州学人一贯基调，李渭遂接受了耿定理现成良知的思想。后来，李渭的学生萧重望也认为，老师曾经反对"加诚敬于仁体，因防检废兢业"[3]。主张直接从心体良知上用功，不主张采用严谨的、艰苦的诚敬防检功夫。《耿天台文集》记载了李渭与耿定向、胡直三人的一次关于本体功夫的讨论：

> 近世奢虚见，以言道而不知学，异于孔子指矣。胡正甫谓予分别"道、学"字，言若支也。它日正甫书来，曰：予以尽性至命为宗指，以存神过化为工夫。子曰：兄如此分别，即予以道

① 萧重望：《同野先生年谱·序》，《黔记》卷十四，明万历三十六年刻本。
② 焦竑：《澹园集》，中华书局1999年版，第930—931页。
③ 萧重望：《同野先生年谱·序》，郭子章：《黔记》卷十四，西南交通大学出版社2016年版，第366页。

为宗指（旨），以学为工夫，何不可？嗣正甫语李湜之曰：或谓吾言过大。吾谓若耿子言不尤过大乎？何者今天下语道语学皆混于二氏，且凡天下小道浅学咸莫非道与学也。……是故以尽性至命为宗指（旨），吾儒之道而意非泛宗也。神即性也，神无思无为，不学不虑。予恐今人以思为学、虑为性，因示之以存神过化，欲其不思为思，不为为为，不学为学，不虑为虑。是故以存神过化为工夫，指吾性之灵而意非泛工也。子以为然否。余曰：言道不知学，异学也；言学不知道，俗学也。夫率性之谓道，修道之谓学，学志于道，道率于性，性性为能存神，存神为能过化。彼真知道者，学在其中矣。真知学者，道在其中矣。故曰："工夫即本体，本体即工夫"，予与正甫之旨一也。①

这又是一次关于黔中学人与泰州、江右学人思想互动的直接资料记载。他们三人主要探讨了本体功夫的问题。耿定向举"道与学"之关系引出话题，云道是宗旨，学是功夫，强调道与学的统一。他申明，如只论道而无视学，会陷于空虚无物而入于佛道异端。反之，只知学而欠道，则不能化为儒家境界，流于浅道俗学。故，道与学为一体，即本体功夫之一致耳。虽然耿定向讲"工夫即本体，本体即工夫"的本体功夫结合，但综观其说，他更多的是强调本体，依然是泰州"良知现成"论风格。耿定向、胡直"以存神过化为工夫"，走的都是所谓"高明"一路。李湜则提出"毋意"说，也是希望直接进入高明境界，达到理学家常言之"尽性至命"之目的。其云：

> 知毋意即千思万虑，皆毋意也。知无纤毫人力，即已百己千实无纤毫人力也。学是学此不学，虑是虑此不虑而已。"②

李湜的这一说法，显然有契于耿定向所谓"不思为思，不为为为，不学为学，不虑为虑"，他们都担忧"今人以思为学，虑为性"，而使本体落入形

① 耿定向：《书牍》，《耿天台先生文集》卷六，明万历刻本。
② 焦竑：《澹园集》，中华书局1999年版，第931页。

下经验之中。这就是他们的"无功夫之功夫",又即"本体功夫"。

耿定向之弟耿定力作《李同野先生墓志铭》:"公文学,自却妄念,以至谨一介取与,去拘士岂远哉?道林先生破其拘挛,余伯兄谓之有耻,仲兄直指本心,近溪喝其起灭,卒契毋意之宗。"① 同时对耿定向、罗汝芳、李渭三人的学问作出了言简意赅的品评。

进一步讨论本体与功夫,耿定向有著名的"学有三关"论,如有学者概括为"即心即道的本体论,即事即心的功夫论,慎术的知行论"。"三关是一个整体,透此三关,则有对本体的觉解,有对功夫原则的持循,有对具体进学道路的指示。定向的学术,表现出一种中庸的、不激不偏的圆熟形态。"② 对李渭影响极大的是"即心即道"、"即事即心"这两关,即耿定向的本体论和功夫论。一定意义上,李渭之"毋意"即等同于耿定向之"即心即道",都是对心性本体的觉解。耿定向说:"学者须从心性尽头处了彻,使知性之本真,原是无思无为;使知上天之载,原是无声无臭,浑然一贯矣。"③ 耿定向强调直接在心性本体上用功,即"以存神过化"的本体功夫。他对良知心体现成完满充满自信,提倡无思无为,率性而动而行。李渭的"毋意"也是如此。不仅如此,耿定向随即强调即事即心,潜意识中也担忧过于"高明"的路线成为虚见,故补之以"世学人聪明特达者,立谈觊体矣。躭虚见而尠实际恂谨好修"的说法,也对李渭产生影响。即事即心,使李渭极力践行事功,受到耿定向的赞扬:"兴利除患,莫可具数。民没世而不忘,各尸祝于尊俎。"④ 所谓"即事即心"所应有的反应和表现,就是要把心性本体与事功有机结合起来。李渭认为:"省里甲,氓隶庸,调奖孝弟力田者,导不谊以教化,措法比不用,此即仁,何以加

---

① 耿定力:《李同野先生墓志铭》,《黔诗纪略》卷三,贵州人民出版社 1993 年版,第 135 页。

② 张学智:《明代哲学史》,北京大学出版社 2000 年版,第 275—277 页。

③ 耿定向:《与周柳塘》,《耿天台先生文集》卷三,明万历刻本。

④ 耿定向:《墓志碑铭祭文》,《耿天台先生文集》卷十二,明万历刻本。

诸?"。① 这里，已经可以见出李渭思想的逐渐变化：良知心体就存在于具体事功之中，空谈心性，无益于事。这为他后来提揭"先行"之说埋下了理论上的伏笔。由于耿定向"即心即道、即事即心"的提出，李渭附之以"措法比不用，此即仁，何以加诸"？李渭的学说与耿定向一样，也表现出了一种不激不偏的圆熟形态。

耿定向秉其学法三关，又云："近世学术，无论虚浮者流，即负真志称有得者，类拾伯阳之余唾；称妙悟者，类剿《楞》、《坛》之半解；笃修者，类宗先儒之格式。于尧舜周孔真学脉已辽逖。于是高明一行多疏脱，愿谨一行多迂执。"② 高明、妙悟的学者接近于佛禅，"多疏脱"忽视了实际的、具体的道德践履功夫；而笃修者往往又恪守传统程朱的藩篱，不敢超越，多迂腐执着。二种类型都不符合儒家的学脉、精神。李渭也做了总结："万间新学甚盛，士子竞务讲席以为名高。其言既不皆于正，而其行又绝无以副之，则狂妄之病中之深也。"③ 又说："晚宋儒者，握拂矩步，自以无前，而不能当于用，往往为姗笑者之口实。"④ 他也如同耿定向，对"高明"之王畿狂禅与"愿谨"之程朱两种倾向提出了批评。

李渭与耿氏门人的交往，到了亦师亦友的境界。李渭去世时，耿氏兄弟及门人悲痛至极，耿定向书《祭李同野》深表怀念，耿定力亦著《李同野先生墓志铭》深表怀念，定力又代定向为之墓铭云："明好学君子之墓"。耿定向弟子焦竑更是悲痛万分，作《参知李公渭传》追忆云："余乃获交公，及公历中外相去万里，不忘以学相商证，而今已矣。是不可使无传，乃为作传。"⑤

李渭的第三个"不同"，是由他十分幸运地结交了泰州学案巨擘罗汝

---

①　李渭：《修思南府学碑记》，《黔诗纪略》卷三，贵州人民出版社 1993 年版，第 131 页。

②　耿定向：《与张阳和》，《耿天台先生文集》卷四，明万历刻本。

③　万斯同：《列传》一百五十九，《明史》卷三百八，清抄本。

④　焦竑：《澹园集》，中华书局 1999 年版，第 933 页。

⑤　焦竑：《澹园集》，中华书局 1999 年版，第 930 页。

芳近溪先生所带来，近溪其人与浙中王畿齐名，人称"二溪"。李渭拜谒近溪，所受影响弥深，影响至大。隆庆年，李渭从近溪游南岳月岩，此一游非同小可，又觉与前"复又不同"，使李渭思想上又获至一大进阶。

罗汝芳，号近溪，江西南城人，由进士历官参政。据《石鼓书院志》载云：近溪"隆庆年间与太守李同野渭游南岳"①。如果说同游南岳月岩是他俩的初次面晤，就已使李渭大受其益，可喜的是四年后又迎来了他俩的再次重逢。万历二年（1574），李渭左参政于云南，近溪恰任云南屯田副使，二人同地为官共四年，真是天赐良缘，二人的学术交往与互动进一步加深。是年冬，二人会于五华书院，"万历甲戌季冬方伯谷方公，宪长西岩顾公，大参同野李公，禹江张公，宪副浙江张公，偕予集会五华书院"②。近溪的思想倾向，正如有学者指出："王艮'良知现成自在'的思想，发展至罗汝芳，提出'赤子良心，不学不虑'的宗旨，将良知现成的思想发展到极端。"③也就是说，近溪不仅认为良知不学不虑、先天具足，还进一步主张人眼前的意识状态便是良知心体，"浑沦顺适，眼前即是"④。如此的思维模式，使得近溪非常擅长破光景。他认为如果稍微有所勉强不自然，得到的心体只能是虚假光景："后人不省，缘此起个念头，就会生个识见，露个光景，便为吾心实有如是本体，本体实有如是朗照，实有如是澄湛，实有如是自在宽舒。不知此段光景，原从妄起，必随妄灭。"⑤近溪的这一功夫特征，诚如有学者指出："罗汝芳总是力图用对方与自己谈话的当下意识状态指示本心，把这种专心不杂、不预期、无喜怒的意识状态说成是人本有的良知良能。他所强调的并不是意识活动中的伦理性质，而是意识反应的自然性。"⑥对近溪的这种学术特性的揭示正好说明，李渭

① 李安仁：《石鼓书院志》上部，明万历十七年王大韶刻本。
② 罗汝芳：《会语》，《明道录》卷八，明万历十三年詹事讲刻本。
③ 张学智：《明代哲学史》，北京大学出版社 2000 年版，第 256 页。
④ 黄宗羲：《明儒学案》，中华书局 2008 年版，第 768 页。
⑤ 黄宗羲：《明儒学案》，中华书局 2008 年版，第 768 页。
⑥ 陈来：《宋明理学》，华东师范大学出版社 2004 年版，第 284 页。

的第三个"不同"的原因，正来自于"近溪喝其起灭，卒契毋意之宗"①
这一近于禅师偈语的学术事件。近溪从李渭与自己谈话的当下意识状态
中，向其揭示了心体的应有状态，使人认识到心体的当下呈现，是自然而
然、无所预期。近溪告喻李渭："本体原无间断，学者不可在起灭上做工
夫。"②近溪帮助李渭破除了意念上的拘束和起灭，要求做到不起意，契毋
意之宗，成就了李渭"毋意"的开端。

　　由于受到罗近溪的指点，李渭深刻地感受到："予昔日工夫亦有起灭，
被近溪大喝，通身汗浃，自是欲罢不能。"③在近溪近乎禅师机锋般地指点
下，李渭顿觉醍醐灌顶，学问方觉大获突破，就有了这第三个"不同"的
感叹："与近溪遊月岩，又觉与前不同。"至此李渭尝云："孔子毋意，孟子
不学不虑，程子不著纤毫人力，皆是不安排。知毋意脉路，即日夜千思万
索，亦是毋意。知无纤毫人力脉路，即人一己百，人十己千。如此用力，
实无纤毫人力。"④对于李渭"毋意"，与近溪所主张一样，"皆是不安排"，
即是近溪强调的"浑沦顺适，眼前即是"，皆是主张自然而然、当下即是。
李渭所云"无纤毫人力脉路"，即是近溪所云"工夫难得凑泊，即以不屑
凑泊为工夫"⑤，二人都是主张以"无功夫为功夫"。李渭云"如此用力，
实无纤毫人力"，即是近溪所云"解缆放船，顺风张棹，无之非是"⑥，二
者皆运思于"现成良知"论域。

　　罗近溪对李渭的影响，还表现在对"孝悌"的诠释。近溪晚年同与李
渭于云南为官，他"此时以'孝悌慈'为宗旨，认为孝悌慈是人心之本，

---

① 莫友芝：《黔诗纪略》卷三，贵州人民出版社 1993 年版，第 131 页。
② 郭子章：《黔记》卷四十五《乡贤列传二》，西南交通大学出版社 2016 年版，第 983 页。
　　此处"吾人通天地、民物、死生，皆是物本体，原无间断。学者不可在起灭上做功夫"
　　标点有误。应为"吾人通天地、民物、死生皆是物。本体原无间断，学者不可在起灭
　　上做工夫。"
③ 莫友芝：《黔诗纪略》卷三，贵州人民出版社 1993 年版，第 131 页。
④ 莫友芝：《黔诗纪略》卷三，贵州人民出版社 1993 年版，第 132 页。
⑤ 黄宗羲：《明儒学案》，中华书局 2008 年版，第 762 页。
⑥ 黄宗羲：《明儒学案》，中华书局 2008 年版，第 672 页。

儒家一切学问的根基和归宿，其理想是将之推广至家国天下"①。此也是泰州学派欲使儒学世俗化、平民化之不断努力的表现，正与李渭心性仁体内涵之一为"孝"的观念不谋而合。就这一话题，罗近溪与李渭进行了直接的交流。近溪云："如《大学》诚意、正心、修身是所谓学，而齐家、治国、平天下是所谓仕，中间贯穿一句只明明德于天下。至其实实作用，则只是个孝者，所以事君弟者，所以事长慈者，所以使众。上老老而民兴孝，上长长而民兴弟，上恤孤而民不悖。细细说似有两件，贯通实为一事。"② 把《大学》"八条目"分为"学"与"仕"，中间一个"明明德"所贯穿，其实都是以一个孝字为根本，"孝"是贯通一切的。罗近溪的观点深为李渭认可，李渭也主张立"孝"为"大"、为"本"，且云："各欲自尽心……此其为孝，敦实崇本，不为文、物。绍南有茂之、仰之二弟，兄克友厥弟，弟克恭厥兄，闺阃怡愉，既翕且乐，此其为孝，修身齐家，笃近范远。予所谓识其大也。和气所溢，将横四海，天地不可佐辅，圣天子纯孝治理哉！"③ 孝是主体内心敦实崇本品质的要求，不能追逐外在"文"、"物"的表面礼仪，一定要全尽自己良知本心。孝所具有笃近范远的品格不仅能修身齐家，适用于处理家庭关系，而且能国治天下平，"孝"用之于治理社会、治理国家，是所谓"大孝"、"纯孝"。如同近溪一样，李渭也主张把"孝"推展到一切领域。李渭关于"孝"的言说也正好配合了泰州学人将儒学不断世俗化、平民化、家族化、功利化的运动。与此同时，"孝"的问思也是阳明心学非常重要的内容和题中应有之义，万斯同曾认为："（李渭）复与罗汝芳相得其大要，以万物一体为主而归之于自然。"④ 于是在云南期间，近溪与李渭不仅讨论了"孝"，还提揭了彼此关于"万

---

① 张学智：《明代哲学史》，北京大学出版社 2000 年版，第 267 页。
② 罗汝芳：《会语》，《近溪子明道录》卷八，明万历十三年詹事讲刻本。
③ 《嘉靖·道光·民国思南府县志》，思南县志编纂委员会办公室 2002 年版，第 368—369 页。
④ 万斯同：《列传》一百五十九，《明史》卷三百八，清抄本。

物一体"的思想，近溪尝云："念念以天下为一家，而不计自己之家。以中国为一身，而不顾自己之身。……思欲老老以及人之老，长长以及人之长，幼幼以及人之幼。"[1]"万物一体"即以天下为一体，以天下为一家，而不计一己之小家；以天下为一身，以中国为一身，而不计一己之私身。李渭对近溪的观点深表赞同，也阐明自己"万物一体"之观念："惟是念念在民，令同归蔼然一体中，吾之愿也。"[2] 把天下视为高于一切，他们的境界与张横渠"为天地立心，为生民立命，为往圣继绝学，为万世开太平"的宏愿一样，都达到了一个真儒所应达到的境界。

三、李渭的"第四个不同"

若要指出李渭与罗汝芳、王艮、王畿等的思想上的区别，则须把李渭思想作一完整的考察和理解，尤其是李渭晚年的思想。"天泉证道"后，王阳明留下了关于"本体上言工夫"与"工夫上言本体"[3]的两可之说，导致阳明身后出现了两种致思之路，不过其中也有一些基本的范畴可作互通，使得阳明后学彼此之间论说多歧，表现出你中有我、我中有你的复杂面相。应当说，王畿、耿定向、罗汝芳的学说基调，基本是从"本体上说工夫"。"耿定向的真机不容已直从心性不容隐藏、不容假借处识取，是简捷功夫。这种功夫途径与罗汝芳的顺适当下相去不远。"[4]与泰州王学总体喜好"高明"一路相较而言，李渭中青年时期的思想，主要集中于他的"毋意"论，是非常接近王畿、耿定向、罗汝芳等人的现成良知论的。但不同的是（这或许是李渭的第四个"不同"），李渭晚年对自己的思想作了重大

---

① 罗汝芳：《会语》，《近溪子明道录》卷八，明万历十三年詹事讲刻本。
② 莫友芝：《黔诗纪略》卷三，贵州人民出版社 1993 年版，第 131 页。
③ 参见王守仁：《传习录》卷下，《王文成公全书》，中华书局 2015 年版，第 145—146、154 页。
④ 张学智：《明代哲学史》，北京大学出版社 2000 年版，第 269 页。

的调整和修改，他功夫论上作的重大调整，就是用"先行"取代了"毋意"。由于李渭学说更加重视功夫，其致思之道也相应发生了重大转折，由认同近溪等人和主张"本体上言功夫"，转向了主张"工夫上言本体"。李渭的这一思想转变，不仅使他自己的思想跨越了一个全新的台阶，同时也使他同"二溪"等渐流入空疏者来了一个分道扬镳。这个转变为不久之后的有识之士所睹："李渭……万历间由粤东副使来任左参政，与滇人士讲明理学，与盱江罗汝芳同官。罗兼谈性命，而渭一意实践。"① 黔人莫友芝也指出："（李渭）参政云南，南城罗近溪汝芳为屯田副使……而滇人学者谓近溪好谈性命，同野则一意实践，其俎豆同野犹愈于近溪。"② 罗汝芳主张良知"现成"的泰州学风好谈性命，且玄远高妙，难为滇人所领；而李渭"先行"之论务实，一心就要在实践处用功，人事上体验，在当时当地学者的眼中，李渭为学为教的笃实品格反而更受到尊崇。曾问学于南中唐荆川、江右罗念庵的李渭门人徐云从认为："荆川文人，近溪学人矣，而不如同野笃实。"③ 李渭晚岁学风笃实，重视实践的品格，表现出黔中学人逆时流而动的鲜明的理论特色和独有的精神气质。

① 《（雍正）云南通志》卷十九。
② 莫友芝：《黔诗纪略》卷三，贵州人民出版社 1993 年版，第 132 页。
③ 莫友芝：《黔诗纪略》卷三，贵州人民出版社 1993 年版，第 132 页。

第十章　黔中王学与王门诸派的思想互动

第一节　孙应鳌与楚中蒋信

《明儒学案》中，蒋信明确归于楚中王门。

孙应鳌始交蒋信于嘉靖二十年蒋信提学贵州副使之时。与蒋信的交往，是孙应鳌问学经历中的重要事件。他在《道林先生诸集序》中回忆道："道林先生蒋公，嘉靖癸卯督学黔中，鳌未获见也。泊癸丑，鳌入仕，往来道武陵境，始见之。见则未尝不造膝移日，虽旋别去，凡谭说之入耳，鼎鼎于心，又未尝忘也。"[1]最初，孙应鳌虽未能在蒋信督学贵州期间得见，的确是一件憾事，因为蒋信的确是一位在讨论黔中王门及其思想时万万不可遗漏的人物。虽然黄宗羲《明儒学案》将蒋信归入楚中王门，在这里，由于蒋信的学术旨趣与学术经历，以及其与黔中后学诸子的互动和影响，我们把他兼归于非黔籍之黔中王门人物实不为过。学者认为，蒋信讲学是继阳明之后的第二次高潮，他培养了大批弟子，有蒋见岳等，特别是马廷锡、李渭、孙应鳌三人成就最大，构成了黔中王门的主体。其中所主张的马、李、孙三人是蒋信的学生，这一点是没有问题的，但对于孙应

---

[1]　孙应鳌：《道林先生诸集序》，《孙应鳌全集》，贵州民族出版社 2016 年版，第 20 页。

鳌是否在黔就学于蒋信并无交代。关于"孙应鳌未能在蒋信督学贵州期间得见"的情况，有黄国瑾《训真书屋诗文存·文存·跋王文成公画像》（不分卷，《黔南丛书》本）中"马心庵为龙场驿丞，及事先生，与李同野同学于蒋道林，而楚中王学流于黔"一语，亦未提及孙应鳌有当面受教于蒋信的史实。此事暂无确断，故存疑。

一、孙应鳌是否师从蒋信

蒋信，字卿实，号道林，湖南常德人。嘉靖十一年壬辰（1532）登进士第。授户部主事，转兵部员外郎，又出为四川佥事。后升贵州提学副使。黄梨洲称蒋信在贵州任上"建书院二所，曰正学，曰文明，……龙场有阳明祠，置祭田以永其香火。湖广清浪五卫诸生乡试，去省险远，多不能达，乃增贵州解额，使之附试。"①其"官贵州时，建书院二，左文明，右正学，群诸士讲之。凡所至，冀望指准，莫不鼓舞兴起"②。

嘉靖十八年至二十三年（期间的某段），蒋信提学贵州副使，修缮阳明书院，讲学文明书院，又新建正学书院。蒋信在《新建正学书院落成记》一文中，慨曰："昔吾阳明子尝居此矣，金声玉振不可得闻，要其随才接引多矣。越兹三十年，吾得从事于此，续大雅之音于久旷之后，岂其偶然欤！"阳明居此的时间为正德三年至五年（1508—1510），越兹30年后蒋信官此，为嘉靖十八年至二十年（1538—1540），蒋信并未任满而托病自行离去，应官止于嘉靖二十年，故前述所谓"嘉靖二十三年"亦可存疑。

蒋信和冀元亨、刘观时三人都是阳明的及门弟子，三人来自武陵，"故武陵之及门，独冠全楚"，楚中王门中，又有"道林实得阳明之传"③。

---

① 黄宗羲：《明儒学案》卷二十八《楚中王门学案》，中华书局 2008 年版，第 626 页。

② 孙应鳌：《正学先生道林蒋公墓志铭》，《孙应鳌全集》第四册，贵州民族出版社 2016 年版，第 79 页。

③ 黄宗羲《明儒学案》卷二十八《楚中王门学案》，中华书局 2008 年版，第 626 页。

《王文成公全书·年谱》中记蒋信等人追随阳明求学的事迹。又有《年谱》"五年庚午，先生三十九岁，在吉"条，记录了阳明离开贵阳赴知庐陵县，路楚中而会蒋信、冀元亨诸生的故事：

> 先是，先生赴龙场时，随地讲授，及归过常德、辰州，见门人冀元亨、蒋信、刘观时辈俱能卓立，喜曰："谪居两年，无可与语者，归途乃幸得诸友！悔昔在贵阳举知行合一之教，纷纷异同，固知所入。兹来乃与诸生静坐僧寺，使自悟性体，顾恍恍若有可即者。"既又途中寄书曰："前在寺中所云静坐事，非欲坐禅入定也。盖因吾辈平日为事物纷拏，未知为己，欲以此补小学收放心一段功夫耳。明道云：'才学便须知有用力处，既学便须知有得力处。'诸友宜于此处着力，方有进步，异时始有得力处也。"①

蒋信师从阳明门下之事实，由此足以证明。后来，孙应鳌在《正学先生道林蒋公墓志铭》中，亦对阳明与蒋信等相交的这段经历有所描述："始先生少与闇斋冀公元亨友善，交砥砺己。及阳明先生自龙场谪归，先生见焉。阳明谓冀公曰：'作颜子者，卿实也。'"冀元亨后来一直追随阳明，转辗东西，此处不予赘表。

王阳明于龙场的时候，曾对蒋信的诗作倍加称赞，蒋信"遂与闇斋师事焉"。据独清先生所按，蒋信为学初无师授，与冀元亨探索于书本间，实属之自学阶段，阳明谪龙场归，蒋信方与冀元亨、刘观时共师阳明（一说以为在龙场时已入师门：认为蒋信与冀元亨至贵州龙场拜王阳明为师，为阳明在龙场及门最早的亲炙弟子。刘观时是否到过龙场，说法不一，但《传习录》中有其与先生的教学互动的记录，足证其为阳明亲炙弟子）。

蒋信著有《桃冈日录》、《古大学义》、《蒋道林文粹》、《新泉问辩录》（合

---

① 钱德洪：《王阳明先生年谱》，《王文成公全书》，中华书局 2015 年版，第 1398—1399 页。关于阳明所论静坐功夫，笔者于拙文《王阳明"为教之变"中的本体与功夫》（《中国哲学》2009 年第 1 期，中国人民大学报刊资料中心）中有较详讨论。

著）等，这些著述包涵了他的致学与问思，无不对黔中学子施以影响，其《古大学义》，与孙应鳌《四书近语》，读来甚觉每多契合处。湘、黔等地方志，《贵州通志》、郭子章《黔记》、《常德府志》等等，甚多有蒋信迹录，故两地学人崇其学，尊称其为"正学先生"。

蒋信后入京师，又曾就学于湛若水甘泉，其"已应贡入京归，师事甘泉"，当时甘泉在南雍，其及门者甚众，于是让蒋信作教授师而分教接引。蒋信随后弃官而归，甘泉游衡山时，蒋信则跟从数月。"后四年入广东，省甘泉。又八年甘泉再游南岳，先生（道林）又从之"，"是故先生之学，得于甘泉者为多也。"①王、湛之学，虽各立门户，但均流入心学大系。《明儒学案》谓蒋信实得阳明之传，《明史》又谓蒋信学得之若水为多，实则，撮取两家之长，立己说为真，"非硁硁争门户者比"。蒋信曾与宜兴周冲，将师说集为《新泉问辨录》，称"湛之体认天理，即王之致良知也"，实为兼采融合之道，无疑是疏通王湛两家心学的一少有之良见。黄宗羲谓：其（指道林）论理气心性，可谓独得其要，而功夫下手反远。②

二、蒋信赞孙应鳌："志我者，孙山甫乎"

孙应鳌与蒋信虽于黔中失之交臂，确已神交乃久。孙应鳌第进士后，方于武陵面谒蒋信："往来道武陵境，始见之。见则未尝不造膝移日，虽旋别去，凡谭说之入耳，鼎鼎于心，又未尝忘也。"应鳌初次于武陵境造访蒋信，两人即由神交一变而为促膝面命，以年齿论，蒋长孙幼，以师徒言，自然是孙应鳌问师于蒋信。虽然时间短暂，孙应鳌很快离去，然其师诲喻之入耳，自然深契于心，孙应鳌留下的印象，以至于终生不能忘怀。是年应鳌27岁（嘉靖三十二年癸丑，1553年）。应鳌第二次会蒋信，已是四年之后事，嘉靖三十一年丁巳（1557），应鳌31岁，由于"以他事不

---

① 黄宗羲：《明儒学案》，中华书局2008年版，第627页。
② 黄宗羲：《明儒学案》卷二十八，中华书局2008年版，第628页。

为严嵩所用"，故"出补江西按察佥事"。他在江西任内短短时间里，做了一桩救人性命的大好事。应鳌先是分巡南昌道，捍卫有方，郡内安静无事。时部使者误捕九江三百人，应鳌出之公正，为请释，方使三百人得免以枉。邱禾实回忆曰："（应鳌）巡南昌道，适流贼大起，先生悉心捍御，取其魁，余听解散。因请释部使者所逮系三百人，全活甚众。"[①]郭子章曰："出补江西佥事，流贼起，公捍御得画，一道晏然。九江三百人误坐贼党，公一言出之。"[②]事后，应鳌祖母的去世，他决定回老家一趟，"归省，道武陵，问学蒋信"，于是有了第二次面谒蒋信的机会。应鳌在后来所作《祭蒋道林先生文》中回忆曰："丁巳，归省，溯流桃源，获聆謦咳，于今三年。"[③]蒋信自来多疾，对于蒋信的病体，应鳌印象弥深。难怪黄梨洲也说，蒋信"初看《论语》与《定性》、《西铭》，领得'万物一体，是圣学立根处'。三十二、三岁时病肺，至道林寺静坐，久之，并怕死与念母之心俱断。一日，忽觉洞然宇宙，浑属一身，乃信明道'廓然大公无内外'是如此，'自身与万物平等看'是如此，始知向来领会，元是思索，去默识尚远；向来静坐，虽有湛然时节，亦只是光景"[④]。蒋信作为心学的后继者，他的论"心"与阳明论"心"有何同异，与应鳌之论"心"又有何同异？蒋信于《桃冈日记》中，述及自己对"心"的认识和体会："人除却血肉，只有这一片精灵，唤做心。一动一静之间，正是这精灵元初本体。故心也者，无知而无不知，无为而无不为，不当于心外更求知。得此心者，又是何物？"[⑤]应鳌于《淮海易谈》中对"心"的讨论尤其多，除了受蒋信的影响，并与蒋信相为互动外，亦有大量归于心性之易的独创。此将于后文详加考述。这一次应鳌与蒋信相处了三天，"岁嘉靖己未冬十月，

① 邱禾实：《孙文恭先生传》，《孙应鳌全集》（四），贵州民族出版社 2016 年版，第 394 页。
② 郭子章：《黔记》卷四十五《乡贤列传二·理学》，西南交通大学出版社 2016 年版，第 980 页。
③ 孙应鳌：《孙应鳌全集》（四），贵州民族出版社 2016 年版，第 87 页。
④ 黄宗羲：《明儒学案》，中华书局 2008 年版，第 627 页。
⑤ 黄宗羲：《明儒学案》，中华书局 2008 年版，第 628 页。

某以省觐道武陵，侍论道林先生桃冈三日"，此本是应鳌在《正学先生道林蒋公墓志铭》中所作的回忆。他原本打算省亲之后，再回桃冈拜会先生，"期莅官之便再侍焉"，殊不知，二人的第三次会晤又不幸成了神交。当他三个月之后返回桃冈时，道林已于十天前离开了人世。孙应鳌感叹系之，不由得在《正学先生道林蒋公墓志铭》中叹曰："逾三月，某以莅官，复道武陵，未至前十日，先生属纩矣，十二月三日也。嗟痛哉！先生寿七十有七，感疾时，诸门人侍疾，惟论学无他语。疾革，作诗二首，歌咏传性传神之微。贵竹汪君若泮，持马君廷锡书至，仍就榻与论《中庸》首义，命其子如川、如止曰：'我化，柳孟卿侍我久，撰我行；志我者，孙山甫乎。'是夜分，瞑目衣冠端坐逝……"① 好一个"志我者，孙山甫乎"，两人虽说面晤不多，却有如此感慨，可见心缘如此。同时，孙应鳌对蒋信先生的心学功夫，亦有极为深切的感悟与认同，他谈到由于"先生病，久之哕血"，"于是寓道林寺一室自养，默坐澄心，常达昼夜。一旦忽觉此心洞豁，宇宙尽属一生，呼吸疴瘵，全无隔阂，虚白盈室，溘然病已。乃信大公廓然无内外之旨，此身与万有流通之旨，自悦自乐，自慊自成，悉由自得，由是神明焕发，有不言自喻之趣。"这种让此心一旦洞豁、让万有流通的自得功夫，似乎已然与在常德、辰州时被阳明指为"补小学一段收放心"的静坐默心功夫大有不同。此番更加强调的是"自悦自乐，自慊自成，悉由自得"，并由此而获至"神明焕发，有不言自喻之趣"。不难看出，蒋信融和王湛二门，以甘泉"随处体认天理"之旨综合阳明致良知心学的用意。所以才有黄宗羲谓"其论理气心性，可谓独得其要，而功夫下乎后远"之断。总之，如李独清先生所按，应鳌之学，得力于信者居多，所谓"鳌少亦知学道，见公而其志始坚"，黄虞稷《千顷堂书目》亦云："先生（应鳌）有《道林先生粹言》二卷，盖得蒋信论学语也。"此也是孙应鳌师于蒋信的明证。大概由于蒋信师事湛若水良久，受其影响，致使应鳌之学，

---

① 孙应鳌：《正学先生道林蒋公墓志铭》，载李独清撰《孙应鳌年谱》，贵州师范大学学报编辑部 1990 年 9 月黔新出（90）图字第 120 号，第 49 页。

沉潜于蒋信，而于王、湛之间，当有所折中（或曰融通）。

三、孙应鳌与赵贞吉论"中"之同异

黄宗羲将赵贞吉归之于泰州学案，有学者认为，如果把黔中在地域上稍加扩展，即把川滇囊括进来的话，则可将赵贞吉划入黔中王门。此在笔者看来，无关宏旨。然孙应鳌与赵贞吉，的确存在学行与致思之正相关。嘉靖二十九年庚戌（1550），应鳌24岁的时候，赵贞吉谪荔波典史（《国榷》）。荔波属今黔南，应鳌所居清平属今黔东南，均为古来黔中之地。

赵贞吉，字孟静，号大洲，内江人。大洲官至文渊阁大学士，参机务，掌都察院。晚年，大洲因与高拱不合，致仕而卒，年69岁。是年乃万历四年丙子（1576），应鳌届50岁，大洲长19岁，由此推算，大洲谪黔南荔波时，应鳌24岁，大洲43岁。同为王门，大洲为长。大洲殁后，赠少保，谥文肃，事迹详见《明史》本传。大洲之学，李贽谓得之于徐樾。由此又可断言，大洲与应鳌不仅为同门渊源，且共得徐樾之传。李独清按："先生（指应鳌）亦得徐樾之传，师门共践，渊源固可溯也。"李卓吾按："观大洲之论中也，与波石之论中正合。"应鳌所论亦无不吻合。因何据之？应鳌以为："所谓中也，此吾心之真机也。吾心之真机，即人所不知而己所独知之地也。"[1] 此所谓"独知之地"语，即所谓独自所处之地与所处之时，盖皆能慎，即能诚能敬。真机之外，概无所任。因为"君子戒慎恐惧，非有加于此真几之外[2]，只是顺此真机，直养无害，使独知之地，惺惺不昧"[3]。所谓"中"，即是慎独合二而一，"偏

---

[1] 孙应鳌：《四书近语》卷二，《孙应鳌文集》，贵州教育出版社1996年版，第173页。

[2] 真几：莫本、南洋官书局本均作"真几"，上下文作"真机"，可通，即事物之真正关键、枢要。

[3] 孙应鳌：《四书近语》卷二，《孙应鳌文集》，贵州教育出版社1996年版，第173页。

于有，偏于无，倚于动，倚于静，便不中，便不和。惟慎独，便有无合一，动静合一。有、无，动、静合一，便是致中和。故戒谨恐惧，即是慎独，只是一个工夫。"①"故发与未发非二体，中与和非二事也。"中就是发与未发之统一，中也即是知与行之一致，"知行合一便是'慎独'，'慎独'便是知行合一。不能慎独，只是外知为行，外行为知，非天命之性之本然也。"② 照孙应鳌所识，中与慎独、与发与未发、知与行，通道合一；中于有无之际、动静之中，不偏不倚，乃君子之道也。孙应鳌于《庸》之"中也者，天下之大本也；和也者，天下之达道也；致中和，天地位焉，万物育焉"之领悟，有"所谓中和也，和而不流，达道之和，不流于喜怒哀乐也"之开解。故言："君子中庸，人与道一也；小人反中庸，人与道为二矣。君子而时中，慎独也，故与道为一；小人而无忌惮，不谨独也，故与道为二。"③ 此语中，孙应鳌引入了"时中"的概念，"时中"乃无条件的中，即是"无时无处不依乎中庸"，时时皆合于"中"的原则。"时中之'中'，便是动静合一。无时不中，谓之'时中'。"④"中"统合了动静，统合了知行，孙应鳌"中"的思想，无疑是对阳明先生"知行合一"思想的一种新的表达。孙应鳌还把儒家的仁与勇，同知与行联结起来，将其中庸的理路贯穿一气。又曰："知者，知此耳；仁者，行此耳；勇者，强此耳。知、强，此仁耳，一也。知、仁、勇，同功并进，便是知行合一。""依乎中庸，所知所行只在中庸，身与道为一者也。"⑤这的确是一独具特点的理论阐发。

李贽所谓大洲之学得之徐樾，故当与孙应鳌同门。《明儒学案》中记载了赵大洲与其师徐樾的一段关于"中"的讨论：

---

① 孙应鳌：《四书近语》卷二，《孙应鳌文集》，贵州教育出版社 1996 年版，第 173 页。
② 孙应鳌：《四书近语》卷二，《孙应鳌文集》，贵州教育出版社 1996 年版，第 174 页。
③ 孙应鳌：《四书近语》卷二，《孙应鳌文集》，贵州教育出版社 1996 年版，第 174 页。
④ 孙应鳌：《四书近语》卷二，《孙应鳌文集》，贵州教育出版社 1996 年版，第 174 页。
⑤ 孙应鳌：《四书近语》卷二，《孙应鳌文集》，贵州教育出版社 1996 年版，第 174 页。

若以为道心为主，而人心听命，则动静云为之际，自无过不
及之差，此又以中为学问之效。宁有三圣心传，不指其体而仅言
其效乎？

波石之论中也，亦曰："伊川有堂之中为中，国之中为中，
若中可拟而明也，《易》不当曰神无方而易无体矣。"故知先生有
所授受也。①

赵大洲之论"中"，与孙应鳌无形中又多有切磨，尝言："而世儒不
达，徒以意度解诂，曰中者，不偏不倚，无过不及之名，而不指言中为
何物？"②"不偏不倚"，是孙应鳌所已言，且赵大洲亦有自解："今夫置器
於地，平正端审，然后曰'此器不偏不倚'；度物之数，长短适中，然后
曰'此物无过不及'。今舍其器物，未问其作何名状，而但称曰'不偏
不倚，无过不及'，则茫茫虚号，何所指归？"③赵大洲以"天然之则"圆
其说："若以为物物有天然之则，事事有当可之处，夫天然之则，在此物
者，不能以该于彼物；当可之处，在此事者，不能以通于他事。"④事物
之所以成就事物自身，而与它物相迥，皆在于事物之天然之则，这正是
事物为之"中"的深刻意义，亦是大洲之"中"尚能超越"不偏不倚，
无过不及"之"中"的深解。只说"不偏不依，无过不及"，尚落于普现
之层面，若言及"中"的"天然之则"，则上致一深刻之高级层面。正所
谓"极高明"而"道中庸"。赵大洲在其《杂著》中对"中"的论述，即
是将"中"提升到了宇宙论之高度，与"性命"、"圆满充足"、"太始之元"、
"太乙之真"、"两仪之精"、"五行之秀"相赋予。大洲尝曰："中之名何
称哉？其性命之总名也欤？乃圆满充足之号，无亏无盈，无首无尾，无
分别同异之义。其体则太始之元，太乙之真；其材则二仪之精，五行之

---

① 黄宗羲：《明儒学案》，中华书局 2008 年版，第 748 页。
② 黄宗羲：《明儒学案》，中华书局 2008 年版，第 749 页。
③ 黄宗羲：《明儒学案》，中华书局 2008 年版，第 749—750 页。
④ 黄宗羲：《明儒学案》，中华书局 2008 年版，第 750 页。

秀。以言其浑成，则为元命；以言其圆明，则为元性。"①赵大洲将"元"、"命""性"赋予"中"的属性，的确是承续《庸》之儒学道统而又凸显自解。然话锋一转，则又从认知向度，见天、地、人之开悟而言及之，其曰："不立一知，而不见其不足，包括万德，而不见其有余者，其惟中乎！天高明，而中与之高明；地博厚，而中与之博厚；万古悠久无疆，而中与之无疆。"②这无疑是对《庸》言"中也者，天地之大本也"的有新义的展释。明代中后期，的确是一体现思想无拘无束、自由阐发高论的富于学术创新的时期。比如《庸》言"和之达道"，赵大洲表明了他的"位育"观，曰：

> 执之者，如宝珠在握，而珠外有余光，其极也，千珠历落，而彩射无边；如古镜当台，而镜外有余照，其极也，万镜交辉，而光影无尽。命自我立，性自我具，宇宙在手，万化生身，参赞位育，辅相裁成。跻之者，莫甚于尧、舜之圣矣，下逮三代圣贤，无不于此成道。而吾夫子，拔起千载之后，直以尧、舜为宗。其始志学，以至耳顺、从心之年，无非此执中之指。至其孙伋始著为书，曰《中庸》，欲以深明斯道。而世儒不达，徒以意度解诂，曰中者，不偏不倚，无过不及之名，而不指言中为何物。今夫置器於地，平正端审，然后曰"此器不偏不倚"；度物之数，长短适中，然后曰"此物无过不及"③。

可见孙应鳌与赵大洲论"中"，系同中见异，异中见同。异是词语之异，是小异；同是大同，天地、动静，核心皆是以心为主旨，此为二先生之大同。于二先生之小异，可观二先生之大同矣。

本章旨在对前述几大王门之外的其余王门学人作简单分析的同时，将

---

① 黄宗羲：《明儒学案》，中华书局2008年版，第749页。
② 黄宗羲：《明儒学案》，中华书局2008年版，第749页。
③ 黄宗羲：《明儒学案》卷三十三《泰州学案二·文肃赵大洲先生贞吉》，中华书局2008年版，第749—750页。

之与黔中王门学者作一比较。浙中的王畿是上一章提到过的，本章则又有论及，但角度不同。本章所云"比较"，与上章所云"互动"不同，区别在于人物与人物彼此之间，有无具体的接触和交往。所谓"比较"，相互间则可以没有具体的接触和交往，也是互动的一种形式。

第二节　从诸王门后学之思想互动，看"致良知"说的展开

宋代理学，有所谓濂、洛、关、闽诸派。"至陆象山兄弟出，宋代理学思想之演变，即由濂、洛、关、闽之分，转而为程朱与陆氏兄弟异同之分。宋儒之理学，发展至元儒，即有上承程朱或上承陆氏之二趋向，而其中欲调和朱陆之学者，亦颇有其人。……（然）元代理学之发展，几可说尽为程朱一系之天下"①。

明初之后的学术趋向，大抵秉承程朱之学。始有黄勉斋（幹），继之何北山（基），又继之王鲁斋（柏），再继之桂山（诜），桂山又传子凝熙②，凝熙的弟子宋潜溪（濂）及同门之王义乌（讳），为明初学术之首推。方孝孺（正学）之学，乃为潜溪之正传。③ 此一派的朱学，除讲理学外，大抵皆偏于词章与史学，又重之于经济政治与节义，方孝孺是一典型，所以黄梨洲先生赞其为人曰："先生禀绝世之资，慨焉以斯文自任。会文明启运，千载一时，深维上天所以生我之意，与古圣贤之所以讲求，

---

① 麦仲贵：《王门诸子致良知学之发展》，香港中文大学出版1973年版，第12页。

② 黄宗羲、全祖望：《宋元学案·桂山家学》："提举闻人凝熙先生梦吉，字应之，诜老先生之子。诜老学于鲁斋，里中称为桂山先生"。（《宋元学案》，上海世界书局1936年版，第1566页。）

③ 宋濂（1310—1381），明初文学家。字景濂，号潜溪，浦江人。《明史》谓方孝孺"长从宋濂学，濂门下知名士皆出其下"，"复从濂卒业"。（张廷玉：《明史》卷一百四十一，中华书局1974年版，第4017页。）

直欲排洪荒而开二帝，去杂霸而见三王，又推其余以淑来祀，伊、周、孔、孟合为一人，将旦暮遇之，此非学而有以见性分之大全不能也。"①这样的夸赞在当时，是极不容易的。

一、从明初三大儒说起

然而，专攻于研究和讲习宋儒义理之学的学者，则是当时的曹端、薛瑄、吴与弼三人，史称明初三大儒。

曹端，字正夫，号月川，河南人士。17岁时已遍读"五经"。永乐戊子举乡试，明年成进士，授山西霍州正学。59岁卒于霍州。黄宗羲对其评价曰："先生以力行为主，守之甚确，一事不容假借，然非徒事于外者，盖立基于敬，体验于无欲，其言事事都于心上做功夫，是入孔门底大路。诚哉！所谓有本之学也。"②曹端的学问主体有二：一是理气之说，学自周濂溪太极之说及张横渠正蒙之说；二是功夫之论，得之于程朱之论，无外乎教人在静、敬、诚、实以及无欲上做功夫，于人伦日用寻常中躬行实践为其要务。

薛瑄，字德温，号敬轩，山西河津人。自幼书史过目成诵。永乐庚子举河南乡试第一，明年成进士。宣德初，授监察御史，正统元年，为山东提学金事，先力行而后文艺，人称"薛夫子"。天顺八年六月卒，年76岁。其学仍为程朱一路，主理气之说，与曹端近，认为理与气之聚散为不二；在功夫论上一本程朱之"居敬穷理"，并视为一事，相为因果，无分先后，主张为学与修养为一者也。他的这一主张，值得注意。

吴与弼，字子溥，号康斋，抚州崇仁人。八九岁，已负气岸。19岁时，省亲于金陵，从洗马杨溥学。康斋之学，据其生平所为，一重日常生活之体验，更及读书修养之功夫，故一生不事仕事，帝召每辞，是一位典型的草根型儒学家。不过，他在学理上却是宋学之正统。吴与弼言实践功

---

① 黄宗羲：《明儒学案》，中华书局2008年版，第1页。
② 黄宗羲：《明儒学案》卷四十四，中华书局2008年版，第1061页。

夫，重在吾人自身之体验，即自得自验，自证自修，涵养与克己，两两相辅，真所谓"敬义夹持，诚明两进"者也。

此谓明初三大儒，他们的门弟子中，也有不少作出影响于后世者，其"一方面重在躬行实践，一方面亦重在讲明义理"，所讨论的问题，"大端仍是宋儒之理气性命，尤以程朱之学为主"①。吴与弼之后的几位门人高弟是值得一提的，有如胡居仁、娄谅、陈献章，"皆卓荦辈。敬斋笃志师门，亦程朱一脉之秀也。一斋尝为阳明之师，其于阳明之学，当有直接之影响，自无可疑。至白沙之学，其远绪象山，虽与康斋无关，然其所倡，当是开阳明学之先河。此其影响之大，亦可谓盛矣。"②

由于白沙之学出，有明上中叶之学开始由程朱一统路线中崭露出陆学的复苏与霞光。至王阳明"致良知"说一出，陆学得以光大，心学始集大成。王阳明的"致良知"之学，其源头可远溯孟子，近承程明道与陆象山。他自己的这一学说的正式确立，又历经了一番曲折坷坎的长成过程，无论是他的学生钱德洪的《阳明文录叙说》，还是同为高弟的王畿的《滁阳会语》，以及黄宗羲的《明儒学案》，对此都有大致相似的记载。③ 现将黄宗羲《明儒学案》卷十关于阳明"致良知"说长成历程的表述录之于下：

> 先生之学，始泛滥于词章，继而遍读考亭之书，循序格物，顾物理吾心终判为二，无所得入。于是出入于佛老者久之。及至居夷处困，动心忍性，因念圣人处此，更有何道？忽悟格物致知之旨。圣人之道，吾性自足，不假外求。其学凡三变而始得其门。自此以后，尽去枝叶，一意本原，以默坐澄心为学的，有未发之中，始能有发而中节之和。视听言动，大率以收敛为主，发散是不得已。江右以后，专提致良知三字，默不假坐，心不待

---

① 麦仲贵：《王门诸子致良知学之发展》，香港中文大学出版 1973 年版，第 29 页。
② 麦仲贵：《王门诸子致良知学之发展》，香港中文大学出版 1973 年版，第 31 页。
③ 所谓"基本一致"，实则指出每有所异。笔者于 2007 年 8 月发表于《广西民族大学学报》第 4 期之《王阳明为学历程探析》一文有所论述。

澄，不习不虑，出之自有天则。盖良知即是未发之中，此知之前，更无未发；良知即是中节之和，此知之后，更无已发。此知自能收敛，不须更主于收敛；此知自能发散，不须更期于发散。收敛者，感之体，静而动也；发散者，寂之用，动而静也。知之真切笃实处即是行，行之明觉精察处即是知，无有二也。居越以后，所操益熟，所得益化。时时知是知非，时时无是无非，开口即得本心，更无假借凑泊，如赤日当空，而万象毕照。是学成之后，又有此三变也。①

关于阳明为学、为教经历素来有"为学三变"与"为教三变"之论，钱德洪、王畿、黄宗羲均有叙述，黄宗羲则近于王畿之述。笔者此前亦有多文论及，于此不再赘言。若强调其"致良知"说之缘起，在阳明本身看来，的确是有一个思想渐长的过程。

在龙场悟出的"致知格物"与"心即理"之论，应视为王阳明"致良知"整体学说的起点。"心即理"，实则承续陆象山而深入之，所言"心外无物"、"心外无事"、"心外无理"，皆为"心即是理"之阐发语，皆表明为心与理实则为一。由于良知是心之本体，心之本体"吾性自足"，心即是良知本体；又由于心之本体不假外求，"向之求理于事物者误"，求理于心就有了功夫的意向。缘于孟子之良知，"心即理"从陆象山发展到王阳明这里，无疑有了本体与功夫的二重意向。所以王阳明曰："盖良知只是一个天理，自然明觉发见处，只是一个真诚恻怛，便是他的本体。"②当初，王阳明于"良知"二字并未即刻说得出口，但"致良知"在阳明本己思想的缘起与发展中，的确有一渐趋明了而成熟的过程。他越来越体会到良知于道德理性与道德实践的关联性，一方面以人心本体之良知为无善无恶，然通过致的功夫，继而能知善知恶、为善去恶，良知与道德之善恶评判则是紧

---

① 黄宗羲：《明儒学案·姚江学案》，中华书局 2008 年版，第 180 页。

② 王守仁：《传习录中·答聂文蔚书二》，《王文成公全书》，中华书局 2015 年版，第 104 页。

密相连的。故曰："良知只是个是非之心，是非只是个好恶。只好恶就尽了是非，只是非就尽了万事万变。"①又曰："好善如好好色，恶恶如恶恶臭的心。善能实实的好，是无念不善矣；恶能实实的恶，是无念及恶矣。"②这样一来，心即是理，心即是良知，理亦即是良知，良知亦即是知善恶的心，心、理、良知、知善与知恶，便统统归于一矣！所以"知是理之灵处，就其主宰处说，便谓之心"，至当归一，精义无二，便是此义也。

　　进一步将功夫与本体的一致性贯彻于心之良知，便自然引入了王阳明合乎逻辑地推出的"知行合一"之教。这正好应验了为什么阳明在正德三年（1508）悟得"心即理"之教之后，紧接着在正德四年（1509）于文明书院"始论知行合一"，在这里，历史与逻辑获得了某种高度的一致性。在本书的其他章节，笔者对王阳明"知行合一"学说的较详细的发展过程进行了梳理，故在此处仅简述之，旨在证明其对于阳明"致良知"学说之缘起与发展的逻辑关联。事实上，"知行合一"学说不仅是"致良知"学说的缘起与发展的重要环节，其本身更是其不可分割的组成部分。甚至可以说，"知行合一"学说常常就包含了致良知，"致良知"学说本身就内在地涵盖了知行合一。在道德理性与道德实践相一致的语境中，知行合一就是致良知，致良知就是知行合一。只不过在王阳明晚年时候看起来，用"致良知"来表达他的曲折坎坷之后的内心体验，似乎更为贴切，更加深契于心。

　　在这个时候，知与行的问题之所以凸显，就是因为人不能仅仅停留于知善知恶，还有一个为善去恶的问题更加重要。如果仅仅知善知恶，而不能为善去恶，显然就是知与行完全割裂了。这样一来，良知只是悬空挂起来。虚悬之知，何为真知？故阳明讲知行合一和致良知之教，就是要人即知即行，即所谓体用为一。他说："良知者，心之本体，即所谓恒照也。"又说："体即良知之体，用即良知之用。"③又曰："知之真切笃

①　王守仁：《传习录》卷下，《王文成公全书》，中华书局2015年版，第137页。
②　王守仁：《传习录》卷下，《王文成公全书》，中华书局2015年版，第121页。
③　王守仁：《传习录中·答陆元静书》，《王文成公全书》，中华书局2015年版，第78页。

实处即是行，行之明觉精察处即是知。知行功夫本不可离，只为后世学者分作两截用功夫，失却知行本体，故有合一并进之说。真知即所以为行，不行不足谓之知。"① 王阳明的知行合一强调即知即行，很明白，即知即行，即行即知，虽不能混为一事，却为实实在在的两种功夫，两种功夫并作一处用力（合一并进），顺良知以应事接物的道德践履，道德理性与实践理性的高度一致，本体与功夫的高度一致，这正是阳明"致良知"学说的至精至要。

在王阳明提出"致良知"之前，《大学》中已有"致知"的概念，《孟子》中已有"良知"的概念。王阳明绝不是一种简单的文字的嫁接。按王阳明《年谱》中的一种说法，平濠之后正式提出"致良知"，是阳明到了晚年思想成熟的标志，他找到了一种在形式上将《大学》与《孟子》思想结合起来的方式。根据钱德洪《刻文录叙说》记载，王阳明自己曾说："吾良知二字，自龙场以后，便已不出此意，只是点此二字不出，与学者言，费却多少辞说，今幸见出此意，一语之下，洞见全体，直是痛快！"② 阳明晚年明确提出"致吾心之良知者，致知也"。③ 他在《大学问》中说："致者，至也，如云'丧致乎哀'之致，《易》言'发至至之'，知至者知也，至之者致也。致知云者，非若后儒所谓充广其知识之谓也，致吾心之良知焉耳。"④ 为了与之前的知行合一学说衔接起来，王阳明则更强调致良知思想的基本意义是"依良知而行"。他在赣州时曾对陈九川说："尔那一点良知，是尔自家的准则，尔意念着处，他是便知是，非便知非，更瞒他一些不得。尔只不要欺他，实实落落依着他做去。"⑤ 他还说："人孰无良知乎？独有而不能致之耳。……良知也，是所谓天下之大本也；致是良知而行，

---

① 王守仁：《传习录中·答顾东桥书》，《王文成公全书》，中华书局 2015 年版，第 52 页。

② 钱德洪：《刻文录叙说》，《王文成公全书》，中华书局 2015 年版，第 11 页。

③ 王守仁：《答顾东桥书》，《传习录》卷中，《王文成公全书》，中华书局 2015 年版，第 56 页。

④ 王守仁：《大学问》，《王文成公全书》，中华书局 2015 年版，第 1117 页。

⑤ 王守仁：《传习录》卷下，《王文成公全书》，中华书局 2015 年版，第 115 页。

则所谓天下之达道也。"① 把"行"作为致良知的内在规定，表明致良知与知行合一是相互包含、相互规定、相互为用的。这一点在后来的黔中学人中是被充分注意到的。王阳明在《答顾东桥书》中还指出："知如何为温清之节，知如何为奉养之宜者，所谓知也，而未可谓之致知。必致其知如何为温清之节者之知，而实以之温清；致其知如何为奉养之宜者之知，而实以之奉养，然后谓之致知。"② 陈来先生认为，正因为"良知"为知，"致"则有力行之义，所以阳明认为"致良知"可以说体现了知行合一的精神。故说致良知"即吾所谓知行合一"。王阳明《与陆元静二》云："孰无是良知乎？但不能致之耳。《易》谓'知至至之'，知至者，知也；至之者，致知也。此知行所以合一也。近世格物致知之说，只一'知'字尚未有下落，若'致'字功夫，全不曾道着矣，此知行之所以二也。"③"这也是说'致知'一语中'知'属知，'致'属行，程朱讲格物穷理。只讲了知，没有讲行，所以知行为二，致良知则是自身知行合一的。良知是内在的道德准则，'致字功夫'是表示'行'的，致良知就是将此准则诉诸实践之中，在这个意义上，'致'就是行。"④ 在这个时候，到了王阳明晚年，在对致良知的意义上，已对良知与致知作了不同的强调，他已不再仅仅是强调知行本体的合一，而是更加强调知行功夫的合一。

二、黔中王学对"致良知"说的继承与发挥——兼与诸王门之比较

孙应鳌对先师阳明的"致良知"学说，一开始就是从本体与功夫的

---

① 王守仁：《书朱守乾卷》，《王文成公全书》，中华书局 2015 年版，第 339 页。
② 王守仁：《答顾东桥书》，《传习录》卷中，《王文成公全书》，中华书局 2015 年版，第 60 页。
③ 王守仁：《与陆元静二》，《王文成公全书》，中华书局 2015 年版，第 229 页。
④ 陈来：《有无之境——王阳明哲学的精神》，北京大学出版社 2006 年版，第 168 页。

一致性入手，并把"行"与"习"的功夫视之为"知"的前提和基础，把"行"作为知的目的来看待。所以他强调："行不著、习不察，是不存心致知耳。"①"行"与"习"一样，皆作践行解，都是做行的功夫。《论语·学而》有"学而时习之"语，"时"一是时常，更是不失时机之"时"，乃即适时之"时"；"习"是操习、练习，而不只是复习。所以"习"是一种践行、实践。这里，孙应鳌完全是把"习"与"行"视为同一件事，而且指出如果"行不著、习不察"，就不是真心要去获得致知，为致知而致知，即无目的的致知，致知就成了摆样子，这样的致知毫无意义。

心斋乃王艮之号，其字汝止，泰州安丰场人，出生灶户之家。7岁进乡塾，因家贫辍学，随父往来山东经商。常随身带《论语》、《孝经》等书，逢人质义，久而烂熟，能信口谈解。一日闻人言阳明在江西讲学，与自己学术大旨相类，于是冠古服，行千里往见，见后有自几番折腾乃服。王艮于王阳明居越后始从学，此时阳明已揭致良知宗旨，学术也已由收敛转而为发散。王艮以其倔强之性格，高远之意气，又得阳明晚年熟化思想之面授，公然主张现成良知。他说："只心有所向，便是欲；有所见，便是妄。既无所向，又无所见，便是无极而太极。良知一点，分分明明，停停当当，不用安排思索。圣神之所以经纶变化而位育参赞者，皆本诸此也。"② 他主张良知由无极而太极自然涌出，勿须安排思绪而已自停停当当，当下具足，天然为之中。所谓修养功夫，不过心思凝一，无须指向，无所欲念，而良知自然朗现。这一点，王艮与王畿一样，即接引了阳明"四句教"中头两句之"无中生有"，把个万缘放下而任先天心体流行的思想十分接近。在王艮看来，功夫既在无极而太极，那么，一切后天对良知的修养皆无处作功，即使诸如庄静持养等理学中常用的修养法门也属多余：

问庄敬持养功夫，曰："道一而已矣。中也，良知也，性也，

① 孙应鳌：《四书近语》卷六，《孙应鳌文集》，贵州教育出版社1996年版，第313页。
② 王艮：《心斋语录》，据黄宗羲：《明儒学案》，中华书局2008年版，第717页。

一也。识得此理，则现现成成，自自在在。即此不失，便是庄
敬；即此常存，便是持养。真不须防检。不识此理，庄敬未免着
意，才着意，便是私心。①

对于王艮的现成良知之论，孙应鳌显然是不表赞成的。孙应鳌主张"心学
功夫全在致知"，且格外强调一个"致"字这一后天的功夫。他说："知至，
就是明心之本体。心学功夫全在致知。"又说："心之本体，知而已矣。定，
即此知之专一；静，即此知之凝聚；安，即此知之顺适；虑，即此知之照
察；得，则人己、内外、本末、始终一以贯之，相用之功，一齐俱妙，无
等级也。若不格得此身与天下、国家共是一物，岂能知止？故格物即致知
也；格物、致知是圣学之安身立命处。"② 孙应鳌把《大学》的功夫全都用
上，此功夫既统之为"致"，又分而之为"定"、"静"、"安"、"虑"、"得"
之递进系列。这一系列的功夫统之而一以贯之，分之而相用之功，一齐俱
妙，无等级也。若无这些功夫，身如何修、家如何齐、国如何治、天下如
何能平？所以在孙应鳌看来，格物即是致知，致知的功夫真真是"圣学之
安身立命处"，看得何等重要。

孙应鳌强调致知功夫，致者何也？致者，仁体是也。致得仁体，方是
功夫根本。孙应鳌之"仁体"，有如孟子"万物皆备于我"者，是教学者
先识此仁体也。识此万物皆备于我者之仁体，全在于诚意功夫。在孙应鳌
看来，诚意之作为功夫，乃为《大学》之关键所在。

孙应鳌强调"诚意"："《大学》释诚意，上不连格致，下不连正心，
以诚意乃《大学》关键所在也。格物、致知而不诚意，则格、致是虚见；
正心、修身而不本于诚意，心无由正、身无由修也。故子思、孟子约言之
曰：'诚身一诚意，而身、心皆举之矣。'所以，正心、修身章，但言有所
有辟之病，而不言其正之修之之方，以正心、修身功夫，都包括于诚意之

① 王艮：《明儒王心斋遗集》卷一，《语录》，见黄宗羲《明儒学案》卷三十二，中华书局
2008年版，第716页。
② 孙应鳌：《四书近语》卷一，《孙应鳌文集》，贵州教育出版社1996年版，第166页。

慎独矣。学不透此旨，不能入圣。"①孙应鳌对良知本体功夫的看重，显然是针对着泰州学派王艮等与浙中王门王畿等的现成良知说的。孙应鳌尤其在诸功夫中强调一个"诚"，指出所有功夫都"包括于诚意之慎独"，并以孟子之言"诚身一诚意，而身、心皆举"加以证之。这就必然与王艮与王畿的"先天良知"说划清了界限。

从总的学术趣向上看，孙应鳌对王艮的现成良知论是显然不表赞成的，但对王艮于《大学》"格物"的训释，则又有所称誉，认为在此议论上，"心斋数言，真得圣经之旨"，曰："'格物'之论，诸家训释不同，循其言，皆可以入道，唯王心斋有言：'《大学》是经世完书，吃紧处只在"止至善"'。又曰：'自天子以至庶人'，数句，是释'格物'、'致知'之意。又曰'格物之物，即物有本末之物，其本乱而末治者，否矣！其所厚者薄，而其所薄者厚，未之有也。'此'格物'也。故即继之曰：'此谓知本，此谓知之至也。'心斋数言，真得圣经之旨。至蒋道林作《古大学义》，益详明辨析，更无疑贰矣。"②后一句提到蒋信，因其曾与泰州学人如耿天台等往来论学，受其影响自然无疑。

王畿与王阳明同宗，因追随阳明数年，自视独得阳明究竟宗旨，专以推阳明学说为己任。黄宗羲称："先生林下四十年，无日不讲学，自两都及吴、楚、闽、粤、江、浙，皆有讲舍，莫不以先生为宗盟。年八十，犹周流不倦。"③王龙溪之学，从先天本正之心体着眼，可称之为"先天正心之学"。他所以有"先天正心"，乃得之于阳明晚年"四句教法"，以及阳明晚年"致吾心良知所知之天理于事事物，则事事物物皆得其理"之旨。王阳明在与钱德洪与王畿阐明此旨时，明确作了两方面的解释。两方面的功夫各自针对两种人：一则是针对于利根之人，此种人心体莹彻，渣滓浑化，物欲对良知的遮蔽较轻，故功夫重在保任良知流行；另一则是针对于

---

① 孙应鳌：《四书近语》卷一，《孙应鳌文集》，贵州教育出版社1996年版，第169页。

② 孙应鳌：《孙应鳌文集》，贵州教育出版社1996年版，第165页。

③ 黄宗羲：《浙中王门学案二》，《明儒学案》，中华书局2008年版，第237页。

钝根之人，此种人心中扰扰，杂念纷驰，良知遮蔽较重故功夫重在省察克治。良知所知之善则奉行，良知所知之恶则克去，致良知的过程，就是在具体事物上为善去恶的过程。王畿的先天正心之学只是主要吸收了阳明的针对利根之人一面的功夫，即以良知天理为人先天本有，后天功夫只在保任其良知本体，使良知随处充满，让后天所起之意无处容身。故龙溪之学首先要辩明的是先天之心和后天之意。其曰：

> 正心，先天之学也；诚意，后天之学也。
>
> 吾人一切世情嗜欲皆从意生。心本至善，动于意始有不善。若能在先天心体上立根，则意所动自无不善，世情嗜欲自无所容，致知功夫自然易简省力。所谓"后天而奉天时"。若在后天动意上立根，未免有世情嗜欲之杂，才落牵缠，便费斩截，致知功夫转觉繁难。①

虽说功夫分正心、诚意，先天、后天，这在王阳明思想中有其根据，阳明以未发为先天，已发为后天，认为心本体既是先天本正的，则上边着不得功夫。若能使心之灵明，纯为先天本善所占据，所起之意皆善，恶无法入，则处处皆天理流行。王畿称自己的先天正心为简易直截功夫，不在后天动意上立根。因为若要在后天意上立根，善恶之念杂然生起，需良知辨别克治，"功夫转觉繁难"。所以，王畿将阳明"良知仁人见在"、"满街都是圣人"的思想推至极处，他的"先天正心之学"带有极强的理想主义色彩。就这一重大问题上看，孙应鳌与二王（王艮、王畿）的立场观点是截然不同的，他们在对阳明思想的理解与阐发上走的是不尽相同的道路。那么，作为黔中王门代表性人物的孙应鳌，在对于阳明"致良知"这一核心思想上，在阳明之后阳明后学分化驳难、门派歧出的状况下，其思想倾向又当如何呢？

---

① 王畿：《王龙溪先生全集》卷一《三山丽泽录》，《王畿集》，凤凰出版社 2007 年版，第 10 页。

三、对王门后学的非地域化描述

要回答上述问题，就必须对当时思想流变状况，即阳明之后王门的分派问题，作一大致描述。而王学的分派，又可从三个不同角度加以统计：

一是按地域分派。笔者在"前言"中有所论及。进一步观察，黄宗羲编撰《明儒学案》，计六十二卷。依序为《崇仁学案》四卷、《白沙学案》二卷、《河东学案》二卷、卷九为《三原学案》，卷十为《姚江学案》，卷十一至卷三十为王门学案。王门学案的编列，是据地域而分述。依序是《浙中王门学案》五卷，《江右王门学案》九卷，《南中王门学案》三卷，楚中、北方、粤闽王门学案各一卷。卷三十一为李见罗，他从学于邹东廓，应属王门，因为另立宗旨，故别为《止修学案》。《泰州学案》单列，黄宗羲未冠之以"王门"二字。王门各案虽有地域之不同，但未必各有不同之宗旨。不同门派之中人物，往往有相同之宗旨，既使是同一地域之门派，也往往宗旨各个不同。譬如浙中王门，主要的两位学术人物钱德洪与王畿之间，从一开始直到后来，就在阳明前述致良知功夫的两个方向上各执一偏，针锋相对，互不相让，形成学术宗旨上完全迥异的两个派别。也有兼属不同地域门派者，如耿天台"自泰州流入"等等。此为黄宗羲之分派。

二是按宗旨分派。特别近现代以来，各种分派名目繁多，撇开所谓唯物、唯心、主观唯心论、客观唯心论，以及保守派、开明派等等那些价值意义难说有多大的分派不论，尚有所谓左派王学、右派王学之名目。比较有价值和有意义的分派往往从学术思想上着手着眼，如对良知学而言，有现成派、修正派、归寂派之分。这种分派也仅仅针对不同的倾向性，而具有相对而言的道理。因为，现成派何尝反对一般的修正功夫？修正派又何尝断然否认人所具有的现成良知？至于归寂派，同样道理。若无先天良知，若何修正，如何归寂，是个问题。此外，根据理解与用功的不同，有分为虚无派、日用派的；有分为主静派、主敬派、主事派的；还有分为主无派、主有派、主静派、主动派的。唐君毅先生将王门后学分为二流：其一是"由功夫以悟本体"之良知学：浙中钱绪山之知善恶、无动于动，季彭山之警惕，江右邹东廓之戒惧，聂双江、罗念庵之归寂主静，皆属此。其二是"悟本体即是功夫"之良知学：浙中王龙溪承阳明四句教"无善无恶心之体"，径向"悟本体即是功夫"之方向发展，泰州之罗近溪以悟"性地"为功夫（性地，即指良知本性），亦属此路。在笔者看来，唐君毅先生的分疏较为清晰明朗，概括性应为最有力。此为唐君毅先生的分派。

三是牟宗三先生对王门分派问题的疏导。牟先生的看法实质上也是按宗旨分，因其影响广大，故可单独一叙。蔡仁厚先生认为，牟宗三先生《从陆象山到刘蕺山》第三章论"王学之分化与发展"，最为综括而恰当。牟先生首先用很是细微的哲学分析方法，说明了阳明"致良知得究竟谛义"，然后在此基础上，高屋建瓴地提出，王学中切关学脉、切关义理走向的流派，不过三支：一支是浙中的王龙溪；一支是泰州派下的罗近溪；一支是江右的聂双江、罗念庵。

日人冈田武彦的分派，实不出于唐君毅、牟宗三二先生矣！不过他们的分派之共同之处，都均未提及"黔中王门"。

若要严格地说出黔中王门的几位代表性人物如孙应鳌、李渭、马廷锡等人，他们的思想究竟属于或类似于上述哪一流派，将会陷于牵强附会。但若说受到过某门某派影响，则是客观的事实，因此我们只能在彼此之间主要核心思想的比较中，指出其间的某种倾向性，近而发掘出彼此之间的相似之处和相异之处，提炼出其独到之处，以彰显其特色。

王阳明殁后，黄宗羲《明儒学案》将其后学按地域划分为七派，即南中王门学派、楚中王门学派、北方王门学派、粤闽王门学派，及浙中学派、江右学派、泰州学派。七门中，又以浙中、江右、泰州三门为其重头。他们之间有一个值得注意的问题，就在于对致良知宗旨有作不同的诠释和理解。

1. 南中王门学派

此一学派有黄省曾、朱得之、戚贤、冯恩等为主要人物。我们主要看看前面两人的一些情况。

黄省曾，字勉之，号五岳，苏州人。五岳之学，专主情识，而不务功夫。他将苏秦、张仪之智，以为圣人之资，甚至比为阳明先生的良知之旨。殊不知王阳明的良知以好善恶恶为言，黄省曾的良知却不具有道德实践的内涵，顶多只是一种认识论的意义，甚至是"揣摸人情"，以求取悦于世耳。黄省曾看来已经接受了先生的批评，他把老师对自己批评的话记录下来，按照师兄钱洪德的要求布之同门，被后者辑录在了《传习录》卷下之中："先生曰：'苏秦、张仪之智，也是圣人之资。后世事业文章，许多豪杰名家，只是学得仪、秦故智。仪、秦学术善揣摸人情，无一些不中人肯綮，故其说不能穷。仪、秦亦是窥见得良知妙用处，但用之于不善尔。"①难怪黄宗羲评价黄省曾"以情识为良知，其失阳明之旨甚矣"②。黄宗羲的评价是客观的，但黄宗羲却不知，黔中王门后学对先师"致良知"说的见解，则是远胜黄省曾的。依笔者看来，黄省曾"专主情识，而不务功夫"的良知论，虽近似于现成良知论，却在论述上远较二王更为空疏，自然与黔中王门的重实践功夫的态度相去甚远。

朱得之，字本思，号近斋，直隶靖江人。从学于阳明，所著有《参玄三语》。其学近于老氏，类之于返璞归真者。他说："格物之见，虽多自得，未免尚为闻见所梏。虽说闻见于童习，尚滞闻见于闻学之后。"视闻见为变化无常，虽有见于闻见的相对性，却未见于知的稳定性，更不了解功夫于"致知"的关联性。谈到修养功夫，朱得之曰："大人之心，常如

---

① 王守仁：《传习录》卷下，《王文成公全书》，中华书局 2015 年版，第 142 页。上海古籍出版社 1992 年版《王阳明全集》、浙江古籍出版社《新编王阳明全集》2011 年版与上海古籍出版社《王阳明全集》2011 年版，均将"苏秦、张仪之智，也是圣人之资"句，误断为"苏秦、张仪之智也，是圣人之资"。

② 黄宗羲：《南中王门学案一·孝廉黄五岳先生省曾》，《明儒学案》，中华书局 2008 年版，第 582 页。

婴儿。知识不逐，纯气不散。"而做到"专气致柔如婴儿"，则"清明在躬，志气如神"。① 朱得之以为，若人果能如此，则此当下之心气，就能柔顺如赤子之本质，这可以算作他对良知与致良知的解读。因为他认为，人原有是清明之心，亦不必别求有所为，物来而顺应即可已矣。所以他又曰："圣人只在发念处见"，即使"无善可为，只不可为恶"②。由此可见，朱得之的无须修养功夫的"清明之心"之说，的确是说得过于轻松了；认为人可以直接呈现良知之妙用，也是说得过于理想化了。

由此看来，南中王门的黄省曾、朱得之二先生皆大旨属于阳明身后，王门流于空疏的一路，显然无法于黔中学人的实践精神相提并论。

2. 楚中王门学派

此一门派的主要代表人物，有蒋信与冀元亨。在我看来，在所有王门后学门派中，楚中王门与黔中王门之关系较为贴近的，甚至在某种程度上看，他们中的主要代表人物如蒋信，实可以归于黔中王门中的非黔籍学人③，理由有三：一是其先师王阳明在龙场时，举办龙冈书院，教化四方学子，蒋信与冀元亨闻之，遂从千里之远的湖南常德赶往龙场拜师，成为阳明在黔的首批弟子④；二是蒋信后又任贵州提学副使有年，不仅亲授黔中学子，思想与事功均卓有建树；三是黔中王门的几位代表性人物，特别是孙应鳌，马廷锡，曾多次拜师门下，几番亲往桃冈问学，彼此显然有着密切之师生关系。

---

① 黄宗羲：《南中王门学案一·明经朱近斋先生得之》，《明儒学案》，中华书局2008年版，第588页。

② 黄宗羲：《南中王门学案一·明经朱近斋先生得之》，《明儒学案》，中华书局2008年版，第589页。

③ 笔者认为，鉴于一些非黔籍学者的在黔经历，及其学术思想与外王事业，将他们兼归之于黔中王门实属应当。有如席书、蒋信、王杏、邹元标及郭子章等。一说认为，王阳明于赴谪龙场途中路过湖南常德时，即遇蒋信等人，后者遂从学阳明。

④ 黄宗羲《明儒学案》载，道林初无师授，与阆斋考索于书本。道林谓"《大学》知止，当是识仁体。"阆斋跃然曰："如此则定静安虑，即是以诚敬存之。"阳明在龙场，见先生之诗而称之，先生遂与阆斋往师焉。（《明儒学案》，中华书局2008年版，第627页。）

蒋信的生平，笔者之前已多处交代，此不赘言。蒋信的学问，这里不妨多说几句。或先引几段语录，再作分析，以见其端倪，后作一比较。

其一，曰："凡言命、言道、言诚、言太极、言仁，皆指气而言。宇宙浑是一块气，气自于穆，自无妄，自中正，纯粹精，自生生不息，谓之命，谓之道，谓之诚，谓之太极，总是这一个神理，只就自心体认便见。心是气，生生之心，便是天命之性，岂有个心，又有个性？"①"都是气充塞在，无丝毫空缺。这个便是天，更向何处说天？知眼前这空是天，便知极四方上下，往古今来，浑是这一个空，一个天，无中边，无远近。亦便知眼前一寒一暑，风雨露雷，我此身耳目口鼻、四肢百骸，与一片精灵知觉，总是这一个空。生生变化，世人隔形骸、分尔汝、分比邻，见得时，如何分得人我。"②蒋信早年学而无师，全从书本自行勘究得来，显然深受张载《西铭》之影响甚笃，把气来认作基本原理，是明白白的气一元倾向。后在阳明处悟得心学道理，亦只是把心来做个认知主体。到了他以"岂有个心，又有个性"、"与一片精灵知觉，总是此生生变化，如何分得人我"为说法时，此时的"心"，亦只是气的"至精"而已。

其二，且看蒋信是如何由气的一元论向心的一元论转向的。蒋信回到桃花冈后，深为阳明之教悦服，这时他说："只这一片精灵唤做心。一动一静之间，正是这精灵元气本体。"故"心才喜，容色便喜；才怒，容色便怒"。心才是活泼泼的，"性从心生"。蒋信又曰："宇宙只是一气，浑是一团太和。中间清浊刚柔，多少参差不齐。故自形生神发，五性感动后观之，知愚贤不肖，刚柔善恶中，自有许多不同。既同出一个太和，则智的是性，愚的岂不是性？善者是性，恶的岂不是性？孟子又何故独言性善？此处非功夫与天命合一，不能知也。"③蒋信的这一学说，认为所谓宇宙太和之气，中间有清与浊、刚与柔，乃是多少参差不齐的，所以无论智

① 黄宗羲：《楚中王门学案》，《明儒学案》，中华书局2008年版，第633页。
② 黄宗羲：《楚中王门学案》，《明儒学案》，中华书局2008年版，第633页。
③ 黄宗羲：《楚中王门学案》，《明儒学案》，中华书局2008年版，第631页。

与愚、善与恶，皆由气之所生，"故自形生神发，五性感动后观之"，都是同出一个太和。所以，他不完全同意孟子的"性善论"，主张性有智有愚，有善有恶，"智的是性，愚的岂不是性？善者是性，恶的岂不是性？孟子又何故独言性善？"①王阳明四句教出，后学分化出不同路线。"性从心生"，性有善恶，可以看出，蒋信在这里显然走的是"有善有恶是意之动"一路。

其三，谈到天命的思想，孙应鳌虽深受于蒋信之影响，却大旨有所不一。曰："君子之道即率性之道，原于天命之性者也。此道在天地间，本来是体用一源，显微无间，所谓费而隐也。夫妇之愚、不肖，可以与知与能，是道不离于愚夫愚妇也。圣人、天地，亦犹有所憾，非果有可憾也，推及其量而犹有所未尽，是道不囿于圣人、天地也。不离于愚夫愚妇，不囿于圣人天地，可见此道又不外于日用，又不滞于日用，而体用一源、显微无间之妙可始矣。故君子之道，大至于莫能载，盖无小不包；小至于天下莫能破，盖无大不入。大就是小的所敦化，小就是大的所川流。即大的就是小的，即小的就是大的。盈天地间如此活泼，如此昭著，纵横曲直无不是道。"②孙应鳌比较地更加忠实于《中庸》的原意，突出一个君子之道。《中庸》曰"天命之谓性，率性之谓道"，应鳌则曰"君子之道即率性之道，原于天命之性者也"，言出一辙。孟子只讲先天的善，把恶视为后天之人为，这一点，无论是王阳明、蒋信，还是孙应鳌，都不表赞同。饶有意味的是，在王门的这三代人看来，善与恶、知与愚、圣与不肖、大与小、显与微、天与地，皆与道之不离不弃，全都活活泼泼地充盈于天地之间，体用一源，无不是道。孙应鳌要强调的关键问题是，这样的道"不外于日用，又不滞于日用"，所以后天的功夫是万万不能或缺的。既然没有所谓先天的纯然之善，那么，沿着阳明"无善无恶是心之体，有善有恶是意之动"的思路走过来，致良知的这一功夫就必定要推进到知、格、致的境界，亦即"知善知恶是良知，为善去恶是格物"的功夫境界。在阳明看来，知也

① 黄宗羲：《楚中王门学案》，《明儒学案》，中华书局2008年版，第631页。
② 孙应鳌：《四书近语》卷二，《孙应鳌文集》，贵州教育出版社1996年版，第175页。

好，格也好，致也好，都不过高度概括和统一于一个"致"，它们在本质上就是一个"致"，就是致良知。从这一角度来看，孙应鳌从王阳明、蒋信那里一路走过来，明显不同于"现成良知"，也不同于所谓修正派与归寂派，而是更加主张本体与功夫的一致性。

3. 江右王门学派

虽然在前面章节已专门讨论了，这里不妨再做一些补充。黄宗羲在《明儒学案》中对江右王学盛赞有加，曰"阳明一生精神，俱在江右"，又说"姚江之学，惟江右为得其传"，且列于《明儒学案》的江右人士有十数之多，然作为现代江右人士的蔡仁厚先生则愿意称："严格而言，可称为阳明嫡传的，唯邹东廓、欧阳南野、陈明水三人，足以当之。"①

邹守益小王阳明 19 岁，21 岁会试第一，廷试第三，26 岁左右，初见阳明于赣州，成为阳明的亲炙弟子，且为阳明所尤嘉。经宁王忠泰之变后，阳明在南昌揭"致良知"三字为讲学宗旨，乃遗书邹守益曰："近来信得'致良知'三字，真圣门正法眼藏。往年尚疑未尽，今自多事以来，只此良知无不具足。譬之操舟得舵，平览浅濑，无不如意。虽遇颠风逆浪，舵柄在手，可免没溺之患矣。"②可见，先生对弟子的看重。守益之学，以戒惧为宗旨，得力于一个"敬"字。《中庸》"戒慎乎其所不睹，恐惧乎其所不闻"为其出处，意为时时警觉，不使心稍有疏忽。既使处极隐微之地，亦不敢懈怠间断。朱熹将戒惧和慎独作了两分，认为戒惧是意念未升起时提撕警觉，慎独是意念生起而人不知时谨慎小心。王阳明不同意朱熹这一区分，认为："只是此个功夫。今若又分戒惧为己所不知，即功夫便支离，亦有间断。既戒惧即是知，己若不知，是谁戒惧？如此见解，便要流入断灭禅定。"③王阳明这个观点，本于他的良知常精常明，无有灭

①　蔡仁厚：《王学流衍》，郑晓江主编：《江右王门思想研究》，人民出版社 2006 年版，第28 页。

②　王守仁：《王文成公全书》，中华书局 2015 年版，第 1456 页。

③　王守仁：《传习录》卷上，《王文成公全书》，中华书局 2015 年版，第 43—44 页。

息之时的理论。邹守益继承了王阳明这一思想，把戒惧作为道德修养功夫的全部内容。他在《简胡鹿崖巨卿》文中曰："以为圣门要旨，只在修己以敬。敬也者，良知之精明而不杂于尘俗也。戒慎恐惧，常精常明，则出门如宾，承事如祭。……故道千乘之国，直以敬事为纲领。"① 他这里还继承了孔子"敬"的思想。在他看来，良知是本体，戒惧是功夫，又于《答周顺之》文中说："良知精明处，自有天然一定之则，可行则行，可止则止，真是鸢飞鱼跃，天机活泼；初无妨碍，初无拣择。所患者好名好利之私，一障其精明，则糠秕迷目，天地为之易位矣。"② 难怪黄宗羲在其学案本传中叹曰："先生之学，得力于敬。敬也者，良知之精明而不杂以尘俗者也。"③ 所谓"得力于敬"，此"敬"实指良知之精明不杂尘俗，良知天理"不分动静，不舍昼夜"，随时随地皆流行"日用伦物"之中。邹守益还将戒惧与《大学》的明明德联系起来，认为良知即明德，戒惧即明明德功夫。他在《简鲍复之》中说："明德之明，人人完足，遇亲而孝，遇长而弟，遇君而忠，遇妻而别，遇朋友而信，无往非明德之流行。流行之合宜处，谓之义；其障蔽而壅塞处，谓之不善。学问之道无他页，去其不善以归于善而已矣。"④ 他所理解的良知，首先是对本具善性的自觉，即阳明所讲"所性之觉"；其次，良知又是主体的是非判断能力及其准则，即明明德之"明"，即"明心"。明心之功，在于去其障蔽以复其本体，而本体未曾有所损益。在《复夏太仆敦夫》中，邹守益曰："夫良知之教，乃从天命之性指其精神灵觉而言。《书》谓之明命，《易》谓之明德，而恻隐、羞恶、辞让、是非，无往而非良知之运用。故戒慎恐惧以致中和，则可以位天地、育万物；而扩充四端，则可以保四海，如运诸掌。……初无不足之患，所患者未能明耳。好问好察，以用中矣也；诵诗读书，以尚友也；

---

① 邹守益：《简胡鹿崖巨卿》，《邹守益集》，凤凰出版社 2007 年版，第 507 页。
② 邹守益：《答周顺之》，《邹守益集》，凤凰出版社 2007 年版，第 503 页。
③ 黄宗羲：《明儒学案》，中华书局 2008 年版，第 332 页。
④ 邹守益：《简鲍复之》，《邹守益集》，凤凰出版社 2007 年版，第 496 页。

前言往行，以蓄德也；皆磨镜以求明之功也。及其明也，只是原初明也，非合天下古今之明而增益之也。"①邹守益这里把情和性的关系放在天命之性的框架上来加以疏解，并结合孟子"四端"来论说。说性是情的根据，情是性的运用，是宋儒以来一般的认识。他较独到的主张是以戒惧而致中和为负面功夫，扩充四端才是正面的功夫。"戒惧是格其非心，扩充四端是致良知，致良知即格物"②。依蔡仁厚对邹守益这段话的理解，良知本体，即寂即感，即动即静，无分于未发已发。"无善无恶心之体"，自有"知善知恶"之功能，也自能由知善而好善、为善，由知恶而恶恶、去恶。这当然就是一个功夫了得！此功夫"博文格物，即戒惧扩充，一个功夫，非有二也"。邹守益在《再答双江》一文中，曰："寂感无二时，体用无二界，如称名与字然，称名则字在其中，称字则名在其中。故中和有二称，而慎独无二功。"③好个慎独无二功！强调功夫，应是作为所谓归寂派的江右学者与二王现成良知的最大不同。

四、孙应鳌的"慎独"：兼与刘宗周之比较

刘宗周的慎独论在中国哲学史特别是明代哲学史上占有一席之地，为世所注目。然早刘宗周近半个世纪的黔中孙应鳌实际已阐发了创意迭出且自成系统的"慎独说"，却鲜为人知。孙应鳌的"慎独说"集中反映在他的《四书近语》一书中。

（一）孙应鳌的"慎独说"

黔中孙应鳌对于"戒慎恐惧"，对于"诚"，对于"慎独"，有着自己系统的理解。他的这些理解，有近之于江右，更有其独到之创获。

---

① 邹守益：《复夏太仆敦夫》，《邹守益集》，凤凰出版社 2007 年版，第 493 页。

② 张学智：《明代哲学史》，北京大学出版社 2000 年版，第 162 页。

③ 邹守益：《再答双江》，《邹守益集》，凤凰出版社 2007 年版，第 542 页。

首先，他认为，《中庸》之理，只是一个"诚"字耳。其在《四书近语》卷二中曰："性、道、教三者，就是《中庸》之理，只是一个'诚'字耳。命，即天道流行之实，所谓中庸也。天以二气流行，而气之中者即命，人受天地之中以生即性。性感而发于万物，率循而不失其道。修道云者，圣人以人物为性，道所同己，虽率性而人物未尽，是天与我之性命有亏，故为之立教以继天，立极使人物之性尽，而己之性分亦尽。盖此理本出一原，人物本同一体。圣人修道、立教，不过尽人物之性而归于一，使命自我全，性自我尽，极自我立，而圣学之能事毕矣。"① 为何作为《中庸》之理的性、道、教三者，只是贯穿为一个"诚"字呢？孙应鳌使用的"诚"字与邹守益强调的"敬"字，如果说在功夫的意义上有殊途同归之妙的话，那么在本体上则是有着较大差别的。前者的"诚"中似乎内含了更大的客观性于其中，即在本体客观性意义上论及功夫，而后者则主要是就修养主体而言及功夫。孙应鳌解释《中庸》的第一句话"天命之谓性"，称"性者，天地万物之一原也"。这个作为天地万物之一原的性，在孙应鳌看来是不分未发已发的，"在此尽性者尽此而已，率性者率此而已，未发已发皆该之矣"②。所以能够"全而生之"，能"到得致中和、天地位、万物育"，而后"则能尽其性"，做到"天之命我者不亏"，从"全而生之"进而入于"全而归之"之境。这是"诚"字贯彻于其中所应有的效果。第二句"率性之谓道"，是讲性与道的关系，"道不可离，可离非道，便见得天命之性之实"，这里他特别提出了"戒惧慎独"功夫的作用，道不离性，性不离道，是需要"戒惧慎独"功夫的，他把这种功夫称之为"圣人修道之教"，这就进入到第三句"修道之谓教"。在他看来，天命之性之真体在于"不睹不闻，莫见莫显"，务必于此用戒惧慎独功夫，也就是"率性之道之实功"，更是圣人修道之教，圣人教人修道，即是修此也。通过于性、道、教三者

---

① 孙应鳌：《四书近语》卷二，《孙应鳌全集》，贵州民族出版社 2016 年版，第 165 页。
② 孙应鳌：《四书近语》卷二，《孙应鳌全集》，贵州民族出版社 2016 年版，第 165—166 页。

之《中庸》之理而贯彻"诚"的实功，以达致完美的理想境界："致中和而天地位、万物育，天命之性已完，率性之道以立，修道之教以行矣。"①

第二，孙应鳌认为，戒慎恐惧乃"吾心之真机"，以此来重释朱子"人所不知而己所独知之地"语，强调"戒慎恐惧"、"诚"的主体自愿原则，"真机"则是排除了外界任何干扰的纯粹主体自觉性，朱熹的"人所不知而己所独知之地"，尚不能排除主体所居客观环境的被动性色彩。孙应鳌云："言不睹不闻，而即曰'莫见莫显'。可见天命之性不偏于有，不偏于无，不倚于动，不倚于静。"②天命之性之莫见莫显是毫无任何偏差的，既无有无之偏差，亦无动静之撕裂。孙应鳌又云："所谓中也，此吾心之真机也。吾心之真机，即人所不知而己所独知之地也。君子戒慎恐惧，非有加于此真机之外，只是顺此真机，直养无害，使独知之地惺惺不昧。天理人欲，炯然先见，无一时或间，无一处不存，此心全是天理流行体用一原也，在此显微无间也。在此尽性者尽此而已，率性者率此而已，未发已发皆该之矣。"③孙应鳌的"顺此真机"，克服了朱熹的被动性色彩，强调了吾心的主体能动作用。邹守益以《大学》"明明德"、"格物"、"致知"的概念阐发其"戒慎恐惧"、"敬"的修养功夫，孙应鳌则以《中庸》之性、道、教，以及"莫见莫显"、"不睹不闻"等判断来阐发自己的"戒慎恐惧"、"诚"的修养功夫。尤其值得注意的是，孙应鳌在此基础上提出了"真机"的概念，"真机"的特性是完全符合于"中"的原则，"真机"的本质则揭示出修养主体所具有的纯粹而完全的自觉自愿原则，不受外物所扰，即"君子戒慎恐惧，非有加于此真机之外，只是顺此真机，直养无害"。"顺此真机，直养无害"一句，道出了孙应鳌在功夫论上的两项方法论原则，即：一是"顺此"；二是"直养"。"顺此"是顺其自然，一应天命之性，率性而为，

---

① 孙应鳌：《四书近语》卷二，《孙应鳌文集》，贵州教育出版社 1996 年版，第 172—173 页。
② 孙应鳌：《四书近语》卷二，《孙应鳌全集》，贵州民族出版社 2016 年版，第 165 页。
③ 孙应鳌：《四书近语》卷二，《孙应鳌文集》，贵州教育出版社 1996 年版，第 173 页。

修道而行；直养是心无旁骛，不偏不倚致中和，天地位而万物育。真正是百姓伦常日用之道，何等简明快捷。这一点，孙应鳌与邹守益的看法颇为一致。孙应鳌在《四书近语》卷四中先引邹守益原话："童冠咏归之乐，日至月至者也；箪瓢陋巷之乐，三月不违者也；曲肱饮水之乐，纯一不已者也。由日至月至而守之，则可以三月不违；由三月不违而化之，则可以纯一不已。"[①]邹守益举《论语》中曾氏、颜子的三种不同的乐，来说明这种由内心发出的乐的实际可通可同，孙应鳌在大体上表示认可的同时，指出曾氏之乐需要把持，若不能直养，则不能轻易等同于颜子之乐："若以放荡形骸，留连山水为曾氏之乐，则谓然之与不亦轻乎！"[②]颜回箪食瓢饮之乐乃逆境之乐，值得倡导；曾点春风沂水之乐乃顺境之乐，在孙应鳌看来需要"有所把持"，而不使过度放溺。这不能不说是孙应鳌"慎独说"题中应有之义。

第三，孙应鳌指出，戒谨恐惧，便是慎独。戒谨恐惧之慎独来自于吾心之真机，是主体顺此真机、直养无害的主动性规定，此吾心真机之慎独在面对孔颜曾子之乐上，亦有不同之对待。可以说，孙应鳌"慎独"之学，不仅是他个人独具特色的理论建树，也可以说是黔中王学理论中，在当时华夏群门群论蜂起形势下，可以拿得出手的高明之论。

(二) 与刘宗周的比较

刘宗周的"慎独"学可说自晚明以来影响甚巨，但刘宗周与孙应鳌相比，一是宗周（1578—1645）晚出，年龄上他比应鳌小了若干岁，应鳌于万历十二年（1584）卒，时年宗周才是一位六岁小童。刘宗周晚年将慎独包容一切功夫，慎独不仅是保持"意"时时作主，保持心气之中和时时不离，当刘宗周说"夫人心有独体焉，即天命之性而率性之道所从出也。慎独而中和位育，天下之能事毕焉。然则独体至微，安所容慎，惟有一独处

---

① 孙应鳌：《四书近语》卷四，《孙应鳌文集》，贵州教育出版社1996年版，第223页。
② 孙应鳌：《四书近语》卷四，《孙应鳌文集》，贵州教育出版社1996年版，第223页。

之时可为下手法"①时，其语与孙应鳌几十年前所言何其相似，要而知之，应鳌去世年，宗周年方六龄，可见之偶合耳。按黄宗羲所说，刘宗周的慎独之学可能受到过泰州王栋的一点点影响，有无可能受到过孙应鳌慎独学的影响，或读过孙应鳌书，则不得而知。总而言之，可以推论，明代中后期成系统结构的慎独之学应不只刘宗周一家，孙应鳌的慎独之学显然早于后者至少半个世纪。那时候，孙应鳌就已经有了系统而成熟而颇具创获性特质的慎独理论。其具体表现为：

其一，论"慎独"之未发已发。孙应鳌认为，慎独是戒谨恐惧之真几的至精至一处。曰："戒谨恐惧，便是慎独。复言慎独者，即戒谨恐惧之真几至精至一者言之也。"②为什么能到得至精至一呢？曰："慎独则尽性，尽性则廓然而大公，便是未发之中，物来而顺应，便是已发之和。"③在这里，他将未发与已发的关联作了适度的展开："未发不在已发之外，盖冲漠无朕，而万象森然，是和之所统会，乃天下之大本也。已发即在未发之中，盖万象森然，而冲漠无朕，是中之所流行，乃天下之达道也。"④慎独的最大功用，即慎独之极功就被他以《中庸》的最高境界所揭示出来："大本、达道，兼总条理一以贯之，是致中和矣。中和致，则天地之位位于中和，万物之育育于中，和非慎独之极功尽性之能事耶？"⑤传统儒家哲学中本体与功夫的结合，本体功夫与境界的一致，在这里表现得一览无遗。

刘宗周字起东，号念台，越之山阴人，人称蕺山先生。他的"慎独论"很有名气，学者多有论及，但其禅学与心学的特质，则是格外分明的。刘宗周云："湛然寂静中，当见诸缘就摄，诸事就理，虽簿书鞅掌，金革倥偬，一齐俱了，此静中真消息。若一事不理，可知一心忙乱在。用一

---

① 刘宗周：《刘宗周全集》，第二册《语类》，浙江古籍出版社2007年版，第5页。
② 孙应鳌：《四书近语》卷二，《孙应鳌全集》（一），贵州民族出版社2016年版，第166页。
③ 孙应鳌：《四书近语》卷二，《孙应鳌文集》，贵州教育出版社1996年版，第173页。
④ 孙应鳌：《四书近语》卷二，《孙应鳌文集》，贵州教育出版社1996年版，第173页。
⑤ 孙应鳌：《四书近语》卷二，《孙应鳌文集》，贵州教育出版社1996年版，第73页。

心，错一心，理一事，坏一事，即竖得许多功能，亦是沙水不成团，如吃饭穿衣，有甚奇事？才忙乱，已从脊梁过。学无本领，漫言主静，总无益也。"①主静是他尤其强调的慎独功夫，有了主静功夫，方能"独体"，故能"虚其位"，然"独字是虚位，从性体看来，则曰莫见莫显，是思虑未起，鬼神莫知也；从心体看来，则曰十目十手，是思虑即起，吾心独知时也。然性体即在心体中看出"②。这一点与孙应鳌的慎独乃至精至一、未发已发互不为外之论何其相契，尽管刘宗周分说由性体、心体之不同处看，然又说"性体即在心体中看出"，未起即未发，即起即已发，皆是互不为外的。

其二，论"慎独"之动静关系。孙应鳌认为，慎独是有无合一、动静合一，是致中和，只是一个功夫。孙应鳌以驳论手法来阐发其慎独之学："偏于有，偏于无，倚于动，倚于静，便不中，便不和。"继续讲慎独者，必须中，必须和。又曰："惟慎独，便有无合一，动静合一。有、无、动、静合一，便是致中和。故戒谨恐惧，即是慎独，只是一个功夫；不睹不闻，莫见莫显，只是一个真几。故发与未发非二体，中与和非二事也。所以然者，以天命不可二、性不可二、道不可二也，是谓之中也。"③他批评宋儒将已发未发二分，"宋儒有看未发以前气象之说"。指出"圣门真正尽性脉络，只是'慎独'二字，便是始终条理"。孔子君子小人之喻，也是强调慎独的："君子中庸，人与道一也；小人反中庸，人与道为二矣。君子而时中，慎独也，故与道为一；小人而无忌惮，不谨独也，故与道为二。时中之'中'，便是动静合一。无时不中，谓之'时中'。"④能不能坚持"中"的原则，即是能否戒谨恐惧而慎独之关键，也是区分君子与小人的重要标志。这些作为本体之功夫，显然是孙应鳌所格外强调的。

刘宗周从无极而太极观动与静。他说："无极而太极，独之体也。动

① 黄宗羲：《明儒学案》，中华书局2008年版，第1515页。
② 黄宗羲：《明儒学案》，中华书局2008年版，第1518页。
③ 孙应鳌：《四书近语》卷二，《孙应鳌文集》，贵州教育出版社1996年版，第173页。
④ 孙应鳌：《四书近语》卷二，《孙应鳌文集》，贵州教育出版社1996年版，第174页。

而生阳，即喜怒哀乐未发谓之中；静而生阴，即发而皆中节谓之和。才动于中，即发于外；发于外，则无事矣，是谓动极复静；才发于外，即止于中，止于中，则有本矣，是谓静极复动。一动一静，互为其根，分阴分阳，两仪立焉。若谓有时而动，因感乃生，有时而静，与感俱灭，则性有时而生灭矣。盖时位不能无动静，而性体不以时位为推迁，故君子戒惧于不睹不闻，何时位动静之有？"①刘宗周的论述有一上下逻辑链贯之处，既然性体心体为一，未发已发互不为外，那么"一动一静，互为其根"，时位不能无动静，性体也不能不以时位为推移，未发已发，寂然感通，动静互根，皆是心体之本然如是。他说："性无动静者也，而心有寂感，当其寂然不动之时，喜怒哀乐未始沦于无，及其感而遂通之际，喜怒哀乐未始滞于有。以其未始沦于无，故当其未发，谓之阳之动，动而无动故也；以其未始滞于有，故及其已发，谓之阴之静，静而无静故也。动而无动，静而无静，神也，性之所以为性也；动中有动，静中有静，物也，心之所以为心也。"②动静、心性、未发已发、寂然感通，都同是孙应鳌与刘宗周用以阐发"慎独"论说的共通范畴。孙应鳌更多地以心观慎独，刘宗周则性体心体皆该以论。刘宗周于丙子京邸时，曾提揭"体认亲切法"，作为他的慎独功夫，这个"体认亲切法"，又称宗周"四无教法"，即：（一）身在天地万物中，非有我之得私；（二）心在天地万物外，非一膜之能囿；（三）通天地万物为一心，更无中外可言；（四）体天地万物为一本，更无本心可觅。③刘宗周的"四无教法"，乃秉王阳明"四句教法"而承王畿"四无"之理路而顺情直养而来，从逻辑思路上看，孙应鳌、刘宗周一也。

其三，论"慎独"与知行的关系，孙应鳌与刘宗周皆为知行合一论者，不过孙应鳌对知行合一的理解十分独特。孙应鳌认为，知行合一便是"慎独"，"慎独"便是知行合一。孙应鳌将先师阳明所创之"知行合一"

① 黄宗羲：《明儒学案》，中华书局2008年版，第1519—1520页。
② 黄宗羲：《明儒学案》，中华书局2008年版，第1520页。
③ 黄宗羲：《明儒学案》，中华书局2008年版，第1520页。

学说运用于慎独理论，曰："知行合一，圣学之中路也。道之不行，由于知之过不及，则道之行者，正行此所知之理耳，非知外有行也。"又曰："知行合一便是'慎独'，'慎独'便是知行合一。不能慎独，只是外知为行，外行为知，非天命之性之本然也。"①在他看来，慎独与知行合一乃是互为功夫，能慎独，便能知行合一，能知行合一，便能慎独。之间一以贯之的只是一个"诚"字："诚者天之道，天命之性之本然也；诚之者人之道，修道以复夫性者之当然也。"又接着说："由择善固执之学，以造于明善、诚身之地，是由知行之并进，以造于知行之合一。可以见慎独之全功矣。"②"诚"的根本要求就在于，无论是诉诸天道抑或人道，明善抑或诚身，皆必知行并进，这就是慎独的全部功夫。

孙应鳌指出，"慎独"是知行合一之本旨，"诚"是知行合一之本体。他对《中庸》"五条目"中的知行关系加以讨论："博学、审问、慎思、明辨，惟精以求惟一也；笃行，惟一以守惟精也。"儒者一般以为博学、审问、慎思、明辨属知，孙应鳌则指其乃"惟精以求惟一"；以为笃行属行，孙应鳌则指其"惟一以守惟精"。又曰："学问、思辨，此行不害其为先；笃行，此学问思辨不害其为后。是知、行虽若有二功，而实无二理。"这里，孙应鳌有知先行后的意思在，应该是针对当时李渭之"先行说"而提出的。但他的着重点旨在强调知行功夫的合一："学问、思辨既真，则笃行并切；笃行既至，则学问思辨益至。是知、行虽若为二事，而实无二功。"这样一来，被分为知行二端的"《中庸》五条"——博学、审问、慎思、明辨、笃行，既精而一，既一而精，就被统一在知行合一的功夫之内，诚为慎独之学矣。曰："精而一，一而精，慎独之学至矣。慎独者，知行合一之旨也。"③慎独之学是精一之功，是必须付诸于笃行的，不是口耳之学。只有知，不能为慎独，只有行，枯坐与盲目，也不能为慎独。慎独作为一

---

① 孙应鳌：《四书近语》卷二，《孙应鳌文集》，贵州教育出版社 1996 年版，第 174 页。

② 孙应鳌：《四书近语》卷二，《孙应鳌文集》，贵州教育出版社 1996 年版，第 179 页。

③ 孙应鳌：《四书近语》卷二，《孙应鳌文集》，贵州教育出版社 1996 年版，第 180 页。

种功夫，从本质上讲，就是知与行的合一，也必须是知与行的合一。

刘宗周对知行关系的解释尤为独特，其云："知行自有次第，当知先而行即从之，无间可截，故云一。后儒喜以觉言性，谓一觉无余事，即知即行，其要归于无知。知既不立，一亦难言。噫！是率天下而禅也。"① 刘宗周诚然是知行合一的主张者，不过他的理解有所独见，他认为"知行自有次第"，知虽然在先，但行务必即刻跟从，其间不可有任何中断（"无间可截"），知与行可以说是合一的（"故云一"）。刘宗周认为他的"知行自有次第"的观点是与朱熹的"知先行后"的看法完全不同。他批评后儒的"以觉言性"，以为"一觉"即可，便不需要多余的践行（"无余事"）了，以知代替行，即知即行，实际上是无知（"其要归于无知"）。知既然不能与行合而为一，自然就是"率天下而禅也"。刘宗周是在知行合一的语境下来考察论证他的"慎独"功夫的，慎独功夫如若背离了知与行的合一，就只能是归宗于禅了。

其四，就"慎独"与善恶之对待而言。孙应鳌认为："明善、诚身，同体并妙，率性者也。'明则诚矣'，先明乎善，乃诚乎身；先明乎心，知所往为，行以求至，修道者也。诚则无不明，明则可至于诚，就诚明合一不相离中，见出成功而一之意。"② 先知之，先知即知几之学。知几之学，慎独也。曰："'善，必先知之；不善，必先知之'。即《易》之（几者动之微，吉凶之先见，之旨也。先知即先见也，先知即知几之学也。知几之学，慎独也。常人有不善不能知，知而复行，只因失此先知之几耳。"③ 他这里是借用了孔子的"先知先觉"一说。孔子曰："先觉者，其贤乎？"④《论语·宪问》第三十一章原文为："子曰：不逆诈，不臆不信，抑亦先觉者，

---

① 黄宗羲：《明儒学案》，中华书局 2008 年版，第 1515 页。
② 孙应鳌：《四书近语》卷二，《孙应鳌文集》，贵州教育出版社 1996 年版，第 180 页。
③ 孙应鳌：《四书近语》卷二，《孙应鳌全集》，贵州民族出版社 2016 年版，第 174 页。
④ 孙应鳌：《四书近语》卷二，《孙应鳌文集》，贵州教育出版社 1996 年版，第 180 页。

是贤乎?"① 孙应鳌认为先知、先见即是先觉:"先知则先天而天弗为,天命之性在我矣,是先天之学也。"② 孙应鳌把慎独的功夫扩大到先知先觉的地步,限制了常人的修养之路,认为"常人有不善不能知",有违先师阳明愚夫愚妇皆可为圣,满街都是圣人的教诲。不过他强调"知几",要求培养人们知善知恶的功夫,倒是有所取益。

刘宗周的"慎独说",是从心、意、知、物的发用环节来考量作为独知的善恶之知。其云:"心无善恶,而一点独知,知善知恶。知善知恶之知,即是好善恶恶之意,好善恶恶之意,即是无善无恶之体,此之谓无极而太极。"③ 这是王阳明"四句教法"的发挥,他把心体上升到了"无极而太极"的地步,接着又有发挥云:"意者心之所存,非所发也。或曰:'好善恶恶,非所发乎?'曰:'意之好恶,与起念之好恶不同。意之好恶,一机而互见,起念之好恶,两在而异情。以念为意,何啻千里!'"④ 为何又有意和起念的区别呢? 因为在他看来,"起念"是因心的余气所生,会导致"心病",这一点,与王阳明致良知相通。刘宗周说:"心、意、知、物是一路,不知此外何以又容一念字? 今心为念,盖心之余气也。余气也者,动气也,动而远乎天,故念起念灭,为厥心病,还为意病,为知病,为物病。故念有善恶,而物即与之为善恶,物本无善恶也。念有昏明,而知即与之为昏明,知本无昏明也。念有真妄,而意即与之为真妄,意本无真妄也。念有起灭,而心即与之为起灭,心本无起灭也。故圣人化念还心,要于主静。"⑤ 在心、知、意、物的环节上厘清本体之心与心之起念,自然有益于慎独功夫的培养,是对阳明致良知说的独到的诠释,但是,刘蕺山与孙应鳌似乎极为相像地将这类慎独之功局限在少部分人,即所谓

---

① 《论语·宪问》,朱熹:《四书章句集注》,中华书局 2011 年版,第 147 页。
② 孙应鳌:《四书近语》卷二,《孙应鳌文集》,贵州教育出版社 1996 年版,第 181 页。
③ 黄宗羲:《明儒学案》,中华书局 2008 年版,第 1523 页。
④ 黄宗羲:《明儒学案》,中华书局 2008 年版,第 1523 页。
⑤ 黄宗羲:《明儒学案》,中华书局 2008 年版,第 1525—1526 页。

"圣人化念还心"，此圣人绝非"天下无不可化之人"之"人"。比之王阳明的"觉民行道"来，孙刘二人均倒退了。

其五，慎独之学就是为己之学。孙应鳌前面肯定了知几即是慎独，然又以为知几就是为己："为己知几，是一事非二事，以为己之心为知几之学也。知远之近，物我合一也；知风之自，心身合一也；知微之显，内外合一也。慎独是也。"①"君子之不可及，唯在人之所不见，慎独也。不动而敬，不言而信，只是见慎独之至，乃所以为为己之实学也。"②他称为己之学为"实学"，能做到不动而敬，不言而信，的确是一种难得的境界。他再一次强调："慎独者，合动静而一之，人所不见，即人所不睹闻而己所独知也。"③他主张的慎独，是要存养与省察合一并举，不得作先后之二分，曰："慎独，则存养省察一时并妙，非先省察而后存养也。"④他所强调的"不动而敬"之"敬"，"不言而信"之"信"，其"敬"与"信"都是包括在慎独之内的，"曰敬曰信，总括于慎独之内矣"⑤。

其六，孙应鳌认为，辨志便是审几慎独之学。何为"辨志"？按今天的话来说，就是区别不同的价值和诉求。"审几"即省察自我之内心。孙应鳌认为，凡人不能审几慎独，皆因其不能辨志，不能辨志，都坏在一个"利"字上。曰："三代以下无善治，无真儒，都坏在一个'利'字。孟子首见惠王便提起仁义，便辟利。仁义，性也。可见孟子之学，性学也。义、利源头，便是公私之介、理欲之介、王霸之介、舜蹠之介、治乱之介，于是辨志便是审几慎独之学。正人心在此，息邪说在此，回治道在此，端学术在此。"⑥他特别提到辨志的慎独之学所应有的功效，就在于能够"正人心"、"息邪说"、"回治道"、"端学术"，不能不说于今仍具有不

①　孙应鳌：《四书近语》卷二，《孙应鳌文集》，贵州教育出版社 1996 年版，第 184 页。
②　孙应鳌：《四书近语》卷二，《孙应鳌文集》，贵州教育出版社 1996 年版，第 184 页。
③　孙应鳌：《四书近语》卷二，《孙应鳌文集》，贵州教育出版社 1996 年版，第 184 页。
④　孙应鳌：《四书近语》卷二，《孙应鳌文集》，贵州教育出版社 1996 年版，第 184 页。
⑤　孙应鳌：《四书近语》卷二，《孙应鳌文集》，贵州教育出版社 1996 年版，第 184 页。
⑥　孙应鳌：《四书近语》卷六，《孙应鳌全集》，贵州民族出版社 2016 年版，第 298 页。

可忽略的意义。能否"辨志",其核心和前提还在于能否"审几",这才是孙应鳌慎独之学的必备要件。

最后,孙应鳌总结道:慎独是实实落落的下手功夫,慎独是知几,慎独是为己者的功夫,唯知慎独者,方可与言"中庸"。为此他以回顾儒学道统的方式作出了总的概括:

> "中庸"二字,乃形容吾道之情状也。合于天为性,率乎性为道,修乎道为教。其道之本体,曰中曰和;其本体之所该贯,曰天地万物;其本体之至无而至有,曰费隐;其本体至无至有之灵妙,曰鬼神;其本体之实备于人,为达道,为达德,为九经,为三重,为三千,为三百;其实体是道者,为舜之知,为回之仁,为子路之勇,为舜之大孝,为文之无忧,为武周之达孝;其一以贯之者,为孔子之祖述宪章、上律下袭;其效之至,曰参赞,曰配天,曰笃恭而天下平;其统括于一,则谓之诚;其行之自然勉然,则有诚者诚之者;其诚之者之事,则在择善固执;其择善固执之事,则在学、问、思、辨、行;其学、问、思、辨、行之要领,则在尊德性、道问学;其实落下手功夫,则曰慎独而已。知几者,慎独也。为己者,实落做慎独功夫也。知慎独者,可与言"中庸"矣。①

试将孙应鳌的"慎独之学"与刘宗周的"慎独论"中的"六事功课"作一对照:

事实上,孙应鳌、刘宗周二位都将慎独作为自己整个功夫论的总纲。孙应鳌认为"慎独"是圣人修道之教,"戒惧慎独,便见得率性之道之实,正圣人修道之教也";刘宗周也强调:"自昔相传孔门心法,一曰则慎独,再曰则慎独。"②。他们都将慎独包容一切功夫。孙应鳌的慎独功夫至少可以强化在六个方面,刘宗周也把慎独功夫贯彻为具体的"六事功课":

---

① 孙应鳌:《四书近语》卷二,《孙应鳌文集》,贵州教育出版社 1996 年版,第 185 页。

② 刘宗周:《证人要旨》,《刘宗周全集》第二册,浙江古籍出版社 2007 年版,第 5 页。

其一，孙应鳌强调，慎独就是"致中和"。他的所谓"中和"是专指"吾心之真机"，他说："所谓中也，此吾心之真机也。吾心之真机，即人所不知而己所独知之地也。"孙应鳌所谓的"独知之地"，实为独知之体，独体耳。

而刘宗周的六事之一"凛闲居以体独"，他解释说："夫人心有独体焉，即天命之性而率性之道所从出也。慎独而中和位育，天下之能事毕焉。然则独体至微，安所容慎，惟有一独处之时可为下手法。"① 二者的"真机"和"体独"应是一个意思；二者的"独知之地"、"独体"又何其相似。

其二，孙应鳌的慎独是"为己知几"。"为己、知几，是一事，非二事，以为己之心为知几之学也。'知远之近'，物我合一也；'知风之自'，心身合一也；'知微之显'，内外合一也。慎独是也。"② 孙应鳌强调一个身心内外合一，这就不仅限于独处、杂出之时，内心的恒定至为关键。

刘宗周的六事之二为"卜动念以知几"，是指在念头初动时独体做主："独体本无动静，而动念其端倪也。动而生阳，七情著焉，念如其初，则情返乎性。动而不善，动亦静矣。"③ 关于动静，孙应鳌则有"惟慎独，便有无合一、动静合一"之论。慎独之学既然须在动念上卜一个贞与邪，就应如张载那样，专以知礼成性，变化气质为先。

其三，孙应鳌强调"诚慎恐惧，便是慎独"。此正是圣人修道之教，慎独则尽性，尽性则廓然而大公。孙应鳌说："凡为天下国家者有九经，所以行之者，一也。一即诚也。诚者，此心实理也。本此诚而为己，则著于言事行道之实；推此诚而为人，则通于君民亲友之间，无上下，无古今，无内外，一以贯之者也。"④ 在孙应鳌看来，无论是为己还是为人，慎

---

① 刘宗周：《刘宗周全集》，第二册，浙江古籍出版社 2007 年版，第 5 页。

② 孙应鳌：《四书近语》卷二，《孙应鳌全集》（一），贵州民族出版社 2016 年版，第 178 页。

③ 刘宗周：《刘宗周全集》，第二册，浙江古籍出版社 2007 年版，第 5 页。

④ 孙应鳌：《四书近语》卷二，《孙应鳌全集》，贵州民族出版社 2016 年版，第 178 页。

独之学讲究的是一个"诚"，此是圣学之正道。刘宗周的六事之三则为"谨威仪以定命"。做到这一点，务必克制"轻佻之心"、"驰慢之心"、"淫僻之心"、"烦易之心"、"暴厉之心"、"邪曲之心"、"浮荡之心"、"徒倚之心"、"表暴之心"，宗周将此"九心"之克治与廓清，视为"谨威仪以定命"的德目，去除"九心"，正是《礼记》所主张之"九容"。"九心"之除，正正归结于一"诚"字耳！

其四，孙应鳌以"曰敬曰信，总括于慎独之内"；刘宗周的六事之四则为"敦大伦以凝道"。孙应鳌的"敬"与"信"，相通于刘宗周的"大伦"，将其涵盖于内的慎独，自是凝道耳。

其五，孙应鳌强调"'知行合一'便是'慎独'，'慎独'便是'知行合一'"；刘宗周的六事之五则为"备百行以考旋"。

其六，孙应鳌言"知慎独者可与言'中庸'"；刘宗周的六事之六则为"迁善改过以作圣"。[①]二者作一交替，能慎独者可以作圣，能迁善改过者，必可中和达道也。

五、与欧阳德"良知"论之比较

欧阳德是江右王门中最具代表性的人物，他对先师阳明的致良知学说，特别是其中良知与见闻的关系、良知的动静、体用等方面，有比较深入的阐释与发挥。

欧阳德（1496—1554）字崇一，号南野，江西泰和人。王阳明平濠后，欧阳德前往赣州从阳明为师，成为同门中最年少弟子。嘉靖二年进士，出六安知州，转南京国子司，官至礼部尚书兼翰林学士。著《欧阳南野先生文集》三十九卷。

欧阳德的良知论且以下列三义为论：

---

① 刘宗周论慎独的"六事功课"见《刘子全书·证人要旨·人谱续编二》。见《刘宗周全集》第二册，浙江古籍出版社 2007 年版，第 5—9 页。

其一，"知觉与良知名同而实异"。

王阳明在南赣表彰《大学古本》和著《朱子晚年定论序》时，就揭示出朱熹的格物致知和诚意正心之间的断裂。阳明的良知学要求把道德置于统率地位，知识与之辅翼配合，二者即区分甚明又浑然一体而合一并进。欧阳德继承了这一点，并在《答罗整庵先生寄困知记》中提出：

> 知觉与良知名同而实异。凡知视、知听、知言、知动，皆知觉也，而未必其皆善。良知者，知恻隐、知羞恶、知恭敬、知是非，所谓本然之善也。①

知觉与良知同名。在他看来，知觉与良知的共同之处在于，它们都属于同一认识活动（包括道德意识活动与道德情感活动），是同一认识活动不可分割的两个方面；但知觉与良知实异。知觉是一般认识范畴，有善有恶，可善可恶；良知则纯为一道德范畴，良知是本然之善。知觉与良知的区别在于，知觉与良知似乎各司其职。知觉是一般心理生理活动如视听言动的发出者，是有善有恶的，"未必皆善"，亦未必皆恶；然良知则是仅对道德意识、道德情感如孟子所谓"四端"的发出者、知觉者。良知是本然之善，所以能对客观事物作出善的判断和反映。知觉一般而论，未必能够知善知恶，然知觉中的良知却能知善知恶，良知是善的发出者和感知者，或可以说，二者是整体与部分的关系，良知只是知觉中能知善知恶的那部分知觉，自然二者就是不可分的了。

其二，良知是天理之灵明，知觉不足以言之。

依然是在这封书信中，欧阳德接着说：

> 本然之善，以知为体，不能离知而别有体。盖天性之真，明觉自然，随感而通，自有条理者也。是以谓之良知，亦谓之天理。天理者，良知之条理；良知者，天理之灵明。知觉不足以言之也。②

---

① 欧阳德：《答罗整庵先生寄〈困知记〉》，《欧阳德集》，凤凰出版社 2007 年版，第 12 页。
② 欧阳德：《答罗整庵先生寄〈困知记〉》，《欧阳德集》，凤凰出版社 2007 年版，第 12 页。

他把知觉作为良知之体，即载体，认为良知不能离开知觉而独自存在，这是合理的；同时又指出知觉不能替代良知，良知是天理之灵明，具有天然的道德评判的功能，是一般性的知觉所不可同日而语的。

其三，良知是体，见闻为用。

良知与见闻，二者虽不可混同，又不可分离。欧阳德《答陈盘溪三》曰：

> 见闻知识，真妄杂错者，误认以为良知，而疑其所有未尽，不知吾心不学而能、不虑而知之本体，非见闻知识之可混。而见闻知识，莫非妙用，非有真妄之可言，而真妄、是非、轻重、厚薄，莫不有自然之知也。①

在《传习录》中，曾记录了阳明嘉靖五年居越时与欧阳德专门讨论良知与见闻关系的书信，信中把良知与见闻看作体与用的关系：良知是体，见闻是用，体用不离不杂，自然良知与见闻不离不杂。这里，实际上已经揭示出了知觉与良知的关系，即一般知识理性与道德理性的关系为一般与个别、普遍与特殊的关系。不过，师徒二人都在主张知觉与良知在不离不杂的同时，更加强调良知对于知觉的优越性和重要性，这当然是出于儒家道德伦理立场而非一般哲学认识论之立场。亦有学者②认为，二人在见闻与良知的关系的认识上亦各有所侧重，阳明侧重于综合，即见闻与良知的不离；欧阳德则强调见闻与良知的不杂，则良知对见闻的优先行和重要性。尤其是，欧阳德主张格物即是致良知，致良知必须付诸实际，即在事实上致的观点。他在《答陈明水二》曰：

> 格物二字，先师以谓致知之实。盖性无体，以知为体；知无实，事物乃其实也。离事物，则无知可致，亦无所用其致之之功。……大抵会得时，道器、隐显、有无、本末一致；会未得，

---

① 欧阳德：《答陈盘溪三》，《欧阳德集》，凤凰出版社 2007 年版，第 6 页。

② 参见张学智：《明代哲学史》，北京大学出版社 2000 年版，第 171—173 页。

则滞有沦虚，皆足为病。①

欧阳德的强调是合理的，为了避免沦于空虚，良知必须落实在形而下的实际与事物之中，才是致的实功，才有致的实效。

此外，欧阳德在良知学说的讨论中，还研究了良知的动静关系问题，他主张动静合一，即以动求静，否认动前有静，已发前有未发。他认为良知本身无所谓动与静，动静只是良知发生作用的状态，而中和与动静相关，静而循良知，即是中，动而循良知，即是和。由于良知的状态表现为动静合一，故人心也是动静合一的。

如果说王阳明与欧阳德所讨论的知觉与良知的关系问题多少具有一般哲学认识论的意味的话，那么，孙应鳌虽然并未直接讨论见闻与良知的关系，却对良知本有的深刻意蕴进行了比较深入的探讨，在这些探讨中，可以把握到孙应鳌对于"致良知"思想发掘的多层次内容与多方面意义。

其一，何为良知、何为良能。

孙应鳌则从"仁"的视角来加以阐释。当读到《孟子》次章引"有子孝弟为仁之本"之言时，孙应鳌曰："不虑而知为吾之良知，不学而能为吾之良能。"他不是直接循"四端"而言，而是从爱亲、敬长、孝弟为说，曰："爱亲敬长，便是良知、良能之最真切处。从爱亲、敬长、孝弟之良心栽培起，一毫不丧失，由是达之天下，无一物不爱，无一物不济，充满此良心之量，与天地万物为一体，……"②"不虑而知"、"不学而能"之语源于孟子。孙应鳌不谈一般认识意义上的知觉，而径直把良知切入于道德的语境，并赋予"仁"为其核心，这是他与欧阳德的一大区别。

其二，致知即是致良知。

致良知的意义就在于"明"（致）"性之善"，就是要将知识理性导向道德实践，将"仁义"的"良知良能"即"本然之善"达（践行）之于天下。应鳌说："孟子发良知良能，正明性善之意。仁义，即良知良能，原无二

---

① 欧阳德：《答陈明水二》，《欧阳德集》，凤凰出版社2007年版，第109页。

② 孙应鳌：《四书近语》卷三，《孙应鳌文集》，贵州教育出版社1996年版，第187页。

物。良，正是本然之善达之天下，可见性善，乃人心之自然。"①而且孙应鳌与孟子一样，把这种"本然之善达于天下"的行为视之为"人心之自然"。这里并不是不要功夫，而是更加强调了本体（本然）与功夫的（天然的）一致性。孙应鳌将良知视之为"本然之善"，这是他与欧阳德相一致之处。

其三，见知与闻知。

"见"和"闻"这样的感性行为，皆属于知，谓见知与闻知。孙应鳌说："《孟子》终篇历叙群圣道统，见七篇之书，无非所以明君圣之道，所以继往开来。所谓见者，见何物？所谓闻者，闻何事？见知、闻知皆同一，知此'知'字，果何如？识得'知'字，然后群圣所见闻之实坦然无疑在是矣！此可与知与能者顾力行何如耳！"②他更强调的是，见知与闻知如何与它们的对象联系起来，即"见何物"、"闻何事"？又如何"识得知字然后群圣所见闻之实坦然无疑"？强调"见知闻知"与"所见闻之实"的同一。同样是讨论"见闻"与"知觉"，孙应鳌的视觉似乎更为深刻。

其四，"致知"便是"识仁体"。

这无疑是孙应鳌最具独到的见解。他说："而致其知，无有一毫疑惑障蔽，这便是识仁体。""识仁则大，不识仁则小。"③他举程明道先生言："学者须先识仁，识得此体，以诚敬存之。"程明道先讲一个仁，再讲一个体，孙应鳌则开口就讲仁体。又曰："由此着实下诚意功夫，以正其心，以修其身，这便是以诚敬存之。只此就是大人之学。"④孙应鳌不是泛泛地谈论知觉、见闻、认识，而是紧扣所"识"之对象——"仁"，指出"识仁则大，不识仁则小"，并且把"仁"直接归结为"仁体"，这样的讨论与欧阳德相比，诚然大有不同。

其五，心即是仁，仁即是心。

---

①　孙应鳌：《四书近语》卷六，《孙应鳌文集》，贵州教育出版社 1996 年版，第 313 页。
②　孙应鳌：《四书近语》卷六，《孙应鳌文集》，贵州教育出版社 1996 年版，第 317 页。
③　孙应鳌：《四书近语》卷一，《孙应鳌文集》，贵州教育出版社 1996 年版，第 165 页。
④　孙应鳌：《四书近语》卷一，《孙应鳌文集》，贵州教育出版社 1996 年版，第 165 页。

孙应鳌认为，心即是仁，仁即是心。他终于把他的讨论引向了"心"这一最高层面。他多次强调"仁，人心也"，强调心外无仁，仁外无心。曰：

> 夫子称颜渊其心不违仁，提出个"心"字与"仁"字相粘，可见即心是仁，即仁是心；心外无仁，仁外无心。故孟子曰："仁，人心也。"是在夫子称颜子处体贴去的，心存则仁存，心亡则仁亡。①

孙应鳌巧妙地抓住《论语》中"夫子称颜渊其心不违仁"句例，提出"即心是仁"、"心外无仁，仁外无心"，这无疑是他对"心即是理"、"心外无物、心外无理、心外无事"的阳明心学的进一步发展。或许囿于笔者所识，认为孙应鳌对阳明心学的发展作出的这一贡献，在当时王门诸学中应是绝无仅有而独一无二的。

其六，仁体，本然之善。

虽然孙应鳌的"仁体"同于欧阳德的"良知"，皆为本然之善。但孙应鳌以为，"仁体，即仁之本体"，"人心只是一个仁，仁之本体全具于吾心"。"吾心"是仁之全体，所以是本然之善，是不受外物所损的："富贵贫贱，外物也，何能加损吾心？""仁体"不仅不能说成是知觉的一个部分，而且已然为人的意识、知觉的全部。离了"仁体"，一切皆无。所以现实中有丢失本心的现象，又作何解释呢？孙应鳌曰："惟不仁之人，私欲锢蔽，失其本心，故处约则心日戚一日，必至于滥；处乐则心日效一日，必至于淫。"这种人已全无知觉可言，更谈不上良知。"与禽兽者几稀"？故孙应鳌指出：

> 惟仁智之人，能善事其心。仁，则此心之无私，无私则心公，心公则理得，自然安仁；知，则此心之能别，能别则知明，知明则守固，自然利仁安利。虽有浅深，皆能善处。约、乐皆非

---

① 孙应鳌：《四书近语》卷四，《孙应鳌文集》，贵州教育出版社1996年版，第212页。

外物所能夺，而有以不失其本心也。①

人心本然都是善的，即本心为善，人心只是一个仁。之所以有不仁之人，是因为外物的加损而使失却了本心之故。所以，识仁体的功夫至为重要。识仁体就是明明德，识仁体就是致良知。"识仁则大"，则无私心，则理得心安，则能别能明，则守固利仁，则虽有浅深，皆能善处，其心处约处乐，皆不能为外物所夺；反之，不识仁则小，则其心日戚一日必至于滥，日效一日必至于淫。他又说：

> 人之心体定而已矣，失此定然后迁于物。感人之心体一而已矣，失此一然后二于过差。颜子之心常定，何迁怒之有？其心常一，何二过之有？观不迁怒，则哀乐好恶之皆正可知，观不二过，则仁义礼智之皆尽可知，此可见颜子得博约之真传，而尽克复之实效也。②

他提出"定"的概念，这概念来自于《大学》"知止而后有定"。只有"定"，才能不失"心体"、不失"仁体"。心常定，则心常一；心常一，则不二过；不二过，则能仁义礼智皆尽可知，则能得博约之真传，尽克复之实效。

为使人"不失仁体"，使"仁体""不失此定"，孙应鳌特别强调功夫的重要性，认为"圣门之学，全在求仁"，"圣门之学，全在自己身心上用功夫"③，在为己求仁上做功夫。曰：

> 圣门之学主于求仁。仁，人心也。言者，心之声；色者，心之著。有为己之心，则发于言、征于色，无非为己；有为人之心，则发于言，征于色，无非为人。曰："巧言令色，鲜矣仁。"是教人不要在言、色上做功夫，当在为己求仁上做功夫。④

---

① 孙应鳌：《四书近语》卷三，《孙应鳌文集》，贵州教育出版社 1996 年版，第 201 页。
② 孙应鳌：《四书近语》卷四，《孙应鳌文集》，贵州教育出版社 1996 年版，第 211—212 页。
③ 孙应鳌：《四书近语》卷四，《孙应鳌文集》，贵州教育出版社 1996 年版，第 211 页。
④ 孙应鳌：《四书近语》卷三，《孙应鳌文集》，贵州教育出版社 1996 年版，第 188 页。

孙应鳌重视功夫，是强调在仁体，即心上做功夫，而非在外物上做。因为"心外无仁，仁外无心"，所以言与色，不过是外在于仁心的表现形式。圣门之学主于求仁，仁即是人心，是本质；言和色不过是人心之表征。语言是心所发出的声音，脸色不过是心生出的表象。无论是为己还是为人，所发出的声音和流露的神色，都是掩饰不了的。《论语》指出"巧言令色鲜矣仁"，是教人不要在言、色上做功夫，假装是徒劳的。应在为己求仁上做功夫，即在仁体，即本心上做功夫，方是。

通过将黔中王门与浙中王门、江右王门、泰州学派及其他王门后学人物及其思想的互动进行梳理和比较，在一定意义上，已经可以凸显出黔中王门主要代表人物的学术性格与思想特色。要更好地诠释黔中王学的思想特质，说明其理论贡献，上述梳理与比较则是远远不够的。因为，学术界对阳明后学某些范畴、命题本身一直存有争议，评价不一。如关于"泰州王学"，不仅对某些主要理论观点，甚至对其学派归属都充满争议。对于浙中王门内部，一般学者都把王畿与钱德洪对立起来加以分析，得出的结论往往却有一定的差异，要么抑王扬钱，要么抑钱扬王[1]；又如江右邹守益、欧阳德与聂豹、罗洪先之间的比较，类似评述相左的情形也会出现。比较视角本身极其复杂，本书的比较工作主要是从思想史与哲学史的双重视野展开。首先需要从史学角度考证、梳理出黔中学者与其他王门后学之间的师承、交游等谱系之关联；其次，又要从哲学视野展开比较分析。鉴于笔者水平所限，面对这一复杂难题，出现敷陋，甚而贻笑人柄，实为所在难避。

就比较视角而言，至少可以从三个角度展开：

其一，内向的个体。黔中王学内部人物之间的比较研究。如孙应鳌、李渭、马廷锡，尤其是孙、李之间的异同，甚至包括某一人物前后思想变化的比较，比如李渭思想前后发生的变化，笔者将李渭中青年时期提出的

---

[1] 参见钱明：《王阳明及其学派考论》，人民出版社 2009 年版。

"毋意论"称之为"未定之说"，将他的"先行论"冠之以晚岁既定之说。李渭的"毋意"与孙应鳌"诚意"又有较大差别，后期的"先行"却与孙应鳌整体学说却较为接近。

其二，外向的个体。本书作了这方面大量的梳理与比较。黔中王学孙应鳌、李渭与其他王门人物之间的比较研究，这是主要的角度。由于涉及的阳明后学过广过多，对于如何选取人物是一件非常令人头痛的事。孙应鳌、李渭与其他王门人物关系有疏有密，本书只好选择在阳明后学中比较有特色的知名人物，同时，又与之或多或少有所渊源、关联的学者。具体而言，黔中与泰州王学渊源最深，孙应鳌与王艮、徐樾，李渭与耿定向兄弟、罗近溪，皆有直接的、具体的交流。故此节的比较就非常具体、清晰。黔中学者与江右许多学者都有交流，与其关系也最为复杂。如果要全方面地搞清两派学者之间的关系，这就需要多方面的梳理。所以，此处只能选取其中既具代表性，也跟孙应鳌、李渭有直接交流的学者如邹守益、邹元标、聂豹、罗洪先展开比较。黔中与浙江学者交流相对较少，仅孙应鳌与王畿有一定来往，而孙应鳌、李渭与钱德洪没交流。这部分的研究更多是从义理层面加以展开，因为笔者认为，这一视角是至关重要的。

其三，外向的整体。黔中王门与浙中王门、江右王门、泰州学案以及其他王门后学的互动关系比较，若从整体学派角度视之，最为困难，因为各个学派本身内部思想就不太一致，非常复杂。但整体是部分的整体，部分是整体的部分。研究整体，就离不开对其中各个部分的深入分析，如江右内部主要分为邹守益、欧阳德为代表的修证派与聂豹、罗洪先的归寂派，浙中有王畿与钱德洪之间重大的不同。如此，很难说某人更能代表这一学派，这样一来，相比之下，对个体的思想作出评判尚易，对整体的思想作出评判则难。况且本书在多数情况下所言整体（门派），是就地域性而言，而非学术分派而言。就黔中内部孙应鳌、李渭之间而言，他们的学说也有差异，在通常情形下，无法把黔中王门中的几个主要代表人物及其思想作为一个整体（学派意义上的）加以看待，去与其他学派作出整体性的比较。

　　鉴于此，本篇的研究不可能完整地、全方位地展现黔中学者与其他阳明后学之间的所有思想异同。因其涉及面过广，想要在短短篇幅中说明诸多问题，非常困难。但截至目前为止，本篇的研究仍然是有其价值与重要意义的。通过本篇研究，考察黔中孙应鳌、李渭的基本学术特征与运思理路，说明他们的思想特质，梳理出他们的理论贡献与学术价值后，基本上可以得出结论：黔中孙应鳌、李渭学术整体性格接近于邹守益、钱德洪的修证派，在功夫上以"诚意慎独"或"先行"反对良知见在理论，他们的学说也是阳明后学补偏救弊的努力之一。他们虽然学习、吸收了"现成"派王畿、泰州等人的心性本体思想，但在功夫上却有很大的不同，以重实践功夫的学术品格极力批评"现成"派带来的空疏流弊，同时也批评了聂豹、罗洪先的"归寂"之论。

　　但黔中学者也存在许多不足，就作为阳明后学的身份而言，他们对阳明整个思想体系未能全方面的承接、发展，哲理思辨层面表现得并不是十分周密，如对"四无"说缺乏应有的思考和反应，对"淮南格物"的新意理解并不到位，等等。这就使其显得缺乏宏大的气势，有所创新但创新性不够，有所突破却突破性有限，由于时代所限，他们与中晚明时期绝大多数学者一样，基本上不能突破宋明理学传统理论思维框架，迈不出像诸如明末清初三大儒顾炎武、黄宗羲、王夫之那样的更大更坚实的步伐，为人类思想史的发展作出更卓越的贡献。

附录一：黔中王学的余波

——以郑珍对阳明表彰《古本大学》的表彰为例

虽说本书讨论的是明代思想，真正意义上的黔中王门已于明末走向衰微，但事隔若干年之后，其余波确已延及清初乃至清中，甚至于晚清，余波并非严格意义上的王门派别，但作为一种思想倾向，似乎也不能全然加以忽视。清代黔中大儒郑珍、莫友芝、周渔璜、黎庶昌等人的学术思想倾向如何？他们之中的郑珍、周渔璜在汉宋之争的讨论中有明显的对阳明学说的尊崇与同情的理解，他们的思想旨趣，可以说是明代黔中王门延续到清代这一余波中的典型代表。以下仅以郑珍对宋明朱王之间关于《大学》新旧本之争的判识，来一观其思想倾向。其实，笔者借助郑珍的判识来说明清代黔中王学余波的存在事实，只是其中一个目的，然借此机会将笔者的陋见披露于世而就教于大方诸家，则是又一个目的。

郑珍《古本〈大学说〉序》描述了这样一个过程：《大学》如何从古本到二程改本，到朱子《章句》，再到后世诸改本"纷纷益不可胜记"，以至成为笑柄。然见邻水甘秩斋《大学说》，不仅赞叹，以为虽"又一新异本"，实与王守仁《大学古本序》"大义复不相乖忤"。郑珍遂表彰王守仁"复古之功不可没"。王守仁复古本之思萌自龙场，经多年思考和反复论证，于正德十三年刻《古本大学序》，正式公布了他表彰古本正当性的观点。

郑珍、莫友芝、黎庶昌三人及其思想，曾被人称之为黔中王门最后的余波①，虽然他们未能如黔中王门发展的高潮期之孙、李、马②那样，为后世留下高深厚重的哲学著述，但亦并非如人们通常所了解的那样，仅仅游历于"辞章之习"。作为黔中王门最后的余波，郑珍的几篇小文章，如《甘秩斋〈黜邪集〉序》、《跋〈学部通辨〉》、《阳明祠观释奠记》，尤其是《古本〈大学说〉序》，似有超乎"辞章之习"，而近于心性论之意蕴的倾向。郑珍在《古本〈大学说〉序》中，开宗明义，明确了称为古本的《大学》所据本，描述了如何由二程"改本"到朱子《章句》，乃至其后"六七百年，学者之心不能泯然，亦遂争新角异，而《大学》日多矣"之乱象，如何又有王守仁挺而表彰《古本大学》，继而发出"是故王文成、李文贞复古之功不可没也"的感叹。

一、从二程到朱子：《大学改本》到《大学章句》

《大学》本为小戴《礼记》第四十二篇，其原文如郑珍所指，系"汉河间献王后苍所传、郑康成所注"，人称古本，辑于唐孔颖达《礼记正义》。此古本由汉至唐千余年，到了北宋，掀起一疑古之风。疑古的内容实质是疑经，而疑经则是宋学的一个重要特点，欧阳修是提出疑经问题的第一人。③《大学》原文面貌如何，汉唐所传古本字里行间，有否脱文错简，

---

① 参见张小明：《黔中王门研究》，南京大学博士论文，2011年。

② 指黔中王门理学三先生：孙应鳌、李渭、马廷锡。

③ 漆侠先生在《宋学的发展和演变》一书中说道："疑经是宋学的一个重要特点。继唐人之后，宋儒对儒经也提出了大胆的怀疑，认为有的经典并非出自孔子之手。欧阳修最先着鞭，他的《易童子问》是宋人第一个大胆提出疑经问题的。他说：'童子问曰：《系辞》非圣人之作乎？曰：何独《系辞》焉，《文言》、《说卦》而下，皆非圣人之作。'（《欧阳文忠公文集》卷七八《易童子问》卷三，《四部丛刊》本）"欧阳修认为这些篇章，'众说淆乱，亦非一人之言也'，是'昔之学《易》者，杂取以资其讲说，而说非一家，是以或同或异，或是或非，其择而不精，至使害经而惑世也'。尽管《易·系辞》'繁衍丛脞''非圣人之作'，当是'汉初谓之易大传'，因为当时'学经者皆有大传'，所以也不可废去。"（漆侠：《宋学的发展和演变》，河北人民出版社2002年版，第8—9页）

遂成为有宋以来儒家经典文献学中一个聚讼不已的著名公案。针对《大学》原文的疑古之风先起于二程，虽说对儒家经典《大学》、《中庸》、《论语》、《孟子》的重视是从韩愈时代就开始了的，这几部经典的逐渐凸显的确经历了一复杂漫长的过程，但到了北宋，它们已经越来越多地被单独拈出，也越来越多地被尊崇，并被竭力解释出其中的深刻新意。针对《大学》，程颢就曾说过："《大学》乃孔氏遗书，须从此学则不差"。程颐也说："入德之门，无如《大学》"①。他们的学生"程门立雪"的杨时也指出："不由其门而欲望其堂奥，非余所知也"②，视《大学》为学者之门。《大学》中有很重要的"三纲八目"，即"明明德"、"亲民"、"止于至善"三项基本原则和"格物"、"致知"、"诚意"、"正心"、"修身"、"齐家"、"治国"、"平天下"八项方法，以及围绕"三纲八条目"而展开的诸多文字。因为意识到《大学》对于士子的重要性③，二程兄弟在深入研究文本的同时遂提出了自己的重要发现，即认为《大学古本》存在错简。

先看程颢对《古本大学》的具体态度，诚如郑氏所言：

> 后明道程子以《诚意章》有错简，遂移《康诰》四条、汤《盤》四条、"邦畿"三条次"则近道矣"后，移"瞻彼"、"於戏"、"听讼"三条次"节彼南山"后。④

记录在《河南程氏经说》卷第五中的《明道先生改正大学》，算得上是首开"大学改本"之先例。接下来是他的兄弟程颐的态度，反映在《伊川先生改正大学》一文中，郑先生阅后概述道：

---

① 程颢、程颐：《河南程氏遗书》卷二、卷二十二，《二程集》，中华书局1981年版，第18、277页。
② 杨时：《题萧欲仁大学篇后》，《杨时集》卷二十六，福建人民出版社1993年版，第613页。
③ 徐洪兴认为：二程认为，《论语》、《孟子》的重要性超过了"六经"，而《大学》、《中庸》则又比《论语》、《孟子》重要。（参见尹继佐、周山主编：《中国学术思潮史》卷五《道学思潮》，上海社会科学出版社2006年版，第100页）
④ 郑珍：《古本大学说序》，《郑珍全集》（六），上海古籍出版社2012年版，第460页。

> 伊川程子则移"《康诰》曰至止于信"至"知之至也"后，移"诗
> 云瞻彼"至"没世不忘也"，下接"《康诰》曰惟命"至"则失之矣"，
> 次"为天下矣"后；而以"听讼"条次"未之有也"后，"此谓知
> 之至也"之前。谓"此谓知本"为衍。①

除上述改正外，值得注意的是，伊川于"在亲民"的"亲"字下注有"当
作新"三字，欲把"亲"释作"新"，而并没有把"亲"直接迳改为"新"，
可视为朱熹直改"亲"作"新"的铺垫。仅论程氏兄弟二人之改，有所
不同，但所改基本只在错简，而不认为有重要脱衍，至少明道一如是。
伊川有指个别地方，如"此谓知本"四字之衍，实乃因"以'听讼'条
次'未之有也'后"而生之句读感所致，或者疑为刻工之误。二程的改
本的确较早，故郑氏认为，"《大学》之有改本，自是始"，这是符合历
史事实的。

面对《大学古本》，朱熹在二程改本基础上，作了更大更系统动作。

首先，他把《大学》内容分成了两个部分：一是"三纲领"即"明明德"、
"新民"、"止于至善"和"八条目"即"格物"、"致知"、"诚意"、"正心"、
"修身"、"齐家"、"治国"、"平天下"，他把这一部分称之为"经"；二是
余下所有文字，即对"三纲领"、"八条目"的解说和论证，他把这一部
分称之为"传"，且章分为十。于是"经"一章，"传"十章，朱熹把《大
学》章分十一，乃为《大学章句》。《大学章句》对"三纲领"的理解是：
"大学者，大人之学也。明，明之也。明德者，人之所得乎天，而虚灵不
昧以具众理而应万事者也。……至善，则事理当然之极也。言明明德、
新民，皆当至于至善之地而不迁。盖必其有以尽夫天理之极，而无一毫
人欲之私也。此三者，大学之纲领也。"②关于"八目"，朱的解释是："明
明德于天下者，使天下之人皆有以明其明德也。心者，身之所主也。诚，
实也。意者，心之所发也。实其心之所发，欲其一于善而无自欺也。致，

---

① 郑珍：《古本大学说序》，《郑珍全集》（六），上海古籍出版社 2012 年版，第 461 页。
② 朱熹：《四书章句集注·大学章句》，中华书局 2011 年版，第 4 页。

推极也。知，犹识也。推极吾之知识，欲其所知无不尽也。格，至也。物，犹事也。穷至事物之理，欲其极处无不到也。此八者，大学之条目也。"① 经过朱熹的这一整理，《大学》更显出有纲领有条目、有规模有节次的特点。纲举而目张，有很强的可操作性。规模是个大间架，好像一座大房子，节次就像里面的许多房间。进入房子必须有门，依次而入，不能超越。

其次，他认为《大学古本》不仅有错简，而且有阙文。朱熹在研究他认为的所谓"传"的时候，发现它们基本上是按照一定次序逐条解释"三纲领"、"八条目"的。但在分配《大学古本》原文时，无论怎么分配，都只能分为十一章，不多也不少。按朱熹的分法，第一章从"大学之道"到"未之有也"，朱熹称之为"经一章"，其余为"传十章"，是对"三纲领"、"八条目"的依次逐一解释。按说"三纲"加"八条"共十一目，就应有十一"传"，现在只有十"传"，的确是个问题。而十传中唯独缺少对"致知在格物"的解释，朱熹发现了这一阙文，遂补作了"致知在格物"一章。他又发现对"正心在诚其意"的解释也没有按照"八条目"应有的次序，而是出现在所谓"传"开头的地方，这就又是一处错简。"于是，朱子继承北宋儒学对《大学》本文面貌的怀疑传统，认为，解释诚意的传文没有出现在八条目中应在的位置上，这是因为'错简'造成的；而全文中没有出现对'诚意在致知'、'致知在格物'的解释则是由'阙文'造成的。"② 既然如此，要纠正《大学》本文上的错简和阙文的错误，朱熹认为有两方面的重要工作需要去做，即"移其文"和"补其传"。所谓"移其文"，朱熹同二程一样，通过"移文"以补本文所谓"错简"之误；其"创新"在"补其传"，以弥补古本"阙文"之失。《大学》由二程改本到朱子《章句》新本，诚如郑珍先生所云："朱子因之，更考经文，别为序次，以作章句，

---

① 朱熹：《四书章句集注·大学章句》，中华书局2011年版，第5页。

② 陈来：《有无之境——王阳明哲学的精神》，北京大学出版社2006年版，第110—111页。

是为今本。"

再次，在朱熹看来，导致《古本大学》存在缺陷的另一个隐含着十分充足理由的原因是，他认为所谓"经"是孔子之言，而所谓"传"则是曾子的释语。这样一来，他就很聪明地在"经"和"传"之间划分出了优劣等差，从而强化了"经"对"传"的决定性①。

最后一个区别具有颠覆的性质，朱熹把《大学》"三纲领"中"在亲民"一条直接径改为"在新民"。这样一来，意义就发生了重大变化。原具有"养民"、"惠民"之民本主义浓厚色彩的"亲民"，一下子成了"敦化"、"教化"、"革新"、"革命"等多少有些强权意义下的"新民"政策。一般认为朱熹改"亲民"为"新民"仅仅是误作，与政治立场无关，现在看来，需要重新认识。

宋季之后，朱熹的《大学章句》因具有普遍的权威性而成为最流行的本子，元代更奉其为科举功令。郑珍对这种现象作了描述："世之童子启口即读之，于是汉传古本变而为朱子之《大学》"。虽然如此，南宋以后的知识分子却从来没有停止过对《大学》本子的文献学讨论，"而六七百年学者之心不能泯然，亦遂争新角异，而《大学》日多矣"，② 加入讨论的学者很多，与朱熹意见相左的学者亦不在少数，也有与二程意见相近者。一时间《大学》异本多见，遂成为一道风景。郑珍认为："其最著者董文靖③本，退'知止'、'近道'二条合'听讼'二条为'格致传'。"董文清以"子曰听讼吾犹人也，必也使无讼乎? 无情者不得尽其辞，大畏民志，此谓知本，此谓知之至也"一段为"致知在格物"的解释，主张勿须补传；郑济主张把经文中"知止而后有定，定而后能静，静而后能安，安而后能得"与"子曰听讼吾犹人也"一段合起来，作为致知格物的解释，故亦认

---

① 水野实：《明代古本大学表彰的基础》，《中国哲学史》2010 年第 4 期。

② 郑珍：《古本大学说序》，《郑珍全集》（六），上海古籍出版社 2012 年版，第 461 页。

③ 参见董文靖：查无"董文靖"者，疑为"文清"之误。董槐，宋代定远人，允子，字庭植，学于叶诗雍及辅了。宝祐中，累官右丞相兼枢密使，晋封许国公，常与诸生讲论。

为勿须补传；刘瓛则主张把原传文第二章"诗云瞻彼淇澳"一节与"子曰听讼吾犹人"一段加在一起，作为格物致知之传，自然也认为勿须补传；还有以"诗云瞻彼淇澳"一段独立作格致之传，移于诚意章之前的。这些改本基本上与二程接近，在一段时期具有代表性。除此之外，还有许多这样那样的改本，林林总总，正如郑珍先生所读一过的，有"宋叶丞相、王鲁斋，明车清臣、方正学、宋濂溪、蔡虚斋、王守溪、徐师曾、刘念台诸公"，① 真是热闹得很。郑珍也曾认为，上面提到的郑济本，"至篆书刻本行之，几几与朱子《章句》相伯仲"，确有代表性。其余改本在郑珍眼中，就未必有什么好感了，"以外崔后渠、高忠宪、李见罗、季彭山、郁文初诸改本，咸自惊独见，哄然一时，馀纷纷益不可胜记"。更有甚者，"至王顺渠古本，删而改《大学》之祸极。至丰考功伪石经出，而转成笑柄矣"。② 所有这些，无论以错简为由，抑或以阙文为因，或是主阙、错兼具者，皆主张对《古本大学》施以改造。

二、阳明古本立场之大义

批评了宋以降诸多改本之乱象后，郑珍笔锋一转，对与王守仁古本立场"不相乖忤"的邻水甘秩斋家斌《大学说》进行了评说，指出："其书不别经传，分为十章。移'瞻彼'、'於戏'二条于'此谓之至也'后；移'所谓诚其意'至'必诚其意'于'此谓知本'后；'所谓修身'以下章次并同朱子。又一新异本也。"③ 郑珍对甘氏的评价是比较高的，认为其与"文成、文贞之书，大义复不相乖忤"，他说甘氏之书"详其说，直切明易，无穿凿纠缠之私。而文颇繁冗，节裁十之五六，付其族侄两施大令刊本，成一家之言。顾念汉传古本旧矣，如先生之说，使仍就古本故次，则既不

---

① 郑珍：《古本大学说序》，《郑珍全集》（六），上海古籍出版社 2012 年版，第 460 页。
② 郑珍：《古本大学说序》，《郑珍全集》（六），上海古籍出版社 2012 年版，第 461 页。
③ 郑珍：《古本大学说序》，《郑珍全集》（六），上海古籍出版社 2012 年版，第 461 页。

蹈董文靖后诸儒欲复古而反乱古之讥，而于文成、文贞之书，大义复不相乖忤，不尤善欤！焉得起先生而质之"。① 评判有褒有贬，态度较为客观。指其"大义不相乖忤"，应视为基本肯定的评价。重要的是，如何了解王守仁复古立场之"大义"。

"复古之功不可没"，是郑珍对王守仁表彰《古本大学》的表彰，亦公示了其对守仁古本立场的支持。在《大学章句》本成为权威和各式各样改本"哄然一时"的背景下，王守仁一反潮流，独以古本为正，视其文本自平正、无不可通，除坚持以为《古本大学》无错简、无阙文的基本立场外，对文义的解释也作出返本归源的努力。《传习录》记载了阳明与门人徐爱② 讨论《大学》宗旨的一段话。先是徐爱序曰：

> 先生于大学"格物"诸说，悉以旧本为正，盖先儒所谓误本者也。爱始闻而骇，既而疑，已而殚精竭思，参互错综，以质于先生，然后知先生之说，若水之寒，若火之热，断断乎百世以俟圣人而不惑者也。……
>
> 世之君子，或与先生仅交一面，或犹未闻其謦欬，或先怀忽易愤激之心，而遽欲于立谈之间，传闻之说，臆断悬度，如之何其可得也？从游之士，闻先生之教，往往得一而遗二，见其牝牡骊黄而弃其所谓千里者。故爱备录平日所闻，私示同志，相与考而正之，庶无负先生之教云。③

正德八年之前对王守仁恢复古本立场持怀疑态度的，也不仅仅徐爱一人，爱初所表现之"始闻而骇，既而疑"的状态，也是阳明返古疑朱之论哺一披露时，学界所作之正常反映。时与王阳明交往密切的，还有两位学者，一是湛若水，一位方献夫。湛、方二位最初接触阳明《大学古本》观点时，

---

① 郑珍：《古本大学说序》，《郑珍全集》（六），上海古籍出版社 2012 年版，第 461 页。
② 徐爱：字曰仁，号横山，浙江余杭人，王守仁的妹夫，也是王的第一位和最得意的门生，有"王门颜回"之称，曾任工部郎中。下文的"爱"即徐爱的自称。
③ 徐爱：《传习录序》，《王文成公全书》，中华书局 2015 年版，第 1—2 页。

据资料分析，他们并未理解更未支持阳明的立场。正德六年到七年①，阳明于北京遇甘泉，很可能在此期间向甘泉流露了自己的古本观点。这段时期，阳明多半只是口头表达己见，并未将之付诸文字。直到正德十三年七月，他发表了《古本大学旁释》，才首次将自己对《大学》的态度公之于世。

为何说湛若水、方献夫与徐爱一样，都经历了一对阳明大学古本立场由怀疑到相信、再到支持的过程呢？这从湛、方二人后来分别发表的有关文字可以看出。湛若水发表有《古本大学测》，方献夫发表有《大学原》。据水野实先生考查，认为《古本大学测》的成书时间应在正德十三年八月②，比守仁《古本大学旁释》的发表仅仅只晚一个月。由此可推，湛甘泉的这一动作可被看成是对阳明再次表明古本态度的一个回应。如果说王阳明在北京表明态度效果不明显的话，后来他在江西再次向甘泉阐明自己观点后，又过了一段时间，同徐爱一样，甘泉的态度发生了变化。正德十年，湛甘泉在奔母丧返回故乡广东增城途中路经江西龙江，与南赣汀彰任上的王守仁相与论学，《大学》宗旨必然又成了其中重要话题。这次会晤，阳明在四年以后给甘泉的一封书简中谈道："向在龙江舟次，亦尝进其《大学》旧本及格物诸说。兄时未以为然，而仆亦遂置不复强聒者，知兄之不久自当释然于此也。乃今果获所愿，喜跃何可言。"③根据这段话可以见出，甘泉当时对阳明的格物说和《古本大学》态度是"不以为然"的。但甘泉的确在他的《古本大学测序》中有"甘泉子读书西樵山。于十三经，得《大学》古本焉"这一相信《古本大学》立场的言论。正德十二年十月七日，甘泉服丧之后于这一天前往西樵，他在后来给阳明的一封信中提到

---

① 水野实认为阳明会甘泉与献夫是在正德五年，恐有小误。据《年谱》，阳明是正德五年春离开贵州，任庐陵知县，十月离开，到北京已是正德五年年底。《年谱》云：阳明正德六年二月会献夫，十月会甘泉。

② 《湛若水年谱》"正德十三年戊寅（1518）"条云："是年，开始重视并整理古本《大学》、《中庸》，撰作《古大学测》、《中庸测》。"（黎业明撰：《湛若水年谱》，上海古籍出版社2016年版，第65页）

③ 王守仁：《答甘泉》，《王文成公全书》，中华书局2015年版，第212页。

这个日子。大概就是在这个时候，他开始相信古本的正当性，尽管他采取了与阳明完全不同的理解方法。时隔不久，他确信了《古本大学》的正当性并发表了他的《古本大学测》。他在《大科训规》中说道："大学古本好处全在以修身释格物致知，使人知所谓格物者，至其理，必身至之，而非闻见想象之粗而已。"[1] 甘泉在《答阳明王都宪论格物》中则有"于古本下节，以修身说格致，为无取"、"考之古本下文，以修身申格致，为于学者极有力"、"正合古本以修身申格致之旨"[2] 等等表白；在《圣学格物通序》中又说："大学古本以修身释格致，曰此谓知本，此谓知之至也。"与此几乎同时，方献夫发表了他的《大学原》，由此可推测他们二人的态度都已经开始倾向于阳明对《古本大学》的表彰立场。由于资料的散佚，故关于方献夫的具体言谈已无从引征。

三、阳明古本立场的发端在龙场

《传习录》中记载徐爱的那段话，虽说回忆的是正德七年十二月，"与先生同舟归越，论《大学》宗旨"[3] 一事，其中却透露了几年前的一个重要信息：守仁《古本大学》立场的发端在龙场。徐爱说：

> 先生明睿天授，然和乐坦易，不事边幅，人见其少时豪迈不羁，又尝泛滥于词章，出入二氏之学。骤闻是说，皆目以为立异好奇，漫不省究。不知先生居夷三载，处困养静，精一之功，固已超入圣域，粹然大中至正之归矣。爱朝夕炙门下，但见先生之道，即之若易，而仰之愈高，见之若粗，而探之愈精，就之若

① 湛若水：《大科训规》，《甘泉文集》卷六，《湛甘泉先生文集》（一），广西师范大学出版社 2014 年版，第 212 页。
② 湛若水：《答阳明王都宪论格物》，郭海鹰编：《湛若水精言》，广州出版社 2018 年版，第 99—101 页。
③ 钱德洪：《王阳明先生年谱》，《王文成公全书》，中华书局 2015 年版，第 1404 页。

近，而造之愈益无穷。十余年来，竟未能窥其藩篱。①

"居夷三载"，指的是阳明被贬贵州龙场的那段时间，其"处困养静"，中夜大悟，参透本体的同时，功夫也实现了质的飞跃，"精一之功，固已超入圣域，粹然大中至正之归矣"。当时有一十分关键的细节，务必不能忽略，就是阳明将其中夜所悟证诸"五经"，结果莫不吻合。古本《大学》为小戴《礼记》之一章，必为阳明所"臆"无疑。这当中，是否由此对朱子《章句》本产生过怀疑则不得而知，但有一种情况是让人能够理解的，那就是迫于当时客观情形，阳明就算有此想法，也断然不愿将它说出。原因无外有二：一是朱子权威性在当时尚不易摇动；二是阳明自己思想的成熟度也还有待时日。将瞬间的直觉体悟牢牢抓住，并使之由悟性上升到理性，的确需要功夫的渐次深入，达到功夫与本体的一致性，方能进入澄明之境。在当时，因为不到火候，就连"良知"这样的词汇都未能说得出口。

《年谱》中记载了正德四年，阳明与席书的一段故事：

> 四年己巳，先生三十八岁，在贵阳。是年提学副使席书聘主贵阳书院。是年先生始论知行合一。始席元山书提督学政，问朱陆同异之辨。先生不语朱陆之学，而告之以其所悟。书怀疑而去。明日复来，举知行本体证之五经诸子，渐有省。往复数四，豁然大悟，谓"圣人之学复睹于今日；朱陆异同，各有得失，无事辩诘，求之吾性本自明也"。②

在当时情况下，王阳明不愿直语朱陆同异，而只告席书自己所悟之道，确是情有可原。就是正德五年底到了北京，先在大兴隆寺与黄宗贤、储柴墟相识，又与湛甘泉相以共学，亦未涉及朱陆话题。据《年谱》，口头上讨论晦庵、象山之学，是在正德六年辛未，阳明调吏部验封清吏司主事之后的事。这一次回答学生问题，是否算得上是阳明对朱陆之辨的第一次公开

---

① 徐爱：《传习录序》。《王文成公全书》，中华书局 2015 年版，第 1 页。

② 钱德洪：《王阳明先生年谱》，《王文成公全书》，中华书局 2015 年版，第 1396—1397 页。

表态呢？王舆庵读象山书有契，徐成之与辩不决。守仁答曰：

> 是朱非陆，天下论定久矣，久则难变也。虽微成之之争，舆庵亦岂能遽行其说乎？①

这次讨论主要涉及朱陆"尊德性"与"道问学"之辨，未涉及《大学》，且徐成之仍然觉得先生的回答是"漫为含糊两解"。后又常与方献夫、湛若水等于职事之暇，始遂讲聚，各相砥切，也曾感叹"世之学者，章绘句琢以夸俗，诡心色取，相饰以伪，谓圣人之道劳苦无功，非复人之所可为，而徒取辩于言辞之间，古之人有终身不能究者，今吾皆能言其略，自以为若是亦足矣，而圣人之学遂废。"② 十二月与徐爱论学，且同舟归越，讨论《大学》宗旨，徐爱"因旧说汩没，始闻先生之教，实骇愕不定，无入头处。其后闻之既久，渐知反身实践，然后始信先生之学为孔门嫡传"，于是断断乎以为"舍是皆旁蹊小径，断港绝河矣"。通过数日讨论，徐爱感觉"踊跃痛快"、"如狂如醒"，进而总结道："如说格物是诚意功夫，明善是诚身功夫，穷理是尽性功夫，道问学是尊德性功夫，博文是约礼功夫，惟精是惟一功夫，诸如此类，皆落落难合。其后思之既久，不觉手舞足蹈。"③ 这里说格物是诚意功夫，如同说道问学是尊德性功夫，主张以诚意和尊德性为要，皆暗涵将格物与道问学置于第二位了。在朱陆之辨中，阳明已明确以象山之说为己所张扬之立场，为不久之后公开其《古本大学》立场作了必要的铺垫。

四、阳明古本立场的公开表态

正德八年冬十月阳明在滁州，有学生孟源问"静坐中思虑纷杂，不能

---

① 钱德洪：《王阳明先生年谱》，《王文成公全书》，中华书局2015年版，第1400页。
② 钱德洪：《王阳明先生年谱》，《王文成公全书》，中华书局2015年版，第1402—1403页。
③ 钱德洪：《王阳明先生年谱》，《王文成公全书》，中华书局2015年版，第1404页。

强禁绝"怎么办？王阳明回答道："纷杂思虑，亦强禁绝不得；只就思虑萌动处省察克治，到天理精明后，有个物各付物的意思，自然精专无纷杂之念；《大学》所谓'知止而后有定'也。"①阳明强调"思虑萌动处省察克治"，与朱子"格物"而后致其知、"道问学"而后"尊德性"的进路显然相悖。

正德十三年戊寅，王阳明在南赣，七月，刻古本《大学》，他认为，应该是将自己对《大学》的态度公之于众的时候了。自从正德三年龙场之悟萌发对《大学章句》的怀疑，到正德七年与徐爱同舟归省讨论《大学》宗旨、正德八年在滁州强调"诚意"与"尊德性"，阳明积蓄了多年对章句的不满，终于时机成熟，到了不得不发的时候。从他思想认识的发生到以刊刻形式表达出来，花费了如此漫长岁月，"这也从一个方面说明他所耗费的苦心"。②此时的阳明将军可谓一面忙于指挥战斗，"先生出入贼垒，未暇宁居"；一面讲道论学，身边学生环聚，"皆讲聚不散。至是回军休士，始得专意于朋友"，也就是在这个时候，他始得"日与发明《大学》本旨，指示入道之方"。③《年谱》作了较详的回顾：

> 先生在龙场时，疑朱子《大学章句》非圣门本旨，手录古本，伏读精思，始信圣人之学本简易明白。其书止为一篇，原无经传之分。格致本于诚意，原无缺传可补。以诚意为主，而为致知格物之功，故不必增一"敬"字。以良知指示至善之本体，故不必假于见闻。至是刻录成书，傍为之释，而引以叙。④

为表明对《古本大学》的立场，通过《年谱》这段话，阳明从以下几个方面对《大学章句》展开了批评。

第一，怀疑朱子《大学章句》并非圣门本旨。此怀疑自王阳明在黔时

---

① 钱德洪：《王阳明先生年谱》，《王文成公全书》，中华书局 2015 年版，第 1405 页。

② 水野实认为：正德十一年《与陆元静》（《王文成公全书》卷四）有"所问《大学》《中庸》注，向尝略具草稿，自以所养未纯，未免务外欲速之病，寻已焚毁"，可见其著述时的苦心。

③ 钱德洪：《王阳明先生年谱》，《王文成公全书》，中华书局 2015 年版，第 1427 页。

④ 钱德洪：《王阳明先生年谱》，《王文成公全书》，中华书局 2015 年版，第 1427 页。

便已产生，体悟到"圣人之道，吾性自足"的本体之真和意识到"向之求理于事物者"的功夫之误后，阳明怀疑朱子章句与恢复古本正当性认识由此发端。为悉心求证，他"手录古本，伏读精思"。虽于此时，他的确没有将这一思想直接表达出来，他通过将自己所悟证诸"五经"，自觉莫不吻合而由此坚信"圣人之学本简易明白"，因为他所悟之"圣人之道，吾性自足"之本体，其本身就是简易明白的。正德十三年，阳明不仅重刻了《古本大学》，还发表了另一篇重要文章《朱子晚年定论》，并于序中忆曰："昔谪官龙场，居夷处困，动心忍性之余，恍若有悟。证诸《六经》、《四子》，洞然无复可疑。独于朱子之说，有相牴牾，恒疢于心。切疑朱子之贤，而岂其于此尚有未察？及官留都，复取朱子之书而检求之。然后知其晚岁固已大悟旧说之非，痛悔极艾，至以为自诳诳人之罪，不可胜赎。"可见，王阳明对朱子的审读并非意气用事。

第二，王阳明认为《大学》"其书止为一篇，原无经传之分"。这样一来，朱子将《大学》区别为"经一章"、"传十章"的做法显然就成为多余。如何从原意上理解古本，在王阳明看来是异常重要的，他后来在正德十三年七月的《大学古本序》中一针见血地指出："旧本析而圣人之意亡矣。"这显然是一个具有颠覆性质的判断。阳明用"圣人之意亡矣"这样极端的表述，断然拒绝朱熹的徒劳之举，这在当时思想界的确是一大突破。①

第三，阳明进一步指出，"格致本于诚意，原无缺传可补"，反对朱熹所谓"因缺失而作补传"。朱熹在"此谓知本"与"此谓知之至也"间加了 128 个字，称此章为"传之五章，释格物致知之义"。补传虽反映了朱熹的认识论，但与《大学》本意已有不同。王阳明认为"《大学》古本乃孔门相传旧本耳，朱子疑其有所脱误而改正补辑之，在某则谓其本无脱误，悉从其旧而已矣"②。在王阳明看来，诚意的释文本来就在所有释文的

---

① 麻尧宾将儒学区分为原始（先秦儒）和理学（朱子学）两系。参见麻尧宾：《〈大学〉〈中庸〉天人范式议论——以朱子疏释为关键的视域》，《哲学研究》2011 年第 5 期。

② 王守仁：《答罗整庵少宰》，《王文成公全书》，中华书局 2015 年版，第 66 页。

前面，诚意本就主导着格物和致知的，所以他在《大学古本傍释》中特别强调指出："惟以诚意为主，而用格物之功"。这就为突出诚意功夫①找到了经典依据。把"诗云瞻彼其澳……民之不能忘也"作为"言格物之事"，这就可以甩掉朱子的补传。对于"格致本于诚意"，似乎可以作这样的理解，诚意不仅主导着格致，而且相对格致来说，诚意是格致的本体；相对诚意来说，格致是诚意的功夫。有了这种相对含义的理解，朱子对格致的补辑就更加显得多余和毫无必要了。这正是阳明坚持古本"原无经传可补"的又一充足理由。

王阳明认为以诚意为主，而为致知格物之功，故不必增一"敬"字，因为学生中出现了只在枝叶上作功夫，而忘记由根本的培养以畅达生意，从而导致支离决裂的倾向后，为了就高明一路以救时弊，阳明才与时谐行，不失时机地推出了他的"诚致"之意蕴功夫。他批评朱子格物说"缺乏头脑"。朱子曾罗列了一整套格物的功夫，归结为四条：一是"察之于念虑之微"；二是"求之于文字之中"；三是"察之于事为之著"；四是"验之于讲论之际"。王阳明认为朱子将此四条等量齐观，不分轻重彼此，显然是"缺少头脑"；应当以第一条"察之于念虑之微"为学之头脑，并把它贯穿于其他三条之中。这正好吻合于阳明的"致良知"的心学主旨，虽然在这个时候，他的"致良知"之教尚未正式揭示于众。他以诚意为其恢复《古本大学》正当性的有力推手，以立志、立诚（诚意、诚身）为学问头脑，说"大抵吾人为学，紧要大头脑只是立志"，这就把朱熹以阙文为由而补"格物致知"之传的做法加以了彻底的否定。

五、阳明古本立场的核心意蕴

程颐在他的改本《伊川先生改正大学》一文中，只是于"在亲民"的

---

① 在王阳明看来，格物才是诚意的功夫，"以诚意为主"，则诚意就有了本体意味。

"亲"字下注有"当作新"三字，尚未把"亲"直接径改为"新"。伊川指大学古本有错简，并非以为有阙文，但他的"当作新"之注，确实为朱子直接改"在亲民"为"在新民"作了理论上的铺垫。朱子取程颐"亲"作"新"之意，将其解为革新、自新，单方面的要求子民弃旧图新、去恶从善，王阳明是绝不同意这种对大学原意的曲解的。

徐爱所辑《传习录》首章记载了他们师徒二人所讨论"在亲民"与"在新民"之辨。这一次的表态至多只能算是小范围内的私下交谈。徐爱《传习录》首章正式发表的时间，恰巧也是正德十三年，七月，阳明刻《古本大学》，作《古本大学傍释》，又作《朱子晚年定论》，紧接着八月，门人薛侃刻《传习录》。《年谱》载："侃得徐爱所遗①《传习录》一卷，序二篇，与陆澄各录一卷，刻于虔②。"至此，阳明与徐爱师徒二人于六年前，在归省途中于运河船上的那段关于大学宗旨的精彩对话，终于公开发表而告诸天下。先是徐曰仁问道：

> "在亲民"，朱子谓当作："新民"，后章"作新民"之文，似亦有据。先生以为亦从旧本作"亲民"。亦有所据否？

阳明的回答是直截了当且具说服力的：

> "作新民"之"新"，是自新之民，与"在新民"之"新"不同，此岂足为据？"作"字却与"亲"字相对，然非"新"字义，下面"治国平天下"处皆于"新"字无发明，如云"君子贤其贤而亲其亲，小人乐其乐而利其利，如保赤子；民之所好好之，民之所恶恶之，此之谓民之父母"之类，皆是"亲"字意，"亲民"

---

① 钱德洪：《王阳明先生年谱》载："是年（正德十三年，即公元1518）爱卒，先生哭之恸，爱及门独先，闻道亦早。尝游南岳，梦一瞿昙抚其背曰：'尔与颜子同德，亦与颜子同寿。'自南京兵部郎中告病归，与陆澄谋耕雪上之田以俟师。年才三十一。先生每语辄伤之。"（王守仁：《王文成公全书》，中华书局2015年版，第1428—1429页）

② 虔：州名。隋开皇九年（公元589年）置，以虔化水得名。治所在赣县（今赣州市）。唐辖境相当今江西赣县以南的赣江流域。南宋绍兴二十二年（1152年）改名赣州。时王阳明提左佥都御史，巡按南、赣、汀、彰。

犹孟子"亲亲仁民"之谓。亲之即仁之也，百姓不亲，舜使契为司徒，敬敷五教，所以亲之也。尧典"克明峻德"，便是"明明德"，以"亲九族"至"平章协和"，便是"亲民"，便是"明明德于天下"。又如孔子言"修己以安百姓"，"修己"便是"明明德"，"安百姓"便是"亲民"，说"亲民"便兼教养意，说"新民"便觉偏了。①

为什么是"亲民"而非"新民"，王阳明讨论问题的又一个特点是引经据典，这与他在龙场时的学风一以贯之。在这段话中，中心思想突出且集中，又可依以下几个要点来加以理解：

其一，"作新民"之"新"，是自新之民，与"在新民"之"新"不同，不能互为解释依据。所谓《大学章句》第三章（朱本称此章为"传之二章"）中有"汤之《盘铭》曰：'苟日新，日日新，又日新。'《康诰》曰：'作新民。'《诗》曰：'周虽旧邦，其命惟新。'是故君子无所不用其极。"《尚书·康诰》此处"作新民"之意，为激励人们焕发新的风貌，与《大学》首章"三纲领"之"在明明德、在新民（朱熹所改）、在止于至善"之"在新民"完全不是一个意思，用"作新民"来证明所谓"在新民"的合理性，显然是站不住脚，"此岂足为据"？

其二，既然古本中的"作新民"不能用来支撑"在新民"中"新"字之改的正当性，"作"字却又与"亲"字相对，然非"新"字义，那么将"在新民"之"新"还原为"亲"则是理所当然。在王阳明看来，"亲民"与"新民"有着截然不同的含义："亲民"是惠民、养民义，而"新民"则只是单纯的教化、革新之义。阳明举《大学》中大量原文来加以论证，举所谓"至善"章"君子贤其贤而亲其亲，小人乐其乐而利其利"，又举所谓"齐家治国"章"如保赤子"，所谓"治国平天下"章"民之所好好之，民之所恶恶之，此之谓民之父母"等，作为自己主张"亲民"正当性的根据，

---

① 王晓昕等点校：《阳明先生集要》，中华书局 2008 年版，第 28—29 页。

认为这些实实在在地"皆是'亲'字意"。"亲民"与"新民"虽一字之差，实为两种截然不同之执政理念，前者于惠民、养民中爱民，后者于教化革新中治民；前者着实体现了原始儒家"亲亲仁民"的仁爱观念与仁政理想，后者则单方面强调的是治国平天下的外王之道。如果说"亲民"与"新民"所体现的都是儒家的外王之道，那么阳明显然倾向于古本大学中所体现的孔子早期儒家立场，即所谓"亲民"，"犹孟子'亲亲仁民'之谓，亲之即仁之也。百姓不亲，舜使契为司徒，敬敷五教，所以亲之也。"①百姓不和睦，舜就让契担任司徒，"敬敷五教"，用来使他们互相亲近。为了维护圣人之意，阳明对于朱子之改提出了严厉的批评。更何况，"亲民"中原本就包含了教化养育的意思，"说'亲民'便兼教养意，说'新民'便觉偏了"。朱熹的"新民"说明显狭隘了。

其三，"明明德"就是"亲民"，就是"明明德于天下"。"明明德"与"亲民"本就是相辅相成的，"明明德"自然有"亲民"含于其中，无"亲民"即无所谓"明明德"，无"明明德"则哪来所谓"亲民"之存在。阳明举《尧典》说法，其说"克明俊德"就是"明明德"，"以亲九族"到"平章"、"协和"，就是"亲民"，就是"明明德于天下"，这些都是早期儒家的思想，属圣人之意。又比如孔子说"修己以安百姓"，"修己"之"己"，是先圣所指的大人，"修己"就是"明明德"，"安百姓"就是"亲民"，己若不修，如何"安百姓"、如何"亲民"？在王阳明看来，所有这些儒家的宝贵思想，又岂是朱子之"新民"的狭隘观念所可囊括？再说，"作"与"亲"相对应，但并不是"亲"的意思，"下面'治国平天下'处皆于'新'字无发明"，以下讲到"治国"、"平天下"等处，都对"新"字没有发表阐述。

正如郑珍感叹的，由于朱子之狭隘，致使"六七百年学者之心不能泯然，亦遂争新角异，而《大学》日多矣"。郑珍于是表彰道，王阳明"复古之功不可没也"。

---

① 王守仁：《传习录》卷上，《王文成公全书》，中华书局 2015 年版，第 2 页。

附录二：孙应鳌年表

　　孙应鳌，字山甫，号淮海，学者称淮海先生，谥号文恭，贵州凯里清平人。其先江苏如皋人，迁贵州清平，遂世为清平人。始迁祖讳华，以从龙功，授神策卫千户。洪武二十五年，调龙里卫总旗，始至黔。永乐中，调清平。

　　二世祖讳礼，万户。

　　三世祖讳钦，万户。因从征香炉山，授指挥佥事。

　　高祖讳铎。

　　曾祖讳瀚，成化丁酉举人，官桂林府同知。孝友端直，为乡里所矜式。墓在清平城南较场。

　　祖讳重，字威卿，别号小山，正德庚午举人，授眉州学正，知绵竹县。

　　父讳衣，别号南明山人。为诸生，以俊乂①称。嘉靖辛卯举人。典教犍为，寻知云南保山县，凡六腾荐剡，擢云南府同知。以丁父忧归，遂不复仕，焚牒自隐。后以子贵，赠都察院左副都御史。墓在清平平初堡。

　　母司氏，临淮人。训导司恕斋之长女，明初功臣六安侯王志之女裔，及笄归先生父衣，称贤母。

　　叔父五人，可考见者三：

----

① 俊乂（yì）：贤能的人。《尚书·皋陶谟》："俊乂在官，百僚师师，百工惟时。"（顾迁译注：《尚书》，中华书局 2016 年版，第 41 页。）

509

褒，嘉靖庚子举人，官建昌府通判，知衡山县。

衮，字益之，号虑吾，嘉靖癸卯举人，丁未进士，选庶吉士，授陕西道监察御史。

袞，字补之，号南原，岁贡，官顺宁训导，迁郧西令。居官节俭，居乡谨饬，卒，先生有文祭之。

诸弟可考见者八：

应鹏，字运甫，嘉靖戊午举人，官大理府通判。

应轸，万历癸酉举人，官路南州知府。

应阳，万历丙子举人，官江夏县知县。

应对，字心海，万历己酉举人，由泚乡教谕，迁北直大成令，不为魏瑞建生祠，挂冠归。

应雷，字养灵，岁贡，为潜江教谕，历广安学正，以古道造士有声。

应鲲，岁贡，官定番州学正。

应驹，岁贡，官陈州府经历。

应豸，早卒。先生有《悼弟应豸四首并引》："应豸生庚子二月十一日。……壬子甫十三岁，乃五月二十三日病热，六月七日死矣。"《督学文集》有《与李文荐求亡弟应豸圹铭》书。

明世宗嘉靖六年丁亥（1527），先生生。

适卫人馈六鲤于父衣，因以应鳌名之。郭子章《传》："生之日，适卫人馈六鲤，因以名。"莫友芝《传》同。先生父衣生弘治十七年甲子，是年24岁。母司氏生弘治十八年乙丑，是年23岁。见《合寿遥祝乞语》。

是年，王守仁55岁，湛若水62岁，王艮45岁，蒋信45岁，胡直11岁，王宗沐4岁。

嘉靖七年戊子（1528），先生2岁。

《明伦大典》撰成。

江西左布政使叶相巡抚贵州。

伍文定提督云贵川广军务。

始遣朝臣主试各省乡试，云贵正副主考官为兵科给事中商大节、户部主事陈良策。

佥事高贲亨任贵州提学。

王守仁卒于南安。先生乃阳明再传弟子。

嘉靖八年己丑（1529），先生 3 岁。

王守仁世爵恤典遭停，其学术遭禁。

停考选庶吉士。

陆粲劾张璁、桂萼，下狱，谪贵州都镇驿丞。

李梦阳卒。

嘉靖九年庚寅（1530），先生 4 岁。

明廷赐各科道《大学衍义》。

刘士元以副都御史巡抚贵州。

杨一清卒。

嘉靖十年辛卯（1531），先生 5 岁。

父衣举乡试。

增贵州按察副使主管清戍事。

嘉靖十一年壬辰（1532），先生 6 岁。

夏言上科场三事：正文体，定程式，简考官。

刘士元劾免，徐问巡抚贵州。

复考选庶吉士旧例。

徐樾成进士。

蔡汝南成进士。

嘉靖十二年癸巳（1533），先生 7 岁。

陈邦敷谪贵州新添驿丞。

嘉靖十三年甲午（1534），先生 8 岁。

王杏巡按贵州，疏奏，道路艰险，请开科于本省，乡试免附云南。

徐问调兵部右侍郎，戴书巡抚贵州。

李渭举乡试。

王荆石生。

嘉靖十四年乙未（1535），先生 9 岁。

能属文。邱禾实《传》："生而颖异，九岁能属文。"

许贵州自乡试，免附云南，解额贵州 25 人。

靳学颜成进士。

嘉靖十五年丙申（1536），先生 10 岁。

就塾，从周慎轩，日诵千言。

汪珊巡抚贵州。①

嘉靖十六年丁酉（1537），先生 11 岁。

就塾。

增贵州副使一员，补首领左贰官。

游居敬请禁王守仁及湛若水所著书，毁其书院。

---

① 巡抚贵州，原为戴书，嘉靖十三年任，未有改调或罢免记载。十五年四月辛卯，又有
"巡抚贵州右副都御史陈克宅总理南京粮储兼巡抚应天"之事，陈克宅何时巡抚贵州，
亦无记载。辛丑又"起汪珊右副都御史巡抚贵州"，《国榷》所记，盖有脱漏。

高叔嗣卒。① 南充任瀚于嘉靖四十三年序先生诗谓："如君兹选，当与高子业、顾华玉格力相埒，诚足刜建安锋，劘六朝垒，惜二君已宿草，不及见也。"

嘉靖十七年戊戌（1538），先生 12 岁。

就塾。

张钺巡抚贵州。《国榷》：嘉靖十七年三月"丁卯，四川左布政使张钺为右副都御史，巡抚贵州。"

嘉靖十八年己亥（1539），先生 13 岁。

就塾。

蒋信以副使督学贵州。后先生作《正学先生道林蒋公墓志铭》谓："己亥，擢贵州提学副使。"蒋信督黔学，《贵州通志》作二十年辛丑，今依墓志，己亥为蒋信赴任之年。先生后作《道林先生诸集序》云"道林先生蒋公，嘉靖癸卯督学黔中"，癸卯（1543）或为离任之年。②

张钺任南京工部右侍郎，韩士英巡抚贵州。

命礼部详阅乡试录及试牍，如离经叛道，考官监临官问罪。《国榷》：十二月，"丙戌，河南道监察御史闻人铨请正文体。命礼部详阅乡试录与试牍，如离经叛道，罪考官兼临官。"

---

① 高叔嗣，字子业，祥符人。官至湖广按察使，卒年三十七，有《苏门集》，事迹详《明史》本传。

② 孙应鳌《正学先生道林蒋公墓志铭》谓蒋信"己亥（1539），擢贵州提学副使"，又于《道林先生诸集序》中云"道林先生蒋公，嘉靖癸卯（1543）督学黔中，如以前者为赴任年，后者为离任年，前后历四年，尚存疑。莫友芝《黔诗纪略》谓"（嘉靖）二十三年武陵蒋信道林视学贵州"，此为甲辰（1544），亦可疑也。李独清《孙应鳌年谱》"嘉靖二十二条癸卯（1543），十七岁"条云："蒋信以病求致仕，便归武陵，旋被劾削籍。"是为离任之年矣。

嘉靖十九年庚子（1540），先生 14 岁。

弟应豸生。《悼弟应豸》四首并引："应豸生庚子二月十一日。"

李佑、马廷锡同举于乡。

王艮卒。

嘉靖二十年辛丑（1541），先生 15 岁。

就塾，周慎轩遘疾，旋辍学。

父衣任犍为教谕，旋知保山县，由犍为归清平省觐。

贵州巡抚韩士英改工部右侍郎。

王崇古成进士。

嘉靖二十一年壬寅（1542），先生 16 岁。

随父至云南保山县任。

严嵩以英武殿大学士仍兼礼部事，入直文渊阁，预机务。

吕楠卒。

嘉靖二十二年癸卯（1543），先生 17 岁。

蒋信以病求致仕，便归武陵，旋被劾削籍。

清浪、镇远、五开、平溪、偏桥五卫军生寄学贵州者，乡试附贵州。

以试录舛刺，贵州监临官魏洪冕削籍，布政使侯缄、参议翁学渊、副使王积、施昱、教授汤伯元等，俱降官。

嘉靖二十三年甲辰（1544），先生 18 岁。

返清平家居。

父衣保山朝觐回，弟应豸随任，侍母司氏疾。

徐樾以副使督学贵州（应是接蒋信任）。

刘渠巡抚贵州。

马汝骥卒。按：马汝骥，字仲房，绥德人。正德己丑进士，馆选授编修。阻南巡，杖谪泽州知州。后历官南京国子祭酒。先生官陕西提学使时，曾刻其集。

嘉靖二十四年乙巳（1545）先生 19 岁。

以儒士应试，督学徐樾一见大奇之，许必魁多士。

王学益巡抚贵州。

顾璘卒。[①] 璘与同里陈沂、王韦，号金陵三杰。后朱应登继起，号四大家。《四库提要》称其诗："远挹晋安之波，近乘信阳之乘，在正德嘉靖间，固不失为第二流之首也。"璘与王守仁有书信论及知行之义，见《传习录》卷中也。任少海叙先生诗，谓与高子业、顾华玉格力相捋。

嘉靖二十五年丙午（1546），先生 20 岁。

举乡试第一。

增解额 5 人。

胡直从学吉水罗洪先。

王世贞举应天乡试。

嘉靖二十六年丁未（1547），先生 21 岁。

入京，应礼部试，榜发落第，读书太学。

父衣擢云南府同知。

诏复蒋信原官，如闲住例。

巡抚王学益被逮，李义壮巡抚贵州。

[①] 顾璘，字华玉，号东桥，上元人。官至南京刑部尚书，卒年七十，有《浮湘集》、《山中集》、《凭几集》、《息园诗文稿》、《国宝新编》、《近言》，事迹详《明史》本传。

王世贞成进士，张居正成进士，改庶吉士。

嘉靖二十七年戊申（1548），先生 22 岁。

读书太学。

贵州巡抚李义壮请设总督，节制三省。以右副都御史张岳总督贵州、广西军务。

停监生告改远方例，并听岁贡生入监外，留部选教官。

明廷杀华盖殿大学士夏言。

嘉靖二十八年己酉（1549），先生 23 岁。

读书太学，司成甚礼重之。

著《纪梦诗》。①

任辙巡抚贵州。

嘉靖二十九年庚戌（1550），先生 24 岁。

应礼部试，又报罢，归里，患肺痛，昼夜呕血不止。

徐樾升云南布政使。初，元江土舍那鉴杀知府那宪，收其印，应大猷以闻，朝议讨之。鉴惧，攻劫州郡，总兵沐朝弼、巡抚石简会师，分五道进剿，势渐蹙。那鉴遣经历张维诣王养浩所伪降，浩疑不敢往。樾以督饷至南羡，毅然请行，鉴伏兵袭之，樾死。先生有《公无渡河哭波石先生》诗哭樾。②《明史·云南土司传》，樾被害作二十九年，以先生《功冠南荒卷题辞》，波石于庚戌死难沅江证之，正合。《国榷》作三十年，《明儒学案》作三十一年，今依《明史》。

命各省督学官须从慎遴选。

严嵩晋华盖殿大学士，加上柱国，专朝政。按：严嵩以嘉靖十五

---

① 孙应鳌诗作始见此年。

② 徐樾，字子直，号波石，贵溪人，官至云南左布政使，殉难，赠光禄寺卿。

年由南京吏部尚书调礼部尚书，二十一年拜武英殿大学士，入直文渊阁。二十六年十一月，晋华盖殿大学士，至本年加上柱国，独专朝政。

谕德赵贞吉谪荔波典史。《明史·世宗纪》：二十九年秋八月"丁丑，俺答大举入寇，攻古北口，……左谕德赵贞吉宣谕诸军。……严嵩心恶之，会撰敕，不令督战，以轻其权，且不予一卒护行。时寇骑充斥，贞吉驰入诸将营，散金犒士，宣谕德意，明日即复命。帝怒，谓贞吉漫无区画，徒为周尚文，沈束游说，下狱，廷杖，谪贵州荔波典史。"

吴国伦成进士。

嘉靖三十年辛亥（1551），25岁。

祖父孙重病故，父衣自云南同知卸任归。

被灾免税粮。

设铜江府抚苗通判。

赵锦①任贵州巡抚，于龙场建阳明祠，后此五年，罗念庵作《龙场阳明祠记》。据《歇庵集》卷十《端肃赵公行状》载，赵锦任贵州巡抚，时在隆庆二年（1568）。《歇庵集》与钱德洪《王阳明先生年谱》所记或有一误②。

嘉靖三十一年壬子（1552），先生26岁。

肺病愈，课弟应豸读。六月，弟应豸患喘热卒，葬卫南麒麟山。弟殁

---

① 赵锦（1516—1591）字元朴，号麟阳，余姚人。嘉靖二十三年进士。累官江阴令、贵州巡抚、南京刑部尚书、礼部尚书、吏部尚书、兵部尚书等职。嘉靖末年，因忤严嵩，一度被黜为民。赋闲家居，常与王龙溪过从讲学。据传，与龙溪隔墙相居，因而得以与龙溪密交，并且详闻有关龙溪的家庭逸事。隆庆时，复官。传见《歇庵集》卷十《端肃赵公行状》、《朱文懿公文集》卷十《赵公墓志铭》。
② 钱德洪：《王阳明先生年谱》云："（嘉靖）三十年辛亥，巡按贵州监察御史赵锦建阳明祠于贵州。"（王守仁：《王文成公全书》卷三十五，中华书局2015年版，第1532页）

后，作诗悼之。

贵州宣慰司儒廪额，增 40 人。

刘大直巡抚贵州。①

徐阶为东阁大学士兼礼部尚书。

嘉靖三十二年癸丑（1553），先生 27 岁。

入京，应试礼闱，成进士，廷试选庶吉士。报会试师郎中陈梅山，因作《送梅山陈老先生升浙江宪副序》，并《传胪》诗："礼士开三殿，胪传候晓过。贤良超汉选，祠赋陋唐科。日丽黄金榜，风鸣白玉珂。湛恩不可量，惟听奏云和。"复命读中秘书，馆师徐阶以国士目之。庶吉士考选后，命官教习，有读中秘书者，备他日内阁之选。是年教习为程文德、闵如霖，此云馆师徐阶，未知何据？考徐阶已为东阁大学士仍兼礼部尚书，预机务，虽旋解部事，但为馆师，亦不过领衔而已。

遣人迎养母司氏，不果。作《茹母刘夫人七秩序》。

始交道林蒋信，作《道林先生诸集序》。

张岳卒，以屠大山总督湖、广、川、贵军务。

张鹗翼巡抚贵州。

以都督佥事石邦宪为贵州总兵官。

督学使谢东山纂修《贵州通志》。杨慎《贵州通志序》曰："癸丑议增修，督学谢公东山实主简书。"

嘉靖三十三年甲寅（1554），先生 28 岁。

仍读书中秘。

父衣服阕，起复，补大理府，未行，② 曾祖母王恭人卒。

作《送侍御邵缨泉之南台序》、《送卢云冈擢长芦运司同知序》、《送罗

---

① 《贵州通志》，刘大直巡抚贵州，为嘉靖三十年，盖推测之辞。

② 先生父衣，辛亥丁父忧归，推至甲寅为三年，此云"起复，补大理府"，当是此年。

贯溪令枣强序》、《送陈守默奉使归省序》（见《督学文集》）。

冯岳总督湖广川贵军务。

嘉靖三十四年乙卯（1555），先生 29 岁。

春，万枫潭、谢高泉同往贵州龙场，修葺阳明讲学遗迹。《枫潭集钞》附录万枫潭自撰《行年状略》：乙卯春，与谢提学同往龙场，寻阳明先生旧迹。月夜连床，细论知行合一功夫。一友云："知行如何合一？"予应之曰："大学所谓致知，观一致字，即是合一。非知则无所用其致，必致而后谓之知。细看自见。"高泉以为然。予二人景仰余思，徘徊不忍去。因为修葺祠宇及君子亭、何陋轩、玩易窝等处。请罗念庵先生为记。

徐阶请留先生于史局，严嵩阻之，先生乃改官户科给事中，有财用大计一疏。

始交两城靳学颜于京师。作《送左使两城靳公考绩序》："乃岁乙卯，见公京邸，相得欢甚。"① 先生于学颜定交京师，后同官陕西，学颜考绩入都，曾以序赠。《学孔精舍诗钞·别靳两城》云："旅舍京华笑相属，九年再聚秦川曲。秦川桃李尽成蹊，满目惭予重品题。殷勤送君出关路，关东云日关西树。三纪声名讵足多，左丞嘉绩更谁过，衮衣赤舄风流在，青云万层鹏之海。君今行矣音尘乖，出门异乡何时偕？忧来思君令人老，把君诗赋如鸿宝，结客古今岂必多，对君怀抱非草草。"诗盖学颜官陕西督学使入都奉别之作。以学颜卒年无考，送别序又未载年月，附此。作《奉寿张母周夫人叙》、《贺刑部主事吴定泉考绩赐恩序》（均见《督学文集》）。

湖广五卫、四川永宁宣慰司附贵州乡试，解额 3 人。

---

① 靳学颜，字子愚，济宁人。官至吏部左侍郎，谢病归卒，有《两城集》，事迹详《明史》本传。

嘉靖三十五年丙辰（1556），先生 30 岁。

迁刑科右给事中。按：先生迁刑科给事中，无确定年月可考，以丁巳即出官江西，酌入本年。

始交游行野。作《贺衡州郡公游行野诞辰叙》。

高翀以贵州右布政使升任巡抚。

耿定向成进士。

颜鲸成进士。先生作《怀颜冲宇》诗。[①] 邹元标《愿学集》有《颜先生铭》曰："元标赴戍，道辰沅郴桂间，楚人称后先督学，必首先生。余曰：'三楚其苏湖耶。'过清平，少宗伯孙公淮海谈间必曰：'予友颜公言若何。'余曰：'慈湖绝学，其复兴耶。'"《明儒学案》列之诸儒学案。

嘉靖三十六年丁巳（1557），先生 31 岁。

以他事不为严嵩所用，出补江西按察佥事。

督学使王宗沐折简招过廨舍看菊，赋诗饮酒。先生作《菊记》，序云："嘉靖丁巳，余提刑江西按察佥事。是时，天台王敬所子为督学使，每秋之季月，尝折简相期余过廨舍，看所种菊。自署万菊主人，所种菊率在陶埴器若盂瓯形者，菊甚茂蔚，花繁盛，每相期，过未尝不赋诗投壶，竭情欢伯，然后别居。"

分巡南昌道，捍卫有方，郡内安靖无事。时部使者误捕九江三百人，为请释，得免。

祖母宋孺人卒。

归省，道武陵，问学蒋信。后有《祭蒋道林先生文》："丁巳，归省，溯流桃源，获聆謦欬，于今三年。"

---

① 颜鲸，字应雷，号冲宇，慈溪人。官至湖广副使致仕，万历己丑卒，年 75 岁。事迹详《明史》本传。

别游行野。作《贺衡州郡公游行野诞辰序》："丁巳，与公为别，今三年矣。"

王崇古总督湖广川贵军务。

嘉靖三十七年戊午（1558），先生 32 岁。

迁参议。政事之暇，学种菊多稿，王宗沐时改官布政使，因以种法质之。[①] 先生与宗沐同官江西，先生迁官入陕，宗沐尝以序赠行。《明儒学案》称：宗沐"与王元美为诗社，七子中之一也。"七子者，李攀龙、王世贞、宗臣、梁有誉、徐中行、吴国伦、谢榛，无宗沐名，《学案》未知何据？朱竹垞《明诗综》录明诗甚夥，亦遗宗沐。《学孔精舍诗钞》载先生与宗沐酬唱篇什颇多，有《赠别王敬所三首》、《坐敬所乐寿亭》五律一首，又《坐朋来亭怀王敬所次韵》七律二首。宗沐不以诗名，精力所萃在《海运详考》，然文集载讲学之篇亦多，如《传习录序》，盖宗沐师事欧阳南野，为王门弟子。

张翀谪都匀卫。

嘉靖三十八年己未（1559），先生 33 岁。

以公役至辰州，适游震得所主让溪书院落成，诸士请作《让溪书院记》。[②] 先生在《记》中谓："谨微慎独，恒久不已，出中正于偏颇，扩大公于私利，澄清虚于混浊，挹顺适于纷挐，发生几于枯槁，则化裁通变宇宙在我。"盖以学养深纯许之。

归觐，叔父襄命衡山，示书命作《贺衡州郡公游行野诞辰序》。

---

① 王宗沐，字新甫，临海人。与李攀龙、王世贞辈以诗文相友善，官至刑部左侍郎，以京察拾遗罢归。卒年 69 岁，赠刑部尚书。天启初，谥襄裕，有《海运详考》、《海道志》、《敬所文集》，事迹详《明史》本传。

② 游震得，字汝潜，号让溪，安徽婺源人。官至副都御史，有《让溪甲乙集》。少从欧阳南野、邹守益诸人游，颇讲姚江之学。

归时道武陵，侍蒋信桃冈三日，与论学。逾三月复莅，未至前十日，信卒，作《正学先生道林蒋公墓志铭》与《祭蒋道林先生文》。① 先生后托章评梓行道林诸集，为之《序》云："公著述颇富，所以陈是非、权经籍者甚备。总之，阐扬圣则，发抒学轨，俾持循者不迷谬于荆榛，……"

作《赠辰州太守蔡淡塘擢陕西按察副使序》。（见《督学文集》）

杨慎卒。王慎中卒。

王崇古被劾削籍，石永总督湖广川贵军务。

嘉靖三十九年庚申（1560），先生 34 岁。

父衣服阕不复出，焚牒自隐，筑舍之右为学易斋，藏图书；更于舍之西隅，建南明精舍，多植卉木，盘桓其中。作《合寿遥祝乞语》。②

黄光昇总督湖广川贵军务，高翀被劾免，鲍道明巡抚贵州。

---

① 蒋信在贵州建文明、正学两书院，奏益普定十四卫廪生额，奏改湖广、清浪五卫附贵州试。贵州万山中多虎患，信为文驱之。贵阳马廷锡从之游，粹然有成，后以离职被劾削籍，寻复冠带闲住，卒年 77 岁。（《明史》作 79，吴荣光《历代名人年谱》作 78，今按黄宗羲《明儒学案》、梁廷灿《历代名人年表》，均作 77，与《墓志》合）有《道林诸集》及《蒋道林文粹》，事迹详《明史》本传及《墓志》全文。信为学初无师授，与冀元亨探索于书本间，因闻阳明龙场讲学，遂与冀元亨赴而师之，又随阳明归而从学焉。信后入京师，师湛若水。王、湛之学，各立门户，《明儒学案》谓道林实得阳明之传。《明史》又谓，信学得之若水为多，实则撮取两家之长立己说，非硁硁争门户者比，观宜兴周冲与信，集师说为《新泉问辨录》，谓湛之体认天理，即王之致良知也。务为疏通其旨而益可信。黄宗羲谓其论理气心性，可谓独得其要，而功夫下乎后远。《四库提要》谓《道林诸集》谓："卷末有附谈一则，称评（章评）为斗阳子，读书九山者二十年，有太乙丈人者哂之，无名先生者论之，倘恍无凭，斯则末流放失，全入于二氏者矣。"

② 先生祖父孙重以嘉靖三十年八月一日病卒，父衣于是年八月后，始丁父忧归，起复寻承重祖母王恭人忧，又接母宋孺人忧。《合寿遥祝乞语》云：凡九年。由辛亥八月下推九年，为庚申七月，服阕焚牒自隐，当系此年事。

湛若水卒。① 王湛之学，互立门户，王学以致良知为主，湛学以随处体认天理为宗，已见上引。阳明谓若水之学为求之于外，终不可强之使合也；若水亦条阳明格物之说，有不可信者。两家门人，曲为疏通，然以立说不同，终难强合。蒋信事若水最久，先生之学，沉潜于信，当有折衷之处。

唐顺之卒。

嘉靖四十年辛酉（1561），先生35岁。

迁陕西提学副使。作《辛酉举人题名记》。先生迁官陕西提学副使，各传亦未详记年月，《辛酉举人提名记》谓，嘉靖辛酉试举人，犹未至陕西，是迁学使，绝非辛酉以前事。《书太祖梦游西岳之后》，首言"臣应鳌至陕之明年"，末记"嘉靖壬戌长至"，以壬戌为至陕之明年，则至陕必辛酉矣。就《题名记》考之，亦似莅任不久口吻。盖先生辛酉即奉迁陕西学使命，以道远未至，举乡试后方到任也。序《蒋见岳初志稿》称，"兹岁辛酉秋"后，又言"予于是携是诗入关西"，更可证先生至陕必此年。

辟正学书院，作《谕官师诸生檄文》，② 条所以为教者凡十有六，励诸学官子弟云：1.崇制；2.订学；3.论心；4.立志；5.破迷；6.修行；7.规让；8.饰礼；9.励勤；10.戒速；11.博理；12.讲治；13.进业；14.惇友；15.养蒙；16.严范。未至陕时，曾归觐清平，里人蒋见岳以诗相质，迫任后，为加评语梓之，并易名《初志稿》。蒋见岳为先生同里，有戚谊。《学孔精舍诗钞》与见岳酬咏之作甚多，如《紫芝行为见岳作》（诗文略），又有《秋郊

---

① 湛若水，字元明，号甘泉，增城人。从学于陈白沙，历南京吏、礼、兵三部尚书，致仕，卒年95岁。（吴荣光《历代名人年谱》作85岁，嘉靖乙卯卒，有误）谥文简。有《二礼经传测》、《春秋正传》、《古乐经传》、《格物通》、《心性书》、《杨子折衷》、《遵道录》、《甘泉新论》、《白沙诗教解注》、《甘泉集》，事迹详《明史》本传。

② 此檄原文甚长，今仅举其目，以见一斑。莫祥之辑《孙文恭公遗书》，郭子章《黔记·理学传》称《教秦绪言》；千顷堂书目又称《教秦语录》，皆此檄文。温纯《恭毅集》所称《教秦总录》，是否此檄，原书久佚，不可考。

访见岳》一首,《见岳送藤枕》二首,《与见岳坐》二首,《口占赠见岳》一首,《元旦见岳过我弹琴》二首。

赵弆巡抚贵州,董威总督湖广川贵军务。董威旋即外调,改任罗崇奎。《贵州通志》,赵弆巡抚贵州,罗崇奎总督湖广川贵军务,皆为嘉靖四十一年。并谓贵州并川湖云广设总督,以总理夷情军务,盖从巡按肖端蒙之请也。

采木事竣,诏总督湖广川贵右副都御史李宪卿还朝。

嘉靖四十一年壬戌（1562），先生36岁。

周历平凉各地,考试诸生。讲院种柏,浚井得水,所种柏皆活。作《讲院种柏记》。时陕久旱,按察使刘自强令工掘地得泉,民赖以治,因呼刘公井,先生作《刘公井记》。

作《荣寿纪遇篇奉祝静庵耿公洎秦太夫人》,祝耿定向母秦氏六秩。①先生见重于定向,见《正学心法序》者:"楚侗耿子语鳌曰:子今为仁,庐山子其依也。"见《衡庐诗稿后序》者。"楚侗耿子自南都寓书余曰:子今得为仁之依,舍庐山子莫可究竟者。又寓书庐山子曰:淮海子入蜀,其为子贺得良朋。以余二人合并之益,即楚侗子在数千里外,犹相为慰藉。"先生于定向亦推挹备至,在陕有《答楚侗公书》,如谓:"伏惟门下,卓卓以圣贤自表树,为一时豪杰,故某之向往最久。然不自意,迩来得遂伏谒,是昔日之徒以精神相周旋者,今且德容是承,德音是听,何其幸也。"

至延州,岁试旋辕,道耀州,乔世宁宴于尊经阁,相与论诗,及《西玄集》,②为锲板传之。先生作《西玄集序》云:"岁试旋辕,道耀州,三石

---

① 耿定向,字在伦,号楚侗,黄安人。官至户部尚书,督仓场,求退,卒年73岁,赠太子少保,谥恭简。著有《耿子庸言》、《先进遗风》、《硕辅宝鉴》、《耿天台文集》,事迹详《明史》本传。

② 《西玄集》为明马汝骥撰。汝骥,字仲房,绥德人。官至侍读学士,卒谥文简,事迹详《明史》本传。

子觞余尊经阁"。先生又作《乔三石公墓志铭》云：三石"嘉靖壬戌八月
二十五日卒。"

又刻袁凯《海叟集》。

又刻何景明辑《古文集》四卷。

又刻杨一清订正《射礼仪节》。

又刻韦苏州、刘随州、孟东野诸集。

学官辈请书《谕官师诸生檄文》镌已，并跋其后云："余初试陕西学事，
既条所以为教者凡十有六，布诸下矣。学官辈复请余书而镌诸石。……于
是勉依所请，书而镌之，亦因欲自知考鉴，非专均度二三子也。嘉靖壬戌
秋九月。"先生楷书《谕官师诸生檄文》莫友芝曾见拓本，系诗其后，书《邵
亭遗诗·书淮海先生楷书谕陕西官师诸生檄文石本后》。作《周公渠记》，
按察使周相擢河南右布政使，更为序赠之，且以诗赠别。

作《送宪使莓崖周公赴河南右辖任叙》。另，《学孔精舍诗钞》有《别
周莓崖》诗一首。

是年登华山，作《书太祖梦游西岳文》，因作《华山诗八首》。

陕西巡抚都御史裴绅选军三千人，请添设参将一员统之，得旨允所
请，作《陕西省城添设参将记》。按，《国榷》云"增陕西省城参将"在三
月己亥，故此记当作于三月。

是年耀州乔世宁卒，其子因羽、因阜请铭，作《乔三石公墓志铭》。《丘
隅集序》："三石子乔公世宁卒，友人孙应鳌志其墓矣，再叙其诗文。"先
生集中，作墓志后，序其遗集，又为文以祭者，武陵蒋信外，只乔世宁而
已。①

明廷罢严嵩职，其子世蕃下狱，寻戍雷州卫。徐阶晋少师，继嵩
秉政。

---

① 乔世宁，嘉靖乙酉举于乡，戊戌以进士出身，授南京户部主事，转郎中，擢四川佥
事，分按川南，晋湖广督学使，历河南参政，四川按察使，以忧归，不复出。《学孔
精舍诗钞》有《寄乔三石》诗。

邹守益卒。① 阳明之学，一传而流派遂分，龙溪、泰州，归之左派，所谓近于狂禅者也；东廓、念庵、两峰、双江，归之右派，所谓能推原阳明之未尽之意者也。盖左派不拘守儒家门户，其持论往往突过师说，末流之弊，极于放诞；右派则竭力维护师说，弥缝师说，不敢稍越规矩，《明儒学案》所谓阳明之道，赖以不坠者也。东廓之学，以敬为宗，兢兢焉戒惧慎独，黄宗羲特以阳明宗子归之。天泉证道，本明末道学之一大公案，顾泾阳辈之攻阳明，即据无善无恶一语。东廓《青原赠处记》谓：无善无恶，非阳明之言。黄宗羲因疑为龙溪自学说，实则钱德洪编《阳明年谱》及《传习录》，所记无甚差异；罗念庵致钱德洪书亦谓闻之黄洛村。当时记载多同，不能据东廓一记疑之也。此可作右派回护师说之一论。先生于东廓有无讲习之雅，各集中已不可考，然《四书近语》，屡称引东廓之说。其子善，号颖泉，嘉靖丙辰进士，官至太常侍卿，《明儒学案》附《邹守益传》后，则与先生为至交。《学孔精舍诗钞》有《连得邹颖泉书》云："我家金华墟，云山接楚甸。重君千里情，书札屡珍眷。人生深相知，岂必见颜面。款曲书中意，耿耿回英盼。勉我修令德，期我展嫭姿。空斋望所思，良会未有便。不教蕙草残，香风时宛转。"

嘉靖四十二年癸亥（1563），先生37岁。

《左粹题评》十二卷撰成。先生《左粹题评》十二卷，见毛在《遗稿序》及黄虞稷《千顷堂书目》，莫友芝访求先生遗稿得之。光绪四年，其弟祥芝合刻《孙文恭公遗书》，以卷帙浩繁未刊，见原序："公别有《左粹题评》十二卷，以卷帙繁重，俟续刊之。"及后此书始终未付梓，原不卜存之何所。近冯雄翰飞曾致函曹经沅谓，得万历刊本《左粹题评》十二卷，贵州文献征辑馆立请录副，未闻得复。

---

① 邹守益，字谦之，号东廓，安福人。会试第一，出王守仁门，官至南京国子监祭酒，以谏落职归，卒年72岁，赠南京礼部右侍郎，谥文庄，有《东廓集》，事迹详《明史》本传。

作《送田梦鹤入贺序》，云："余至陕以西，盖庶几两年所，乃得梦鹤田公为良朋。……"先生辛酉陕西乡试后始莅任，序云"盖庶几两年所"，当为此年。田梦鹤，《陕西通志》无传，不详何地人，曾以元杜伯原《谷音》属先生序，《谷音》及《世史正纲》两序，皆被抽毁者，《咫进斋丛书·抽毁书目》云："《学孔精舍汇稿》三本，查《学孔精舍汇稿》，系明孙应鳌撰，书内《世史正纲序》、《谷音序》、《张浚论》诸篇，语多偏驳，应请抽毁。"今本《督学文集》，系黎庶昌得之日本者，《世史正纲》、《谷音》两序皆存，惟无《张浚论》，想系日本藏稿时，此篇已毁，未得钞入也。《谷音序》斥胡虏入居帝位，且讥宋臣之降元者；《世史正纲》以夷狄为禽兽，实中清廷及降清者之忌，当不免抽毁。今两序得外邦宝藏，不致湮灭，洵可贵也。

父衣年六十，母司氏五十九，先生乞语遥祝之。孙衣生弘治甲子，至嘉靖癸亥得六十年，云"今年十一月十二日六秩"，遥祝乞语，当是此年事。

作《赠大司马吴皋喻公序》①及《明赠中宪大夫寿峰罗公洎配袁恭人合葬墓表》②，二文督学文集有载。

晋四川右参政。作《敬安堂记》："嘉靖癸亥，余自关中迁蜀藩参政，分守蜀以北，阆州、果州、梓州皆辖焉。"

将去蜀，别按察使王崇古③，以《奉别鉴川王公序》赠之。

崇古与先生为知友，后屡以诗寄赠。《学孔精舍诗钞·宛转歌赠鉴川王公》诗一首存载。

---

① 喻时总督陕西军务，到任为壬戌岁，是年曾与虏战获捷，升兵部左侍郎，协理戎政，后改南京。先生作序谓："乃主上念公功不置，特擢南京司马，得参赞机务。"作序当是本年。
② 罗寿峰，讳仁夫，字孟君，西安淳化人，嘉靖巳六月卒，癸亥二月，其配袁氏又卒。《墓表》末云："余总一方掌故，故表之碑碣，俾过墓者式焉。"
③ 王崇古，字学甫，号鉴川，蒲州人。身历七镇，勋作边陲，官至兵部尚书卒，赠太保，谥襄毅，著有《公余漫稿》。事迹详《明史》本传。

　　罢川湖贵总督，以贵州巡抚兼理湖北川东等处提督军务。吴维岳巡抚贵州。战乱既平，言官请撤沅州总督，归其柄于贵州巡抚。旨下所司议便，于是更赐玺书，颁旗牌。湖北、川东大小诸司，悉听节制。巡抚贵州兼提督军务，自维岳始。

　　聂豹卒。

嘉靖四十三年甲子（1564），先生38岁。

　　移镇剑南，访南充任瀚①于江门钓台，赍南游以后诸体诗五百余首请序。先生诗集，据胡直《丙寅文集序》，谓督学关西，门人尝刻其诗曰《督学集》，任瀚序又谓，"甲子以诗五百余篇相印可"，似诗尚未刻也。癸亥，先生已迁蜀藩，岂门人刻《督学集》，在离陕西耶？胡直丙寅作序，上距先生离陕仅二年，不应另有诗五百余篇待刻，任瀚所序诗，即门人所刻诗，了无疑义，刻集当在明年乙丑，先生已卸督学任矣。近北京图书馆藏先生《督学诗集》四卷，嘉靖刻，当即是本也。②

　　先生弟子温纯，与李发、计偕北。《黔诗纪略》谓："文恭在秦，拔肆正学书院诸生，以一斋为冠，其文章亦具体淮海。外此有李发，字道充，泾阳人。嘉靖甲子，同一斋计偕，历官青州府同知。一斋志墓，述其名行

---

① 任瀚，字少海，南充人。嘉靖进士，廷对献替剀切，名动天下，与罗洪先、唐顺之相伯仲。已而自吏部主事补春坊司直，兼翰林院检讨，引疾归。瀚少怀用事志，既家居，研究六经，阐明至道，晚游心于《易》，有所得，为古文，有西汉风，见《嘉靖一统志》。

② 近据王重民《中国善本书提要》云："孙山甫《督学诗集》四卷，二册，（北图）明嘉靖间刻本。（十行，二十字，18.1乘12.7）原题：'如皋孙应鳌著，南充任瀚批评。'是集始卷五，终卷八，凡四卷，正与乔因羽序所记卷数相合，此本为因羽刻于关中正学书院者，所刻当仅有此数；然其何以自卷五开始，则必因接续前一诗集编卷数者。《存目》卷一百二十八著录应鳌所撰《学孔精舍汇稿》，此《督学诗集》四卷，后来当亦编入《汇稿》中，余尚未见《汇稿》也。任瀚序、乔因羽序，嘉靖四十四年（1565），附赠序三篇。"考《四库提要存目》载《学孔精舍汇集》十二卷，为万历刻本，此书既为嘉靖四十四年所刻，非汇集本矣。然始于卷五，正汇集本前四卷为主集之续，疑莫能明，始汇集编时将嘉靖原刻列其间耶？

甚详。"

都匀平州司官杨珂归降。

罗洪先[1]卒。洪先之学，幼致力于践履，中归摄于寂静，脱激悟于仁体，私淑阳明，未得及门委质，后订阳明年谱，改称门人，绪山、龙溪证之也。聂双江倡归寂之说，龙溪、洛村、明水、东廓、两峰，各致难端，洪先独心契之，惟不信王龙溪现成良知之说，反复争论，邓定宇谓私淑阳明而有得者，莫如念庵；黄宗羲亦谓，天下学者，因先生之言而后得阳明之真，其哓哓以师说鼓动天下者，反不与焉。且以耿定向谓洪先为方与时所欺，并不可信，盖江右固所许能得姚江之传者也。先生力学之时，正洪先晚年彻悟之时，多所就正。《学孔精舍诗钞》有《谒濂溪墓次罗念庵韵》云："地切名儒墓，瞻依洽素襟。水苹成独荐，风叶自相吟。庐皋高何极，浔江信几深。卜居邻有道，洒扫亦吾心。"又《念庵公寄示近作》云："一函天上至，瑶草寄幽襟。古洞石莲发，遥知相对吟。道高名并重，心隐迹俱深。三叹应忘味，非徒识雅音。"

嘉靖四十四年乙丑（1565），先生 39 岁

龙州宣抚薛兆乾与副将李蕃相仇，聚众殴杀李蕃父子，兵备佥事赵教奉檄勘其事，兆乾惧，称兵反，执参将贺麟。都御史问计于先生，先生曰："参将与天子孰轻？昔英宗北狩，于肃愍公数语，国威益振，卒返英庙，今者岂恤一参将耶？"中虚从其议，檄雪湖王少荫剿之，以先生监其军。兵入明月关，创筏渡，大创兆乾，兆乾率家属奔石坝，就擒，麟竟免害，叙功授王少荫龙州参将，先生作《送参戎王雪湖赴龙州叙》送之。

倡修果州敬安堂，堂后私居正室有唐，名以孚吉，作《敬安堂记》与

---

[1] 罗洪先，字达夫，号念庵，吉水人。官至左春坊左赞善，以请皇太子御文华殿受百官朝贺，黜为民。卒年 61 岁。隆庆改元，赠光禄少卿，谥文恭。（《明史》作文庄）著有《冬游记》、《念老集》，事迹详《明史》本传。

《孚吉堂记》，又作《送司徒三川刘公序》。门人等刻《督学诗集》四卷于关中正学书院，先生诗集始刻于是年。①

　　胡直任四川督学使。先生因作《送庐山胡正甫序》，云："庐山胡公以嘉靖乙丑为四川督学使。"

　　贵州巡抚吴维岳罢，以康朗巡抚贵州。康朗罢，以陈洪蒙巡抚贵州。

　　温纯成进士。出任寿光知县，旋征为户科给事中。

　　严世蕃伏诛。

　　蔡汝南②卒。汝南为湛若水弟子，黄宗羲列《甘泉学案》。8岁侍父听讲于甘泉下，后从赵大洲游，又亲证之东廓、念庵。先生《学孔精舍诗钞》有《送蔡白石巡抚河南》，又有《咏蔡白石甘雨堂》五律四首。《诗钞》中尚有《督府蔡公谬荐》一律，疑蔡公即汝南也。汝南《自知堂集》有《为孙参知淮海题白鹿图歌》。

嘉靖四十五年丙寅（1566），先生40岁。

　　东川人蔡白贯、田纯假白莲教为乱，攻陷合州、定远等六七城，僭称名号，川中震恐。督府檄先生以兵来会，先生佯不应，蔡等悉众围蓬溪，先生乃乘其虚移兵击之，督府尽谢先生知兵。

　　顺天巡抚耿随朝请复海运，先生作《海运议》，力驳海运之说，请专意讲求治河变通之法，或行虞集屯田策。先生《海运议》可谓洞见症结，惜《明史·河渠志》未及之。然此议载《督学文集》，未书年月，考《督学文集》刻于本年，以后事皆不具，此文不能在丙寅以后；再以《明史·河渠志》证之，四十五年，耿随朝之请，与议中所驳正合，故酌入本年。

---

① 北京图书馆藏《督学诗集》四卷，门弟子刻于关中正学书院，有乔因羽序，见王重民《中国善本书提要》。

② 蔡汝南，字子木，号白石，德清人。官至南京户部侍郎，卒官。有《自知堂集》，《明史》附《高叔嗣传》。《浙江通志》入《儒林》。

普安州人邵元善①汇刻先生文曰《督学文集》，藏保宁，胡直序之：《衡庐精舍藏稿·孙山甫督学文集序》。先生《学孔精舍诗钞》有《邵台山寄碧云洞赋到辄兴远怀》，邵台山亦有《碧云洞赋》载《黔诗纪略》卷九，此诗开首言"早罢荆门镇"，当是先生隆庆初抚郧后罢归作，附存于此。普安诸邵，文行噪一时，元善兄元吉，字黄裳，有《寄孙山甫诗》二首。先生作《邵隐君传》，称"力本笃行，可谓克觌其大"者也。先生诗集，始刻于嘉靖乙酉，至本年始有文集之刻，万历己卯，更合刻诗文为《学孔精舍汇集》十六卷，《明史·艺文志》载之。迨乾隆时修《四库全书》，所见已非足本，《四库提要》云："《学孔精舍汇集》十二卷，两江总督采进本，明孙应鳌撰。《明史·艺文志》载应鳌汇集十六卷，此本十二卷，前有万历己卯刘伯燮序，言集首奏疏，终于古风绝律，今第十二卷止于五言律诗，而绝句起言律诗皆缺，知非足本矣。"咸丰中，莫友芝撰《黔诗纪略》，刻意搜访，得《学孔精舍诗稿》六卷，所历官诗内皆备，疑即《学孔精舍汇稿》十六卷之末数卷，原跋云："此二册六卷，咸丰甲寅闰七月寄到，自麻哈艾述之从其祖凤岩侍讲手钞本过录者，疑即《明史·艺文志》所载《学孔精舍汇稿》十六卷之末数卷也。凤岩录之，必见汇稿之全。文恭文在诗右，不知何以不录？今遍访不得，殊可惜也。就卷中诗通核之，所历官皆备，先生之诗，此当足本。惟省志载有《圣寿寺小集》一绝，《思南志》载有《孝友堂》七古三首，为此本所无。《圣寿寺》诗，据《清平志》，乃孙兴甫作，而省志误为文恭。《孝友堂》诗，自嫌事涉语怪不存其稿，皆非遗脱也。廿有一日，独山后学莫友芝识。"按，邵亭未见嘉靖刻本《督学诗集》，故云然也。恐先生诗佚者尚多也。光绪己卯遵义黎庶昌

① 邵元善，字台山，普安州人。嘉靖二十二年举人，授嵋峨知县，擢民部郎，谪通州州判，改知涿州，被逮获释，谪判辰州府。所在有治行，至是乃得卓异荐。四十四年，吏部尚书严讷奏请破格拔用，擢四川按察佥事。《明史》载平湖陆光祖为文选郎中时，破格擢廉吏9人，下僚兢劝，其一为邵元善，即台山。长词赋，工吟咏，著有《贤奕稿》，见《黔诗纪略》。

使日本，获《督学文集》四卷，奏疏皆缺，先生事迹，赖此存其什一。黎庶昌《刻孙淮海先生督学文集序》云："今年夏，黎庶昌偶于日本友人中村正直家，获先生《督学文集》四卷，取以与杂文校，增多八十余篇，首末完备，虽不能复还《汇稿》旧观，庶几先生遗文粗具于是。乃举而刻之，将使吾黔人士，由先生之书以推知先生志业，讲明而昌大之，使圣学复明于时；又益知先生之文，如星日之气，历久弥光，迟之三百年，犹于海外遇之，终不可磨灭。然则士之有志于圣，慨然以斯道自任者，可以兴已。光绪十五年八月。"

作《寿胡母周太安人七秩序》、《正学心法序》、《衡庐诗稿后叙》、《峨眉稿题辞》，皆为胡直而作也。

父衣建世德楼落成，先生归省，还蜀，胡直作记（《衡庐精舍藏稿·世德楼记》）。《记》中称岁丙寅先生父衣 62，此就生年逐月计之耳。丙寅，孙衣应为 63，以先生迁官之年推算正合。胡直寻以疾卸任归，诸学官弟子问言于先生，作序送之（《送庐山胡正甫序》）。

巡抚陈洪蒙卸任，杜拯巡抚贵州。

十二月，世宗崩。裕王载垕即位。《通鉴辑览》："帝大渐，自西苑还大内，遂崩。徐阶草遗诏，召用建言得罪诸臣，死者恤录，方士付法司论罪，一切斋醮工作及政令不便者，悉罢之。诏下，朝野号恸感激"。"裕王载垕即位，赦，以明年为隆庆元年"。

穆宗隆庆元年丁卯（1567），先生 41 岁

迁湖广布政使，寻升右佥都御史，抚治郧阳。先生任湖广布政使，无确定年月。考胡直作《世德堂记》称"岁丙寅落成，适山甫为四川宪使，归省后还蜀，属其为记"，则丙寅先生犹在蜀宪任内。又为邵元善所刊先生督学文集作序，末署"丙寅孟冬十月之吉"。胡直以疾辞归，当在丙寅十月以后，先生犹作序送之，皆未言及离蜀去楚之事。十二月，世宗崩，则调楚藩，未必为丙寅可知。穆宗以嘉靖丙寅十二月即位，次年始改元隆

庆。按《国榷》，先生于隆庆元年十月巡抚郧阳，系自湖广布政使升任，则《邱传》所言，亦得其实。不过，期年之间，语涉含混，有未合耳。先生以癸亥领蜀宪，即使至丙寅，亦非期年也。隆庆元年十月以前，先生之迁楚藩，非不可能，特先生诗文集中，无楚藩任内事迹可考。先生著述，本有残缺，今本并不可据，但考《湖北通志·名官传》，仅言先生抚治郧阳等处地方，未言先有布政使之任，以时间推之，亦较仓促，或有楚藩之命，并未莅任耳，故酌入本年。又《湖北通志·职官表》载，先生抚治郧阳为隆庆二年任，先生于隆庆元年十月始奉抚治郧阳之命，无论在蜀在楚，均有延至此年初始到任之可能，湖北志所载，恐为其到任视事之年也。

徐阶等复开经筵，许之，帝语经筵。

张居正为吏部左侍郎兼东阁大学士，晋礼部尚书，武英殿大学士。

隆庆二年戊辰（1568），先生 42 岁

以郧阳境内灾害频仍，奏免光化诸县秋粮。又以郧地自成弘嘉靖以来，数有变，每多亡命，最易为难乱，而守巡无备兵之责，得相推诿，请改荆南、汉羌为两兵备。时穆宗冲年莅政，望治甚殷，上疏陈勤学、励政、亲贤、远奸等十事。大珰吕祥提督太和宫，贪悖无状，劾之，诏可，逐祥。

《淮海易谈》撰成，并自序。《四库全书总目提要》云："淮海易谈四卷，两淮盐政采进本，明孙应鳌撰。是书谓天地万物，在在皆有易理，在乎人心之能明，故其说虽以离数谈理为非，又以程子不取卦变为未合，而实则借易以讲学，纵横曼衍，于易义若离若合，务主于自畅其说而止，非若诸儒之传，惟主于释经者也。自说卦乾坤六子以下，即置而不言，盖以八卦取象之类，无可假借发挥耳。其宗旨可知矣。"按，先生《淮海易谈》四卷，首见《明史·艺文志》，四库全书收入存目，《续文献通考》亦有著录。朱彝尊《经义考》则云："孙氏应鳌淮海易谈四卷，存，"并引自序云

云。提要之论易谈，谓非主于释经，乃借易以讲学，其说是矣。但以存目之故，未暇详考书中所论，如"五十学易"一则，先生云："五十以学易，是以五十之理数学易，非五十之年始学易也。数始于一，备于五，小衍之为十，大衍之为五十，参天两地而为五,十者两其五，五十者十其五。又河图中之所居者惟五与十，得此五十之精微，便是知变化之道，便知神之所为，便可合幽明、一事理。"考五十学易，自汉而降，说者多歧，聚讼纷然，莫可究厥指归。何晏集解以五十为知命之年。朱熹集注谓："刘聘君见元城刘忠定公，自言尝读别本论语，五十作卒，而卒与五十相似而误也。"郑汝谐求其说不得，亦以五十为误字。《正义》作四十七，林春溥以史记证之，谓斯言非妄。俞樾作《论语骈枝》以"加我数年"为一句，"五十"为一句，以"学易"为一句，谓五十二字，承"加我数年"而言，或五或十也。众说皆有未安。先生之论，颇称创获，尚可再加研考阐发，亦一说可存也。

迁程番府于省城，改贵阳，以两司益之。按：从隆庆元年巡抚杜拯上疏所请也。

严清巡抚贵州，旋改赵锦。按，《贵州通志》载，赵锦巡抚贵州为隆庆元年。

立皇太子翊钧。

徐阶罢。

追录王守仁功，赠新建侯，谥文成。

王守仁追赠新建侯诏："尔故原任新建伯南京兵部尚书兼都察院左都御史王守仁，维岳降灵，自天佑命，爰从弱冠，屹为宇宙人豪；甫拜省郎，独奋乾坤正论。身濒危而志愈壮，道处困而造弥深。绍尧孔之心传，微言式阐；倡程朱之道术，来学攸宗。蕴蓄既宏，猷为丕著。遗艰投大，随试皆宜；戡乱解纷，无施弗效。闽粤之箐巢尽扫，而擒纵如神；东南之黎庶举安，而文武足宪。爰及道藩称乱，尤资仗樾，渊谋旋奏，凯功速于吴楚之三月；出奇决胜，迈彼淮蔡之中霄。是嘉社稷之伟勋，申盟带砺之异数。既复抚夷两广，旋致格苗七旬。谤起功高，赏移罚重。爰遵遗诏，兼择公评。兹特赠为新建侯，谥文成，锡之诰命。于戏！钟鼎勒铭，嗣美东征之烈，券纶昭锡，世登南国之功。永为一代之宗臣，实耀千秋之史册。冥灵不昧，宠命其承。隆庆二年十月十七日。"

隆庆三年己巳（1569），先生 43 岁

言者造蜚语诬陷，先生乃以疾请告归里，始筑平坦草堂，建学孔书院于清平伟拔山麓。胡直作记赠之（见《衡庐精舍藏稿·学孔书院记》）。

赵锦改调，王诤巡抚贵州。

赵贞吉以礼部尚书兼文渊阁大学士，预机务。

温纯迁兵科都给事中，寻出为湖广参政。

隆庆四年庚午（1570），先生 44 岁

草堂落成，堂内产瑞竹一本，上分两枝，作瑞竹词。《贵州通志》："平坦草堂，在清平城西，孙文恭应鳌败宅。"

马廷锡主讲阳明书院。

《黔诗纪略》："提学宜兴万士和、巡抚南昌阮文中、布政龙溪蔡文、按察慈溪冯成能，相继延心庵主讲文明正学两祠院。"

水西土舍安国亨攻杀故宣慰使万铨子信，而逐其兄智，贵州总兵安大朝率兵攻国亨，兵败。

王诤免，阮文中巡抚贵州。

赵贞吉罢。《通鉴辑览》："高拱掌吏部，贞吉亦掌都察院。拱以私憾考察科道，欲去贞吉所厚者，贞吉亦持拱所厚以解，于是斥者 27 人，而拱所恶者咸与；拱尤以为憾，嗾门生给事中韩楫劾贞吉庸横，贞吉疏辩。言臣掌风宪，目睹拱坏乱选法，噤口不能一言，有负任使，真庸臣也。若拱者，斯可谓横也已。臣放归之后，幸仍还拱内阁，毋令久专吏部权，广树众党。疏入，帝竟允贞吉去，而拱掌吏部如故。"

隆庆五年辛未（1571）先生 45 岁

安国亨与智之仇杀，前抚以叛闻，请兵剿之。阮文中受巡抚命至省，亦请兵征剿。高拱力持不可，兵部议派贾三近往勘之，事解。先生有《贺中丞沙城阮公抚定水西序》。按：先生贺阮文中抚定水西序，《督学文集》及《孙文恭公遗书》所辑杂文均不载。见《清平县志》。

梦得伏羲心印暨与蒋世魁登元岳，皆有诗。诗序云："辛未正月二十四日夜，梦予游一密室中，景象极清和，桌上铜印数颗。有童子携取一颗印与予，形方而长，盛以铜池，语予曰：'此伏羲心印也'。予受而藏之箧中。印文如薤叶状，奇古莫辨，上有一柄，可手握云。觉后识之，系诗八绝。"乃作绝句（其二）："庖牺游梦思冷然，太上襟期已尽传。觉后欲言言不得，梅香月色绕床前。""梦真我得精神路，真梦谁参造化工。梦亦是真真亦梦，伏羲心印本来同。"又序并绝句："九月二十二日，梦与见岳登游元岳，作绝句一首，觉但记后二句，前忘之矣，因为足之。'金顶光华敞帝扉，灵标游梦转霏微。坐来月色如秋水，乱落琪花满客衣。'"按，先生两番作梦均在辛未，前者正月，后者九月矣！诗见《学孔精舍诗钞》。

归有光卒。

隆庆六年壬申（1572），先生 46 岁

吴国伦 ① 擢贵州提学副使，抵清平见先生未晤，以诗订金凤山之约，旋晤于山甫书院。王元美云："明卿不扬而企，不抑而沉，纵不至溢，敛不郁塞。"王敬美云："他人诗多于高处失稳，明卿诗多于稳处藏高。"陈卧子云："明卿雅炼流逸，情景相副。"自王世贞殁后，吴国伦与李维祯、汪道昆狎主诗坛，声名藉甚。先生于万历乙亥为祭酒后，国伦又有《怀孙

---

① 吴国伦，字明卿，号川楼，兴国州人。官至河南左参政，大计罢归。为七子之一，求名之士。不东走太仓，即西走兴国，在七子中最为老寿。有《甔甀洞正续稿》。事迹详《明史·文苑传》。

祭酒山甫》诗云："山甫金玉人，一出为世宝。明经冠时隽，挟艺发天藻。少握中秘书，旋焚谏垣草。翱翔涉中外，结志遵大道。晚遭圣主知，视学修三老。陈言辟雍时，遵礼属师保。鱼水方见谐，悬车亦何早。逍遥不赴征，匪学商山皓。"先生明年再抚郧阳，吴国伦作《与于梦元书》，先生《学孔精舍诗钞》有《九江晤明卿》。明卿书中谓先生近以诗文为戒，先生《督学文集》内《禁语》一篇，即戒诗之作。按：《禁语》何时所作，无确定年月可考。大要在陕西提学任内致疾后所作耳。览之，不过激愤之言。先生于诗，无年不作，殆明卿所谓"有意而戒，孰与无意而作"者欤？

作李佑墓志铭（《培竹李公墓志铭》）。

温纯刻先生教秦总录。按，《教秦总录》，黄虞稷《千顷堂书目》云四卷。据此序，温纯曾刻之，不知何以久佚不传。序中云，先生去秦且一纪。考先生于嘉靖甲子莅蜀，至万历乙亥为一纪；然温纯为先生《归来漫兴》作序，盖万历癸酉先生再抚郧中所作。《恭毅集》列此序之后，是《教秦总录序》当成于《归来漫兴序》之先。教秦序所谓一纪者，亦非确定之辞，故酌入本年。

阮文中改湖广，蔡文巡抚贵州。《贵州通志》蔡文巡抚贵州文隆庆五年，但按语云，当在五年之末，六年之首。次云六年二月，正合。

五月，帝崩，太子翊钧即位。《明史·神宗纪》：六月"甲子即皇帝位。以明年为万历元年，诏赦天下。"

高拱罢，张居正加左柱国、中极殿大学士，为首辅。

神宗万历元年癸酉（1573），先生47岁

先生起官佥都御史，再抚郧阳。时有诏录建文死事诸臣，至革除事，人皆讳言，因上疏论之。疏留中，张居正目为昌言。先生以郧为用武之地，前设兵备，才具臂指，而非头目之用。再引南赣事例，请改提督军务，得便宜从事，诏许之。

程逊刻先生《归来漫兴》，温纯序之。按，先生所作诗集《归来漫

兴》之名，始见于温恭毅集。据温纯序，殆抚郧后所为诗。然今《学孔精舍诗钞》传本，所历官大体皆备。《归来漫兴》与《学孔精舍诗钞》诸诗，不知是否全编。今《归来漫兴》已无专刻传本，不可知矣。又序云，先生以数言收平薛蔡二寇功，详南充任太史叙中。今本《学孔精舍诗钞》有任瀚序，并无平薛蔡之事，任瀚殆另有一序欤？序中言"纯当以职事奉约束"，考《温纯传》，隆庆中，出为湖广参政，引疾归。万历初，用荐起河南参议。据此序，则万历元年，纯尚在湖广供职，引疾当是万历元年以后事。

胡直[①]函答先生，并作《学孔书院记》。庐山始学于欧阳文庄，后学于罗文恭。官蜀以后，造诣日深。黄宗羲谓："庐山著书，专明为学大意，以理在心，不在天地万物。疏通文成之旨，然与文成一气相通之旨不相似。"先生与庐山以道业相切磋，数十余年，相知甚笃。同官于蜀，讨论愈为切合，相互作文亦多，有年月可考者，已分录谱内。《学孔精舍诗钞》有《怀胡庐山》五古云："春月何皎皎，春风何嚣嚣！我正有所思，我正有所忆。故人美意气，故人美颜色。远馈千里书，远寄千丝织。慰我长相思，增我长叹息。君处粤之西，我处黔之北。所欣同肝胆，所嗟异邦国。我怀转绸缪，我情转凄恻。愿作双树枝，愿作双飞翼。言语不可竭，襟抱不可即。努力加餐饭，努力崇明德。"又有《怀胡庐山》七绝一首。胡直之卒为万历十三年，在先生卒后一年。郭子章为庐山弟子，万历十四年丙戌督学入蜀，曾合祀庐山、淮海与内江赵大洲于大儒祠。附识于此。

万历二年甲戌（1574），先生48岁

先生《幽心瑶草》撰成。（或题作《寄学孔书院诸会友琐言》）属万历甲戌七月朔日，会末撰于郓台之冰玉堂。《幽心瑶草》，为先生在

---

① 胡直，字正甫，号庐山，泰和人。官至福建按察使，卒官，年69。著有《衡庐精舍藏稿》、《胡子衡齐》、《正学心法》、《峨眉稿》等集。事迹详《明儒学案》。

郧时，集讲学会于学孔书院寄诸会友琐言，计二十五则，多谈道论学之语。

先生擢大理寺卿。乃作《大理卿署小亭感赋二首》："谁道斯民尽不冤，小亭深念转凄然。明刑渐负唐虞化，一岁书囚满二千。""焚香披对俨神明，法令森森犯转轻。每到岳祠无害处，却怜何地为求生。"

王世贞①迁右副都御史，巡抚郧阳，阅兵郧郊，先生以诗投赠，世贞和答之。见《学孔精舍诗钞·闻王凤洲大征材官阅武郧郊赋此六诗奉赠》，王世贞《弇州山人四部稿》合之。世贞狎主文盟，独操柄垂二十年，才高望显，声华意气，笼盖海内。李子鳞殁后，屹然为复古派首领，后七子中，并推巨擘。朱彝尊等极赞之。先生殁后，世贞远阻太仓，未知凶耗，尚加存问，见太仓毛在序。

罗瑶巡抚贵州。

吴国伦改调南京参政。

万历三年乙亥（1575），先生49岁

晋户部右侍郎，旋改礼部，掌国子监祭酒事。在监讨求旧章，严饬功令，奏征天下举人卒业如祖制，疏请停纳粟入太学之令，复请修号舍，禁诸生不得假馆于外。课艺之暇俾执经问难，悉著为令。弟子等录其言为雍谕。未几，充经筵讲官。

永宁改隶贵州。

罗瑶改抚四川，严清为贵州巡抚。

谢榛②卒。嘉靖中，李攀龙、王世贞辈结诗社，榛为长。后榛与攀龙论相左，世贞等遂削其名于七子之列。然榛诗名藉甚，遍游大江南北，诸

---

① 王世贞，字元美，自号凤洲，又号弇州山人，太仓人。官至南京刑部尚书，万历庚寅卒，年65。有《弇州山人四部稿》、《艺苑卮言》、《读书后》等集。事迹详《明史》本传。
② 谢榛，字茂秦，自号四溟山人，临清人。眇一目，以布衣终，卒年81，著有《四溟集》、《诗家杂说》。事迹详《明史》本传。

藩争延致之。清汪端明《三十家诗选》云:"茂秦诗不专虚响,故精深壮丽,而怀抱极和。虽当空同苍溟声焰大炽之时,为所牢笼推挽,参前后七子之席。然本色自荐,究非德涵敬夫伯玉子与辈叫嚣痴重,随人作计者比。"《四溟集》有《送孙山甫金宪因酬乃叔益之侍御时谪中山》诗。

万历四年丙子(1576),先生50岁

帝幸国子监,先生进讲《周书·无逸》章,帝嘉纳,命坐赐茶。明日谢恩,复赐大红绫罗各一袭。

先生作《讲筵恭述四首》。《学孔精舍诗钞》尚有《辟雍》诗十二首:"翠葆和鸾莅止,洋洋帝范堪亲。特诏司成坐讲,制传天语谆谆。""碧霭红云缭绕,颁恩亲自临轩。冠带衣裳锵楮,一时捧出骈蕃。""敕书九天赐下,宣华拜舞呼嵩。留揭璇题银榜,作人万历无穷。"(录三)殆是此年所作。集中又有《赐鲥鱼》、《赐枇杷》、《赐藕》、《赐杨梅》、《赐笋》、《赐扇》、《赐貂鼠》、《赐万历新宝》六言绝句八首,亦充讲官时作,盖进讲不止一次。宠遇优渥,敕使颁赐,旷典岂仅赐茶、赐绫罗而已。

请禁社生黜生等入监。

先生以病引告卸任。

严清改调南京大理寺卿,曾同亨巡抚贵州,寻被劾,何起鸣巡抚贵州。《贵州通志》,何起鸣巡抚贵州为万历五年。

赵贞吉[①]卒。大洲之学,李贽谓得之徐波石,观大洲之论中也,与波石之论中正合。先生亦得徐樾之传,师门共践,渊源固可溯也。

万历五年丁丑(1577),先生51岁

归里,筑学孔精舍。参将侯之胄督修清平城竣,先生作《缮城奏绩序》。清平筑城,开始于三年乙亥,竣事于五年丁丑,以先生所撰序证之

① 赵贞吉,字孟静,号大洲,内江人。官至文渊阁大学士,参机务,掌都察院。与高拱不合,致仕卒,年69。赠少保,谥文肃,事迹详《明史》本传。

甚合。罗瑶调任在三年乙亥七月，不应四年丙子尚有请币之事。《清平县志》作万历四年，误，应作三年。

张居正父卒，李幼孜倡夺情议，编修吴中行等上疏争之，坐杖戍。邹元标今年成进士，复上疏争，有旨杖八十，谪贵州都匀卫。

孙世祯成进士。

谭纶 [1] 卒先生。《学孔精舍诗钞》有《哀二华谭公》六言。先生曾为谭纶所荐，故以知己许之。诗盖作于本年。

万历六年戊寅（1578），先生52岁

家居。

王缙巡抚贵州。《国榷》未记王缙何年巡抚贵州。七年仅载巡抚贵州右佥都御史何起鸣巡抚山东，亦未言何人继任。但八年又有巡抚贵州右佥都御史王缙疏劾麻哈州閒住经历一条，是《国榷》有脱漏。今依通志。

改苗坪、夭漂等地为归化，隶都匀府。《国榷》有万历十年七月"癸亥，丈出贵州额外民田十四万三千三百十四亩，屯田一万七千一百八十一亩"，通志未记载。

高拱卒。

万历七年己卯（1579），先生53岁

以国子祭酒故秩起用，再疏辞，不赴。万历七年虽有再起国子祭酒之命，而先生疏辞未赴，故《国榷》另有八年正月"癸亥，国子祭酒陈思育为詹事府少詹事兼翰林院侍读学士，署院事"一条，证之《邱传》正合。盖《国榷》本之实录，当年书起故秩，以后疏辞，则未书也。

作《孝友堂》诗。莫祥芝刻孙文恭公遗书补辑杂文，录先生题孝友堂

---

[1] 谭纶，字子理，号二华，宜黄人。官至兵部尚书，卒赠太子太保，谥襄敏，年58。经营边事，卓著勋绩，与戚继光共事齐名，称谭戚。有《书经详解》、《军政条例》、《类考》、《秦议》、《遗文汇集》等。事迹详《明史》本传。

诗三首，注云："按三诗本集不载，先兄编黔诗时，由思南志辑入，前跋所谓事涉语怪不存其稿者也。今附录杂文之后，以便检阅云。"

毁天下书院。

万历八年庚辰（1580），先生 54 岁。

《庄义要删》十卷刊成。

作《新镇道题名碑记》。

万历九年辛己（1581）55 岁

家居。

裁汰内外冗官。

万历十年壬午（1582）56 岁

家居。

四川播州八司，湖广平清偏镇四卫，属贵州。事见《国榷》。

刘痒抚贵州。

张居正卒。……先生与居正交有素，见《学孔精舍诗钞》《太岳张公为余谈衡山之胜，因示登游诸作》。

万历十一年癸未（1583），57 岁

起刑部右侍郎，辞不赴。

奢世续激变。

追夺张居正官阶。

徐阶卒。

王畿卒。先生《学孔精舍诗钞》有《太平兴国宫用王龙溪韵》云："咏真之福地，古径已平芜。林隐云光乱，烟消颠影孤。仙源何寂历，灵迹半虚无。闲坐观云化，吾今且丧吾。"

万历十二年甲申（1584），先生58岁，卒。

邹元标疏荐。邹元标《愿学集》："万历十二年敬采与论，共推士品。乞查明录用疏云，原任国子监祭酒孙应鳌，数经荐剡，无容复赘也。"元标以谏言忤张居正，贬谪贵州都匀，与先生论交甚密，切磋学问，砥砺名节，汲引惟恐不及，《愿学集》内屡称道之。郭子章《孙文恭公祠碑记》云："及予入黔，别邹尔瞻江上，尔瞻曰：'黔中孙淮海、李同野、马心庵，皆致力斯学，君此行，惜不及见三君耳。'"①

是年先生卒。先是，起南京工部尚书，先生辞。言者论先生屡起步仕，无人臣礼，有旨致仕。是年，卒于里第，赐祭葬。《国榷》谓"赐祭葬"为是年十二月。墓在清平城南三里。温纯有《诔大司空淮海孙文恭先师文》及《哭孙山甫师集杜诗八首》。

刘庠改调，刘世曾巡抚贵州。

耿定理卒。按，先生与耿氏三兄弟（定向、定理、定力）皆为挚友，尝为其父静庵作《荣寿纪遇编》，又《答楚侗公书》（楚侗，即耿定向）小传后云："通籍后，遍交罗念庵、胡庐山、邹颍泉、罗近溪、赵大洲、耿在伦、楚侗诸巨公（在伦即楚侗，此处有误。据《明儒学案》，定理号曰楚倥。）"。

明万历二十八年庚子（1600），先生卒后16年

贵州巡抚郭子章、御史宋兴祖、李时华同为先生请赐谥。

万历三十年壬寅（1602），先生卒后18年

诏下，赐谥文恭。巡抚郭子章、御史毕三才，于清平城中先生故址建祠祀之，子章作《孙文恭公祠碑记》。

---

① 郭子章：《黔记》卷十七《学校志下》，西南交通大学出版社2016年版，第438页。

清康熙三十年辛未（1691），先生卒后 107 年

济南田雯巡抚贵州，重建先生祠，落成。

清康熙三十五年丙子（1696），先生卒后 112 年

田雯作《孙文恭公祠碑记》。

清康熙五十三年甲午（1714），先生卒后 130 年

黄平王枬合刻先生《四书近语》、《学孔精舍琐言》、《秦中教士十六条》（即《教秦绪言》）三书并作跋。

清康熙五十四年乙未（1715），先生卒后 131 年

武陵戴嗣方刻《四书近语》六卷并作序。

清咸丰四年甲寅（1854），先生卒后 270 年

独山莫友芝获麻哈等述之从其祖凤岩侍讲手钞本过录之《学孔精舍诗钞》，据以辑入《黔诗纪略》。

清光绪四年戊寅（1878），先生卒后 294 年

独山莫祥芝辑《淮海易谈》四卷、《四书近语》六卷、《教秦绪言》一卷、《幽心瑶草》一卷、《学孔精舍诗钞》六卷、《补辑杂文》一卷、《附录》一卷，刊为《孙文恭公遗书》八种，并作《孙文恭公遗书叙录》。

清光绪六年庚辰（1880），先生卒后 296 年

先生裔孙茂橿，道出上海，重刊《孙文恭公遗书》，并识其后，称："吾家以如皋籍来隶清平，再传至文恭，遂阐阳明良知之旨，为黔儒宗，流风余荫，霑溉历数百年。今寇氛荡涤，此帙为子孙所不能有者，而复得

刊之以传，不可谓非厚幸也。因书简末，以志愧感。光绪六年仲冬。"

清光绪七年辛巳（1881），先生卒后 297 年

茂楷校勘《孙文恭公遗书》，正讹七十二条，附梓篇末。

清光绪十五年己丑（1889），先生卒后 305 年

遵义黎庶昌任日本公质，于日人中村正直家获先生《督学文集》四卷，锓版行世，并作序。

清宣统元年己酉（1909），先生卒后 325 年

茂楷合莫刻遗书与黎刻文集，删去重复，付南洋书局铅印《孙文恭公遗书》四册，为今通行本。

民国九年庚申（1920），先生卒后 336 年

贵州省续修通志局黔南丛书第一集，重印《淮海易谈》四卷，有陈矩跋。

民国三十年辛巳（1941），先生卒后 357 年

贵州省文献征辑馆续编黔南丛书第六集，重印《督学文集》四卷，有李独清跋。

公元 1996 年

刘宗碧、龙连荣、王雄夫据先生《淮海易谈》、《四书近语》、《教秦绪言》、《幽心瑶草》四书点校之，于是年由贵州教育出版社付梓曰《孙应鳌文集》。

公元 2007 年

王路平等著《明代黔中王门大师孙应鳌思想研究》，由（北京）群言

出版社出版，是一部对先生思想及活动进行系统性研究的专著。

公元 2016 年

赵广升编校整理，贵州民族出版社出版《孙应鳌全集》。全集分四册：《淮海易谈》、《四书近语》为第一册；《左粹题评》为第二册；第三册为《庄义要删》；第四册为《孙山甫督学文集》、《学孔精舍诗稿》、《谕陕西官师诸生檄文》（即《教秦绪言》）、《幽心瑶草》、《辑佚》、《孙应鳌碑刻辑佚》、《附录》等。该全集为迄今先生著述集编之最全版本。

（编者注：本年表据《嘉靖贵州通志》、《万历贵州通志》、《明史》、《清乾隆志》、莫友芝《孙应鳌传》、郭子章《黔记·理学传》、李独清《孙应鳌年谱》、莫友芝《黔诗纪略》等整理编写。）

附录三：李渭传（莫友芝撰）

渭，字湜之，《广东志》作湜甫，思南人。嘉靖十三年（1534）举人。由华阳知县升知和州，调高州府同知，擢应天治中南户部郎，出知韶州府，晋广东副使，迁云南左参政。学者称同野先生。

同野之先，京兆人，元时曾以征平楠洞等处功授忠显校尉，管军民万户。明洪武五年（1372）斌改授蛮夷司副长官。宣德四年（1429），子盘袭，即同野曾祖也。镇筸苗叛，盘领兵讨之，大有斩获，已深入，援不至，战死留石坡。土人即其地祠之。嘉靖间，绩溪胡尚书松按察贵州，吊之以诗。诗云："楚昔忝藩议，岁维庚子秋。诸蛮实蠢动，祸及辰沅陬，维余职馈饷，亦复参帷谋。雕巢与挟抚，杂然罗前筹。介胄若不力，宣慰空俛诪。偶然赖天幸，龙苗咸拘囚。台臣上功状，天子嘉予休。金章出王府，奕奕光彩浮。以兹论往事，铜铃鲜能畴。于今世岂有，有则予何忧？蒿目倭与寇，往往多枭然。安得君为厉，一洗封疆羞。吁嗟石留坡，坡名借君留。"盘事详敖梅坡宗庆所撰《传》，已附申侍御诗后。《千顷堂书目·史部·传记类·留坡录》二卷：宣德中思南土官李盘讨镇筸苗死难其地，曰"留坡"，后人录一时哀挽之作，今未见。同野父中宪赠公富，以支子未袭，有学识，所以期同野甚大。

同野生有异质，十五病肺，屏居小楼，溽暑散发箕踞，父以毋不敬饬之，奉而书诸牖，目在以资检束，第觉妄念丛生；又以思无邪饬之，又奉而书诸牖，久之，妄念渐除，恍惚若有得。及下楼，友朋谈笑，楼上光景已失，于是专求本心。未与人接，自问曰："何是本心？"既与人接，又自问曰："本心是何如？"乡举，计偕读《孟子·耕莘》章，则曰："尧舜君民事业，自一介不取，始交际，岂可不谨？"二十三年武陵蒋信道林视学贵州，同野谒之，因陈楼上楼下光景。道林曰："楼上是假，楼下与朋友谈笑却真；至一介不妄取，曰此犹然楼上，意思在硁硁然小人哉。"同野愧甚，以为学十四五年只成得硁硁小人，不觉面亦背汗淋淋也。至高州首谒湛若水甘泉于峒峒中。尝宿廉州公署，梦三蛇绕身，亟挥杖，蛇乃去。诘朝合浦吏进美珠，化州吴川吏进兼金，皆叱之笑曰："三蛇梦破矣。金珠非宝，固吾人蛇蝎哉！"至韶州，韶先有二源之役，崔苻犹频警，集诸寮喻曰："夫子告康子不欲。'不欲'二字千古弭盗张本，倘多欲则身为溪壑，竭民膏脂不足以填，百姓安得不盗？弭山中盗易，弭心中盗难，敢忘自责！"闻者悚息。尝构求仁馆与僚友诸生论学其中。国朝（清）于准《正修录》述《同野自纪》云："道不明则仁体裂，天地闭，惟是念，念在民，使同归，蔼然一体中，吾之愿也。"盖此时语。翁方刚《粤东金石记》云："韶州府学有明万历二年黔南李渭《重修学记》，惜未录其文。"入觐过麻城，从耿定力楚侗登天台。楚侗示八语："近道之资，载道之器，求道之志，见道之眼，体道之基，任道之力，宏道之量，达道之才。八者缺一不可。"对曰："渭与八者，独愧见道眼未醒耳。"锲"必为圣人"四字随所居悬以自励。在副使，清慎宽平，讲学如故。颜使署轩曰"毋意轩"，曾曰："孔子毋意，孟子不学不虑，程子不著纤毫人力，皆是不安排。知无意脉络，即日夜千思万索，亦是无意；知无纤毫人力脉络，即人一己百，人十己千。如此用力实无纤毫人力。学是学此不学，虑是虑此不虑，知得不学、不虑脉路，任人只管学、只管虑，都是不学不虑。浮云人间作雨，天上常清常明；狂风江中作浪，流水不增不减；知得常清常明、不增不减者，可与言学矣。"

德清许侍郎孚远《与李同野书》云：老丈以"毋意"为宗，使人人皆由毋意之学得，无所谓欲速则不达者耶？《大学》"欲正其心者先诚其意"，所谓诚其意者，只在毋自欺而求自慊，此下学之功也。颜子有不善未尝不知，知之未尝复行，亦诚吾意而已。吾侪之学，焉可以躐等乎！此理才有悟处，便觉鸢飞鱼跃，触处流行，而不须一毫强索安排之力。然到得与自己身心凑泊，尚远孟子曰"反身而诚，乐莫大焉"。程子曰"识得此理以诚敬存之而已"。识者，默而识之也。识得便须存得方为己有。时时默识，时时存养，真令血气之私消铄殆尽，而此理盎然而流行，乃是"反身而诚"与"鸢飞鱼跃"同意。不然，饶说得活泼泼地亦无益也。学者认得容易，翻令中心浮泛，不得贴实，此即诚与不诚之界，不可不察也。凡吾侪平日觉有胸次洒落时，感应顺适时，正是诚意端倪，要须存养扩充得去，若作毋意见解，则精神便都散漫矣。

参政云南南城，罗近溪汝芳为屯田副使，相与切劘，学益进。尝言本体原无间断，学者不可在起灭上做功夫。予昔日功夫亦有起灭，被近溪大喝，通身汗浃，自是欲罢不能。又言：吾于此学，入白下时，觉与官和州时不同；登天台时，又觉与白下时不同；与近溪游月岩，又觉与以前不同也。而滇人学者谓近溪好谈性命，同野则一意实践，其俎豆同野犹愈于近溪。所著《先行录问答》三卷，《毋意篇》合《大学》、《中庸》、《易问》为一卷，《简寄》二卷，《杂著》一卷，《诗文》三卷，凡十卷；《家乘》十二卷，《大儒治规》三卷。

吉水邹忠介公元标戍都匀，首访清平孙淮海、思南李同野。所至讲学必称两先生以示圣贤为必可学。赐环后，诗文时时及之，曾为同野序《先行录》。《序》云：予昔与友谈学，友箴予曰："学岂在哓哓为哉？躬行足矣！"曰："子知适燕者乎？先诇道里寥廓、山川纡回，然后可以适燕；不然，其不至于撴埴索途者几希！学之不讲，徒日躬行，亦奚异于是？"曰："先行其言而后从之者非耶？"曰："此夫子告子贡问君子意也。子贡堕在闻识，故药其病而告之。且圣人与君子有辨，曰圣人，吾不得而见，欲得见君子者，此可以见矣。"他日又告之曰："予一以贯之，此希圣极功也。"未几，同野先生以《先行录》命予弁卷端。予叹曰："伟哉，先生之心乎！

古之学者，学之为君臣焉，学之为父子焉，学之为昆弟、夫妇、朋友焉。言理便是实理，言事便是实事。近学者谈杳渺之论，高入青冥，忽庸行之常，真若跛鳖，其为不学子姗笑而讥议者甚矣！呜呼！共是天下，今之天下即古之天下；吾之人心即古之人心。彼姗笑而讥议者，亦吾之躬行之未至。与先生论学而以躬行名录，诚末世之瞑眩也。"友曰："子今左，躬行何居？"曰："知行一体，识得语知而行在其中；语行而知在其中；语先而后在其中。"先生昔尝以毋意为宗，观其言曰："学贵修行，若不知德，与不修等，如入暗室，有目不见；以手扶墙，有足不前。子可以观矣。子知先生之学，则予昔之未以子躬行为是，今以先生躬行为正，盖各有攸当未可以膜说为也。万里圣途，即之则是，凡我同盟，请绎斯语，庶几为适燕之指南也夫。"

及同野卒，耿楚侗铭之曰："明好学君子之墓。"至泰和郭子章抚黔，邹忠介送之，惜其不及见孙、李诸先生。子章辑《黔记》，因举（孙）淮海、（李）同野合以贵阳马心庵类传于理学，且曰："王文成与龙场诸生问答，莫著其姓名，其闻而私淑者，则有孙淮海、李同野、马内江，读三家著述，真有朝闻夕死可之意。可以不愧龙场矣！"至今以为定论。《明史·儒林》失其传，仅于《艺文志》载《先行录》十卷。故摭青螺《传》，益以省、郡《志》，滇、粤两《志》所记著于篇。先生《思南、婺川两学记》及《射圃记》为乡里立教者，附见篇末。

子廷谦，字仲吉，万历十三年（1585）举人。授真定教谕，迁国子监助教。答诸生问难，辩博无滞，一时服其淹通，官至副使。

同野生平无日不以讲学为事。自乡举后，学者即景附之。江西万安人赖嘉谟随父洁思南经历，首以师事。嘉谟敏慧好学，大有得而去。寻，成进士，历官四川左参政。又有徐云从者，亦江西人，曾从唐荆州、罗念庵游，闻同野兴学黔中，负笈远从，以直谅称。谓荆州文人、近溪学人矣，而不如同野笃实，终身不忍舍去，与朋友讲习，所规益多危论。同人为之语曰：坐无徐君，谔谔不闻。思南人能继同野讲正学者有冉宗孔、胡学礼，其次则田惟安。宗孔，万历岁贡生，知略阳县，以廉洁闻。子釜，亦能传父学。学礼，婺川廪生，志尚清洁淡泊，不求仕进，精邵子皇极学，曾持同野书问学于邹忠介。忠介赠之诗曰："圣学本无言，言者即不知。贫贱信所遭，富贵亦有时。鹍鹏元万里，鷦鹩自一枝。万里元非远，一枝亦非卑。嗟嗟寰中士，扰扰意何为！蹭蹬一生耳，徒令达者嗤。置身五行外，庶不负男儿。君更勿念我，久矣玩庖牺。"亦可以知其所造矣。惟安，郡诸生，性纯孝，父懋赏袭办事长官，爱少子惟臣，遂让弟袭。笃志如学。寻，卒。同野哭之以文。万历十七年（1589），请祀同野于乡。二十二年（1594），知府平乐赵恒复请建李先生专祠，巡按保山薛继茂为奏准，乃建祠于郡署。后神宗赐联曰："南国躬行君子，中朝理学名臣。"复其子孙二人专奉祀。府城东北有为仁堂，乃同野讲学处，今名为仁书院。城西小崖门左有"点易洞"，亦以同野曾讲《易》而名，附有同野《思南府学记》与《思南府学射圃记》、《婺川县迁学记》三记以及耿定力所撰《李同野先生墓志铭》。

按：今勘，先生墓在思南县城东三里万胜山麓。已纳耿氏所撰《志》凡四百余年。《思南府志》载云：清康熙二年（1663）七月十三日夜，《志》石忽已在郡祠，祠祀生清晨见之，闻于知府叶蕃、司礼常时泰、县令雷起龙诣墓环视，墓封如故。

附录四：马廷锡传（莫友芝撰）

马廷锡，字朝宠，号心庵，贵州宣慰司人，举嘉靖十九年（1540）乡试，知四川内江县，洗冤泽物以慈惠闻，遽弃官归，讲学不复出。学者称心庵先生。王文成守仁之谪龙场驿丞也，见武陵蒋信道林之诗而称之。时道林方为诸生，与冀元亨阊斋证"大学知止"是"识仁体"。阊斋跃曰："然则定静安虑，即是以诚敬存之矣。"而皆未敢遽是。相携走龙场，受业文成之门。居久之，大有所得而去。楚中传姚江学者，虽有耿定向天台一派，流至泰州王艮，然后多破坏，不如武陵蒋、冀得其真醇。心庵乡举后一年，道林以副使提学贵州，重整旧祀。阳明之"文明"、"正学"两书院，择士秀者养之于中，示以趋向，使不汩没于流俗，教以默坐澄心，体认天理。一时学者翕然宗之，而心庵为之冠。道林又置龙场阳明祠祭田以永香火。湖广偏桥、镇远、清浪、平溪、五开五卫，地错贵州境，诸生乡试险远，多不能达，请增贵州解额，使之附试。寻，告病归。御史劾以擅离职守，削籍。后奉恩例，冠带闲住，筑精舍于桃花冈，聚徒讲学，置学田以廪远方来者。终日危坐其中，弦歌不辍。贵州旧从学亦有往者，而心庵已谒选蜀令，在官尝念所学不尽澈，每自叹曰："吾斯之未能信，无乃贼夫人之子乎？"才二岁即投籍走桃冈，就道林居。数年卒业，乃归，与清平孙淮海先生为性命交。构栖云亭于会城南渔矶上，静坐其中，为箴以自警，略曰："必极静极清，以至于极定，始长觉长明，以至于长存，澈头方了道，入手莫言贫。"其励志如此。久之，悠然自得于道林所谓"理气心性、人我贯通无二者，更不思索，随所感触，浑是太和元气"。自嘉靖三十六年（1557），巡抚王绍元疏荐于朝，即谓其笃信好学，妙契圣贤之经旨，默坐澄心，远宗伊、洛之渊源。南方学者争相负笈请业，渔矶栖云间，俨嗣桃冈之威。抚按复连疏以真儒荐，坚辞不肯起。提学宜兴万士和、巡抚南昌阮文中、布政龙谿蔡文、按察慈溪冯成能，相继延心庵主讲文明、正学两祠院。两祠院一侵于郡治，一寄于郡庠，湫隘倾漏，不足以居。诸生成能乃更择地于城东隅，别建阳明祠，乃牓其堂曰"正学"，谓之"阳明书院"（即今贵山），移心庵主讲其中，时隆庆四年（1570）也。心庵讲诲不倦，兴起成就者甚众。成能复时时来会。听者常数百人。盖自阳明、道林后仅见云。久之卒。距桃冈归里时，又三十余年。

心庵祖和、父实、子文标、孙彦（应）鳌与心庵五世，皆举于乡。和举弘治五年（1492），官知县。实举正德十四年（1519），未仕。文标举嘉靖三十四年（1555），彦鳌举万历二十五年（1597），并官知州。心庵著有《警愚录》、《渔矶集》，惜不传。

附录五:《黔记》卷四十五《乡贤列传二·理学》

泰和郭子章相奎父著

汉州宋兴祖汝杰父正

贵溪毕三才成叔父校

一、工部尚书孙应鳌

孙应鳌,字山甫,清平卫人。生之日,适卫人馈六鲤,因以名。就塾受业,日诵数千言。正襟危坐,求解大义。年十九,以儒士应乡试,督学徐公樾一见大奇之,许必解额。放榜,果以礼经中第一人。癸丑成进士,选庶吉士,改户科给事中。

出补江西佥事。流贼起,公捍御得画,一道晏然。九江三百人误坐贼党,公一言出之。

未几,迁陕西提学副使。公实意作人,身先为范。尝与耿楚侗公书云:"世道理乱,关于人才;人才成就,系于师道。人人能言之。至师道之以称职于时者,勤力较阅,品评不爽已耳。猎名词华,驰誉经学已耳。某意不然。尝考诸《荀子》曰:'师术有四,博习不与焉。尊严而惮,可以为师;耆艾而信,可以为师;诵说而不陵不犯,可以为师;知微而论,可以为师。'此荀子大醇之言,似矣,而未尽也。孔子曰:'温故知新,可以为师。'此则万世师道之极则也。温故知新,学者多以所闻所得为解。某

554

妄意谓故者,当如孟子言性则故之故。新者当如大傅'日新盛德'之'新'。凡天地万物之实体,灿然具陈,故也;其真机昭然不息,新也。二词虽有显微不同,其总括于人心,运行于人心,生生之妙一也。能温,则实体之总括者不晦;能知,则真机之运行者不滞。不晦不滞,则天地万物合为一体。天地万物合为一体,则仁。仁则成已成物,位育参赞,皆其能事。成已成物者,师道也,师职也。故子思作《中庸》,亦以温故知新,专承圣人发育峻极之大道,此孔氏家法也。故某妄以孔子温故知新之旨,为孔子示人万世师道之极则者,此也。"公在秦,所取士悉一时名硕。

迁四川右参政。土酋薛兆乾执参将贺麾以叛,都御史谷公中虚问计。公曰:"参将与天子孰轻?昔英宗北狩,于肃愍公数语,国威益振,卒返英庙。今者岂恤一参将邪?"谷从公议,擒兆乾,麾竟免于害。

隆庆改元,升佥都御史,巡抚郧阳。以主上冲年,莅政伊始,防杜宜蚤。乃因境内灾,疏请勤学励政、亲贤远奸等十事。上嘉纳之。太和提督巨珰侮宪蠹民,公劾其欺悖悍险贪谬状。上为斥逐。既恳疏乞骸归。万历初,诏起抚郧阳,首疏加衔提督军务。

建文死事诸臣,人皆讳,未敢言。公推衍诏书德意,慷慨言曰:"褒扬人之子,必先其父,则子之心安。故褒扬人之臣,必先其君,则臣之心安。建文诸臣,委质致身,志节甚伟。陛下深为恤录,真厚幸矣。但建文君未沾旷绝之典,亟复位号,量拟谥法,恐诸臣有知,更且不能安受地下。事有系空名而舆论悉归,人心愈固者,此类是也。孔子作《春秋》,每年必书,每时必书。见天道王政,上下维属,不可缺也。建文君在位凡四年,尽以革除。举其事,缀附洪武,名实紊淆,轨迹惑贰,何以补国家信史之缺?"疏奏留中,举朝目为昌言。

甲戌,入为大理卿。丁丑,升户右侍郎,改礼部,掌国子监祭酒事。公在监,雅意持风化,造人才。仿吕公柟遗意,以举人率多回籍自便,以入监卒业为耻,不知当其在籍,师儒之训弗及,宪臣之命弗加。间党矜其资望,有司遇之隆重。身靡所检而易荡。及入官,材质已坏,莫可如何矣。宜征天下举人悉入监。祖宗设太学，非举贡、非勋胄、恩荫不入。祭酒司业为朝廷作人于内，提学为朝廷作人于外。必在内树风教，而后在外振纪纲。今提学所摈斥者，尽归之太学。倒置若此，则太学毋乃为提学藏垢匿瑕之所，为生员不才者之逋逃薮与？甚且至愚不肖，赀货一人，咸厕其中。太学之污蔑极矣。"疏上，俱著为令。

丙子八月，驾幸太学。公举《虞书》无教逸欲有邦进讲。上嘉纳，命坐，赐茶，盖旷典云。

寻以病予告，筑学孔精舍于西城之阳。

起刑部右侍郎，寻升南工部尚书。卒，赐祭葬。万历壬寅，赐公谥文恭。所著有《易谈》《四书近语》《教秦语录》《雍谕学孔精舍汇稿》《续稿》《春秋节要》《律吕分解》等集传于世。

蟪衣生曰：予督学川中，川中故有大儒祠，祀周元公、二程子、张敬夫、魏了翁诸公。至明，止祀合州邹吏目，即司马长卿、扬子云不得与焉。盖眘之矣。予至，始祀公及赵大洲先生、予师胡庐山先生。赵故内江人，公与先师后先宦于蜀者，蜀人啧啧无异议云。予入黔，式先生之墓，问其嗣，斩焉弗续，为请谥于朝。呜呼，伯道亡儿，中郎有女，从古如兹，宁独先生。

二、参政李渭

李渭，字湜之，思南府人。公生有异质，十五病肺，屏居小楼，溽暑，散发箕踞。父中宪公富以"无不敬"饬之，即奉而书诸牖。目摄以资检束，第觉妄念丛起。中宪又以"思无邪"饬之，又奉而书诸牖。久之，妄念渐除，恍惚似有得。及下楼，与朋友笑谭，楼上光景以失。于是专求本心，未与人接。自问曰：如何是本心。既与人接，又自问曰：本心是如何。嘉靖甲午举于乡。萧然布素，计偕以一仆自随。读孟子"伊尹耕莘章"，则曰："尧舜君民事业，自一介不取始。交际岂可不谨。"

癸卯，蒋公信视学贵州，公谒之，因陈楼上楼下光景。蒋公曰："楼上是假，楼下与朋友谈笑却真。"至一介不妄取，蒋公曰："此犹然楼上意思在，硁硁然小人哉。"公愧甚，以为学十四五年，只成得一个硁硁小人，不觉面赤背汗淋淋也。

由华阳知县、和州知州，擢高州府同知，至则谒湛甘泉先生于小崛峒中。尝宿廉州公署，梦三蛇绕身，亟挥杖，蛇乃走。诘朝，合浦吏以美珠进，化州吴川吏以兼金进，公皆叱之。笑曰："三蛇梦破矣。金珠非宝，固吾人蛇蝎哉。"

擢应天治中、南户员外郎，知韶州府。先是，韶有二源之役，萑苻之警未殄。公集诸寮属谕之曰："夫子告康子不欲二字。千古弭盗张本，傥多欲，则身为沟壑，竭民膏脂不足以填之，百姓安得不盗？弭山中盗易，弭心中盗难。敢忘自责。"闻者悚息。

入觐，过麻城，从耿楚侗先生登天台。楚侗示八语："近道之资，载道之器，求道之志，见道之眼，体道之基，任道之力，弘道之量，达道之才。八者缺一不可。"对曰："渭于八者，独愧见道眼未醒耳。"锲"必为圣人"四字，印而布之海内。

尝曰："孔子毋意，孟子不学不虑，程子不著纤毫人力。皆是不安排。知毋意脉路，即日夜千思万索亦是毋意。知无纤毫人力脉路，即人一己百，人十己千，如此用力，实无纤毫人力。学是学此不学，虑是虑此不虑，知得不学不虑脉路，任人只管学只管虑，都是不学不虑。"

擢滇左参政。近溪罗公为屯田使，公至，与之合并精神，学益进。门人歌青山绿树诗，因论天理人欲，浮云人间作雨，天上常清常明；狂风江中作浪，流水不增不减。知得常清常明，不增不减，方是学问。以明日青山绿树为天理，只是频复。又曰："无不知爱，无不知敬，两个无不知是天地灵窍。吾人通天地、民物、死生，皆是物本体，原无间断。学者不可在起灭上做工夫。任他千功万行，终做不成。如树无根，纵日栽培灌溉，终成枯槁。予昔日工夫亦有起灭。被近溪大喝，通身汗浃。从出这身汗，自是欲罢不能。自言己于此学入白下，与居和、高时不同；登天台又觉与白下时不同；与近溪游月岩，又觉与前不同。"所著《先行录答问》三卷，《毋意篇》合《大学》《中庸》《易问》为一卷，《简寄》二卷，《杂著》一卷，诗一卷，文二卷，统十卷，又著家乘十二卷，藏于家，《大儒治规》三卷行于世。①

蝝衣生曰：予师胡庐山先生云：黔中之学，李湜之为彻。予友邹尔瞻谪都匀时，犹及交先生。先生曰："某为此学，拚生拚死不休。"尔瞻为序其《先行录》。比予入黔，尔瞻曰："惜哉，同野已圹，君不及见之尔。"已，闻友人耿子健题先生墓曰：明兴好学君子之墓。呜呼，此足以概先生矣。

三、内江知县马廷锡

马廷锡，字朝宠，宣慰司人。初仕内江令二载，即解组归，师事朗州蒋道林，讲学于桃冈精舍。数年始归，与孙淮海诸公聚讲越山。又于渔矶构栖云亭，趺坐其中三十余年，有悠然自得之趣。

尝著《动静解》曰："万卷精通，乃是聪明枝叶；一尘不染，可窥心性本根。"

又著《自警辞》，略曰："抱守初心，周旋世务。精诚必贯乎金石，志行必合乎神明。必极静极清以至于极定，始长觉长明以至于长存。彻头方了道，入手莫言贫。"其励志如此。

嘉靖三十六年，巡按御史金溪王公绍元荐公于朝。疏略曰："原任四川内江县知县马廷锡，德器温纯，制行古雅。笃信好学，妙契圣贤之经旨；默坐澄心，远宗伊洛之渊源。历官三年，室如悬磬，家无担石，意若虚舟。抱膝茅檐，有飘然物外之趣。甘心藜藿，无纤毫分外之求。论其官虽若卑职，求其人则为真才。"疏入，不报。四方士益仰之。

---

① 李渭之著作，《万历贵州通志》本录为："所著《先行录》十卷，续集四集，门人为《年谱》三卷，《大儒治行》三卷。"

督学万公士和请公入书院为诸生师。启曰："置一床于净室，伫瞻高士之临；分半席于玄门，实切鄙人之望。同心有利，至德不孤。惟先生颜似冰壶，形如野鹤。弃荣名而修性命，脱凡近以游高明。始看邑宰飞凫，终见少微应象。寒潭见底，占断渔矶。一湾明月当空，坐破蒲团几个。炼金使渣滓尽去，画马求毛发皆真。却听反观，常启人天之钥；敛息候气，频焚午夜之香。象不着钩，牛初露地，遂觉江山有主，时将诗句传神。奚啻开南国道流，实乃先北方学者。某才非经济，职忝规模。欲强人以进业，而力不前顾；省己之知非，而齿则暮。譬之形曲而影不直，宜乎声息而响遂衰。然责不敢辞，乃志犹未已。共扶名教，愿借高贤。猗诵佳章，俯首有凌云之想；默参上座，终身成把臂之交。遂许同盟，了兹一事，况大隐原居城郭，而独善或非圣贤。暂出柯庐，增光书院。昔曹参避舍，则盖公肯来；彼韩愈卑词，而颠老遂至。章章人物，顾我辈以何惭？落落乾坤，报德星之再聚。庶几明公为众领袖，务使多士范我驰驱。经岁清斋，谅荤膻之难染；刹时出定，知伎俩之俱忘。衣里宝珠，带得一川风月；胸中丘壑，携来满座烟霞。敢布俚言，用催道驾。"万公此举，与席元山请阳明先生意同。第以盖公、颠老拟公，恐未尽知公者。

公所著有《渔矶集》《警愚录》。没，祀乡贤。

蟓衣生曰：王文成谪龙场，黔士大夫始兴起于学。当时龙场生问答，莫著其姓名，闻而私淑者，则有马内江、孙淮海、李同野三公云。予尝读内江诗："寒夜窗前听雨时，暗思往事坐如痴。穷愁百结随年长，人在虚空老不知。""睡眼蒙眬看远山，不知身尚寄尘寰。他年观化应何处，想在虚无缥缈间。"真有朝闻夕可之意。呜呼，可以不愧龙场矣。

主要参考文献

一、典籍文献

1.《唐宋注疏十三经》（全四册），中华书局 1998 年版。

2.（唐）韩愈：《韩愈文集》，上海古籍出版社 1997 年版

3.（宋）程颢、程颐：《二程集》（全二册），中华书局 2004 年版。

4.（宋）朱熹：《朱子语类》（全九册），中华书局 1986 年版。

5.（宋）朱熹：《四书章句集注》，中华书局 2007 年版。

6.（宋）陆九渊：《陆九渊集》，中华书局 1992 年版。

7.（宋）杨简：《慈湖遗书》，1934 年张氏约园《四明丛书》本。

8.（明）陈献章：《陈献章集》，中华书局 1987 年版。

9.（明）王守仁：《王文成公全书》（三十八卷四册），明隆庆谢氏刻本，上海涵芬楼影印《四部丛刊》初编集部。

10.（明）王守仁：《王阳明全集》（全二册），吴光、钱明等编校，上海古籍出版社 1992 年版。

11.（明）王守仁著，施邦曜辑：《阳明先生集要》（全二册），王晓昕等点校，中华书局 2008 年版。

12.（明）王守仁：《新编王阳明全集》（全六册），吴光、钱明等编校，浙江古籍出版社 2010 年版。

13.（明）王守仁撰：《王文成公全书》（38 卷），王晓昕等点校，中华书局 2015 年版。

14.（明）王守仁撰，陈荣捷注评：《王阳明传习录详注集评》，台湾学生书局 1983 年版。

15.（明）王守仁撰，邓艾民注疏：《传习录注疏》，上海古籍出版社 2012 年版。

16.（明）王守仁撰，王晓昕译注：《传习录译注》，中华书局 2018 年版。

17.（明）聂豹：《聂豹集》，凤凰出版社 2007 年版。

18.（明）王畿：《王畿集》，吴震编校，凤凰出版社 2007 年版。

19.（明）《徐爱·钱德洪·董澐集》钱明编校整理，凤凰出版社 2007 年版。

20.（明）邹守益：《邹守益集》（全二册），董平编校整理，凤凰出版社 2007 年版。

21.（明）罗汝芳：《罗汝芳集》（全二册），方祖猷等编校整理，凤凰出版社 2007 年版。

22.（明）罗洪先：《罗洪先集》（全二册），徐儒宗编校整理，凤凰出版社 2007 年版。

23.（明）罗洪先：《罗洪先集补编》，钟彩钧主编，朱湘钰点校，台湾"中央研究院中国文哲研究所"2009 年版。

24.（明）耿定向：《耿天台先生文集》，明万历二十六年（1598）刻本。

25.《耿定向集》（上、下），付秋涛点校，华东师范大学出版社 2015 年版。

26.（明）徐阶：《世经堂集》，明万历徐氏刻本。

27.（明）邹元标：《愿学集》，文渊阁《四库全书》本。

28.（明）胡直：《衡庐精舍诗稿》，文渊阁《四库全书》本。

29.（明）孙应鳌：《孙应鳌文集》，刘宗碧等点校，贵州教育出版社 1996 年版。

30.（明）孙应鳌：《孙应鳌全集》，贵州民族出版社 2016 年版。

31.（明）孙应鳌：《孙山甫督学文集》，四川出版集团 2005 年版。

32.（明）郭子章：《黔记》，明万历三十六年刻本。

33.（明）郭子章：《黔记》，西南交通大学出版社 2016 年版。

34.（明）焦竑：《澹园集》，中华书局 1999 年版。

35.（明）刘宗周：《刘宗周全集》（全六册），吴光主编，浙江古籍出版社 2007 年版。

36.《明史》（全二十八册），中华书局 1974 年版。

37.（明）黄宗羲：《明儒学案》（全二册），中华书局 2008 年版。

38.（明）黄宗羲：《黄宗羲全集》，浙江古籍出版社 1995 年版。

39.（清）万斯同：《儒林宗派》，1934 年张氏约园《四明丛书》本。

40.（清）莫友芝撰：《黔诗纪略》，贵州人民出版社 1993 年版。

41.《明通鉴》，浙江古籍出版社 1995 年版。

42.《四库全书总目》，中华书局 1965 年版。

43.《嘉靖·贵州通志》，贵州图书馆藏清嘉庆刻本。

44.《万历·贵州通志》，黄富源点校，贵州大学出版社 2010 年版。

45.（清）《黔南丛书》（点校本，全六册），贵州人民出版社 2009 年版。

46.《贵阳府志》（全二册），贵州人民出版社 2005 年版。

47.《贵州通志·人物志》，贵州人民出版社 2001 年版。

48.《修文县志》，方志出版社 1998 年版。

49.《嘉靖、道光、民国思南府、县志》，思南县志编纂委员会办公室 2002 年印本。

50. 李独清撰《孙应鳌年谱》，贵州师范大学学报编辑部 1990 年版。

51.（明）李贽：《焚书·续焚书校释》，陈仁仁校释，岳麓书社 2011 年版。

52. 黄万机整理：《郑珍全集》，上海古籍出版社 2012 年版。

二、近人专著：

1. 梁启超：《中国近三百年学术史》，东方出版社 1996 年版。

2. 吕思勉：《理学纲要》，东方出版社 1996 年版。

3. 陈钟凡：《两宋思想述评》，东方出版社 1996 年版。

4. 嵇文甫：《晚明思想史论》，东方出版社 1996 年版。

5. 冯友兰：《中国哲学史新编》（全三册），人民出版社 1998 年版。

6. 牟宗三：《从陆象山到刘蕺山》，上海古籍出版社 2007 年版。

7. 牟宗三：《心体与性体》，上海古籍出版社 1999 年版。

8. 牟宗三：《宋明儒学的问题与发展》，华东师范大学出版社 2004 年版。

9. 陈荣捷：《朱学论集》，华东师范大学出版社 2007 年版。

10. 冈田武彦：《王阳明与明末儒学》，上海古籍出版社 2000 年版。

11. 陈来：《有无之境：王阳明哲学的精神》，北京大学出版社 2004 年版。

12. 杨国荣：《心学之思：王阳明哲学的阐释》，三联书店 1997 年版。

13 杨国荣：《杨国荣讲王阳明》，北京大学出版社 2005 年版。

14. 杨国荣：《成己与成物：意义世界的生成》，人民出版社 2010 年版。

15. 陈来：《宋明理学》，华东师范大学出版社 2004 年版。

16. 钱明：《王阳明及其学派论考》，人民出版社 2009 年版。

17. 吴震：《泰州学派研究》，中国人民大学出版社 2009 年版。

18. 徐儒宗：《江右王门研究》，中国人民大学出版社 2009 年版。

19. 钱明：《浙中王学研究》，中国人民大学出版社 2009 年版。

20 徐儒宗：《江右王学通论》，中国人民大学出版社 2009 年版。

21. 吴光主编：《阳明学综论》，中国人民大学出版社 2009 年版。

22. 董平：《王阳明的生活世界》，中国人民大学出版社 2009 年版。

23. 吴光：《黄宗羲与清代浙东学派》，中国人民大学出版社 2009 年版。

24. 朱晓鹏：《王阳明与道家道教》，中国人民大学出版社 2009 年版。

25. 张学智：《明代哲学史》，北京大学出版社 2000 年版。

26. 王路平等：《明代黔中王门大师孙应鳌思想研究》，群言出版社 2007 年版。

27. 郭沫若：《郭沫若全集》，人民出版社 1982 年版。

28. 廖名春：《〈周易〉经传十五讲》，中华书局 2006 年版。

29. 郭彧译注《周易》，中华书局 2006 年版。

30. 王晓昕主编：《王阳明与贵州》，贵州人民出版社 1996 年版。

31. 王晓昕等：《王学之思》，贵州民族出版社 1999 年版。

32. 王晓昕等：《王学之路》，贵州民族出版社 2002 年版。

33. 王晓昕等：《王学之魂》，贵州民族出版社 2005 年版。

34. 王晓昕：《东西形上撷论》，贵州教育出版社 1998 年版。

35. 王晓昕：《阳明学撷论》，西南交通大学出版社 2009 年版。

36. 王晓昕：《阳明心学撷论》，西南交通大学出版社 2016 年版。

37. 余文武：《王阳明的教育思想》，西南交通大学出版社 2008 年版。

38. 孙德高：《王阳明的事功与军事》，西南交通大学出版社 2008 年版。

39. 王晓昕：《王学之光》，西南交通大学出版社 2010 年版。

40. 敖以深：《黔东北地域阳明文化研究》，知识产权出版社 2009 年版。

41. 余怀彦主编：《王阳明与贵州文化》，贵州教育出版社 1996 年版。

42. 何俊、尹晓宁：《刘宗周与蕺山学派》，中国人民大学出版社 2009 年版。

43. 张新民主编：《阳明学刊》（第一辑），贵州人民出版社 2004 年版。

44. 张新民主编：《阳明学刊》（第二辑），贵州人民出版社 2006 年版。

45. 张新民主编：《阳明学刊》（第三辑），巴蜀书社 2008 年版。

46. 张新民主编：《阳明学刊》（第四辑），巴蜀书社 2009 年版。

47. 张新民主编：《阳明学刊》（第五辑），巴蜀书社 2011 年版。

48. 张新民主编：《阳明学刊》（第六辑），巴蜀书社 2012 年版。

49. 张新民主编：《阳明学刊》（第七辑），巴蜀书社 2015 年版。

50. 黄万机：《沙滩文化志》，中国文史出版社 2006 年版。

51. 蔡仁厚：《王学流衍》，人民出版社 2006 年版。

52. 张立文：《宋明理学研究》，人民出版社 2002 年版。

53. 侯外庐等：《宋明理学史》（全二册），人民出版社 1984—1987 年版。

54. [美] 包弼德著，刘宁译：《斯文：唐宋思想的转型》，江苏人民出版社 2001 年版。

55. [美] 田浩编：《宋代思想史论》，中国社会科学出版社 2003 年版。

56. [美] Benjamin I Schwartz.The World of Thought in Ancient China. Cambridge, Massachusetts and London, England, 1985.

57. [日] 佐藤一斋：《传习录栏外书》（全三册），日天保元年（1830）刊本。

58. [日] 中田胜注释，柳町达也补注：《阳明学大系·王阳明（上）》，东京明德出版社昭和四十七年（1972）刊本。

59. 姜广辉主编：《中国经学思想史》（四卷全六册），中国社会科学出版社 2003 年版。

60. 高怀民：《宋元明易学史》，广西师范大学出版社 2007 年版。

61. 束景南：《王阳明全集补编》，上海古籍出版社 2016 年版。

62. 束景南：《王阳明年谱长编》，上海古籍出版社 2017 年版。

63. 束景南：《王阳明佚文辑考编年》，上海古籍出版社 2015 年版。

三、论文

1. 钱明：《黔中王门考论》，《贵州文史丛刊》2007 年第 2 期。

2. 刘宗碧：《贵州的王门后学》，《中国哲学史》1997 年第 2 期。

3. 张坦：《黔中王门——一个被忽视的地域学派》，《贵州文史丛刊》1996 年第 1 期。

4. 贺广如：《明代王学与易学之关系——以孙应鳌"以心说〈易〉"之现象为例》，《周易研究》2008 年第 2 期。

5. 卢祥运：《从王阳明"玩易"到孙应鳌"谈易"》，《贵阳师专学报》2005 年第 1 期。

6. 王路平：《论孙应鳌〈易〉学本体论的特点》，《贵阳师专学报》1997 年第 3 期。

7. 王路平：《论明代黔中王门大师孙应鳌〈易〉学的特点》，《贵州社会科学》2005 年第 6 期。

8. 朱晓鹏：《意义世界的构建——阳明学本体论的价值之维》，《哲学研究》2010 年第 11 期。

9. 向世陵：《中国哲学的"本体"概念与"本体论"》，《哲学研究》2010 年第 9 期。

10. [瑞士] 耿宁：《对阳明心学及其后学理解的两个难题》，《哲学研究》2010 年第 6 期。

11. 郭振香：《不息之本体：儒家哲学的形上之思》，《哲学研究》2010 年第 5 期。

12. 丁为祥：《觉悟、认知与生存境界——王阳明"龙场悟道"的发生学解读》，《哲学研究》2009 年第 11 期。

13. 刘学智：《南大吉与王阳明——兼谈阳明心学对关学的影响》，《中国哲学史》2010 年第 3 期。

14. 钟治国：《明儒邹东廓的良知学简述》，《中国哲学史》2010 年第 2 期。

15. 张天杰、肖永明：《从张履祥、吕留良到陆陇其——清初"尊朱辟王"思潮中一条主线》，《中国哲学史》2010 年第 2 期。

16. 孙宝山：《论王阳明与陆象山的学术承继关系》，《中国哲学史》2010 年第 1 期。

17. 水野实：《明代〈古本大学〉表彰的基础——正当化的方法与后学的状况》，《中国哲学史》2010 年第 4 期。

18. 任文利：《王阳明〈与杨邃庵〉书释疑》，《中国哲学史》2010 年第 4 期。

19. 丁成际、李波：《明代桐城理学》，《中国哲学史》2010 年第 4 期。

20. 蒙培元：《德性：情与理的统一》，《孔子研究》2010 年第 1 期。

21. 宫云维：《承前启后，继往开来——〈阳明学研究丛书〉评介》，《孔子研究》2010 年第 4 期。

22. 宣炳三：《韩国江华阳明学派郑齐斗的良知本体论和致良知功夫论》，《中国哲学史》2009 年第 4 期。

23. 谭佛佑：《论黔中王门》，《王阳明国际学术讨论会论文集》，贵州教育出版社 1997 年版。

24. 李友学：《黔中王门是阳明后学的重要学派》，《王学之魂》，贵州民族出版社 2005 年版。

25. 李迎喜：《黔中王门系统考》，《王学之魂》，贵州民族出版社 2005 年版。

26. 陈奇：《论孙应鳌的"仁"本心学》，《贵州师范大学学报》1998 年第 1 期。

27. 王煜：《明儒孙应鳌思想精粹——实功》，《哲学与文化》26 卷 2 期（总 297 期）。

28. 王强默：《论孙应鳌的文学观》，《贵州社会科学》1999 年第 6 期。

29. 邬锡鑫：《论孙应鳌美学思想的心学本质》，《贵州社会科学》2010 年第 3 期。

30. 钱明：《儒学"意"范畴与阳明学的主意话语》，《中国哲学史》2005 年第 2 期。

31. 钱明：《王阳明与贵州新论》，《贵阳学院学报》2009 年第 3 期。

32. 林乐昌：《王阳明"诚意"说的哲学特色》，《宁波党校学报》2009 年第 6 期。

33. 王晓昕：《王阳明"为教之变"中的本体与功夫》，《贵州社会科学》2008 年第 4 期。

34. 曹树明：《刘蕺山的慎独论》，《河北科大学报》2004 年第 3 期。

35. 陈延庆：《从先秦儒学到宋明理学——中国古代人性论的发展历程》，《山东科大学报》2001 年第 1 期。

36. 刘宗贤：《程颢"识仁"思想及其与陆王心学的关系》，《文史哲》1994 年第 1 期。

37. 吴震：《王心斋"淮南格物"说新探》，《陕西师范大学学报》2008 年第 1 期。

38. 朱汉民：《由功夫以见本体——阳明心学的实践性品格分析》，《北京师范大学学报》2006 年第 3 期。

39. 张雁南：《黔中理学名儒李渭生平事略》，《王学之路》，贵州民族出版社 2000 年版。

40. 罗正副：《黔中王门后学研究综述》，《阳明学刊》第三辑，巴蜀书社 2008 年版。

41. 张明：《王阳明与黔中王门》，《阳明学刊》第一辑，贵州人民出版社 2004 年版。

42. 张新民：《论王阳明龙场悟道的深远历史影响——以黔中王门为中心视域的考察》，《教育文化论坛》2010 年第 1 期。

43. 丁为祥：《明代心学的形成机缘及其时代特征》，《中国哲学史》2003 年第 3 期。

44. 朱晓鹏：《王阳明龙场〈易〉论的思想主旨》，《哲学研究》2009 年第 6 期。

45. 朱人求：《"六经糟粕"论与明代儒学的转向》，《哲学研究》2009 年第 6 期。

46. 郑晓江：《"尽性至命之学"——阳明子生死智慧探微》，《浙江社会科学》2008 年第 10 期。

47. 刘学智：《心性论与当代伦理实践》，《陕西师范大学学报》2002 年第 1 期。

48. 王心竹：《杨慈湖之"毋意"道德修养论刍议》，《玉溪师范学院学报》2003 年第 12 期。

49. 曾凡朝：《杨简心学功夫论发微》，《理论学刊》2007 年第 6 期。

50. 曾凡朝：《从〈己易〉看杨简易学的心学宗旨及其学术意义》，《周易研究》2008 年第 5 期。

51. 康宇：《论陆九渊与王守仁"以心解经"方法之不同》，《孔子研究》2012 年第 2 期。

52. 胡勇：《略论阳明心学视域中的静坐功夫——兼与朱熹的静坐思想比较》，《孔子研究》2012 年第 2 期。

53. 许朝阳：《阳明良知学的两种形态及其对恶的处理》，《周易研究》2013 年第 4 期。

54. 冯国栋：《道统、功夫与学派之间——"心学"义再研》，《哲学研究》2013 年第 7 期。

55. 蒋国保：《"性即理"与"心即理"本义辨析》，《江南大学学报》2011 年第 5 期。

56. 孙占卿：《王阳明论未发已发》，《孔子研究》2011 年第 6 期。

57. 米文科：《明代关学与阳明学之关系略论》，《孔子研究》2011 年第 6 期。

58. 康宇：《论明代"江门心学"的经典解释思想——以陈献章、湛若水为中心》，《中国哲学史》2012 年第 2 期。

59. 许多：《欧阳德的独知说》，《中国哲学史》2012 年第 2 期。

60. 秦峰：《刘宗周对"十六字心传"的诠释》，《中国哲学史》2014 年第 2 期。

61. 王晓昕：《郑珍对王守仁表彰〈大学古本〉的表彰》，《贵州文史丛刊》2013 年第 4 期。

62. 王晓昕：《孙应鳌与非黔籍王门后学——兼述〈教秦绪言〉》，《贵阳学院学报》2012 年第 2 期。

63. 陈立胜：《王阳明三教之判的五个向度》，《哲学研究》2013 年第 3 期。

64. 许家星：《朱子学的内在演变与朱陆合流——以饶鲁〈大学〉诠释对朱子学的突破为中心》，《哲学研究》2013 年第 10 期。

65. 向世陵：《宋代理学的"性即理"与"心即理"》，《哲学研究》2014 年第 1 期。

66. 张郁乎：《王阳明辨儒释》，《哲学研究》2014 年第 12 期。

67. 邓国元：《王阳明大学古本旁释献疑与辨证》，《中国哲学史》2014 年第 1 期。

68. 解本远：《为善去恶亦良知——对王阳明良知观念的整体性解读》，《中国哲学史》2914 年第 3 期。

69. 高海波：《刘宗周对阳明四句教的批评》，《中国哲学史》2013 年第 3 期。

70. 张卫红：《阳明学者罗念庵体悟良知的功夫历程》，《中国哲学史》2014 年第 4 期。

71. 孙宝山：《王阳明的论语诠释》，《孔子研究》2014 年第 1 期。

72. 朱卫平：《论王阳明思想中的"好恶"之情》，《孔子研究》2014 年第 3 期。

73. 王晓昕：《王阳明在黔思想探析》，《地方文化研究》2015 年第 2 期。

74. 王晓昕：《黔中王门与泰州学派之思想互动》，《贵州民族大学学报》2015 年第 5 期。

75. 王晓昕：《龙场三卦：〈恒〉、〈遁〉、〈晋〉——从王阳明到孙淮海》，《贵州师范大学学报》2015 年第 5 期。

76. 朱晓鹏：《从朱熹到王阳明：宋明儒学本体论的转向及其基本路径》，《哲学研究》2015 年第 2 期。

77. 许家星：《程门学派对朱子学的挑战及与王学之遥契》，《哲学研究》2015 年第 8 期。

78. 何静：《阳明心学对程颐的借鉴及其思想联系》，《哲学研究》2015 年第 9 期。

79. 钟治国：《王龙溪"见在良知"说再析》，《中国哲学史》2015 年第 2 期。

80. 邓国元：《王门"天泉证道"考辨——以"四句教"、"四有"和"四无"为中心的考察》，《中国哲学史》2015 年第 3 期。

81. 康宇：《论王阳明"一体之仁"说的三个向度》，《中国哲学史》2015 年第 4 期。

82. 乐爱国：《王阳明对朱熹格物论的误读——兼论冯友兰〈中国哲学史〉对朱熹理学与陆王心学的分疏》，《中国哲学》2015 年第 2 期。

83. 陈立胜：《王阳明"心外无物"论——〈传习录〉"岩中花树"章新解》，《中国哲学》2015 年第 7 期。

84. 辛小娇：《论王阳明"治世"、"治心"、"治天"的逻辑统一》，《孔子研究》2015 年第 5 期。

85. 王晓昕：《马廷锡的学术经历与思想旨趣》，《孔学堂》2016 年第 1 期。

86. 王晓昕：《明代黔中王学与浙中王学的思想互动——以孙、李与钱、王为中心》，《贵州师范大学学报》2016 年第 2 期。

87. 向世陵：《王阳明仁说的博爱理念》，《哲学研究》2016 年第 9 期。

88. 翟奎凤：《论阳明后学对《周易》乾卦义理的发挥》，《哲学研究》2016 年第 12 期。

89. 陈力祥、杨超：《船山对朱子、阳明"亲新之辨"二元对立模式的解构》，《中国哲学史》2016 年第 2 期。

90. 马晓英：《明儒罗近溪的乡约思想与实践》，《中国哲学史》2016 年第 3 期。

91. 陆永胜：《邹元标实心本体论的建构及其价值省察》，《中国哲学》2016 年第

3 期。

92. 黄勇：《论王阳明的良知概念》，《中国哲学》2016 年第 4 期。

93. 刘梁剑：《"无善无恶心之体"：船山与阳明关于心学的智性对话》，《中国哲学》2016 年第 4 期。

94. 王文琦：《良知从"见在"到"现成"》，《中国哲学》2016 年第 8 期。

95. 张昭炜：《传心堂法脉薪火相传：从王阳明至方以智》，《中国哲学》2016 年第 11 期。

96. 陈来：《仁学视野中的"万物一体"论》（上、下），《中国哲学》2016 年第 12 期。

97. 刘琳娜：《王阳明与宋明理学生死观之转向》，《孔子研究》2016 年第 4 期。

98. 王晓昕：《黔中王门经世致用的理论与实践》，《中共宁波市委党校学报》2017 年第 1 期。

99. 王晓昕：《天人合一的三个向度——兼论王阳明的最高理想》，《贵州文史丛刊》2017 年第 1 期。

100. 王晓昕：《阳明入黔前的黔中文化与文化人》，《贵州民族大学学报》2017 年第 6 期。

101. 吴震：《论王阳明"一体之仁"的仁学思想》，《哲学研究》2017 年第 1 期。

102. 姜广辉、禹菲：《心学的理论逻辑与经学方法——以陆九渊、杨简、王阳明为例》，《哲学研究》2017 年第 2 期。

103. 东方朔：《"真知必能行"何以可能？——朱子论"真知"的理论特征及其动机效力》，《哲学研究》2017 年第 3 期。

104. 姚才刚、张黎：《"万物一体"思想的新发展——以明儒蒋信为中心》，《哲学研究》2017 年第 8 期。

105. 朱晓鹏：《从王阳明"精一之学"看其三教观的四个维度》，《哲学研究》2017 年第 9 期。

106. 陈立胜：《如何守护良知？——陆王心学功夫中"自力"与"他力"辩证》，《哲学研究》2017 年第 10 期。

107. 沈顺福：《论陆、王心学之异同》，《哲学研究》2017 年第 10 期。

108. 康宇：《论王学"后三变"中的经典诠释学建构》，《中国哲学史》2017 年第 2 期。

109. 朱雷：《王阳明的一体政治论》，《中国哲学史》2017 年第 2 期。

110. 乐爱国、盛夏：《朱熹"格物"：即物穷理还是择善工夫——王阳明、张履祥的不同解读》，《孔子研究》2017 年第 4 期。

111. 郝永：《儒家圣贤人格精神贯穿——王阳明"龙场教育四篇"教育思想》，《孔子研究》2017 年第 4 期。

112. 李寄：《九华悟道——论王阳明"致良知"的时间和机缘》，《孔子研究》2017 年第 3 期。

113. 白奚：《"万物一体之仁"：王阳明的仁学思想及其生态学意义》，《孔子研究》2017 年第 1 期。

114. 申祖胜：《王艮"乐学"思想探论》，《孔子研究》2017 年第 1 期。

115. [美] 李幼蒸：《阳明"良知论"解释学之世界学术意义》，《国际儒学论丛》2018 年第 1 期。

116. [韩] 朴吉洙：《王阳明的情论》，《国际儒学论丛》2018 年第 2 期。

117. 董平：《阳明心学的定性及良知的公共性与无善无恶》，《哲学研究》2018 年第 2 期。

118. 李振纲：《阳明心学的泛易学特质》，《哲学研究》2018 年第 2 期。

119. 杨国荣：《心物、知行之辨：以"事"为视域》，《哲学研究》2018 年第 5 期。

120. 翟奎凤：《王阳明论〈大学〉"至善"》，《哲学研究》2018 年第 7 期。

121. 刘昊、吴震：《十年来宋明理学研究的回顾与展望——以朱子学和阳明学为中心》，《孔子研究》2018 年第 4 期。

122. 陈来：《王阳明的万物一体思想》，《中共宁波市委党校学报》2019 年第 2 期。

123. 王晓昕：《"无善无恶"即是"至善"——王阳明"心之本体"的诠释连贯性与核心意蕴》，《中共宁波市委党校学报》2019 年第 2 期。

124. 陈立胜：《"以心求心""自身意识"与"反身的逆觉体证——对宋明理学通向"真己"之路的哲学反思"》，《哲学研究》2019 年第 1 期。

125. 黄明同：《明代心学：白沙 - 甘泉 - 阳明——略论明代心学的发展进程》，《中国哲学史》2019 年第 1 期。

126. 王磊：《王阳明"立诚"说的内在逻辑蕴涵》，《中国哲学史》2019 年第 1 期。

127. 郑宗义：《再论王阳明的知行合一》，《中国哲学》2019 年第 1 期。

128. 李承贵：《阳明心学的"心态"向度》，《中国哲学》2019 年第 2 期。

129. 邱忠善：《理从何出：阳明心学论证理路批判考察》，《中国哲学》2019 年第 3 期。

索　引

W

吴铤 80,371

吴国伦 74,77,151,367,521,525,540,
541,543

吴与弼 454,455

武陵 17,77,200,224,313,331,332,334,
342,343,443,444,446,447,448,517,
518,524,526,529,548,552,556

温纯 85,367,527,532,534,539,541,542,
547,562

温故知新 148,149,213,214,215,429,
558,559

未发 107,123,194,195,198,204,205,
206,210,211,212,228,255,276,277,
299,307,308,326,345,346,355,392,
393,400,401,403,404,405,406,408,
409,450,455,456,463,472,473,474,
476,477,478,488,570,578,7

未发之中 204,206,210,211,212,299,
308,326,345,392,393,400,403,405,
406,408,409,455,456,476

位育参赞 149,213,214,429,460,559

《玩易窝记》112,122,218

吾心 97,105,119,158,167,205,214,243,
244,245,248,251,252,253,254,259,
261,264,266,267,285,302,306,307,
357,409,422,438,449,455,458,462,
474,475,477,484,487,490,533,581,6

无量劫 127

无不敬 310,560

无善无恶 125,126,192,195,378,379,
386,387,391,392,456,465,469,472,
481,530,572,573,3,4,5,6

闻见之知 292,293

妄心 409,412

X

洗心涤虑 113,114,116,120

学术史 1,3,5,12,50,51,52,79,86,365,
566

学孔精舍 59,73,150,151,376,378,407,
426,523,525,527,529,530,531,532,
533,534,535,540,541,542,543,544,
545,546,548,550,560

学知利行 285,286

学而时习之 289,296,460

学法三关 436

修文 3,16,58,72,79,331,341,349,361,
566,578,579,581

修身 25,113,116,140,207,259,285,286,
299,300,324,417,418,420,439,440,
461,497,498,501,504

心 1,4,6,7,8,11,12,14,15,22,24,25,
26,28,29,30,32,33,37,42,44,49,50,
51,52,53,55,56,57,58,60,61,62,65,
66,67,68,70,71,73,74,75,76,78,79,
80,81,82,83,84,89,90,91,92,93,94,
95,97,98,99,100,101,102,103,104,
105,106,107,108,109,110,111,113,
114,115,116,117,118,119,120,121,
122,124,125,126,127,128,130,132,
133,134,135,137,138,140,141,143,
147,149,150,151,152,153,154,155,
156,157,158,159,160,161,162,163,
164,165,166,167,168,169,171,172,
173,174,176,177,178,180,182,185,
186,187,188,189,192,193,195,196,
197,198,199,200,202,203,204,205,
206,209,210,211,212,213,214,215,
218,224,228,229,230,232,234,237,
241,242,243,244,245,246,247,248,

后　记

　　本书的写作源自我九年前获得的国家社会科学规划项目——"明代黔中王门及其思想研究"（项目编号：10BZX035）。三年的项目规定时间，被我拖到第四年才草草完成，国家社科规划办给了我一个"良好"的结论。事实上，评委们提出了许多非常中肯的意见和建议，我虽然不知道这些评委同行姓甚名谁，但却对他们充满感激之情。这是因为他们的金玉良言的确在我之后的修正过程中，起到了近乎点铁成金的功效。我的一位同行朋友贵州省社科院研究员王路平先生，曾经语重心长地对我说："你既然打算出书，就认真修改，使之尽量不留遗憾。"这句话我至今铭记于心，未敢忘怀，并竭力贯彻于整个过程。话虽这么说，要想百分之百地不留遗憾，任何人都难以做到，更何况是我，时至今日，本书真要面对读者，仍难免露出诸多瑕疵，这些瑕疵，连我自己都能时不时地觉察到。这些瑕疵亦或说是缺憾，大致可以划分为主观和客观两个方面。主观的方面是指作为作者的我的思维能力与研究水平，不说达不到读者的要求，就是我自己也不能满意，却无法去加以改善，这方面缺憾自然很多，甚至于随处可见，寄希望于读者将会为我一一加以指正。至于说到客观方面，主要是指文献资料与田野资料的缺乏。比如说到"黔中王学理学三先生"的孙应鳌、李渭和马廷锡，虽然孙应鳌的文献资料还算得上丰富，但李渭和马廷锡所留下来的可资研究的资料就实在少之又少。据说 20 世纪 80 年代之前，贵州铜仁地区思南县的档案馆就曾藏有大量文献资料，从如今仅存的部分目录可知，包括本地乡贤李渭的大量著述和相关资料也在其中。谁知一件让人心痛不已之事发生在了 80 年代初期的思南，上级派了一位不知什么背景的人物来到该县任档案馆馆长，新官上任三把火，为了腾出场地做办公室，这位馆长大人竟然将大量馆藏文献草率处理，或拉到废品收购站卖掉，或干脆付诸秦火。在我们这些人视为生命一样宝贵的东西，就这样灰飞烟灭了，留给今人的，只能是扼腕一声叹息。

幸好如今已不似 40 年前，今非昔比，王阳明在贵州的学行，以及贵州良知学的开展，在 21 世纪 20 年代的今天，已经愈加引起人们的重视了。2014 年"两会"期间，中国国家主席习近平来到贵州省代表团驻地，与贵州省代表们一起审议《政府工作报告》。审议将毕，习近平同志有感而发，他说："一个国家综合实力最核心的还是文化软实力，这事关精气神的凝聚。我们要坚定理论自信、道路自信、制度自信，最根本的还要加一个文化自信。中华民族历来有很强的文化自豪感，只是到了鸦片战争时期，在西方的坚船利炮下，中国沦为殖民地半殖民地，文化自信被严重损害。中国共产党领导中国人民开创了中国特色社会主义。今天，我们不仅要坚定'三个自信'，还要大力弘扬优秀传统文化，去其糟粕、留其精华，增强文化自信。明朝时，王守仁曾经在贵州参学悟道，贵州在这方面还是很有优势的，希望在这方面继续深入探索，不懈努力，创造出新的经验。"

习主席的鼓励对于贵州学者而言，无疑是一巨大的精神力量。毫无疑问，这一精神力量在我身上产生了极大的影响。所以我们贵州学者也不仅应有此文化自信，还得有责任与担当。安徽大学教授、黄山书院终身荣誉院长、我的前辈钱耕森先生曾来信鼓励我："贵州学者既不可夜郎自大，更不可妄自菲薄。"

真正意义上的阳明学研究，就中国大陆而言，是在改革开放以后才有的。全国范围内，北京、浙江、贵州，是开展这项研究较早的地区。20世纪 80 年代到如今，贵州的阳明学研究已经延续了三代人。吴雁南、刘宗碧、余怀彦等老一辈是贵州阳明学研究的开拓者，他们都是 20 后或 30 后，是当然的第一代人，那时候，张新民兄、王路平兄和我，都只能算是他们的学生辈；而新民兄、路平兄和我，我们都是 50 后，则算得上贵州阳明学研究的第二代人，虽然都已经退休了，却并未中断研究和写作，也常常活跃在学术氛围之中。再就是贵州阳明学研究的第三代了，也是新生代，大有赶超前人之势，实为贵州阳明学研究的希望和未来，他们属于 70 后和 80 后，如今都在职担任着繁重的教学与科研的任务。他们之中，比如陆永胜、任健、刘继平三位博士，与作为前辈的第一代和第二代一样，都已经先后承担和完成了有关阳明学研究的国家级社科研究项目。上述贵州阳明学研究的三代学人，我只列举了九位，是因为他们都已经承担或完成了阳明学研究的国家社科基金项目，有的人还不只完成一项。当然，这里并没有囊括贵州现当代阳明学研究者的全部，也决不能以是否获得和完成相关国家级社科项目作为是否阳明学研究者的划分标准，这支队伍的范围还大得多。

我的阳明学研究起步于 20 世纪 80 年代中期，之前我的专业是中国哲学史，毕业后到地方上的一所高校担任"中国哲学史"的教学，起初并没有确立具体的主攻方向。一次偶然的机会，我从我父亲手中接过来一项贵州省教育厅的古籍整理项目。当时我还只是一名助教，哪有资格申报和获得项目呢？父亲是从事古代汉语、古典文学研究的资深教授，他获得了当年的一个项目——"阳明集要三编（黔南重刊本）"的整理。父亲问我是否愿意接手，我自然十分乐意的。要知道在 80 年代中期，高校的一般教师要想获得省级研究项目是难上加难，更何况我一名助教？父亲于是完全放手让我做完这个项目，这个项目的开展正是我从事阳明学研究的起步，我后来除了陆续发表系列文章，作为这一项目进行过程中的副产品外，更是在中华书局的支持和鼓励下整理出版了《阳明先生集要》、《王文成公全书》、《传习录译注》等专著，所有这些，都得益于最初的这一起步。

2010 年我成功申报了我的第一个国家级社科规划项目——"明代黔

中王门及其思想研究"（项目编号：10BZX035），本书正是这一项目的最终成果。当然，我后来接着主持和参与的两项国家级重要项目也对本书的完成大有补益。2010年我还与中华书局合作成功申报了2011—2020年国家古籍整理委员会的重大项目，承担了中华书局品牌丛书"理学丛书"十五种之《王文成公全书》的点校，该书于2015年出版后即被评为当年中华书局"十佳图书"之一。2014年我又参与了国家社科规划办重大委托项目——"阳明文化与现代国家治理"的研究，并作为其中的第二子课题——"阳明文化与法治建设研究"的负责人，现在这些项目都已完成，研究的部分内容在本书中亦有体现。

本书得以完成，我得感谢来自诸多方面的关心和支持。这当中包括我的同事，我的家人，甚至包括我的学生。我的几位研究生杨允仙、刘慧、张小明、任健在资料的提供和整理方面为我出过力。我还要特别感谢位于修文的中国阳明文化园的负责人张其鹤、赵典友和唐耀，他们邀请我作为文化园的顾问，重要的是为我提供了一间清静幽雅的工作室。这间工作室位于龙场驿大酒店的顶楼的一个角落，虽然面积不大，却非常适合伏案写作。窗外是绿树成荫，更有小桥流水。由于有了这间工作室，我的写作效力大增，本书的后期修改工作基本是在这间工作室完成的。

本书的最终出版，特别要感谢中国人民大学的张立文教授和人民出版社哲学部的方国根主任。他们一直以来对贵州阳明学界的支持都非常大。我清楚地记得，1999年贵阳举办首届国际阳明文化节，那时我忝位贵阳市王阳明研究会会长，主持文化节中的学术讨论会，张立文老师的主旨发言精彩纷呈，观点独到，可谓发前人之所未发，至今令人印象深刻。2012年9月28日贵阳孔学堂落成，张立文老师和方国根老师皆作为受邀嘉宾参加了落成典礼并分别做了大会主旨演讲，深受贵州学界的好评。这次能够有张立文老师这样的大家为本书作序，实在是我这偏于一隅的贵州学人的荣幸。还要感谢方国根老师，他也是阳明学研究方面的专家，经他编辑出版的阳明学专著已有很大影响，如今他为本书的出版亦是多番用心，大力支持，即使是在前不久生病住院期间，也念兹望兹，为本书的最终面世费却心力。因而在此，我惟在深表谢忱的同时，衷心祝愿大家身体健康！

己亥年清明于修文中国阳明文化园龙冈书院

责任编辑：方国根

图书在版编目（CIP）数据

王阳明与黔中王学 / 王晓昕 著 . —北京：人民出版社，2021.4

ISBN 978 - 7 - 01 - 022591 - 3

I.①王…　II.①王…　III.①王守仁（1472—1528）- 哲学思想 - 研究
②陆王学派 - 研究　IV.① B248.25

中国版本图书馆 CIP 数据核字（2020）第 210886 号

王阳明与黔中王学
WANGYANGMING YU QIANZHONGWANGXUE

王晓昕　著

人 民 出 版 社 出版发行
（100706　北京市东城区隆福寺街 99 号）

环球东方（北京）印务有限公司印刷　新华书店经销

2021 年 4 月第 1 版　2021 年 4 月北京第 1 次印刷
开本：710 毫米 ×1000 毫米 1/16　印张：39.25
字数：540 千字

ISBN 978 - 7 - 01 - 022591 - 3　定价：119.00 元

邮购地址 100706　北京市东城区隆福寺街 99 号
人民东方图书销售中心　电话（010）65250042　65289539